清代歷科狀元策彙編

馬慶洲　輯校

北京大學出版社
PEKING UNIVERSITY PRESS

圖書在版編目(CIP)數據

清代歷科狀元策彙編/馬慶洲輯校. —北京：北京大學出版社，2021.4
ISBN 978-7-301-31979-6
Ⅰ.①清…　Ⅱ.①馬…　Ⅲ.① 狀元－科舉考試－試卷－彙編－中國－清代
Ⅳ.① D691.46

中國版本圖書館CIP數據核字（2021）第022804號

書　　名	清代歷科狀元策彙編 QINGDAI LIKE ZHUANGYUANCE HUIBIAN
著作責任者	馬慶洲　輯校
責任編輯	沈瑩瑩
標準書號	ISBN 978-7-301-31979-6
出版發行	北京大學出版社
地　　址	北京市海淀區成府路205號　100871
網　　址	http://www.pup.cn　　新浪微博: @ 北京大學出版社
電子郵箱	編輯部 dj@pup.cn　總編室 zpup@pup.cn
電　　話	郵購部010-62752015　發行部010-62750672 編輯部010-62756449
印 刷 者	北京虎彩文化傳播有限公司
經 銷 者	新華書店
	650毫米×980毫米　16開本　49.25印張　646千字
	2021年4月第1版　2024年5月第2次印刷
定　　價	169.00元

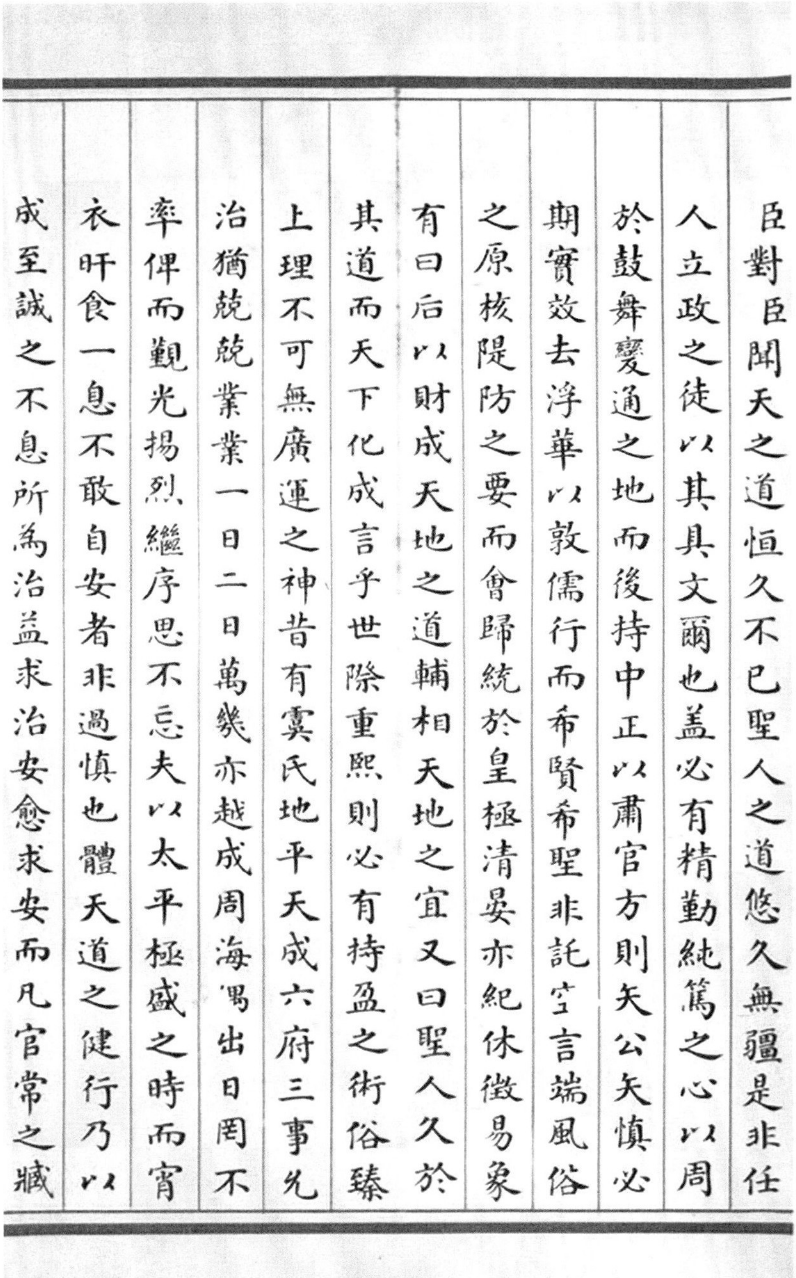

臣對臣聞天之道恒久不已聖人之道悠久無疆是非任人立政之徒以其具文爾也蓋必有精勤純篤之心以周於鼓舞變通之地而後持中正以肅官方則矢公矢慎必期實效去浮華以敦儒行而希賢希聖非託空言端風俗之原核隄防之要而會歸統於皇極清晏亦紀休徵易象有曰后以財成天地之道輔相天地之宜又曰聖人久於其道而天下化成言乎世際重熙則必有持盈之術俗臻上理不可無廣運之神昔有虞氏地平天成六府三事允治猶兢兢業業一日二日萬幾亦越成周海隅出日罔不率俾而觀光揚烈繼序思不忘夫以太平極盛之時而宵衣旰食一息不敢自安者非過慎也體天道之健行乃以成至誠之不息所為治益求治安愈求安而凡官常之職

圖一：乾隆二十二年（一七五七）丁丑科一甲第一名蔡以臺殿試卷（局部，法蘭西學院漢學研究所藏）

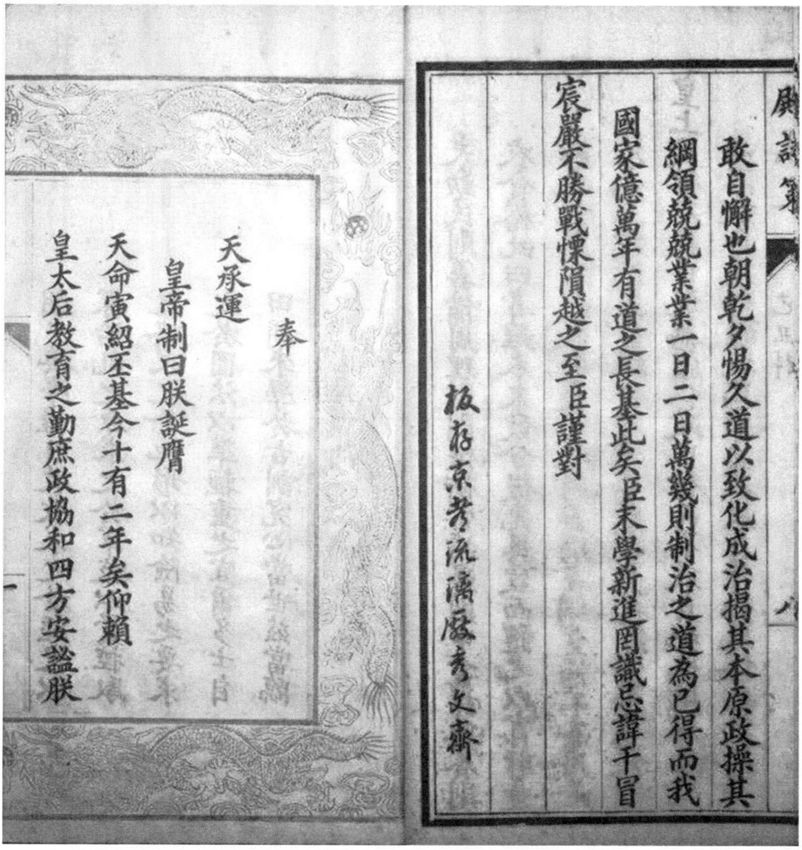
敢自懈也朝乾夕惕久道以致化成治揭其本原政操其
綱領兢兢業業一日二日萬幾則制治之道爲已得而我
國家億萬年有道之長基此矣臣末學新進罔識忌諱干冒
宸嚴不勝戰慄隕越之至臣謹對

板存京都琉璃廠秀文齋

奉
天承運
皇帝制曰朕誕膺
天命寅紹丕基今十有二年矣仰賴
皇太后教育之勤庶政協和四方安謐朕

圖二：光緒本《歷科狀元策》書影（首都圖書館藏）

目録

前言

本書係《明代歷科狀元策彙編》後續之作，一仍前書的初衷及體例，將有清一代狀元殿試對策彙爲一編（本書所及僅限文科，武科不在討論之列），並加以精校精對，意在爲相關領域的愛好者及研究者提供可資徵信的原始文獻，省却四處找尋之苦。

對科舉選拔人才的作用，滿洲統治者很早就有認識。皇太極在稱帝之前，就採納范文程等人建議，實行科舉制度，定期考試文士。一六三四年，後金禮部考取滿、漢人習本族文字者十六人，稱爲舉人。一六三六年，皇太極稱帝，改國號爲大清，一六三八年，考取舉人十名；一六四一年，又考取七名，稱爲中式舉人。舉人考中後，多被授任官職。一六四四年，清軍入關，定都北京，宣布一系列政令，凡百制度皆有改作，唯取士一準明制，仍實行科舉考試，宣布「會試，定於辰、戌、丑、未年，各直省鄉試，定於子、午、卯、酉年，……俱照舊例」。① 順治三年（一六四六）是丙戌年，清廷即舉行會、殿試，拔取進士四百人，以應人才之急需。

清代的科舉制度，基本上照搬明代，《清史稿》云：「有清一沿明制，二百餘年，雖有以他途進者，終不得與科第出身者相比。康、乾兩朝，特開制科。博學鴻詞，號稱得人。然所試者亦僅詩、賦、策論而已。」②但是，清代中期以後，隨著外部環

① 《清實録》第三册《世祖章皇帝實録》卷九，清實録館編，影印「一史館大紅綾本」「故宫小紅綾本」等，北京：中華書局，一九八五年，頁九五—九六。

② 趙爾巽等撰：《清史稿》卷一〇六《選舉志一》，北京：中華書局，一九七七年，頁三〇九九。

境的變化，主要是受西方外來文化的衝擊，科舉制度也逐漸暴露其滯後的一面，尤其考試内容，一直固守四書五經，越來越難以適應社會發展的需要，弊端不斷被放大，最終在反對聲中走向終結。

在考試程序等方面，清代與明代幾無二致，採用的也是鄉試、會試、殿試三級取士的做法。《清史稿》云：「有清科目取士，承明制用八股文。取《四子書》及《易》《書》《詩》《春秋》《禮記》五經命題，謂之制義。三年大比，試諸生於直省，曰鄉試，中式者爲舉人。次年試舉人於京師，曰會試，中式者爲貢士。天子親策於廷，曰殿試，名第分一、二、三甲。一甲三人，曰狀元、榜眼、探花，賜進士及第。二甲若干人，賜進士出身。三甲若干人，賜同進士出身。鄉試第一曰解元，會試第一曰會元，二甲第一曰傳臚。悉仍明舊稱也。」①然而，統觀清代科舉史，不難發現，在常科之外，清廷多次加開考試（即所謂恩科），這是明代所没有的。清代的恩科，主要是爲慶盛典，如皇帝或皇太后壽辰、新帝登基，前後共加開會、殿試二十六次。清代的會試始于順治三年（一六四六），止于光緒三十年（一九〇四），共舉行一百一十二次，遠多於明代的八十八次。這其中，順治九年、十二年，又分滿、漢兩榜，如此計算下來，清代實有狀元一百一十四位。但言及清代狀元，一般説有一百一十二位，滿、漢榜只計漢榜。

作爲科舉考試中的最高一級，殿試名義上由皇帝「親策於廷」，所考仍然是「時務策」。因此，歷科殿試内容，與當時社會的經濟、政治、文化、軍事等各方面都有密切聯繫，具有很强的時政色彩。與此相關，清代殿試問對的内容，前中後各期變化較大，時代特徵頗爲明顯。康雍乾時期，清朝基本上處于承平之世，經世意識相對淡化，學術思潮偏于考據一途。道光以降，階級矛盾激化，社會危機四伏，加之西方殖民者的入侵，形成了一種曠古未有的「變局」，因此，經世實學便成爲學術主流。這一變化趨勢，在殿試中也有較清晰的反映。例如，關于經學、心學的問題，清初殿試中，就屢有涉及；乾隆後期

① 趙爾巽等撰：《清史稿》卷一〇八《選舉志三》，頁三一四七。

及嘉慶時期，漢學興盛，策問中關于經史典籍源流、傳授之類的問題就很多。而晚清殿試的問題，則不離農政、刑名、河工、漕運、鹽法、戰守、貨幣等實學。也正是由於晚清殿試問題相對固化，道光之後的殿試問對，經常會給人一種雷同感。

從形式上看，清代殿試策問的字數，順治、康熙時期，三四百字爲多，後來則有逐漸增多的趨勢，到後期，千餘字成爲常態。而策對，也有一個日趨程式化的過程，前期格式方面也有要求，但並不死板，後期則漸成定式，十分僵化。要想取得較高名次，尤其是想躋身三甲，基本上都得寫滿「七頁半」，字數在二千字左右。此外，書法的優劣，也成爲清代殿試卷評判的重要標準，有時甚至是決定性因素。這就導致清代殿試答卷，多少存在着重書輕文的現象。此一方面，相關論述頗豐，這裏不再贅述。

總的説來，清前期的殿試策文，質量相對較高，頗有一些直抒胸臆之作，有很好的見解。清代幾篇有名的對策文，多出自這一時期。如順治十八年馬世俊對策文，《國朝先正事略》稱讚道：「貢士對策，多隨題敷衍。先生獨侃侃直陳，稱『王者天下爲家，不宜示同異』，時論偉之。何義門嘗云：『我朝殿撰，前劉後韓，公居其間，鼎足而三。』」①而晚清的殿試卷，則由于所問範圍較爲局限，加之過于重視書法，雖也不乏優秀之作，但總體感覺平平。

科舉時代，問鼎一甲，難如登天。狀元是經過千挑萬選脱穎而出的幸運者，一朝登第，便名滿天下，並直接授翰林院修撰。修撰一職，可以説是專爲狀元定制的官位。狀元仕途的起點，遠高于同榜諸人。雖然狀元最後未必皆成大器，但統觀有清一代狀元，除個別早夭、歸隱者外，多數人在立功立言方面，成就頗可圈點。早期如傅以漸、吕宫、徐元文、于敏中、莊有恭、梁國治、王杰、戴衢亨、潘世恩等，皆由狀元陟宰輔，勛業爲世所稱，名垂青史。嘉道以降，如翁同龢、孫家鼐、

①（清）李元度輯：《國朝先正事略》卷三八《文苑》，影印清同治五年循陔草堂刻本，見《續修四庫全書》編纂委員會編：《續修四庫全書》册五三九，上海：上海古籍出版社，二〇〇二年，頁七三。

洪鈞、張謇、駱成驤、王壽彭、劉春霖等，也都在近代史上産生重要影響。其他，如彭定求、錢維城、畢沅等，在經史著述、詩詞書畫方面，也顯名當世。

表面上看，狀元敻出衆人，憑的僅是一紙殿試卷，但這張卷子，却是其自身綜合實力的集中反映，學養、見識、才情，無不畢現于此。甚至體力精力、心理素質等，也在這場大殿之上的考試中得到檢驗。傅增湘是光緒二十四年（一八九八）二甲第六名進士，對個中三昧有深切體會。他説：「夫科舉考試，爲國家掄才大典，一代名臣碩學，多出其途。殿廷發策，爲士子考試之終，亦爲仕宦登進之始，得失升沉，决于一日，畢生不能再試，故士人特爲矜慎，而典制亦尤示尊崇。」①可以認爲，這篇策文，其所含信息之豐富，遠非其他普通文章所能比擬。

在科舉時代，狀元文章是天下學子争相追捧的範文，科舉停開以後，其示範作用不復存在。以今天的眼光看，這些文章中不無陳腐之氣，其中的「頌聖」之詞，也會讓人心生厭惡。但是，我們不能因爲今人眼中的這些瑕疵，就武斷地否定這些策文的價值。筆者在《明代歷科狀元策彙編·前言》中提到，狀元對策是「時務策」，具有很强的時代性，通過這些文章，可以瞭解一個時期社會問題的焦點所在，具有很高的認識價值。而從文學方面講，這些文章，無不才情充盈，學識滿篇，是瞭解狀元其人其學，也是深入體會「策」文的絶佳資料。清代狀元策過於程式化，總體上或許稍遜于明代，但同樣具有多方面的價值。

殿試原卷係朝廷檔案，外人無從得見。但人世有更迭，世事有變幻，由于保管不善，以及改朝换代等原因，到民國時期，這些卷子已所存無幾，而狀元卷更是難得一見。據統計，清代存世狀元卷大約有十五份（含殘卷），分散在世界各地的

① 傅增湘：《清代殿試考略》，天津：天津大公報社，一九三三年，頁一。

圖書館及民間。① 傅增湘任民國政府教育總長時，曾負責處理内閣文庫的檔案，他回憶説：「舊制每科殿試，内閣填榜後，原卷即存内閣大庫，嚴加扃鐍，然累年積擱，蟲鼠損浥，重以吏役盜竊，多已零落不完。宣統元年，因庫屋滲漏，發帑重修，庫存檔案書籍，點派侍讀、中書等十人，入庫檢理，移歸學部，此試卷亦隨以往。余戊午管部務時，查詢舊存試卷，尚餘白木大箱六七，因以簿書之隙，發篋躬自閲視，凡歷科達人名士之卷，咸已不存。蓋移交時，早爲識者取携以去矣。乃降而求康雍世族，乾嘉學人，及吾川先達故舊，尚得百十卷。其餘數千卷，仍捆載入篋，發交午門歷史博物館。」② 魯迅《談所謂「大内檔案」》一文，記録了參與整理大内檔案的經歷，與傅增湘所述可以相互佐證：「有一天，他（按：指傅增湘）就發一個命令，教我和G主事試看麻袋。即日搬了二十個到西花廳，我們倆在塵埃中看寶貝，大抵是賀表，黄綾封，要説好是也可以説好的，但太多了，倒覺得不希奇。還有奏章，小刑名案子居多，文字是半滿半漢，只有幾個是也特別的，但滿眼都是了，也覺得討厭。殿試卷是一本也没有，另有幾箱，原在教育部，不過都是二三甲的卷子，聽説名次高一點的在清朝便已被人偷去了，何況乎狀元。」③ 二〇一五年，中華書局影印出版了《法蘭西學院漢學研究所藏清代殿試卷》，總計三十三通，其中有狀元卷三通、榜眼試卷一通、探花試卷六通。可以説，這是清代殿試原卷最集中的一次披露。至于其他各處的狀元卷，目前尚無緣一睹其真容，這不能不説是一種遺憾。

原卷之外，各科殿試較原始的檔案資料，自然屬該科的《進士登科録》。登科録是殿試結束後由禮部主持編纂的殿試

① （法）戴廷杰：《法蘭西學院珍藏殿試卷（代序）》，見法蘭西學院漢學研究所編：《法蘭西學院漢學研究所藏清代殿試卷》，北京：中華書局，二〇一五年，頁二一。

② 傅增湘：《清代殿試考略》，頁二。

③ 魯迅：《而已集》，見魯迅先生紀念委員會編《魯迅全集》卷三，上海：作家書屋，一九四八年三版，頁五四六—五四七。

檔案。明代《進士登科録》保存至今的尚有五十六科，其中寧波天一閣保存最多。但清代没有像天一閣那樣專意收藏《登科録》的藏家，保存下來的《登科録》，散見于各圖書館，到底存世多少，也未見有精確的統計數字。筆者從中國第一歷史檔案館、國家圖書館、首都圖書館、北京大學圖書館、清華大學圖書館、北京師範大學圖書館等在京機構，查閲到四十餘科，占全部殿試場次的三分之一强。在清代，也未見有人像明代蔣一葵、焦竑那樣，有意識地把一代狀元策匯爲一編。清代狀元策的保存，主要靠書坊刊刻的《狀元策》或《殿試策》。據康熙六十年（一七二一）榮錦堂刻《狀元策》所云，這些刻本所依據的資料，是禮部所刻《登科録》。因此，我們可以認爲，這些刻本具有半官方性質，是較爲可靠的一手文獻。當然，這其中個别卷子改動較大，有的甚至判若兩文，這是另外一個問題。

此種刻本，隨着三年一次的殿試而不斷增訂、續刻，因而有很强的延續性。在科舉時代，三鼎甲的文章，是不可多得的範文，社會需求旺盛，有很好的市場效應。這也是它們能不斷更新、翻刻的主要原因。但在科舉制廢除後，與應試有關的書籍逐漸被冷落，時間一長，佚失在所難免。二十世紀五十年代，商衍鎏就曾説過：「格有變化，時有盛衰，選集刊刻，指陳家數，自明至清，汗牛充棟之文，不可以數計。但藏書家不重，目録學不講，圖書館不收，停科舉廢八股後，零落散失，覆瓿燒薪，將來欲求如策論詩賦之尚存留於世間，入於學者之口，恐不可得矣。」①科舉廢止至今百餘年過去了，這些曾經流行一時的《狀元策》，已是十分稀見，爲數不多的館藏也分散各地，想找齊洵屬不易。

這裏，需要特别交代的是，晚清以來，主要是同治、光緒兩朝，有不少以《狀元策》或《殿試策》名義流傳的坊刻本，或單科别行，或合數科爲一册，今國家圖書館就藏有數種，拍賣行也時見相關信息。但是，與相關科次《登科録》比對，很容易發現，此類本子改動極大，有的面目全非，等同於再創作，實際上已不復是原來的文章。一種名爲《歷科狀元策》的本子，

① 商衍鎏：《清代科舉考試述録》，北京：生活、讀書、新知三聯書店，一九五八年，頁二二七—二二八。

光緒十五年狀元張建勛的策文，就同時收録了兩個版本。很顯然，其中必有不是狀元策原貌者。至于改寫者爲何人，一時無從考證。爲便于讀者對照閲讀，以鑒别真僞，本書將這些文章作爲另外版本，予以收録。

二十世紀九十年代以後，國内有學者開始有意識地整理殿試策。但遺憾的是，目前所見此類圖書，限於資料或體例，多存在着這樣那樣的不足。首先是所收尚多遺漏，無法反映一代狀元策的整體面貌。其次，一個重大的缺陷是，都没有交代文章出處，不知其文獻來源，不合古籍整理規範。文字、標點等方面，錯訛亦所在多有。職是之故，筆者認爲，將清代狀元策彙爲一編，加以整理，仍不失其學術價值。

正是基於上述考慮，在完成《明代歷科狀元策彙編》的整理工作後，筆者又着手搜集清代相關文獻，並嚴格遵從古籍整理規範進行點校，以期爲讀者提供一個可靠的文本。得益于天時地利，筆者終將清代狀元策網羅殆盡，到目前爲止，只有兩科闕如：一是康熙二十一年壬戌科，因此科未刻《登科録》，三鼎甲策文均佚，康熙年間所刻《狀元策》，對此有明確交代；一是咸豐六年翁同龢策文，是科《登科録》不知蹤跡，各版本《狀元策》亦未見刻録。因此，可以謹慎地説，本書是有史以來最全的一部清代狀元策彙編，可以作爲相關研究的基礎文獻。深感遺憾的是，還有幾科殿試原卷及《登科録》分散在世界各地的圖書館中，條件所限，目前尚無法一一前往目驗，只能留待來日了。

涉足科舉研究，對筆者而言，事有偶然，儘管這其中有一種箭在弦上不得不發的機緣在促使。但身役斯事，筆者深知自己尚是門外之人，綆短汲深，雖如履薄冰，勉力而爲，期盡免夫魚魯之誤，但掃葉之難仍在所難免，誠望各位方家不吝指正！

二〇一九年七月六日，初稿畢，時久旱逢雨。八月廿九日，修訂二稿，時在己亥初秋

二〇二〇年五月二日，農曆四月初十，重作修訂，時近孟夏

整理説明

一、本書策問以清代各朝《實録》所載爲底本，並以各版本《狀元策》《殿試策》等爲參校本。

二、每科策對底本，儘可能選擇刊刻時間靠前的本子，不主一書。除有《登科録》諸科外，其他則主要據歷朝所刊《狀元策》或《殿試策》。由于這些刻本不斷增補續刻，而續刻時又往往延用起初的書名、牌記，單純從書名看，很難分清其刊刻年代(如較早的「康熙六十年刻本」，乾隆年間續刻時，仍用「康熙六十新鐫」的牌記；光緒年間的續刻本，也一直用道光年間的牌記。因此，只能從其所收最後一科來判斷續刻的時間)。爲便于讀者區分、核查，對各版本加注館藏地。個别廷試策諸版本之間差别較大，判若兩文，則同時保留兩個版本，以便對照，且省却繁瑣出校。策問、策對所據底本、參校本，統于文後注明。

三、進士籍貫，向有異説，或從祖籍，或從寄籍，遽難定論。本書簡介中狀元所屬省、府、州、縣，一準《進士題名碑録》，以便見其地域分布。稍需注意的是，江南省雖在康熙六年析分爲江蘇、安徽兩部分，但此後習慣上仍合稱這兩省爲江南省，《進士題名碑録》亦復如此，故文中對此不作刻意區分。

四、在歷科狀元簡介中，收録該科會試考官及殿試讀卷官信息。這些資料基本上都來自《清實録》，不見于《清實録》的少數幾科，則據《起居注》《國朝貢舉年表》等加以補充，並注明出處。簡介中所及每科進士録取數，均以《清實録》爲據，《清實録》中没有記載的，則注明出處。由于清代殿試有補試、革除等特殊情形，有的科次所取進士數與參加殿試人數并不一致，不同文獻的記載也有出入，對有差别的，儘量注明各文獻的數據。

五、清代各朝《實録》及《起居注》中，科舉方面的記載很多，尤其是與每一科考試相關的信息，對瞭解當科考試的情形及整個清代科舉史頗有助益。故此，選取部分史料，置于每科策對之後，并注明出處，以便讀者使用。

六、文中減字標以圓括號，增字標以方括號。原書闕字，以及漫漶而又無法補足者，以「□」標注。個別明顯刻印及形近而訛之誤，如「已」與「巳」「已」、「焉」與「馬」、「予」與「子」、「聘」與「騁」、「戊」與「戍」「戌」、「代」與「伐」、「末」與「未」，等等，逕予改正，不出校記。避諱缺筆，逕予補足；避清帝名諱，如玄改元、弘改宏等，予以回改，不出校記。

七、本書繁體字採用新字形，對個別俗體字、異形字，根據出版的相關規定及各古籍社的常見做法，參照《異體字整理表》以及《辭海》《漢語大詞典》《漢語大字典》等權威辭書，予以統一。人名、地名用字，不作任何改動。

八、標點符號的使用，儘可能遵從現代漢語的規範要求，但考慮到古代文體特徵及行文語氣等，也視具體語境而有所變通，這主要體現在引號和頓號的使用上。古人引書，很多時候是節引，或者僅引用大意，而作爲現場答卷的狀元策，更不可能對照原書，一字不差，對此類引文，本書也作爲完整引文，並施以引號。頓號常見情形有以下幾種：古代帝王名臣，如三皇、五帝、堯、舜、禹、湯、文、武、皋、陶等；朝代名，如漢、唐、宋等；其他專有名詞，如禮、樂、刑、政等，在策問策對中，這些專名常常並稱，一般説來，不會引起理解上的歧義，故不再施加標點，以免破壞文氣，違拗文章體式。

一　順治三年丙戌科　傅以漸

順治三年（一六四六）丙戌科，共取進士四百名（《順治三年進士題名碑録》《欽定國子監志》《皇朝文獻通考》載三百七十三名）。① 狀元傅以漸，榜眼吕纘祖，探花李奭棠。

是科會試總裁官：大學士范文程、剛林、馮銓、甯完我。

傅以漸（一六〇九—一六六五），字于磐，號星巖，山東東昌府聊城縣（今聊城市）人。順治二年（一六四五），鄉試中式。進士第一，授内翰林弘文院修撰。順治四年，充會試同考官。八年，遷國史院侍講。九年，遷左春坊左庶子。十年，歷秘書院侍講學士、詹事府少詹事、國史院學士。十一年，授秘書院大學士。十二年，加太子太保，改國史院大學士。十五年，充會試總裁。尋加少保，改武英殿大學士，兼兵部尚書。旋乞假還里，累疏乞休。十八年，解任。康熙四年（一六六五），以疾卒。著有《貞固齋詩集》《太史名編》《中規篇》等。主持纂修《聊城縣志》，與曹本榮合撰《易經通註》九卷。《清史稿》有傳。

---

① 《順治三年進士題名碑録》，見《明清歷科進士題名碑録》，影印美國夏威夷大學藏本，臺北：華文書局，一九六九年。以下各朝《進士題名碑録》同。《欽定國子監志》，［清］梁國治等纂，見《影印文淵閣四庫全書》史部三五八册，臺北：商務印書館，一九八二年。《皇朝文獻通考》，清乾隆三十二年敕撰，見《影印文淵閣四庫全書》史部三九〇—三九六册。

傳以漸狀元策見《歷科廷試狀元策》（影印雍正十一年懷德堂刻本）、①《文武狀元策》（文錦、二酉書屋乾隆續刊本，哈佛大學漢和圖書館藏）、②《順治康熙雍正三朝殿試策》（國家圖書館藏）等。

順治三年，丙戌。三月，戊申朔。壬戌，殿試天下貢士李奭棠等，制策曰：帝王君臨天下，莫不欲國祚長久，傳之無窮。乃三統代興，五行遞王，初皆顯奕，後漸式微，豈天之降命然歟？抑人事所致也？朕承上帝之寵靈，席祖宗之休烈，入主中夏，奄有多方，而海澨山陬，尚阻聲教。今欲早成混一，袵席生民，鞏固鴻圖，克垂永久，以億萬年敬天之休，遵何道而可歟？

内外臣工，朕所與共理天下者也。朕居深宫之中，邪正真僞，不能悉辨；是非功罪，不能盡明。全憑章奏，以爲進退賞罰。每聞前代朝臣，分門别户，植黨營私，蒙蔽把持，招權納賄。朋類，則頓生羽翼；③異己，則立墜深淵。更有同年同資，師生親故，互相援助，排擠孤蹤，浮議亂真，冤誣莫控，朝綱大壞，國祚遂傾，深可鑒戒。今恐在朝各官，④因仍敝習，不能力改前非。所關治亂，甚非細故，必如何而後可盡革其弊，俾朕得日聞正言，行正事，以綜核名實、修明法紀歟？在外各官，貪酷不公者甚衆。臨民聽訟，惟賄是圖，善惡不分，曲直顛倒。吏治既壞，民心日離，姦宄計行，善良被陷，斯亦向來

---

① 《歷科廷試狀元策》，［明］焦竑輯，［明］吴道南校正，［清］胡任興增訂，見暨南大學圖書館編：《中國古籍珍本叢刊·暨南大學圖書館卷》册二五—二七，北京：國家圖書館出版社，二〇一八年。

② 《文武狀元策》，哈佛大學藏本收録順治三年丙戌科至乾隆十七年壬申恩科一甲殿試策。

③ 「羽翼」，《文武狀元策》作「毛羽」。

④ 「今」，《文武狀元策》作「誠」。

有司之痌疾也。必如何而後能使官方清肅，風俗還淳，以致太平歟？

欲定天下之大業，必一天下之人心。吏謹而民樸，滿洲之治也。今如何爲政，而後能使滿漢官民同心合志歟？語曰：「有治人，無治法。」又曰：「帝王勞於求賢，而逸於得人。」夫以四海之廣，人民之衆，應有奇偉非常、才全德備之大賢，能佐朕平治天下，以延運祚於無疆者，必如何而後可致之歟？

諸士心悼前車，身逢鼎運，得失之源，治亂之故，籌之熟矣。其悉心以對，毋猥毋泛，毋畏毋隱，明著於篇，朕將親覽焉。

（底本：《清世祖實録》卷二五，①册三，頁二一〇—二一一。參校本：《歷科廷試狀元策》，影印雍正十一年懷德堂刻本；《文武狀元策》，文錦、二酉書屋乾隆續刊本）

臣對：臣聞帝王之平治天下也，必有開天闢地之奇，無一日不赫聲濯靈，而後天下仰聖人之大略；必有監古訂今之算，無一人不洗心滌慮，而後天下服聖人之深心。何謂大略？設官分職，舊章興舉，俾大小相維，内外互綰者是已。大臣調元贊化，群工分猷宣力，以一人之恩德布兆衆，不（織）［識］經緯之何從。②何謂深心？徵實覈績，新典丕彰，俾公爾忘私，國爾忘家者是已。情面化爲肝膽，顧盼轉作擔當，以四海之鼓盪効天子，立見綱紀之俱整。本正朝廷者正百官，基命宥密，上下總此克艱，故敕天惟時惟幾，莫不元首喜而股肱起；本正百官者正萬民，居師和恒，遐邇協爲一體，故蒞政惟簡惟寬，莫不聲響應而表影隨。聖德足以造命，故曆數雖不可測，卜年卜世，直於初創，洞其監觀；美政足以格民，即嗜好絶

① 見《清實録》，影印「一史館大紅綾本」「故宫小紅綾本」等，北京：中華書局，一九八六—一九八七年。以下各朝實録同。

② 「識」，據《歷科廷試狀元策》改。

不可齊，象風象雨，還於改革，凜其視聽。古帝王所以知人安民，求賢圖治，道不越此。鞏大業於金甌，調休徵於玉燭，端在今日矣。

欽惟皇帝陛下，欽明文思安安，敬止緝熙穆穆。事天隆典郊祀，懷柔百神；勤民加志恤獨，屯牧萬井。當陽布帝政，大法小廉，欽乾五之乘飛；治心崇聖學，日將月就，躋精一之堂奧。中天下以定鼎，纘三十載之開闢，日星燦而宇宙新；大一統以建官，擴四百名之特額，山澤通而風雲會。允矣，少年天子，至道聖人。啓沃高深，德門光乎上下；制作美備，業勤施乎天人。神武布而四海歸，鼎命集於負扆；聰哲宣而萬幾奏，泰交洽於闢門。勤召對於彤庭，嚴天戒，軫民莫，夔龍濟濟左右；接淵深於青史，陶帝制，鑄王風，孔孟奕奕後先。固已堯舜爲君，周召作相矣。猶皆聖不自聖，新且日新，進臣等於廷，諮以億萬年敬天休之道，上援三統五行，近推黨與貪酷，大伸其進退賞罰，務令滿漢官民同心合志，疇咨訪落之勤，豈過是者？昔賈誼陳言曰「驗之往古，按之當今之務」，日夜念此至熟也。蘇軾「上以名求之，下以實應之」。臣慕效昔人忠貞，良非一日，敢不披瀝血誠，仰副聖朝萬一乎？

臣聞官人之道，莫精於唐虞。當時禹宅揆，稷播穀，契掌教，皋明刑，羲和治曆，伯夷典禮，夔典樂，益作虞，垂共工，龍納言，其位皆公卿也，其人皆聖賢也。終其身止此一職，故以實心爲實政。況欽濬在御，啓明且察，其爲嚚訟頑讒，又何逃於撻記。遞及成周，三公論道經邦，三孤貳公弘化，六卿分職，各率僚屬，以倡九牧，阜成兆民，綴衣可以立政，僕正可以格心。即漢唐宋，若蕭、張、韓、陳之將相，賈、董之文學，房、杜之謀斷，姚、宋之清嚴，韓、范、富、歐之經濟節義，表表千古，孰非矢日貫天，力洗格套，爲朝廷決大疑、排大難者哉？昔當明盛，主持在上，綜覈在下，分兵柄於五府，寄言責於六科，撫督布按，彈壓剔釐。大僚若蹇夏、李楊，制閫若韓項、王戚，郡縣若況蔚、方陳等，曷嘗不文經武緯，兵精餉給，而不意後之遷延淩遲，竟至失天下也。報政責其速成，則得民難於子產；長材屈於短馭，則百里失之士元。醴泉徵諸父老，薦舉未必盡公；即墨毁以要津，糾劾未必悉當。致古甘陵南北部之事，一人牽及數姓，纖事籐葛終年，何不以有用精神爲國家圖長治？則上殿如虎，下殿不失和氣，可法也。致古循良吏治之籍守，必「四知」加嚴，竊至一錢罔貸，何可以無端喜怒，爲身家潤囊橐？則兩袖清風，有司執法爲公，可法也。朝臣外臣，各鼓旦氣，翼皇上維新之運，將萬世之太平聿開，何滿漢不共鎔一造化哉？且聖諭孜孜，日欲聞正言，行正事。臣以爲莫要於講學，講學莫先於明理。二帝三王之治本於道，二帝三王之道本於心。兵農禮樂，屯鹽茶馬，何事不有前人之成效，史氏之格言？朝夕涵泳，利弊烺如觀火，與其微妙詮理，不若剴曉陳情。天子之學，不在區區章句間也。

至於用人有用人之本，求其官與位稱；理財有理財之本，求其入與出衡。科目薦辟，皆有英能，吏胥侵漁，茫無究詰。當分別資序其繁簡勞逸若何，附之下，明列賦貢；其支銷損益若何，酌之制，名實法紀。雖不盡此二者，亦可謂綜核而修明之矣。孔子不貴聽訟，直欲以德禮挽天下。然聽訟正匪易言，悉其聽明，致其忠愛，猶懼有失，此《春秋》所以肆大（青）［眚］有譏，①而史戒張湯、郅都之逢意嚴酷也。夫有司豈皆嗜殺，貪黷薰心，不桁楊不足以輕民之命。貪酷不公，惟賄是圖，姦狡計行，善良被陷，誠有如聖制所云者。

夫勝國之陋習，興朝之師資。皇上承天寵命，纘皇祖、皇考大有爲之業，奄有萬邦大統，載歌渠魁，已竿乎藁街。臣民頫首而祝聖明者，咸願早成混一，克垂永久。在漢固當遵滿之廉潔，重其所以律己；在滿亦當通漢之委緒，詳其所以課人。在漢固當敦滿之耑樸，建真實之業於上；在滿亦當辯漢之典則，判是非之介於心。而且曰賞罰乎精而可以當形者，意也，説在虞之著《象刑》，畢之旌南土也；猝而可以勝久者，機也，説在齊桓之收扣角，韓魏公之赦空頭也。執此以進退百官，

①「眚」，據《歷科廷試狀元策》改。

天下曉然知皇上之無私，朝臣且窮於奥援，外臣尤凛於簠簋。仁人在左，義士在右，忠臣居前，聖人居後，正所謂有治人而治法丕振，勞求賢而得人甚逸也。無疆惟恤，無疆惟休，于萬斯年，四方來賀。正朝廷，正百官，正萬民，而遠近莫不一於正，登咸之上治，其在斯乎？

抑臣尤有進焉。《易》曰：「天行健，君子以自强不息。」則以天下爲一人者，精明必周乎天下；以億萬年爲開天者，至誠直貫乎後世。明與誠，百王傳心之要，即皇上法天之要，是在皇上力行於知人安民之先耳。

臣草茅新進，不識忌諱，干冒宸嚴，不勝戰慄隕越之至。臣謹對。

（底本：《文武狀元策》，文錦、二酉書屋乾隆續刊本。參校本：《歷科廷試狀元策》，影印雍正十一年懷德堂刻本）

順治三年，丙戌。三月，戊申朔。甲子，吏部右侍郎金之俊等奏言：「故明舊例，進士四百名，二甲，選部屬知州；三甲，選評博中行、推官、知縣，不論名次，每逢内外兼用，政體人情，均屬未協。今開創之初，法宜變通。臣等擬二甲前五十名，選部屬；後二十名，選評博中行。三甲前十名，選評博中行；十一名至二十名，選知州；二十一名至七十名，選推官；餘盡選知縣。庶政體人情，俱得其平。」從之。

（《清世祖實録》卷二五，册三，頁二一一）

二　順治四年丁亥科　呂宫

順治四年（一六四七）丁亥科，共取進士三百名（《順治三年進士題名碑録》《欽定國子監志》載二百九十八名）。狀元呂宫，榜眼程芳朝，探花蔣超。

是科會試主考官：大學士范文程、剛林、祁充格、馮銓、甯完我、宋權。

是科殿試讀卷官：内院大學士馮銓、范文程、剛林、祁充格、宋權、甯完我，學士查布海、來衮、蔣赫德、王鐸、胡世安、陳具慶。

呂宫（一六〇三—一六六四），字長音，江南常州府武進縣（今江蘇常州市）人。崇禎六年（一六三三），鄉試中式。順治四年，狀元及第，授秘書院修撰。九年，加右中允。十年，授秘書院學士；閏六月，遷吏部侍郎；十二月，超授弘文院大學士。十二年，乞休，加太子太保，准回籍養疾。康熙三年（一六六四），卒于鄉。所著有《五經辨訛》《群書通釋》傳世。《清史稿》有傳。

呂宫狀元策見《文武狀元策》（文錦、二酉書屋乾隆續刊本，哈佛大學漢和圖書館藏）、《順治康熙雍正三朝殿試策》（國家圖書館藏）等。

順治四年，丁亥。三月，壬寅朔。丙辰，殿試天下貢士李人龍等，制策曰：帝王之治天下，莫不以得人爲急務。朕深維真才希覯，知人實難。如以言貌取人，慮有内外不符，妍媸互異者；如以薦舉進用，慮有朋黨援引，真贋混淆者；如以博學能文而遽信，其存心行事，又每有下筆千言，侈談堯舜，而中藏姦佞，莅官汙穢者。必如何而後真才可得歟？

近聞見任官員伯叔昆弟、宗族人等，以及廢紳劣衿，大爲民害。往往壓奪田宅，估攫貨財，凌暴良善，抗逋國課，有司畏懼而不問，小民飲恨而代償，以致貴者日富，貧者日苦。明季弊習，迄今猶存，必如何而後可痛革歟？

今當混一之初，尚在用兵之際，兵必需餉，餉出於民。將欲減賦以惠民，又慮軍興莫繼；將欲取盈以足餉，①又恐民困難蘇，必如何而後能兩善歟？

爾多士家修廷獻，正在今日。務各出己見，逐條獻策，勿用四六，不限長短。毋得預誦套詞，拘泥舊式，重負朕意。朕寤寐真才，不啻飢渴，多士宜深體恪遵，明切敷對，朕將親覽焉。

（底本：《清世祖實録》卷三二，册三，頁二五五。參校本：《文武狀元策》，文錦、二酉書屋乾隆續刊本）

臣對：臣聞帝王之撫有天下，而創業垂統傳之無窮也，必有紀綱四方之大略，使庶績咸熙，萬事無墮隳之患，而後萬世永賴其平成；必有容保六合之弘模，俾群黎遍德，一夫無顛隮之憂，而後一代永貞於悠久。庶績何以咸熙？主雖賢聖，必得相助爲理之人。君爲元首，臣爲股肱，頌明良而賡喜起，率作興事，屢省乃成，自古誌之。惟是闢門詢岳，慎簡一世之賢能，在位在職，人人得以亮采惠疇，則事無不舉而職靡不稱，天下之所繇乂安者此也。群黎何以遍德？君處尊巍，恃此歸命投誠之衆。后作民父母，民爲后守邦，引養恬而寧幹止，寬仁彰信，兆民允懷，古訓載之。惟是圖易思艱，軫念斯民之疾苦，不饑不寒，在在得以嬉遊耕鑿，則物無失所而人無向隅，萬類之所以咸寧者此也。故人君不患天下之難治，而患不得

① 「餉」，《文武狀元策》作「兵」。

治天下之人。得其人而分猷宣力，高拱而享平康之福。亦不患百姓之難安，而患不得安百姓之道。得其道而協和風動，恭己而成熙皞之風。惇大明作，仰百度之維新；制治保邦，賴一人之有慶，端在今日矣。

欽惟皇帝陛下，龍德乘時初御，鴻圖似日方升。聰明睿智，以有臨尊親，遍乎血氣；有密緝熙，而肆靖降鑒，篤於蒼冥。允恭安而平章百姓，被四表，格上下，巍巍乎美媲放勛；錫智勇以表正萬邦，慎儉德，懷永圖，翼翼焉欽崇永命。纘三十載開國之勛，大一統而新命，自西自東自南自北，來格攸同，四海展也，維辟之功；應五百年興王之會，合萬類而歸心，汝明汝翼汝聽汝爲，媚茲維式，一人允矣，受天之祜。真堪咸五而登三，雖欲揄揚，而莫罄者矣。乃猶聖不自聖，進臣等於廷，而諮以知人安民之道，不啻疇咨訪落之勤，而明目達聰之盛事也。臣幸躬逢盛世，志切匡時，敢不瀝愚誠而攄情愫，效千慮之一得，以仰酬清問於萬一乎？

臣聞之，賢才者國家之楨幹也。所任賢，則趨舍省而功施普。故帝王選於四海，羽翼百姓，弘風俗而騁太平，蓋勤於求賢，逸於得人也。夫蚊蝱終日經營，不能越階序，附驥尾則涉千里。故必得聖智之君，始有甘棠之臣。虎嘯而風寥戾，龍起而致雲氣，蟋蟀俟秋唫，蜉蝣出以陰。《易》曰：「飛龍在天，利見大人。」鳴聲相應，仇偶相從。是以聖主不偏窺望，而視以明；不殫傾耳，而聽以聰。何則？淑人君子所就者衆也。粵稽唐虞之世，宅揆播穀，教稼明刑，如禹、皋、稷、契輩，皆非常之人，千古莫尚。迨至商周之際，阿衡良弼，狼跋鷹揚，如伊、傅、周、吕之徒，亦名世間出，功爛一時。降至漢高，股肱蕭、曹，爪牙信、布，腹心良、平，相與耘鋤，海内四百五十二年之業，不五載而馬上定之。下而唐宋間，如玄齡、如晦之謀斷相資，寇準、李沆之忠誠無貳，皆能佐理太平，班班可考。況今皇上以不世出之資，具大有爲之略，天既篤生堯舜以主持中夏，則必挺生川英岳秀之奇，以亮天工而襄盛治，此理之必然者。《詩》曰：「藹藹吉人，維君子命。」又曰：「濟濟多士，文王以寧。」此之謂也。

然而，真才希遘，知人寔難，誠有如皇上所云者。臣愚以爲，國家取士之方，壞於重文辭而輕實行；官人之法，亦壞於循資格而泥銓衡。夫士之能言者，多未必能行也。自明代以制義進身，其初猶知敦詩書、説禮義，文品醇正，而人品亦如之。既而漸習浮華，以爲致功名之捷徑。後生小子，專務誦習爲功，拾紙上之陳言，而博取終身之富貴，其於立身行己之方，安上治民之道，毫未之講究。一登仕籍，而輒思温飽，爲潤身家計，欲其公爾忘私、國爾忘家、君爾忘身者，固什不得一焉。惟倣古鄉舉里選之術，責成撫按監司，行屬府州縣，察其境内潛德異才之士，鄉評無間，輿論僉同者，册報試可，不時上聞，以供擢用，而即以是核其官之能否。所貢賢者有厚賞，不肖者有重罰，即有匪類，欲乞引援，孰肯以己之功名博他人之倖進乎？如是，則人皆盡力於求賢，天下之士可得而官使也。世之賢者，何常之有，雖胥吏下僚，往往而是。而高爵厚禄，世之所望。爲君子者，每至放肆不軌，小民之所不若，聖人知其然。是故不逆定於其始進之時，而徐觀其所試之效。小材雖累日不離於小官，大賢雖未久不害爲輔佐，今若遵銓曹定例，累月以取擢，積久以致官，斯廉耻貿亂，賢不肖渾殽，未得其真。惟不以日月爲程，而以寔試賢能爲上，量材而授職，録德而定位，不以其所從來之卑也而限其所至，則天下之人，咸思激發爲善，不以位卑禄薄，無繇自通於上而不修飭，必將賢人衆多，而姦吏衰少矣。

夫皇皇求財利惟恐不獲者，庶人之行也；皇皇求仁義惟恐或失者，君子之行也。昔公儀休相魯，之其家，見織帛，怒而出其妻；見其家茹園葵，愠而拔其葵，曰：「吾已食禄，又奪園夫紅女利乎？」今儒紳之輩，往往以君子而操小人之行，求田問舍，兼併侵漁，愚夫小民，含冤莫訴，弊皆起於有司執法之不嚴，而風憲創懲之不力也。昔者，舜誅四凶而天下服。此四凶者，天下之大族也。惟聖人爲能擊天下之大族，以服小民之心。今皇上肅清海宇，法令嚴明，凡凌虐善良之儔，許撫、按等官責地方有司察實詳報，嚴劾數人，懲以國法，則暴取豪奪之風，庶幾可少息乎。

國家當混一之初，不能廢兵，安能廢餉？然而，餉出於民，所賦不過什分之一，而民之所苦者，不苦公家之賦，而苦於暴吏之征。羨息既多，催科日迫，鞭撻之後，繼以流亡，而民始不堪命矣。皇上但痛懲有司之横征，而民不難供正額也。況今普天率土，莫不輸將恐後，計其所入，足供軍興之費，寬然而有餘。所慮者，老弱虚耗貲糧，而貪弁恣填谿壑。則惟召募者簡練之必核，而持籌者綜覈之務嚴耳。

抑臣更有進焉，得才固難，而用之良不易。是在皇上開誠而倚任之，破格而鼓舞之，且寬其效而徐俟之。至於忠厚開國，惠安元元，節儉躬行，蠲租減賦，則在皇上之正朝廷以正百官，正百官以育萬民，而太平之風與天無極。臣實幸甚！

臣草莽無知，干冒宸嚴，不勝戰慄隕越之至。臣謹對。

（底本：《文武狀元策》，文錦、二酉書屋乾隆續刊本）

三　順治六年己丑科　劉子壯

順治六年（一六四九）己丑科，共取進士三百九十五名（《國朝貢舉年表》載四百名）。① 狀元劉子壯，榜眼熊伯龍，探花張天植。

是科會試主考官：大學士范文程、剛林、祁充格、洪承疇、甯完我、宋權，學士王文煃。

劉子壯（一六〇九—一六五二），字克猷，號稚川，湖廣黄州府黄岡縣（今湖北省黄岡市）人。明崇禎三年（一六三〇）舉于鄉，困公車幾二十年。順治六年，狀元及第，授國史院修撰。順治八年，充會試同考官，尋告歸。順治九年，卒于鄉，年四十四。著有《屺思堂文集》八卷、《詩集》一卷。

劉子壯狀元策見《歷科廷試狀元策》（影印雍正十一年懷德堂刻本）、《文武狀元策》（文錦、二酉書屋乾隆續刊本，哈佛大學漢和圖書館藏）及《順治康熙雍正三朝殿試策》（國家圖書館藏）等。該科《登科録》，國家圖書館有藏，係殘本。

順治六年，夏四月，己丑朔。庚子，殿試天下貢士左敬祖等，制策曰：②從古帝王以天下爲一家，朕自入中原以來，滿漢曾無異視，而遠邇百姓，猶未同風。豈滿人尚質，漢人尚文，習俗或不同歟？［抑］音語未通，③意見偶殊，畛域或未化

---

① 《國朝貢舉年表》，［清］陳國霖、顧錫中編，申江袖海山房石印本，見沈雲龍主編：《近代中國史料叢刊》第十四輯。
② 《文武狀元策》本，起首作「奉天承運，皇父攝政王旨」，文中兩處「朕」字，相應作「予」。
③ 「抑」，據《文武狀元策》《歷科廷試狀元策》補。

歟？今欲聯滿漢爲一體，使之同心合力，歡然無間，何道而可？

民爲邦本，食爲民天。自兵興以來，地荒民逃，賦税不充。今欲休養生息，使之復業力農，民足國裕，何道而可？邇來頑民梗化，不軌時逞，若徒加以兵，恐波累無辜，大傷好生之意；若不加以兵，則荼毒良民，孰是底定之期？今欲使之革心向化，盜息民安，一定永定，又何道而可？

爾多士經術濟世，直陳無隱，務期要言可行，不用四六舊套，朕將親覽焉。

（底本：《清世祖實録》卷四三，册三，頁三四七。參校本：《歷科廷試狀元策》，影印雍正十一年懷德堂刻本；《文武狀元策》，文錦、二酉書屋乾隆續刊本）

臣對：臣聞人君致治，在力行，不在多言；人臣進言，與其文，毋寧過質。今臣拜獻之始也，又蒙聖諭許以直陳要言，而復以浮蔓之詞，聲韻之體，雖弘麗可采，而真實或闕，毋乃非所學而或辜明問乎？

欽惟皇上、皇父攝政王，道闢乾坤，化包中外，驅除亂逆，奠安生民。隆祀典以達孝，廣試額以求賢，罷廠衛以寧人，去寺宦以謹始。近且勤召對以開言路，弛養馬挾弓之禁，寬隱匿連坐之條，凡寬大之政，蓋亦漸已舉行，四海被其風而仰其德矣。然猶聖不自聖，下訪於愚，豈以爲臣之言誠有當乎？雖然，處不諱之時而有所不盡，非臣志也。

夫帝王以天下爲一家，則滿漢皆一家也。朝廷雖無異視，而百姓不能不異也，即滿人、漢人不能不相異也。百姓之所以異視者，何也？邊防之外，愚懦之民，見一滿人，則先驚之矣，又有挾之爲重者以相恐。其實，滿人之與人，未嘗不愛也，處事未嘗不明也，守法未嘗不堅也，居身未嘗不廉也。而小民預有畏怯之意，雖其極有理之事，常恐不能自直於其前，則其勢不能以卒合。而又時當變革之初，民重其生，是以雖有相愛之誠，而不敢相信；雖無相凌之意，而先已自怯也。此百姓之所爲異也。

滿漢之不能不相異者，何也？ 滿人有開創之功，其權不得不重；滿人有勤勞之績，其勢不得不隆。 漢人雖尊貴之位，力固不敢相抗，志固不能必行也。 其中自專者，未免輕漢人爲善狡，爲朋交。 其中自疑者，未免懼滿人之多强，之多執。是以有懷而不能相喻，有才而不得自盡也。 此滿漢之相爲異也。 今欲去其異而同之，臣謂滿人尚質，以文輔之；漢人尚文，以質輔之。 其以文輔之者，設滿學焉，或於國子監，或如教習庶吉，使讀四書五經以通其理，觀《通鑒綱目》以習其事，限爲歲月以考之，亦可以知奉教之人，即爲他日奉法之人。 又可以察其才之所堪，以爲選授之地。 其樸者教之禮數，以知謙讓；通之市易，以知義利；同之好惡，以達其意；通之交遊，以習其情。 日漸月積，至於化而相忘矣。 其以質輔之者，凡在官，以實事責之，選授之公，於所選之人參舉多少知之；錢穀之任，於所掌之務出入清慎知之。 司教者於風俗美惡、人才盛衰察之，典戎者於民生安擾、盜賊平定察之，監司以屬吏奉法、舉效當可爲考，有司以土田開墾、民人歸業爲課。 凡在民，以實心責之，如往來，毋以其少文而畏其難近；如事理，毋以其好勝而懼其相侵；如貿易，毋疑其貪狠而設爲冒欺；如居處，毋厭其鄙固而多所棄遠。 如是，則習俗雖不同，道德同之也；音語雖未通，氣類習之也；意見雖偶殊，義理達之也。一文一質，方將變通古今，轉移造物，而有何不化之畛域哉？

抑臣所祈者，願復古日御便殿之制，令大臣如唐虞君臣論道，取内外章奏，面相商訂，諫官仍得於仗下封駁。 則上下情通，滿漢道合，中外權均。 宰輔不僅以奉行爲職，卿貳不僅以署紙爲能，則中心隱微，皆可告語，而海荒萬里，如在目前。此古和衷之休也，又何遠近百姓之風不可同與？

至於地之多荒者，逃亡多也；民之好流者，賦税煩也。 國家未嘗不寬恩，而上之所放，下復收之，則民不感也。 國家未嘗不定額，而令之所減，吏故益之，則民不知也。 古者理財以愛民爲先，籍民以墾田爲實。 今欲充賦税，必先減之，何則？

今田之開者，不及十之五，而賦不可免，則終不能應。不能應，則必有中飽於里甲，零侵於差票，而民益亡，田益荒，故不如察其荒者議蠲焉。是上寬必不可得之賦以活民之生，實收散可漸歸之民以厚國脉也。若夫民之不能耕者，官給牛種，春以助之，秋以收之焉。又設常平之倉，荒歲以備救，豐歲以備貸。倣社倉之法，發之以月報積穀，司之以廉正鄉紳。又訪(古)[求]西北之水利，①或堰或防，以時築洩；東南之圍田，如圩如沙，因地修舉，務在不擾民而利民。則民知田之可種，自能歸業；民知賦之可供，自能墾田。民益歸而農大起，農大起而税自足矣。

若夫盜之多有，民之不靖，則在亟廣寬大之政而已矣。漢光武遣將，每曰：「凡征討，豈務多殺傷，要在平定安集之耳。」裴度平淮西，即以蔡人爲牙兵，或諫之，度曰：「蔡人即吾人，庸何疑？」故臣以爲，一在酌叛服之法也。其來歸者，或本於投誠，或迫於兵力，以恩待之，使安其爵禄；以信予之，使保其身家，則無有自疑而爲叛者矣。其未歸者，或地遠阻化，或迫挾相從，宜別其首從，毋及善良；宜完其室家，毋多係累，則將有相率而格心矣。一在弭禍亂之萌也。國家沛大恩令，爲兵者與爲賊者悉許歸農，而此輩不知感也。彼具喜亂之資，以掠劫爲長技，以焚淫爲本業，豈能退而修農桑之勞，事商賈之謹哉？其平居，三五成群，凌厲鄉黨，剽竊江湖，聚匿山壑，法有所及，則望影而逃；風有所聞，則群譟而起。去之則無盡殺之理，留之必求處置之宜。臣請令所在揀其强者備爲勁旅，如古府衛之法，什伍相制；懦者率令屯田，以時教閲，居則有城守之功，出則有禦侮之用。上無養兵之費，而下無夜呼之聲，此亦杜萌之道也。一在清釀成之源也。小民經數亂之餘，幸少安息，無不欲守其田廬，長其子孫。然而守令不治，則有重賦以迫之，有雜役以困之。將帥不治，則兵未討賊而先虐民，民未受賊而先受兵。誠能慎有司之選，嚴閫外之法，則百姓能安其身，奸猾何所藉以爲用乎？百姓不生其心，叛

① 「求」，據《歷科廷試狀元策》改。

逆何所指以爲名乎？此又端本之治也。如是則執亂首而誅之，是殺皆仁天下之心也；取難民而釋之，也，是宥皆定天下之術也，而奚憂盜之不息、民之不安耶？自古開國祈命，必在敬德和民，故周以忠厚享年八百。故臣以謂，宜廣寬大之政也。然而臣有承清問所未及不敢不直陳者。夫二帝三王爲古神聖功化之極，然其治本於道，道本於心，故講學爲明心之要，修身爲齊家治國平天下之本。請簡宰輔侍從，先將《大學》正其句讀，説明意義，然後四書五經漸而進焉。至於《大學衍義》，尤爲切要下手之書。經筵之餘，仍將内外奏疏，逐事講説，應証經傳，以儆爲正心之功，以誠爲復性之道，以仁爲成天成物之全。理明可以知人，幾審可以制變，享國億萬年，而臣民咸獲厚載無疆之福者，將在兹乎？

臣草茅新進，罔識忌諱，干冒宸嚴，不勝戰慄隕越之至。臣謹對。

（底本：《文武狀元策》，文錦、二酉書屋乾隆續刊本。參校本：《歷科廷試狀元策》，影印雍正十一年懷德堂刻本）

四　順治九年壬辰科漢榜　鄒忠倚

順治九年（一六五二）壬辰科，分滿、漢兩榜。漢榜取進士三百九十七名。狀元鄒忠倚，榜眼張永祺，探花沈荃。

是科會試主考官：大學士希福、額色黑，禮部尚書陳泰，學士劉清泰，胡統虞、成克鞏。

是科殿試讀卷官：大學士希福、范文程、額色黑、洪承疇、甯完我、陳之遴，學士伊圖、蔣赫德、能圖、葉成格、劉清泰、白色純、張端，侍讀學士索諾木、魏天賞，侍讀叟塞，吏部尚書高爾儼，禮部尚書郎球，吏部侍郎熊文舉，禮部侍郎恩格德，户部侍郎王永吉、趙繼鼎，兵部侍郎李元鼎，刑部侍郎孟明輔，工部侍郎李迎晙，禮部啓心郎董衛國，禮部理事官楊鼐，禮部主事卜顔、喀代。

鄒忠倚（一六二三—一六五四），字于度，號海岳，江南常州府無錫縣（今江蘇無錫市）人。崇禎十五年（一六四二）舉於鄉。順治六年會試，九年補殿試。狀元及第，授内翰林祕書院修撰。性静默，淡於榮進，登第後，常翛然有出塵之思。順治十一年八月，以疾卒。工書法，著有《雪蕉集》《篔園集》。

鄒忠倚狀元策見《歷科廷試狀元策》（影印雍正十一年懷德堂刻本）、《文武狀元策》（文錦、二酉書屋乾隆續刊本，哈佛大學漢和圖書館藏）及《順治康熙雍正三朝殿試策》（國家圖書館藏）等。

順治九年，三月，壬申朔。丙申，策試漢軍及漢貢士張星瑞等，制策曰：朕[纘]承鴻業，①定鼎九年矣。親政以來，日益兢惕，念治天下之道，莫大乎用人聽言。人有真邪正，言有真是非，往往混淆難辨。今欲立辨不惑，一定不移，將遵何道與？開創之始，凡官制賦役、禮樂兵刑、營建風紀，規模粗設，未協至道。自唐虞三代以來，其制[度]可得詳聞與？②或因或革，或盛或衰，意者不在制度文爲，而别有在與？用正人，聞正言，行正道，朕日切於懷，未得其要。爾諸士幼學壯行，宜各出所見，實陳方略。其文務以漢廷賈、董諸臣爲式，毋沿對偶冗長故習，朕將親覽焉。

（底本：《清世祖實録》卷六三，册三，頁四九八。參校本：《歷科廷試狀元策》，影印雍正十一年懷德堂刻本；《文武狀元策》，文錦、二酉書屋乾隆續刊本）

臣對：臣聞帝王之統御天下也，有治人無治法，故制度之未舉，不足憂也；有治化無治術，故觀察之所存，不足恃也。惟帝王有一代之紀綱以爲治法，必有一代之耆碩以爲治人；有顯飭之官方以爲治術，必有默感之革心以爲治化。治人者何？宅揆奮庸，百僚明作者是已。教養之待宣，制作之待備，開創之初，日不暇給，而佐理有人，則施行有序而規模以遠。不然，堯舜之法，不能百年而無弊。任賢所以圖乂，而經國之本於此乎挈矣。治化者何？百爾靖共，清忠砥礪者是已。賢佞之有分，耳目之有寄，辨論之方，慮無不備，而廉法化行，則名教自樂，而畏罪猶輕。不然，督責之朝，不能寮寀之無過。輯志所以同風，而風勵之權于此乎一矣。況撫運維新，正人才輻輳之日；繼離伊始，尤人心滌志之初。篤前謨而宅中定鼎，言守成則媲夫商周，大九有而弼服建官，言開創則隆乎虞夏。以弘敷賁，以訖柔能，端在今日矣。

① 「纘」，據《文武狀元策》《歷科廷試狀元策》補。

② 「度」，據《文武狀元策》補。

欽惟皇帝陛下，聰明睿知，質亶性生，文武聖神，德全廣運。御大寶而初降絲綸，既省刑而薄賦；闢四門而旋懸鞀鐸，復式諫而興賢。大澤之流，求治之切，有如此矣。至若却貢獻而撤上供，則與大禹克儉克勤之心，文王視民如傷之意，同一揆也；飭巡方而重守令，則與虞廷咨岳咨牧之言，周王董正治官之事，同一轍也。德已至矣，猶以爲未至；功已盛矣，猶以爲未盛。乃萬幾之暇，進臣等於廷，詢以用人聽言之道，制度得失之詳。臣愚何足以知之，雖承問而對，①臣之分也；不負所學，臣之志也。敢不披瀝直陳，爲盛朝之拜獻哉？

伏讀制策有曰：「人有真邪正，言有真是非。今欲立辯不惑，一定不移。」臣竊惟官人之道曰人與言，有因人而用言者，即有因言而取人者；人有不以言求者，即言有不以人廢者。用有殊，道無殊也。今試以人論之，其賢者，必難進易退以全其節者也，不然則已謟；必有犯無隱以盡其忠者也，不然則已慢。然臣聞宋臣蘇軾曰：「與仁同功而謂之仁，則公孫之布被與季路之緼袍何異？於陵之螬李與顔氏之簞瓢何辨？功者人所趨也，過者人所避也，審其趨避，而真僞見矣。」由蘇軾之言觀之而歷乎九徵以得不肖，生平決于俄頃，大節藏于細微，其衡鑒不亦毫髮之無爽歟？以言論之，其言之光明而正直者，必君子也；言之和祥而惻怛者，必仁人也。至于功罪何難辨，止在先事與後事之間；忠佞何難分，止在爲公及爲私之地。然臣聞唐臣陸贄曰：「天子之道，與天同功，天不以地有惡木而廢發生，天子不以時有小人而廢聽納。」由陸贄之言觀之而察乎九弊以通人情，讒説既誅而敷奏有道，論言必聖而芻蕘可詢，其翕受不亦睿照之足恃歟？雖然，此猶非其本也。臣聞人臣之所爲建白，存乎心之誠僞，而不在乎旌別之嚴。人才之所以廢興，在乎上之激揚，而不在乎銓法之内。則欲中外諸臣奉公盡職，承末季積習之餘，而開太平垂創之業，非有以大變之而不可也。夫人之心計才力豈有所不

①「雖」，當爲「然」之訛。《歷科廷試狀元策》作「雖然」。

足哉？身家之念重，則爲君父之謀必輕；利禄之心多，則廉耻之坊漸軼矣。苞苴計行，忠良氣沮，詭隨佞諛者名之曰變通，緘默容身者目之曰忠厚，直言正色者非之曰矯激，持心操節者刺之曰干名。天下之人，舉皆相安而無有異，而欲以致太平、謀長治，此必不得之數也。

臣愚以爲，欲致天下之大治，必勵天下之人心，知節義之當守，而非以邀名；知廉潔之可樂，而非以避罪。去私而爲公，忘家而謀國，志一而智勇生，則一人且餘數人之才矣。獨立而不懼，共事而無嫌，誠至而朋黨消，則舉朝且有臂指之勢矣。而況開國之初，一世之風尚于焉移，一代之氣節于焉出。夫漢高稟大度，故其時多魁傑不羈之才；孝宣精吏能，故其時萃循良核實之用。以迄光武，崇尚志節，東漢之風，于斯爲美。是知人之志性，與時升降，獎之則勸，勵之則從，聽之則靡，斥之則絶。此風化之關而言路人才之所由也。

伏讀制策有曰：「開創之初，凡官制賦役、禮樂兵刑、營建風紀，規模初設，未協至道。」而欲聞唐虞三代以來盛衰因革之故。臣竊惟建官惟百，而草昧之制隆；率屬六卿，而成周之法備。上中下之賦，三壤成書；貢助徹之名，什一同制。以人則伯夷惇典，元公定禮；以數則《韶樂》九成，《武樂》六成。士師掌刑而統之兵，司馬詰戎而通之教。茅茨不剪，而三川卜宅，其事寖詳；黜陟有規，而六計法廉，其綱益密。則唐虞三代以上繁簡之制可詳也。三公三省之命相，都省行省之置丞，什五税一以代秦苛，二十税一以垂宋制。綿蕞習儀，二部分樂，事則卑矣。（俯）〔府〕衛任兵，①覆奏謹刑，法則善矣。以至採辦有三司，將作有監貳，内設都察院以爲朝廷之紀綱，外設按察司以爲四方之耳目，則漢唐宋元以下得失之制可詳也。皇上誠進條陳之疏，嘉草具之儀，用耆舊之人，奮登明之治，汰冗廢之員，養百姓之力，追中和之盛，布欽恤之條，選節

① 「府」，據《歷科廷試狀元策》改。

制之師，嚴糾劾之令，言出而利興，人存而法舉。將臣工有不日奮，民生有不日安者，未之有也。則制作之備，治化之成，可計日而待也。

抑臣更有進焉。玉不琢不成器，人不學不知道。灼古鏡今者則無遺策，尊聞行知者則進高明。蓋以帝王治本于道，道本于心。宋臣《大學衍義》所載，如明道術、辨人才、審治體、察民情以爲格致，崇敬畏、戒逸欲以爲誠正，謹言行、正威儀以爲修身，重妃匹、嚴内治、定國本、教戚屬以爲齊家。皇上以天縱之資，日御經筵，簡宰輔侍從之臣能資啓沃者，就四書五經有裨于身心者進御，擇《通鑒》《奏議》有關于理亂者講説，必能助益高深，輔成睿德也。尤祈滿、漢互譯，反覆下詢，字必盡其義，言必證諸今，必能有當聖心德修罔覺也。聖制所謂「用正人、聞正言、行正道」，其功莫要于此。

臣草茅新進，不識忌諱，干冒宸嚴，不勝戰慄隕越之至。臣謹對。

（底本：《文武狀元策》，文錦、二酉書屋乾隆續刊本。參校本：《歷科廷試狀元策》，影印雍正十一年懷德堂刻本）

滿洲榜　麻勒吉（闕）

順治九年（一六五二）壬辰科，滿洲榜取進士五十人。狀元麻勒吉，滿洲正黄旗人；榜眼折庫納，探花巴海，皆鑲藍旗人。

麻勒吉（？—一六八九），字謙六，姓瓜爾佳氏，滿洲正黄旗人。先世居蘇完，曾祖達邦阿，清太祖時來歸。順治八年，定滿洲、蒙古與漢軍、漢人分試，麻勒吉以翻譯取中舉人。順治九年，會試第一名，殿試一甲一名，授修撰。十年，授弘文院侍講學士。十一年，擢弘文院學士。十二年，始設日講官，麻勒吉等充之。十四年，充經筵講官。十八年，授秘書院學士。康熙五年（一六六六），擢刑部侍郎。七年，授江南江西總督。中遭降級。二十三年，授提督九門步軍統領。二十八年二月卒。《清史稿》有傳。

順治九年，三月，壬申朔。丙申，策試滿洲、蒙古貢士麻勒吉等，制策曰：朕聞至治之世，訐訟無人，刑罰不用，是豈民之自然息争與？抑撫道各官賢良之所致與？抑親民之府州縣等官各得其人與？爾積學諸士，必有灼知，務抒所見，朕將親覽焉。

（底本：《清世祖實録》卷六三，册三，頁四九八）

五　順治十二年乙未科漢榜　史大成

順治十二年（一六五五）乙未科，分滿、漢兩榜。漢榜取進士四百四十九名（《順治十二年進士題名碑録》《皇朝文獻通考》載三百九十七名，《欽定國子監志》載三百九十九名，《國朝貢舉年表》載三百五十名）。狀元史大成，榜眼戴王綸，探花秦鉽。

是科會試主考官：大學士額色黑、金之俊，侍郎恩格德，學士胡兆龍。

是科漢殿試讀卷官：大學士金之俊、王永吉、成克鞏、傅以漸，學士張懸錫、胡兆龍、梁清寬、李霨，詹事陳爌，尚書李際期，侍郎衛周祚、王弘祚、李呈祥、袁懋功，左都御史龔鼎孳，通政使朱鼎延，大理寺少卿霍達。

史大成（一六二一—一六八二），字及超，號立庵，浙江寧波府鄞縣（今寧波市）人。順治十一年，舉浙江鄉試。廷試第一，授翰林院修撰。康熙六年（一六六七），陞侍讀。晉侍讀學士。八年，主考順天鄉試。十一年，陞内閣學士、經筵日講起居注官。十二年，陞禮部左侍郎兼翰林院學士。十三年，轉爲禮部右侍郎。十五年，感風疾告歸。二十一年，卒于鄉。擅詩文，尤工制舉業。著有《八行堂詩文》。

史大成狀元策見《歷科廷試狀元策》（影印雍正十一年懷德堂刻本）、《文武狀元策》（文錦、二酉書屋乾隆續刊本，哈佛大學漢和圖書館藏）、《順治康熙雍正三朝殿試策》（國家圖書館藏）。

順治十二年，乙未。三月，丙戌朔。庚子，策試會試中式漢軍及漢貢士秦鉽等四百四十九人，制策曰：朕惟古治之隆，政教彰明於上，六府孔修，黎民於變，四岳、九官、十二牧，協恭和衷，股肱良而庶事康。猗歟盛哉！朕今夙夜圖治，與大小臣工，講學議政，冀登上理。而紀綱猶有未振，法度猶有未張。賦税考成，非不屢加申飭，而官吏之秏蠹尚滋；盜賊剿撫，未盡合乎機宜，而小民之安枕無日，其故何歟？揆厥所由，良以凡百有位，偏私難化，瞻顧情面者多，實心擔當者少。兹欲重新整頓，大破積習，俾各興事慎憲，共矢公忠，何道而可？從來有治人，無治法，豈非人存則政舉，而用人爲理財之本，知人尤安民之要歟？爾諸士懷家修而際廷獻，其詳切敷陳，以真學問爲真經濟，毋事浮襲，朕將採擇而施行焉。

（底本：《清世祖實録》卷九〇，册三，頁七〇八。參校本：《歷科廷試狀元策》，影印雍正十一年懷德堂刻本；《文武狀元策》，文錦、二酉書屋乾隆續刊本）

臣對：臣聞帝王之馭宇也，用人爲先，而帝王之用人也，知人爲要。知其人足以理財而用之以理財，財源開而財流節，司農可無會計之虞矣。知其人足以安民而用之以安民，民生厚而民德正，百姓可無仳離之嘆矣。知其人而不爽其鑒，用其人而不違其才。古者綱紀修明，法度釐飭，賦税定納秸納米之制而國用充足，箕斗之刺不興；草野樂于耜舉趾之休而民生悦康，烽火之驚不作，得此道也。大抵知人不爽其鑒，則凡入其鑒者，賢能畢辨，故大小罔不和衷以盡職。用人不違其才，則凡抱其才者，短長畢試，故内外罔不協恭以稱位。設也知人而爽其鑒，恐師師者未必盡賢，濟濟者未必盡能也，而何以冀庶事無叢脞之憂？設也用人而違其才，恐服休者未必盡長，服采者未必盡短也，而何以望天工奏熙亮之績。然則明察獨昭，選舉因人而當，權衡無頗，論辨隨器而施，端有賴于今日矣。

欽惟皇帝陛下，亶聰明而聖，勤學問而神，納諫如流，覽數萬言於宵衣旰食之際；愛民若子，掄二千石於潁川渤海之間。右御書，左御圖，論道進三公，惟取半部能安天下；朝謀綱，夕謀紀，經邦分百執，欲求三策可致太平。此誠至德深心，莫罄口揚筆述。迺猶望道未見，視民如傷，進臣等於朝廷而諮之，力洗目前之弊，希登隆古之風，此雖帝之有咨，王之有訪，無以過也。臣自維新進，何敢任臆識以議大政？然承問而對，臣之分也；不欺所學，臣之志也。敢不披心露膽，悉陳以獻乎？

臣聞之，君猶天也，天無爲而爲四時之宰，雨暘寒燠，各式其敘而不亂，則歲功以成；君猶心也，心無動而爲五官之主，肅乂哲謀，各守其官而不亂，則人事以理。今夫内之有沃心講道之佐，外之有理煩治劇之臣，是天之有四時也，心之有五官也。迺邇之而六府三事未協，遠之而五行八政未諧，是四時不若其序，五官不奉其司也。豈知人之道未盡得與？抑用人之法未盡詳與？臣請一一言之。

伏讀制策有曰：「夙夜圖治，與大小臣工講學議政，冀登上理，而綱紀猶有未振，法度猶有未張。」從來帝王之興，綱紀不一，法度亦殊。而要之，綱紀之所以克振者，振之以公；法度之所以克張者，張之以一。無徇己之欲，則好惡審而舉廢無偏；無徇人之私，則喜怒平而黜陟皆當。無朝質而暮文，則政令可以久；無此嚴而彼恕，則刑罰可以威。昔者晉文之創業也，伐原以示信；齊桓之集統也，釋楚以昭公。子産鑄書，國人謗之而弗恤；商鞅立法，貴近行之而罔寬。彼區區霸者之治，紀綱法度，且以公服天下之心，以一定天下之志，而況齊唐虞而駕三代者乎？故臣謂今日者，不必憂紀綱之不振，而當思振之以公；不必憂法度之不張，而當思張之以一也。如什一既有制矣，豐歉無增，即爲《禹貢》則壤之法；三等既有辨矣，親疏無易，即爲《周禮》計弊之文；五刑既有頒矣，滿漢無殊，即爲《虞典》明允之訓。凡行之爲一代之政，必垂之爲萬世之規，何患損益之不宜，因革之不當哉？講學議政，莫先於此。

伏讀制策有曰：「賦税考成，非不屢加申飭，而官吏之耗蠹尚滋。」夫官吏何以耗蠹也？大凡吏視官，故吏之耗蠹多由於官。官之小者視官之大者，故官之小者之耗蠹，未必不由於官之大者也。臣見州縣之有司，有催科甚猛而索派甚煩者，其賦税未必盡能以威迫而完也。然而撫綏之法少，彌縫之法多，藩臬之臣稱之曰有才。其有緩催科之條、革索派之例者，其賦税往往能以情感而速完也。然而鞠字之術工，逢迎之術拙，藩臬之臣名之曰不及。然則以廉而得不及之愆，孰若以貪而博有才之譽乎？耗蠹之滋所由來矣。臣謂欲清耗蠹之弊，當興廉耻之風。考成之時，官之貪者雖有才，而必嚴其律；官之廉者雖不及，而必録其功。夫然後重己之名譽，則重民之脂膏，官之耗蠹不飭而自化，而吏又何所容其奸哉？此正所謂治其本而清其源者也。

伏讀制策有曰：「盜賊剿撫，未盡合乎機宜，而小民之安枕無日。」此真憂民之思至無已也。蓋盜賊亦小民也，豈無父母妻子之樂，豈無廬室墳墓之情，何以不安耕田鑿井，共習於剥棗烹葵，而反好執鋭披堅，相逐於櫛風沐雨？原其始，非困於饑寒，則迫於徭役也；非追呼以驅之，則苛政以逐之也。此罪則難逭而情有可憫者也。今使大兵一至，殲其人，籍其家，甚而繫其親戚隣里。嗟此小民，非不悔爲盜賊，奈欲不爲盜賊而有所不可也。非剿之不得其道，而撫之不得其道也。臣請於剿之之中即寓撫之之意。當命一剿之之將，即設一撫之之官，置諸軍中，如監軍例，其事實爲相濟，而權則不許相侵，然後逆命者死於剿之之將而不怨，投誠者生於撫之之官而如歸，民豈有不涕泣投戈者乎？不然，剿賊者意主於盡敵廼止，而有司遠而難控，撫臣更遠而難控，民雖望撫，疇其撫之？

凡若此者，非有治法之可拘，而有治人之堪擇也。蓋得治人，則綱紀可振，法度可張，賦税之耗蠹可清，剿撫之機宜悉合。何也？爲其人能實心擔也。不得治人，則綱紀愈紛而愈不振，法度愈變而愈不張，懲賦税之耗蠹而墨吏日聞，詳剿撫之機宜而羽書時告。何也？爲其人多以情面徇也。宜睿慮諄諄及之也。臣思得人之道無他，惟知之明而用之當耳。燕石亦可混玉，魚目亦能類珠，身、言、書、判四者，恐不足遽以爲明也，尚其採輿論以合之；騏驥不可逐鼠，駘駑不可驂乘，上、中、下三者，恐不足遽以爲當也，尚其歷久任以試之。於是保舉之典，必嚴功罪以共之條；僚友之班，爰申朋黨相通之禁。將見同力爲實心，皋、夔、稷、契互相推贊，而不以爲阿矣；持議不徇情，韓、范、富、歐各自敷陳，而不以爲背矣，誰不矢公矢慎也哉？

抑臣更有進焉，惟讀書則能明理，唯明理則能知人，尤其本與？

臣草茅無知，罔識忌諱，干冒宸嚴，不勝戰慄隕越之至。臣謹對。

（底本：《文武狀元策》，文錦、二酉書屋乾隆續刊本。參校本：《歷科廷試狀元策》，影印雍正十一年懷德堂刻本）

滿洲榜　圖爾宸（闕）

順治十二年（一六五五）乙未科，滿洲榜取進士五十人。狀元圖爾宸，滿洲正白旗人；榜眼賈勤，正紅旗人；探花索泰，正白旗人。

是科，大學士車克、額色黑，學士葉成格、能圖、石圖、禪代、張長庚、麻勒吉、鏗特、祁徹白，侍郎蘇納海、覺羅額爾德、恩格德、覺羅科爾昆、郭科、啓心郎對喀納，通政使喀愷，大理寺卿吴庫禮，爲滿洲殿試讀卷官。侍讀學士索諾木、侍讀穆成格，爲蒙古殿試讀卷官。

圖爾宸，生卒年不詳，字自中，滿洲正白旗人。順治十一年，應滿洲鄉試中舉。十二年，狀元及第，授翰林院修撰，累官至工部侍郎。

順治十二年，乙未。三月，丙戌朔。庚子，策試會試中式滿洲蒙古貢士查親等五十人，制策曰：朕惟平治天下，莫要於綜理政事。政事之本，在六部各有專司。如得賢才，則寮寀奮庸，庶務修舉，而萬民康濟矣。今欲痛改夙弊，猶未盡除，銓法混淆，賦税逋欠，士習日頹，武備不實，刑獄沉滯，而虚糜未省，此其法未盡善歟？抑奉行者猶未得補偏救弊之要歟？爾等其抒衷盡言，毋剿襲，毋緣飾，朕將親覽焉。

（底本：《清世祖實録》卷九〇，册三，頁七〇八）

順治十二年，乙未。三月，丙戌朔。庚子，諭内三院：「今科殿試，較往科更宜虚懷詳慎，一秉至公。兹命爾等讀卷，務體朕求賢若渴至意，各官所閲試卷，粘貼浮簽，止書次第，不必書各官姓名，以除師生陋習。其各擬首卷，密封進覽。九卿等官，恐取卷好尚不同，爾等仍通加詳閲，期拔真才，用光大典。」

（《清世祖實録》卷九〇，册三，頁七〇八）

己酉，一甲一名進士圖爾宸、史大成，率滿漢諸進士，於天安門外上表謝恩。是日，上召見圖爾宸、查親、索泰、史大成、戴王綸、秦鉽等於南苑，各問年齒、旗，分籍貫，賜坐、賜茶飯而遣之。

（《清世祖實録》卷九〇，册三，頁七一一—七一二）

六　順治十五年戊戌科　孫承恩

順治十五年（一六五八）戊戌科，共取進士三百四十三名（《國朝貢舉年表》載四百名）。狀元孫承恩，榜眼孫一致，探花吴國對。

是科會試總裁：大學士傅以漸、學士李霨。同考官：方玄成、張士甄、范廷元、許贊曾、楊永寧、史大成、秦鉽、王澤弘、田逢吉、丘象升、沈世奕、胡簡敬、綦汝楫、田種玉、党以讓、項景襄、梁鋐、王命岳、任克溥、雷一龍（據《順治康熙雍正三朝會試録鄉試録》［國家圖書館藏］）。

是科殿試讀卷官：大學士覺羅巴哈納、額色黑、成克鞏，學士折庫訥、李霨、王熙，詹事府詹事沙澄，吏部右侍郎郝惟訥，户部尚書孫廷銓、左侍郎王弘祚，刑部左侍郎杜立德，工部尚書衛周祚，都察院左都御史魏裔介，大理寺少卿高辛允。

孫承恩（一六二〇—一六五九），原名曙，字扶桑，江南蘇州府常熟縣（今江蘇常熟市）人。順治十一年，以太學生應順天府鄉試，居首薦。次年與會試，中副榜。狀元及第，緣其弟暘科場事，未授職。六月，上特宥之，授内翰林國史院修撰。十六年夏，中寒疾，卒於邸。工駢體，詩學温李，書仿歐陽，能深得其筆法。既備顧問，寵遇日隆，及卒，時論惜之。

孫承恩狀元策見《歷科廷試狀元策》（影印雍正十一年懷德堂刻本）、《文武狀元策》（文錦、二酉書屋乾隆續刊本，哈佛大學漢和圖書館藏）、《順治康熙雍正三朝殿試策》（國家圖書館藏）等。

順治十五年，戊戌。夏四月，丁卯朔。戊辰，殿試天下貢士，制策曰：朕惟唐虞三代，民風樸茂，海宇乂安，人無偏陂之心，俗躋雍熙之盛，率性而偏德，訓行而近光，涵濡於道德仁義之中，馴致刑措不用，何治之隆也！ 朕孜孜求治，夙夜不遑，十有五年於兹矣。 乃休養多方，而閭閻未寧幹止；訓迪日久，而群黎未覩維新。 表章經術之令雖殷，而博通經學者尚寡；明慎用刑之念雖切，而自干法網者猶多。 豈人心之盡不古若與？ 抑奉行者未得其實也？ 今欲使兆庶遂生樂業，咸得其所，庶幾衣食足而禮義興，人心協正，風俗還淳，敦尚經學，而修明性道，君子懷刑，小人亦耻犯法，俾隆古之上理，再見於今日，何道而可？ 爾諸士其各抒夙抱，詳切敷陳，勿得勦襲浮泛，朕將採擇焉。

（底本：《清世祖實録》卷一一六，册三，頁九〇三。 參校本：《歷科廷試狀元策》，影印雍正十一年懷德堂刻本；《文武狀元策》，文錦、二酉書屋乾隆續刊本）

臣對：臣聞帝王之輯綏四海而承敘萬年也，必立一代之善政，以定綱紀而彰法度，而後可以建久安長治之休；必立萬代之善教，以端學術而正風俗，而後可以致時雍風動之化。 善政者何？ 所謂厚民之生是也。 民生不厚，則閭閻無幹止之寧，群黎無保乂之樂，禮義廉耻之事不足以感動其隱微，而人心因以不古。 善教者何？ 所謂正民之德是也。 民德不正，則經學多簧鼓（之）之端，①性道雜堅白之説，明罰敕法之意，不足以檢束其身心，而風尚因以不正。 古帝王建皇極於上，而士庶遵平康正直之道於下，亦惟厚生正德加之意而已。 然天下之治法，不在法而在人；天下之治人，不在事而在心。 有實心爲民之君以宣（正）［政］教於上，②而雲行雨施敷其德。 亦必有實心任事之臣，以行政教於下，而草偃風行大其化。 苟奉行之吏得其人，而厚民生則實有以給其身，正民德則實有以化其心。 則唐虞之協和於變，三代之累洽重熙，調玉燭而

① 「之」，據《歷科廷試狀元策》删。
② 「政」，據《歷科廷試狀元策》改。

固金甌，不難見諸今日也。

欽惟皇帝陛下，止孝止慈，克威克愛，聰明睿知，具大有爲之資；惕勵憂勤，存不敢康之念。無一事不念民瘼，無一時不周民隱。其於二帝三王之道，亦已究極精微，可謂後先媲美，千古並隆者矣。而猶以群黎之未寧，經術之未明，刑罰之未措，進臣等而詢之，此即唐虞明目達聰之意，而三代盛王軫念民依之心也。臣等伏處草茅，目擊時艱，其欲剖露久矣，而況仰承清問，敢不竭一得之愚，以爲芻蕘之獻乎？

臣聞國勢之所以强弱者，在乎民氣之憂樂，而不在乎富與强；王政之所以廢興者，在乎民心之漓樸，而不在乎刑與名。古之人君知其然，務修其政教，以養民氣而定民心，其身雖居於明堂之上、法宮之中，而其心無日不取民間之疾痛疴癢而代之謀。凡其所爲稼穡之節、田里之制、蠶桑之務，咸有以通其隱而導其宜。而又建之學校以處之，立之師儒以董之，躬行禮讓以先之，畫一章程以範之。而又爲之詩書以明其義，禮樂以和其神。夫然後其時之民，既有以仰事俯育而不欲爲非，又以明禮習義而樂於爲善。故其民之犯法者少，而其吏之桁楊囹圄虛設其具而無所用。此唐虞三代之治所以民風樸茂，海宇乂安，人無偏陂之心，俗躋雍熙之盛，至於刑措不用者，政教之道得焉耳。降及漢唐宋之世，其君未嘗不求治民之道，而治每不逮於唐虞三代者，何也？務刑罰以督其民，而不知修政教以化之之本故也。何則？夫民之爲非也，不能强之使不爲，而在使之不欲爲；民之爲善也，不能强之使必爲，而在使之樂於爲。其所以使之不欲爲非而樂於爲善者，家給人足而民氣樂，明耻教讓而民心樸也。若不知其本而徒恃刑罰以督之，刑罰之所不及，其心斯去之矣。其何以躋唐虞協化之美，而埒三代康茂之盛哉？

伏讀制策有曰：「休養多方，而閭閻未寧幹止；訓迪日久，而群黎未睹維新。」皇上之爲此言者，真百姓之福也。方今百姓亦困極矣，有可養之父母妻子而不能養，有可享之田廬貲産而不能享。顛連困苦而莫所底止者，非上之不能蠲租薄賦以致之，而煩苛之吏有以驅之使然也。薄賦之日而未嘗無加賦之官，薄吏而未嘗薄民也。蠲租之時而未嘗有蠲租之實，蠲吏而未始蠲民也。而東南之大困，又莫甚於漕，而莫切於漕夫五兩五石之定制。國家無纖毫困民，而今日在事諸臣之奉行之者，則大有悖於皇上愛民之心者矣。强弁悍卒，魚肉小民，揹勒贈耗已十倍於定制。國家收一歲之賦，而小民必出兩倍之漕。嗟此小民，鮮有不至於鬻其孥而傾其産，以應官吏弁卒之誅求者。肌膚性命且不可保，安能寧幹止而慶維新哉？誠能嚴苛吏之罰，重悍弁之誅，詔令必期其下究，定制必期其不易，而兆庶可以遂生樂業矣。

制策有曰：「表章經術之令雖殷，而博通經學者尚寡。」此誠盛世右文至意也。夫古之所謂經術者，期於適乎用而已。內之究天人之要，其學可以盡性而養心；外之審家國之機，其道可以澤民而致主。此所以賢才濟濟，而一時有一時之用也。於今則不然，上以文辭課天下，而其要止在乎明義理；下以章句率後學，而其志止在乎躐功名。童而習一經，白首而不知所以爲用。無怪乎天下之士，拘文牽義，抱殘守己，而國家制禮作樂之事，郊廟封禪之儀，茫然不知所適從也。皇上誠能日御經筵講幄，時開虎觀石渠，而又博求淹洽之士，兼開弘學之科，廣勵庠序之教，興行遺逸之書，而昌明經術之人不起而應之者，未之有也。

制策有曰：「明慎用刑之念雖切，而自干法網者尚多。」真皇上好生之心所朝夕欽恤於中也哉！夫民之犯法者，比比而是也。誅之則有不勝誅，而宥之則有不勝宥。必有一定之律法以嚴其守，而使之有所不可易；必有兼用之恩威以神其用，而使之有所不可測。不可易者，使天下曉然於法之不得犯而民懼；不可測者，使天下之人不能測量天子之生死予奪乎我，而民且懼而且感。然則刑措之治，亦在皇上修德垂恩，加惠元元，撤矯虔之習，除束濕之令，寬其文網，明其條誥，以致之而已，何唐虞三代之治不可幾及哉？雖然，主治者君也，而代君而出治者吏也。恤民之詔屢下，而中澤之哀嗷如故；經術之訪實殷，而多士之弇鄙如故；恤刑之使日出，而貫索之顛連如故。豈皇上之德意有未至，而教化有未至哉？臣以知非皇上之德意教化未至也，諸臣之奉行德意教化者職未盡也。皇上未嘗負百姓，諸臣實負皇上耳。使諸臣勵羔羊之節，敦素絲之雅，以愛身之念愛君，則利害必悉；以謀家之計謀國，則處置必周。化情面爲肝膽，轉推諉爲擔當，虛心以審幾，而實心以任事。其在郡縣，則必先撫字而後催科，務使足其衣食；其在學校，則必講禮讓而廣風教，務使正其人心；其在士師，則必重民命而却煩苛，務使當其情法。同寅協恭，興利除弊，公爾忘私，國爾忘家，以上輔堯舜之君，躋雍熙而登仁壽，不誠千古盛事哉？

然臣更有進焉。代君者吏也，而擇吏者君也。民之利害，惟吏悉之；而吏之賢否，惟君審之。然則欲遂民生者，惟於選舉有司，勸懲有司者，加之意而已。語云：「心正則賢才輔。」則用人取舍之間，又在皇上誠意正心以生其明斷矣。臣之所陳，愚昧無知。不識忌諱，干冒宸嚴，不勝戰慄隕越之至。臣謹對。

（底本：《文武狀元策》，文錦、二酉書屋乾隆續刊本。參校本：《歷科廷試狀元策》，影印雍正十一年懷德堂刻本）

順治十五年，戊戌。夏四月，丁卯朔。丙戌，諭吏部：「設科取士，原爲授官治民，使之練習政事。向例二甲授京官，三甲授外官。同一進士，頓分内外。未習民事，遽任内職，未爲得當。今科進士，除選取庶吉士外，二甲三甲，俱著除授外官。遇京官有缺，擇其稱職者陞補。著永著爲例。應如何分别選授，爾部詳議具奏。」

（《清世祖實録》卷一一六，册三，頁九〇五）

丁亥，禮部更定科場條例：

一、解卷遲延。司府官每十日，罰俸兩月。如係解役耽閣者，另行治罪。

一、磨勘試卷。字句可疑，一卷，主考官罰俸九月，同考官降三級。二卷，主考官罰俸一年，同考官降四級。三卷，主考官降一級，同考官革職提問。四卷，主考官降二級。五卷，主考官降三級。六卷，主考官革職。七卷，主考官革職提問。

一、文體不正。一卷，主考官罰俸六月，同考官降一級。二卷，主考官罰俸九月，同考官降二級。三卷，主考官罰俸一年，同考官降三級。四卷，主考官降一級，同考官革職。五卷，主考官降二級，同考官革職提問。六卷，主考官降三級。七卷以上，主考官革職。

一、舉子試卷，字句可疑、文體不正者，俱褫革。有蒙詞累句者，罰停會試二科。不諳禁例者，罰停會試三科。

一、用墨筆、藍筆添改字句者，主考官降三級。其同經共閱，查係何官筆跡，亦降三級，同閱官降一級。

一、卷面主考官列名註批外，同考官俱敘品級列銜。違式者，主考官降一級。

一、取中卷内二三場，同考官藍筆不全點閱，各降一級，主考官罰俸一年。副榜卷不全點閱，同考官各罰俸一年，主考官罰俸九月。

一、程文用諸生原墨，稍加裁定，各考官輕率改作者，降三級。

一、硃卷應先填舉子名次，後填姓名。墨卷雖有姓名，亦應填寫名次。違者主考官降一級。

一、墨卷錯落，及違式、應貼不貼者，受卷官降一級。本生文内筆誤一二字、不礙禁例者，罰停會試一科。錯落題目者，罰停會試二科。其文内有不諳禁例，字句稍涉可疑者，罰停會試三科。

一、謄寫錯落數行者，對讀任錯不改者，謄録對讀官各罰俸九月。

一、對讀向用藍筆，今改用黄筆，違者官降一級，對讀生員黜革。

議上。從之。

（《清世祖實録》卷一一六，册三，頁九〇六）

七　順治十六年己亥科　徐元文

順治十六年（一六五九）己亥科，共取進士三百七十六名（此據《順治十六年進士題名碑録》《皇朝文獻通考》。《國朝貢舉年表》載中式三百五十名，《欽定國子監志》載三百三十七名）。狀元徐元文，榜眼華亦祥，探花葉方藹。

是科會試主考官：大學士劉正宗、衛周祚。

是科殿試讀卷官：大學士覺羅巴哈納、額色黑、成克鞏、胡世安，學士布顔、折庫訥、白色純、胡兆龍、艾元徵、王熙，吏部尚書孫廷銓、侍郎石申，户部侍郎林起龍，兵部督捕侍郎霍達。

徐元文（一六三四—一六九一），字公肅，號立齋，江南蘇州府長洲縣（今江蘇蘇州市）人。榜姓陸，通籍後復本姓。少沉潛好學，與兄乾學、弟秉義有聲于時，稱爲「三徐」。順治十一年，鄉試中式。十六年，殿試第一，年二十六，授翰林院修撰。康熙元年（一六六二），以奏銷案，坐謫鑾儀衛經歷，久之事白，復原職。五年，丁父憂。服滿，起補國史院修撰，累遷國子監祭酒，充經筵講官。十三年，遷内閣學士，改翰林院掌院學士，充日講起居注官，教習庶吉士。十五年，以母喪歸，居廬三載。還朝，監修《明史》。十八年，補内閣學士。二十七年，爲左都御史，遷刑部尚書，調户部。二十八年，拜文華殿大學士，兼掌翰林院事。未幾，致仕回籍。三十年孟秋，卒于家。所著有《含經堂集》三十卷、《别集》二卷，《明史稿》二十二卷，《自有編》。《清史稿》有傳。

徐元文殿試卷原件，今藏法蘭西學院漢學研究所。策文見《歷科廷試狀元策》（影印雍正十一年懷德堂刻本）、《文武狀元策》（文錦、二酉書屋乾隆續刊本，哈佛大學漢和圖書館藏）、《順治康熙雍正三朝殿試策》（國家圖書館藏）等。

順治十六年，己亥。九月，己未朔。癸酉，殿試天下會試中式貢士朱錦等，制策曰：古帝王平治天下，必政教修明，然後海宇寧謐。顧宣猷熙績，端藉臣鄰。故以庶政分任庶官，俾六府孔修，百工時敘，郅隆之理，朕甚慕焉！朕承天眷命，撫御萬方，十有六年於茲。所期共勸政治者，内則責之六卿，外則責之督撫，簡任既慎，倚毗殊殷。乃近見内外諸臣，或懷私自便，或持己乖方，或推諉以即安，或迂疎而寡效，以致庶務未修，民生未遂。語云：「大臣不法，則小臣不廉。」兹欲使正己率屬，實心任事，何道而可？至於守令各官，親民最切，撫字催科，皆其專責，何以兼盡無擾以稱循良？教化爲朝廷首務，刑法乃民命攸關。朕嘉惠斯民，念深懷保，欲端風俗，則廣勵之事何先？欲致祥刑，則明允之道奚若？爾諸士經術夙嫺，思展藴抱久矣。行將登爾於朝，分職授政，其各抒所學，著之於篇，毋拘毋襲，直言無隱，朕將親覽焉。

（底本：《清世祖實録》卷一二八，册三，頁九九四。參校本：《歷科廷試狀元策》，影印雍正十一年懷德堂刻本；《文武狀元策》，文錦、二酉書屋乾隆續刊本）

臣對：臣聞帝王之統一區宇廣治化於無窮也，有臨御天下之大權，而後庶司百職，胥受命於立綱陳紀之中；有容保天下之大德，而後兆民萬物，咸受成於斂時錫福之内。立綱陳紀者，天子所以敷政也。美政敷，故元首康而股肱喜起，凡下之承流而宣化者，莫不奉一人之治以爲治，天下翕然致平康之績，而不識經緯之何從。斂時錫福者，天子所以通志也。睿志通，故朝廷正而草野奠寧，凡下之向風而協應者，莫不體一人之心以爲心，天下秩然奏雍穆之休，而立見平成之有自。故正百官之本，在於正一身。人代天工，每著效於欽明玄德之世，未有外深宫而專求臣鄰之寅亮者也。而正萬民之本，在於正百官。累洽重熙，端有賴於明聽翼爲之力，未有舍群策而遽求庶士之輯寧者也。欲致令共之治，在勵所以治之之方；

欲廣政教之施，在慎所以施之之本。唐虞三代，無難更見也。

欽惟皇帝陛下，文德徠遠，孝思格天，大一統以普皇慈，交趾越裳，霑青陽之膏澤；陳九功以揚先烈，禮明樂備，奏玄穆於宮庭。生知不廢諮諏，履堯仁而日躋巍焕；無虞勿忘儆戒，廓禹服而時廑痌瘝。討論《孝經》《大學》諸書，以主敬爲化成之本；斟酌惠農、養兵之制，以安人爲猷遠之圖，固已懋建皇極，以作則臣工、平章百姓矣。而猶進臣等於廷，諮以大法小廉之治，祥刑勵俗之端，此誠盛古明目達聰之至意，而疇咨訪落之盛心也。臣雖愚下，敢不竭千慮之一得，以仰答清問於萬一乎？

臣竊維天下之事，不可以無所統，亦不可以無所分。惟統之自上，故勞於求賢而逸於得人；惟分之自下，故既有治人而即有治法。然則協和於變之所由成，不重係乎庶官哉？伏讀制策有曰：「内責六卿，外責督撫，簡任既慎，責毗殊殷。」固皇上化成天下之本矣。而尚以庶務未修，民生未遂，廑宵旰之勤思，此誠堯舜之心與天地同其覆載者也。

臣以爲欲使廉法而内外皆治，則固有其要焉。夫所謂要者，崇國體也。上有其權，不必有其事，故其事在下；下有其事，不敢有其美，故其美在上。若不稽百司之職，不考大府之憲，使人人受成於上，則人臣甚逸，人主甚勞。當其勞而倦勤，或以明作而開廢弛之漸，目弛而綱不獨舉，簾近而堂不獨高，何若使人各守其官，官各守其法，國體既崇而懷私自便者無之也。夫所謂要者，勵衆志也。驟迫其功，則謨謀無所效；過繩以法，（財成）［才智］無所施。① 若非寬其督責而徐致其勸懲，使人保寵禄於下，未事化而爲静聽，當事化而爲調停，調停不得化而爲旁觀，則何若寬天下之智，勇策功名，盡天下之心思贊謨略。衆志既勵，而持己乖方者無之也。夫所謂要者，核名實也。然必下有可核之實，而後上得行其核之之

① 「才智」，據《文武狀元策》《歷科廷試狀元策》改。

權。若下未有定品而上先有成心，使賢者不得不隱其賢之實，不肖者乃益生其不肖之心，臧否益淆，形影益詭，則何若正國是於一定，付廷議於至公。名實既核，而推諉且作擔當也。夫所謂要者，端好惡也。好惡之所向，不在震天下以不可窺，而在予天下以不忍窺。若輕用其喜怒賞罰，使人有以測上之意旨，而因有以候上之慘舒，則何若毖其聰明，謹其意向。好惡既端，而迂踈亦收實用也。內臣外臣，固爲一體；大臣小臣，亦無異宜。摠以至公至明，相與勸率而守其要以治之而已。皇上濬哲天縱，以至明開群工之明，以至公勵群工之公。慎擇相輔九卿，以倡百僚庶司，而又益以朋比緣飾之務絶，實心實政之務行，其誰[不]勸興以襄至治者哉？① 雖然，察近臣易而察遠臣難，此尤皇上所宜加之意者也。

夫郡守縣令，於百姓至親矣，而監臨督責之者甚衆，即監臨督責之者，未必盡刻繩以私，而學術智略不能皆同。此之所是，彼之所非，一官之身，甚至賢否判絶。剛方正直者，或不蒙顯榮；而柔順詭隨者，或反得上達，往往有之。漢任延有云：「忠臣不私，私臣不忠。」善事上官，無失名譽，忠臣所不敢出也。伏願皇上，周知遠臣之艱，時加採訪，有以慰勞而周恤之，使各勉其職，無侵擾掣肘之患，②久於其任，勿使施爲未有次第，旋見遷代。其治績殊絶者，宜如漢世增秩賜金之例，下邑小吏，得展布所長，則吏治之成效可期也。

至夫制策所云欲端風俗、欲致祥刑，則臣以爲化民成俗之事，於親民者有專責焉。何也？天下至大，兆民至衆，非能人見天子而觀感於善也，莫不視親民之官以爲賢不肖。古者親民之官，其德行道俱足以爲人師，發施號令無非教也，勞來循行無非教也。故董仲舒曰：「郡守縣令，民之師帥。」明乎師帥之任，所以教民知禮義，敦品節，急事功，非但使之理簿書，徵財賦，治錢穀而已。今則專以財賦責守令，爲守令者，方亟亟焉催科不暇給，而未嘗以教化爲大務。雖學臣寓旌别

① 「不」，據《文武狀元策》《歷科廷試狀元策》補。
② 「掣」，原卷誤作「挈」，讀卷官有浮簽標識，《文武狀元策》改爲正字。

於庠序，有司舉飲射於鄉里，文具而已。求所謂帥民以正、樹之風聲者，其道無由，安望民俗之丕變乎？誠莫如以教化之事，委之親民之官，而以學校之臣兼統之，頒五禮之書，飭三綱之義，倣周家黨正比長之法，建立鄉學，聘禮賢者教育民間子弟。親民之官，勤以自治，勤以治人，進郡縣百姓，宣諭皇上以德導民至意，俾曉然知王政之所先，而各自愛其身。於是時進鄉學之長，考其得失，明示勸懲。韓延壽之馴悍俗，仇覽之感悖民，豈異人任哉？夫然後仁漸義摩，衆著於惇允，而又爲之明罰敕法以正之，明慎庶政以涖之，畏罪之心即爲樂善之心，雖有桁楊桎梏，將無所施，刑不期措而自措，獄不期慎而自慎，蕩蕩平平，遵王之路，何風俗之不歸淳古乎？

抑臣更有進焉，群臣代君出治，大君擇人共治，摠以正己率物爲端，是在皇上體用人惟己之意而加意於知人，則哲之先焉耳。

臣草茅新進，罔識忌諱，干冒宸嚴，不勝戰慄隕越之至。臣謹對。

（底本：影印法蘭西學院漢學研究所藏殿試策原件。① 參校本：《文武狀元策》，文錦、二酉書屋乾隆續刊本；《歷科廷試狀元策》，影印雍正十一年懷德堂刻本）

① 見法蘭西學院漢學研究所編《法蘭西學院漢學研究所藏清代殿試卷》，北京：中華書局，二〇一五年。

八　順治十八年辛丑科　馬世俊

順治十八年（一六六一）辛丑科，取進士三百八十三名（《國朝貢舉年表》載中式四百名）。狀元馬世俊，榜眼李仙根，探花吴光。

是科會試日期改在三月初九日。會試正考官：大學士成克鞏。副考官：衛周祚。

馬世俊（一六〇九—一六六六），字章民，一字甸臣，江南江寧府溧陽縣（今江蘇溧陽市）人。順治十四年，江南鄉試中式。十八年，狀元及第，授翰林院修撰。康熙三年（一六六四），陞翰林院侍讀。五年，卒於官。工詩古文辭，兼精書畫。著有《十三經彙解》《李杜詩彙註》《理學淵源録》《匡庵詩文集》諸書。

馬世俊狀元策見《歷科廷試狀元策》（影印雍正十一年懷德堂刻本）、《文武狀元策》（文錦、二酉書屋乾隆續刊本，哈佛大學漢和圖書館藏）、《順治康熙雍正三朝殿試策》（國家圖書館藏）、《匡庵文集》（影印清康熙二十七年刊本）、①《皇清文穎》（影印清乾隆十二年武英殿刻本）等。②

---

① 《匡庵文集》，［清］馬世俊，影印清康熙二十七年刊本，見《清代詩文集彙編》編纂委員會編：《清代詩文集彙編》册一二八，上海：上海古籍出版社，二〇一〇年。

② 《皇清文穎》，［清］張廷玉等編，影印清乾隆十二年武英殿刻本，見故宫博物院編：《故宫珍本叢刊》，册六四六—六五〇，海口：海南出版社，二〇〇〇年。

順治十八年，辛丑。三月，庚戌朔。甲辰，策試天下貢士陳常夏等於太和殿前。制曰：朕惟帝王平治天下，開創守成，其道並隆。締造維艱，纘承匪易，［必］政治修明，①群黎安遂，文德覃敷遠邇，武功克奏敉寧，乃可祗紹先猷，茂登上理。朕以沖齡，誕膺丕緒，仰惟太祖太宗，肇開大業。逮我世祖，式廓鴻圖，亦既治定功成，顯垂謨烈矣。朕茲欲紹述祖宗，必何如而後可以乂安海宇歟？繼治之道，首重典章。今紀綱法度，雖已彰明，然因革損益，豈無順時制宜者，何以酌定章程，以爲萬世之規歟？閭閻愉悴，視吏治污隆。何以示之激揚，以奠民生歟？風俗淳漓，由人心邪正。何以使之樸誠，以敦教化歟？至於底定四方，賴師武臣［之］力，②然必賞明罰當，而後可以鼓勵勛庸。凡行間功罪，宜如何清敘，以昭勸懲歟？爾多士蘊懷有素，［其］各抒所學，③毋泛毋隱，詳著於篇，用裨維新之治，朕將親覽焉。

（底本：《清聖祖實録》卷二，册四，頁六二。參校本：《歷科廷試狀元策》，影印雍正十一年懷德堂刻本；《文武狀元策》，文錦、二酉書屋乾隆續刊本；《匡庵文集》卷二，影印清康熙二十七年刊本）

臣對：臣聞治天下者，當全盛之時而爲善建不拔之計，非破庸俗之論以鼓豪傑之心，則其道無由。昔唐太宗與房、魏論創業守成之難易而曰：「與我取天下者，知創業之難；與我安天下者，知守成之難。」《周書》曰：「若昔大猷，制治于未亂，保邦于未危。」今天下正所謂兼創垂之盛而持危亂之防者也。人才不可謂不盛，而未盡所以取才之方；吏治不可謂不肅，而未盡所以馭吏之道；懲貪不可謂不嚴，而未盡所以止貪之術。俗尚亦數變矣，而未盡所以靖俗之謀；兵制亦甚精

---

① 「必」，據諸參校本補。
② 「之」，據諸參校本補。
③ 「其」，據諸參校本補。

矣，而未盡所以弭兵之要。故有謂今天下爲已安已治遂可晏然無事者，皆庸俗人之論也。

臣竊嘗見夫古來全盛之時，不可以數遇，而往往弊之所伏即伏于其盛。而又竊嘗慕夫賈誼之策、陸贄之議、蘇軾之對，皆能舉一代之治而斷其何以治，何以亂，何以治而不亂，何以亂而復治。蓋有一代之治，必有一代之才以應之。臣有志焉而欲陳久矣，今當拜獻之始，豈可自誣其所學乎？

欽惟皇帝陛下，翠嬀承符，紫微正象，協運而興，辛壬肇四日之祥矣，擬乎敬承之世，豈止四百載，而頌吾君之胤，實賴啓賢；體元以御，子丑正三才之統矣，媲乎中乂之朝，何啻三十世，而考昭子之刑，咸稱誦聖。克艱厥后，敦茂質于冲齡，汝翼汝爲，汝明汝聽，濟濟然見安止弼直之休；無競惟人，樹弘規于首出，有輔有弼，有凝有丞，秩秩然成無爲至正之範。今且晉此多士，詢以綸言，豈非已治而益求其治，已安而益求其安者歟？

《禮記》曰：「文王以文德，武王以武功。」《漢書》曰：「功莫大于高，德莫大于文。」周之興也先文，漢之興也先武。我國家文武並濟，以有天下，太祖之肇基啓祚，太宗之積功累仁。至于世祖，以沉毅之姿而兼以明斷之識，以恢廓之度而兼以綏輯之才，一年而平兗豫，一年而下江淮，一年而定荆襄，一年而檄巴蜀，不數年而五嶺望風，滇南稽顙，此開闢以來所未有之盛也。天下文武之臣，莫不願畢智竭忠以待用，人才亦已輻輳矣。而臣獨謂未盡所以取才之方者，何也？古者人才既用，而嘗有未用者存于既用之外。故《尚書》曰：「有三宅，有三俊。」而《詩》曰：「赳赳武夫，公侯干城。」今天下岩野川澤之中，其隱然備公輔之器者誰耶？泛然而取之，泛然而應之，又泛然而任之。取之者不知其何以取，應之者不知其何以應，任之者不知其何以任。欲兵則兵，欲刑則刑，欲錢穀則錢穀。古之聖人，一人止任一事者，今則以一庸人兼之而有餘。古之聖人，終身不易其官者，今則一旦應之而亦無不足，是亦理之所難信也。今即不必用九品四科之制，而州郡之薦舉，將帥之徵辟，似亦不可少也。若乃掣籤而使，按資而陞，賢愚同科，茫然無據，彼論而後官，量而後人，獨不可稍存其萬一乎？

程才莫先于計吏，而臣謂未盡所以馭吏之道者，何也？古者親民之官，莫重于二千石，有以公卿而爲之者。唐宰相出爲刺史，李泌、常袞皆然。若夫守令，尤爲親民，不可不擇。今之郡縣，官大抵如傳舍，與民情漠不相接。監臨使者，顧眄威動，所薦未必賢，所糾未必不肖。其趨謁勤者即爲才，其應對捷者即爲敏，則何若耑重郡縣之責？外聽責成于督撫，内聽考核于銓部，而用唐虞三載之法以黜陟之，彼監臨之所薦所糾，不亦可以已乎？且今天下可汰之吏亦甚多矣，勢有不能盡汰者，慮庸人之無所容耳。夫不慮（庸）［才］人之無所見，①而反慮庸人之無所容，此從來之積弊也。

即以今日之計吏言之，亦莫亟于懲貪矣。而臣謂未盡所以止貪之術者，又何也？凡人之溺于賕賂而不能脱者，大抵有田園妻子之見以惑其中也。故有昔居環堵，而今則擁甲宅；昔泣牛衣，而今則列姬姜；昔無半頃，而今則連阡陌。詰其所從來，不貪何以有是耶？誠能稍限其田宅媵妾之數而爲之禁，其有敢于踰禁者，即坐以僭肆不敬之罪，彼有私金于筐篋，而受貪墨無恥之名，雖愚者亦必自笑其所爲矣。臣嘗見敗壞風俗之事，必自卿大夫開之，而後愚民從而效之，此臣所謂靖俗之謀猶有未盡者。巫風淫風，有一于身，家必喪。今之卿大夫，多爲淫靡無益之事煽惑愚民，而後倀兒舞女之裝，寶馬畫船之飾，探丸跳劍之俠，刺猴刻楮之巧，靡所不至。甚且富者必有術以求其貴，貴者必有術以求其富。而聖人馭富馭貴之權，皆何所施乎？今富者之必貴，既有嚴譴以禁之；而貴者之必富，獨相習而以爲固然。如是而欲風俗樸厚，教化興起，不可得也。

且夫天下馴服于教化而不能變者，無事則賴文，有事則賴武。今日師武臣之力，亦可謂膚功畢奏矣。而臣獨謂用兵

① 「才」，據《歷科廷試狀元策》《匡庵文集》改。

雖精，未盡所以弭兵之要，此又非無説也。處今日而欲如古者遂人治野之法、鄭長旗鼓之節，藏兵于民，則誠迂。然必使兵與民習，民與兵習，一旦有事，毋論兵勇于鬬，而民亦有各護其田疇廬井之心，此不戰而自勝者也。今則兵之所輕者民，而民之所畏者兵，一旦有事，則民自爲民，兵自爲兵。天下未有民自爲民，兵自爲兵，而能久安長治者也。宋藝祖留意賞罰，平蜀之役，賞曹彬而罰全斌，夫亦賞其與民相安，罰其與民相擾者而已矣。行間之功罪，即以此定之可也。

凡此者，皆臣所謂當已安已治，而亟亟焉爲善建不拔之計者也。雖然，治天下有本有末，得其本而治之，則無不治矣。所謂本者何？即制策所云「紀綱法度」是也。司馬相如曰：「風軌簡易易遵也，湛恩龐鴻易豐也，垂統理順易則也，憲度著明易繼也。」嘗取歷代之典章而考之，其可得而損益者，不過質文之異其尚耳，不過隆殺之異其制耳，不過寬猛競絿之異其用耳。若夫紀綱法度者，不可得而損益者也。紀綱法度治，則吏治以肅，民俗以淳，文德于焉誕敷，武功于焉赫濯，創之有其基，而守之亦有其漸者也。紀綱法度亂，則吏治以乖，民俗以壞，文德傷于優游，武功失于争競，創不可以憲後，而守亦不可以承前者也。故曰，紀綱法度者，不可得而損益者也。

我國家之典章，至簡便而至精詳，至嚴明而至仁厚，似無以加矣，而臣尤有進者。唐貞觀時，天子問山東、關中之同異，而其大臣曰：「王者以天下爲家，不宜示同異于天下。」裴度既平蔡，即用蔡人爲牙兵，而曰：「蔡人即吾人。」今天下遐邇傾心，車書同軌，而猶分滿人、漢人之名，恐亦非全盛之世所宜也。誠能盡捐滿漢之形迹，莫不精白一心以成至治，則贊贊者皆臯益之選也，桓桓者皆方召之儔也。將見江南静横海之戈，而冀北息桃林之乘，即以躋于唐虞三代之盛，亦何難乎？

臣草茅新進，罔識忌諱，干冒宸嚴，不勝戰慄隕越之至。臣謹對。

（底本：《文武狀元策》，文錦、二酉書屋乾隆續刊本。參校本：《歷科廷試狀元策》，影印雍正十一年懷德堂刻本；《匡庵文集》卷二；《皇清文穎》卷二五，影印清乾隆十二年武英殿刻本）

九　康熙三年甲辰科　嚴我斯

康熙三年（一六六四）甲辰科，共取進士一百九十九名（《康熙三年進士題名碑録》《皇朝文獻通考》載二百人，《國朝貢舉年表》載二百五十人，《欽定國子監志》載三百人）。狀元嚴我斯，榜眼李元振，探花秦弘。是科會試正考官：内弘文院大學士李霨、户部尚書杜立德。副考官：吏部左侍郎郝惟訥、内弘文院學士王清。是科殿試，以三月十八日遇萬壽節，改于三月二十二日舉行。

嚴我斯（一六二九—一六九九），字就思，號存菴，浙江湖州府歸安縣（今湖州市）人。順治十一年（一六五四）舉於鄉。康熙三年，廷試第一，授修撰。康熙八年（一六六九），任山東鄉試正考官。陞翰林院侍講學士。十八年，充日講起居注官。十九年，加詹事府詹事銜。二十三年，陞禮部右侍郎，尋轉禮部左侍郎。二十六年，疏請給假葬親，得允歸里。杜門謝客，著述自娱。工書法。文章操行，爲時所重。康熙三十八年卒。所著有《尺五堂詩删初刻》六卷、《近刻》四卷。

嚴我斯狀元策見《歷科廷試狀元策》（影印雍正十一年懷德堂刻本）、《狀元策》（榮錦堂乾隆續刊本，哈佛大學漢和圖書館藏）、①《文武狀元策》（文錦、二酉書屋乾隆續刊本，哈佛大學漢和圖書館藏）及《順治康熙雍正三朝殿試策》（國家圖書館藏）等。

---

① 《狀元策》，此書沿用「康熙六十年新鐫」「京都瑠璃廠榮錦堂梓行」字樣，實際收録康熙三年甲辰科至乾隆二十八年癸未科一甲殿試策，故簡稱「榮錦堂乾隆續刊本」。

康熙三年，甲辰。三月，癸亥朔。甲申，策試天下貢士沈珩等於太和殿前，制曰：朕惟古帝王撫育群生，莫不以興行振德爲首務，以故俗尚醇茂，賢才衆多，吏有廉善之風，民無匪彝之習。① 其時刑措不用，登於上理，何其盛也！ 朕荷上天眷佑之隆，承祖宗付託之重，勵精求治，三年於兹矣。每思更化善俗，俾吏稱其職，民安其業，乃治效猶未即臻，豈廣厲之道有未盡歟？今欲誕敷教化，使天下蒸蒸，振興爲善，其道何由？至於考績課吏，所以澄敘官方，何以使賢否不淆，激揚咸當歟？明罰敕法，所以大畏民志，何以使庶獄平允，從欲以治歟？爾多士其各抒所見，詳切敷陳，朕將親覽焉。

（底本：《清聖祖實録》卷一一，册四，頁一七六—一七七。參校本：《文武狀元策》，文錦、二酉書屋乾隆續刊本；《狀元策》，榮錦堂乾隆續刊本；《歷科廷試狀元策》，影印雍正十一年懷德堂刻本）

臣對：臣聞帝王之紹休烈而撫海宇也，必有經天緯地之弘模，無一事不受其裁成，而後德垂於可久；必有繼往開來之絶業，無一人不安其性命，而後功成於可大。德之所以可久者，權其本計而圖之，不恃法而恃人是已。百度允貞，端籍翼爲明德之才承流宣化，故元首康而股肱良，莫不奉我后綏猷之治以爲治，而共遵於立綱陳紀之中。功之所以可大者，攬其全效而收之，不任術而任化是已。群黎徧德，惟此撫字精寧之略，幹止養恬。故朝廷正而草野安，莫不體維皇建極之心以爲心，而相化於斂時錫福之内。故創守有異時也，而無異道，不過使大法小廉，明刑弼教，納天下於平康正直之休，而皇猷始爲有要；繼述有殊勢也，而無殊法，不外此吏習民安，内和外順，開天下以時雍風動之象，而王路所以無偏。然則本計得而庶績咸熙，全效收而多方永奠，端在今日矣。

① 「習」，諸參校本均作「即」。

欽惟皇帝陛下，德配乾元，位光離照。陳九功而首出，治炳堯天；大一統以凝承，化深禹甸。泰交洽而山龍贊采，乃聖乃神，乃武乃文，聲教誕敷，德廣運於日星河嶽；鼎命集而梧鳳(陽)[揚]輝，①有孝有德，有憑有翼，思皇媚止，功攸暨於玉帛車書。布神威以靖國，海不揚波，山無伏莽，羽干舞而萬邦瞻如雲如日之儀；覃保恤以寧民，人熙冬日，世躋春臺，稌黍歌而四國協象風象雨之好。固已太平有象，茂駿業於前王；景運無疆，肇鴻猷於奕禩矣。乃猶聖不自聖，安愈思安，進臣等於廷，孜孜勤詢，雖帝咨王訪，寧有過歟？臣躬居蓬蓽，志切經綸，思攄一得之愚，以爲興朝三拜獻者舊矣。矧煌煌

清問，實式加之，敢不敬陳所學，以拜揚休命乎？

臣竊常緬懷上理，頌法先猷，無爲恭己，庶政修和，臣隣奏寅亮之績，閭閻多擊缶之風，唐虞之所以開治也；寬仁彰信，惠鮮懷保，治理隆而雖休弗休，訓行昭而辟以止辟，三代盛王之所以繼治也；偃武修文，采風省俗，舉賢良而興禮讓，崇節儉而幾刑措，漢祖唐宗之所以求治也。故一代之興，必有一代之人才以應之，君臣一德，上下同心，於以贊嘉猷而弘休裕，垂諸史册，班班可考矣。今國家撫運方新，肇基伊始，駕漢唐而躋陶姚，誠非無術以處此。

伏讀制策有曰：「更化善俗，俾吏稱其職，民安其業，乃治效猶未即臻，今欲誕敷教化，使天下蒸蒸、振興爲善。」此誠

皇上嘉與維新之至意也。臣愚以爲，風俗之患不一，大端士習之澆，莫甚於奢；民風之替，必由於惰。奢則放佚而不知所歸，廉耻喪，則法令不能坊矣；惰則游蕩而不知所習，饑寒迫，則奸宄從此生矣。天下之人，相習以爲固然，極其流弊，吏之爲貪，民之爲盜，率由此耳。故教化之權，不貴有其術，而貴明其意；不貴重其名，而貴原其實。使天下咸樂於爲善，而不忍於爲不善，斯不必家諭而户曉之也。然而奢與惰之不可不亟治也，固有道矣。今爲計曰，正名分以定制，則奢僭之端，

① 「揚」，據《歷科廷試狀元策》改。

始不得而開也；禁淫巫以彰教，則眩惑之風，始不得而啓也；杜苞苴以養廉，則奔競之習，始不得而靡也；省車服以崇儉，則夸耀之尚，始不得而流也；重稼穡以勸功，則金玉之價，始不得而爭也；崇學校以端本，則囂凌之氣，始不得而張也。此所謂明其意而原其實，君子以之敦行，小人以之省業，又何虞教化之不行，而風俗之不善乎？

伏讀制策有曰：「考績課吏，所以澄敘官方，何以使賢否不淆，激揚咸當。」洵爲治之要圖也。夫言吏治於今日難矣。掣簽而使地之繁簡毋論也，材之大小毋論也。上而藩臬諸司臨之，又上而督撫諸臣臨之，賢否激揚，不憑治術爲短長，而視彌逢之工拙；不審操守爲殿最，而視趨承之後先。故一行作吏，往往聲名之念輕，而思保其爵禄。甚至爵禄之念輕，而思保其身家。又何暇顧民間之疾苦，而修廉耻之防維也哉？且夫催科之責既重，索派之令日煩。催之而應，［則］民受其害，①而吏胥奸蠹且中飽其利也；催之而不應，則官受其累，而吏胥奸蠹，且陰蝕其肥也。今日之有司，從而督責之於上者如此，從而侵伺之［於］下者如此。②雖有精明廉謹之才，卓魯龔黄之行，有不掣肘而嘆者幾何哉？臣愚以課吏之法，必先懲胥吏之法，而考成之利弊清矣。課吏之小者以爲法，必先察吏之大者以爲法，而官方之邪正明矣。

伏讀制策有曰：「明罰敕法，所以大畏民志。何以使庶獄平允，從欲以治。」仰見我皇上好生之心，與天地同德也。蓋立法貴乎至一，一者所以定天下之趨，而使之不敢有所犯；行法貴乎至公，公［者］所以服天下之心，③而使之不敢有所怨。昔者子産治鄭，孔明治蜀，皆以嚴法行之，而不失於寬也，由是道耳。若夫法煩密，則民心怨；法多門，則民聽惑。而且猾吏得以任意，奸民得以生心，非所以昭軌物而樹坊表也。今國家不可有濫及之恩，尤不可有褻用之威。故入與故出之法

① 「則」，據底本批校補。
② 「於」，據底本批校補。
③ 「者」，據《歷科廷試狀元策》補。

必均，從重與從輕之議必謹。至反坐之條，必重加申飭，以杜刁訟之風，庶幾雪冤者不至或以錮冤，除害者不至反以滋害，將明允再見矣。

抑臣尤有進焉者。二帝三王，爲古聖神功化之極，未有外修身勤民，以圖治本者也。今皇上承天庥而隆懋德，揚祖烈而紹鴻圖，非修身無以大昭事之忱，非勤民無以見靈承之實，誠於二者加之意焉，則豐功偉業無難舉而行之也已。

臣草茅新進，罔識忌諱，干冒宸嚴，不勝戰慄隕越之至。臣謹對。

（底本：《狀元策》，榮錦堂乾隆續刊本。參校本：《歷科廷試狀元策》，影印雍正十一年懷德堂刻本；《文武狀元策》，文錦、二酉書屋乾隆續刊本）

康熙三年，甲辰。二月，甲午朔。壬寅，禮部以本年會試，分派外簾各官，照例題明。得旨：「考試進士，掄才大典。前都察院將内場監試、外場巡察官，專開四員，豫行題奏，不合。曾令將應遣官員，俱送禮部，俟臨期開列具奏。其正考、副考、同考等官，爾部列名具題時，朕因求賢念切，故將正考副考官增遣二員，諭令不謝恩，不赴宴，即時入場，亦未拘照舊例。恐謝恩筵宴時，彼此會聚，瞻徇請託，以致庸流入彀，賢才見遺。今場内執事各官，亦應臨期與考官一併具題，候旨選用。乃故託舊例，豫將各官派定執事，入場之後，方行題知，是何意見？殊負朕求真才、除弊端至意。著速行明白回奏。」

（《清聖祖實録》卷一一，册四，頁一七一）

壬戌，禮部題：「殿試定例，於三月十五日。今三月十八日，恭遇萬壽節。請將殿試之期，改於三月二十二日舉行。」從之。

（《清聖祖實録》卷一一，册四，頁一七四）

一〇 康熙六年丁未科 繆彤

康熙六年（一六六七）丁未科，共取進士一百五十五名（《國朝貢舉年表》載一百五十名）。狀元繆彤，榜眼張玉裁，探花董訥。

是科會試正考官：户部尚書王弘祚、兵部尚書梁清標。副考官：吏部侍郎馮溥、内院學士劉芳躅。

繆彤（一六二七—一六九七），字歌起，號念齋，江南蘇州府吴縣（今江蘇蘇州市）人。祖父國維，萬曆二十九年進士，天啓初，官貴州右參政。彤順治十四年（一六五七）鄉試中式，五赴會試不第。年四十一，狀元及第。授翰林院修撰。康熙九年（一六七〇），任庚戌科會試同考官。旋陞翰林院侍講。以丁憂歸，淡于宦情，不干時事，專以課後學爲事，所造就甚多。著有《雙泉堂文集》四十二卷及《臚傳紀事》。

繆彤狀元策見《歷科廷試狀元策》（影印雍正十一年懷德堂刻本）、《狀元策》（榮錦堂乾隆續刊本，哈佛大學漢和圖書館藏）、《文武狀元策》（文錦、二酉書屋乾隆續刊本，哈佛大學漢和圖書館藏）、《順治康熙雍正三朝殿試策》（國家圖書館藏）及《皇清文穎》（影印乾隆十二年武英殿刻本）等。

康熙六年，丁未。三月，乙亥朔。甲午，策試天下貢士黄礽緒等於太和殿前。制曰：朕惟帝王統一寰區，必任用賢才，澄清吏治，使國有豐亨之象，民饒樂利之休，而後庶政畢修，群生克遂，登上理焉。朕以沖齡，仰承天眷，嗣纘祖宗鴻業，夙夜冰兢，期於俊乂充廷，廉能著績，國計日盈，而閭閻不擾，數年於兹矣。乃圖治彌殷，厥效未覩，其故何也？國家簡任賢良，以共襄治化，必如何而後用當其才，人稱其職歟？邇來貪風未息，誅求下吏，以奉上官，遂致不肖有司，私派横征，民生益困，何法而可革其夙弊歟？至於國用浩繁，緊惟正之供是賴，乃催科不善者，每昧於撫字。兹欲使草野免追呼之苦，而度支恒足。其道安在？爾多士詳切敷陳，朕將親覽焉。

（底本：《清聖祖實録》卷二一一，册四，頁二九七—二九八。參校本：《狀元策》，榮錦堂乾隆續刊本；《文武狀元策》，文錦、二酉書屋乾隆續刊本；《歷科廷試狀元策》，影印雍正十一年懷德堂刻本；《皇清文穎》卷二五，影印乾隆十二年武英殿刻本）

臣對：臣聞帝王之統御天下而綿曆服於無疆也，必有其爲治之本焉，必有其致治之要焉。夫用人不可以不慎，吏治不可以不清，賦税不可以不均。此三者固治天下之大端也，而猶非其本也，抑猶非其要也。蓋所謂本者何也？人主之一心是也。所謂要者何也？人主之以一心行仁者是也。故仁以舉賢而愛惜人才，則收用人之效矣；仁以擇吏而澄清吏治，則成廉潔之風矣；仁以理財而撫循百姓，則致豐亨之象，而臻樂利之休矣。唐虞三代之盛，所以庶政畢修，民生克遂而登上理者，此道得也。故善治天下者，不恃有馭天下之術，而恃有治吾心之道；不徒有愛百姓之名，而貴有愛百姓之實。以是內之百僚有師濟之盛，外之群吏有廉法之操，上之府庫有充盈之積，下之閭閻有康阜之風，是堯舜三代之豐功茂烈不難再見於今日者也。

欽惟皇帝陛下，鴻圖克懋，龍德方升，孝思永言，隆祖任母姜之尊養；惠澤普被，備文謨武烈之顯承。文教著日出之區，武功及海隅之表。四方皆已底定，天下皆已治安，而猶聖不自聖，進臣等於廷，而諮以用人擇吏之道、足國裕民之方，雖帝咨王訪，寧有過歟？以臣之愚陋，非有藻鑒群流之識，何敢言人材之用舍；非有封疆牧民之責，何敢言百官之短長；

非有錢穀大農之計，何敢言財賦之充詘。然臣嘗聞柳宗元曰：「思惟報國，獨有文章。」又聞歐陽修曰：「士患不見用。及用也，又曰：『彼非吾職，不敢言。』是終無可言之日也。」今煌煌清問，實式加之，其敢不竭千慮之一得以對揚休命乎？

臣嘗緬懷上理，追念先猷，而知古帝王爲治之本，無過内治之心，而治心之要，無過吾心之仁。何也？蓋有純王之心，斯有純王之政，言政之必本乎心也；有《關雎》《麟趾》之風，斯可以行《周官》之法，言心之可以立法也。故欲求國用之足，未有不由民生之遂而可得也；欲求民生之遂，未有不由吏治之賢而可得也；欲求吏治之賢，未有不由用人之慎而可得也；欲求用人之慎，未有不由皇上之仁以立心而可得也。惟我皇上，夙夜冰兢，期於俊乂充廷，廉能著績，以裕國計而慰民生者，誠莫踰於此矣。

伏讀制策有曰：「國家簡任賢良，以共襄治化，必如何而後用當其才，人稱其職？」此我皇上闢門籲俊之盛心也。朝廷選用人才，非苟慕其才而富貴其身也，殆將用其能以理不能，用其明以理不明者耳。其在《詩》曰「菁菁者莪，在彼中阿」，言所以長育人才之道也。故方其未用也，常患其多；及其既用也，恒患其少。與其用不足而後取，何如多取以待用？凡有人而不用，與用之而不當，皆可惜也。故賢能不可不惜也。以内而言之，臺省之内升，本以賢能，而升者反逸之山林之内。升而候缺，不如遇缺後升，久置之拾遺補過之列，非無益也。外而言之，監司郡縣之轉遷，亦以賢能而升者，又留以未竟之案。有功而升者，仍以有過而留，苛求於錢穀刑名之間，亦已甚也。總之，知人則哲，惟帝其難，必得知人之佐，而行以保任之法，然後真才輩出矣。臣每見今之在位者，見一賢焉，若親與邇，不敢舉也；見一不善焉，若疎與遠，不敢去也。問其故，曰避嫌也。避嫌之念生，而積行之君子壅於上聞矣。臣故曰「仁以舉賢，則愛惜人才，而可以收用人之效」者此也。

伏讀制策有曰：「貪風未息，誅求下吏，以奉上官，遂至不肖有司，私派横徵，民生益困，何法而可革其夙弊？」興言及此，真百姓之福也。夫今日之百姓誠苦矣，苦於有司之剝削也；今之下吏亦苦矣，苦於大吏之誅求也。大吏之取於小吏，必飾其名曰「公費」。不知藏之私槖之中者，爲公乎？爲私乎？有司之取於百姓者，飾其名曰「樂輸」。不知得之敲扑之下者，爲樂乎？爲怨乎？臣恐雖文致其辭，而終無以掩人之耳目也。於是一田之入，而有兩田之出，使吾民曾不得賣絲而糶穀焉；一定之稅，而有無定之徵，使吾民曾不得聚廬而托處焉；耒耜方思東作，而輸將不待西成，使吾民曾不得水耕而火耨焉。貪吏之弊，一至於此，民生安得不日困乎？以臣計之，懲貪之法不可不嚴也。懲其吏之小者，不若懲其吏之大者。夫大吏之貪，不止賦斂無度已也。其位愈尊，其害愈大；其害愈大，而人愈不敢言。即有不畏强禦之臣出，力而排之，不過舉其大概，而不能悉其實事也，莫如訪其貪之最者而懲之。彼貪冒無耻，止爲室家妻子計耳。以今日居官之所得，爲後日平居之所樂，何憚而不爲之？惟行漢世懲貪之法、宋人禁錮貪吏之制，彼又何利而爲此耶？此非過於刻覈也，蓋除吏之蠹也，去民之害也，殺一二人而天下皆生也，是天下之至仁也。臣故曰「仁以擇吏，則澄清吏治，而可以致廉潔之風」者此也。

伏讀制策有曰：「國用浩繁，緊惟正之供是賴，乃催科不善者，每昧於撫字。兹欲使草野免追呼之苦，而度支恒足。」此以見愛民裕國之弘模也。夫今之賦猶古之賦也，今之民猶古之民也，何以古則上有餘而下無不足，今則上未嘗有餘而民又患不足，豈非撫字催科之道，得則俱得，失則俱失者乎？故善催科者，必爲民治農桑焉，必爲民廣蓄牧焉，必爲民緩刑罰焉，必爲民通有無焉，如是而民力裕矣。民力裕，而上之所求無不應矣。不善催科者，惟日夜取民之財，窮民之力，日削月朘，寖以大窮，將元元安所歸命哉？臣嘗觀小民之家，其初牛羊菓蔬，熙熙然若爲子孫百年之計也者。一往過焉，則爲墟矣；再過三過焉，則又爲墟矣。問之其隣，或曰逃亡也，或曰賦重而不能守也，是非催科之所迫而然耶？故撫字之道，不可不講也。惟皇上弘豈弟之恩，立慈惠之師，使天下之爲吏者，寓催科於撫字之中，則上有倉盈庾億之慶；兼撫字催科之内，則下有家給人足之風矣。臣故曰「仁以理財，則撫循百姓，而可以致豐亨之象，臻樂利之休」者此也。

然臣反覆深思，欲爲皇上更進一籌，而終無易於仁以存心之爲要也。《書》曰：「皇天無親，惟仁實親。」又曰：「民罔常懷，懷於有仁。」此之謂也。

臣草茅新進，罔識忌諱，干冒宸嚴，不勝戰慄隕越之至。臣謹對。

（底本：《狀元策》，榮錦堂乾隆續刊本。參校本：《歷科廷試狀元策》，影印雍正十一年懷德堂刻本；《文武狀元策》，文錦、二酉書屋乾隆續刊本；《皇清文穎》卷二五，影印乾隆十二年武英殿刻本）

一一　康熙九年庚戌科　蔡啓傳

康熙九年（一六七〇）庚戌科，共取進士二百九十二名（《康熙九年進士題名碑録》《欽定國子監志》《皇朝文獻通考》載二百九十九名，《國朝貢舉年表》載三百名）。狀元蔡啓傳，榜眼孫在豐，探花徐乾學。是科會試正考官：内秘書院大學士魏裔介、禮部尚書龔鼎孳。副考官：刑部左侍郎王清、内國史院學士田逢吉。

蔡啓傳（一六一九—一六八三），字石公，號崑暘，浙江湖州府德清縣（今德清市）人。順治十一年（一六五四），鄉試中式。康熙九年，狀元及第，授翰林院修撰。未幾，充日講官。康熙十一年（一六七二），主考順天鄉試，力以復古挽時趨爲事，得人最盛。十六年，陞右春坊右贊善。旋引疾乞歸。二十二年卒，年六十五。工書法，得顔魯公遺意。著有《洪範五行傳》《游燕草》《存園集》等。

蔡啓傳狀元策見《歷科廷試狀元策》（影印雍正十一年懷德堂刻本）、《狀元策》（榮錦堂乾隆續刊本，哈佛大學漢和圖書館藏）、《文武狀元策》（文錦、二酉書屋乾隆續刊本，哈佛大學漢和圖書館藏）及《順治康熙雍正三朝殿試策》（國家圖書館藏）等。

康熙九年，庚戌。三月，戊午朔，策試天下貢士於太和殿前，制曰：朕惟帝王誕膺天命，撫御四方，①莫不以安民興賢

---

① 「四」，《狀元策》《文武狀元策》作「萬」。

爲首務。朕纘承祖宗鴻緒，孜孜圖治，民生休戚，日廑於懷，而治未臻於郅隆，其故何歟？今欲家給人足，以成豐亨樂利之休，何道而可？興賢育才，原以爲民。今既崇經學，以正人心；重制科，以端始進。乃士風尚未近古，以致吏治不清，民生未遂，果陶淑之未善歟？抑風俗人心，習於浮僞，徒徇名而失實歟？必如何而能返棫樸作人之盛，①以幾時雍之化也？

我國家揆文奮武，禮樂之彦，韜鈐之臣，兼收並重。何以簡用得人，使才稱其職，廟堂著亮采之功，封疆有干城之效歟？在外地方大吏，惟督撫是賴。牧民之官，守令最親。必表正而後景直，欲使大法小廉，遵功令而修職業，以争自濯磨，將何術之從歟？

漕糧數百萬，取給東南，轉輸於黄運兩河，何以修濬得宜，而天庾藉以充裕，俾國收其利，民不受其害，其必有道以處此。

爾多士志學已久，當有確見於中，其各攄夙抱，詳切敷陳，朕將親覽焉。

（底本：《清聖祖實録》卷三二，册四，頁四三五—四三六。參校本：《歷科廷試狀元策》，影印雍正十一年懷德堂刻本；《狀元策》，榮錦堂乾隆續刊本；《文武狀元策》，文錦、二酉書屋乾隆續刊本）

臣對：臣聞帝王車書一統啓萬年有道之長也，有至德之光被，以昭法紀之隆焉；有令業之弘開，以彰道化之遠焉。法紀隆，則天下赫聲濯靈，服聖人之大略；道化遠，則天下澄懷滌慮，佩聖人之深心。瑞曆膺，而萬幾攸集，其最繫王心者，在

① 「返」，《狀元策》《文武狀元策》作「追」。

民生之休戚，與人才之得失。唯秉寬和以服物，操明斷以平衡，然後殷盈見而化理昌，嘉謀嘉猷，日陳於前。大略以深心而益懋，鴻圖肇而治理畢張。其最關國體者，在文武之宣猷，與東南之轉運。唯衷前王以立極，期至善以垂模，然後群猷著而國計充，規爲制度，燦然具備。深心以大略而愈彰，蓋體道以爲法，而法始無愆，爰正紀綱、章軌物，皆本清明之志以相孚，不識經緯之何從，而成萬國咸寧之治；亦因法以求道，而道爲有用，爰審張弛、裁沿革，皆推純正之意以宣化，立見敷施之既裕，而臻四海和協之徵。調休風於玉燭，鞏大業於金甌，端有在今日矣。

欽惟皇帝陛下，道貫三才，功高百辟。紹堯爲舜，欣瞻松日之祥；繼武纘文，永慰雲霓之望。炳離光於南面，運符五百載之昌期；毓震旦於東方，曆憲億萬年之大統。垂裳而貞百度，凡屬心知血氣，咸沾天覆地載之恩，而衆志之允懷率迪者，所在塗歌而巷舞；錫命以懷萬邦，不殊南北東西，共惕雷厲風行之象，而庶績之其凝咸理者，罔不崇實而去名。固已方駕唐虞，登三咸五，而躋世於雍熙矣。乃猶聖不自聖，進臣等於廷，而諮以民生休戚，興賢育才，且復諄諄於文謨武烈、國計充腴之是慮。雖懸鞀設鐸，何以加兹？臣志切匡時，有懷欲吐久矣，敢不竭管見之愚，以仰佐高深萬一乎？

伏讀制策有曰：「民生休戚，日廑於懷，而治未臻於郅隆，今欲家給人足，以成豐亨樂利之休。」誠撫恤民隱之盛心也。以臣計之，裕國必先裕民，草野之阜康，即爲朝廷之美利；富民實以富國，宮府之經制，無非閭里之輸將。誠深維乎上下相通之故，而知天地之利，原自在於民間；萬世之資，尤在開於一日，非僅圖目前權宜之計已也。故人主爲斯民策久遠，不可使有餘之見常存於一人之意中，尤不可使不足之形時見於百室之婦子。是在皇上以恤民之實心，行勸民之實政。三推九推以率先之，司農司畯以董治之，使生穀之田盡墾，而地無餘力；游食之民盡農，而民有餘利。更爲輕徭薄賦，以紓其困；三年九年，以厚其藏，豫大豐亨之象，不再見於今乎？

制策有曰：「興賢育才，原以爲民。今既崇經學，以正人心；重制科，以端始進。乃士風尚未近古，以致吏治不清，民生不遂。」原所由來，端因士氣之不振開之也。然士氣之純雜，在養之於平時，而非勵之於一旦。苟素習不端，及其一行作吏，無惑乎寡廉鮮耻，宴然民上而恣其貪殘。欲民之各遂其生也，何可得哉？董正之法，當責之教官，以教官之與士習也。然尤在宗伯督學使，學使督教官，而以教官督士。吾未見上有董率之人，而子弟猶不謹者也。品節既著平時，自不以廉隅而易其守。於以膺民社之寄，則有利而利必興，有弊而弊必去。治負龔、黄之譽，俗臻仁讓之休，其有浮僞以相矜者乎？曰無有。其有徇名而失實者乎？曰無有。於以追樸棫而幾時雍，不難矣。

至於「揆文奮武，禮樂之彦，韜鈐之臣，兼收並重」，誠如制策所云，「簡用得人，使才稱其職」。然望我皇上，慎以處之，公以行之，明以斷之。今日之選授可云公矣，然職之繁簡，才之短長，未易辨也。常使職之餘於才者，或至才餘於職。所貴本至明之心，而行之以至慎，而後可以勵其始。然今日降革之科，常如傳舍，而拔擢之典，每至淹留。不患在資格之不循，而患在資格之過循。唯過循，則予之久任以重其權，示之超遷以優其典者，無有也。長才未必有越次之升者，短才未必無依次之轉。所貴本至公之心，而行之以至斷，而後可以要其成。我國家文武並重，統轄各有專司。然而表正之權，全在撫提。以下屬之賢否，撫提能悉之；下屬之貪廉，撫提能制之。正恐撫提之心，未必盡體皇上之心，則下屬之心，又焉能祇承撫提，以仰副皇上之期許乎？昔云：「文不愛錢，武不惜命。」其謂之何？誠嚴其督責而力行之，則不敢以僚屬之殿最自累其功名。則舉劾必當，而大法小廉，争自濯磨於聖世矣。

夫天庾之積貯，咸仰藉於東南，而轉輸無策，每爲民害。皇上殷然及此，誠萬姓之恩波也。臣謂徵納出自民間，而轉輸半由天事。蓋黄運兩河，互爲表裏。第運河之修濬，全在備禦之得宜。黄河則旋決而旋築，且屢築而數決，以水衡數百萬金錢置之洪濤駭浪中而靡有止息，是未受充裕之利而先罹耗費之虞矣。且也蓄洩之不時，而挑築每爲民害，則轉輸之善策，無如專其權於總漕，兼其任於總河，使漕不受制於河，而漕利使河得分治於漕，而河亦利。是非予以重權，責以久任不可。蓋任久則河之情形自熟，而疏濬利導之得宜；權重則責之旁貸無辭，而諉卸游移之弊絶。將見奏安瀾之慶，坐收紅朽之腴，庶幾酒漿珮璲與心膂而偕來乎？

抑臣更有進焉，唯願皇上以古帝之心爲心，且通乎左右輔弼之所以爲心。雖不必日陳經史，無往非經史之敷陳；亦不必日御經筵，無在非經筵之開導。蓋實有遜志時敏之心而後延訪之，即爲躬行也；實有舍己從人之志而後諮謀之，即爲達務也。豈非德爲可久之德，業爲可大之業。以昭法紀，則民風士習胥致於雍和，而朝野樂觀其盛；以彰道化，則大法小廉盡歸於亮采，而文武共效其誠。若所謂百靈效順，河嶽懷柔，時占大有，史紀嘉祥，則又聖世之餘事矣。

臣草茅新進，罔識忌諱，干冒宸嚴，無任戰慄隕越之至。臣謹對。

（底本：《狀元策》，榮錦堂乾隆續刊本。參校本：《歷科廷試狀元策》，影印雍正十一年懷德堂刻本；《文武狀元策》，文錦、二酉書屋乾隆續刊本）

一二　康熙十二年癸丑科　韓菼

康熙十二年(一六七三)癸丑科,共取進士一百六十六名(《康熙起居注》載一百六十九名,《康熙十二年進士登科録》《欽定國子監志》載一百六十三名,《國朝貢舉年表》載一百五十名)。狀元韓菼,榜眼王鴻緒,探花徐秉義。

是科會試正考官:大學士杜立德、禮部尚書龔鼎孳。副考官:刑部左侍郎姚文然、翰林院掌院學士熊賜履。

是科會試讀卷官:大學士、吏部尚書圖海,大學士、刑部尚書馮溥等。

韓菼(一六三七—一七〇四),字元少,别字慕廬,江南蘇州府長洲縣(今江蘇蘇州市)人。康熙十一年,順天鄉試中式。十二年,會試、殿試皆第一,授翰林院修撰。纂修《孝經衍義》,旋充日講官、知起居注。十四年,主順天鄉試。歷右春坊右贊善,進翰林院侍講。乞歸改葬其親,事畢,補原官,轉侍讀。二十四年,遷侍講學士。尋擢内閣學士,兼禮部侍郎。二十六年,以疾給假,里居八載。三十三年,召至京,命充《一統志》總裁官。三十四年,仍補内閣學士,兼禮部侍郎。三十六年,以禮部右侍郎兼翰林院學士。尋奉命掌翰林院印務,復充日講官、知起居住。三十八年,調吏部右侍郎,仍掌翰林院學士事。三十九年,奉旨教習庶吉士,充經筵講官,陞禮部尚書,仍兼翰林院學士事。四十三年八月,以疾卒於官,年六十八。乾隆十七年(一七五二)二月,高宗諭獎「韓菼種學績文,湛深經術。所撰制義,清真雅正,實開風氣之先,爲藝林楷則」,追謚「文懿」。所著有《有懷堂詩文稿》二十八卷、《大字春秋左傳句解》等。《清史稿》有傳。

韓菼狀元策見《康熙十二年進士登科録》(中國第一歷史檔案館藏,殘本)、《歷科廷試狀元策》(影印雍正十一年懷德堂刻本)、《狀元策》(榮錦堂乾隆續刊本,哈佛大學漢和圖書館藏)、《文武狀元策》(文錦、二酉書屋乾隆續刊本,哈佛大學漢和圖書館藏)、《順治康熙雍正三朝殿試策》(國家圖書館藏)及《皇清文穎》(影印乾隆十二年武英殿刻本)等。

康熙十二年,癸丑。三月,辛未朔。庚寅,策試天下貢士韓菼等於太和殿前,制曰:朕惟自古帝王,以仁心行仁政,無不以萬物得所爲己任。其時豐亨克奏,教化覃敷,人無狙詐之心,户洽敦龐之盛,馴至遐荒向化,頑梗率俾,訟獄息而兵革銷,風雨時而休徵應,何風之隆也!

朕纘承祖宗鴻緒,撫御萬方,夙興夜寐,冀登上理。乃天時未盡調協,①治道未臻純備,尚德緩刑之令時頒,而仁讓未興;發帑蠲租之詔屢下,而休養未遂。意者審幾度務,設誠制行之源,尚有未究者歟?夫治獄之吏,以刻爲明,古人之所戒也。近見引律煩多,駁察誣良,時見參奏,出入輕重之間,率多未協於中。何以使民氣無冤,而讞法克當歟?

積貯乃天下之大命,乃常平之設,多屬虚文,一遇荒歉,即需賑濟,而奉行不實,致使朝廷之德意,不能遍及閭閻,其何以使利興弊革歟?古者耕九餘三,即有災祲,民無饑色,其道有可講求者歟?夫有治人,始有治法;行實政,必有實心。今欲疎禁網以昭惇大,緩催科以裕蓋藏,務使物阜民安,政成化洽,以庶幾於古帝王協和風動之治,抑何道之從也?

爾多士蓄積有素,其各攄所見,詳切敷陳,毋泛毋隱,朕將親覽焉。

(底本:《清聖祖實録》卷四一,册四,頁五五三—五五四。參校本:《康熙十二年進士登科録》,中國第一歷史檔案館藏;《歷科廷試狀元策》,影印雍正十一年懷德堂刻本;《狀元策》,榮錦堂乾隆續刊本;《文武狀元策》,文錦、二酉書屋乾隆續刊本;《皇清文穎》卷二五,影印乾隆十二年武英殿刻本)

① 「天時未盡調協」,諸參校本作「府事未盡修和」。

臣對：臣聞帝王欲舉治天下之大法，必先有以倡天下之人心。夫心者，萬事之權輿，至治之根柢也。世有百年必敝之法，而有萬世可以無弊之心。爲政而不本之以心，雖舉唐虞三代之法施之而無一可。古之聖王，不能以身勞天下，而惟以心勞天下。其分猷布化，則寄之百官有司；其兼總條貫，則付之紀綱法度。而其子愛元元、忠利惻怛之實心，必有餘於用人立政之外者，以勸其群臣之遞相倡也。以率其下，漸磨陶冶，淬厲鼓舞，務盡出其精白不欺之心，以爲天子拊循斯民之具。何者當興，何者當革，若何而可，若何而否，張弛寬猛，休養生息，君臣相與，早作夜思，無往而不得其當。由是衣食足而積貯充，教化行而獄訟息，暴民不作，兵革不試，而即有水旱不時之虞，無改乎閭閻樂利之舊。馴至四方，從欲協和風動，人事修於下，天休應於上，陰陽以和，風雨以時，則惟聖王能帥其臣以實心行實事之所致，而非徒法嚴令具，一切隨事補救，潤飾吏治之所可幾也。

欽惟皇帝陛下，得一居貞，兼三出震，定黜陟而澄吏治，遠媲雲師龍紀之遺；因燠暘而念民依，務協畢雨箕風之好。覃敷文教，而益講於道德仁藝，常使史誦詩、士獻箴；底定武功，而不忘乎獮狩蒐苗，共美右騶虞、左貍首。淑問既已揚於疆外，湛恩既已普於群生，庶績既已受成，百神既已順職。乃猶進臣等，親策之以府事未盡修和，治道未臻醇備，而欲究於仁讓之化、休養之澤，審幾度務，設誠制行之源。此真公聽並觀、懸鞀設鐸之盛心也。臣請得而備陳之。

臣惟獄者天下之大命，和氣之所由致，災沴之所由生也。我皇上深矜庶民之不幸，時沛更新之（恩）［思］，①屢下停刑之令，而且寬失出之罰，重矜疑之典，禁慘酷之刑，所以戒枉濫者至矣。而民猶或多冤者，何也？制策曰：「引律多煩，駁察誣良，時見參奏。」臣以爲今日刑獄之刻，正在於駁察苛於前，而參奏隨其後也。古之治獄者，蓋使之意論輕重，②愼測淺

① 「思」，據《康熙十二年進士登科録》改。
② 「意」，《皇清文穎》作「議」。

深，寬然得盡其心焉。今自臬司上讞，毋論或重或輕，而必以駁察爲例，有司苦於其上之苛刻繳繞也。乃逆窺（竟）［意］指之所向，①而文致罪人之辭以求一當，究之出於罪人之供者，實非出諸其人之口者也。而上下文移，公名爲妥招。夫招而曰妥，是徒幸免駁察而不顧生民之命者矣。臣謂宜少寬假臬司之參駁，而第慎擇其人焉，以寄一方之民命，則庶乎其可也。而臣尤有請者，在減例而一從律。古者，律一成而不可變，而復有疑有比，是律之中已不勝其權衡變化，而不必（預）［更］增例以預擬之也。② 今常例之外，條例日增，徒使輕重上下得易以爲奸而已矣。且夫法亦顧用之若何耳。劓刖椓黥，蚩尤之刑，而唐虞仍之，不聞其或濫；五刑三千，法莫詳焉，而周之中葉，（其）［不］聞其召祥。③ 刑之當否，果不在法之詳略也。又況今之律，所謂「以、准、皆、各、其、及、即、若」八字之義亦已盡乎？④ 小大之比，豈猶不足而復議例乎？

恭惟制策念積貯之當務，而洞晰夫常平之設多屬虛文，賑濟之恩奉行不實。臣以爲，今日欲行古者遺人委積之法則迂，如近者頻下賑濟之令，亦難爲繼。欲倣古者平糴之制，又恐有結糴、俵糴、括糴之弊。若欲一恃於常平，則出納斂散之不時，蓄積之不實，今亦既見之矣。而臣竊以爲今日惟社倉之法猶可行也。誠各委一方之守令，俾請其鄉之耆宿有才德者，勸民量輸其粟而時斂之，而時出之，少加其息，以償腐耗。其行之也，以酇鄙而不以縣；其主之也，以鄉人士君子而不以官；其勸之也，以忠厚惻怛而不以督責苛急。於以禦凶荒也，其庶幾乎？

若夫制策所云「耕九餘三，即有災祲而民不饑」者，此則足民之本計也。臣謂今日足民之道有三：曰減賦，曰緩征，曰

① 「意」，據《康熙十二年進士登科録》《皇清文穎》改。
② 「更」，據《康熙十二年進士登科録》改。
③ 「不」，據《康熙十二年進士登科録》改。
④ 「亦」，《康熙十二年進士登科録》作「斯」。

減餉。今賦稅既有定額，似不可復減。然古者十而稅一，又或十五稅一，三十稅一，則今他省之額最輕者猶爲重也。而江南一省之入，至六百餘萬，欠釐毫以上輒罪之，及上計簿而欠者，亦數百萬也。此數百萬者，民不敢欠，而官不能有也，則安歸乎？夫徵發急則奸欺易生，條目多則侵蝕難詰，勢不得不議停，亦不得不議蠲，則曷若少留有餘於民之爲利乎？臣請即一省以例其餘，權其輕重，苟有可少寬減者，減之藏富於民，即餘富於官，此時務也。緩征之説，諸臣請之數矣，言之切矣，皇上亦欲行之再三矣。而格而不遽行者，以協餉之故，則臣請言減餉之説。

古者一州之入，必足當一州之出。姑以戰國時言之，養兵百萬，而不仰給於他國。今天下大定，而餽餉不絕，如歲歲用兵，竭中原民力之供，輦輸於嶺海之濱，絕遠不毛之地，而所在雄藩大鎮，外挾一二竄伏山澨之餘孽以自重，而內以邀於朝廷，日耗司農不生不息之財，以厭其子女玉帛無窮之欲，此豈可爲繼而輒因循而不變乎？臣請於兵之可撤者撤之，其必不可撤者則留屯田。古者常且戰且屯，今正當養兵不用之時，其力尤可用。且往者，兵在湟中則屯湟中，在淮則屯淮，在許則屯許，在振武則屯振武，在烏孫伊吾則屯烏孫伊吾，安得藉口無可耕之田乎？或猶有不足，則姑以近省之餉量給之。俟行之數年，佃作盛而軍實充，乃盡舉協餉而罷之。協餉停而征可緩，賦可減矣。緩征減賦而民有餘財，則可以耕九餘三，遇災祲而無菜色矣。

凡此數條，臣敢因聖策而盡其愚。雖然，爲政有本，致治有要，則臣以爲必先於倡天下之人心，以實心行實政，而後可也。宋儒朱熹有言：「世有二敝，有法敝，有時敝。法敝可救之以法，時敝必變之以心。」今百僚師師，庶事具舉，然諸臣或畏罪之念重，而踴躍之意輕；功名之慮深，而忠愛之誼薄；推委瞻徇之情多，而公忠任事之氣少。則或者御臣之道，亦有未至也。臣謂宜推忠信以結之，寬文法以優之，破資格以異之，豐禄餼以勸之。崇尚聖賢之實學，以砥其禮義廉恥之防；試以當世之要務，以觀其經理才幹之實。漸磨陶冶，淬厲鼓舞，而向之數條者，可以付之其人有餘矣。然其本要在皇上之一心。誠夙夜講學，一本於戒謹畏懼之至意，則德業益充矣。恭己出治，而一將以吁咈咨儆之實心，則萬幾益敕矣；側身修省，齋居淵默，而一出於敬天之誠，則嘉祥致矣；冬寒夏暑，祈福請命，而實格以愛民之心，則生養遂矣。此所謂以仁心行仁政，而政成化洽，無一物不得其所以進於古帝王協和風動之治者也。

臣草茅新進，罔識忌諱，干冒宸嚴，不勝戰慄隕越之至。臣謹對。

（底本：《狀元策》，槑錦堂乾隆續刊本。參校本：《康熙十二年進士登科録》，中國第一歷史檔案館藏；《歷科廷試狀元策》，影印雍正十一年懷德堂刻本；《文武狀元策》，文錦、二酉書屋乾隆續刊本；《皇清文穎》卷二五，影印乾隆十二年武英殿刻本）

一三　康熙十五年丙辰科　彭定求

康熙十五年（一六七六）丙辰科，共取進士二百零九名（《國朝貢舉年表》載一百九十名）。狀元彭定求，榜眼胡會恩，探花翁叔元。

是科會試正考官：大學士李霨、禮部尚書吴正治。副考官：吏部右侍郎宋德宜、左副都御史田六善。

彭定求（一六四五—一七一九），字勤止，號訪濂，一號南畇，江南蘇州府長洲縣（今江蘇蘇州市）人。康熙十一年舉於鄉。會試、殿試俱第一，年三十二，授翰林院修撰。十六年，任順天鄉試正考官。二十四年，陞國子監司業，充日講起居注官。在翰林四年，即歸里不復出，居家二十餘年，所學益該究清通。五十八年，以疾卒，年七十五。編著有《南畇文集》《周忠介公遺事》《儒門法語》《蒙正録》《湯潛庵文集節要》《陽明釋毁録》等。《清史稿》載入《儒林傳》。

彭定求狀元策見《歷科廷試狀元策》（影印雍正十一年懷德堂刻本）、《狀元策》（榮錦堂乾隆續刊本，哈佛大學漢和圖書館藏）、《文武狀元策》（文錦、二酉書屋乾隆續刊本，哈佛大學漢和圖書館藏）及《順治康熙雍正三朝殿試策》（國家圖書館藏）等。

康熙十五年，丙辰。三月，癸未朔。壬寅，策試天下貢士彭定求等於太和殿前，制曰：朕惟自古帝王，承乾立極，綏理萬邦，莫不以厚風俗、正人心爲久安長治之本。其時化理敦龐，民生樸茂，海内群黎，咸享豐亨豫大之休，洵府事修和之成效也。朕荷天眷佑，嗣纘弘基，夙夜孜孜，期登上理，十有五年於兹矣。乃風俗未盡丕變，人心未盡還淳，閭閻之蓋藏未裕，軍興之輸輓猶繁，豈振興愛養之未得其道歟？何郅隆之難復也？

夫俗尚澆漓，人多狙詐，君子長者之行，不少概見，而告訐時聞，未（能）率迪於仁讓，①其故何歟？且忠孝者，人生之大節也。知之明，則不惑於邪正；守之固，則不昧於順逆。乃人心不古，奸宄潛滋，所關世道，良非細故，豈親親長長之誼，素未講究歟？抑司教者之訓飭未備也？

經國之道，不諱言財。況今戡定方殷，軍需孔亟，議生議節，亦既籌畫多方矣。而度支未見充盈，施行尚鮮實效，何道而使上有裨於經費，下無妨於休養歟？

爾多士讀書懷古，留心經濟久矣。其各抒所見，詳切敷陳，朕將親覽焉。

（底本：《清聖祖實録》卷六〇，册四，頁七八一—七八二。參校本：《歷科廷試狀元策》，影印雍正十一年懷德堂刻本；《狀元策》，榮錦堂乾隆續刊本；《文武狀元策》，文錦、二酉書屋乾隆續刊本）

臣對：臣聞帝王輯寧萬邦，必有紀綱振興於上，而安内治外之業以成；必有德義敷綏於下，而一道同風之功以奏。是以端本澄原而爲籌時度務之大計，惟使天下之鼓舞愛戴於上者，莫不存格非從善之實意，而後風俗之正本於人心。則民生之康乂，國計之殷盈，其道悉由乎此也。夫宵旰憂勤，以敦倫錫福爲先，以休養生息爲亟，深宫率作之德也；承流宣化，以疏附後先爲任，以綢繆樽節爲功，群工效能之事也。然則欲定天下之風俗人心，必始諸一人勵精之際，而即敷諸四海觀聽之時；開其奉法循令之誠，而即動其慕義懷恩之隱。賢否不淆而任使公，激勸不爽而張弛善，則可以遠至而邇寧，可以

① 「能」，據諸參校本删。

揆文而奮武。雖當國用煩興，自有萬世久遠之謀，不爲一時補救之計。誠得乎整齊天下之道，而有紀綱以作其倡，即有德義以弘其應，則以一人之心合天下之心以爲心，而天下咸以其心相維而莫可解。古者淳龐朴茂，豐亨豫大，府事修和之績，可以復見於今也。

欽惟皇帝陛下，乾德體元，泰符凝命，建正直蕩平之極，光風澍雨，並協休徵；裕聖神文武之模，就日瞻雲，咸歌復旦。止慈履孝，善貽謀，隆尊養，垂芳規於紺幄銅扉；重道崇儒，勤典籍，廣薪櫃，播雅化於義林策府。恤萬姓以普鴻施，蠲賦省刑之令屢下，恩同湛露旁流；張六師以揚駿烈，詰戎振旅之略兼行，威與秋霜並肅。敷天率土之民，幸被德音，聞仁政，舉踵思慕，冀得見至治之成。則仰體皇上夙夜求寧之心而翕然振勵其心，固宜被潤澤而大休美，思盛德而皆徠臣矣。乃猶有風俗未盡丕變，人心未盡還醇，閭閻之蓋藏未裕，軍興之輸輓猶煩，上致睿慮之憂勞，而於闢門選士之會，詢及蒭蕘。臣嘗按之往古，驗之當今之務，而何敢或泛或隱，自欺其所學乎？

臣聞之《書》曰：「天視自我民視，天聽自我民聽。」言乎固本寧邦之道也。又曰：「予欲左右有民，汝翼；予欲宣力四方，汝爲。」言乎有治人以行治法也。故時有羔羊素絲之節，則人將以簠簋不飭爲羞；時有三物六行之條，則人將以郊遂是移爲耻；時有勞來安集、開誠布公之政，則人將以棄逆效順、尊親敬長爲先。人心正而風俗自純，使天下回心向道，固非旦夕可以爲功，而亦轉移勸導之有幾也。

伏讀制策曰：「俗尚澆漓，人多狙詐，君子長者之不少概見，而告訐時聞，未相率迪於仁讓。」誠欲以唐虞三代之治望天下也。《管子》曰：「禮義廉耻，國之四維。」董子曰：「皇皇求仁義者，君子之行也。」今勸學興賢之典日殷，而師儒之官，徒以文藝品其高下，不以行誼分其優劣，遂至干進以爲能，飾名以邀寵。子衿多佻達之譏，賢良鮮闇修之學，是未能體我皇上敦崇誠慤之心以爲心也。赦宥更新之恩屢布，而平反之職，徒以威令飾其冒濫，不以誠義動其中孚，甚且出入得以游移，虚實得以相遁，畫地刻木之不畏，鈎金束矢之日煩，是未能體我皇上整飭法紀之心以爲心也。臣以爲宜擇表率風俗之人，如朱熹行《白鹿洞規》，胡瑗設「經義」「治事」兩齋之教，以勸興士習。而又得廉明慈惠之吏，如韓延壽之閉閤思過，仇香之勸民息訟，則恬退無欲之士見稱於時，而囂凌浮競之風知所底止。革薄從忠，效可立覩矣。

伏讀制策曰：「忠孝者，人之大節也。知之明，則不惑於邪正；守之固，則不昧於順逆。乃人心不古，奸宄潛滋，所關世道，良非細故。」聖人憂民之心，至此加切矣。臣以爲平時之訓導漸摩，固貴乎勸勉之有實，而臨事之招徠撫馭，尤在於聳動之有機。如司馬相如檄巴蜀，而竊發者感恩；如龔遂治渤海，而流移者復業。人性豈甚相遠哉？我皇上子惠元元，禁預儆，嚴加派，誠欲使内地之民蒙其保障也。然繭絲之術多工，冰蘗之操難守。則我皇上如傷若保之心，豈遍喻於深山窮谷者乎？選將帥，申紀律，誠欲使悔過之民樂於歸誠也。然勇敢之氣猶少，掠劫之罪未嚴，則我皇上招攜懷遠之心，豈盡達於多方多士者乎？故必得仁智信勇之臣，諭以大義，感以至誠，當必有扶杖觀化，挾纊懷仁，而親親長長之誼素所講究者，一旦可以油然自動，則樂盡子臣之義而堅其翼戴也。人心以正，風俗以淳，即以用兵籌餉之故而理財，亦知生財之有大道矣。

伏讀制策曰：「經國之道，不諱言財，況今戡定方殷，軍需孔亟，議生議節，亦既籌畫多方矣，而度支未見充盈，施行尚鮮實效。」臣竊盱衡計之，而知言生不如言節者，何也？廣開山澤之利，終不足以濟正賦之窮；多行捐納之條，亦不足以給衆旅之餽。以我皇上重節儉，戒虚糜，而費莫大於養兵，養兵之費莫大於征行。如今之草穀料豆諸項，各省之採買官吏因緣爲奸，内部之考稽册籍易蒙其弊。本折轉移，托言耗費，開銷遲悮，平準難行，毫釐積之，侵漁鉅萬，及今不察，長此安窮。應擇廉能强幹之員，巡察物價之低昂，嚴絶漏卮之中飽，其節省甚多者，特予以不次之擢，此即劉晏深察估值之遺意，陸贄議行平糴之良法。去其害財者而財可足也。至於河工虚冒，官吏坐食於其中，而黄淮交漲，海口難濬，耗水衡之金錢，終無安瀾之一日。則何不併分司之員，減歲費之半，以佐士馬飽騰哉？浮費既省，饋餉漸充，而後我皇上緩征發帑以爲心者，德澤實被民生。上有裨於經費，下無妨於休養，亦在於奉行之得其人耳。

凡此者，審乎人心風俗之維繫，而兼及於足民足國。肅臣之心，安民之心，總以克副我皇上之心，所謂紀綱之振興者此也，德義之敷綏者此也。而臣尤欲竭芹曝之忱，以佐聖德高深之實者，亦惟本皇上振興愛養之心推廣而力行之。經史講習之精詳，則因革可以時措；官方澄敘之畫一，則賞罰可以咸宜。作敢言之氣，而中外有悉達之情；鼓任事之忱，而大小有一心之義。謹號令之頒，堅如金石，信如四時；炳幾先之識，慎始圖終，防微慮遠。則堯舜之兢業以執中，湯武之懋修以建極，先後同源，創守合轍也。以承景命而錫純嘏，至近也；以紹宏謨而鞏丕基，至隆也。時雍風動之治可臻，綏邦屢豐之績可奏，咸五登三之盛，可以度越百王，豈非垂統萬世者哉？

臣草茅新進，罔識忌諱，干冒宸嚴，不勝戰慄隕越之至。臣謹對。

（底本：《狀元策》，榮錦堂乾隆續刊本。參校本：《歷科廷試狀元策》，影印雍正十一年懷德堂刻本；《文武狀元策》，文錦、二酉書屋乾隆續刊本）

一四　康熙十八年己未科　歸允肅

康熙十八年（一六七九）己未科，共取進士一百五十一名（《國朝貢舉年表》載一百五十五名）。狀元歸允肅，榜眼孫卓，探花茆薦馨。

是科會試正考官：大學士馮溥、兵部尚書宋德宜。副考官：翰林院掌院學士葉方藹、都察院左副都御史楊雍建。

歸允肅（一六四二—一六八九），字孝儀，號惺崖，江南蘇州府常熟縣（今江蘇常熟市）人。康熙二年舉於鄉。殿試第一人，授編修。二十年，任順天鄉試正考官，所拔皆寒畯。二十一年，充日講起居注官。歷侍講、侍讀，進詹事府少詹事。與議政事，持正不阿。以疾告歸。二十八年，卒于家，年四十八。著有《歸宮詹集》等。

歸允肅狀元策見《歷科廷試狀元策》（影印雍正十一年懷德堂刻本，哈佛大學漢和圖書館藏）、《狀元策》（榮錦堂乾隆續刊本）、《文武狀元策》（文錦、二酉書屋乾隆續刊本，哈佛大學漢和圖書館藏）及《順治康熙雍正三朝殿試策》（國家圖書館藏）等。

康熙十八年，己未。三月，丙申朔。乙卯，策試天下貢士馬教思等於太和殿前，制曰：朕惟古帝王統御天下，建極綏猷，莫不簡賢任能，乂寧兆庶，官方澄敘，府事修和，農務興而野無曠土，國計裕而泉貨流通，豫大豐亨，洵郅隆之上理也。朕荷天眷命，嗣纘鴻圖，宵旰靡寧，孜孜求治。每思民生休戚，關乎吏治之賢否；安全噢咻，端藉循良。故於監司守令之任，務加遴選。① 乃龔、黃之績未聞，而貪黷之風如故。或吏道雜而多端，激揚之法未善歟？或大法小廉，表率未得其

① 「遴」，諸參校本作「慎」。

人歟？

國家藏富於民，必使人無游惰，然後田野闢而生聚蕃。比年以來，勸農墾荒之令屢下，乃地利未盡，汙萊尚多，抑有司奉行弗力耶？將督課者，循名而未責其實也？

自昔九府圜法，所以便民利用，鼓鑄之設，其來舊矣。邇以銅不足用，鑄造未敷，有以開採議者，有以禁民耗銅議者，果行之可永利乎？或二者之外，別有良策歟？

爾多士留心經濟，其詳切敷陳，勿泛勿隱，朕將親覽焉。

（底本：《清聖祖實録》卷八〇，册四，頁一〇二〇—一〇二一。參校本：《歷科廷試狀元策》，影印雍正十一年懷德堂刻本；《狀元策》，榮錦堂乾隆續刊本；《文武狀元策》，文錦、二酉書屋乾隆續刊本）

臣對：臣聞帝王之經緯天下奠安群生也，弘綱獨攬於上，要必有鼓舞一世之權，合大法小廉以競勸，斯群材得而吏治清，世運方處其泰；要必有阜成萬禩之規，統民生國計以常周，斯兆姓樂而百昌遂。此用人用財爲治天下不易之大法。古之深謀廟堂之上，爲久安長治計，日夜務此至悉也。顧天下之人才常衆矣，舉天下之才，自足以成天下之治。而選任得其理，激勸神其用，則澄敘之典不淆。天下之財用亦侈矣，合天下之財，恒足以裕天下之需，而勸墾以盡其力，鼓鑄以賦其功，則利賴之途益廣。自懲貪奬廉之法無以振飭，其紀吏道雜，則官職耗廢，而民之凋瘵已深；粟帛刀幣之藏無以節宣，其宜源流失，則財賦不豐，而國之經費日拙。然則側席而求循良，蒿目而籌國賦，誠治安元元之至計不可不出乎此也。惟得其本而操之，則裕民足國之道遂以無患，其具固可悉陳於前也。

欽惟皇帝陛下，撫辰定命，開物成猷。頌玉瑞以總八紘，在璿璣而齊七政。敕萬幾於時暇，表聖絕學，稽古遺文，制作炳焉三代；連八陣以雲屯，命肆專征，凝威肆伐，謨猷靖爾多方。班朝涖庶官，惟日惟月惟時，各修職業，合卿尹公孤，三百屬聯常奏績；聲教訖四海，納總納秸納秷，競效悃誠，統侯甸男衛，億萬方玉帛來同。此於用人行政之要，阜財誠民之理，豈猶有未治未安者煩鰓鰓過計乎？然臣伏處草野，於吏治之得失，民生之利病，與利之所當興，弊之所當革，時察識其梗概，有懷欲吐久矣。兹者幸邀清問，敢不披肝膽，瀝情愫，敬陳愚賤之一得乎？

臣聞治平之大要，惟欲民之安，而安民之實政，莫急於擇吏。吏得其人，則能實心爲民，賦役可輕，桁楊可偃，上有裨於軍國，下有濟於閭閻，財求阜而物力出矣。吏不得其人，則不能實心爲民，撫字與催科並重，而或以徵比爲能；繭絲與保障孰優，而或以逢迎爲計。有利而不興，有弊而不去，田卒汙萊也，泉流日塞也，問之其人，曰「我不知也」，是尚得爲吏治乎哉？要之，長吏者，民之師率也；大吏者，又群吏之表師也。皇上以恤民爲心，而慎於擇大吏，大吏體皇上恤民之心以爲心，而嚴於表率群吏，大小相維，賢能共奮，而庶政無不畢舉矣。

伏讀制策有曰：「民生休戚，關乎吏治之賢否；安全噢咻，端在循良。故於監司守令之任，務加慎選。乃龔、黄之績未聞，貪黷之風如故。」此有以知其所由然也。夫今之爲吏者，豈不自愛身名，而或至不復顧其身名；豈不念其身家，而或至不遑顧其身家，苞苴肆行，貪墨無厭，至盡棄其生平者。誠以守令之黜陟，督撫操之也；守令之可否，督撫定之也。百姓稱其賢，督撫曰不賢，則即以不賢報罷矣；百姓載其能，督撫曰不能，則旋以不能降調矣。是守令之進退，全憑督撫之意指，而不問民生之休戚。且自監司以上，皆能上達於督撫而制守令之命。然則彌縫安得不工，而民生安得不日敝乎？此雖賢如卓、魯，守若廉、范者，亦將易其術而思以自托於上矣。且古之以六計弊群吏也，廉善廉能，所長不同，而皆統之以廉；明乎吏之重有守也。惟有守，則其心必清而足以達務，其力必勤而足以肆應，其仁愛足以結民心，其貞亮足以勵士氣，而可輕於斥絶乎？是吏之廉者，决未可偏棄也。即或謂人之材有能有不能，然古有更調繁簡之法，夫亦可通行也。以此旌別淑慝，其亦可也。不然，旌廉之典不聞，而以一眚遽掩，幾何其不以貪令耶？抑自援納之途開，而出爲民牧者不能無濫竽矣。其間潔己自好者固不乏人，然懲十一於千百，則儆貪之法，不可不預立其防也。務絶其侵漁以勵其清操，歷試之勞效以程其實跡，則激勸之道得矣。此澄清吏治之大要也。

至於服疇力穡，人樂其業者，人之本性也。非催科以擾之，重役以驅之，豈有甘於游惰，委石田於不毛者乎？古者三年耕，必有一年之蓄。今則民無蓋藏，征税徭役之需，莫不取給於田疇，而待供於藝穫。民倍出什一之息，當其春，則指禾於秋而償；及其秋，則又指來年之禾以償也。八口婦子，且無以自畜，已成必匱之勢。一遇水旱，勢必舍耒耜而去南畝，又安能以饑寒待盡之身而供敲骨吸髓之役哉？今吏之留心農事者絶少，間有奉行具文者，催檄之令，徵召會衆之煩，適足以滋擾而無裨於實，於農田水利、救荒積穀諸大政，視之蔑如也。至墾荒之法，在恤其貲力而寬其起課，使民知有服耕之利，而國家徐收寬賦之效。如是則民樂墾矣。苟若清丈之令，適足爲閭里之深憂；增課之文，祇以益窮簷之疾痛。牛種無所出，寬恤有不聞，民之熟者亦趨於荒，而奚暇於墾乎？制策謂：「勸農墾荒之令屢下，乃地利未盡，汙萊尚多，意有司之奉行不力，督課者循名而未責其實。」此真皇上洞悉民隱矣。今誠取其弊而悉絶之，則本業可興也。

至如鼓鑄之設，其來已久。禹有歷山之鑄，湯有莊山之鑄，皆所以利民用也。後世有交子、會鈔之法，迄壅隔不行，誠不如錢之流通也。古法取舊銅易新錢，勿雜鉛，勿用錫。今也以銅不足用爲慮，意者用多而無以給之歟？然臣見制錢之騰湧，恒獨京畿爲用耳，其達之郡縣者，每不如其行之京畿。苟錢價有低昂，未能畫一，則民不便於行，或有耗廢爲器用者。能平其價值，使遠近貴賤可以通行，則民知錢之利而廢銅出矣。若開採之議，地之所産，本以給民用，要必取之有制，使胥吏不得以借端，奸盜不得以叢藪，然後利歸於上而民蒙其利。不然恐徒以滋擾攘之便也。是故開採必得其人，耗銅必絶其源也。此皆因制策之所問而直陳之者也。

臣愚以爲，此二者特吏治之事耳。皇上慎擇大吏，有清心率屬之臣以涖其上，而郡縣之請謁不行，田野之荒萊日闢，制度以興，財力以阜，吏稱職而民安業，以開太平之基，是在我皇上正本澄源之化實以貽之也。

臣草茅新進，罔識忌諱，干冒宸嚴，不勝戰慄隕越之至。臣謹對。

（底本：《狀元策》，桊錦堂乾隆續刊本。參校本：《歷科廷試狀元策》，影印雍正十一年懷德堂刻本；《文武狀元策》，文錦、二酉書屋乾隆續刊本）

一五　康熙二十一年壬戌科　蔡升元（闕）

康熙二十一年（一六八二）壬戌科，共取進士一百七十六名（《康熙起居注》《欽定國子監志》《皇朝文獻通考》載一百七十九名，①《國朝貢舉年表》載二百名）。狀元蔡升元，榜眼吴涵，探花彭寧求。

是科會試正考官：吏部尚書黄機、工部尚書朱之弼。副考官：翰林院掌院學士陳廷敬、户部左侍郎李天馥。

是科殿試讀卷官：大學士明珠、勒德洪、王熙，户部尚書梁清標，内閣學士、禮部侍郎張玉書，翰林院掌院學士、禮部侍郎陳廷敬，翰林院掌院學士牛鈕等（據《康熙起居注》）。

蔡升元（一六五二—一七二二），字徵元，號方麓，浙江湖州府德清縣（今德清市）人。康熙庚戌科狀元蔡啓僔從子。康熙二十年舉於鄉。廷試第一，授翰林院修撰。二十四年，充日講起居注官。二十八年，遷右中允。二十九年，遷左中允，尋請終養歸。四十二年，迎駕嘉興，奏對御舟，得旨來京。四十三年正月，以候補中允，超擢詹事府少詹事，仍充日講起居注官，值南書房。五月，遷詹事，充經筵講官。十一月，遷内閣學士。五十四年，充會試副考官。五十六年，擢左都御史。五十八年，擢禮部尚書。六十年，乞假歸。翌年十一月，卒於家。著有《使秦草》。

是科《登科録》未刻印，三鼎甲殿試卷均佚。

---

① 《康熙起居注》，中國第一歷史檔案館整理，北京：中華書局，一九八四年。

康熙二十一年，壬戌。九月，乙巳朔。策試天下貢士金德嘉等於太和門前，制曰：朕惟自古帝王，治定功成，尤加意乎人心風俗之所尚，以圖萬世治安之本。維時禮教明於上，仁讓興於下，俗重敦龐，人多謹愨，國計豐裕而比屋盈寧，四方清晏而川嶽效順。朕綜覽前史，心實慕之。

茲仰荷上天眷佑，祖宗鴻庥，耆定武功，削平逆亂，亟思覃敷德教，釐正典章，庶幾海宇化成，茂臻上理。顧令甲屢頒，而奉行不力，末作之纖靡未息，閭閻之嗜慾猶滋，豈閑情節性，坊表斯民之方，尚有未備者歟？

夫惇厚以立德，節儉以足用，厲俗之良規也。而民心日偷，澆漓益甚，何以使孝友之行，篤於門內，奢淫之習，絶於里閈歟？從來安上治民，莫善於禮，恭敬廉讓，則德化易成，何以整齊其心志，移易其好尚，俾有所持循歟？抑慎辨等威，納諸軌物，使貴賤少長，無相凌競，果何道之從歟？

圖治之要，首重天儲，兼禦民患。比年河決爲災，修築鮮效，隄防方報竣工，洪流旋復他潰，豈信河勢之危險歟？抑人事未盡善也？歲漕數百萬粟，轉輸於黄運兩河，所繫綦重。或疏濬下流，或固築隄岸，前人之成法具在，豈在昔則有明效，而今不可踵行歟？使實意討究，修濬得宜，上不梗運道，下不病民生，必有策以處此。

爾多士胸藴經術，將以善世澤民，其各抒所見，詳切敷陳，朕將親覽焉。

（底本：《清聖祖實録》卷一〇四，册五，頁五六—五七）

康熙二十一年，壬戌。九月，初三日丁未。酉時，上御批本房，殿試讀卷官大學士勒德洪等，將策試天下貢士卷，選擇十卷進呈，面奏請旨定奪。上閱第一卷畢，曰：「此卷文義儘優，但所論治河未能悉中肯綮。字蹟秀潤，而工力未到。」大學士明珠奏曰：「臣等徧閲一百七十餘卷，其中亦無甚超絶者。此卷較諸人最優，故擬第一。」王熙奏曰：「此卷字極秀朗。」上閲第二卷畢，曰：「此卷與前卷相等，難分上下。」明珠奏曰：「誠如聖諭。臣等亦曾將此二卷再三商酌，因前卷字蹟較勝，故置第一。」上閲第三卷畢，曰：「此卷便覺與前二卷稍遜，似皆南人。」因曰：「從前海運之事若何？」王熙奏曰：「元時招撫海上盜魁張瑄、朱清爲萬户府，令其轉運，故明初亦曾行之。因海洋風濤險惡，運艘每致漂没，人米俱失，故爾停止，别開運河，以通轉輸。」上曰：「海運從何處出洋？從何處入口？用何様船隻輸運？」王熙奏曰：「用海船裝載，從太倉出洋，至天津入口。」張玉書奏曰：「由安東出洋，海道風濤險惡，往往失事，不獨漕糧有悮，且傷人甚多，所以故明時行之未久，旋即議停。」上閲諸卷畢，問諸臣曰：「此數卷内，爾等亦有識其字蹟爲誰者乎？」衆皆奏：「不知。」户部尚書梁清標奏曰：「其中一卷字蹟，類廣西巡撫郝浴之子郝林。」上從首卷以次親拆，至第四卷史夔，問曰：「此係誰族？爾等有知之者否？」陳廷敬奏曰：「係原任翰林編修史鶴齡之子。」牛鈕奏曰：「此卷文甚佳，書法頗似其父。」上曰：「人皆稱史鶴齡爲人甚善。」王熙等奏曰：「史鶴齡乃一謹慎之人。」上曰：「謹慎便是好人。人能恪謹守分，何所不宜？」明珠奏曰：「聖諭極是。恪謹守分，何往不可？」拆至第五卷王九齡，上問曰：「此係誰族？」陳廷敬奏曰：「此係講官王頊齡之弟，王鴻緒之兄。」拆至第八卷徐炯，上問曰：「此係誰族？」張玉書奏曰：「係講官徐乾學之子，素稱能文。」拆卷畢，上親書滿漢字一甲三名名次。曰：「爾等品第甚當，俱照所擬。」又曰：「朕觀士子爲文，皆能修琢字句，斐然可觀。若令指事切陳，多不能洞悉要領。」明珠奏曰：「文章乃士子素習，至於時務，非見事明確，胸藏實學者，安能切中條理？」上頷之。又命諸臣坐，賜茶畢，出。

（《康熙起居注》，中國第一歷史檔案館整理，頁八九二—八九三）

一六　康熙二十四年乙丑科　陸肯堂

康熙二十四年（一六八五）乙丑科，共取進士一百六十四名（《康熙起居注》《康熙二十四年進士題名碑録》《欽定國子監志》《皇朝文獻通考》記載均相同。《國朝貢舉年表》載一百五十名。《清聖祖實録》載一百二十一名，當僅是三甲人數，故不採納）。狀元陸肯堂，榜眼陳元龍，探花黄夢麟。

是科會試正考官：户部侍郎王鴻緒。副考官：刑部尚書張士甄、禮部右侍郎董訥、内閣學士孫在豐（據《國朝貢舉年表》）。

是科殿試讀卷官：大學士明珠、王熙，工部尚書杜臻，户部侍郎王鴻緒，内閣學士孫在豐等（據《康熙起居注》）。

陸肯堂（一六五〇—一六九六），字邃升，一字澹成，江南蘇州府長洲縣（今江蘇蘇州市）人。康熙二十年（一六八一），江南鄉試中式。會試、殿試皆第一，授翰林院修撰。二十六年，出任江西鄉試正考官。二十七年三月，充日講起居注官。三十年擢右春坊右中允，次年轉左，又陞侍講。三十二年，轉侍讀。三十五年八月，卒于官，年四十七。著有《三禮辨真》《懷鷗舫詩存》《陸氏人物考》。

陸肯堂狀元策見《歷科廷試狀元策》（影印雍正十一年懷德堂刻本）、《狀元策》（榮錦堂乾隆續刊本，哈佛大學漢和圖書館藏）、《文武狀元策》（文錦、二酉書屋乾隆續刊本，哈佛大學漢和圖書館藏）及《順治康熙雍正三朝殿試策》（國家圖書館藏）等。

《清聖祖實録》所載康熙二十四年、二十七年殿試策問，據陸肯堂、沈廷文策對所引，兩科明顯誤置，而《歷科廷試狀元策》《狀元策》及《文武狀元策》所載不誤，今據以乙正。此外，陸肯堂殿試文，《歷科廷試狀元策》與《狀元策》《文武狀元策》所載，異文頗多，今兩存，以便對照閱讀。

康熙二十四年，乙丑。三月，辛酉朔。庚辰，策試天下貢士陸肯堂等一百二十一人於太和門前。①

（《清聖祖實録》卷一二〇，册五，頁二六一）

制曰：朕惟自古帝王，膺圖御宇，惠育黎元，必吏治澄清，而後民生安遂，用致運際郅隆，天人交應，理數符會，畢協休徵。至於海隅日出，罔不率俾，樂利阜成，彌宇宙焉。朕荷天眷命，纘嗣丕基，夙夜孜孜，勤求治理。每念民生之休戚，由於吏治之貪廉，激揚之典數舉，其清操卓越者，時行拔擢。凡司民牧，其果蒸蒸丕變與？夫興事省成，因名責實，課吏之良規也。請託之習未除，則情面難破，喜怒之私未化，則毁譽易徇，何以使殿最惟明，黜陟允當與？抑正己率屬，大法則小廉也。崇獎潔清，以風厲有位，尚有可講求者與？

道之大原出於天，而弘之者人。物必有理，而理以數顯，數以理神，天人相與之際，窮理極數，厥有奥旨，可得而詳之與？善言天者，必有驗於人，極先天之數，而盡天地萬物之變化。該帝王聖賢之事業，殊途一致，其旨安在？古昔盛時，聲教遐訖，重譯來賓，獻琛貢賮，貿遷利用，實裨民生。（邇）［爾］者鯨鯢静息，②海波不揚，梯航所至，商販通行，遠致外方物産，以阜吾民，其間果有利而無弊，可悉指與？夫興利必要其成，立法務規其久，何以區畫盡善，萬世利賴，可永行與？

①「一百二十一」，《康熙起居注》載「一百六十四」。

②「爾」，據《狀元策》《文武狀元策》改。

爾多士究心經術經濟，其於官方廉善，理數精微，柔遠裕民之道，蓄之有素矣。其各抒所見，詳著於篇，朕將親覽焉。

（底本：《清聖祖實録》卷一三四，册五，頁四五六。參校本：《歷科廷試狀元策》，影印雍正十一年懷德堂刻本；《狀元策》，榮錦堂乾隆續刊本；《文武狀元策》，文錦、二酉書屋乾隆續刊本）

其一

臣對：臣聞帝王之握符凝命而垂裕萬年也，必有運之一心者，以立剛健中正之體，而後宰治爲有原；必有推之天下者，以大裁成輔相之功，而後運世爲有本。蓋剛健中正，乾之德也。乾德丕昭，而率天之性，盡人之才，秉理之常，察數之變，是之謂天德。裁成輔相，泰之道也。泰道允協，而守上之法，矢下之廉，能邇之情，柔遠之效，是之謂王道。惟王道一本於天德，故先天而天弗違，後天而奉天時，綜千聖之源流，考百王之同異，洋洋美德，豈人力也哉？爰是用之課吏，而百職於以寅亮也；用之阜財，而萬國于以咸寧也。蓋君心正而後百工釐，百工釐而後庶績熙，庶績熙而後遠人服，遠人服而後財用足。故曰：「道者，所由適於治之路。禮樂政刑，皆其具也。」聖王建極於上，静天下之才智於性命精微之中，使夫吏治清，民生厚，群黎徧德，四海賓服，久安長治，以比迹於唐虞三代之隆者，未有不由此也。

欽惟皇帝陛下，道協參三，功崇咸五。溥如天之德，足以有容；念小民之依，所其無逸。東漸西被，南諧北燮，肇域四海之外，來格來王；左圖右史，甲書乙經，研精萬機之餘，是彝是訓。歌喜起而邁栢梁，藻翰動三辰，羲畫堯文，上媲乎星雲復旦；崇師儒而巡闕里，典謨垂萬禩，周情孔思，遠逾夫嵩岱升中。固已陰陽和而萬物得，躋斯民於仁壽之域；耳目齊而心志一，納天下於軌物之中矣。乃猶聖不自聖，進臣等於廷，而孜孜於官方廉善之操，理數精微之學，柔遠裕民之方。臣伏處衡茅，思欲攄一得之愚，以爲興朝拜獻者素矣。今煌煌清問，實式承之，敢不敬陳所學以對揚休命乎？蓋吏治之澄清，不可不察其實也；理道之精深，不可不悟其本也；足用之良謨，不可不經其久也。

伏讀制策有曰：「民生之休戚，由於吏治之貪廉，激揚之典數舉，其清操卓越者，時行拔擢。」而猶計及於興事省成，因名責實，以求殿最黜陟之當。大哉王言！所以爲興廉計者至深遠也。夫古之爲治者，必其三物六行，修之平日，然後升於司徒而授之爵，故其時即無非常之才，而亦不至有不肖之行。逮及兩漢，猶爲近古，吏之廉者，輒增秩賜金以褒異之，是廉即吏之報最也。後之所爲報最者，亦少異矣。雖有飲冰茹蘖之操，而刑名錢穀盜案之考成，又從而議其後，是使龔、黄、卓、魯勉爲循良，亦有以知其不易也。我皇上加意吏治，大計有八法之條，舉劾重循卓之選，間復命廷臣薦舉清廉，特行優擢。又慎簡督撫之清望素著者，畀之表率。是天下之吏，皆知廉吏之可爲，莫如今日也。然而考課之法，尚循其舊，則吏亦有未盡烝烝丕變者。法莫若寬，向之所以考成而嚴之課行，吏果廉，雖刑名錢穀盜案之未盡報最，不害其爲循良也。苟徒三者之稱職，而所謂飲冰茹蘖之操且不可問，則亦何樂有此脂韋而詭隨者也。而又常行廷臣公舉之法，使廉吏之上達，不必盡由督撫之薦剡，則大吏不得扼其進退之權，而司牧者皆爭自濯磨，以冀一旦之知遇矣。

伏讀制策有曰：「道之大原出于天，而弘之者人。物必有理，而理以數顯，數以理神，天人相與之際，窮理極數，厥有奥旨。」而因求極先天之數，以爲殊途一致之歸。此千古傳心之學也。夫善言天者，必有以驗之人；善言理者，必有以通乎數。天人理數之歸，即太極之體，皇極之用也。太極爲《河圖》之中宫，自天一以至地十，周圍於四正，以成五十有五之數，其象從天。皇極本《洛書》之經緯，自戴九以至履一，縱横於四隅，以成四十有五之數，其法依地。孔子曰「易有太極」，太極者，先天理數之原。周子曰「無極而太極」，是發明孔子所未發也。邵子言「皇極」，而名之經世，是其數學又發前人所未發也。要之，周子主理，故於《通書》言誠；邵子主數，故于《内》《外篇》言物。然誠固理也，物亦未始非理也，而朱子

《啓蒙》，則合理數而言之。然臣以爲，太極之涵於無極，其天地之體乎？皇極之建于有極，其帝王之用乎？靜悟於無極，而後會歸於有極，則道德爰發爲事功。懋建於有極，而皆原本於無極，則文章適符夫性命。惟我皇上洞觀太極之精微，表建皇極之主宰，闡明《河圖》《洛書》之異數，而同符省察格物觀物之殊功而一致，此以帝王見天地之心，而非僅理數之源流已也。

伏讀制策有曰：「聲教遐訖，重譯來賓，獻琛貢賮，貿遷利用，實裨民生。」而思遠致外邦物産以阜吾民，此誠不可不圖其利而防其弊也。古者易關市，來商旅，納貨賄，以便民事，故四方來集，遠鄉豈有不致之物産。今聲教誕敷，車書一統矣，海隅日出之邦，莫不引領而望，曰「蓋聞中國有聖人焉」。德洋恩溥，物靡不得其所，則梯航遠集，琛球共獻，固其願也。而合萬國之財，以利萬國之用，豈非天子四海一家之象乎？法莫若通其貿易，而于海濱出入之地，各置清望素著大臣以鎮撫之，而勿侵其利；稽察其奸，倣古關市譏而不征之義，則遠物致矣。且不以有益易無益，則貨賄不可以不定；不以有用易無用，則物價不可以不平。善其防衛，以示招徠；重其誠信，以杜邊釁，則殊區異域，皆懽欣鼓舞，而物用以通。夫物用以通，而遠情以遂；遠情以遂，而享王之盛，百世不易矣。非僅以阜國用，實所以壯聲靈也；非僅以阜民財，實所以固屏藩也，則尤當加之意也。

而臣以爲，三者之中，自有本末先後之辨。夫《洪範》一書，實爲天人理數之宗。然其三「八政」，則曰食、曰貨、曰賓、曰師。食貨者，即足用阜財之遺意也；賓師者，即天工人代之遺規也。然則安民課吏，不過維皇建極之一端，而皇上惟是體備無極太極之精深，以兼綜聖賢帝王之心法，天德王道，兼而有之，則明良自矢其一心，球貝永集於萬國矣。

臣草茅新進，罔識忌諱，干冒宸嚴，不勝戰慄隕越之至。臣謹對。

（底本：《狀元策》，榮錦堂乾隆續刊本。參校本：《文武狀元策》，文錦、二酉書屋乾隆續刊本）

其二

臣對：臣聞帝王之握符凝命而垂裕萬年也，必有藴諸一心者，以立剛健中正之體，而後宰治爲有原；必有推諸天下者，以大裁成（補）［輔］相之功，①而後運世爲有本。蓋剛健中正，乾之德也。乾德丕昭，而率天之性，盡人之才，守理之常，察數之變，是之謂天德。裁成輔相，泰之道也。泰道式協，而守上之法，矢下之廉，能邇之情，柔遠之效，是之謂王道。惟王道一本於天德，故先天而天弗違，後天而奉天時，綜千聖之源流，考百王之同異，洋洋美德，豈人力也哉！由是以之課吏，而百職于焉奏績；以之制用，而萬國于焉盈寧。蓋君心正而後百工釐，百工釐而後庶績熙，庶績熙而後遠人服，遠人服而後財用足。故曰：「道者，所由適於治之路。禮樂政刑，皆其具也。」聖王建極於上，静天下之聰明才智於性命精微之域，使夫股肱良，萬事康，海甸同風，嘉祥洊至，久安長治，以媲美於唐虞三代之隆者，未有不由此也。

欽惟皇帝陛下，道協參三，功崇咸五。溥如天之德，足以有容；念小民之依，所其無逸。東漸西被，南諧北燮，肇域四海之外，來格來王；左圖右史，甲書乙經，研精萬幾之餘，是彝是訓。賡喜起而邁栢梁，藻翰動三辰，羲畫堯文，上媲乎星雲復旦；隆師儒而巡闕里，典謨垂萬禩，周情孔思，遠逾夫嵩岱升中。固已陰陽和而萬物得，躋斯民於仁壽之域；耳目齊而心志一，納天下於軌物之中矣。乃猶聖不自聖，進臣等於廷，孜孜以官方廉善之操、理數精微之學、柔遠裕民之方下詢。臣伏處衡茅，思欲攄一得之愚，以爲興朝拜獻者素矣，今煌煌清問，實式承之，敢不敬陳所學，以對揚休命乎？竊以爲獎廉課行之法，不可不體其情也；天人理道之微，不可不原其本也；厚生利用之圖，不可不經其久也。

① 「輔」，據《狀元策》改。

伏讀制策有曰：「民生之休戚，由於吏治之貪廉，激揚之典數舉，其清操卓越者，時行拔擢。」而因計及於興事省成，因名責實，以求殿最黜陟之允當。大哉王言！其所爲吏治計者，至深遠也。夫古之爲治者，必其三物六行，修之平日，然後升於司徒而授之爵，故其時即無非常之才，而亦不至有不肖之行。逮及兩漢，猶爲近古，吏之廉者，輒增秩賜金以褒異之，是廉即吏之報最也。後之所爲報最者，亦少異矣。雖有飲冰茹蘗之操，而刑名錢穀盜案之考成，迫于令甲而議其後，是使龔、黄、卓、魯勉爲循良，亦有以知其不易也。我皇上留心吏治，大計有八法之條，舉劾重循卓之選，間復命廷臣薦舉廉吏，特行優擢。又慎簡督撫之清望素著者，畀以表率。是天下之吏，皆知廉吏之可爲，莫如今日也。然而考成之法，尚循其舊，則司牧亦有未盡蒸蒸丕變者。法莫若寬，向所爲考功者而移之課行，吏果廉，雖刑名錢穀盜案之未盡報最，不害其爲循良也。苟三者即稱職，而其飲冰茹蘗之操且不可問，則亦何樂有此脂韋而詭隨者乎？間復常行廷臣公舉之法，使廉吏之上達，不必盡由督撫之薦剡，則大吏不得扼其進退之權，而司牧者皆争自濯磨，以冀一旦之知遇矣。

伏讀制策有曰：「道之大原出于天，而弘之者人。物必有理，而理以數顯，數以理神，天人相與之際，厥有奥旨。」而窮極先天之數，以爲殊途一致之歸，此千古心法之淵源也。夫善言天者，必有以驗之人；善言理者，必有以通乎數。天人理數之歸，即太極之體，皇極之用也。太極爲《河圖》之中宫，自天一以至地十，周圍於四正，以成五十有五之數，其象從天。皇極本《洛書》之經緯，自戴九以至履一，縱横於四隅，以成四十有五之數，其法依地。孔子曰「易有太極」，是發文王、周公之所未發也。周子曰「無極而太極」，是發孔子所未發也。邵子言「皇極」，而名之經世，是從伏羲太極先天之圖。《洪範》初一次九之數，數用加倍，以成元、會、運、世，其數學又發前人所未發也。要之，周子主理，故於《通書》言誠；邵子主數，故于《内》《外篇》言物。然誠固理也，物亦未始非理也，而朱子《啓蒙》，實合理數而言之。然臣以爲，太極静涵於無極，其天地之體乎？皇極懋建于有極，其帝王之用乎？静涵於無極，而會歸於有極，則道德爰發爲事功；懋建於有極，而原本於無極，則文章適符夫性命。惟我皇上默運太極之精微，表正皇極之主宰，斂時錫福，以敷厥庶民，而更闡明濂洛關閩之異説而同符、格物觀物之殊功而一致。此所以參天地、兼帝王，而非僅講明理數之源流已也。

伏讀制策有曰：「聲教遐訖，重譯來賓，獻琛貢賮，貿遷利用，實裨民生。」而思遠致外邦物産以阜吾民。此誠不可不謀其利而防其弊也。古者易關市，來商旅，納貨賄，以便民事，故四方來集，遠方無不致之物産。今聲教誕敷，車書一統矣，海隅日出之邦，無不引領而望，曰「蓋聞中國有聖人焉」。澤洋恩溥，物靡不得其所。則共球琛貝，旅幣無方，固其所已。因是合萬國之財，以利萬國之用，豈非天子四海一家之象乎？法莫若于海濱出入要地，各置清望素著大臣以鎮撫之，稽察其奸，而勿侵其利，倣古關市譏而不征之義，則梯航商販，喁喁然皆向風慕義，願出於塗，當無慮道里遼遠，山川阻深者。非僅以利國用，亦所以壯聲靈也；非僅以阜民財，亦所以固屏藩也。且不以有用易無用，則貨賄不可以不定；不以有益易無益，則物價不可以不平。善其防衛，以示招徠；重其誠信，以杜邊釁，斯經久之良模，利賴之善策矣。

而臣以爲三者之中，尤有本末先後之辨。夫《洪範》一書，爲天人理數之宗，而三「八政」，曰食、曰貨、曰賓、曰師。食貨者，即阜財利用之遺意也；賓師者，即天工人代之遺規也。惟皇上上法堯舜禹湯文武之心傳，體備中和，兼綜理數，而所以興吏治、厚民生，皆不勞而自理，其天德聿昭，王道丕著，而臣謂王道原於天德以此也。

臣草茅新進，罔識忌諱，干冒宸嚴，不勝戰慄隕越之至。臣謹對。

（底本：《歷科廷試狀元策》，影印雍正十一年懷德堂刻本。參校本：《狀元策》，榮錦堂乾隆續刊本；《文武狀元策》，文錦、二酉書屋乾隆續刊本）

康熙二十四年，乙丑。三月，辛酉朔。丁丑，禮部議覆左副都御史胡昇猷疏請皇上親定殿試題目，並嚴飭閱卷諸臣，以重大典，應如所請。上諭大學士等曰：「殿試設有讀卷官，俱係大臣，豈不相信？縱有他故，亦自有定例。若題目俱由朕親出，不勝煩瑣。即如會試題目，乃偶一行之，豈遂爲例？且朕所出之題，乃試官不出、人所不能預擬者。若屢屢親出，則人亦能預爲揣摩矣。著傳諭九卿詹事科道，仍照舊例行。」

（《清聖祖實録》卷一二〇，册五，頁二六〇）

一七　康熙二十七年戊辰科　沈廷文

康熙二十七年(一六八八)戊辰科,共取進士一百四十六名(《國朝貢舉年表》載一百五十名)。狀元沈廷文,榜眼查嗣韓,探花張豫章。

是科會試正考官:大學士王熙、左都御史徐乾學。副考官:兵部右侍郎成其範、左副都御史鄭重。

是科殿試讀卷官:大學士伊桑阿、梁清標,吏部尚書陳廷敬,工部尚書李天馥,内閣學士王封濚,禮部右侍郎張英,吏部右侍郎翁叔元等(據《康熙起居注》)。

沈廷文,生卒年不詳,字原衡(一作元衡),號元洲,浙江嘉興府秀水縣(今嘉興市)人。康熙十七年戊午科舉人。天姿穎異,讀書過目不忘,父子兄弟自相師友。廷對第一,授翰林院修撰。三十三年,任會試同考官。著有《廣居文鈔》《燕邸雜録》《北征南歸》等集。

沈廷文狀元策見《歷科廷試狀元策》(影印雍正十一年懷德堂刻本)、《狀元策》(榮錦堂乾隆續刊本,哈佛大學漢和圖書館藏)、《文武狀元策》(文錦、二酉書屋乾隆續刊本,哈佛大學漢和圖書館藏)及《順治康熙雍正三朝殿試策》(國家圖書館藏)等。

《清聖祖實録》所載康熙二十四年、二十七年殿試策問顛倒,今據《歷科廷試狀元策》《狀元策》及《文武狀元策》乙正。

康熙二十七年,戊辰。三月,甲戌朔。己亥,策試天下貢士范光陽等於太和門前。

(《清聖祖實録》卷一三四,册五,頁四五六)

制曰:朕惟帝王撫馭寰區,覃敷治化,必務本敦行,厚生正德,俾俗尚鴻龐,兆人樂利,斯庶幾時雍風動之上理也。朕仰荷天庥,纘承祖宗大業,孜孜宵旦,期登郅隆。念小民之依,惟農桑是重,而猶慮野餘曠土,室鮮蓋藏,未底家給人足之盛,將無游惰逐末者尚衆,而秉耒耜者或寡歟?蠲租之詔屢下,墾荒之令時舉,率作興事者素矣,其果争趨本業否歟?

行莫大於孝,守莫重於廉。漢有孝廉之科,其法猶爲近古。自積習浮靡,人鮮門内之行,士昧一介之操。今欲使束修砥節,何道而可?教化之不興,以凡爲士者,從事虚名,而未敦實學也。矯僞相煽,中於人心,咸令惕然知返,著誠去僞,抑何術之從也?夫野有醇風,斯朝多端士,匿情飾貌,滋長澆凌,孝弟力田,幸臻美俗,其説可悉指歟?爾多士盱衡古今,於民生士習得失之數,籌之熟矣。其各抒所學,以裨教養之隆,朕將親覽焉。

(底本:《清聖祖實録》卷一二〇,册五,頁二六一。參校本:《歷科廷試狀元策》,影印雍正十一年懷德堂刻本;《狀元策》,榮錦堂乾隆續刊本;《文武狀元策》,文錦、二酉書屋乾隆續刊本)

臣對:臣聞帝王膺圖御宇而綿曆服於無疆也,必有經理天下之治法,以開一代之鴻猷;必有憂勞天下之實政,以垂萬年之至計。何謂治法?立綱陳紀,建久安長治之規,而學校井田,釐然畢舉者是已。何謂實政?布德和令,成一道同風之治,而正德厚生,燦然具備者是已。顧治法之立,不恃乎法,而恃乎行法之治人;實政之舉,不存乎政,而存乎敷政之實心。有治人以行治法，則亮工熙載，無一人不在承流宣化之中。播德澤者，必思民生何以克底於殷盈；司教化者，必思士習何以克臻於醇茂。贊襄勵翼，皆體無逸之王衷，以與爲經緯王道之所以光昌也。有實心以行實政，則敷化寧人，無一事不盡端本澄源之道。播德澤者，必實有以躋民生於仁壽；司教化者，必實有以勵士習於雍和。振動恪恭，悉本至誠之主志，以與爲昭宣王猷之所以敦裕也。解愠阜財之治，菁莪棫樸之休，端在今日矣。

欽惟皇帝陛下，兼三出震，御六乘乾。止孝止慈，允矣萬邦惟憲；克威克愛，恢乎四海爲家。紹千聖之精微，禮樂詩書，覃敷講道崇儒之化；同兆人之憂樂，東西南朔，時沛蠲租宥罪之仁。建有極而綱紀四方，乃聖乃神，乃武乃文，巍蕩難名，猶且左圖而右史；單厥心而股肱一德，汝翼汝爲，汝明汝聽，法廉交飭，不忘夕儆而朝咨。固已登三咸五，而躋世於時雍矣。乃猶聖不自聖，進臣等於廷，而諮以鴻龐樂利之原、務本敦行之實也。雖古之懸鞀設鐸，何以加兹？臣讀古人之書，慕古人之行事，竊有志於當世之務，惟恐學焉而不得言，言焉而不得達。今者幸承清問，敢不俯竭愚誠，以對揚天子之休命乎？

臣惟國以民爲本，民以食爲天。古之善爲治者，必使地無遺利，而後農桑衣食之原以開；必使人無遺力，而後耕耘收穫之道以盡。蓋多一逐末之民，即少一力田之民也；多一游惰之民，即少一率作之民也。野有石田而不墾，是棄利於地也；田有豐草而不薅，是委嘉穀於草莽也。主伯亞旅之儔，無一人之不勤厥業，則播種以時，而不致以游手坐食者遺憾於生成。園廛漆林而外，無尺土之不歸於疆理，則汙萊盡闢，而不致以土地荒蕪者自弛其職業。其在《詩》曰：「駿發爾私，終三十里。亦服爾耕，十千維耦。」言乎地之無遺利，而人之無遺力也。

伏讀制策有曰：「蠲租之詔屢下，墾荒之令時舉。」此誠如天之仁，愛民無已之盛心也。然而奉行者或未盡其道，則上澤之不能下逮，下情之不得上達者多矣。是莫若責成於守令。守令者，親民之官也。守令之勸課勤，則民樂其業而趨事者必衆；守令之董率嚴，則民畏其法而惰業者自寡。但使守令各以重農爲心，則耕三餘一、耕九餘三之治可幾也，何慮蓋藏之不厚歟？然而墾荒之令，則尤在緩其起科之期，而寬其隱漏之罰。起科之期緩，使民得以優游盡力，而利先在下。而利先在下，而願耕者不戒自孚矣。隱漏之罰寬，使民得以次第開報，而吏不得緣以爲奸。吏不得緣以爲奸，而隱匿之弊可清矣。由是地無或遺之利，①人無或遺之力，百室盈而婦子寧，足民以裕國，道孰有要於此乎？

若夫古之勸士者，有三物六行之陳，有鄉舉里選之法，有戒休董威之具，使之浸淫於道德仁義之中，沐浴於鼓歌絃誦之内，猶且百年而化成焉。故其時之爲士者，咸欣欣然有樂於爲善之思，力行不倦，而無自棄之意。處則有砥節勵行之修，出則有安上治民之略。蓋其所務者實學也，其所耻者虚名也。而今之士異矣。所徇者聲華，而門内之實行不講也；所慕者富貴，而躬行之體備不修也；所矜者結納，而居稽之本務多疎也。當其未遇，則所憂者在功名，而不在學業；及其既遇，則所求者在利禄，而又不在功名。蘇軾曰：「上以名求之，下以實應之。」若上以實求之，而下以名應之，其可乎？然則爲士者從事虚名而未敦實學，誠有如聖制所云者。於此而欲大去其積習，鼓勵於將來，則必有以一其趨向而勵其志氣，俾爭自濯磨，以自奮於闇修篤行之途，而不入於浮僞苟且之習，此其責在學臣與教官。夫學臣與教官之設，所以爲士習計至詳且切，原不徒以文章重也。夫亦因言以考行，據詞章以徵性術焉耳。使徒求之以文章，已失造士之初心。至并不問文章，而徇情面通賄賂，更有不可言者矣。即如士行之優劣，每學各列一人，上之學臣，以示勸懲，其法甚善。而其弊也，或執一人之愛憎，或徇俗口之悠悠，未有能得其實者。然則爲善者何以勸，爲惡者何以懲乎？

伏讀制策有曰：「行莫大於孝，守莫重於廉。」夫求忠臣，必於孝子之門，故移孝可以作忠。《周禮》以六計弊群吏，而

---

① 「由是」，《歷科廷試狀元策》作「操是道以行之則」。

皆先之以廉。是孝與廉，豈非立身之大節，而人品學術之所由分乎？臣愚以爲，孝廉之科，行於昔者，未始不可行於今也。國家以科舉取士，三年而一選，其得人爲獨盛，則科舉之不可廢也明矣。宜令所在教官，每年各舉至行可風、清操足尚者一人，而聞之於學臣，學臣核其實而達之於禮部，禮部序其名，察其素行之尤著者而以聞於皇上。① 如果卓卓可稱，足以爲世坊表，則授以師儒之任，使之振興士行。其餘不盡用者，亦加褒美，以示鼓勵，庶士以實行爲重，而不騖虛名矣。

乃臣以爲，治法之必恃有治人，實政之必本於實心者，何也？皇上以愛養百姓爲心，而諸臣不能體此心以盡愛養之方，其澤必致扞格而難施；皇上以鼓舞士風爲心，而諸臣不能體此心以盡鼓舞之道，其化亦必因循而未洽。惟在諸臣洗心滌慮，以皇上之心爲心，而不徒循一日之虛名以苟貪禄位，則治法立而實政修。以厚民生，至順也；以端士習，至正也。推此而遠至邇寧，丕基於以鞏固焉；體國經野，垂裕於以永久焉。我國家億萬年之業，傳之無窮矣。

臣草茅新進，罔識忌諱，干冒宸嚴，不勝戰慄隕越之至。臣謹對。

（底本：《狀元策》，桀錦堂乾隆續刊本。參校本：《歷科廷試狀元策》，影印雍正十一年懷德堂刻本；《文武狀元策》，文錦、二酉書屋乾隆續刊本）

康熙二十七年，戊辰。春正月，乙亥朔。丁酉，禮部題：「本年二月初九日，屆會試場期。茲遇大行太皇太后賓天，典禮繁重，應展期一月，于三月初九日，舉行會試。」上曰：「會試士子，貧寒者多，展期一月，不無苦累，著展期十日。」

（《清聖祖實録》卷一三三，册五，頁四三八）

①「素行」，《歷科廷試狀元策》作「孝廉」。

康熙二十七年，戊辰。三月，甲戌朔。辛丑，上御乾清宫，讀卷官大學士伊桑阿等，選擇殿試貢士策十卷，依例進呈。上以次披閱，改擬第二名沈廷文爲第一名，第五名查嗣韓爲第二名，第四名張豫章爲第三名。又以凌紹雯試策兼譯國書，准附二甲。諭大學士等曰：「榜發之後，爾等將各試卷一并繳入。朕萬幾之暇，尚欲一一省覽。」

（《清聖祖實録》卷一三四，册五，頁四五七）

康熙二十七年，戊辰。三月，二十八日辛丑。酉時，上御乾清宫東廂便殿殿試。讀卷官大學士伊桑阿等，將策試天下貢士卷選擇十卷進呈，面奏請旨定奪。上曰：「十卷内有查嗣韓卷，爾等知之否。」大學士梁清標等奏曰：「不知。」上曰：「查嗣韓以五經特授舉人，朕曾見其墨卷，以此知之。」遂拆卷，第五卷果查嗣韓也。大學士等嘆服。上顧大學士等曰：「諸卷皆佳。」大學士梁清標等奏曰：「臣等愚昧擬呈，還望皇上睿鑒。」上曰：「爾等十數人公閲三日，諒已精詳，朕一刻間，豈能鑒別？」大學士梁清標、學士王封溁奏曰：「皇上天縱聖明，遠邁尋常萬萬。臣等即閲十日，亦不如皇上一刻之精詳。」上曰：「所擬第一卷丘昇何如？」大學士梁清標、尚書李天馥奏曰：「文極條達，字亦精工。」上顧記注官汪霦曰：「爾同鄉，知其人否？中何年鄉試？」汪霦奏曰：「臣素識其人，頗有才名，係丁卯科舉人。」上曰：「第二卷沈廷文策較勝。」梁清標等奏曰：「聖諭誠然。臣等以丘昇卷字畫端楷，故擬第一。」上曰：「試日風甚大，第一卷無一懈筆，可嘉，第其文不若次卷之警拔耳。」上顧汪霦曰：「此亦爾同鄉，知之否？」汪霦奏曰：「臣未識其人，然聞是闇修之士。」上顧大學士等曰：「殿試雖兼重字，然畢竟以文爲主。」又顧張英曰：「第三卷范光陽是會元否？」張英奏曰：「是會元。」上曰：「此卷文亦勝於第一卷。」梁清標等奏曰：「與第二卷不相上下。」上顧汪霦曰：「范光陽爲人何如？是世家否？」汪霦奏曰：「家世臣不知。其人是老成宿學。」上曰：「第四卷何如？」陳廷敬奏曰：「臣讀制策，甚有深意，孝廉二字最宜重發，此卷得之。」上顧大學士等曰：「第五卷查嗣韓文何如？」梁清標等奏曰：「文甚佳，只以錯落四字，不敢置前三卷。」翁叔元奏曰：「若以文論，查嗣韓尤勝。」張英奏曰：「即所錯二字亦係行筆偶誤。」上曰：「文果勝前數卷，即行筆小有錯落，似亦無礙。」顧汪霦曰：「查嗣韓時文朕所見，外間以彼爲何如？」汪霦奏曰：「人皆服其精敏。」上曰：「能作古文否？」汪霦奏曰：「能作。」上曰：「年幾何？」汪霦奏曰：「四十餘矣。」上曰：「此前後甚有關係。」因取五卷細閱，久之，顧大學士等曰：「第二卷文氣好，可第一。第五卷雖有錯落，然條對精詳，可第二。爾等以爲何如？」梁清標等奏曰：「聖見極當。」上曰：「范光陽文甚佳，只三名皆浙江，奈何？」梁清標等奏曰：「第四卷何名？」上曰：「張豫章。」梁清標等奏曰：「此非浙江人。」上曰：「即以張豫章寘第三，范光陽二甲第一，丘昇二甲第二。」大學士伊桑阿等以凌紹雯卷翻有清字進呈請旨。上命張英讀漢文畢，親閱清書。顧汪霦曰：「爾知其人否？平素何如？何以能清書？」汪霦奏曰：「臣鄉有駐防滿洲，凌紹雯曾教讀旗下，故習清書。人亦謹飭。」上顧大學士等曰：「此卷較前數卷何如？」梁清標奏曰：「文甚平，不如前數卷，想因留清書地耳。」上顧伊桑阿曰：「伊所翻清書尚有漢人語氣，然庶吉士須教習清書，可置之二甲末。」伊桑阿奏曰：「二甲應用幾何？」上曰：「舊例何如？」翁叔元奏曰：「有四十名者，有五十名者。」上顧伊桑阿曰：「用四十名。」顧汪霦曰：「爾何甲進士？」汪霦奏曰：「二甲。」上曰：「鄉會試第幾？」汪霦奏曰：「會試二十三名，鄉試三名。」上曰：「爾由庶吉士陞授乎？」汪霦奏曰：「臣初任行人，後以薦舉，御試改授編修，陞今職。」上曰：「何人薦舉？」汪霦奏曰：「原任詹事沈荃。」上顧大學士等曰：「爾等向來知其人否？」梁清標奏曰：「臣等素知其人，學問優長。」上顧大學士等曰：「諸卷中有極不通者否？」梁清標奏曰：「無大不通者，但有淺率膚庸數卷，已置三甲之末矣。此外，尚有四卷違式例，亦置三甲。」上顧伊桑阿等曰：「出榜後仍將各卷一併繳入，朕萬幾之暇尚欲一一省覽。」大學士等出。

（《康熙起居注》，中國第一歷史檔案館整理，頁一七五五—一七五七）

一八　康熙三十年辛未科　戴有祺

康熙三十年（一六九一）辛未科，共取進士一百四十八名（《清代起居注册—康熙朝》《康熙三十年進士題名碑録》《欽定國子監志》《皇朝文獻通考》載一百五十七，①《國朝貢舉年表》載一百五十名）。狀元戴有祺，榜眼吴昺，探花黄叔琳。

是科會試正考官：大學士張玉書、工部尚書陳廷敬。副考官：兵部左侍郎李光地、兵部督捕右侍郎王士正。

是科殿試讀卷官：大學士伊桑阿、王熙等（據《清代起居注册—康熙朝》）。

戴有祺（一六五七—一七一一），字丙章，號瓏巖，江南松江府金山衛（今上海金山區）人。康熙二十三年，江南鄉試第七名。二十七年，會試中式。三十年，補殿試，廷對第一，授翰林院修撰。文奇古似柳州，詩曠達似放翁。四十一年，以大考左遷候補知縣，乞假歸，遂不復出。康熙五十年卒。著有《尋樂齋詩集》。

戴有祺狀元策見《狀元策》（榮錦堂乾隆續刊本，哈佛大學漢和圖書館藏）、《文武狀元策》（文錦、二酉書屋乾隆續刊本，哈佛大學漢和圖書館藏）及《順治康熙雍正三朝殿試策》（國家圖書館藏）等。

康熙三十年，辛未。三月，丁亥朔。丙午，策試天下貢士張瑗等於太和門前。制曰：朕惟自古帝王，撫御方夏，文德聿修，武功克詰，是以遐方率服，庶績咸熙，川嶽效靈，永奏平成之治，甚盛軌也。

① 《清代起居注册—康熙朝》，影印臺北故宫博物院藏本，臺北：聯經出版公司，一九八五年。

朕誕膺眷命，式纘丕基，夙夜孜孜，勤求化理，念經術所（有）［係］涵養德性，①興起事功，必講貫淹通，始可措諸實用。漢唐之箋疏，宋儒之訓詁，繁簡得失，義蘊精微，可得而悉指歟？　薄海内外，凡聲教暨訖之地，既同歸怙冒之中，則懷柔遠人，所以撫綏安全，俾其永霑德化者，何道而可？　至於疆圉敉寧，兵農和輯，慎固封守，王政所先，其廣儲備，勤訓練，以爲久安長治至計，抑何術之從也？

比年河工修濬，漸底安瀾，何以使隄防永固，漕輓迅通，雖有霪潦巨浸，恒無泛濫之虞，運道民生，咸有攸賴，其熟籌之。

爾多士離經辨志，學古入官，盱衡世務，講求素矣。各抒所見，詳著於篇，朕將親覽焉。

（底本：《清聖祖實録》卷一五〇，册五，頁六六六九。參校本：《文武狀元策》，文錦、二酉書屋乾隆續刊本；《狀元策》，榮錦堂乾隆續刊本）

臣對：臣聞帝王奉若天道而垂裕萬世也，必闡千聖之遥源，而後有繼往開來之學；必立百王之大法，而後有遠至邇安之功。是故，大義微言紹其傳，撫循綏輯大其化，文治武功詳其制，平天成地著其猷。以端學術至隆也，以操治術至廣也。以六府三事之修，布親賢樂利之治，群黎百姓，無不徧之澤也；以宫府一體之情，成上下相維之勢，英謀偉略，無不振之威也；以行所無事之意，施疏濬利導之方，則壤成賦，無弗奏之績也。蓋表彰正學，探其奥賾，悉其異同，使常道正法，如日月之經天，江河之行地，而不徒求之於章句文義之末，此即古帝王所以端治天下之體。建立弘休，酌其經制，定其規模，使治

①「經術」至「既同」，底本誤置文末「學古」之後、「入官」之前，據諸參校本乙正。「係」，據諸參校本改。

化治理有兼綜條貫之宜，權衡劑量之實，而不自安於近功小利之謀，此即古帝王所以昭治天下之用。體立而用行，所由唐虞三代之君，學以爲治，不下階序，化行若神，遐邇率俾，功成治定也。

欽惟皇帝陛下，聰明睿知，文武聖神。沛必世之深仁，前民建極；懋重華之至德，纘緒凝休。論道進三公，左圖右史，隆講學崇儒之治；錫福弘兆姓，西被東漸，廣蠲祖解網之恩。定大猷以敉寧，干羽舞而萬邦瞻如雲如日之儀，聲靈與雷霆同其震肅；持小心以保泰，政教敷而四海覩惟敘惟歌之化，德澤與雨露協其淪濡。固已接上古之心傳，固已創奕禩之絶業，固已湛恩普於域中，固已淑問揚於疆外。維國祚於苞桑之固，廣積儲於充裕之猷。學繼唐虞，功踰三代，可不謂隆焉？乃猶睿念無已，望道未見，求治彌殷，進臣等於廷，首詢之以經術，而繼及乎世務。臣之愚陋，何足以知此？雖然，清問下逮，固將採而擇之也。

董仲舒曰：「高明光大，不在於他，在王心加之意而已。」臣以爲經術之要，無踰於此。司馬光之五規，一曰保業，二曰惜時，三曰遠謀，四曰謹微，五曰務實。臣以爲世務之要，無踰於此。而所謂經術者，殆亦不外是焉。恭惟制策有曰：「經術所係，涵養德性，興起事功，必講貫淹通，始可措諸實用。」臣謂今日經術之弊，正在不能見諸實用耳。夫古之所謂經術者，內之究天人之故，其學可以盡性而養心；外之審家國之機，其道可以澤民而致主。茲則不然，上以文辭課天下，而其要在乎明義理；下以章句率後學，而其志在乎躐功名。無怪乎童而習一經，白首而不知所以爲用也。崇尚實學，痛革虛浮，斯其弊自去矣。

若乃漢唐之箋疏，宋儒之訓詁，蓋皆有功於六經，而其爲繁簡得失，則亦有可得而言者。漢唐之治經也，往往詳於名物，故其取材也博。宋儒之治經也，往往專於理道，故其研悉也精。然闡揚已絶之緒，惟諸儒功；牴牾往聖之言，亦惟諸儒咎。繁簡相殊，得失互見。皇上經筵日講，次第舉行，極深研幾以明其義，博綜推致以窮其蘊，守約握要以致其精，探幽索隱以盡其微。內聖外王之學，體之皇上之一心有餘矣。且夫帝王以學治者也，非以治學者也。古之從欲以治，四方風動，其君臣誥誡於一堂之上者，皆其所以爲學者而已。今者薄海內外聲教暨訖之地，同歸怙冒之中，誠有如制策所云者。臣竊觀今日之天下，道德既一，風俗既同，歸往愛戴之念，徧乎智愚，聞風慕義之誠，無岐遠邇。此保治之天下，非求治之天下也。則所以撫綏安全，俾其永霑德化者，誠安可無其道歟？其道何由，亦惟育之以仁，迪之以義，廣民胞物與之施以恤之，立紀綱法度之準以範之，使之沐浴歌咏，向化輸誠，無一事之不周，無一夫之不獲。《書》曰：「光天之下，至於海隅蒼生，罔不率俾。」此道得也。

夫古昔之世，軍農不分，儲蓄自備，井牧溝洫，即軍需供億之資；比閭族黨，即伍兩軍旅之法。此所以爲王政之所先，而久安長治之至計也。茲欲廣儲備，勤訓練，臣以爲此無他，在得其人以寄其任而可也。制其田里，教之樹藝，興勞來安集之功，建開墾屯田之制，嚴兼併侵漁之禁，以成豐亨豫大之謀，此古所謂萬世之計，而非所語於終歲之計也。以廣儲備，寧外是乎？古者三時務農，一時講武，訓練之術，所從來久矣。然臣謂訓練之要，征伐擊刺其小耳，五步七步其末耳。惟夫爲將帥者，能整約束以定軍制，禁抄掠以安民生，明大義以激人心，鼓忠勇以奮士氣，則三軍之衆，無不一以當百，以是匡定四方，柔遠能邇之績昭焉，而疆圉敉寧者此也。以是乂安兆姓，揆文奮武之治具焉，而兵農和輯者此也。以是保大定功，長駕遠馭之略存焉，而慎固封守者此也。臣謂今日之天下，爲保治之天下者，夫亦不出乎此而已矣。

若夫國家之積貯，咸輸運於東南。治河之策，往者言人人殊，顧或屢決而屢築，且旋築而旋決，此昔人所以有「治河古無善策」之説也。而比年河工修濬，漸底安瀾，非我國家景運之隆，皇上平成之治，足以功高神禹者乎？而制策復惓惓於隄防永固、漕輓迅通，欲使恒無泛濫之虞，以爲運道民生之攸賴也。臣聞之，「天下有治人無治法」，莫若慎選清望大臣，如徐有貞、劉大夏、潘季馴之流，重其事權，專其職業，聽其便宜，無俾有掣肘之虞，久其委任，弗循乎遷轉之格。責之者重，則事之旁貸無辭，而推諉游移之弊絶；任之者久，則河之情形自熟，而疏濬開塞之咸宜。將見日覩輪將之便，坐收紅朽之腴，庶幾酒漿珮璲，與心膂而偕來乎。

凡此數條，臣敢因聖策而盡其愚。而要之，闡千聖之遥源，以爲繼往開來之學；立百王之大法，以爲遠至邇安之功。古帝王皆由乎此，而即皇上之奉若天道，垂裕萬世者也。

臣草茅新進，罔識忌諱，干冒宸嚴，不勝戰慄隕越之至。臣謹對。

（底本：《狀元策》，榮錦堂乾隆續刊本。參校本：《文武狀元策》，文錦、二酉書屋乾隆續刊本）

康熙三十年，辛未。三月，二十二日戊申。申時，上由西直門進西華門回宫。少頃，殿試讀卷官大學士伊桑阿等，將策試天下貢士卷選擇十卷，進乾清宫面奏請旨定奪。上于燭下逐卷詳覽，曰：「第一卷、第二卷，文章大概不相上下，第二卷字體較優。以次卷爲第一，首卷爲第二。」其餘卷令一一讀姓名、籍貫。至第九卷，乃黄叔琳，直隸順天府人。上又取其卷閲之，曰：「北方人文章在前列者甚少，觀此文章尚可。爾等有識其人者否？」王熙奏曰：「伊祖曾任陝西巡撫，名黄爾性，此黄叔琳，今大約有二十一二歲，幼齡時曾讀五經，聞其所學頗優。」上曰：「以此爲第三名。」因于三卷上親加批定第一名、第二名、第三名漢字，其餘卷皆逐一閲畢，諭「照爾等所擬」。上又問曰：「所作文章，亦有甚不堪者否？」王熙奏曰：「文章無甚不堪者，但有一卷字跡潦草。」上令取其卷，拆名閲畢，曰：「此五格字跡甚不堪，初學書寫，將伊停此一科，下次再試。」事畢，讀卷官出。

（《清代起居注册——康熙朝》，影印臺北故宫博物院藏本，册二，頁六八三——六八七）

一九　康熙三十三年甲戌科　胡任輿

康熙三十三年(一六九四)甲戌科,共取進士一百六十八名(《國朝貢舉年表》載一百五十名)。狀元胡任輿,榜眼顧圖河,探花顧悦履。

是科會試正考官:吏部尚書熊賜履、兵部尚書杜臻。副考官:兵部左侍郎王維珍、工部右侍郎徐潮。是科殿試讀卷官:大學士伊桑阿、王熙,吏部尚書熊賜履,禮部尚書張英等(據《清代起居注册—康熙朝》)。

胡任輿(一六四六—一七〇四),字孟行,號芝山,江南江寧府上元縣(今江蘇南京市)人。康熙二十年(一六八一),江南鄉試第一。殿試第一,授翰林院修撰。尋分纂《淵監類函》,充皇太子講官。三十六年,充會試同考官。四十一年,主考武鄉試。翌年,擢春坊右中允,旋陞左諭德。四十三年,以疾卒于官。著有《雙樹庵稿》。

胡任輿狀元策見《歷科廷試狀元策》(影印雍正十一年懷德堂刻本)、《狀元策》(榮錦堂乾隆續刊本,哈佛大學漢和圖書館藏)、《文武狀元策》(文錦、二酉書屋乾隆續刊本,哈佛大學漢和圖書館藏)及《順治康熙雍正三朝殿試策》(國家圖書館藏)等。

胡任輿殿試卷原件,今藏法蘭西學院漢學研究所。胡任輿在增輯《歷科廷試狀元策》時,對自己的卷子作了二十處修飾。「其中尤不可避免的,是修正了耕年與蓄年年數的混淆。另有一處,是將一分句删掉;有三處是把句子伸延,就像『毋與水争咫尺之地』成爲『勿與水争咫尺之地,使河之勢緩而漸有所歸』,或『升之於朝而官之』成爲『升之於朝,命於冢宰而官之』。其餘不過是字面上的修飾,如『無』改爲『莫』,『慮』改爲『虞』,『已』改爲『矣』,『自古』改爲『古稱』,『是在』

改爲『誠使』」（《法蘭西學院漢學研究所藏清代殿試卷·代序》）。

康熙三十三年，甲戌。三月，己亥朔。戊午，策賜天下貢士裴之仙等於太和門前，制曰：朕惟自古帝王，統御寰區，莫不以國計民生爲首務。其時人才蔚起，吏治澄清，府事修和，群黎康阜，蒸蒸然躋斯世於熙皞，何風之隆也！

朕臨御以來，孜孜圖治，軫恤民隱，時切痌瘝。自三逆蕩平之後，休養生息，慮無不周，頻年蠲復，不啻數千百萬，而被恩之地，災沴旋告，閭閻尚無起色，其故何與？黄運兩河，所關綦重，今雖修築奏績，已底安瀾，何道而俾永固無虞，萬世利賴與？學校，賢才所由出也。比來膺斯職者，因循陋習，叢弊營私，以致教育乖方，士習凌競。兹欲釐剔振興，以廣棫樸作人之化，何術之從與？

至於生民休戚，視庶司賢否，表率承宣，端在大吏，必内外臣工，精白乃心，奉公潔己，而後吏飭民安，茂登上理。其激揚懲勸之方，果安在與？

爾多士蘊懷康濟久矣，其詳切敷陳，朕將親覽焉。

（底本：《清聖祖實録》卷一六一，册五，頁七七七。參校本：《歷科廷試狀元策》，影印雍正十一年懷德堂刻本；《狀元策》，榮錦堂乾隆續刊本；《文武狀元策》，文錦、二酉書屋乾隆續刊本）

臣對：臣聞聖主膺圖御宇而爲萬年有道之長也，直與天地同其覆載，則無一不在丕冒奠麗之中，而所以軫恤而安全之者無不至；抑與父母同其恩勤，則無一不在厚澤深仁之内，而所以陶淑而撫輯之者無不周。蓋天地之於物，照臨之以日月，涵濡之以雨露。舉凡待恩之物，必委曲以致其生成，而天心之仁愛無窮也。父母之於子，攜持保抱，以視其長，疾痛疴癢，惟恐其傷。舉凡在宥之子，必多方以盡其怙恃，而父母之慈祥無已也。是以聖主之治天下，於國計也，既經其可大，復圖其可久，而治有不登於上理者乎？所爲措置得宜，而有以成咸五登三之化；於民生也，厚生以養之，正德以廸之，而民有不徧爲爾德者乎？所爲清和咸理，而有以致同風一道之休。由是民胞物與切其懷，平地成天奏其績，菁莪棫樸觀其教，百工允釐宣其猷。此唐虞三代之所以久安長治，而非漢唐所可及也。

欽惟皇帝陛下，道貫三才，功高萬世。開天地未嘗開之景運，海潤星暉；廓帝王不能廓之版圖，邇安遠至。大無私以錫福，執權執衡，執規執矩，秩秩乎曰旦曰明；建有極而用中，作肅作乂，作哲作謀，雍雍乎亦臨亦保。愛民惠下，裕積貯之大命，而蠲租減糶，由畿甸以達海隅，咸登壽域春臺之内；重道崇儒，闡洙泗之遥源，而釋奠樹碑，入宫牆以瞻輪奐，群遊漸仁摩義之中。固已群生和而萬民殖，五穀熟而陰陽調。覆載之間，被潤澤而大豐美；四海之内，聞盛德而皆徠臣。諸福之物，可致之祥，無不畢至，而王道成矣。乃猶聖不自聖，進臣等於廷，而諮以人材吏治之要，修和康阜之原，雖古之懸鞀設鐸，何以加兹？以臣之愚，微賤弇鄙，亦何足仰承清問，然臣嘗聞柳宗元曰：「思惟報國，獨有文章。」又聞歐陽修曰：「士患不見用，及用也，又曰『彼非吾職，不敢言』，是終無可言之日也。」矧當拜獻之始，天子方發策而賜以親覽，其敢不竭千慮之一得，以對揚休命乎？

伏讀制策有曰：「休養生息，慮無不周，頻年蠲復，不啻數千百萬，而被恩之地，灾沴旋告，閭閻尚無起色。」有以見皇上如天好生之心，有加無已也！臣以爲足民之道有二，開源、節流而已。古者以三十年之通制，國用（一）［三］年耕有（三）［一］年之蓄，①三年耕有九年之蓄。誠使勤其畚鍤，時其斂藏，野無不闢之土，農無不力之田，則開其源之説也。至

① 「一」「三」原顛倒，胡氏在《歷科廷試狀元策》中乙正，據改。

天之生財，止有此數，一人耕之，十人食之，欲天下無饑，不可得也；一人織之，十人衣之，欲天下無寒，不可得也。誠使儆其游惰，禁其淫侈，家無坐食之人，俗無耗財之事，則節其流之説也。至備荒之策，豫於平日，則積穀爲上；酌於臨時，則平糶爲功。誠於賑給之餘，佐以減價之法，則民之窮而無告者，既有升勺以資生；即民之稍有不足者，亦不致嘆二鬴之不繼。此其爲澤誠普，而其爲慮誠周，法莫有善於此者也。

至於河工修濬，漸底安瀾，轉運之舟，如期而至，謂非我皇上平成之治，足以駕神禹而上之者乎？而制策猶惓惓於黄運兩河所關綦重，欲俾永固無虞，萬世利賴，誠堯咨舜儆之至意也！臣竊謂黄河之性，高悍湍激，自古難治，而後世益難者，以治河兼治漕也；運河之流，委輸灌注，而常慎隄防者，以治漕兼治河也。然而數千百年以來，河之安流，無如今日，但恐人享已成之利，則食福而不知；人懷忌功之心，則指利以爲害。是在任事之人，虚公清慎，不執意見之私，不徇偏黨之見，浮費必稽，覈工必實，毋待潰決而始議隄防，毋計目前而致忘久遠。上流宜分，則條爲支河，以殺其奔騰衝決之勢。又於所條支河之旁通渠成水門，以資灌溉，使河之流分而不至於激。下流宜濬，則相淮揚諸郡河堤可築之地築之，汙下當水衝之民可徙者徙之，毋與水争咫尺之地，此則一勞永逸之道也。

伏讀制策有曰：「學校，賢才所由出。比來膺斯職者，因循陋習，叢弊營私，以致教育乖方，士習凌競。而欲釐剔振興，以廣棫樸作人之化。」臣以爲欲士習之興起，誠在乎教育之得其方；欲教育之得其方，誠在乎膺斯職者之絶其私弊而已。我皇上慎簡學臣，破例録用，誠千古未有之舉矣，而膺斯職者有不洗心滌慮，以副皇上樂育之雅化者乎？而臣竊謂教育之方，尚有宜變通者。古者造士之法，服習於九年大成之業，其學六禮、七教、八政之屬，其文《詩》《書》《禮》《樂》，上觀古道，無不究也。今者文藝之外，孰是察其才智行能而優録者乎？即有優劣之條，學官循例呈報，而於振興之典蔑如也。臣愚於文藝之外，特設孝弟力田一科，士之與於是科者，務俾鄉里從實報舉，升之學臣，學臣試其文藝復優者，升之於朝而官之，倘亦興起賢才之一端與？

若夫「生民休戚，視庶司賢否，表率承宣，端在大吏，必內外臣工，精白乃心，奉公潔己，而後吏飭民安，茂登上理」。大哉王言！誠萬世人臣之極則也。夫人臣自委贄以上，祇期有濟於國事，何有於身？祇期不輟乎公謀，何有於己？蓋時有畏四知之楊震，何患暮夜之金不却乎？時有焚香告天之趙抃，何患包苴之弊不絶乎？時有不謝祁奚之叔向，何患桃李必在私門、槐柳森然並列乎？蓋大臣能潔己奉公，而後能表率寮寀；庶司能潔己奉公，而後能愛養群黎。誠使督撫之於有司，不計逢迎筐篚，而以廉善才賢爲薦舉；守令之於百姓，不急催科督責，而以撫字心勞爲急公，則吏奏循良之化，民安樂利之休已。

凡此數條，臣謹因聖問所及而盡其愚。而要之，皇上興道化俗，則古之平章親遜、百姓昭明者，莫之能過也；知人則哲，則古之黜陟惟允、選建惟公者，莫之或加也。正百官以正萬民，是即疇咨亮采、府修事和之隆理也；以實心而行實政，是即解慍阜財、時雍於變之休風也。臣所謂與天地父母同其德者，以此也。

臣草茅新進，罔識忌諱，干冒宸嚴，不勝戰慄隕越之至。臣謹對。

（底本：影印法蘭西學院漢學研究所藏殿試策原件。參校本：《歷科廷試狀元策》，影印雍正十一年懷德堂刻本；《狀元策》，榮錦堂乾隆續刊本。《文武狀元策》，文錦、二酉書屋乾隆續刊本）

康熙三十三年，甲戌。三月初一日，己亥。二十二日，庚申，未時，上由西直門進神武門回宮。酉時，殿試讀卷官大學士伊桑阿等，將策試天下貢士卷選擇十卷，進乾清宮面奏請旨定奪。上曰：「今科殿試卷，爾等以爲何如？」大學士王熙，尚書熊賜履、張英等奏曰：「臣等公同詳閱，對策中論學校、吏治處，尚能言其大概。至所問備荒、治河，何以使閭閻康阜、河工永固之道，不能實言。其故大約文章與前科相仿。所寫之字，無甚不堪者。」上於燭下閱第一卷，顧讀卷諸臣曰：「爾等知其人否？」王熙等奏曰：「實不知其人。」上曰：「有平日見過字蹟者否？」王熙奏曰：「臣已年老，家中亦無讀書之人，士子不相往來，實無有見過字蹟者。」熊賜履、張英奏曰：「臣等於字蹟實不能辨。」上問曰：「今科所中者，有爾等親戚否？」王熙等奏曰：「並無臣等親戚。」上閱第二卷，顧諸臣曰：「諸卷朕從容詳閱，賜爾等坐。」又命賜茶。上閱至第三卷，曰：「此卷前段雄健，後面似泛。」熊賜履奏曰：「臣等亦嫌其泛，大抵草茅新進，未能通曉政事。」上曰：「閱文似易，作文實難。士子入場，一晝夜而成七藝，即謄寫幾及萬字，亦非易事。至於政事甚難，朕臨御三十餘年，亦尚有未深知者，何況草莽書生？即如賑濟一事，向但知其有益，不知賑濟得法之難。昨者督撫入見時，朕親加訪問，始得知之被災地方百姓流移，乍聞賑濟，則盈千萬人聚而就食。若不得其人，不得其法，反致生事。」尚書翁叔元奏曰：「皇上發倉米平糶一事，大有裨於民生，真救荒良法。」上又曰：「策中論吏治，皆言當實心任事，大法小廉。即如言官建白甚少，間有上疏者，皆懷私弊，或所言似公，實則假公濟私耳。至督撫赴任時，在京官員，有親友門生在屬下者，必相請託，即欲參劾，勢不得不顧情面。如果外而督撫，内而言官，皆從公據實參奏，則不肖之吏自無所容。今諸生對策時，雖能言之，若身當其任，亦能言不能行耳。」上閱至第六卷，命學士王掞、李柟、顧藻，尚書熊賜履、記注官陳元龍等，以次進讀畢，上覆加詳閱，親啓彌封，拆擬第一係胡任輿，擬第二係顧圖河，擬第三係顧悦履，問：「有知之者否？」王熙、熊賜履奏曰：「胡任輿乃江南辛酉科解元，素有文名。」李柟奏曰：「顧圖河係揚州人，聞其能詩。」又問：「有知顧悦履者否？」讀卷諸臣皆奏不知。上顧記注官陳元龍曰：「爾知之否？」陳元龍奏曰：「顧悦履係臣同縣人。」上又問：「素知名否？係大家否？」陳元龍奏曰：「向來不聞其有名，但知其苦志讀書，乃寒素之士，非大家也。」拆至第七卷，上曰：「裴之仙乃係會元，有知之者否？」伊桑阿奏曰：「裴之仙年甚老，鬚眉俱白。」李柟奏曰：「裴之仙素通醫，臣曾延之看病一次，年已七十餘矣。」熊賜履奏曰：「裴之仙明於醫理，非是行醫，年六旬餘，但眇一目耳。」上曰：「未經進呈各卷，朕未寓目，無從知其優劣。止就此十卷，所擬名次甚當。向年朕每親加更定，今俱依爾等所擬。其未進呈諸卷，明日發榜後送進，朕當於暇時詳閱。」遂命尚書張英，照所擬批一甲三名至二甲七名。……又顧讀卷諸臣曰：「今科未經中式之人，尚有名士否？」王熙等以劉巖、朱元英、王源、姜宸英對。諸臣出。

（《清代起居注册——康熙朝》，影印臺北故宫博物院藏本，册五，頁二四四五——二四五八）

二〇 康熙三十六年丁丑科 李蟠

康熙三十六年（一六九七）丁丑科，共取進士一百五十名（《國朝貢舉年表》載一百五十九名）。狀元李蟠，榜眼嚴虞惇，探花姜宸英。

是科會試正考官：吏部尚書熊賜履、禮部尚書張英。副考官：都察院左都御史吴琠、刑部左侍郎田雯。

是科殿試讀卷官：大學士伊桑阿、阿蘭泰、張玉書，内閣學士韓菼，左都御史張鵬翮等（據《清代起居注册—康熙朝》）。

李蟠（一六五五—一七二八），字根大，號仙李，江南徐州（今江蘇徐州市）人。康熙二十九年庚午科舉人。狀元及第，授翰林院修撰。三十八年，主順天府鄉試，遭中傷，遣戍。三年後，賜歸故里，終老於家。著有《偶然集》等。

李蟠狀元策見《歷科廷試狀元策》（影印雍正十一年懷德堂刻本）、《狀元策》（榮錦堂乾隆續刊本，哈佛大學漢和圖書館藏）、《文武狀元策》（文錦、二酉書屋乾隆續刊本，哈佛大學漢和圖書館藏）及《順治康熙雍正三朝殿試策》（國家圖書館藏）等。

康熙三十六年，丁丑。秋七月，己卯朔。壬辰，策試天下貢士汪士鋐等於太和殿前，制曰：朕惟治天下之道，必期柔遠能邇，察吏安民，俾世臻清晏之休，人享耕鑿之利，庶溥海内外無一物不得其所。頃因邊隅不靖，恭行天討，兹巨憝既殄，西北塞外，悉已蕩平。朕中外一視，念其人皆吾赤子，覆育生成，原無區别，其何以撫循綏集，使竄匿者不致於仳離，向風者得遂其食息歟？

外氛既滌，内治宜修，綏輯地方，子愛百姓，惟司牧者是賴。倘使貪墨不除，則民生何由休養？朕澄清吏治，於黷賄敗檢之人，素所深（悉）［嫉］。① 近復嚴加誡諭，法在必懲，但恐積習相沿，未盡悛改。今欲使大法小廉，人懷恐懼羞惡之心，共勵羔羊素絲之節，其何道之從也？

至於黄運兩河，爲運道所係。比年以來，水潦頻仍，時有衝決，已支百餘萬金錢，興工修築，尚未底績，何道而疏濬得宜，悉免泛溢之患，隄防孔固，永無潰決之虞，使國計民生，均有攸濟歟？

爾多士淹通經術，留心當世之務，藴於中者素矣。其各抒所見，詳切敷陳，朕將親覽焉。

（底本：《清聖祖實録》卷一八四，册五，頁九七〇。參校本：《歷科廷試狀元策》，影印雍正十一年懷德堂刻本；《狀元策》，榮錦堂乾隆續刊本。《文武狀元策》，文錦、二酉書屋乾隆續刊本）

臣對：臣聞帝王之治天下也，必成天下之大功，遠近皆畏威懷德，服聖人之神，而安内攘外之績以奏；必立天下之大法，貴賤皆滌慮洗心，被聖人之化，而察吏安民之效必隆；必興天下之大利，川嶽皆守土效靈，成聖人之治，而河清海晏之休以永。蓋成大功者必始於斷，春温秋肅，恩威所以互用也；立大法者，必由於明，防微杜漸，清濁所以不淆也。興大利者，必歸於漸，平地成天，民物所以永賴也。身居九重而上，如遍方州，以宫府一體之情，成上下相維之勢，遠至由於邇安，振綱肅紀，經營皆在宥密之中；心周萬里而遥，如登几席，以百年必世之計，奠久安長治之圖，内寧兼以外附，保泰持盈，化

①「嫉」，據諸參校本改。

理悉載精勤之意。蓋君極立而百工釐，百工釐而庶績熙，庶績熙而民生奠，民生奠而遠人服。休徵畢至，海甸乂安，世際郅隆，化臻丕變，此唐虞三代相傳以來，聖人治天下之要道，未有不由乎此也。

欽惟皇帝陛下，涵三建極，乘六膺圖。聰明睿知以有臨，聲教暨東西南朔；文武聖神而首出，敷施兼雨露風霆。咨岳牧而詢事考言，汝翼汝爲，無忘兢業；歷山川而省方問俗，惟歌惟敘，克奏休和。張撻伐以安民，威行漠北，訏謨悉稟宸衷，故建開闢之奇勛，赫赫濯濯；際昇平而錫福，慶洽寰中，蠲復猶煩大誥，直同勛華之盛化，蕩蕩巍巍。德已崇於無疆，功已高於莫並。乃猶聖不自聖，安愈求安，進臣等而詢以撫循綏集之略，大法小廉之效，修築疏濬之方。臣愚何足以知之，然嘗按之往古，驗之當今之務，敢不竭其一得，以仰答清問乎？

我皇上親統六師，三臨沙漠，度狼胥，越瀚海，威揚萬里之外，殲厥渠魁，脅從罔治。自古成功之盛，未之或有。而制策猶念「中外一視，覆育生成，原無區別」，此真如天好生之心也。臣聞之，撫循之道，在安其身而服其心；綏集之要，在因其勢而變其俗。彼方恃其險遠以相逭也，一旦而掃穴焚巢，則其心必震動而思悔，悔固服之機也；彼方懼其逆天而罔赦也，一旦而解網釋囚，則其心必感悦而歸誠，誠則服之本也。而且申之以大義，布之以明信，願爲兵者編之伍，願爲民者歸之農，將撫循之道得。善招徠，亦所以散黨羽也。地遠則不可以留兵以鎮也。然有有形之鎮，有無形之鎮，惟使之昔知爲寇之樂，今則知爲民之樂，將俗以一變而歸正。土瘠則不可以興屯而養也。然以内養外而不足，以人養人而有餘，惟使之昔有水草之聚，今則漸有室家之聚，將俗以永變而爲常。而且處置之得其地，禁約之得其方，或遷其人以實塞下，或分其類以隸諸藩，將綏集之道得。靖邊陲，政所以安中夏也。至於隨方審勢，因時達變，而次第行之，則在乎師武大臣曲體皇上如天好生之心而已矣。臣所謂成天下之大功必始於斷，此也。

抑治平之大要，必先於安民，而安民之實政，尤先於課吏。我皇上慎簡督撫，卓異保舉，必以清廉爲先。而制策猶念

「人懷恐懼羞惡之心，共勵羔羊素絲之節」，誠澄清吏治之至意也。第長吏之愛百姓也，恒不如其愛身家，而長吏之念聲名也，又不如其念禄位。一則由於考成之過嚴也。功未成而報罷，則以官銜爲傳舍。而田園之計先興，官已陞而仍留，則以營脱爲良謀。而貪緣之用何出？惟寬其考成，俾得優游而效績，則廉耻生矣。一則由於黜陟之未嚴也。撫字勤，則彌縫之計拙，以慈良而署下考，將潔修自好者不勸；苞苴行，則科斂之志肆，以逢迎而膺顯擢，將剥民媚上者日多。惟嚴其黜陟，俾涇渭之有分，則節操勵矣。其人而果廉也，雖刑名錢穀之事稍有詿誤，宥之可也，且用之以風有位可也；其人而果貪也，雖刑名錢穀之事無一不列上等，罷之可也，甚且誅之以昭懲戒可也。彼見貪者原爲身家，乃至不保其禄位；廉者本愛百姓，因之大建其功名，而猶不争自濯磨，①豈人情乎？臣所謂立天下之大法必由於明，此也。

至於水者，天地自然之利，而河則爲古今莫大之患也。我皇上親行閲視，重委督臣，又復歲發金錢百餘萬及時修築。而制策猶以「疏濬得宜，隄防孔固」下詢，誠國計民生之大計也。臣聞古今無善治河之法，而有導河之法。逆而治之，修防焉，塞堵焉，顧汎濫之性能順其不漲乎？奔潰之勢能保其不決乎？法莫若順其就下而歸之海，不得其歸，爲閘爲堤，適激之怒也；爲引爲支，僅緩其勢也；議刷議排，徒增其費也。惟疏其下流，則其歸也疾。歸既疾，則不至於或壅或潰，而莫可遏抑也。法尤貴於兼治上流而引之淮。臨清之河廣而易漫也，徐沛之河高而易漲也，宿桃之河淺而易壅也。惟兼治其上流，則其勢不分。勢不分，則不至於或淤或沙，而河身以高也。治其上流，則堤防不可以不固；順其下流，則疏濬不可以不深。誠如是，則以河刷河，而無待於人力；以河濟淮，而無憂於挑濬；以海受河，而量大足以容；以河利運，而轉輸資其力。縱有水潦，河不爲患矣。臣所謂興天下之大利而必得於漸，此也。

① 「濯磨」下，《歷科廷試狀元策》有「奉行惟謹」四字。

凡此，皆治天下之務也，而要在皇上立治之一心而已。惟皇上以奠安中外爲心，而無不畏威懷德，而重譯來賓矣；以澄清吏治爲心，則無不滌慮洗心，而貪墨自化矣；以平成底績爲心，則無不守土效靈，而氾濫無警矣。以昭法紀，則海宇清寧，蒸黎於變，朝野樂觀其盛；以彰道化，則民物咸亨，川嶽獻瑞，人神共覩其休。時雍風動之治可臻，綏邦屢豐之績可奏，咸五登三之盛，可以度越百王。柔遠能邇，群歌天子萬年；物阜民安，咸樂一人有道。極隆之軌，至治之休也。

臣草茅新進，罔識忌諱，干冒宸嚴，不勝戰慄隕越之至。臣謹對。

（底本：《狀元策》，榮錦堂乾隆續刊本。參校本：《歷科廷試狀元策》，影印雍正十一年懷德堂刻本；《文武狀元策》，文錦、二酉書屋乾隆續刊本）

康熙三十六年，丁丑。七月十六日，甲午，申時，上由西直門進神武門回宮。戌時，殿試讀卷官大學士伊桑阿等，將策試天下貢士卷選擇十卷，進乾清宮面奏請旨定奪。上於燈下逐一詳覽，閱第一卷所對河工，顧謂諸臣曰：「此科題較難，故於治河未能條暢。」伊桑阿奏曰：「此項題目甚難，所以河工一事，全不能對。」上曰：「河工誠未易言也。譬如用兵，倘不先機制勝，徹底周詳，斷乎不可。」隨顧張鵬翮曰：「爾進京時，河勢如何？」張鵬翮奏曰：「臣違皇上日久，瞻仰天顔殷切之至，故未及詳視。」上又曰：「治河之法，若爾對策，當何如？」奏曰：「臣於河工事務，實不知，不敢妄對。皇上軫念國計民生，兩次臨閱河上情形，總不出洞鑒之中。」上又問：「靳輔、于成龍治河何如？」奏曰：「于成龍勤慎，治河頗善。靳輔在任時，河無衝決之患。」上曰：「于成龍好處，皆守靳輔成規之所致也。」于是賜諸臣坐，將諸卷披閱，逐一評論畢，遂命拆卷。諸臣所擬第一卷李蟠，二卷汪士鋐，三卷張虞惇，四卷徐樹本，五卷車鼎晉，六卷朱良佐，七卷姜宸英，八卷莊清度，九卷陳萇，十卷朱扆。上顧謂諸臣曰：「諸卷文章如何？內有汝等認識者否？」張玉書奏曰：「第一卷尚覺條暢。」韓菼奏曰：「徐樹本係徐元文之子。姜宸英年將七十，文甚佳，而字畫不楷，故置之第七。臣與姜宸英同事修書，所以識其筆跡，因識其人。」上曰：「殿試固當論字，而究以文章爲主。以朕觀之，姜宸英之文淳樸，勝於汪士鋐。徐樹本字雖佳，而文氣尚弱。其第一卷所擬甚當。張虞惇改爲第二，姜宸英改爲第三，汪士鋐爲二甲第一。餘俱依爾等所議。」諭畢，命張玉書書定名次。賜諸臣茶。……上又曰：「作文者無不論理，但徒言其理而不能行，亦奚益哉？近見凡事皆泛草率，不肯實心任事，心既不實，事何能成？所以《性理》一書，惟一誠字，人曷不勉之？」張玉書等奏曰：「聖諭誠然！臣等愈明聖人以誠爲本之義矣。」上又覽諸卷，謂諸臣曰：「此等文字，時常寓目，始易辨別，但朕於聽政之暇，尚欲觀覽經史，何暇及此？然無論在宮在外，披閲未嘗有間。」阿蘭泰奏曰：「皇上乾健天縱，即出兵塞外，亦手不釋卷。」

（《清代起居注册——康熙朝》，影印臺北故宫博物院藏本，册一一，頁五八三三——五八四六）

二一　康熙三十九年庚辰科　汪繹

康熙三十九年(一七〇〇)庚辰科,共取進士三百零一名(《清代起居注册—康熙朝》載三百零三人,《康熙三十九年進士題名碑録》《皇朝文獻通考》《欽定國子監志》載三百零五人,《國朝貢舉年表》載三百名)。狀元汪繹,榜眼季愈,探花王露。

是科會試正考官:大學士吴琠、熊賜履。副考官:户部左侍郎管右侍郎事李楠、都察院左僉都御史王九齡。

是科殿試讀卷官:大學士伊桑阿、馬齊、吴琠、熊賜履,内閣學士胡會恩、顧祖榮,禮部侍郎阿山,詹事府詹事徐秉義,詹事府少詹事曹鑒倫、王頊齡,禮部侍郎王封濚,禮部右侍郎李録予,刑部左侍郎徐潮,通政使司左參議周士皇(據《康熙三十九年進士登科録》(中國第一歷史檔案館藏))。

汪繹(一六七一—一七〇六),字玉輪,號東山,江南蘇州府常熟縣(今江蘇常熟市)人。康熙三十二年癸酉科舉人。三十六年,會試得中貢士,因奔父喪未與殿試。三十九年,恩准補考殿試,舉第一,授翰林院修撰。年少擢高第,名籍甚而謙退不矜,旋予告歸。康熙四十四年,奉命校唐詩於揚州,尋卒。著有《秋影樓集》。

汪繹狀元策見《康熙三十九年進士登科録》(中國第一歷史檔案館藏)、《歷科廷試狀元策》(影印雍正十一年懷德堂刻本)、《狀元策》(榮錦堂乾隆續刊本,哈佛大學漢和圖書館藏)、《文武狀元策》(文錦、二酉書屋乾隆續刊本,哈佛大學漢和圖書館藏)及《順治康熙雍正三朝殿試策》(國家圖書館藏)等。

汪繹殿試文,《歷科廷試狀元策》與《康熙三十九年進士登科録》《狀元策》《文武狀元策》所載,異文頗多,今兩存,以便對照閱讀。

康熙三十九年，庚辰。三月，甲午朔。癸丑，策試天下貢士王露等於太和殿前，制曰：朕惟郅隆之世，上下熙皞，職業修明，樂利豐亨，茂登上理，何其盛也！朕臨御以來，孳孳圖治，夙夜不遑，惟期吏治肅清，民生康豫，薄海内外，共登於仁壽之域。而治效罕臻，殷憂彌切，厚生正德，未能盡如朕志之所期，其故何歟？如休養多方，而膏澤或未能下究；省巡時舉，而疾苦或壅於上聞；獎廉懲墨，而胥吏尚多奸頑；貴粟重農，而閭閻未登豐裕，豈積習之驟難除歟？抑有司奉行之不力也？茲欲令大法小廉，民安物阜，漸幾於淳龐之治，何道而可？至淮黄兩河，民生運道所繫。朕幾經閲視，指授機宜，而河工諸臣，怠窳玩愒，以致工程稽緩，底績難期。何道而令河務大小臣工，實心經理，濬築合宜，平成早奏，俾糧艘無誤，民居永奠，以釋朕宵旰之憂歟？爾多士藴懷[康濟]久矣，①其詳著於篇，朕將親覽焉。

（底本：《清聖祖實録》卷一九八，册六，頁一四。參校本：《康熙三十九年進士登科録》，中國第一歷史檔案館藏；《歷科廷試狀元策》，影印雍正十一年懷德堂刻本；《狀元策》，榮錦堂乾隆續刊本。《文武狀元策》，文錦、二酉書屋乾隆續刊本）

其一

臣對：臣聞古之帝王，以其身立乎巍巍之表，意諭色授，而六服承流；言傳號涣，而萬里用命。用以登斯民於上理，肩

① 「康濟」，據諸參校本補。

天地於平成者，蓋必有經久不敝之法，以制群動而馭萬民；亦必有明作有爲之人，以釐百工而熙庶績。有其法，故事得其序，而大綱以舉，萬目以張，禮樂政刑，凛然有以定臣民之法守；有其人，故官得其宜，而大臣以法，小臣以廉，工虞水火，奮然相與建智勇之功名。是故内有《關雎》《麟趾》之意，而其外乃有《立政》《周官》之法矣；上有率作興事之心，而其下乃無怠窳玩愒之弊矣。淬勵者在廟堂之上，奉行者在薄海，而遥設誠於内而制行之，則旋至而立有效。自唐虞三代以來，數千百年之間，莫不以是爲經世宰物之至計。然則驗之往古，按之當今，當已安已治之時，而講求夫安民阜物之道者，亦惟以治人行治法而已矣。蓋基厚者勢崇，力大者任重，固天下自然之理，必至之符也。

欽惟皇帝陛下，寬仁莊敬，睿智聰明，弘經文緯武之功，裕内聖外王之學。總萬幾而齊七政，蠲租賜復，致仁壽於和平；立四維而奠八紘，察吏安民，理雍熙於簡易。翠華出而群黎望幸，歌衢擊壤，春陽噓一路之山川；丹詔開而多士觀光，棫樸菁莪，羅網盡中原之麟鳳。臣竊伏衡門，霑被聖澤久矣，乃者叨有司之薦，與對大廷，敢不竭芻蕘之一得敬揚休命乎？

伏讀制策有曰：「休養多方，而膏澤或未能下究；省巡時舉，而疾苦或壅於上聞；獎廉懲墨，而胥吏尚多奸頑；貴粟重農，而閭閻未登豐裕。」大哉王言！此誠堯舜憂民之心惓惓而未有已也。臣以爲安民之道，在乎察吏；察吏之法，在乎懲貪；而懲貪之術，由於大吏。今自内而卿尹，外而群牧，無不仰煩聖聰，慎簡在位，其間奉法循分者固多，而簠簋不飾者亦復不少。蓋人懷苞苴之私，吏有彌縫之術，工便給者指爲才能，守朴直者目爲罷軟，興利除弊者斥爲生事，闒冗無能者稱爲老成。上官之黜陟不明，則下吏之貪婪日甚。而爲守令者，恣其所欲，侵漁府庫，以迎合上吏之意。故其在任也，雖有盤庫之虚文，上官以情面爲虚實；其去任也，忽有萬千之積欠，一旦變欺隱爲那移。更其甚者，守令一經督撫之薦舉，而冒破皆在優容；後任迫於督撫之威嚴，而交盤不難代認。迨至印結既出，賠累奚堪，其不得不至於剥小民、侵國帑者，勢也。而皇上之所以謀積貯、備災荒、賑窮氓、興大工者，不可問矣。夫桑麻畜牧，小民之本富也；任土作貢，國家之正供也。

天地之生財，止有此數，以小民終歲之勤動，而上輸之府庫；以朝廷無窮之度支，而取給於司農。而爲守令者，顧數以虧空見告，此孰非浚民之膏者乎？恃皇上至明至聖，洞燭其奸，而嚴譴一二大吏，是以人人知儆。今誠嚴大吏之罰，峻貪污之罪，重虧空之條，無雷同以長惡，無瞻徇以容私，無中飽以蠹國，則士之廉潔者有以自見，而貪冒之徒無所容其不肖。吏治既清，民情康豫，由是定經制以厚民生，崇教化以惇禮讓，安耕鑿者亦知尊尊而親親，處膠庠者莫不雍雍而濟濟。上下熙皞，職業修明，至此而猶未能如皇上之所期者，未之有也。

制策有曰：「淮黄兩河，民生運道所繫，何道而令河務大小臣工，實心經理，濬築合宜，平成早奏。」皇上之治河者勤矣，皇上之策臣等以治河者屢矣。顧今日河工之患，不在河而在淮，不在河之害於北，而在淮之害於南。蓋河自入淮以後，淮日弱而河日强，始猶河淮相半，其繼也，淮益讓而西，河益浸而東，勢不得不泛濫於上流，以爲民患。故鳳、泗之間，無歲不受淮患。而河臣之主其事者，既安坐而無能，惟聽信一二僚屬左右其手，居常既無先事豫備之方，臨時又鮮隨宜補救之計。虚糜數百萬之金錢，徒供其潤身肥家之策；保題數百員之效用，悉成其行私罔上之端。更有壞河工之人，幸其工之不成也，曠日持久，而得因以爲利。此皆久在我皇上洞鑒之中者矣。我皇上神靈天授，河工運道，早夜區畫，時巡所至，親歷河干，視河工上下之情形，授河臣經久之擘畫，至詳且盡也。然疏濬不勤，則河身必高；堤築不堅，則土功易壞。今誠擇公忠精敏之人，使之勤職任事，謹桃源諸縣之工，以防河之衝，洩高寶諸湖之水，以瀉淮之勢，而時濬雲梯關入海諸處，使下流有所歸。而頻挑中河淺淤之所，使漕艘無所滯，則運道通而河流治。因時而集事，歷歲而功成，上可以釋皇上宵衣旰食之憂勤，下可以濟淮揚數千百萬之民命，而中可以節國家日銷日耗之金錢，①所謂一勞而永逸者，此之謂也。

①「日銷」，《歷科廷試狀元策》作「月銷」。

凡此，臣得因清問所及而竭其愚。然臣以爲治法之必恃有治人者，何也？皇上以愛養百姓爲心，而諸臣不能體此心以盡愛養之方，其澤必致扞格而難施；皇上以濬築河工爲心，而諸臣不能體此心以合濬築之宜，其功亦必因循而罔效。惟在諸臣洗心滌慮，以皇上之心爲心，而不徒徇一日之虛名以苟安旦夕，則治法立而實政修。以清吏治，官方肅矣；以治河工，水土平矣。休光美實，閎遠崇侈，傳之後世永有法，則我國家億萬年之業胥在乎是矣。

臣草茅新進，罔識忌諱，干冒宸嚴，不勝戰慄隕越之至。臣謹對。

（底本：《狀元策》，榮錦堂乾隆續刊本。參校本：《歷科廷試狀元策》，影印雍正十一年懷德堂刻本；《文武狀元策》，文錦、二酉書屋乾隆續刊本）

其二

臣對：臣聞古之帝王，以一身立乎巍巍之上，意諭色授，而六服承流；言傳號涣，而萬里用命。用以登黎元於上理，厝天地於平成，蓋必有經久不敝之法，以制群動而馭萬方；亦必有明作有爲之人，以釐百工而熙庶績。有其法，故事得其序，而大綱以舉，萬目以張，禮樂政刑，凛然定臣民之法守；有其人，故官得其宜，而大臣以法，小臣以廉，工虞水火，奮然建智勇之功名。是故内有關雎麟趾之心，而外乃有立政周官之治；上有率作興事之意，而下乃無怠窳玩愒之風。設誠於内而制行之，則還至而立效；握要於上而振厲之，則日起而有功。自唐虞三代而後，數千百年之間，凡所以立綱陳紀，經世宰物，莫不由是。然則驗之往古，按之方今，當已治已安之時，而益講夫誠民阜物之道，亦惟以治人行治法而已。本端則末正，源潔則流清，力厚者勢崇，任重者業廣，固自然之理，必至之符，莫之能易也。

欽惟皇帝陛下，寬仁莊敬，睿智聰明，弘經文緯武之功，裕内聖外王之學。總萬幾而齊七政，蠲租賜賦，躋富壽於和平；立四維而奠八紘，察吏安民，致雍熙於簡易。翠華出而群黎望幸，歌衢擊壤，春陽噓一路之山川；丹詔開而多士觀光，棫樸菁莪，羅網盡中原之麟鳳。臣竊伏衡門，霑被聖澤久矣，乃者叨有司之薦，與對大廷，敢不竭芻蕘之一得敬揚休命乎？

伏讀制策有曰：「休養多方，而膏澤或未能下究；省巡時舉，而疾苦或壅於上聞；獎廉懲墨，而胥吏尚多奸頑；貴粟重農，而閭閻未登豐裕。」大哉王言！此誠堯舜憂民惓惓無已之盛心也。臣聞安民之道，在乎察吏；察吏之要，在於懲貪；而懲貪之原，由於大吏。今自内而卿尹，外而群牧，無不仰煩聖聰，慎簡在位，其間奉法循分者固多，而簠簋不飭者亦復不少。蓋人懷苞苴之私，吏有彌縫之術，工便給者指爲才能，守樸直者目爲罷軟，興利除弊者斥爲生事，闒冗頹惰者稱爲老成。大史之黜陟不明，則小吏之貪婪日甚。恣其所欲，尅剥小民，假公借私，侵漁庫帑，以爲逢迎上官之計。故其在任也，雖有盤庫之虚文，大都以情面爲蒙蔽；其去任也，雖有虧空之實據，一旦變欺隱爲那移。更其甚者，守令一經督撫之薦舉，而冒破皆在優容，後任迫於督撫之威嚴，而交盤不難代認。迨至印結既出，賠累奚堪，其不得不至於剥小民而侵國帑者，勢也。而我皇上之所以謀積貯、備災荒、賑窮氓、興大工者，不可問矣。夫桑麻畜牧，小民之本富也；任土作貢，國家之正供也。天地之生財，止有此數，以田間終歲之勤動，而上輸之府庫；以朝廷無窮之經費，而取給於司農。而爲守令者，顧數以虧空見告，此其責尚誰諉乎？今誠厲苞苴之禁，峻貪污之罰，重虧空之罪，而察廉必自大吏始。嚴飭大吏，則法行自上，人知畏威，無雷同以長惡，無瞻徇以容私，將吏之廉者有以自見，而不肖者無所容其奸。吏道既清，民生自裕。體皇上足民之心以爲心，則勞農勸相，敦本務實，民無游惰矣；體皇上厚民之心以爲心，則禁奢崇儉，積穀勸分，民有蓋藏矣。由是定經制以興禮讓，崇教化以厲人材，安耕鑿者亦知尊尊而親親，處膠庠者莫不雍雍而濟濟。所謂吏稱其官，民安其業，風流令行，刑輕奸改，至此而猶未能仰副皇上之所期者，未之有也。

制策有曰：「淮黄兩河，民生運道所繫。何道而令河務大小臣工，實心經理，濬築合宜，平成早奏。」臣竊以皇上之治河者勤矣，皇上之策臣等以治河者屢矣。顧今日河工之患，不在河而在淮，不在河之害於北，而在淮之害於南。蓋河自入淮以後，淮日弱而河日强，始猶河淮相半，而繼也淮益讓而西，河益漫而東，勢不得不泛濫於上流。故鳳、泗之間，無歲不受淮患，而河流之横且衝決於徐揚。河臣之主其事者，既安坐而無能，惟聽信一二僚屬以左右其手，居常無先事豫備之方，臨時鮮隨宜補救之術。糜費數百萬之金錢，徒供其潤身肥家之計；保題數百員之效用，祇成其行私罔上之端。更有沮敗河工之人，幸其工之不成而曠日羈時，因之以一利於是。河隄之潰決日報，運道之梗塞日滋，蓋久矣在皇上洞鑒中矣。皇上天授神靈，同符文命，時巡所至，親歷河干，相度高下之情形，指授河臣之方略，至詳且盡矣。然疏濬不勤，則河身易塞；隄築不堅，則土功易壞。今誠擇公忠精敏之人，使之勤職任事，謹桃源諸縣之工，以防河之衝；洩高寶諸湖之水，以瀉淮之勢，而時濬雲梯關入海諸處，使下流有所歸。而頻挑中河淺淤之所，使漕艘無所滯，則運道通而河流順。上可釋皇上宵衣旰食之憂勞，下可拯東南昏墊其咨之赤子，而中可以節省國家月消日耗之金錢，所謂一勞而久逸，暫費而永寧者，此之謂也。

凡此數者，臣得因清問所及而竭其愚。然臣又以爲治法之必恃有治人者，何也？皇上以愛養百姓望諸臣，而諸臣之治民者，有愛養之名，無愛養之實，膏澤之所以不究也；皇上以濬築河工望諸臣，而諸臣之治河者，有濬築之名，無濬築之實，水土之所以未平也。傳曰：「有治人，無治法。」廟堂之上，公行賞罰之權；寮寀之間，實體公忠之效。以激濁揚清飭官紀，而大法尊；以興利除弊奠民生，而大功奏。則六府三事皆可歌，四海九州罔不乂。休光美實，傳之無窮，我國家億萬年之業胥不外是矣。

臣草茅新進，罔識忌諱，干冒宸嚴，不勝戰慄隕越之至。臣謹對。

（底本：《歷科廷試狀元策》，影印雍正十一年懷德堂刻本。參校本：《狀元策》，桊錦堂乾隆續刊本；《文武狀元策》，文錦、二酉書屋乾隆續刊本）

康熙三十九年，庚辰。三月二十二日，乙卯，酉時，上自西直門進神武門回宮。戌時，讀卷官大學士伊桑阿等，以殿試天下貢士卷選十册，至乾清門進呈御覽。奏事主事存住傳旨云：「試卷俱係爾大臣等所閱，有何錯謬？近日朕目微覺受熱，燈下不能看字。且爾等三日所閱之卷，朕一時亦不能盡閱。即依爾等所定之名次可也。」吴琠、熊賜履等奏云：「據臣等愚見，於試卷内擬出十卷進呈御覽，必經睿閲，人始心服。倘皇上目覺受熱，燈下難於看細字，臣等專爲讀卷派出，可跪讀以達聖聽。此係大典，仰求御定。」存住進，少頃出，傳諭云：「如軍機、河工等事，自當明言朕意。如殿試係三年一次舉行，定例文之可否，爾等有何不識？且前明人主有一字不識者，總以閣臣所擬爲憑定。況今進覽之卷止得十名，其餘不進覽者甚多，朕不曾遍閱，焉能服人之心乎？」大學士吴琠、熊賜履等跪奏曰：「聖學淵深，不惟超絶前明人主，亦非自古帝王所能及。臣等荒陋擬序，未必得當。倘皇上親賜覽定，則士子感戴，萬國悦服矣。」存住進，少頃出，傳諭云：「今年會試，大臣子弟中式者甚多，即朕之所知者亦有之，閲後難於更定，汝等必欲讀與朕聽，可進讀。」於是，讀卷官大學士伊桑阿等，至乾清宫西暖閣跪，上命坐，顧問吴琠、熊賜履曰：「今年會元如何？」熊賜履奏云：「文頗清雅。」上問：「較上科會元如何？」熊賜履奏云：「汪士鋐所學頗優。」上又問：「再上科會元何人？」熊賜履奏云：「裴之仙。」上云：「裴之仙原係醫流，無足取。」熊賜履讀第一名卷，至對治河段中有「洩其勢」等語，上云：「現今冲開十八處口子，八州縣百姓全被淹溺，彼尚云洩其勢，不知更欲洩于何處去？」又讀第二名卷，至對治河處，上云：「其中敘水口俱顛倒。」又讀第三名卷畢，上將一甲三卷令取至前細閲，問熊賜履云：「第三名之字何如？」熊賜履奏曰：「筆意略好，但未成耳。」上又將二甲七卷取至御前細閱，問徐秉義曰：「管昂發爾知否？」徐秉義奏曰：「臣不知。」宋大業奏曰：「管昂發，臣知之，學問亦好。」上又問：「楊守知係何人？」熊賜履奏曰：「係編修楊中訥之子。」上又問：「楊守知年紀若何？所學若何？」熊賜履奏曰：「年三十餘，所學亦好。」上問徐秉義：「董麒，汝知之否？」徐秉義奏曰：「不知。」宋大業奏曰：「董麒，臣素知之，學問好，係董其昌後人。」上又問熊賜履：「年羹堯係何人之子？」熊賜履奏曰：「係湖廣巡撫年遐齡之子。」上又問熊賜履曰：「彼對策内多悖謬處，汝試讀之。」熊賜履讀至對吏治策中有「總督、巡撫當潔己以率屬吏」等語，上曰：「伊父年遐齡聞此言，能無慚愧？」又讀至治河策中有「治河非古也」等語，上曰：「『治河非古』之語，甚屬悖謬，豈可置之二甲？」熊賜履讀畢，上又諭將大臣子弟另敘在三甲。讀卷官捧卷而出。

（《清代起居注册—康熙朝》，影印臺北故宫博物院藏本，册一四，頁七八七二—七八八二）

二二　康熙四十二年癸未科　王式丹

康熙四十二年（一七〇三）癸未科，共取進士一百六十三名（《清代起居注册—康熙朝》《康熙四十二年進士題名碑録》《欽定國子監志》《皇朝文獻通考》載一百六十六名，《國朝貢舉年表》載一百五十九名）。狀元王式丹，榜眼趙晉，探花錢名世。

是科會試正考官：大學士熊賜履、吏部尚書陳廷敬。副考官：吏部右侍郎吴涵、禮部右侍郎許汝霖。

是科殿試讀卷官：大學士馬齊、張玉書，吏部尚書陳廷敬，工部尚書王鴻緒，吏部左侍郎王掞，吏部右侍郎吴涵，禮部右侍郎許汝霖，兵部左侍郎胡會恩，學士王九齡、曹鑒倫、色德里、穆和倫，翰林院掌院學士揆敘，副都御史張睿（據《清代起居注册—康熙朝》）。

王式丹（一六四五—一七一八），字方若，號樓邨，江南揚州府寶應縣（今屬江蘇揚州市）人。績學砥行，老而始遇。康熙四十一年壬午科舉人。會試、殿試俱第一，年五十九，授翰林院修撰。先後與修《皇輿圖表》《佩文韵府》《明史》《大清一統志》等。淡於仕進，尋乞歸。康熙五十七年卒，年七十四。著有《樓邨集》。

王式丹狀元策見《歷科廷試狀元策》（影印雍正十一年懷德堂刻本）、《狀元策》（榮錦堂乾隆續刊本，哈佛大學漢和圖書館藏）、《文武狀元策》（文錦、二酉書屋乾隆續刊本，哈佛大學漢和圖書館藏）及《順治康熙雍正三朝殿試策》（國家圖書館藏）等。

康熙四十二年，癸未。夏四月，丙子朔。己卯，策試天下貢士王式丹等於太和殿前，制曰：朕臨御天下四十餘年，宵旰不遑，勤求化理，凡吏治之淑慝、民生之休戚，無晷刻之頃不切於懷。比歲以來，利興弊革，隨事剔釐，蒸蒸然有治平之象，康樂之風矣。然而官方猶未盡飭，習俗猶未盡醇，訟獄猶未衰止，豈久道化成之難期歟？抑有司奉行者之不力也？從來治有大體，貴在適中。若或矯飾以邀名，深刻以表異，雖復矢志潔清，而民不被其澤。豈非務綜核，則人受煩苛之擾；尚寬平，則人蒙休養之福，其何法以激勸之歟？

夫閭閻之風俗，世道之淳漓係焉。風俗厚，則仁讓之教興；風俗偷，則囂凌之氣熾。今欲使家敦孝弟，户勵廉隅，共勉爲忠厚長者之道，而耻爲非僻浮薄之行，宜何術之從也？

至於刑獄者，萬民之命，所以禁暴止奸，安全良善者也。若乃飾辭周内，輕重失平，又或恣意濫刑，無辜罹罪，朕甚痛之。每當法司奏讞，必詳酌再三，求其可生之理。兹欲聽獄之吏，體朝廷好生之心，（心）［悉］歸平允，①以漸臻於刑措，何道而可？夫吏治純而不雜，則民心感而易從；習俗厚而靡争，則刑罰清而不濫。

事有相因，理本一致。爾多士誦習詩書，講明久矣。其悉心以對，朕將親覽焉。

（底本：《清聖祖實録》卷二一二，册六，頁一四八。參校本：《歷科廷試狀元策》，影印雍正十一年懷德堂刻本；《狀元策》，榮錦堂乾隆續刊本。《文武狀元策》，文錦、二酉書屋乾隆續刊本）

臣對：臣聞帝王之錫極垂模化成天下也，經綸布而建太平之基，則願其享太平於有永；惠澤敷而培曆數之本，則願其

①「悉」，據諸參校本改。

綿曆數於無疆。夫太平之所以長享，而曆數之所以久綿者，蓋萬方已治而益求其治，兆姓已安而更貽以安。此其宰化者誠密，而垂裕者誠遠也。當其經營於未治，咨儆於未安，必有以肅官箴焉，必有以移風俗焉，必有以釐刑章焉。迨已治已安之後，天下已無不奉法之官，而第恐其奉法之餘，或好爲異而不協於中；天下已無不率教之人，而猶恐其率教之後，或牽乎習而未歸乎淳；天下已無不受矜恤之民命，而第恐朝廷矜恤之恩，或操其權者未盡體其意。惟一人之神明，默運於其先，而建中表範者，爲臣民受治之原；斯一代之矩範，昭垂於其後，而承流宣化者，有上下咸宜之理。由是吏治澄清，民風丕變，即以致刑措而集休徵，太平之鞏固，曆數之久長，端在乎此矣。

欽惟皇帝陛下，元善統天，太和育物。鴻鈞齊乎覆載，聲靈遐振，多方久慶昇平；寶算富於春秋，福禄來同，寰宇共登仁壽。文德與武功並懋，烽燧寧而珙球集，惟聞詩書羽籥之風；睿資偕聖學交隆，箴銘列而圖史陳，更兼翰墨篇章之美。軫恤偏乎九州四海，發粟蠲租，頒恩肆赦，必使萬物得所而後愜於懷；謨烈貫乎千禩億年，巡河咨岳，勸學省耕，但覺庶績允釐而可垂爲法。治已進於唐虞夏殷周之治，而猶不自暇逸，旰而食，宵而衣，勞一己以安兆民，童叟咸知謳頌，心常洽乎侯甸綏要荒之心，而遂大被生成；存者神，過者化，迓天和以昌國祚，歲時正樂舒長。蓋德廣功崇之世，固已群沐乎純熙，而詣極求全之圖，猶復不忘於聖慮。乃進臣等於廷，而咨以官方之未盡飭，習俗之未盡淳，訟獄之未盡衰止，豈非治益求治、安益求安之至意乎？臣愚以爲未治而求治，未安而求安者，帝王之事功也。已治而如未治，已安而如未安者，聖人之心體也。我皇上既備帝王之事功，而復運聖人之心體，其於澄吏治、淑世風、恤民命，殆所謂標正而影自隨，源深而流自遠者，乃奉行或有未力，寧非有司之過歟？

伏讀制策曰：「治有大體，貴在適中。若矯飾以邀名，深刻以表異，雖矢志潔清，而民不被其澤。」大哉王言！真有見於官方之重係乎民也。夫潔清自治，固亦爲臣之所宜然。平日讀書稽古，一旦居官，而以貪墨聞，此下愚不肖之事，稍有志節者忍爲之乎？士大夫報國庇民，期待甚遠，豈但不受苞苴足畢乃事乎？乃或以此悻悻自矜，恃情粉擾，賣直沽名，斯其見甚小，而所就者必不遠矣。且夫好名立異之人，其居心必苛，而民之不免於罪戾者多矣；其遇事太覈，而民之得蒙其容保者鮮矣。彼汙吏剥民，固不足道，乃儼然負潔清之名，而至以好名立異爲貽患生民之端，可不重自省耶？是當仰思皇上之訓，寬以容人，平以處事，無逞才於綜核，無肆志於煩苛，安静樂易，與民休息，則良吏之風即昇平之象矣。

伏讀制策又曰：「風俗厚，則仁讓之教興；風俗偷，則囂凌之氣熾。將使家敦孝弟，户勵廉隅，勉爲忠厚長者之道，而耻爲非僻浮薄之行。」此尤化民成俗之大機也。蓋天下之太平久矣，開創之世，兵戈未戢，或有囂凌。今四方久靖，德化久孚，於此去囂凌而歸仁讓，直易易耳。夫孝弟爲百行之原，未有人人自致於孝弟，而風俗猶不長厚者也；廉隅爲立身之大，未有人人自飭其廉隅，而風俗或猶有浮薄者也。我皇上頒行聖諭，教澤深廣，又方詔旌孝子順孫，嚴禁誣害善良，所以率勵風俗而返之淳古者，其道甚備，惟在有司實心奉行。訓飭有素，勸戒有方，民非無良，安有不歸於仁柔退讓者乎？抑臣聞古有孝廉之科，今雖不立其名，而未始不可行其實。爲有司者能表孝獎廉，特加優異，以爲閭閻之倡，其於轉移風俗，或未必無補也。

伏讀制策又曰：「法司奏讞，必詳酌再三，求其可生之理。兹欲聽獄之吏，體朝廷好生之心，悉歸平允，以漸臻刑措。」此真皇上生天下之心，天下久已共見之矣。而聽獄之有司，或飾詞周内，輕重失平，又或恣意濫刑，無辜罹罪，誠有如皇上所洞見者。夫人臣奉職，無在可以飾詞，而況人命至重，刑獄至慘，顧可以飾詞讞決乎？斯民不幸有犯，視有司之一言爲重輕，而乃自任意見，或受人囑託，甚或私通賄賂，遂至飾詞周内，其咎雖有差等，要其違心而棄理則一也。至於有司之臨民，非可恣意自爲，而刑辟之際，尤爲不可者。刑之而當，我既無憾而彼亦甘心；刑之不當，彼縱隱忍而我心竊疚。況乎恣意之刑，必無一當可知也。夫遇至德之主而不能循理恤民，弼成刑期無刑之治，其咎豈可逭耶？《易》曰：「明慎用刑。」

明則能詳，慎則能酌。誠體皇上詳酌再三之意，而治獄必得其情，無飾詞以定罪；用刑必審其當，無恣意以行私。則庶司皆皋陶，而協應於今日如天好生之堯舜，豈非至治之軌歟？

臣竊觀是三者，皆在皇上萬幾措注之中，而獨諄切而弗釋者，凡皆迫於爲民耳。皇上以是倡之，群臣以是應之，上而督撫，下而郡邑，皆平易之治，無苛擾之端，則休養弘矣；聚之都邑，散之郊野，皆長厚之風，無偷薄之俗，則教化廣矣；大之重案，小之輕刑，皆平允之情，無冤濫之獄，則和氣流矣。要之，吏治不雜而民俗自淳，民俗既淳而刑罰自省。是三者又有相因以致之理焉，而總本諸皇上爲民之實心以致之。將見和寧播於千百國，而山陬海澨荷其恩；昌熾貽於億萬年，而重禧積慶被其福。請得載筆而颺盛美，傳之永永無窮矣。

臣草茅新進，罔識忌諱，干冒宸嚴，不勝戰慄隕越之至。臣謹對。

（底本：《狀元策》，榮錦堂乾隆續刊本。參校本：《歷科廷試狀元策》，影印雍正十一年懷德堂刻本；《文武狀元策》，文錦、二酉書屋乾隆續刊本）

康熙四十二年，癸未。四月初五日，庚午。酉時，讀卷官大學士馬齊、張玉書、李光地，尚書陳廷敬、王鴻緒，侍郎王掞、吴涵、許汝霖、胡會恩，學士王九齡、曹鑒倫、色德里、穆和倫，翰林院掌院學士揆敘，副都御史張睿，以殿試一百六十九卷公閲擇十卷捧入乾清宫，恭呈御覽。上曰：「爾等所閲之卷，可俱捧入。」顧馬齊問曰：「漢大臣閲卷時，曾因名次前後相争論否？」馬齊奏曰：「並無争論，此皆相商選擇者。」上顧張玉書等曰：「較定前後名次，必須憑文論定。若稍存私意，則人心即不能悦服。況爾諸臣，皆從考試出身，回思當日考試之時，本心更不可失。」張玉書等奏曰：「皇上訓諭誠爲盡善，臣等當謹誌之。」學士色德里以首卷呈上，上詳閲畢，曰：「觀近來文章，不似往年，頌聖處多，條對處並不深切。」許汝霖奏曰：「皇上功德兼隆，作文者雖竭力闡發，亦不能殫述。」上閱第二卷、第三卷畢，問曰：「此二卷孰優？」王鴻緒奏曰：「此二卷各有所長。」上問曰：「爾等所見皆同否？」吴涵奏曰：「皆同。」上曰：「聞今科會元學問甚優。」王掞奏曰：「今科會元王式丹，學問果優，名亦素著。」上詳閱第四卷，復閱第五卷，内有遺落一字，命揆敘近前，指令讀之。上曰：「此卷雖落一字，立意措詞甚善。」因揀出，另置一處。上曰：「朕詳閱諸卷，爲時甚久，年老諸臣可坐。」又詳閱第六卷，稱其字與文章皆可。續詳閱第七卷，曰：「後半幅力雖少怯，前二段甚佳。」亦揀出，另置一處。續徧閱第八、第九、第十卷畢，曰：「此三卷内，第十卷尚佳。」因以第五卷令王鴻緒讀，第七卷令吴涵讀，與諸臣共聽之，衆皆稱善。於是，上親拆彌封，以第五之王式丹爲一甲一名，第七之趙晉爲一甲二名，第三之錢名世仍爲一甲三名，授張玉書令按次書畢。其餘俱照諸臣閱定等次。上問曰：「王式丹素有聲名，想人心皆服。其鄉試時中第幾名？」許汝霖奏曰：「王式丹去歲鄉試，中第六名。向有聲名，人所共知。」上問曰：「趙晉學問何如？」王鴻緒奏曰：「趙晉學問亦優。」上問曰：「二甲第六陳邦彦係何人之子？」許汝霖奏曰：「陳邦彦係侍讀學士陳元龍之侄。其父早故，其祖今年八十四歲矣。」上曰：「陳邦彦書法頗佳。」又問曰：「應試舉子中，尚有學問優者否？」許汝霖奏曰：「江南劉巖、汪份，浙江盛弘邃，學問俱優。」上復取違式沈琪等三人之卷閱畢，曰：「此三卷，一卷空白，一卷字錯落甚多，一卷文章不堪，俱着革去進士。」又曰：「爾等所定次序，各卷可仍捧出，俟填榜畢再送入，朕細覽。」馬齊奏曰：「二甲應放若干人，伏祈聖裁。」上曰：「二甲可放五十人。」又問曰：「今年會試舉人共有若干？」許汝霖奏曰：「共二千三百餘人。」上顧馬齊曰：「今年會試，廣東通省未中一人，應將此一省或覆試，或將遺卷復行選閱。爲是朕意，此後會試，仍分南北卷考取，但至填榜時，有通省未中一人者，即去其榜末之人，將此一省落卷中取一人填入，庶各省皆不致偏枯，如此庶爲均平，爾等問之九卿。」……讀卷官大學士馬齊等捧卷出。

（《清代起居注册—康熙朝》，影印臺北故宫博物院藏本，册一八，頁九九四九—九九六一）

二三　康熙四十五年丙戌科　王雲錦

康熙四十五年（一七〇六）丙戌科，共取進士二百八十九名（《康熙起居注》所載同。《康熙四十五年進士題名碑録》《欽定國子監志》《皇朝文獻通考》載二百九十名，《國朝貢舉年表》載三百名）。狀元王雲錦，榜眼吕葆中，探花賈國維。

是科會試正考官：吏部左侍郎李録予。副考官：工部右侍郎彭會淇。

是科殿試讀卷官：大學士馬齊、席哈納、張玉書、李光地，禮部侍郎王頊齡，兵部侍郎梅鋗、曹鑒倫，學士黑壽、蔡升元、王之樞、楊瑄，詹事二格、宋大業（據《康熙起居注》）。

是科殿試讀卷官：大學士伊桑阿、馬齊、吴琠、熊賜履，内閣學士胡會恩、顧祖榮，禮部侍郎阿山，詹事府詹事徐秉義，詹事府少詹事曹鑒倫、王頊齡，禮部侍郎王封濚，禮部右侍郎李録予，刑部左侍郎徐潮，通政使司左參議周士皇（據《康熙三十九年進士登科録》）。

王雲錦（一六五七—一七二七），字海文，號柳谿，江南常州府無錫縣（今江蘇無錫市）人。榜名施雲錦。康熙二十九年（一六九〇），鄉試中式。四十五年，狀元及第，授翰林院修撰。五十三年，提督陝西學政，以經術造士，關中人始知嚮學。五十七年，以「聲名中平」革職。曾任《康熙字典》纂修官。

王雲錦狀元策見《康熙四十五年進士登科録》（中國第一歷史檔案館藏）、《歷科廷試狀元策》（影印雍正十一年懷德堂刻本）、《狀元策》（榮錦堂乾隆續刊本，哈佛大學漢和圖書館藏）、《文武狀元策》（文錦、二酉書屋乾隆續刊本，哈佛大學漢和圖書館藏）及《順治康熙雍正三朝殿試策》（國家圖書館藏）等。

康熙四十五年，丙戌。三月，己未朔。戊寅，策試天下貢士尚居易等於太和殿前，制曰：朕撫御寰區，孳孳圖治，期臻久道化成之效。所以澄敘官方，漸摩民俗，勤求康阜，蕩滌煩苛者，無不單心區畫。①而猶慮吏治之純雜不齊，習俗之澆樸不一，民生難盡底於盈寧，庶獄難盡歸於平允。四十餘年以來，宵衣旰食，未嘗一日釋諸懷也。

夫作吏之道，在潔己愛民，操履不飭，則行檢俱隳。其或市名立異，自以綜核爲能，則民益滋累。茲欲使大吏以及有司，咸清白持身，和平御下，俾小民安食息之常，而無獄市之擾，宜何道之從歟？

沃土民逸，瘠土民勞，閭閻之恒情也。爲長吏者，非時申教誡，則無以警偷惰而息奢靡。今欲轉移習俗，效豳風之勤而各修其業，法唐風之儉而克（終）［中］於禮，②將何以倡率之？

積貯者，天下之大命。古者三年耕必有一年之積。故雖水旱偶侵，其民恒足自給。今者蠲賑屢頒，而民間委積或寡，豈其習於華侈，而不知撙節歟？抑有司視爲具文，而不知所以勸導之也？茲欲比屋蓄儲，而豐歉有備，何施而可？

至於刑以弼教，古聖王不得已而用之者也。朕於小大之獄，必平必慎，每念民命至重，務委曲以求其生。乃四方奏讞，或未協中，而聽獄之吏，至有恣用酷刑，濫傷民命者，何其慘而不德也！斥殘刻而進慈良，俾獄無冤民而治幾刑措，必有道以處此。大抵吏尚廉平，則刑無僭虐；民知勤儉，則家有蓋藏。表帥董勸，責在司牧。

爾多士講明於吏治民生者素矣，其悉意以對，朕將親覽焉。

（底本：《清聖祖實録》卷二二四，册六，頁二五六—二五七。參校本：《康熙四十五年進士登科録》，中國第一歷史檔

① 「單」，據文義當作「殫」。
② 「中」，據諸參校本改。

案館藏;《歷科廷試狀元策》,影印雍正十一年懷德堂刻本;《狀元策》,榮錦堂乾隆續刊本。《文武狀元策》,文錦、二酉書屋乾隆續刊本)

臣對:臣聞帝王之膺圖御宇而垂統萬年也,必有法天不息之學,而後能治未治未安之天下。故吏治之必飭,民生之必恤,常經營措置於數十年之先。亦必有與天合一之德,而後能治既治既安之天下。故吏治已飭而益期其飭,民生已恤而益深其恤,尤涵濡休養於數十年之後。夫然,故所以澄敘官方者,必使之悉協於廉平而後已也;所以漸摩民俗者,必使之盡歸於淳樸而後已也。以求康阜,即至於無一民之失所,而此心猶不勝殷然也。以滌煩苛,即至於無一夫之弗獲,而此心猶不勝惻然也。惟一人之心與天同其默運,故一代之治與天同其化成。庶績之所以咸熙,民風之所以丕變,積儲裕而民食無匱乏之憂,刑獄清而民命有生全之樂,無一非王者之精神所與爲維持而鞏固者。馴至休徵畢集,天命用凝,而丕基由之永奠,享國於以久長,唐虞三代之隆,其道未有不積諸此也。

欽惟皇帝陛下,經綸萬有,綱紀三才。調玉燭以乘時,清晏呈祥,八表陽和普被;握璇璣而撫運,平成介福,九天湛露弘敷。生而知,安而行,乃聖乃神,乃武乃文,廣運立古今之極;乾則健,坤則順,時雨時暘,時寒時燠,中和操參贊之權。丹綸布而命官咨岳,籲俊升賢,務俾人人樂效其長,而勤光華者千八百國;翠輦臨而發粟蠲租,寬刑赦罪,必使物物各得其所,而被潤澤者億萬斯年。治已登於三古,禮樂既興,兵刑既措,猶復以旰而食、宵而衣,保泰持盈,綿鴻圖於有永;慮常周乎四方,時雍以奏,風動以臻,更期以老者安、少者懷,誠民阜物,迓景命於無疆。蓋治期益治之念,無間於累洽重熙;而聖不自聖之誠,彌切於疇咨博採。乃進臣等於廷,而策之以吏治之未盡純,習俗之未盡變,與夫民生之務底於盈寧,庶獄之務歸於平允。臣生逢明盛,拜獻有懷,竊願效其一得之愚也久矣。今煌煌清問,實式臨之,敢不直抒所見,以敬陳無隱乎？

伏讀制策曰：「作吏之道，在潔己愛民，操履不飭，則行檢俱隳。其或市名立異，自以綜核爲能，則民益滋累。」大哉王言！萬世居官涖民之軌範也。夫吏不廉，則恣貪殘以爲利，而無以彰節儉正直之風；吏不平，則逞擊斷以爲能，而無以錫豈弟慈祥之福。貪殘者顯行其剥削，而恒欲朘民以自肥，固非爲民司牧之義也；擊斷者隱行其刻覈，而借以驚愚而動衆，亦非與民休息之仁也。古之良吏，有克砥介介之節者矣。蓋廉則其心清，而苞苴之私必却，其職慎，而簠簋之飭必嚴，暮夜之所以不欺也，有不務赫赫之名者矣；蓋平則其行和，而矯僞之術不作，其政公，而偏執之弊不生，獄市之所以無擾也。誠使今之大吏以及有司，無一人不仰體我皇上澄敘官方之至意，而相與清白以持身，和平以御下，則百姓無不蒙其福，而國家亦樂與受其成，奚啻龔、黄、卓、魯之績稱美漢世也哉！

伏讀制策又曰：「沃土民逸，瘠土民勞。爲長吏者，非時申教誡，則無以警偷惰而息奢靡。」大哉王言！萬世民風土俗之標準也。夫民生在勤，勤則不匱。非上之人有以董之，則有媮衣美食而積爲惰游者矣。民德在儉，儉則可久。非上之人有以率之，則有后服帝飾而冒上無等者矣。彼夫《七月》之勤也，農桑交儆，而無非豫爲衣食之謀，非王化之本乎？《蟋蟀》之儉也，歲晚務閒而已，有好樂無荒之懼，非聖澤之遠乎？今之教民者，苟俾之效其勤，以各修其業，則自無沃土思淫之咎。今之教民者，苟俾之法其儉，而克中乎禮，則自有瘠土向善之休。夫移風易俗，使天下回心而鄉道，類非俗吏之所能爲也。則欲教民節儉，以克副我皇上漸摩民俗之至意，非良有司之責而誰責歟？

伏讀制策又曰：「積貯者，天下之大命。今蠲賑屢頒，而民間委積或寡。」洵若是，是誠足煩聖慮也。夫古者三年耕必有一年之食，以三十年之通制國用，則雖有水旱，而民不饑。今者州縣之積穀，蓋倣常平之遺法。然其行之既久也，出陳易新之際，官或肆其侵漁；動支散給之時，吏得緣而中飽。則莫若以儲諸民者還爲民用，而豐歉庶有備也。臣愚以爲，宋儒朱熹社倉之法，今可略如其制，而俾民之富厚老成者司其出納。其散之也，無抑配之擾；其斂之也，無取盈之弊。而良有司復躬爲勸導，俾民無習於華侈，而務爲撙節之有方，斂藏之充裕，則庶幾比屋蓄儲，而大慰我皇上勤求康阜之至意矣。

伏讀制策又曰：「刑以弼教，古聖王不得已而用之。乃四方奏讞，或未協中，而聽獄之吏，至有恣用酷刑，濫傷民命者。」此誠皇上如天好生之仁積乎中而溢乎外者也。夫刑者侀也，一成而不可變，故君子盡心焉。悉其聰明以察之，則必無奏讞失中之獄；致其忠愛以恤之，則可無濫傷民命之冤。乃今之爲吏者，上畏奏卻，則多鍛鍊以文致其詞；恐蹈失出，則或周内以麗人於法，獨不念人命至重，奈何不委曲以求其生而胥戕以逞乎？誠以干張爲必可師，以羅吉爲不可法，庶幾惟平惟允，有以仰佐刑期無刑之治，而我皇上蕩滌煩苛之至意，亦於是乎垂休百祺矣。

凡若此者，事有相因，道無二致。蓋吏尚廉平，則刑無僭虐；民知勤儉，則家有蓋藏。而要之，我皇上一天也，天以陽舒陰慘者運於上，而春生夏長，不以庶物之繁而靳其澤；聖以天工人代者運於下，而察吏安民，不以治功既成而倦其施。則以法天不息之學，爲與天合一之德。由是百職修，而於變之俗媲美中天；三農慶，而咸中之化同符周室。我國家萬億年之休，永永無極矣。

臣草茅新進，罔識忌諱，干冒宸嚴，不勝戰慄隕越之至。臣謹對。

（底本：《康熙四十五年進士登科録》，中國第一歷史檔案館藏。參校本：《狀元策》，榮錦堂乾隆續刊本；《歷科廷試狀元策》，影印雍正十一年懷德堂刻本；《文武狀元策》，文錦、二酉書屋乾隆續刊本）

康熙四十五年，丙戌。三月二十二日庚辰，酉時，上御乾清宮西暖閣，讀卷官大學士馬齊、席哈納、張玉書、李光地，禮部侍郎王項齡，兵部侍郎梅鋗、曹鑒倫，學士黑壽、蔡升元、王之樞、楊瑄，詹事二格、宋大業，檢閲天下貢士殿試二百八十三卷，以十卷呈覽。上閲第一卷曰：「字果佳，但詞稍泛。」上親拆彌封視之，其名施雲錦，江南人。上問曰：「爾等識其人乎？」張玉書等奏曰：「施雲錦乃名士，學問亦優。」上又閲第二卷，至「廉而自恃其廉，不可也；廉而忌人之廉，亦不可也」諸語，嘉之。曰：「文甚佳，但字稍遜於施雲錦。」親拆視之，其名吕葆中，浙江人。上問曰：「爾等識其人乎？」張玉書等奏曰：「吕留良之子。」上曰：「家業何如？」張玉書等奏曰：「不知。」上閲第三卷曰：「爾等識其筆蹟乎？」蔡升元奏曰：「筆蹟似賈國維。」上親拆視之，果賈國維。上問諸臣曰：「今科會試主考官聲名如何？」張玉書、李光地皆奏曰：「聲名好。」上又謂馬齊等曰：「朕試八旗舉人騎射，僅八十餘人，即取中進士十餘人，似乎太過。漢人舉人萬餘，僅取中一二百名進士。凡事當以均平爲善。條陳者但言增額，不言減額。爾等其定議來奏。」又曰：「朕往江南閲河，擇彼處生監善書者，令隨至京師赴鄉試。而主考汪霦有心，將此輩試卷另放一處，既不閲文，而屢請展期，此即存私也。凡試官當論文之優劣，遑計其他耶？至俞長策學問優長，家貧而年又老，會試不中，是以朕賜爲進士。」上又閲至俞兆晟試卷，問曰：「爾等識其人乎？」蔡升元奏曰：「俞兆晟曾至臣家，未之見也。」上曰：「此文頗佳。」蔡升元奏曰：「聞彼讀書甚勤。」上曰：「但視今日之文與字耳，何論彼在家之讀書與否乎？」又曰：「數科以來，狀元俱不甚佳。韓菼學問雖優，而不自檢飭，頗好飲酒，爲禮部尚書時，司官及筆帖式俱藐視之。王式丹亦不檢飭，而且懶惰，所學尚優。榜眼趙晉甚佳。」隨賜年老諸臣坐。十卷皆閲畢，上顧張玉書等問曰：「此卷爾等置第一者何也？」張玉書奏曰：「文氣暢而字亦佳，故臣等置之第一。」上又曰：「第四卷頗佳，何以置之第六？」張玉書奏曰：「文内錯一字，是以置之第六。」上曰：「殿試先論其字，次論其文。爾等檢閲甚細，無不允當。施雲錦一甲一名，吕葆中一甲二名，賈國維一甲三名。以第六卷置第四，以第四置第六。餘皆如爾等所定。」又曰：「殿試之時，有四川舉人陶仁明，晝不作文，終夜至明，僅能完篇。」又閲不合式十一卷及劣等陶仁明、馬芝秀兩卷。曰:「陶仁明着革去,馬芝秀仍留舉人。其十一人着再三年赴試。」上曰:「馬芝秀等文甚不堪,取伊等硃墨卷校對,併傳試官來問。」又問:「更有如此者乎?」李光地奏曰:「有。」上曰:「着再察出十餘卷黜之,爾等閱完傳進。」又曰:「今科不及前科。」諸臣奏曰:「今科誠不及前科。」諸臣出,察出張勿我、郭璜二卷,又同陶仁明等卷一齊傳進。奉旨:「皆黜之。」

(《康熙起居注》,中國第一歷史檔案館整理,頁一九五五—一九五七)

二四　康熙四十八年己丑科　趙熊詔

康熙四十八年（一七〇九）己丑科，共取進士二百九十二名（《國朝貢舉年表》載三百名）。狀元趙熊詔，榜眼戴名世，探花繆沅。

是科會試正考官：大學士李光地。副考官：吏部左侍郎張廷樞。

趙熊詔（一六六三—一七二一），字侯赤，一字裘萼，江南常州府武進縣（今江蘇常州市）人。户部尚書趙申喬長子。康熙三十八年己卯科舉人。進士第一，授翰林院修撰。遷侍讀學士，入值南書房。四十九年，奉旨纂修《淵鑒類函》。五十五年，分任《康熙字典》纂修。五十七年，以大臣子弟效力西陲肅州。六十年，丁憂歸家，哀毁卒。著有《裘萼公剩稿》。

趙熊詔狀元策見《歷科廷試狀元策》（影印雍正十一年懷德堂刻本）、《狀元策》（榮錦堂乾隆續刊本，哈佛大學漢和圖書館藏）、《文武狀元策》（文錦、二酉書屋乾隆續刊本，哈佛大學漢和圖書館藏）及《順治康熙雍正三朝殿試策》（國家圖書館藏）等。

趙熊詔殿試文，《歷科廷試狀元策》與《狀元策》《文武狀元策》所載，頗多異文，然多爲個别字詞之不同。今僅就大處出校，以避繁瑣。

康熙四十八年，己丑。三月，壬申朔。辛卯，策試天下貢士戴名世等於太和殿前，制曰：朕君臨海宇垂五十年，每念致治之道，以任賢能、安民生爲急務。所爲奬進公忠，振興名節，轉移風化，教育人材者，不啻鼓舞之殷而牖導之切矣。顧循名責實，大小臣工，果能精白乃心，而士習民風，舉皆蒸蒸丕變否歟？

從來人臣之於國家，誼均休戚，所謂腹心股肱聯爲一體者也。倘或營己懷私，背公植黨，則臣職謂何？夫不欺之謂忠，無僞之謂誠。古名臣忠與誠合，然後能守正不阿，獨立不倚。今欲戒欺去僞，以共勉於一德一心之誼，豈無其道歟？

夫名節者，爲臣之表準也。誠能以名節自勵，則持己有清介廉潔之修，臨事自有勁挺激昂之氣。立身服官，悉始基於此。其何以使在位者咸以禮法爲防檢，以名教爲矩範歟？

至於氓之蚩蚩，皆吾赤子。乃或迫於飢寒，或失於訓誡，轉而爲盜，非其本心。爲有司者能曲體民隱，經畫其生計，勤施以禮教，使其民皆有樂生嚮義之念，則良善既安，而莠頑可格，此非民牧之切務歟？

國家養士，期於實用，文辭非所重也。昔之儒臣，淹通博洽，有援據經傳以議禮，旁引《春秋》以斷獄者。今之專一經者多矣，其能盡抒所學，以施諸政事否歟？欲令士皆窮理達務，以收明體達用之效，何道而可？大抵朝廷有竭忠矢節之臣，則民俗日淳而士氣益奮；學校多通經稽古之彦，則致身有本而奉職無愆。

爾多士講明於學術治理者久矣，其悉陳於篇，朕將親覽焉。

（底本：《清聖祖實録》卷二三七，册六，頁三六九—三七〇。參校本：《歷科廷試狀元策》，影印雍正十一年懷德堂刻本；《狀元策》，榮錦堂乾隆續刊本。《文武狀元策》，文錦、二酉書屋乾隆續刊本）

臣對：臣聞帝王之撫御萬方而垂統萬年也，必有以獎勵臣下之心，莫不竭忠盡誠，矢報國致身之誼，而偏陂好惡之私不作；必有以振作臣工之氣，莫不循理奉法，懷砥行立名之意，而苟且瞻徇之計不生。必有以厚天下之風俗，使愚賤皆滌慮洗心，知爲善之樂，而轉移積習者不令而自行；必有以明天下之道術，使士人皆明體達用，懷經濟之資，而教育人才者無遠而弗屆。蓋上有公忠體國之臣，則下無匪僻梗頑之衆，百工釐而庶績熙也；上有砥礪廉隅之臣，則下有敦修實學之士，教化行而習俗美也。聖王知其然，故與二三大臣早夜講求所以漸摩陶冶淬厲鼓舞之術。而其時之大臣，亦以君之心爲心遞相倡也，以率其師尹百執事。於是司牧皆(徇)[循]良而民生以遂，①膠庠多俊乂而士行克端。此惟唐虞三代之世，明良合德，師濟盈廷，不下階序而化馳若神。是以丕基鞏固，而享國長也。

欽惟皇帝陛下，乾元仁壽，離照智臨。嚴恭寅畏之思，所其無逸；寬裕温柔之德，足以有容。泰交洽而咨儆臣鄰，一德一心，敕幾以代天工，兢兢業業；巽命申而敷陳彝訓，無偏無黨，斂福以錫民極，蕩蕩平平。蠲賦重農，合水火金木土穀，六府惟修，而且秩五禮，敷五教，敬五刑，普德施於千八百國；升賢籲俊，總孝友睦婣任恤，六行並舉，而且闢四門，達四聰，明四目，垂休烈於億萬斯年。固已俗進雍熙，人遵道路，天地之間，被潤澤而大豐美；海(宇)[隅]之遠，②聞盛德而皆來臣。乃治益求治之心，際久道化成而彌切；聖不自聖之念，猶廣咨博訪而靡遺。進臣等而策之以獎公忠、振名節，與夫民風士習蒸蒸丕變之道。以臣之愚陋，非有官守言責之寄，何敢言百司之短長；非有封疆牧民之權，何敢言民生之休戚；非有師儒董率之任，何敢言人材之臧否。然嘗按之往古，驗之當今之務，日夜念此至熟也。矧煌煌清問，實式臨之，敢不直抒胸臆，以效芻蕘之一得乎？

伏讀制策有曰：「人臣不欺之爲忠，無僞之爲誠，忠與誠合，然後能守正不阿，獨立不倚。」大哉聖訓！真萬世臣道之極也。臣聞：「天道不言，而四時之吏，五行之佐，張其教焉。臣道有終，而以宣上德，以達下情，圖厥政焉。」甚矣，元首股肱聯爲一體，所繫匪細也。古之爲臣者，平日以天下爲己任，及至定大策，決大疑，毅然獨斷於胸中，而絶無依違可否之

① 「循」，據《歷科廷試狀元策》改。
② 「隅」，據《歷科廷試狀元策》改。

見。且當官必不負其所學，即至利害相乘，危疑並集，亦卓然獨行其至性，而絶非矯情飾譽之圖。蓋忠則幽獨自慊，可以格天地而質鬼神；誠則精白一心，可以感豚魚而盟金石。自非然者，畏罪之念重而赴功之志輕，功名之慮深而忠愛之誼薄，推諉趨避之情多而慷慨任事之意少，國家其奚賴焉？今欲戒欺去僞，亦惟使之講明君父之大義，返觀心性之同然，不以禍福而動摇，不以艱難而退沮，則庶幾忠與誠合，而無愧於古人臣之誼矣。

伏讀制策又曰：「名節者爲臣之標準，欲使在位者咸以禮法爲防檢，以名教爲矩範。」誠探本遡源之論也。三代以下，尚名節者東漢爲多，至宋南渡而最盛。明之東林，亦繼其軌，然而朋黨之禍不旋踵而隨之。大抵名高爲衆所忌，氣盛爲物所畏，天下正人少而小人多，附和小人者多而排斥正人者愈不少。雖人惡其異己，而事愧於相形之故。然亦當時士大夫之名節，或不無矯枉過正之失，而揆之於禮法名教，未必盡合乎中也。夫以禮法爲防檢，則嚬笑不苟，言動必慎，一起居出入，而若有父兄師保之臨；以名教爲矩範，則口談忠孝，身蹈仁義，一貌言視聽，而皆有天下萬世之懼。① 所謂持己清介而臨事激昂者，皆本乎此。此即昔人不愛錢、不惜身之説也。天下有愛錢惜身之人，而能自厲名節者乎？則取舍較然可覩矣。

伏讀制策又曰：「爲有司者能曲體民隱，經畫其生計，勸施以禮教，使其民皆樂生嚮義，則良善既安，而莠頑可格。」此誠好生如天、保民若子之至意也。夫民非盡無良也，非盡蠢愚不率也，誰無家人父子之歡，誰無田廬鄉井之樂，其或弄兵潢池、草竊爲奸者，非困迫於饑寒，即漸漬於失教耳。民牧之謂何，其使吾民萬不得已而自罹法網乎？誠爲之制田里，教樹畜，勸撫字，緩催科，則民有樂生之心，雖驅之爲盜而不願。更爲之習飲射，嫺讀法，崇學校，明約束，則民有嚮義之志，雖强之爲盜而弗從。此乃清盜之源，除盜之根也。今之有司不此之務，及盜發而(未)[畏]考成，②又從而諱之。夫不能

① 「萬世之懼」下，《歷科廷試狀元策》有「由是義利之辨必嚴，廉耻之坊必峻，患得患失之思必絶，而矜奇立異之見亦必不存」。
② 「畏」，據《歷科廷試狀元策》改。

弭盜，而併不能捕盜；不欲化盜，而併不欲緝盜，古所稱龔遂之治渤海，虞詡之治朝歌，其相去固何如哉？

伏讀制策又曰：「養士期於實用。欲令士皆窮理達務，以收明體適用之效。」此崇尚實學之盛心也。古者命鄉論士之秀者，升於司徒，曰選士；司徒又升之學，曰造士。樂正崇四術，立四教，春秋教以《禮》《樂》，冬夏教以《詩》《書》，於是大樂正論其秀者，升之司馬。論定然後官之，任官然後爵之。可見，教士者不僅望其詞章富麗取悦一時已也。《書》曰：「學古入官，蒞事以制。」《記》曰：「學至而君求之。」則文學、政事固相爲表裏明矣。無如今之士，窮年呫嗶，祗爲弋取科名之具。凡典籍所載，史策所傳，有關於國計民生者，概乎未之講焉。一旦出而見用，求一事之合乎古人而不可得。昔人云：「士不通經，果不足用。」由今觀之，豈通經者原不足用哉？夫亦其窮年呫嗶時，原無志於通經之用。及科名已獲，遂併其呫嗶者而棄之耳。今惟嚴校其經濟之文，更試以當世之要務，以覲其學術才幹之實，則明體達用之真才於是輩出矣。

然其要，則總不外乎獎進公忠，振興名節之説也。人臣能公忠以體國，而有不慈惠以子民者乎？能名節以自持而有不稽古以力學者乎？我皇上勞心化理，講求經術，諸臣仰體而奉行之，於以撫綏億兆，①激揚士氣，一以貫之有餘矣。

臣草茅新進，罔識忌諱，干冒宸嚴，不勝戰慄隕越之至。臣謹對。

（底本：《狀元策》，榮錦堂乾隆續刊本。參校本：《歷科廷試狀元策》，影印雍正十一年懷德堂刻本；《文武狀元策》，文錦、二酉書屋乾隆續刊本）

---

① 自「人臣能公忠以體國」至「於以撫綏億兆」，《歷科廷試狀元策》作「人臣公忠以體國者，必能慈惠以子民；名節以自持者，必能稽古以力學。營私植黨，則耽寵利而無安上全下之謀；和光同塵，則競浮華而鮮窮經致用之實。事雖各見，理則同歸。我皇上推誠表正，風示百官，諸臣仰體而率由之，於以化導民俗」。

二五　康熙五十一年壬辰科　王世琛

康熙五十一年（一七一二）壬辰科，共取進士一百七十七名（《清代起居注册—康熙朝》所載同。《國朝貢舉年表》載一百七十名。《欽定國子監志》《皇朝文獻通考》載二百七十七名。按，《康熙五十一年進士題名碑録》三甲題作「二百二十四名」，實際有一百二十四名。《欽定國子監志》《皇朝文獻通考》，或因此而致誤）。狀元王世琛，榜眼沈樹本，探花徐葆光。

是科會試正考官：都察院左都御史趙申喬。副考官：内閣侍讀學士徐元夢。

是科殿試讀卷官：大學士温達、李光地，工部左侍郎揆敘等（據《清代起居注册—康熙朝》）。

王世琛（一六八二—一七二九），字寶傳，號艮甫，江南蘇州府長洲縣（今江蘇蘇州市）人。康熙五十年辛卯科舉人。治《詩經》。狀元及第，年三十三。授翰林院修撰，歷侍講。雍正四年（一七二六），任督山東學政，勸實學，斥浮僞，青齊文體一變。累遷少詹事。雍正七年，以勞卒官。工詩古文，兼善書畫。著有《橋巢小稿》。

王世琛狀元策見《康熙五十一年登科録》（國家圖書館藏）、《狀元策》（榮錦堂乾隆續刊本，哈佛大學漢和圖書館藏）、《文武狀元策》（文錦、二酉書屋乾隆續刊本，哈佛大學漢和圖書館藏）及《順治康熙雍正三朝殿試策》（國家圖書館藏）等。《狀元策》及《文武狀元策》所載是科策問，與五十二年顛倒，策對亦有互有錯簡。

康熙五十一年，壬辰。夏四月，癸丑朔。甲寅，策試天下貢士卜俊民等於太和殿前，制曰：朕臨涖天下五十餘年，永惟所以仰答上天眷祐之厚，下愜四海望治之心，夙夜孜孜，久而彌惕。蓋大業戒於鮮終，而遠慮謹於防微。故日與内外諸臣，動色咨儆，欲其以公正者居心，以恪慎者守職，庶幾賢路有所鼓舞而日開，士習有所觀型而益勵。然猶未能一德同風，以臻斯道者，其故何歟？

唐虞之世，皋陶陳謨曰：「同寅協恭。」夫協同者，豈其朋黨比周之謂歟？無亦寅畏恭敬，則精白無私，故能偏黨不生，和衷共濟歟？《記》曰：「大臣法，小臣廉。」然則大臣者，小臣之表也。吏不廉則民生不安，大臣不法則小臣不廉。今内而卿貳，外而督撫，皆朕所倚爲心膂股肱，望其率屬阜民者也，其何以使廉法相承，永底盛治歟？

夫薦賢受上賞，蔽賢蒙顯戮，古之道也。國家需人惟亟，故常命九卿廷推，督撫保舉，期得人材，①以裨實用。其或借此以援私交，徇請託，將何以稱朕痌瘝求賢之心歟？然則古大臣以人事君之義，何道之操也？

《書》曰：「學古入官，議事以制。」故士不學則無以居官，學不正則無以致用。夫六經四書，濂洛關閩，學之正者也。歷稽往代，莫不崇尚經術，興數百年太平之基。今士行猶未盡修，士業猶未盡醇，其將何以養育陶成，紹休聖緒歟？

夫國家有誠正之臣，②則百僚師師而官方互飭；學校有端粹之品，則多士濟濟而賢俊並登。爾多士皆養成於庠序，出而宣力國家者也。其各抒所藴，以著於篇，朕將親覽焉。

（底本：《清聖祖實録》卷二五〇，册六，頁四七二—四七三。參校本：《康熙五十一年登科録》，國家圖書館藏；《狀元策》，榮錦堂乾隆續刊本；《文武狀元策》，文錦、二酉書屋乾隆續刊本）

① 「人」，諸參校本作「真」。

② 「國家」，諸參校本作「朝宁」。

臣對：臣聞帝王之受天命而撫萬方也，其綱紀天下者有政，其綜理天下之政者有心，而其所以實體於心與政之間者，則在設誠於内而致行之。是故誠以勵公忠，雖當明良合德之時，而咨儆之殷所以協喜起於廟堂者，未嘗一念不省其成也。誠以清吏治，雖當物阜民安之世，而激揚之志所以端政治之原者，未嘗一日不計其全也。誠以開賢路，則登明選公，所以風勵有位而使國家收人才之實用者，必先絶其黨比之私也。誠以端士習，則明經博古，所以敦尚實學，以開國家久道之化者，必不容有僞襍之術也。蓋聖王既以至誠無息之心運之於上，而二三大臣亦各以存誠無欺之學佐之於下，以率其屬，而後朝廷無黨同伐異之私，群工有潔己奉公之誼，賢才彙征而士風丕振。昔者唐虞三代之治，君臣一心，上下一體，盈廷皆神聖之佐，四方成從欲之休，其道總不外乎一誠而已矣。

欽惟皇帝陛下，大德統天，至仁育物，建中和之極，内聖外王；弘參贊之功，經天緯地。蠲租賜復，凡茅簷蔀屋，熙熙盡樂春臺；仰湛恩之汪濊；籲俊闢門，廣杏苑桂林，濟濟共登雲路，頌文德之誕敷。擴古帝王未擴之版圖，自西自東，自南自北，來享來王，集共球於千八百國；開有天地未開之景運，如山如阜，如岡如陵，爾熾爾昌，綿曆服於億萬斯年。固已治登上理，俗進雍熙，天地之間，被潤澤而大豐美；海隅之遠，聞盛德而皆來臣矣。乃聖懷無逸，求治彌殷，進臣等於廷，而策之以公正居心、恪慎守職、用賢教士之道。臣雖愚昧，敢不竭千慮之一得，以對揚休命乎？

伏讀制策有曰：「唐虞之世，皋陶陳謨曰：『同寅協恭。』夫協同者，豈其朋黨比周之謂？無亦寅畏恭敬，則精白無私，故偏黨不生，和衷共濟？」大哉王言！真千古臣道之極規也。蓋君猶天也，天以無爲者運於上，而四時有承天之義，故春夏秋冬，各順其序，而歲功以成。君猶心也，心有以主者宰於中，而百體有從心之役，故耳目股肱，各效其能，而百爲以遂。此固上下相維，自然之理也。故臣聞：「古純臣之事君也，不敢矯清以立異，亦不敢委曲以徇人。」故有時臨大疑，決大事，衆議盈廷，而獨持己見。雖素所欽信之人，不憚反覆争辨，而不肯以稍爲之附和。然而人究不疑其立異者，無私故也。亦有時集衆思，廣群益，中懷若虚，而舍己從人。雖素所趣向不侔之人，不難降心抑志，以弘其聽納，而不敢稍存一己之見。然而人亦不疑其阿比者，無私故也。夫惟無私則能公，所知者公，家之務而人己可以不分；惟無私則能正，所守者大，中之矩而偏黨可以悉化。將寅畏中存，恭敬日密，而皆一德一心之佐矣。我皇上推誠布公，所以待臣下者，直如家人父子，則二三大臣，自有公忠體國以各率其屬，而不復爲彼此異同之見者，以庶幾於虞廷同寅協恭之盛也，不難矣。

制策又曰：「吏不廉則民生不安，大臣不法則小臣不廉。何以使廉法相承，永底盛治？」此誠千古吏治民生之至計也。夫民生之休戚，視乎親民之有司，而有司之賢否，又視乎督撫。夫督撫任封疆之重，而復有制之於中者，則卿貳之任匪輕矣。蓋其所以宣上德、達下情而爲有司之表率者，内與外均有責焉。故苟大吏無奉公盡職之能，則小吏亦必無潔廉自勵之事；大吏有澤民致主之恩，則小吏亦必無貪汙苟且之行。然則欲澄清吏治以厚民生，誠非二三大吏之責而誰責哉？是以朝廷之賞罰黜陟，有往往行之一二人，而天下即潛移默率而不自知者。無他，得其要也。不然，舍大吏而責小吏，豈探本窮源之論哉？

制策又曰：「國家需才維亟，故命九卿廷推，督撫保舉，期得真才，以裨實用。」此真千古求賢若渴之盛心也。臣嘗稽之往古，三代以前，論定後官，任官後爵，故真才得自表見，而不賢者不得襍出於其途。三代以降，漢猶近古，至於唐宋，漸重資格。然而大臣之薦引，幕府之辟召者，正復不少，亦能致大位，建勛業，卓然爲一時名臣。此無他，其所薦列者，必有以實見其人之才，實見其人之守，而非徒援私交以樹黨，徇請託以市恩也。故朝廷得收人才之實效，而爲大臣者，亦得託於以人事君之義，聞於當時，傳之後世，甚盛典也。不然，所薦非人，往往有未薦之先，或矯飾名節，以希進取，迨所求既遂，悍然無復顧忌，而終罹於罪戾者矣。縱其人自取之，然薦之者豈遂無責與？臣愚以爲，致治之要，首在得人，而人臣之節，首在薦賢。誠使內外大臣，咸仰體皇上求賢圖治之意，而以至公至明之心處之，則私交請託不禁自止，而薦舉得人矣。

制策又曰：「士不學則無以居官，學不正則無以致用。歷稽往代，莫不崇尚經術，興數百年太平之基。」此更皇上敦崇正學造士之至意也。粵稽漢世，崇尚經術，而名儒碩彥，數出其中。自唐以詩賦取士，而經術浸微矣。宋周、程、張子，相繼而起，而尋墜緒，紹微言，至於朱子而集大成。雖未嘗大究其用，然今之學者，尚知宗孔氏，崇仁義，則其傳爲獨正也。乃今世之誦習之者爲日盛矣，而踐修者不少見，其故何歟？蓋古之言經術者，專門名家，守其師說，而實致之用，是以此爲性情之事、畢生之業，而非僅以弋榮名、邀寵利者也。故士有實學，而後有實用。若今也不然，其童而習之也，既不過爲科舉之計，則及夫科名既就，即並其幼之所習者而亦棄之矣，又安問經術之足以致用哉？然則所以陶養育成以使之蒸蒸興起者，誠今日之急務也。

要之，上有誠正之臣，則內外之官方自飭；下有純修之士，則遠近之薦剡自廣。而總以我皇上至誠之心，振作鼓勵，漸摩涵濡於不匱，則道德一，風俗同，而萬年有道之慶基於此矣。

臣草茅新進，罔識忌諱，干冒宸嚴，不勝戰慄隕越之至。臣謹對。

（底本：《康熙五十一年進士登科録》，國家圖書館藏。參校本：《狀元策》，榮錦堂乾隆續刊本；《文武狀元策》，文錦、二酉書屋乾隆續刊本）

康熙五十一年，壬辰。四月初四日，丙辰。辰時，上由西直門進神武門回宮。酉時，讀卷官大學士溫達等，以殿試一百八十卷公閱擇十卷捧入乾清宮呈覽。上閱至第三卷，曰：「此卷文甚佳，字亦端楷，何以擬第三？」大學士李光地奏曰：

「第三卷果佳，因訛寫一字，故擬居第三。」上曰：「訛一字無妨，着置在一甲第一。」爰將試卷一一閱畢。又曰：「其餘試卷內有極不堪者否？」李光地奏曰：「不堪者有五卷。」上曰：「呈來看。」侍郎揆敘捧卷呈上，上閱畢，謂揆敘曰：「爾視此何如？」揆敘曰：「此五卷錯字多，且文字不甚佳。」上曰：「此五人着革退進士。」

（《清代起居注册—康熙朝》，影印臺北故宫博物院藏本，册二〇，頁一一三三六—一一三三八）

二六　康熙五十二年癸巳恩科　王敬銘

康熙五十二年（一七一三）癸巳恩科，共取進士一百九十六名（《清代起居注册—康熙朝》《康熙五十二年進士題名碑録》《欽定國子監志》《皇朝文獻通考》所載同。《國朝貢舉年表》載一百五十九名。《清聖祖實録》載一百四十三名，係第三甲人數，顯誤）。狀元王敬銘，榜眼任蘭枝，探花魏廷珍。

是科爲康熙六旬萬壽恩科，鄉試、會試同在一年。會試正考官：大學士王掞、工部尚書王頊齡。副考官：兵部左侍郎李先復、內閣學士沈涵。

是科殿試讀卷官：大學士松柱、李光地、蕭永藻、王掞，內閣學士綽奇、常奉、鄒士璁、沈涵，左都御史揆敘，吏部尚書張鵬翮，吏部右侍郎湯右曾，户部右侍郎廖騰煃，禮部左侍郎王思軾，工部尚書王頊齡（據《康熙五十二年進士登科録》）。

王敬銘（一六六七—一七二一），字丹思，一字味巖，號味閒，江南蘇州府嘉定縣（今上海嘉定區）人。康熙四十六年（一七〇七），康熙皇帝南巡，進詩畫稱旨，入直暢春園，纂修武英殿。書成，議敘不就。狀元及第，授翰林院修撰。五十六年，任江西鄉試正考官。五十九年，丁外艱歸里，逾年卒，年五十四。著有《味巖詩録》《曼衍雜存》等。

王敬銘狀元策見《康熙五十二年進士登科録》（中國第一歷史檔案館藏）、《歷科廷試狀元策》（影印雍正十一年懷德堂刻本）、《狀元策》（榮錦堂乾隆續刊本，哈佛大學漢和圖書館藏）、《文武狀元策》（文錦、二酉書屋乾隆續刊本，哈佛大學漢和圖書館藏）及《順治康熙雍正三朝殿試策》（國家圖書館藏）等。

《狀元策》及《文武狀元策》所載是科策問，與五十一年顛倒，策對亦互有錯簡。

康熙五十二年，癸巳。（八）[十]月，①乙亥朔。癸未，策試天下貢士孫見龍等於太和殿前，制曰：朕惟治天下之要務，莫先於敬持其心。心者，所以飭官方，勵人才，而消釁孽之本也。朕自御極以來，翼翼兢兢，五十餘年如一日。至於大小臣工，亦無[時]不以國爾忘家，②以人事君之義，相爲告戒焉。邊疆雖靖，尤加意於武備之修。凡以立國之道，德威不可偏廢。古帝王所以深根固本，杜漸防微，是朕之所夙夜而不敢康者也。

《書》曰：「儆戒無虞。」又曰：「制治未亂，保邦未危。」今國家承平日久，文恬武嬉。朕惟唐虞成周之隆，君臣所以動色咨儆者，豈過慮歟？夫亦察於天命人心之理，而無荒無怠，期以長凝上天之眷，而永底烝民之生也。其何以使中外臣僚，悉喻朕意歟？

夫《洪範》進人，有猷有爲，歸於有守。《周官》弊吏，則（善）能法之類，③必首於廉。然則廉隅者，士行之先也，服官之本也。督撫者，州縣之帥；部院大臣者，百僚群吏之表。故李膺按部，而貪墨爲之解官；楊綰登朝，而勛舊爲之徹樂。今吏道未盡澄清，官邪未盡振肅，其亦倡率之道有所未至歟？

《易》曰：「拔茅茹，以其彙。」《書》曰：「舉能其官，惟爾之能。稱匪其人，惟爾（不）[弗]任。」④內而部院卿貳，外而

① 「十」，據《清代起居注册—康熙朝》《康熙五十二年進士登科録》改。
② 「時」，據諸参校本補。
③ 「善」，據諸参校本删。
④ 「弗」，據諸参校本改。

督撫提鎮，朕所寄腹心耳目也。有〔所〕薦舉，①朕必虚心而採用焉。然課其成效，往往不能悉副任使者，何也？夫無至公之心，則知交姻婭，各徇其所私；無至明之識，則劣品庸流，各阿其所好。古大臣薦賢不使人知，而補牘必争，夾袋必滿者，其風豈遠歟？

《立政》之篇，致意於庶言、庶獄、庶慎，而終以克詰戎兵。古者簡閲車徒，一年而四舉焉。朕鑒於前代，慎選將，勤恤兵，甄微勞，酬壯烈，留神戎事，用樹國威。然自禁旅之〔外〕，②所在營伍，盡能核軍實而肅行陣歟？夫練習不素，則技勇之藝疎；節制不嚴，則驕惰之兵衆。其何以振紀宣威，使國家長收衛民之用也？

要之，潔清自勵，則援引必公，而大小莫非法廉之選；憂危共惕，則防維必至，而内外永享寧謐之休。朕之所以敕臣工者，即其所以望多士者也。爾多士其悉攄所學以對，朕將親覽焉。

（底本：《清聖祖實録》卷二五六，册六，頁五三六。參校本：《康熙五十二年進士登科録》，中國第一歷史檔案館藏；《歷科廷試狀元策》，影印雍正十一年懷德堂刻本；《狀元策》，榮錦堂乾隆續刊本。《文武狀元策》，文錦、二酉書屋乾隆續刊本）

臣對：臣聞帝王之膺圖御宇而躋天下於仁壽之域也，必有與天合撰之聖德，而後有財成氣化之事功，其所以保泰持盈，飭公廉而儆驕惰者，極參贊經綸之大，皆統貫於一誠。亦必有法天行健之聖心，而後有久大化成之治效，其所以乾惕日深，勵臣工而安軍國者，盡經營措置之宜，尤精心於一敬。夫是以聖人在上，一念必貞於萬年，而咨儆尤深於明盛。雖

---

①「所」，據諸參校本補。
②「外」，據諸參校本補。

官箴已肅，而猶虞其未肅也；薦引已公，而猶虞其未公也；軍政已嚴，而猶虞其未嚴也。蓋天道無心而化成，聖人有心而無爲，其精神之所攝，思慮之所周，本與天德之默成者相爲契合，故亦與天心之廣運者共其周流。用以見君心之粹，臣職之修，慮周於内外官僚，洞達於軍國至計，而要皆歸本於心德之精純，中和之極致。馴至德業光昭，治化翔洽，喜起歌而休徵協應，牧圉安而天命永凝。自昔唐虞三代之盛，未有不積諸此者也。

欽惟皇帝陛下，三才立極，百禄罄宜。體不息於乾行，保合太和，順四時而成序；並無疆於坤載，含弘光大，涵萬物以資生。秉天縱之聰明，不思而得，不勉而中者，性焉安焉之謂聖；布寰區之化澤，不賞而勸，不怒而威者，鼓之舞之以盡神。德並中天，溯心傳於一畫，而以嚴欽若，以篤温恭，俾數十年性道之源流焕如日月；業化三古，開治統之郅隆，而以正朝廷，以安國境，使億萬世奠安之海宇固若苞桑。功德固已蕩蕩而巍巍，化理固已麟麟而炳炳。猗歟休哉！真有曠千載而獨隆者矣。乃聖不自聖之衷，恒深於宥密；而安益求安之意，彌切於疇咨。爰進臣等於廷，而策之以在安之咨儆，官守之潔清，舉能進賢之勿替，檢軍練士之必嚴。臣愚何足以知之，然而幸際休明之世，涵濡教養之澤久矣，今當清問下逮，敢不敬效愚誠，直抒管見，以仰答高深於萬一乎？

伏讀制策有曰：「制治保邦，無荒無怠，何以使中外臣僚無不共喻至意。」大哉王言！萬世久安長治之所由裕也。粵稽堯舜之世，君臣互儆，故吁咈每過於都俞；成周之時，上下泰交，而寅畏益嚴於誥誡。誠以德愈盛，則心愈儆；治愈隆，則情愈惕。此古聖人之所以憂盛而危明，宵衣而旰食者也。蓋天命之理嘗協於貞恒，而人心之理惟通於敬慎。敬慎者，所以固己固之人心；貞恒者，所以凝久凝之天命。故雖當文武恬嬉，而不可忘儆勵也；雖當海内乂安，而不可忘贊勷也。煌煌聖諭，所當勒之金石，宣之廟堂，布告之中外，庶乎臣僚皆仰體盛心，而無忘警惕焉矣。

伏讀制策又曰：「吏道未盡澄清，官邪未盡振肅，責在倡率之未至。」真澄敘官方之至意也。夫士修於家而仕於國，不貴乎才而貴乎守，守也者所以範其才也；不貴乎能而貴乎廉，廉也者所以善其能也。中外不得而異其趨，大小不得而渝其志，所係於天下國家者甚重也。然而督撫之表率不端，則州縣得以藉其口；大臣之行誼不清，則僚屬有以逞其私。故州縣之賢否，視乎督撫；而僚吏之得失，在乎部堂。部堂以潔清律己，雖不必嚴加糾察，而屬吏之愧畏自生；督撫以公廉自持，雖不必頻奏彈章，而州縣之冰兢自凛。此必致之效，而相爲維繫者也。古之大臣，志操清嚴，持身公正，不負其所學，以不負其所事；不忘其所修，以不忘其所治，良有以也。今之爲督撫部院者，亦庶乎惟廉惟慎，有以仰副我皇上殷殷誥誡之意，則大法小廉，不有以佐盛理於無窮也歟？

伏讀制策又曰：「内而部院卿貳，外而督撫提鎮，有所薦舉，必虚心採用。然無至公之心，無至明之識，各徇所私，各阿所好。」信如是，是誠足煩聖慮也。臣聞古有選舉之政，未聞有能行保舉者。保舉乃出我皇上求賢若渴之盛心，故特公其識於大臣，而嚴其辨於職守。此真用人之良法而取人之要方。然而，嘗有舉非其人而引非其當者，則是以私而不以公，以虚而不以實之故也。夫爲私交則悮公實甚，徇請託則欺罔難安，豈純臣以人事君之道乎？豈國家用人立政之意乎？蓋庸流劣品，嘗巧於營求而拙於報主；端人碩士，嘗篤於佐理而淡於干人。是以大臣之保舉恒不得其當，而欲明其識，要必先公其心，心公而識自明；欲公其心，必嚴絶其私，私絶而心自公矣。

伏讀制策又曰：「禁旅之外，所在營伍，核軍實而肅行陣。練習技勇，節制驕惰，使國家長收衛民之用。」此真我皇上息兵安民之至計也。夫國之所重在民，而民之所倚以無恐者則在兵。此古之所以詰兵戎而簡車徒，天下雖安而不弛武備者，非所以宣示威武，非所以震懾臣民也。無過防萌於未然，致戒於所忽，故不以兵無所用而弛治兵之方，將無所使而寬選將之法也。蓋練習之道不一，各隨其所用之宜，故較材角技，軍政在所必嚴。節制之道亦多端，各因其所守之地，故調撥措置，軍心在所必一。今雖太平日久，四海奠安，而軍實之不可不核，行陣之不可不肅，技勇之習不可不精，節制之方不可不察。如是則軍安，軍安則民安，民安則國亦與之而久安長治矣。

凡此者，事本相因，治無二理。故上乾而下惕，吏治則軍清，而皆由於我皇上以至誠之廣運者立綱陳紀，務使國計官方與軍情而並飭；以至敬之默存者，審慎精詳，兼使賢臣廉吏與良將而加嚴。蓋天道以至誠不貳、至敬自然者，運於穆清之表，而四時以行，萬物以育；聖道以至誠不息、至敬不渝者，惕於盛明之世，而上下以正，軍國以安。蓋至誠之德與天而合撰焉，至敬之心法天而行健焉。於以成萬年不拔之基，於以綿萬壽無疆之慶，有永永無極者矣。

臣草茅新進，罔識忌諱，干冒宸嚴，不勝戰慄隕越之至。臣謹對。

（底本：《康熙五十二年進士登科録》，中國第一歷史檔案館藏。參校本：《歷科廷試狀元策》，影印雍正十一年懷德堂刻本；《狀元策》，榮錦堂乾隆續刊本；《文武狀元策》，文錦、二酉書屋乾隆續刊本）

康熙五十二年，癸巳。十月十一日，乙酉。酉時，上御乾清宫，讀卷官松柱等，以殿試一百九十六卷公閲擇十卷捧入呈覽。上閲至第二卷，曰：「看此卷字，必是南人。」因拆彌封觀之，果係南省人，諸大臣皆驚異。上曰：「爾等大臣，皆進士出身，深知文字。凡文字各有所習，一覽可知。聞來京師應試者，將伊所作文字各處送閲。凡應開列主試之人，必皆過目。及闈中看卷時，便知爲某人文字矣。適朕看此卷，未拆封前，即知爲南方之人。即如朕曾讀韓菼之文，凡文字内有韓菼之文，朕必識之。場中看卷亦然。試官必無私意，始可謂之公耳。至四書五經，俱聖賢之言，有何避忌？今試官出題，專選冠冕者出，則題目漸少，士子亦易揣摩。甚有將不出題之處棄而不讀者，如此爲學，安得到佳處？今歲張鵬翮爲順天主考，所出三題，皆言性理之題，作者既難，校者亦難。場内必出各樣題目，方可得真才實學之人。此後概禁避忌爲是。四書五經内不可出之題，試官自然不出。此事爾等亦當議之。」將試卷一一詳閲，以第四卷易置第三。上又問：「有不堪之卷否？」李光地奏曰：「不合式卷有四，文理無謬，字亦去得，但違式耳。」上曰：「這四人着下次殿試。」上又謂左都御史揆敘曰：「適看第七名王猷字佳，有似孫岳頒，汝其識之？」又曰：「觀每試，凡修書處之人，常常入彀，此皆從學中來也。」揆敘奏曰：「伊等所學，皆皇上教育之恩。」

（《清代起居注册—康熙朝》，影印臺北故宫博物院藏本，册二二，頁一二四四〇—一二四四五）

二七　康熙五十四年乙未科　徐陶璋

康熙五十四年（一七一五）乙未科，共取進士一百九十名。狀元徐陶璋，榜眼繆曰藻，探花傅王露。是科會試正考官：工部尚書王頊齡、都察院左都御史劉謙。副考官：内閣學士蔡升元、王之樞。是科殿試讀卷官：大學士松柱、王掞，户部尚書趙申喬，吏部侍郎湯右曾等（據《康熙起居注》）。

徐陶璋（一六七四—一七三八），字端揆，號達夫，又號蘅圃，江南蘇州府崑山縣（今江蘇崑山市）人。康熙四十四年，鄉試中式。狀元及第，授翰林院修撰。乾隆三年（一七三八）卒。工書法，聞名當世。

徐陶璋狀元策見《歷科廷試狀元策》（影印雍正十一年懷德堂刻本）、《狀元策》（榮錦堂乾隆續刊本，哈佛大學漢和圖書館藏）、《文武狀元策》（文錦、二酉書屋乾隆續刊本，哈佛大學漢和圖書館藏）及《順治康熙雍正三朝殿試策》（國家圖書館藏）等。

康熙五十四年，乙未。夏四月，丙寅朔。丁卯，策試天下貢士李錦等於太和殿前，制曰：朕誕膺圖歷，仰承天眷，寰宇乂安，五十餘年。惟是夙夜祗懼，宵旰不遑，冀庶績咸熙，進斯民於仁壽之域，而猶念大業戒於鮮終，日與内外諸臣，動色咨儆，欲其以惕厲者居心，廉平者盡職，庶多士無奇衺之學，而疆宇有磐石之安。故敉幾圖治，未嘗一日釋諸懷也。

夫自古帝王，必謹小慎微，克終厥德，乃能底於久安長治之庥。《書》曰：「儆戒無虞。」又曰：「無怠無荒。」是以永保天命，懋登上理。今者承平日久，朝野内外，保無有習於恬嬉，以疎略而漸幾叢脞者乎？夫兢業所以保泰，晏安或致隳功，其相與維持警戒，①益求致治保邦之道，宜若何以副朕意歟？

《記》曰：「大臣法，小臣廉。」《周官》六計弊吏，皆冠以廉，則廉固居官所首重矣。然廉非緣飾之具，綜核或近於煩苛，膠滯亦鄰於偏執，非所以表率庶司，錫福兆民也。兹欲大小臣工，奉公潔己，無矯情干譽之弊，養和平惇大之風，其道何由？

儒者著書立説，薈萃群言，務期闡明大道，折衷於至當。古來聖賢經傳，純粹以精，先儒論著，疏通易曉，即不立注解，其義自明。而或逞其臆見，人自爲書，家自爲説，或假以立名，或用以阿世，使聖賢精意，反因之而滋晦。其何以芟刈繁雜，倡明正學歟？

至揆文奮武，國家並重。故有百年不用之兵，無一日可弛之備。古者蒐苗獮狩，皆以講武而克詰戎兵，即在庶獄庶慎之後。今雖六宇蕩平，戈甲永息，而訓練之方，可遂忽焉不講歟？夫紀律不明，則無以申賞罰；休養不至，則無以協衆心。②其必綏輯有方，恩威並著，然後將士多干城之寄，中外享敉寧之福歟？

夫上下交儆，斯百爾砥潔清之操，儒生識道義之宗，文教覃敷，國威永振。凡皆治益求治，安益圖安，所以保泰持盈者，無以踰此。多士留心經濟久矣，其詳著於篇，朕將親覽焉。

（底本：《清聖祖實録》卷二六三，册六，頁五八六。參校本：《歷科廷試狀元策》，影印雍正十一年懷德堂刻本；《狀元策》，榮錦堂乾隆續刊本；《文武狀元策》，文錦、二酉書屋乾隆續刊本）

① 「戒」，諸參校本作「勉」。
② 「協」，諸參校本作「得」。

臣對：臣聞帝王之撫綏疆宇而垂統萬年也，必有以肅天下之紀綱，使贊化宣猷者咸震動恪恭，以共襄乎保泰持盈之計；必有以飭天下之吏治，使循分守職者咸潔清正直，以共效其忠君愛國之誠；必有以昌明正學，使讀書稽古之餘，實能範其耳目心思，而文教光昭於天壤；必有以炳焕弘猷，使肅旅整軍之下，實能明其勸懲賞罰，而武功保乂乎邦家。蓋一人憂勤惕厲於上，群臣翼爲明聽於下，天工人代，庶績之所以咸熙也。朝廷有整理之規條，草野致恬嬉之景象，一道同風，萬世之所以永賴也。是以古之聖人，存法天行健之心而自强不息，本憲天出治之學而日進無疆。其時之臣，莫不奉深宫宵旰之思，勤左右匡襄之力。雖天下已致乂安，而猶慮兢業之有未盡，廉隅之有未修，文德之未甚誕敷，武功之未甚具舉。由是圖治彌殷，政化日茂，休徵集而百福臻，信唐虞三代之隆規也。

欽惟皇帝陛下，乾德當陽，泰符凝命，建中和之極，玉振金聲；開昌熾之圖，日華雲爛。勤丹鉛於甲帳，周情孔思，兼通外王内聖之功；握典要於彤廷，禹鼎湯盤，總見兩地參天之學。固已道高千古，本聰明睿知以布新猷；澤洽萬方，合南朔東西以蒙大化。勛業巍巍而益盛，性功蕩蕩而難名矣。乃聖不自聖之意，恒切於疇咨；安愈求安之心，旁資夫獻納。進臣等於廷，而策之以惕厲居心，廉平盡職，正學術而固疆圉之計。以臣之愚陋，何足以知之，然幸際休明，仰承清問，敢不竭芻蕘之末見，以答高深於萬一乎？

伏讀制策有曰：「兢業所以保泰，晏安或致隳功，其相與維持警勉，益求制治保邦之道。」大哉王言！誠萬世治天下之要務也。夫國家久安長治之業，在乎法之盡善，而尤在堅其守法之心；在乎化之盡神，而尤在凛其敷化之志。《書》曰：「敕天之命，惟時惟幾。」又曰：「用顧畏于民碞。」蓋言天與民之可畏，而君臣交儆，保治孜孜，無日可滋其怠荒焉耳。我皇上朝乾夕惕，厲精圖治，下有以慰民生，上有以凝天眷，而承流宣化於下者，安可因世道之休隆，或致幾務之疎略乎？惟本平日戒懼慎獨之功，以殫其靖共匪懈之節，虛心以審幾，而不執偏陂之見；實心以任事，而不存推諉之思。去私而奉公，忘家而謀國，力勤志鋭，智勇奮發於幾先，則無不飭之官方矣。獨立而不懼，共事而無嫌，誠至明生，功名總期於報主，則無不盡之職業矣。由是居安思危，慎微防漸，同寅協恭以和衷，明良喜起以一德，於以成泰交之風，而普雍熙之化，國之所以久安而長治也。

制策有曰：「廉固居官首重，然煩苛偏執，非所以表率庶司，錫福兆民。欲臣工之奉公潔己，無矯情干譽之弊，養和平敦大之風。」此真澄清吏治之至計也。士君子學古入官，非徒尚其才，而必觀其守。有守即有爲，而其才自無不善。《周禮》六計弊吏，廉善、廉能、廉敬、廉正、廉法、廉辨，廉固居官之本，致治之原也。夫小吏之貪廉，視乎大臣之清濁，而大臣之清濁，分於一心之公私。私則濁，公則清，此人之所易知也。然亦有立廉介之名，滋緣飾之具，綜核近於煩苛，廉而失之刻也。膠滯鄰於偏執，廉而失諸固也。漢臣任延曰：「忠臣不私，私臣不忠。」今以廉立名，是豈得爲公忠無私者乎？爲大臣者，惟守儉約之風，持正大之體，羔羊素絲之節倡於上，茹葵織帛之事息於下，大法小廉，風聲較桴鼓之捷爲更甚耳。間有小吏之不廉者，則行漢世懲貪之法，宋人禁錮貪吏之制，彼又何樂而爲此耶？廉吏日多，民生益厚，而世乃享和平惇大之福矣。

制策有曰：「儒者著書立説，務期闡明大道。而或逞其臆見，人自爲書，家自爲説，假以立名，用以阿世，使聖賢精意滋晦。」所以爲正學計甚深遠矣。古來道開於經傳，而理闡於群言。漢儒之箋疏，証其義於前；宋儒之注解，暢其理於後。博而能約，簡而能該，夫是以經傳之文，如日月之經天，儒者可宗之，而不易其説。今著書之家愈多，而聖賢之理愈晦。一由於見聞未廣，而名山石室之藏，不能探其秘也。一由於理解未明，而存心養性之功，不能履其事也。韓愈曰：「根之茂者其實遂。」苟根柢未深，而欲論説之有當，得乎？況我皇上稽古右文，煌煌著述，可以照耀千古。而人之從事於簡編者，益當虛心集益，采異説以定一是，証實理以戒空談。則學術正，道義明，而立名阿世之心，其將知所返乎？

制策有曰：「紀律不明，無以申賞罰；休養不至，無以得衆心。其必綏輯有方，恩威並著。」仰見我皇上治兵安民之盛心也。《易》曰：「師貞吉。」則知軍旅之事所關於國計者甚重。而民以養兵，兵以衛民，雖當太平之時，而不可忘武備之設也。《周禮》司馬之職，中春教振旅，中夏教茇舍，中秋教治兵，中冬教大閱，所以訓練於平時者甚詳。其法後世奉而行之，精其技於兵，而責其成於將，不以兵無所用而弛治兵之方，將無所使而寬選將之法也。蓋兵奉將之令，而角材獻技，驕惰之心不敢萌；將體兵之心，而宣德揚威，調度之法所必飭。今惟令晏安無事之時，行蒐苗獮狩之法，明乎紀律，使士卒於以競其長；勤乎休養，使行陣於以感其惠。則戎兵克詰之交，恒得干城腹心之寄，而海宇承平，疆圉永固，其利有貽於無窮者矣。

要之，臣子之竭忠盡誠，治道之揆文奮武，惟在我皇上以法天行健之心，廣憲天出治之學，則圖久遠而不計目前，矢貞恒而不爲苟且，雖堯舜之兢業以執中，湯武之懋修以建極，先後同源，古今合轍，以厲臣隣，至嚴也；以明道術，至順也；以理軍國而奠河山，至安也。世道日進於昌明，民風益登於康阜，二氣和而五行調，七政齊而四時若，休徵畢至，我國家萬年有道之基積諸此也。

臣草茅新進，罔識忌諱，干冒宸嚴，不勝戰慄隕越之至。臣謹對。

（底本：《狀元策》，榮錦堂乾隆續刊本。參校本：《歷科廷試狀元策》，影印雍正十一年懷德堂刻本；《文武狀元策》，文錦、二酉書屋乾隆續刊本）

康熙五十四年，乙未。四月初四日，己巳。酉時，上御乾清宫。派出讀卷官大學士松柱等，以殿試李錦等一百九十卷擇十卷呈覽。上一一閱畢，曰：「爾等所定俱當。其餘有不堪卷子否？」王掞奏曰：「有錯規矩者四卷。」上曰：「這四人，着再一次考。」又問户部尚書趙申喬曰：「同考官一房着兩人如何？」趙申喬奏曰：「甚好。」吏部侍郎湯右曾奏曰：「一房兩人，則互相監察。除闈中之弊，莫要於此。并外邊不中式者，無不感戴聖恩，歡欣稱頌。」

（《康熙起居注》，中國第一歷史檔案館整理，頁二二一六一）

二八　康熙五十七年戊戌科　汪應銓

康熙五十七年(一七一八)戊戌科，共取進士一百六十五名(《康熙五十七年進士題名碑録》《欽定國子監志》《皇朝文獻通考》《國朝貢舉年表》載一百六十五名)。狀元汪應銓，榜眼張廷璐，探花沈錫輅。是科會試正考官：吏部尚書張鵬翮、户部尚書趙申喬。副考官：刑部左侍郎李華之、工部右侍郎王懿。

汪應銓(約一八六五—一七四五)，字杜林，號梅林，江南蘇州府常熟縣(今江蘇常熟市)人。康熙五十三年甲午科舉人。狀元及第，年四十餘，授翰林院修撰。奉旨入值南書房，未散館即擢庶子。官至左春坊左贊善。遭劾辭歸，以講學著述爲樂。著有《閑緑齋文稿》《容安齋詩集》等。

汪應銓狀元策見《歷科廷試狀元策》(影印雍正十一年懷德堂刻本)、《狀元策》(榮錦堂乾隆續刊本，哈佛大學漢和圖書館藏)、《文武狀元策》(文錦、二酉書屋乾隆續刊本，哈佛大學漢和圖書館藏)及《順治康熙雍正三朝殿試策》(國家圖書館藏)等。

康熙五十七年，戊戌。三月，庚戌朔。癸未，策試天下貢士楊爾德等於太和殿前，制曰：朕臨御天下垂六十年，仰惟祖宗付託之重，知天子以乂安海宇爲孝，是以夜寐夙興，勤求治理。政事之餘，留意經術，期爲天下廣文教；承平之後，不忘邊備，思爲萬世奠苞桑也。

粵稽《周禮》，造士，六行以孝爲首；其察吏也，六計以廉爲先。漢人承之，亦用孝廉選舉郡國之士。未有内行不修，而律身克謹者也。朕日以孝廉獎勵天下，而敦篤彝倫、樹立名節者，概不多見。亦有欺世盜名，自託於孝廉，而實行不孚，往往見譏於鄉黨，貽笑於清議，其誠僞之間，可不辨歟？夫卿大夫立身行己，有風勵士庶之責。今乃誦説禮經，而考其實行，反不若村農田豎之誠篤者，其故何歟？

《易》之《泰卦》曰：「勿恤其孚，於食有福。」言治亂雖有常數，然人事既修，則可以勿憂而受其福也。今天下安寧已久，朕每懷積玩之懼，業業兢兢，與中外臣鄰，動色相戒。古君臣所以永保天命而固結人心者，豈無其要歟？持盈保泰，宜何道之遵也？

廣勵士習者，以通經爲要務。近代詮釋群經，至朱子無可議。朕潛心玩味，見其皆切於躬行日用，絶無華言浮説，以汩亂乎其間。夫虚文多，則本意晦；枝辭盛，則實理微。欲使士通一經，則明一經之義，而收一經之用者，其術安在？

古者内有民間之儲，外有邊境之備，自漢有屯田塞下之議，及後趙充國、諸葛亮，率用以濟師，著有成績。今欲推廣其法而行之，使疆内無轉運之艱，行間獲飽騰之利，其何以興良法而課實效歟？

夫人皆知孝行之爲先，則臣節必砥，此即經學之本也；①人皆知泰運之難持，則綢繆必周，此即安邊之要也。諸士於經術世務，素所宜講，其何以助上宣德化而成治功，悉心陳之，朕將親覽焉。

（底本：《清聖祖實録》卷二七八，册六，頁七二八—七二九。參校本：《歷科廷試狀元策》，影印雍正十一年懷德堂刻本；《狀元策》，榮錦堂乾隆續刊本。《文武狀元策》，文錦、二酉書屋乾隆續刊本）

---

① 「經學」，諸參校本作「學經」。

臣對：臣聞帝王之體備三才而緜曆萬年也，必有生成天下之實心，以貫乎寰海之性情風土。其所以興萌庶之仁讓，厲臣隣之兢惕，明學問之淵源，裕要荒之籌畫者，一如乾元之主宰，總攝乎穆清之中，而萬彙莫睹其迹，必有教養天下之實政，以達於法宫之旰食宵衣。其所以飭純修之砥礪，勗景運之贊襄，挽士子之華靡，廣邊疆之積貯者，一如化工之設施徧滿乎區域之内，而兆姓咸被其功。蓋其心之無不實者，通貫物恒，包涵中外，而與天同體。故其政之無不實者，臣民交範，文武兼濟，而與天同用。雖習俗美盛，猶恐滋浮僞之端也；雖海宇乂安，猶恐開叢脞之漸也；雖崇實黜華，猶恐士學未盡醇；雖有備無虞，猶恐軍儲未盡給也。夫是以人紀修而天工代，儒術壹而邊境充，悉本心政之合一，不爲粉飾之虚文，而九垓八埏，旁乎交暢，嘉祥翕集，協氣周流，有道之長，與天無極，胥繇此也。

欽惟皇帝陛下，至仁壽世，久道勤民，兼三才而參兩成能，懋建中和之極；備百福而升恒協應，聿昭保定之符。勵精於巖廊端拱之時，宥密單心者，通億萬載恒如一日；普利於嘉穀屢豐之會，尊親戴德者，合百千國惟出一心。固已躋上理而昭布大猷，極蕩蕩巍巍之象；際昌期而潤色鴻業，皆顥顥噩噩之風。而聖德淵沖，疇咨彌切，不遺一得，詢及蒭蕘，進臣等於廷，而策之以本行之修飭，晏安之交儆，經學之實用，邊屯之事宜。臣之愚陋，何足以仰承清問，然當拜獻之始，敢不竭管窺之末見乎？

伏讀制策有曰：「獎厲孝廉，而敦篤彝倫、樹立名節者，概不多見。真僞之間，不可不辨，欲使卿大夫立身行己，風勵士庶。」大哉王言！此真生人之大本大原，萬世之至教也。《周禮》三代之遺制，以教化爲急務，而三物賓興，孝居六行之首；三年弊吏，廉爲六計之先。① 誠以資父事君，而百行之原斯立；不貪爲寶，而一生之節無虧也。皇上孝思不匱，錫類

① 「吏廉」二字，底本及《文武狀元策》《歷科廷試狀元策》顛倒，據文意乙正。

兆民，復諭内外大臣正己率屬，獎廉懲貪者屢矣，猶有誦禮經而忘實行者，何也？ 夫父在齒讓之義，日聞於耳，而實未嘗撰屨祝噎以篤其天性之愛，則人倫之地，何以粲然有文相接，藹然有恩相與乎？ 臨財苟得之戒，日寓於目，而實未嘗晚食安步以制其人欲之防，則志行之間，能無入聞道德而悦，出見紛華而喜乎？ 誠使卿大夫之庭闈豫順，皆不言躬行，士庶無不以愛敬二人爲本矣；卿大夫之品行潔清，非矯情干譽，士庶無不以窮通一節爲守矣。 由是敦教化而美風俗，育人才而儲國用，宣一人之德意而收選舉之實效，豈不專責歟？

制策有曰：「天下安寧已久，每懷積玩之懼，與中外臣隣，動色相戒。 持盈保泰，何道之遵。」此萬世太平之基也。 夫唐虞之世，有元首股肱之契，有賡颺咨警之文。 其時地平天成，府修事和，而相與保治於勿替者，濬哲文明之君恭己於上，翼爲明聽之臣交贊於下，所以厚生正德，萬世永賴者也。 皇上日總萬幾，兢兢業業，承平底績而夙夜不遑，凝天命而固人心者至矣。 爲臣子者，承聖謨誥誡之餘，或負庶事廢弛之咎，何以無負腹心耳目之任乎？ 政無後先，而苟利於國，知無不爲，則無文貌相承之弊。 法無小大，而行之既久，守而勿失，則無紛更多事之端。 内而公卿左右之大臣，無黨同立異，則部院僚屬，皆以謹飭者安職業之常；外而封疆文武之大吏，惟端本澄源，則州縣有司，皆以廉平者爲地方之福。 於以助理雍熙，持盈保泰，則《周易·泰卦》之義，必修人事而食其福者，固已驗於此矣。

制策有曰：「虚文多，則本意晦；枝辭盛，則實理微。 欲使士通一經，則明一經之義，收一經之用。」千古經學之所由明也。 梁劉勰著《宗經》之篇，以爲三極彝訓。 唐韓愈曰：「士不通經，果不足用。」故漢史《儒林》，專勤於六藉；唐家取士，分第於三經。 蓋詞賦華而不實，百氏駁而不精，經學之重，由來尚矣。 皇上生知博學，著述之富，究極天人，尤以昌明經學爲亟，而折衷於朱子。 夫漢儒治經之功，見於箋注，其學爲博；宋儒解經之力，見於章句，其學爲約。 至朱子而薈萃大成，至皇上而心源符契，學者得觀於海委河原，而耀於日經星緯。 循是而進之，圖象理數，政事人物，可以參攷而有得。 返己而實踐，斂之有益於身心，施之有裨於國是，而虛文之剿襲，枝辭之異同，固無所用之，而通經之實用彰矣。

制策有曰：「漢有屯田塞下之議，今欲推廣行之，使疆内無轉運之艱，行間獲飽騰之利，足食足兵。」皇上神算之至明也。《周禮》司馬之屬令，「挈畚以令糧」。《書》之《費誓》則曰：「峙乃糗糧，罔敢不逮。」然飛芻輓粟，或非經久之圖。欲籌邊餉，務實邊儲，洵不易之規也。夫漢世屯田，有古者兵農合一之遺意。蓋四時田狩，固以農而爲兵；三時耕作，亦因兵而務農也。趙充國駐師湟中，奏行屯田十二便，閲明年而振旅凱還。諸葛亮屯田渭水之間，軍民雜作，示爲持久計，其成效固章章矣。臣以爲自昔美意良法，行之必視乎其時，經營措置，施之必視乎其力。邊陲之地，宿莽之場，一旦而墾爲良田，樹之嘉種，必當疆圉寧謐之時，有暇豫從容之力，然後爲之而必成，行之而必效。兹得欽諭重臣，當升平之世，乘有餘之力，推廣行之，何所不可？又使新屯之加恩過於舊屯，民屯之優恤倍於軍屯，以勸來者，行見黍苗彌望，委積充盈，轉輸不勞，邊餉永給矣。

總之，野有敦行立節之風，朝有制治保邦之略，稟典訓以定儒宗，息軍需而壯武備，皆由於我皇上子元元、安四海、奠丕基、纘鴻圖之大孝。以孝爲教，而天下胥知愛親守身，節行修而經術必純也；以孝爲治，而天下胥知無逸艱難，法令肅而疆事必周也。實心實政，一以貫之，内聖外王，體用皆備，遠邁七十二君之迹，誕膺上中下瑞之徵。《詩》曰：「罄無不宜。」又曰：「如川之方至，以莫不增。」可爲聖主福禄永綏，寖昌寖熾之頌矣。

臣草茅新進，罔識忌諱，干冒宸嚴，不勝戰慄隕越之至。臣謹對。

（底本：《狀元策》，槃錦堂乾隆續刊本。參校本：《歷科廷試狀元策》，影印雍正十一年懷德堂刻本；《文武狀元策》，文錦、二酉書屋乾隆續刊本）

二九　康熙六十年辛丑科　鄧鍾岳

康熙六十年（一七二一）辛丑科，共取進士一百六十三名。狀元鄧鍾岳，榜眼吴文焕，探花程元章。是科會試正考官：吏部尚書張鵬翮、户部尚書田從典。副考官：户部右侍郎管倉場總督事張伯行、都察院左副都御史李紱。

鄧鍾岳（一六七四—一七四八），字東長，號悔廬，山東東昌府東昌衛（今聊城市）人。康熙四十七年，舉順天鄉試。進士第一，授翰林院修撰。雍正元年（一七二三），充江南副考官。丁内艱，四年，起任江蘇學政。七年，以少詹學士任廣東學政，旋遷内閣學士兼禮部侍郎。十一年，遷禮部右侍郎，充《一統志》總裁。轉左侍郎，尋降太常寺卿。乾隆七年（一七四二），仍晉禮部右侍郎，九年，轉左。乾隆九年、十二年，兩充江南正考官。十三年夏，以疾致仕，未幾卒，年七十四。著有《知非録》一卷，《寒香閣詩集》四卷、《文集》四卷。

鄧鍾岳狀元策見《歷科廷試狀元策》（影印雍正十一年懷德堂刻本）、《狀元策》（榮錦堂乾隆續刊本，哈佛大學漢和圖書館藏）《文武狀元策》（文錦、二酉書屋乾隆續刊本，哈佛大學漢和圖書館藏）及《順治康熙雍正三朝殿試策》（國家圖書館藏）等。

康熙六十年，辛丑。夏四月，辛卯朔。壬辰，策試天下貢士儲大文等於太和殿前，制曰：朕自御極以來，仰承上天眷佑之弘，祖功宗德福庇之厚，惟期海宇乂安，蒸民康阜，共樂昇平之福。兢兢業業，宵旰不遑，六十餘年如一日。而猶慮人心誠僞不一，凡在臣工，欲其消朋黨而去偏私，無懷二心以邀虚譽。至於進賢爲國，無時不以公爾忘私，以人事君之義相告誡焉。若屯田以資兵食，必無虚冒，方克有濟；勝兵尤易驕矜，必能持重，始爲萬全。凡以防微杜漸，庶幾内外晏安，以臻平治，此朕之夙夜所志也。

夫粹然無私之爲公，凛然不欺之爲忠。爲人臣者，必能公忠自矢，表裏如一，乃不愧心膂股肱一體之義。倘或緣飾於外，則實行不孚，甚至背公植黨，起於心術之隱微，而其害有不可勝言者。今欲戒欺妄而去私僞，果何以精白乃忱，靖共爾位歟？

《書》曰：「舉能其官，惟爾之能。稱匪其人，惟爾弗任。」古大臣薦賢不使人知，義如是其重也。國家需人惟亟，屢申保舉之法。内而九卿，外而督撫、提鎮，簡任既深，當其薦舉之初，僉曰才能，未幾而以庸劣糾矣，抑何前後剌謬歟？心之不公，識之不明，而援引私交，徇情請託，其弊滋甚，何由而推賢讓能，爲朝廷收任使之實效歟？

國家幅員廣大，一統車書，青海流沙之遠，莫不涵濡德化。養兵以備邊，即屯田以貯粟，兵食皆足，古之良法美意，無以踰此。其有效力人員，願種邊地者，酌量議敘，所以奬成勞而興屯利也。然或冒濫册籍，虚報請敘，亦復不少，則所以核實而澄清之者，豈無其要歟？抑兵不得已而用之者也？驕兵有戒，古志之矣。今王師西討，藏地克平。爲將者，無狃於戰勝而志盈，無忽於凱旋而意逸，何道而使士卒斂戢而無驕悍之心，持重而養敵愾之威歟？

夫人臣皆知公忠之義，則臣節必砥，而薦舉無私，是即用人之本也。邊屯而皆有實效之績，則墾種無虚，而士馬飽騰，此即練兵之要也。多士於忠君愛國之道，經濟世務之宜，講求有素矣。其悉陳之無隱，朕將親覽焉。

（底本：《清聖祖實録》卷二九二，册六，頁八三七。參校本：《歷科廷試狀元策》，影印雍正十一年懷德堂刻本；《狀元策》，榮錦堂乾隆續刊本。《文武狀元策》，文錦、二酉書屋乾隆續刊本）

臣對：臣聞帝王之撫綏兆民而綿曆服於無疆也，其所以綱紀乎天下者存乎政，而其所以運量乎天下者存乎心，本心而達之政，而貞千萬年如一日者存乎誠。是故以肅臣工，而大法小廉，無不效承流宣化之能也；以收俊乂，而薦賢舉能，無不效公爾忘私之職也。以廣地利，而石田化爲膏腴，雖遐荒之遠，而皆成容民畜衆之功；以嚴軍令，而貔貅皆成良士，雖制勝之餘，而可收士飽馬騰之效。是以一人憂勤惕厲於上，而群臣翼爲明聽於下，明良合德，庶績之所以咸熙也。邊方有殷富之實，而師旅有嚴肅之用，遠至邇安，四海之所以永清也。蓋剛健篤實，內有以立清明强固之體；張弛變化，外有以善神明措施之用。而爲之臣者，亦共體其自强不息之意，以勵其精純不二之節，則上下一德，遐邇一體，仰以凝帝天之眷，下以底蒸民之生。馴至於仁風翔洽，休徵畢至，此唐虞三代之隆規也。

欽惟皇帝陛下，德握乾符，治隆泰運，建中和之極，學懋夫內聖外王；弘參贊之功，業廣乎經文緯武。鴻圖合百千國，聲靈遐振，多方共慶昇平；寶曆衍億萬年，福祿來同，寰宇咸登仁壽。固已普天之下，被潤澤而大豐美；率土之濱，歌盛德而皆徠臣。大化蕩蕩而難名，至德巍巍而益盛矣。乃聖不自聖之意，彌切夫疇咨；而求安無已之懷，廣資於獻納。猶進臣等於廷，而策之以精白居心，薦賢得此，屯田必純虛冒，勝兵尤戒驕矜。臣至愚極陋，何足以致郅隆之鴻業，以贊高深於萬一乎？然拜獻之始，仰承清問，敢不竭芻蕘之一得耶？

伏讀制策有曰：「爲人臣者，必能公忠自矢，表裏如一，乃不愧心膂股肱一體之誼，而必戒欺妄而去私僞。」大哉王言！此萬世保泰持盈、風厲臣工之至意也。從來天下之郅隆，惟在於交泰，而臣子之大節，必本於公忠。夙夜之間，皆凛然於天理之正，而不敢稍參一植私樹黨之計，然後得謂之公矣。幽獨之內，皆肅然於帝天之臨，而不敢稍雜一矯情飾詐之思，然後得謂之忠矣。我皇上勵精圖治，使大小臣工潔清自矢，而猶慮其緣飾於外而實行不孚者，何也？蓋人臣之公忠，不必於立異，亦不必於苟同。有時集衆思，廣衆益，雖以生平不相習之人，而不妨共協其恭，而不得謂之同。有時精獨識，決獨斷，雖以肺腑可相信之人，而不妨各出其見，而不得謂之異。蓋本於立誠，則形迹不得爲之間；本於徇名，則心術早已著其私。外不致飾於形迹，而内必究極於心術。先其公而忘其私，敬其事而後其食，則以爲賡歌唐虞之咨儆也，以興雅頌成周之誥誡也。精白乃心，靖共爾位，則欺妄私僞，不知其何以盡消矣，豈非都俞之盛而喜起之風乎？

制策有曰：「薦舉之初，咸曰才能，而或前後剌謬，恐其援引私交，徇情請託，不能收任使之實效。」此誠澄敘官方之至意也。天下之流品，不能不異，而驟欲識之於一時，則雖明哲，不能徵其窮。故唐虞之治，命官必咨，而皋夔之臣，受爵必讓，此保舉之意所由始也。然以人之不能易得，而寄之於保舉，而後又以保舉之不能盡實，則人之難知，而亦舉之者之失也。其所失者何也？心之不公也，識之不明也，援引私交而徇情請託也。故雖有人焉，矯飾一時，以欺其上官之耳目，及其志得意隨，而肆其貪污，雖曰在人，而何嘗非知人之咎哉？使内而九卿，外而督撫提鎮，誠體我皇上宵衣旰食之勤，明目達聰之智，以慎簡乃僚，則其保舉也，必實驗之於品行政事之間，而不敢苟且以取浮華，且必實得之於道德文章之際，而不敢徇私以爲朋比。則有司必能盡心於撫字，而將弁必能效力於疆埸。文治隆而武備修，於以樂雍熙而慶治平，真永永無極矣。

制策有曰：「屯田爲古良法美意，然或冒濫册籍，虚報請敘。」此又養兵備邊之至計也。夫上古之時，兵與農一，自管子作内政而寄軍令，而兵與農分矣。惟屯田之法，猶有古昔井田之遺意。故其聚而爲兵也，則披堅執鋭，即此主伯亞旅之人；而其散而爲農也，則耒耜鋤耰，即此卒旅伍兩之士。自漢趙充國、諸葛亮用之，皆有成效。然而天下無不敝之法，而有不敝之人。順天之時，而必有所宜也；因土之利，而必有所用也。同一地而屯之，分新舊也；同一屯而人之，分軍民也。是必得一實心任事之臣以爲之使，而於屯政，必核其實而澄清之。考其真僞以爲懲勸，而人不敢有僥倖圖功之心；酌其輕重以爲優敘，而人自將有踴躍争先之意。則田之未墾者日益，而所收自倍；民之不耕者日集，而所聚自繁。不越乎阡陌畎畝之間，而已儼然有金城湯池之固矣。

制策有曰：「西藏克平，使士卒斂戢而無驕悍之心，持重而養敵愾之氣。」非我皇上神聖文武，德威布昭，又安能深謀遠慮至此哉？從來有百年必備之兵，而無一日可玩之武。蓋兵之力貴勇，而其氣貴静，故斂戢爲大將之德，而持重尤勝兵之宜。《周書》之必，必嚴於步武止齊；司法之典，常講於春秋冬夏。皆所以奮其必勝之氣，而又有以制其驕逸之心。此節制之師，百戰而百勝也。誠使爲將者皆有以斂其才，養其氣，恐其輕也而持之以重，慮其縱也而束之以法，務使人人知此不得已而用之之意，則其行也以律，而不復有剽悍之意；其居也以武，而不復有弛怠之心。則摧鋒陷陣，所向爲無敵之師；而堅壁固壘，所處皆難撼之勢。雖古昔帝王之世，所以奮武衛而詰戎兵者，又何以加焉。

總之，有純心之臣，則薄務細故，亦必存敬慎之心，而選舉之正，必能得人。有邊儲之備，則山陬海澨，自見有寧謐之休，而將帥之材，亦將偃武。是皆本於皇上至誠之心以達之，公忠奮而孝秀升，蓄聚多而軍實振，我國家萬年有道之長基諸此也。

臣草茅新進，罔識忌諱，干冒宸嚴，不勝戰慄隕越之至。臣謹對。

（底本：《狀元策》，榮錦堂乾隆續刊本。參校本：《歷科廷試狀元策》，影印雍正十一年懷德堂刻本；《文武狀元策》，文錦、二酉書屋乾隆續刊本）

三〇 雍正元年癸卯恩科 于振

雍正元年（一七二三）癸卯恩科，共取進士二百四十六名（《國朝貢舉年表》載二百七十名）。狀元于振，榜眼戴瀚，探花楊炳。

是科爲特開恩科，四月鄉試，九月會試，十月殿試。癸卯鄉試、甲辰會試正科，改于雍正二年舉行，二月鄉試，八月會試，九月殿試。

是科會試正考官：都察院左都御史加吏部尚書銜朱軾，禮部尚書張廷玉。

是科殿試讀卷官：大學士馬齊，吏部尚書隆科多，户部尚書張廷玉，工部尚書徐元夢，吏部侍郎史貽直等（據《雍正起居注册》）。

于振（一六九〇—一七五〇），字鶴泉，號秋田，一號連漪，江南鎮江府金壇縣（今江蘇常州市金壇區）人。康熙五十九年（一七二〇）舉於鄉。狀元及第，授翰林院修撰。入直南書房。雍正四年，督察湖北學政。以擅增學額兩名，遭參黜。降行人司副。乾隆元年（一七三六），應博學鴻詞科。乾隆三年，主考江西鄉試。累遷侍讀學士。參與修纂《子史精華》。書法、文章，爲世推崇，頗有聲譽。著有《清漣文鈔》二十卷、《清漣詩鈔》二十八卷。

于振狀元策見《歷科廷試狀元策》（影印雍正十一年懷德堂刻本）、《狀元策》（榮錦堂乾隆續刊本，哈佛大學漢和圖書館藏）、《文武殿試策》（文錦、二酉書屋乾隆續刊本，哈佛大學漢和圖書館藏）及《順治康熙雍正三朝殿試策》（國家圖書館藏）等。

雍正元年，癸卯。冬十月，丁未朔。辛未，策試天下貢士楊炳等於太和殿内，制曰：朕惟致治之道，必君臣一德，賢材奮興，孝悌申於黨庠，仁厚洽乎海宇，然後一道同風，克躋郅隆之治。朕荷天庥，丕承大統，仰惟聖祖仁皇帝撫御寰區，六十餘年。本至誠以御下，頒聖諭以教民，故能使俊乂盈廷，民風淳厚。朕旰食宵衣，惟恐一事未理，不克丕紹前烈，尚賴股肱耳目之司，匡所不逮。

《周易·泰卦》言「天地交而萬物通，上下交而其志同」，謂君推誠以任下，臣盡誠以事君，此朝廷之泰也。朕推心置腹，以至誠待下，大小臣工，宜精白一心，昌言無隱。今果能以嘉謀入告，無媿責難之義歟？抑或有依違瞻顧，不克以至誠報上者歟？

《周禮》大司徒，以三物教萬民而賓興之；鄉大夫，三年則大比，考其德行道藝，而興賢者能者。至州長、黨正、族師，各以歲月考校。故其時人知奮勵，克崇實學。今三載賓興，猶行古之道也。朕加意作人，特開恩科，何以使道藝兼修，德行無忝歟？抑司造士之責者，宜倣古歲月考校之制，俾文行並茂歟？

百行莫先於孝，六計必主於廉。今欲使家有孝子，國有廉吏，所以倡導鼓舞之者，其道安在？至帝王之治，始於家邦，終於四海。今欲比户可封，何道臻此？放勛由克明峻德，以至黎民於變時雍，周公召公，布王化於二南。意風化始於君，成於臣，漸仁摩義，非一手足之烈歟？

夫君明臣良，聯爲一體，必能旁招俊乂，連茹彙征，賢才自然振興也。敦崇孝行，砥礪廉隅，風俗自然醇樸也。爾多士積學有年，必有以抒夙抱而佐朕之新政者，其悉以對，朕將親覽焉。

（底本：《清世宗實録》卷一二，册七，頁二二六—二二七。參校本：《歷科廷試狀元策》，影印雍正十一年懷德堂刻

本；《狀元策》，榮錦堂乾隆續刊本；《文武殿試策》，文錦、二酉書屋乾隆續刊本）

臣對：臣聞帝王之膺圖御宇，而致重熙累洽之治也，將使耳目股肱共爲一體，而贊勷左右，有賡歌喜起之風，將使智愚賢否，共歸一途。而里塾黨庠，有棫樸菁莪之澤，將使立名砥節者，修之於家，施之於國，而言揚行舉，皆有體有用之材；將使化民成俗者，本之於身，徵之於民，而風流令行，皆無黨無偏之治。是惟堂廉之上，一心一德，故宫中府中，無不有至誠愷惻之意，以浹洽乎其間也。亦惟四海之遠，一道同風，故國學鄉學，莫不有濯磨砥礪之心，以鼓舞於其際也。惟上之風示者深，故敦崇至性，謹飭廉隅，而蒸蒸丕變者，不遺於出處也。惟下之觀感者切，故入則横經，出則負耒，而藹藹可風者，不隔於遠近也。唐虞三代，所以正朝廷而立百官，始於家邦，放乎四海，用以成賡拜之風，致親遜之俗，勵士臣之節，端風化之源，協於上下，以承天庥，諸福之物，可致之祥，莫不畢致者，未始不由乎此。

欽惟皇帝陛下，道叶羲圖，德敷禹甸。仁心廣被，紹休風於虞夏商周；義問昭宣，訖聲教於東西南朔。有馮有翼，有孝有德，［燕］謀申錫於無疆；①不競不絿，不綱不柔，鴻業欽承於有永。闢門籲俊，擴自古未有之宏綱，蕊榜珠聯，日邊奏五色雲開，欣值祥光繞電；明目達聰，際曠代未逢之盛遇，彤墀魚貫，天上覩九苞彩焕，遥聞華渚流虹。固已彌性優游，純禧鞏固，從容中道，茀禄用康，北里獻其嘉禾，九土歌其樂愷矣。乃聖情若谷，安益求安，進臣等於廷，而策之以君臣交泰、賢士彙征、興孝崇廉、化民成俗之道。臣之愚陋，何足以仰酬清問？然對揚之始，敢不竭管窺之一得乎？

伏讀制策有曰：「君推誠以任下，臣盡職以事君。大小臣工，宜精白一心，昌言無隱。」此誠萬古明良交泰之盛心也。

① 「燕」，據《歷科廷試狀元策》補。

《易》曰：「王臣蹇蹇，匪躬之故。」《詩》曰：「夙夜匪懈，以事一人。」古之爲君者，有所不得已於其臣，而爲手足，爲腹心，不以廉遠堂高，而廢都俞吁咈之盛；爲臣者，有所不能已於其君，而知必言，言必盡，不以時和物阜，而忘危明憂盛之心。故漢有直言極諫之科，而唐置補闕拾遺之職。至於宋世，雖不爲諫官者，亦許陳詞，若在常參，即未經預牒者，不拘班次，凡以抒百爾之忱，而作敢言之氣也。我皇上勵精圖治，夙夜疇咨，屬在臣工，無不可以贊襄國是。四海之利弊，皆（以）［已］洞悉；①九野之情僞，皆已周知。朝野遠近之制度文爲，皆已燦然而大備；前古後今之豐功偉業，皆已兼營而并包。猶且以依違瞻顧，慮任其事者，不克盡其誠。則凡錫（主）［圭］擔爵者，②疇不動推心置腹之感；執簡待漏者，疇不有天地父母之思。至於風動時雍，有欲言而無可言者，泰交之盛，斯爲至矣。

制策有曰：「三載賓興，猶行古之道也。何以使道藝兼修，德行無忝？」此誠萬古興賢育才之至意也。古者匹夫有善，可得而舉；匹夫有不善，可得而錯。蓋其時黨正閭師，養之於小學之中；司樂司成，納之於大學之道，而又有三年考校之法，比年考校之法，離經辨志，敬業樂群。至於經明行修，有造有德，所以優游而積漸者，非一日矣。我皇上聰明天縱，留意作人，廣額增科，求才若渴，天下之士，固皆喁喁而向化。顧形而上者謂之道，行而下者謂之藝，故爲士者，不患其藝之不工，而患其道之不立。見之於言謂之文，措之於躬謂之行，故爲士者，不憂其文之不著，而憂其行之不修。誠使造士者，仿古歲月考校之制，倡率於上，或效蘇湖經義治事之法，或考朱子分年治經之科，務其實，勿務其名；聽其言，必觀其行，何患道藝之不兼，而文行之不茂歟？

制策有曰：「百行莫先於孝，六計必主於廉。欲使家有孝子，國有廉吏，思所以倡導鼓舞之者。」此誠萬古興崇民行之者

---

① 「已」，據《歷科廷試狀元策》改。
② 「圭」，據文義改。

良規也。嘗考西漢，孝廉各爲一科，至東都合而爲一，故任延、張敞，俱以孝稱；孟喜、師丹，兼因廉著。若杜氏之一門三舉，太丘之羔雁成群，漢隋以還，僅見而已。至於正觀之孝廉，不能稱述《孝經》；開寶之孝廉，止可隸諸兵籍。舉士舉官，胥失之矣。我皇上大孝格天，至誠動物，凡具明發之志者，無不誦《白華》之什，而有懷二人；凡矢《素絲》之節者，無不咏《羔羊》之詩，而秉心正直。顧其倡導而鼓舞之者，則在鄉黨之中，示之以長幼之鵠，使出入進退，皆有常經，父兄之教既先，子弟之率不謹者，未之有也。又在方面諸臣，明示以冰蘗之操，使州邑下僚，洗心革面，大臣既已守法，小臣猶有不廉者，未之有也。如此，則家有孝子，國有廉吏，而三代郅隆之治，不外乎是矣。

制策有曰：「風化始于君，成于臣，漸仁摩義，非一手一足之烈。」此萬世移風易俗之盛軌也。夫《書》陳二《典》，而時雍風動，本於峻德之克明；《詩》紀二《南》，而《江漢》《汝墳》，始於宮庭之寤寐。恭儉之主，野有蓋藏，而風成刑措；慈惠之世，政無更革，而遐邇交孚，蓋有動乎其天者，而風俗之厚薄，乃因之而轉移也。我皇上建其有極，執兩用中，光天之下，至於海隅蒼生，罔不時乂，風行俗美，家室和平，蔑以加矣。使内外臣工，正己率物，以謹厚者端其本，而奇技淫巧，不得以眩其耳目之良；以醇樸者還其天，而曲學異端，不得以摇其固有之性，則上行下效，如影響之相符，此感彼從，若風草之共被。遊其宇者，不識不知，而渾忘乎帝力；歌其澤者，以恬以養，而無間乎親疎。風俗之丕變，豈意量所能及哉？

要之，我皇上以法天行健之學，致憲天出治之政，則臣隣交儆，而俊乂畢升；孝秀充廷，而風聲遠被，於以登三咸五，成久安長治之模；體元長人，肇億萬斯年之慶。四靈爲畜，百穀用成，先天而天弗違，定命而命不易，我國家重熙累洽之休基諸此也。

臣草茅新進，罔識忌諱，干冒宸嚴，不勝戰慄隕越之至。臣謹對。

（底本：《狀元策》，槃錦堂乾隆續刊本。參校本：《歷科廷試狀元策》，影印雍正十一年懷德堂刻本；《文武殿試策》，文錦、二酉書屋乾隆續刊本）

雍正元年，癸卯。冬十月，丁未朔。丙寅，諭總理事務王大臣等：「今年殿試，天氣已寒，諸貢士若照舊例，在丹墀對策，恐硯池冰結，難於書寫，著在太和殿内兩傍對策。再傳諭總管太監，多置火爐，使殿内和煖，諸貢士得盡心作文寫卷。」

（《清世祖實録》卷一二，册七，頁二二三—二二四）

雍正元年，歲次癸卯。十月三十日，丙子。申時，上御懋勤殿，殿試讀卷官大學士馬齊等，奏請欽定策試天下貢士試卷。上曰：「爾等昨所呈十卷，朕已詳覽。第一卷楊炳，對策不及伊會試制藝。第三卷于振，策、字俱佳，爾等以爲何如？」舅舅隆科多奏曰：「皇上聖鑒甚明。第三卷文極條暢，字亦精工，原爲讀卷諸臣所共稱賞者。」上曰：「朕意欲將此卷移置第一，戴瀚置第二，楊炳可置第三。」吏部侍郎史貽直奏曰：「于振係臣鄉戚，髫齡時即有神童之目，爲人亦甚醇謹。」上曰：「第四卷張廷珩，字甚端楷，因非正榜進士，置伊第四，未免稍屈。第九卷李桐，亦應移置第七。」隨命户部尚書張廷玉填寫名次。上曰：「歷來科場榜發，皆有議論。今科諒無異詞。」協理大學士事務、工部尚書徐元夢奏曰：「皇上加意作人，落卷、回避卷，俱遣官校閲，有善必録，實無遺才，雖落第舉子，亦皆帖服。」上曰：「入闈各官，爲國家宣力，伊子弟反不得應試，殊爲可憫。考試回避諸生，朕欲永著爲例。」大學士馬齊等奏曰：「皇上體恤臣下，作養人才，無不恩施格外。今科士子殿試，特命於太和殿内對策，恩榮已極。諸生皆頂戴皇仁，感激無地。」上曰：「國家取士大典，原應加意。朕惟以至誠御下，並非要伊感激。即如爾大臣等，若以恩意籠絡，反爲輕視爾等。朕平日行路，從不輕踐人影，左右近侍，皆所深知。豈於大臣而肯輕視耶？爾等能佐朕爲令主，朕亦樂爾等爲良臣。」隨命讀卷等官坐，賜茶畢，讀卷官大學士等出。

（《雍正朝起居注册》，中國第一歷史檔案館編，北京：中華書局，一九九三年，册一，頁一二五—一二六）

三一　雍正二年甲辰科　陳德華

雍正二年（一七二四）甲辰科，共取進士二百九十九名（《國朝貢舉年表》載二百九十名）。狀元陳德華，榜眼王安國，探花汪德容。

是科會試正考官：吏部尚書朱軾、户部尚書張廷玉；副考官：内閣學士福敏、吏部左侍郎史貽直。是科殿試讀卷官：大學士馬齊，吏部尚書隆科多、朱軾，户部尚書張廷玉，刑部尚書勵廷儀等（據《雍正朝起居注册》）。

陳德華（一六九七—一七七九），字雲倬，號月谿，直隸保定府安州（今河北安新）人。康熙五十九年（一七二〇），鄉試中式。狀元及第，年二十六，授翰林院修撰。雍正四年（一七二六），丁父憂。七年，服闋，充當日講起居注官。九年，遷詹事府贊善，擢侍讀學士，提督廣東肇慶高州學政。十一年，遭母喪歸，未終制，召充《一統志》館副總裁官。乾隆元年（一七三六），充會試同考官，遷詹事府詹事，再遷任刑部右侍郎。四年，遷户部尚書，七年，改兵部尚書。八年，以隱匿其弟濫刑之罪，左遷兵部右侍郎。十四年，起爲都察院左副都御史。二十二年，遷工部侍郎。二十四年，遷禮部尚書。二十九年，以病致仕。四十四年，卒於鄉，年八十三。著有《葵錦堂詩集》。《清史稿》有傳。

陳德華狀元策見《歷科廷試狀元策》（影印雍正十一年懷德堂刻本）、《狀元策》（榮錦堂乾隆續刊本，哈佛大學漢和圖書館藏）、《文武殿試策》（文錦、二酉書屋乾隆續刊本，哈佛大學漢和圖書館藏）及《順治康熙雍正三朝殿試策》（國家圖書館藏）等。

雍正二年，甲辰。冬十月，辛未朔。壬申，策試天下貢士王安國等於太和殿前，制曰：朕惟至治之世，君臣一心一德，郡縣大法小廉，士尚躬行，農勤力作。用能盈廷師濟，吏治澄清，教化洽而休養備，何風之盛也！朕撫臨區宇，夕惕朝乾，冀内外臣工，共襄治理，以成郅隆之運，意甚殷矣。孔子曰：「臣事君以忠。」人臣必有公正無私之學，乃克盡忠誠不二之心。朕推心置腹，以待群下，每延見廷臣，必諄諄誥誡。凡厥有位，果能公爾忘私，矢精白於隱微之地歟？其何以交相儆勉，共遵蕩平正直之王道也？

《洪範》稱：「有猷有爲有守。」吏治以操守爲本，而非謀慮施設，無以濟之。朕慎簡大吏，下逮守令，皆務得人，誠欲其興事慎憲，有裨地方，匪直潔己自好而已。夫生事苦其紛更，而避事必至隳廢；操切患其滋擾，而優容又至養姦，何道而成明作惇大之治歟？

《王制》：「樂正崇四術，立四教，順先王《詩》《書》《禮》《樂》以造士。」其不帥教者，有郊遂之移，寄棘之屏；而論其秀者，則升之司徒、司馬，而人材出焉。夫士爲四民之首，必敦尚學行，以倡風化。今或務華鮮實，甚者嚚陵狙詐，豈漸摩化導，有未至耶？抑崇德絀惡，所當勸懲互用歟？

古者勸農有官，力田與孝弟同科，蓋農務若斯之重也。我國家休養生息，數十年來，户口日以蕃滋，而地畝止有此數，非講求農政，竭人力以盡地利，何以家給而户足耶？朕欲地方大吏，督率有司，多方勸課，俾惰農盡力於作勞，曠土悉成爲膏壤，何道而可？

夫朝臣絶黨援之私，則外吏從風，政多循績；士子勵廉隅之節，則小民務本，俗化敦龐。爾多士積學有素，其悉心以對，朕將親覽焉。

（底本：《清世宗實録》卷二五，册七，頁三八八—三八九。參校本：《歷科廷試狀元策》，影印雍正十一年懷德堂刻

本；《狀元策》，棠錦堂乾隆續刊本；《文武殿試策》，文錦、二酉書屋乾隆續刊本）

臣對：臣聞帝王之統御天下，而綿曆服於無疆也，必有其爲治之本焉，必有其致治之要焉。夫臣節不可以不砥，吏治不可以不清，士習不可以不端，農政不可以不勸。此數者，固治天下之大端也，而猶非其本也，抑猶非其要也。所謂本者何？人主之一心是也。所謂要者何？人主之以心行政是也。惟以心行政，則咨儆日深，雖公忠已勵，而猶慮其未勵也；澄清日切，雖官方日飭，而猶慮其未飭也。裁成之念日殷，雖士行已敦，而猶慮其未敦也；愛養之情日篤，雖民生已遂，而猶慮其未遂也。蓋一人憂勤惕勵於上，群臣翼爲明聽於下，天工人代，庶績所以咸熙。朝廷有整理之規條，士民致恬熙之氣象，德業光昭，萬世所以永賴。由是廷臣無黨援之私，外吏有潔清之節，庠序之教育振興，閭閻之生養畢遂，馴至於仁風翔洽，河嶽懷柔，世進郅隆，化登上理，是唐虞三代之隆規，固不難再見於今日矣。

欽惟皇帝陛下，神聖開天，中和立極。秉聰明之德，内聖外王；弘參贊之功，經文緯武。崇儒重道，聿修釋菜之隆儀；詢事考言，頻舉闢門之盛典。垂裳而整百度，戢干戈，興禮樂，鴻圖炳若日星；錫命以懷萬邦，捐租賦，慎祥刑，湛恩深同雨露。固已庶徵協應，並獻嘉祥，景運弘開，咸歌復旦，四方於以底定，六府於以修和，上下於以有一德之風，中外於以有重熙之象矣。乃聖不自聖之意，彌勤夫疇咨，而安益求安之心，廣資於獻納，爰進臣等於廷，而策以爲臣之道、作吏之方，與夫教士重農之至計。雖懸鞀設鐸，何以加茲！臣弇鄙無知，至愚極陋，何足贊高深於萬一。然拜獻之初，仰承清問，敢不俯竭愚誠，敬陳管見耶？

伏讀制策有曰：「人臣必有公正無私之學，乃克盡忠誠不二之心。而欲凡茲有位，公爾忘私，矢精白於隱微之地。」大哉王言！此風勵臣工之至意也。從來世道之休盛，惟在於泰交，而臣職之靖共，一本於公正。幽獨之内，皆凜然於神明之鑒，而不敢稍萌一樹私植黨之計，然後謂之公；夙夜之地，皆肅然於帝天之臨，而不敢稍存一矯情飾詐之思，然後謂之正。故古純臣之事君也，精白乃心，恪共厥職，有朝夕匪解之忠，有表裏如一之誠，惟其無私故也。使今日廷臣，承皇上諄諄告誡之意，潔己以奉公，實心以任事，彼此交勵，在廷各獻其忠良，內外無他，居官咸趨於正直，同寅協恭以和衷，而明良喜起以成化，豈非都俞之盛事乎？

制策有曰：「吏治以操守爲本，而非謀慮施設，無以濟之。」其所爲吏治計者，誠至深且遠也。夫潔己自好，固爲吏之所宜，然士大夫報國庇民，期待甚遠，豈但高言狷介，遂畢乃事乎？必其興事慎憲，實裨地方，斯爲有體有用之學。故守也者，所以範其才；而廉也者，所以濟其能也。乃或以此悻悻自矜，沽名賣直，則不能無紛更操切之端。否則硜硜自持，拘謹迂曲，又不免有避事養奸之弊。夫逞志於綜核，不可也；恃才以煩苛，不可也；畏葸以廢事，不可也；優容以滋弊，更不可也。則凡督撫大吏，與夫郡縣守令，是當仰遵我皇上之訓，寬以容人，平以制事，公以御物，敏以圖功，安靜樂易，與民休息焉；振興釐剔，與民更始焉。雖《洪範》所稱有猷有爲有守者，無踰斯矣。

制策有曰：「士爲四民之首，必敦尚學行，以倡風化。」此以見聖王造士之心，爲加切矣。臣惟古之勸士者，有三物六行之陳，有戒休董威之具，使之漸摩於詩書弦誦之地，沐浴於文章道德之中，故其時之爲士者，雖不盡非常之才，而斷不敢有不肖之行。而今之士異矣，所務者聲華厚利，而門內之實行不修也；所習者囂凌狙詐，而居稽之本務多荒也。是宜嚴其考課，禁其奔競，斥邪慝之行，而移遂移郊；重文行之儒，而鄉舉里選，庶師道克立，而善人自多也。即如士行之優劣，每學各列一人，上之學臣，以示勸懲。其法至善，其道至公，惟令所在教官，徐以察之，詳以核之。於非僻之徒，嚴加懲創，而端慤之士，急爲推崇。則善有以勸，惡有以懲，而士風翕然丕變矣。

制策有曰：「古者勸農有官，力田與孝弟同科。」而欲講求農政，竭人力以盡地利。此誠如天之仁，愛民無已之盛心也。臣惟古之勸農也，必使地無遺利，而後農桑衣食之原以開；必使人無餘力，而後耕耘收穫之道以盡。蓋多一逐末之民，即少一力田之民也；多一怠惰之民，即少一率作之民也。野有石田而不墾，是棄利於地也；田有豐草而不芾，是委嘉穀於草莽也。《詩》曰：「駿發爾私，終三十里。亦服爾耕，十千維耦。」言農政之宜修也，是莫若責成於守令。守令者，親民之官也。守令之勸課勤，則民樂其業，而趨事者自衆；守令之董治嚴，則民畏其法，而怠作者自少。然尤在大吏責守令，守令責百姓。臣未見上有督率之人，而惰農猶不作，曠土猶不開者也。用是主伯亞旅，争力田間，而磽确斥鹵，盡成沃壤矣。足民裕國之計，孰有外於此者乎？

凡此皆治國家之重務也。然臣更有請焉，竊嘗盛懷王道，而知爲治之方，總不外此數大政，而立政之本，總不外此一心。蓋有純王之心，斯有純王之政，言心之可以立政也。有關雎麟趾之風，斯可以行周官之法，言政之必本于心也。故潤色粉飾之文，皆盛世所羞言，而王者所不尚。惟皇上以整飭臣工爲心，斯贊采宣猷，而無不砥節也；以澄敘官吏爲心，斯大法小廉，而無不盡職也；以敬教勸學爲心，斯品正行端，而無不尚實學也；以重農務本爲心，斯家給户足，而無不歌《大有》也。由是時雍風動之治可臻，綏邦屢豐之慶可奏，久安長治之效，可以綿亘萬年；深仁厚澤之施，可以並隆三古。休徵滋至，天命因之而益凝；至德淪浹，人心由之而永固，則我國家悠久無疆之業基於此矣。

臣草茅新進，罔識忌諱，干冒宸嚴，不勝戰慄隕越之至。臣謹對。

（底本：《狀元策》，榮錦堂乾隆續刊本。參校本：《歷科廷試狀元策》，影印雍正十一年懷德堂刻本；《文武殿試策》，文錦、二酉書屋乾隆續刊本）

雍正二年，歲次甲辰。十月初四日，申時，上御懋勤殿，殿試讀卷官大學士馬齊等，奏請欽定天下貢士試卷。上曰：

「爾等昨所呈十卷，朕俱詳閲。第一卷文字甚佳，議論弘博，識見高邁，是大有見解之人，字體亦好，此卷無可移易。」舅舅隆科多奏云：「臣等閲其試卷，誠懇之心，溢於言表。」吏部尚書朱軾奏云：「侍郎沈近思閲其試卷，云文有忠愛之心。皇上振興文教，人才應運而興。」户部尚書張廷玉奏云：「才俊彙征，乃皇上實意求賢所致。」於是，上拆第一卷，曰：「陳德華，安州人，年二十六歲。直隸一甲進士甚少，今得狀元，且年齒正在少壯，更爲罕見。」刑部尚書勵廷儀奏云：「直隸爲近畿之地，仰見皇上教化四訖，自近及遠，海宇人文，無不丕振矣。」上曰：「朕欲將第三卷移置第二卷。至第四卷，典贍華麗，置之第四，未免稍屈，亦如上科之以張廷玠爲傳臚也。但二、三卷文章俱好，仍以此卷爲第四卷。其第五卷，可移置第九卷。第七卷，可移置第十。」遂命張廷玉填寫十人名次。上又曰：「作養人才，爲立國之本。士習端，則民風自厚。朕所以諄諄教育，欲使士子皆懷公忠之心，則讀書有實在學問，立朝有實在經濟。故發榜後，恐有佳卷限於額數，復令大臣等校閲進呈，朕親爲覽定取中，不使人才或有遺棄，以後應永爲定例。」大學士馬齊、吏部尚書朱軾等奏云：「今科殿試，二三甲試卷，各抒所見，不同浮泛膚詞，俱可見諸實事。天下士子皆仰體皇上乾德君臨、至誠待下之聖懷，皆思圖報效，不特録取者感戴，即不中者，亦皆悦服。此皇上大公無我之心，有以感被乎士子也。」上曰：「爲人臣者，必以公忠爲本，而又當協恭和衷，共襄至治。」朱軾奏云：「皇上參贊位育，臣等鼓舞，太和之中，敢不恪恭乃職。」上又曰：「爾等皆朕信任之臣，能體朕心。今兩次開科，實有贊襄之功。」隨命讀卷官坐，賜讀卷官及起居注官茶。

（《雍正朝起居注册》，中國第一歷史檔案館編，册一，頁三三一—三三二）

三二　雍正五年丁未科　彭啓豐

雍正五年(一七二七)丁未科,共取進士二百二十六名(《國朝貢舉年表》載二百一十名)。狀元彭啓豐,榜眼鄧啓元,探花馬宏琦。

是科會試正考官:刑部尚書勵廷儀;副考官:都察院左都御史沈近思、吏部左侍郎史貽直。

是科殿試讀卷官:大學士富寧安、張廷玉,刑部尚書勵廷儀,左都御史沈近思,詹事府少詹事蔡世遠等(據《雍正朝起居注册》)。

彭啓豐(一七〇二—一七八四),字翰文,號芝庭,江南蘇州府長洲縣(今江蘇蘇州市)人。雍正四年,鄉試中式。會試、殿試皆第一,授翰林院修撰。入南書房行走,充日講起居注官。三遷右庶子。乾隆六年(一七四一),充江西鄉試副考官,再遷左僉都御史。七年,遷通政使,督浙江學政。積三遷,至刑部侍郎,領學政如故。十五年,授吏部侍郎。十八年,調兵部侍郎。二十年,疏乞養母。二十六年,復授吏部侍郎。二十七年,遷左都御史。二十八年,遷兵部尚書,充經筵講官。三十一年,降侍郎。三十三年,命原品休致。四十一年,予尚書銜。四十九年六月,卒於鄉。著有《芝庭先生集》。

彭啓豐狀元策見《歷科廷試狀元策》(影印雍正十一年懷德堂刻本)、《狀元策》(榮錦堂乾隆續刊本,哈佛大學漢和圖書館藏)、《文武殿試策》(文錦、二酉書屋乾隆續刊本,哈佛大學漢和圖書館藏)及《順治康熙雍正三朝殿試策》(國家圖書館藏)等。

雍正五年，丁未。夏四月，丁亥朔。戊子，策試天下貢士彭啓豐等於太和殿前，制曰：朕仰荷上天列祖眷佑之隆，聖祖仁皇帝付託之重，臨御以來，勤求治理，日與群臣訓誡咨儆，切加勉勗，惟期篤元首股肱之誼，育膠庠塾序之材，吏治實底於澄清，民生共登於殷阜。朝乾夕惕，旰食宵衣，此念無一刻釋於懷也。

人君奉天出治，而贊化端賴臣鄰；人臣體國奉公，而分猷必資群力。惟君臣聯爲一體，故公爾忘私，國爾忘家，而明良之慶以成；僚采聯爲一體，故善則相勸，過則相規，而協恭之美以著。朕推誠布公，實視百爾臣工爲一體，而諸臣之事君者，果能盡一德一心之道，而無慚於幽獨歟？又何以使同朝共事者，絕黨比之私，化畛域之見，以臻師師濟濟之盛歟？

國家所以重士者，以士之能自重也。故必端其所習，而後鄉黨視爲儀型，風俗資其表率。乃或囂凌詐僞，干犯名教，習於曲學而不循正道；(務)[騖]爲浮薄，①而不敦實行。士不自重，而里巷小民，從而輕之，且相率藉口而倣效之。士習未端，安望民風之歸於厚乎？今欲使讀書之人，爭自濯磨，澡身浴德，悉爲端人正士，以樹四民之坊表，必何道而可？

守令爲親民之官，百姓之休戚係焉。古之稱循吏者，必以惠群黎，端風化爲要務。故里社之樹藝，咸載史書；物類之感孚，皆徵治化。以至誠惻怛之實心，盡父母斯民之實政，剛柔相濟，教養兼施，斯不愧循良矣。朕欲百姓乂安，風俗淳美，果何道而使司牧皆得其人，以收實效歟？抑大法小廉，必端本於大吏之倡率歟？

若夫民爲邦本，食爲民天，勞民勸相，以盡地力，自古重之。蓋本業勤，則衣食之源裕；俯仰足，則禮義之化興。正民之德，必先厚民之生，良有以也。海宇承平日久，休養多年，户口愈繁，生齒愈衆，而地不加廣，自非人盡上農，何以使倉廩足而婦子寧歟？然則欲使野無不墾之土，國無游手之民，不事末利，而專務恒産，爲民牧者，必如何勸勉鼓勵，而後見豐

① 「騖」，據諸參校本改。

亨豫大之休也？

夫朝宁有喜起之風，則萬邦黎獻；觀感奮興，而野多俊乂矣。長吏樹撫循之績，則寰宇蒼生，養恬耕鑿，而户樂豐盈矣。爾多士留心經濟，其詳著於篇，朕將親覽焉。

（底本：《清世宗實録》卷五六，册七，頁八五一—八五二。參校本：《歷科廷試狀元策》，影印雍正十一年懷德堂刻本；《狀元策》，榮錦堂乾隆續刊本；《文武殿試策》，文錦、二酉書屋乾隆續刊本）

臣對：臣聞帝王之憲天出治，而致萬年有道之長也，必有以啓泰交之良遇，使廊廟黼黻之佐，共彰師濟之休風；必有以弘選造之良規，使膠庠陶淑之儒，共贊文明之雅化；必有以飭天下之吏治，使爲民司牧者，克奏撫字循良之績；必有以厚天下之民生，使務本力作者，自致豐亨豫大之模。是惟心志之交孚，則明良一德，而元首股肱之誼，可叶賡歌颺拜之風也。亦惟文行之並飭，則藹吉聿彰，而讀書稽古之功，可備論秀書升之選也。惟上之慎銓選者殷，斯大法小廉，無不鼓舞於功名之地，以爲報稱之資也；惟上之念阜成者切，故利用厚生，莫不熙皞於耕鑿之天，而成太平之治也。自昔唐虞三代之隆，兢業於萬幾，基命於宥密，用能光昭德業，弘敷化理，使臣鄰協贊，俊乂畢升，庶司有亮惠之猷，百姓沐養恬之澤。由是協於上下，以承天庥，諸福之物，可致之祥，莫不畢致者，其道悉由於此。

欽惟皇帝陛下，乾德體元，泰符凝命。建中和之極，内聖外王；端誠敬之原，參天兩地。聲教暨東西南朔，河清海宴，開六宇之昇平；文明被禮樂詩書，璧合珠聯，映三光而麗照。啓經筵而崇正學，菁莪籲俊，棫樸儲才，看蕋榜南宫，士氣懽騰，咸沐九霄湛露；耕耤田以勸農功，瑞麥呈祥，嘉禾獻慶，望茆簷蔀屋，民風和洽，徧滋萬井陽春。固已治教覃敷，純禧孔固，天地之間，被潤澤而大豐美；六合之内，聞至德而皆徠臣矣。乃聖不自聖之意，彌殷於累洽重熙；而安益求安之心，愈切於疇咨博訪。進臣等於廷，而策以堂廉一德、俊彦承風、吏治循良、民生康阜之道。以臣愚陋，何足知此，然恭承清問，對揚伊始，敢不竭管窺之見，以爲拜獻之資乎。

伏讀制策有曰：「人臣體國奉公，而分猷必資群力。欲其盡一德一心之道，臻師師濟濟之盛。」此誠萬古明良交泰之隆情也。《易》曰：「上下交而志同。」《書》曰：「謨明弼諧。」惟君臣聯爲一體，故貴以公爾忘私、國爾忘家者，勵翼爲明聽之誠；惟僚采聯爲一體，故當以有善相勸、有過相規者，誌同寅協恭之雅。蓋對揚休命，必返諸夙夜之欽承，故不以文貌相將，而悃忱始篤也。風示群僚，必先建大廷之丰采，故不以聲氣相援，而精白始著也。我皇上推誠布公，視臣鄰如一體，敕幾宣訓，孚弼直於一心，則凡夙夜自公者，誰不感高厚之鴻恩；執簡待漏者，誰敢忘靖共之素志。由此而正直自矢於隱微之地，悉去其偏私，公溥同人，而念慮之間，胥化其畛域，無偏無黨，遵王道之蕩平；推賢讓能，致庶官之輯睦。仰承聖訓之煌煌，而與僚采共相勉於匪躬之誼，則泰交之盛於是乎成矣。

制策有曰：「士必端其所習，而後鄉黨視爲儀型，風俗資其表率。」此誠萬世鼓勵人才之至意也。竊惟古之造士者，有三物六行之陳，有黨正閭師之設，力田與孝弟同科，對策以賢良爲首，凡欲養其忠厚誠慤之性，而導以仁義中正之修。故爲士者，不患文辭之不工，而患道德之不實，務當循正道，以維持乎名教，無容泥曲學，而自越其範圍。我皇上愛士育才，頻施曠典，章縫挾策之儒，罔弗振興鼓舞。而又董師儒之官，申庠序之教，誠欲使誦讀古訓者悉爲端人正士，以示四民之坊表也。夫士習未端，民風不可得厚，而欲濯磨於一旦，必先教育於平時。是在爲師儒者倣胡瑗經義治事之法，兼朱熹分年考校之經，核其賢否，樹之風聲，則師道立而善人多矣。

制策有曰：「守令爲親民之官，必以惠群黎，端風化爲要務。」蓋澄清吏治之思，莫切於是矣。夫《周禮》之計吏也，廉善廉法，更取其廉能。《洪範》之程人也，有猷有爲，總歸於有守。若勤勸農種，化導鄉人，循吏傳中殊多可紀。蓋必有至誠惻怛之實心，以行父母斯民之實政，斯剛柔相濟，而性情不失諸偏苛，教養兼施，而治術無虞其闕略也。我皇上知人善任，慎簡廷僚，務使人地相宜，才猷具備。故爲吏者鮮不恪恭厥職，思所以報最於三年，而百姓已皆乂安，風俗已皆淳美矣。乃猶以得人爲兢兢，豈非安益求安之至計歟？夫守令爲親民之官，其所以厚民生者，在乎勸課農桑，使閭里足於衣食；其所以正民德者，在乎振興禮樂，使庠序不輟詩書。由是入境採風，而襦袴興謡；書名紀績，而聯常晉秩，雖古之循吏何以加焉？《禮》曰：「大臣法，小臣廉。」督撫倡率於上，守令承風於下。惟大吏能正己率屬，斯小吏皆守法奉公，是又其本也。

制策曰：「民爲邦本，食爲民天，而欲使倉廩足而婦子寧。」此誠足國裕民之良模也。蓋聞禮義生於富足，豫大本於豐亨。是故《周禮》遺人、廩人之職，常使野有蓋藏，而户多蓄積。周詩《豳雅》《豳頌》之篇，惟聞「俶載南畝」，而「田畯至喜」。今欲野無不耕之土，則所以經營於樹藝者，非一手一足之烈也。欲國無游手之民，則所以董勸其習勤者，有來咨來茹之命也。皇上軫念民依，周知稼穡，舉耕耤之典，開水利之宜，凡以生齒既衆，則仰食者多，而欲人人不趨末利，事恒産而爲上農也。誠使爲民牧者，勞農勸相，巡行於畎畝之中，因地乘天，廣示以耕桑之利。協風始至，而播穀維勤；膏雨既零，而于耜悉舉。則粳稻豐登，倉箱有慶，無事議積貯之方，施補助之典，而家給人足，不已貽樂利於無窮歟？

夫朝廷之上，庶尹克諧，襄拜手賡歌之盛，則萬邦黎獻，莫不志切觀光，而濯磨砥礪矣。寰宇之廣，長吏撫循，竭奉公體國之誠，則海隅蒼生，無不共沐和恒而熙皞自得矣。效有相因，而理無二致，惟在我皇上以法天行健之心，大憲天出治之政，則臣鄰交儆而風動時雍，庶績咸熙而民安物阜。由是九功歌敘，昭平成清宴之祥；萬福凝承，覩日月升恒之慶。金甌鞏固，玉燭常調，我國家萬年有道之長基於此矣。

臣草茅新進，罔識忌諱，干冒宸嚴，不勝戰慄隕越之至。臣謹對。

（底本：《狀元策》，桊錦堂乾隆續刊本。參校本：《歷科廷試狀元策》，影印雍正十一年懷德堂刻本；《文武殿試策》，文錦、二酉書屋乾隆續刊本）

己丑，吏部遵旨，將會試下第舉人挑選各省教職引見，上諭曰：「教官有董率士子之責，果能實心訓導，使諸生讀書循理，無佻達囂淩之習，則齊民有所觀法，風俗可望淳厚，所關非淺鮮也。乃向來教職，因循偷惰，全不以教訓爲事，朕屢頒諭旨，而積習如故，因於爾等下第舉人中，擇文理明通者，引見命往，論爾等科分名次尚非應選之人，朕加恩特用，務須勉力供職，加意訓誨。六年之内，如果著有成效，督撫題薦，朕格外加恩，如有負職守，經督撫題參，朕不姑容也。」

（《清世宗實録》卷五六，册七，頁八五二—八五三）

雍正五年，歲次丁未。四月初四日，庚寅。未時，讀卷官大學士富寧安等，以殿試卷揀選十卷進呈，上御懋勤殿閲畢，召讀卷官入，賜坐。上諭曰：「第三卷文甚妥當，應置第一。」大學士張廷玉奏曰：「此卷文章本佳，因其書法稍遜，故擬第三。」上曰：「敷奏以言，自當以文爲重。學習書法，尚屬易事。」上親啓彌封視之，曰：「彭啓豐，江南蘇州府長洲縣人。」刑部尚書勵廷儀奏曰：「是即今科會元，所學亦優。」上又諭曰：「爾等所擬第六卷，可置第二。」隨啓彌封，爲鄧起元，福建泉州府德化縣人。左都御史沈近思奏曰：「鄧起元十三經皆能成誦，場中文藝甚優。」少詹蔡世遠奏曰：「鄧起元與臣同鄉，果能背誦十三經。」上又諭曰：「爾等所擬第五卷，可置第三。」隨起彌封，爲馬宏琦，江南通州人。大學士張廷玉奏曰：

「此亦係江南知名之士。國學考試，輒在前列。」上命大學士張廷玉填寫卷面名次。諭曰：「爾等所擬第九卷，置二甲第一，餘照所擬。前後位置，惟第七卷李泰來語多浮泛，可置二十名外。第十卷張鵬翀，文甚不妥，可置三甲。」隨賜讀卷官、起居注官茶。諸臣乃出。

（《雍正朝起居注册》，中國第一歷史檔案館編，册二，頁一一六七—一一六八）

三三　雍正八年庚戌科　周霔

雍正八年（一七三〇）庚戌科，共取進士三百九十九名。狀元周霔，榜眼沈昌宇，探花梁詩正。

是科會試正考官：大學士蔣廷錫；副考官：禮部左侍郎鄂爾奇，署工部左侍郎、順天府府尹孫嘉淦，内閣學士任蘭枝。

是科殿試讀卷官：大學士馬爾賽、張廷玉、尹泰、陳元龍，内閣學士德新、吴士玉、任蘭枝、俞兆晟，兵部左侍郎楊汝轂，刑部額外侍郎牧可登，都察院左副都御史王國炳，通政使司左通政湯之旭（據《雍正八年進士登科録》〈中國第一歷史檔案館藏〉）。

周霔（一六八四—？），字雨甘，號西坪，浙江杭州府錢塘縣（今杭州市）人。狀元及第，授翰林院修撰。乾隆中，爲臺灣海東書院山長。

周霔狀元策見《雍正八年進士登科録》（中國第一歷史檔案館藏）、《歷科廷試狀元策》（影印雍正十一年懷德堂刻本）、《狀元策》（榮錦堂乾隆續刊本，哈佛大學漢和圖書館藏）、《文武殿試策》（文錦、二酉書屋乾隆續刊本，哈佛大學漢和圖書館藏）及《順治康熙雍正三朝殿試策》（國家圖書館藏）等。

雍正八年，庚戌。夏四月，己亥朔。賜廣東舉人盧伯蕃爲進士，一體殿試。策試天下貢士沈昌宇等於太和殿前，制曰：朕紹纘洪基，撫臨區宇，勤求治理，旰食宵衣，罔敢暇逸。深惟郅隆之世，朝宁有喜起之風，臣鄰矢公忠之誼，司民社者樹懋績，列庠序者砥純修。朕與中外諸臣，諄復誥誡，庶幾黽勉恪恭，各殫厥心，臻兹盛軌。《易》曰「天地交泰」，言明良之慶也。《書》曰「推賢讓能，庶官乃和」，言師濟之美也。蓋堂陛孚於一德，而後謨明弼諧，克贊其猷；僚采合爲一心，而後撫辰凝績，共收其效。朕推心置腹，一本至誠，冀百爾臣工，抒誠啓沃，以襄治化。而在延諸臣，果能精白乃心，夙夜獻替，無愧篤棐之義歟？抑群策群力，固將翕受敷施，何以俾同朝共事之臣，和衷交勉，以躋賡歌颺拜之盛歟？

人臣職内職外，皆朕股肱耳目之寄，必也忠以居心，公以涖事，然後能與君爲一體。苟黨援互結，而懷溺情阿比之私；文貌相承，而挾矯詐沽名之術，何以稱靖共匪懈，無忝厥職也。今欲使内外諸臣，相勉於古大臣公忠體國之誼，欽乃攸司，無載爾僞，勵匪躬之節，而凛勿欺之忱，果何道之從歟？

至於牧令爲親民之官，一人之賢否，萬姓之休戚係焉。而初登仕籍之人，未嘗試之以事，何由知其勝任與否而用舍之歟？天下州縣繁多，有一官，即需一人銓補，既不容以(稍)[少]緩，①而又欲酌繁簡之宜，使人稱其官，才符於職，其道安在？

夫課吏者，督撫之責也。務爲姑息，必長廢弛玩愒之風，稍涉苛求，又非爲國家愛惜人才之道。何以勵其操守，作其志氣，策其不逮，宥其過愆，使群吏承風率教，鼓舞奮勉，以奏循良之績歟？

國家造士之典至渥，所期於士者至厚，非專以文詞相尚也。必崇實學，敦實行，處則爲經明行修之彦，出則爲通方致遠之材，始克副長育造就之至意。乃海内之士，或馳鶩於聲華，或緣飾於巧僞，而喬野樸魯之質，又拘迂固陋而無適於用。

① 「少」，據諸參校本改。

將欲使之洗滌積習，相與進德而修業，其何以漸摩陶淑，因材造就，以儲譽髦之選歟？夫君臣上下，一德一心，斯庶官有所表率，而各殫厥職矣；内外官僚，克勤克慎，斯群材莫不奮勵，而各端其習矣。爾多士留心經濟有素，其各抒所藴以對，朕將親覽焉。

（底本：《清世宗實録》卷九三，册八，頁二四〇—二四一。參校本：《雍正八年進士登科録》，中國第一歷史檔案館藏；《歷科廷試狀元策》，影印雍正十一年懷德堂刻本；《狀元策》，榮錦堂乾隆續刊本；《文武殿試策》，文錦、二酉書屋乾隆續刊本）

臣對：臣聞帝王之建中錫福，而弘萬世之丕基也，必能與天同運，如天之健行而不息，則堂廉殿陛之間，皆觀感於主極之精純，而共臻夫師濟明良之盛；必能與天合德，如天之廣被而無私，則臣鄰士庶之衆，皆統貫於王猷之敷布，而共底於蕩平正直之風。蓋天無心而成化者也，而五行迭運，四序推遷，節宣其氣者，總無一息之不周。聖人繼天而出治者也，而庶司分職，多士承風，克綏厥猷者，要無一端之遺憾。是以持盈保泰，則元首明而股肱良也；宣猷布化，則大臣法而小臣廉也。簡賢任能，則懋官懋賞，而天下皆砥礪夫素絲之節也；興行育才，則黜浮崇實，而天下皆涵濡於棫樸之化也。惟有嚴有翼，常明作以開天下之先，故中外臣民，皆其精神所措注；不競不絿，常敬慎以持天下之後，故官方士習，皆其宵旰所勤求。自昔唐虞三代，風動諴和，鴻圖永固，享國久長者，其道恒由於此也。

欽惟皇帝陛下，瑞應軒圖，道隆羲策。欽明文思，而廣運集群聖之大成；剛健中正，以粹精冠百王而首出。本太公以經綸萬有，民諴物阜，弘景運於中天；推至誠以兼總三才，玉振金聲，永昇平於寰海。所其無逸，凛鑒觀於曰旦曰明，而精誠昭格，時雨時暘，時寒時燠，休徵協四氣之和；彰厥有常，陳彝訓於無黨無偏，而大化覃孚，自西自東，自南自北，聲教訖八埏之遠。固已九功歌敘，致平成清晏之祥；萬福凝承，覩日月星雲之慶。盛德大業，炳炳麟麟，累洽重熙，綿綿奕奕矣。乃聖不自聖，愈切於疇咨，而安益求安，彌殷於博訪。爰進臣等於廷，而策以君臣交泰之隆，風勵公忠之誼，與夫慎選循吏之法，敦崇實學之方。臣至愚極陋，何足以仰酬清問，然對揚伊始，敢不抒管窺之見，以爲拜獻之先資乎？

伏讀制策有曰：「堂陛孚於一德，而後謨明弼諧，克贊其猷。僚采合爲一心，而後撫辰凝績，共收其效。」大哉聖言！此誠千古一德之休風也。蓋大君首出，以理萬物，則上凛天命，下畏民岩，必精勤惕厲，而始有六合一家、中國一人之象。臣代君以分理萬民，則進思盡忠，退思補過，惟致身報主，而始有不貪寵利，不顧身家之忱。粤稽唐虞之世，堯咨舜儆，而兼資夫益贊而臯賡。故庶明勵翼，以效其能；慎修思永，以端其本，而翼爲明聽之才，用以弼時雍之治。成周之世，文謨武烈，而兼資夫右召而左周，故分陝以佐朝家，保釐以藩王室，而馮翼孝德之士，用以成太和之休。我皇上推誠布公，體信達順，膏澤之施，群生無不被；尊親之戴，九有無不同。乃猶於隆盛之時，日與内外臣工，動色諮諏，百爾臣僚，誠體此意，而殫夙夜之誠，效篤棐之義，祛推諉之念，絶瞻顧之私，則上下交而志同，自左右民而征吉，而同交泰於天地，大喜起於都俞矣。

制策又曰：「忠以居心，公以涖事，然後能與君爲一體。」欲使内外諸臣，勵匪躬之節，而凛勿欺之忱。大哉聖言！此誠萬世臣道之極軌也。《書》曰「同寅協恭」，《詩》曰「夙夜匪懈」，蓋言敬也。唯敬則無私，而黨援阿比之必絶；惟敬則無怠，而效忠宣力之必勤。蓋其平居之正厥心者，以君父爲重，則當官體國，自靖共爾位，必不役志以營私；平居之誠厥意者，以聖賢爲師，則擔爵析圭，自精白乃心，必不欺公而罔上。我皇上至德如天，至明如日，廉幹者崇任使之專，獎勵必優於倫等；才能者膺不次之擢，資格不限以恒規。則凡家修而廷獻者，孰不矢心幽獨，竊慕夫有猷有爲有守之兼長，亦孰不共濟和衷，交儆於曰清、曰慎、曰勤之古訓。由是公爾忘私，國爾忘家，皆奮發以副聖主之精勤；入則贊化，出則宣猷，皆黽勉以盡臣工之心力。而協恭之盛，匪躬之節，何難再見歟？

制策又曰：「牧令爲親民之官，欲使人稱其官，才符於職，承風率教，鼓舞勉勵，以奏循良之績。」大哉聖言！此誠建官維賢之至意也。夫安民莫先於察吏，而流品則大有不同；行事易見於服官，而賢否難定於初試。蓋跡之所託，既不可以定其心，而心之所藏，亦未足以定其品。故車服之庸，必先之以明試敷奏，而登進之典，必資之於詢事考言。欲斟酌州邑繁簡之宜，而得其才能之實，非責之督撫大吏，無以知其詳也。我皇上睿鑒群材，無微不燭，三升之典，既遴選之咸宜；六計之條，尤甄別之至當。而更委之事以試之，聽其言以察之，付之公正無私之大吏，以考其績而黜陟之，則觀其歷試之才能，以振作其有爲之志氣，而寬宥其無心之過愆。則所以課吏，即所以安民，而繁簡之牧令皆得其人，而龔、黄、卓、魯，不能擅美於前矣。

制策又曰：「士必崇實學，敦實行，將欲漸摩陶淑，以儲譽髦之選。」大哉聖言！此誠樂育人才之盛心也。竊惟學校爲風化之原，多士爲齊民之倡。考之於古，六德六行之教，必先於六藝；孝弟力田而外，首重夫賢良。凡欲敦崇實學，愛養人才，以儲任使也。夫廉耻者，名教之大防，故器識爲先而文藝爲後；忠孝者，立身之大節，故德行爲本，而才華爲末。我皇上陶鑄群倫，風勵士節，重之以賓興，試之以文行，立賢無方，一長必録，務使讀書稽古者明體達用，無貪鄙之行，無邪曲之私，不自菲薄，振興鼓舞，以期風俗人心之厚也。夫師道立則善人多，經學明則大義著，誠或仿學校貢舉分年之議，兼京學、州學考課之法，而推廣行之，則積習當必滌除，而實行有不敦尚者乎？

是數者，事有相因，而理無二致。故以昭法紀，則海内清明，群黎徧德，神人共慶其嘉祥；以彰德化，則臣庶安寧，民物康阜，朝野樂觀其盛美。堯舜之執中，湯武之建極，先後同源，創守一轍也。由是王道丕著，天德懋昭，我國家萬年有道之長基於此矣。

臣草茅新進，罔識忌諱，干冒宸嚴，不勝戰慄隕越之至。臣謹對。

（底本：《雍正八年進士登科録》，中國第一歷史檔案館藏。參校本：《狀元策》，榮錦堂乾隆續刊本；《歷科廷試狀元策》，影印雍正十一年懷德堂刻本；《文武殿試策》，文錦、二酉書屋乾隆續刊本）

雍正八年，歲次庚戌。四月初四日，壬寅。讀卷官大學士馬爾賽等，進呈殿試策十卷，恭候欽定。午時，上御懋勤殿，召讀卷官及大學士蔣廷錫同入，賜坐。上曰：「爾等讀卷官所擬十卷，朕俱詳覽。第一卷文甚佳，無可移易。」隨啓彌封，爲周澍，浙江杭州府錢塘縣人。上曰：「爾等知此人否？」大學士張廷玉奏曰：「周澍現在實録館謄寫正本，考取書法，原是第一。」上曰：「會元卷在何處？」張廷玉奏曰：「第三卷想是會元。」上曰：「何以知之？」張廷玉奏曰：「會元之字，臣曾見過。第三卷筆蹟相同，應是會元之卷。」上曰：「第三卷可置第二。」隨啓彌封，爲沈昌宇，浙江嘉興府秀水縣人。上曰：「所擬第二卷可置第三。」隨啓彌封，爲梁詩正，浙江杭州府錢塘縣人。上曰：「一甲三名俱浙江人，從前殿試有此事否？」大學士蔣廷錫奏曰：「康熙十二年癸丑科，一甲三名俱江南人。」上曰：「既有江南之例，則一甲三名俱取浙人，亦可行矣。」上又曰：「爾等所擬第九卷，字、策俱好，可置二甲第一。」蔣廷錫奏曰：「第九卷是臣子蔣溥□□□□。」上曰：「朕從未見爾子筆蹟，今從無心中拔取，甚爲可喜。」因命大學士張廷玉照所定前後名次填寫卷面。隨賜讀卷官、起居注官茶。諸臣乃出。

（《雍正朝起居注册》，中國第一歷史檔案館編，册五，頁三五六八—三五六九）

三四　雍正十一年癸丑科　陳倓

雍正十一年(一七三三)癸丑科，共取進士三百二十八名。狀元陳倓，榜眼田志勤，探花沈文鎬。是科會試正考官：户部尚書鄂爾奇。副考官：吏部左侍郎任蘭枝、兵部左侍郎楊汝谷。

陳倓(一六九五—一七三九)，字定先，號愛川，江南揚州府儀徵縣(今江蘇儀徵市)人。康熙五十九年庚子科舉人。會試、殿試皆第一，授翰林院修撰。乾隆二年(一七三七)，被派册封安南國王特簡副使，赴安南(今越南)，道中染疾。次年夏，歸京復命。尋典順天武鄉試。未幾，卒于任，年四十五。

陳倓狀元策見《歷科廷試狀元策》(影印雍正十一年懷德堂刻本)、《狀元策》(榮錦堂乾隆續刊本，哈佛大學漢和圖書館藏)、《文武殿試策》(文錦、二酉書屋乾隆續刊本，哈佛大學漢和圖書館藏)及《順治康熙雍正三朝殿試策》(國家圖書館藏)等。

雍正十一年，癸丑。三月，壬午朔。庚戌，策試天下貢士陳倓等於太和殿前，制曰：朕仰荷上天列祖眷佑之隆，聖祖仁皇帝付託之重，臨御萬方，十有一年於兹。兢兢業業，宵旰勵精，凡所以致治之道，無不期其備舉。至獎勵忠勤，振興髦士，奮武衛而厚民風，尤未嘗一日少弛於懷也。

至治之世，大小臣工，類以純誠自矢，亦以精白望人。蓋惟戴君爲元首，故其視同官也，一如肢體痛癢之相關，化朋黨比周之習，爲勸善規過之風。夫是以協恭和衷，共成致主澤民之業也。朕推誠以遇臣工，時以公忠體國，切加勗勉，深冀内外諸臣，共臻斯路。而服官受糈者，果克以忘私祛僞，自勵而交勵耶？若猶未也，則圖所以殫厥心者宜何如？

業先四民之謂士，①必思所以有異於齊民之實，而後立心制行，始不淪於污下。故《孟子》曰「尚志」，《記》曰「士先志」，即宋陸九淵講喻義喻利，亦謂所喻由其所習，所習由其所志。志之不立，爲士之基已隳，縱記問廣洽，文藻華贍，正昔人所譏爲雖有文采而不可近者也。然則士可不自植其本歟？而師儒之教，又可弗急其先務歟？

夫治世不弛武備，凡以制治保邦於永久也。今直省營制，非不勾稽有册，簡閱有規，校練有期，侵冒有禁矣。然保無有習爲具文，未能實力舉行者乎，其何以副朕固圉衛民之意？夫士不練不可以程勇，器不精不可以言備。然則弧矢戈矛之用，與夫坐作進退疏數之節，司戎政者，可勿時時加意歟？

移風易俗，吏治之最也。導民以愛敬，則忠順可移；馴民以敬恭，則詬誶不作。誘掖有術，不難引中人而納於君子之塗。朕治天下，恒以正人心、厚風俗爲切務。故擢孝廉方正，崇忠孝節義，旌義門，獎還金，舉凡裨補風化之事，靡不激勸嘉與，以樹風聲。兹遐邇民俗，其悉淳歟？大小臣工，何以贊朕振興民行之政也耶？

大抵寮寀矢公誠，則有以倡棫樸菁莪之化；膠庠敦禮教，則有以儲股肱耳目之才。軍政修明，則生民安堵；風俗淳厚，則衆志成城。所謂清和咸理，成萬年有道之長者此也。爾多士，其悉抒所蘊以對，朕將親覽焉。

（底本：《清世宗實録》卷一二九，册八，頁六八四—六八五。參校本：《狀元策》，桊錦堂乾隆續刊本；《文武殿試策》，文錦、二酉書屋乾隆續刊本）

① 「業」上，《狀元策》《文武殿試策》有「至」字。

臣對：臣聞帝王之撫綏海宇，而裕萬年有道之長也，必有以勵百爾之靖共，使奮庸熙載者，皆夙夜寅清，而體國奉公之日篤；必有以振四海之膠庠，使誦詩讀書者，皆砥礪廉隅，而達材成德之攸宜；必有以作三軍之志氣，使呈材效力者，皆嚴明簡閱，而宣威肅紀之咸周；必有以育萬方之黎庶，使出作入息者，皆敦尚禮教，而節性防情之益謹。蓋小廉大法，以正其趨；言坊行表，以端其習。官方既飭，而士品彌優也。信賞必罰以彰其用，愛親敬長以純其修。疆圉永固，而風俗攸同也。古之聖人，表率先於朝廷，薰陶徧於士類，而經營措置，時存翼翼之小心；訓練嚴於平時，大化成於久道，而風動誠和，群仰巍巍之至治。一時明良誌美，喜起興歌，翼爲明聽之班，和衷交濟，章甫縫掖之士，去僞存誠，武力丕振於寰中，文教覃敷於海內。唐虞三代之世，所由鴻圖永固，國祚久長，其道未始不由乎此也。

欽惟皇帝陛下，一誠錫福，九德膺圖。惟時惟幾，協乾行於不息；丕承丕顯，綿泰運於無疆。衍億萬世之心傳，羲畫箕疇，貫三才而立極；紹五百年之道統，周情孔思，集群聖之大成。興賢育才，闢四門，明四目，達四聰，吉士吉人，蒸棫樸菁莪，濟濟師師，共瞻雲而就日；化民成俗，秩五禮，迪五常，用五事，善政善教，被風霆雨露，熙熙皞皞，咸擊壤而歌衢。固已至治弘敷，純禧孔固，普天率土，沐膏澤而戴尊親，異域遐陬，奉車書而執玉帛矣。乃治益求治之念，無間於淳熙累洽之時；而聖不自聖之懷，彌殷於博訪疇咨之際，進臣等於廷，而策以風勵臣工、振興士行、修明武備、牖迪民風之道。臣至愚極陋，何足以知此，然煌煌清問，實式臨之，敢不抒管窺之見，以爲拜獻之先資乎？

伏讀制策有曰：「至治之世，大小臣工，以純誠自矢，亦以精白望人，而欲服官受糈者，忘私去僞，自勵而勵人。」大哉聖言！此誠萬世臣道之極則也。夫人君以股肱心膂寄之臣，原欲其以勿二勿三者，勵匪躬之節；臣以耳目手足效之君，即當以自靖自獻者，展匪懈之思。雖職有崇卑，而報稱則一；雖任有內外，而篤棐則同。故隱微之間，有一念之黨同伐異，即非公也；僚采之交，有一事之引嫌避咎，即非忠也。皇上開誠布公，推心置腹，視遐邇如一體，待臣隣如一身，則凡委質爲臣者，皆當矢粹然無私之意，存肫然無僞之心，同寅協恭，集衆思，廣衆益，而不得謂之黨援；合志同方，善相勸，過相規，而不得謂之比周。蓋惟居恒以致身報主者自勵，而後入官益敦夫肫誠之誼；夙昔以效忠宣力者交勉，而後同僚悉矢夫精白之忱。由是百志惟熙，而庶明勵翼，以繼師濟之盛而裕如矣。

制策又曰：「士必有異於齊民之實，而後立心制行，始不淪於汙下。」此誠造士無已之盛心也。蓋四民之中，獨名爲士，優其文貌，厚自期待，固欲其明體達用，爲邦國之羽儀，鄉閭之表率也。其在《學記》曰：「時教必有正業，退息必有居學。七年而小成，九年而大成。」涵濡造就之方，如此其至也。夫豈習章句而談詩書，遂足自附於儒林也乎？我皇上雅意作人，選用之途既廣，漸摩之法尤詳。近於學校之外，復廣設書院，資其膏火，定之課程，禮陶樂淑之化，無不至矣。臣愚以爲，士習之克端，在師儒之董率。果能體董仲舒「正誼明道」之訓，則心術不患其不醇；果能倣胡瑗「經義治事」之規，則學術不患其不正；果能遵朱子分年課士之法，則成就不患其不大。以聖賢自期許，而不爲詞章記誦之習，將見立身行己，粹然有德之修；致遠經方，卓然有用之學。讀古訓而服先民，咸鼓舞奮興，而蔚爲國華，不有以贊文明之雅化哉？

制策又曰：「治世不弛武備，而士不練不可以成材，器不精不可以言備。」其所以爲營伍計者，至深切矣。夫國家當太平之日，不可忘武備之修，故《書》稱「克詰」，《詩》美「車攻」，《春秋》書「大閱」。而畜衆容民，詳於《易》象；軍旅蒐狩，垂於《禮經》，凡以揆文奮武，事無偏廢也。然而練習不素，則軍令未嫺；節制不嚴，則士心不戢。是在司戎政者之勤其訓練而已。明紀律以示之，而步伐之必齊，擊刺之必捷，坐作進退之必整，其折衝禦侮，視爲固然而無所强。舉大義以曉之，而袍澤之同心，敵愾之同奮，尊君親上之交勉，其有勇知方，視爲當然而無所辭。則兵以衛民，而民實重有賴於兵也。我皇上加惠營伍，整飭戎閫，士馬飽騰，材官蹻躍，無不練之士卒，無不精之器械，而干城腹心之寄，洵足致敉寧於不替矣。

制策又曰：「導民以愛敬，則忠順可移；馴民以敬恭，則詬誶不作。誘掖有術，不難引中人而納於君子之途。」此誠正人心、厚風俗之至意也。從來運會之隆，視乎民風，而民風之厚，由於教化。欲使家喻而户曉，必貴仁漸而義摩。我皇上建極綏猷，於凡忠孝廉節之事有裨風化者，靡不激勸嘉與。光天之下，至於海隅，蒼生咸知向化矣。誠使爲民牧者，勤其訓迪，敦倫飭紀，使人知孝弟之宜篤，則本正而末治矣。嚴其督率，讀法懸書，使人知典章之宜凜，則形端而表正矣。明其董戒，獎勤懲惰，俾人知爲善之可樂，而不肖之可恥，則觀感深，而革薄從忠於不自知矣。由是耕田鑿井，俱爲順則之民；講讓型仁，益固恬熙之俗，又何風之不古若哉？

此數者，事有相因，而理無二致。故臣工矢公忠之誼，而選造不慮其不弘也；庠序有譽髦之英，而啓沃不患其無藉也。肅然而明軍政之要，而海内乂安，永致平成清晏之詳也；藹然而見禮教之行，而衆志成城，不啻磐石苞桑之固也。而要惟皇上以至誠無息之心，裕憲天出治之實，故以昭法守，則臣隣億兆，罔非宵旰所勤求；以彰德化，則文教武功，無非宥密所運量。剛健篤實，内有以立精明强固之體；張弛舉措，外有以善神明化裁之用。體信達順，咸五登三，我國家萬年有道之長基諸此矣。

臣草茅新進，罔識忌諱，干冒宸嚴，不勝戰慄隕越之至。臣謹對。

（底本《狀元策》，榮錦堂乾隆續刊本。參校本：《文武殿試策》，文錦、二酉書屋乾隆續刊本）

雍正十一年，癸丑。夏四月，壬子朔。諭内閣：今日諸臣進殿試卷，朕閱至第五本，字畫端楷，策内「公忠體國」一條云「僚采之際，善則相勸，過則相規，無詐無虞，必誠必信，則同官一體也，内外亦一體也」，廣而至於「百司庶職，何莫非臂指手足之相關」數語，極爲懇摯，頗得古大臣之風，因拔置一甲三名。及拆號，乃大學士張廷玉之子張若靄，朕心深爲嘉悦。蓋大臣子弟，能知忠君愛國之心，異日必能爲國家抒誠宣力。大學士張英，立朝數十年，清忠和厚，終始不渝。張廷玉朝夕在朕左右，勤勞翊贊，時時以堯舜期朕，朕亦以皋夔期之。張若靄稟承家教，兼之世德所鍾，故能若此。因遣人往諭張廷玉，使知朕實出至公，非以大臣之子而有意甄拔。乃張廷玉進見，再三懇辭，以爲「天下人才衆多，三年大比，莫不望爲鼎甲。臣蒙恩現居政府，而臣子張若靄，登一甲三名，占寒士之先，於心實有不安。儻蒙皇恩，名列二甲，已爲榮幸。」朕以「伊家忠藎積德，有此佳子弟，中一鼎甲，亦人所共服，何必遜讓」。張廷玉跪奏云：「皇上至公，以臣子一日之長，蒙拔鼎甲。但臣家已備沐恩榮，臣願讓與天下寒士。求皇上憐臣愚衷。若君恩祖德，佑庇臣子，留其福分，以爲將來上進之階，更爲美事。」陳奏之時，情詞懇至，朕不得不勉從其請，著將張若靄改爲二甲一名，以表大臣謙謹之誠，并昭國家制科盛事。令普天下士子共知之。

（《清世宗實録》卷一三〇，册八，頁六八六—六八七）

三五　乾隆元年丙辰科　金德瑛

乾隆元年（一七三六）丙辰科，共取進士三百四十四名。狀元金德瑛，榜眼黄孫懋，探花秦蕙田。

是科會試知貢舉：禮部侍郎勵宗萬。正考官：大學士鄂爾泰、朱軾。副考官：吏部左侍郎邵基、刑部右侍郎張廷瑑。是科殿試讀卷官：太學士鄂爾泰、邁柱，尚書三泰、徐本、甘汝來，左都御史福敏、孫嘉淦，侍郎李紱、王士俊、勵宗萬，内閣學士吴家騏、姚三辰、王蘭生。

金德瑛（一七〇一—一七六二），字汝白，一字慕齋，又號檜門，浙江杭州府仁和縣（今杭州市）人。雍正四年，順天鄉試中式。狀元及第，授翰林院修撰。旋命南書房行走，充江南鄉試考官。再遷右庶子。督江西學政、山東學政。十九年，遷内閣學士。二十一年，遷禮部侍郎。充江西鄉試考官。二十三年，提督順天學政。二十六年，擢都察院左都御史，十二月，命稽覈通州倉儲，中寒病作，二十七年正月，卒于官，年六十二。著有《檜門詩存》等。《清史稿》有傳。

金德瑛狀元策見《狀元策》（榮錦堂乾隆續刊本，哈佛大學漢和圖書館藏）及《文武狀元策》（文錦、二酉書屋乾隆續刊本，哈佛大學漢和圖書館藏）等。

乾隆元年，丙辰。夏四月，乙丑朔。丙寅，策試天下貢士趙青藜等三百四十四人於太和殿前，制曰：朕惟治法莫尚於唐虞，堯舜相傳之心法，惟在允執厥中。當時致治之盛，至於黎民於變時雍，野無遺賢，萬邦咸寧。休哉！何風之隆歟。朕纘承祖宗丕基，受世宗憲皇帝付託之重，踐阼之初，孜孜求治。雖當重熙累洽之餘，而措施無一日可懈，風俗非旦夕可淳，士習何以端，民生何以厚，不能無望於賢才之助。兹際元年首科，朕特臨軒策問，冀爾多士，啓予不逮。

夫用中敷治，列聖相傳。然中無定體，隨時而用，因事而施。宜用仁，則仁即中，仁非寬也；宜用義，則義即中，義非嚴也。或用仁而失於寬，用義而失之嚴，則非中矣。何道而使之適協於中耶？《詩》稱「不競不絿」，《書》稱「無偏無黨」，果何道之從耶？

政治行於上，風俗成於下，若桴鼓之相應，表影之相從。然夏尚忠，商尚質，周尚文，其後各有流弊，惟唐虞淳厚，後世莫能議焉。其悉由於允恭温恭之德致之然耶？抑五典五禮之惇庸，五服五刑之命討，亦與有助耶？朕欲令四海民俗，咸歸淳厚，其何道而可？

國家三年一大比，士宜乎得人。然所取者，明於章句，未必心解而神悟也；習於辭華，未必坐言而起行也。朕欲令士敦實學，明體達用，以勷相我國家，何以教之於平素？何以識拔於臨時？科舉之外，有更宜講求者歟？

意者，衣食足而後禮義興。凡厥庶民，既富方穀，足民即所以訓士歟？《書》稱「土物愛厥心臧」，又有謂「沃土之民不材」者，何歟？夫民爲邦本，固當愛之，愛之則必思所以養之，養之必先求所以足之。朕欲愛養足民，以爲教化之本，使士皆可用，户皆可封，以臻於唐虞之盛治。務使執中之傳，不爲空言；用中之道，見於實事。多士學有所得，則揚對先資，實在今日。其直言之，勿泛勿隱，朕將親采擇焉。

（底本：《清高宗實録》卷一六，册九，頁四二七—四二八。參校本：《狀元策》，榮錦堂乾隆續刊本；《文武狀元策》，文錦、二酉書屋乾隆續刊本）

臣對：臣聞樹后王君公，承以大夫師長，明王所以奉若天道也。故曰「天聰明，聖時憲」。帝王之道，莫大於承天。天之道，在於陰陽，以陽生萬物，以陰成萬物。陰居大冬，而空虚不用；陽居大夏，而施布成功。故因材而篤，而歸於無一物之不遂其生。帝王法天以爲用，凱以强教，悌以悦安，德威德明互施，而歸於無一物之不得其所。然而，天無心而成化者也。聖人有心而無爲，使有成見，則失於偏，而未能物來順應，悉協於時宜矣。是故，敷政寧人之本，在於用中；轉移化導之權，成乎風俗。賢者，天之所簡也；民者，天之所愛也。選賢與能，修睦講讓，大道爲公，由此其選矣。然文必學以辨之，敬以承之，講求乎允執厥中之旨，斯可紹前烈，承先聖之正傳，而克享乎天心矣。夫因革異宜，創業守成異制，而欽崇天道，永保天命之意，先後未嘗不同揆也。守之貴，行之利。故帝王之學，學以此也；帝王之治，治以此也。

欽惟皇帝陛下，大孝光昭，至誠廣運，隆丕顯丕承之緒，於緝熙單厥心；紹惟精惟一之傳，念終始典於學。定仁義中正而立極，肇修人紀，五常協五氣之宜；統元亨利貞以行乾，保合太和，四德順四時之序。敕百僚以凝績，不競不絿，不剛不柔，休養生息，沛維新之澤，而萬民萬物，共樂熙熙；闢四門以登庸，有馮有翼，有孝有德，翕受敷施，宏籲俊之風，而吉士吉人，咸歌藹藹。固已從容中道，茀禄用康，彌性優游，純禧孔固。荷耒横經之衆，食舊德而服先疇；含生負氣之倫，被和風而親化日矣。乃聖衷彌惕，履盛思謙，進臣等於廷，而策之以執中心傳，並及於風俗之本，造士養民之方。臣雖愚陋，敢不竭芻蕘之一得，以仰答清問之至意？

伏讀制策有曰：「用中敷治，列聖相傳。然中無定體，隨時而用，因事而施，用仁用義，何道而使之適協於中。」此誠制治之大本也。夫撫綏萬邦，其事至艱至鉅也，而道不外一中。中者，無過不及。故曰：「君子而時中。」或因世風趨向而爲之導，人心勤惰而立之防。當其玩愒，務在振作其紀綱，及其既知策勵而警惕，又貴有以優游維持而培植其元氣。寬以濟猛，猛以濟寬，一張一弛，鼓之舞之，以盡利用。中之權，無定轍焉。仁近於寬，義近於嚴，而煦煦不可以爲仁，苛刻不可以爲義，以其非中也。包涵爲仁，而有所懲創以爲仁；果斷爲義，而有所縱舍亦爲義，惟中則無失也。皇上仁育義正，用中之道至矣。而事幾物情，或有積漸而趨於一偏者，唯鑒空衡平之體，精察而調劑之耳。卿士承流，百姓觀化，在上者建中，斯罔不協於中矣。昔堯之欽明，舜之濬哲，禹湯之祗德綏猷，文武之敬止敬勝，無非精求此中而運用之。此治法道法，一以貫之者也。

制策又曰：「政治行於上，風俗成於下，夏商周各有流弊。」欲令四海民俗，咸歸唐虞之淳厚。大哉王言！真一道同風之幸也。夫治天下者定所尚，尚忠、尚質、尚文，三王之道，若循環然。當其初，亦以救弊，而與民變易耳。迨其後世，相仍而不改，流弊以生，畸輕畸重之勢使之然也。唐虞際中天之運，民風樸茂，固其所也。而民俗視乎主德，如桴鼓影響，不可易者。史臣紀堯曰「允恭」，舜而「温恭」，則聖人之德，莫大於敬。特生知則恭而安，過化存神，下民不言而喻耳。至於良莠並生，雖唐虞之世亦然。五典惇，五禮庸，五服五刑之命討，皆磨勵之具。民愚賤難曉，見朝廷有所舉錯，則爲之聳動而鼓舞。故曰：「道以德，齊以禮，不得已而刑賞施焉。」此風俗之原也。抑《書》曰：「同寅協恭。」言君臣皆寅畏恭敬，以亮天工，則知典禮刑賞本恭以出，有天德而後有王道，可致斯世於唐虞也。

制策又曰：「令士敦實學，明體達用，以勵相國家，何以教之於平素，何以識拔於臨時。」此取士期於必得也。夫同爲士而品不同，敦本而勵行者，不患其藝之不工，而患其道之不立；修辭以立誠者，不患其名之不著，而患其文之無補。古者鄉三物教萬民而賓興之，六德以養其源，六行以踐其實，六藝以善其用。凡皆責以純修，而不徒尚才華也。周子有言曰：「文辭，藝也。道德，實也。文以載道。」又曰：「志伊尹之所志，學顏子之所學，可謂士矣。」我皇上整飭士風，教思不倦，誠欲爲士者經明行修，正己率人，他日入官不煩，議事以制，將有賴焉。豈徒炳炳烺烺，夸采色，務聲音，爲世俗之文已哉？然則仿鄉舉里選，而核其行於平日，或如宋胡瑗經義治事之教，朱子限年分經之義，師儒得人，考校有術，使各知繩檢，爭自濯磨，亦庶幾彬彬然質有其文，文章政事之選也。

制策又曰：「民爲邦本，固當愛之。愛之，則思所以養之，足之。」何其憂民之周也。夫沃土之民不材，此爲富而失教言也。而教原先自養始。臣嘗觀於《周禮》，自田畮肥瘠，與夫長幼廢疾，六畜多寡之數，二鬴三鬴四鬴之歲，人無不周知，而又辨以土宜，班以職事，安以保息，聚以荒政，其詳如此。至於五禮以教中，六樂以教和，升其孝秀，而辨其賢能，是以民氣樂而風俗成也。我皇上蠲租省賦，所以紓民力而體恤之者至矣。然生齒日繁，而田土不加益，是在課之以職，而督之以勤。夫宅不毛者有里布，無職業者出夫家之征，雕文刻縷傷農事，錦繡纂組害女紅，所以驅游惰歸南畝，崇節儉敦本計也。至於土物愛則厥心臧，倉廩實而知禮義，期於教以成之，誠得良有司焉承德意而宣布於下，以及通工惠商之政次第設施，解民愠而阜民財，其在斯乎？

要而論之，法者所以通變也，不必盡同；道者所以立本也，不可不一。因時制宜，而道不出於一中。惟我皇上，以大中之矩，至誠之心，熟操而淬礪之，志作而氣隨，上感而下應，將見風俗美，士民興，國家重熙累洽之庥永無疆矣。

臣草茅新進，罔識忌諱，干冒宸嚴，不勝戰慄隕越之至。臣謹對。

（底本：《狀元策》，榮錦堂乾隆續刊本。參校本：《文武狀元策》，文錦、二酉書屋乾隆續刊本）

戊辰，上御養心殿，閲殿試進呈卷，召讀卷官入，諭曰：「卿等所擬第一卷内，有耕耤之典句，朕未曾耕耤，此句不切，可置第二。」取所擬第六卷爲第一，命拆視之，是金德瑛，浙江人。上問讀卷諸臣曰：「前科狀元，是何處人？」刑部侍郎勵宗萬奏曰：「是陳倓，江南人。」命拆第二卷，是黄孫懋，山東人。上曰：「山東從前曾有鼎甲否？」户部侍郎李紱奏曰：「順治丙戌科狀元傅以漸，康熙辛丑科狀元鄧鍾岳，俱山東人。」拆第三卷，是秦蕙田，江南人。其餘諸卷，上一一取定，命大學士鄂爾泰填寫。諭曰：「近來士子於散體古文，俱不甚留心，至會試中式之後方讀《天人三策》以應試耳。然風簷寸晷，得此殊亦不易。朕自幼學爲古文，所以一見知其優劣。作文之道，以氣爲主，氣厚則文自佳。至于琢飾字句，不過一時美麗，氣味未能深厚也。譬諸松柏，經冬不凋，唯其氣厚，是以能久。水陸草木之花，當其初開時，非不鮮艷可悦，然而不能經久者，以其氣薄也。朕以爲文章之道，亦復如是。」

（《清高宗實録》卷一六，册九，頁四三〇—四三一）

禮部議准順天學政錢陳群奏稱，童生覆試論題，請將小學與《孝經》兼出，從之。

（《清高宗實録》卷一六，册九，頁四三二）

三六　乾隆二年丁巳恩科　于敏中

乾隆二年(一七三七)丁巳恩科，共取進士三百二十四人。狀元于敏中，榜眼林枝春，探花任端書。

是科會試知貢舉：刑部左侍郎王紘。正考官：大學士張廷玉、左都御史福敏。副考官：吏部左侍郎姚三辰、内閣學士索柱。

是科殿試讀卷官：大學士徐本，協辦大學士三泰，尚書甘汝來，左都御史福敏，侍郎程元章、吕耀曾，内閣學士索柱、汪由敦，詹事覺羅吴拜、李紱。

于敏中(一七一四—一七八〇)，字重常，號耐圃，又號叔子，江南鎮江府金壇縣(今江蘇常州市金壇區)人。進士第一，授翰林院修撰。直懋勤殿，敕書《華嚴》《楞嚴》兩經。累遷侍講，典山西鄉試，督山東、浙江學政。十五年，直上書房。累遷内閣學士。十八年，復督山東學政。擢兵部侍郎。二十二年，署刑部侍郎。三十年，擢户部尚書。三十三年，加太子太保。三十六年，協辦大學士。三十八年，晉文華殿大學士，兼户部尚書如故。受命爲四庫全書館正總裁，主其事。又充國史館、三通館正總裁。屢典會試，命爲上書房總師傅，兼翰林院掌院學士。四十四年十二月，以疾卒，謚文襄。著有《素餘堂集》。《清史稿》有傳。

于敏中狀元策見《狀元策》(榮錦堂乾隆續刊本，哈佛大學漢和圖書館藏)及《文武狀元策》(文錦、二酉書屋乾隆續刊本，哈佛大學漢和圖書館藏)等。

乾隆二年，丁巳。五月，戊子朔。策試天下貢士何其睿等三百二十四人於太和殿前，制曰：朕惟自古致治之隆，唐虞爲盛，而《虞書》言「敕天之命，惟時惟幾」，又曰「兢兢業業，一日二日萬幾」。蓋持盈保泰，若斯之難也。皋陶之陳謨曰：「在知人，在安民。」夫天工人代，非黜陟公明，何以能咸熙庶績？至敷奏以言，則又曰「乃言底可績」，言不可見諸施行，則無稽之言耳。若夫安民之本，則曰「食哉惟時」，言民事莫重於農，敦本計也。

朕纘承大統，仰繼祖宗重熙累洽之運，惟以主敬存誠，孜孜自勉，以求保泰之道，宵衣旰食，不敢諉責臣工。然帝王建治於上，尤賴百職事輔治於下，敬修可願，至誠感神者，爲君之誠敬也。「小心翼翼，夙夜匪懈者，爲臣之誠敬也。」①君臣交相咨儆，始可以迓庥和而綿泰運，大小臣工，何以精白寅恭，以恪襄至治歟？

古稱任官惟賢，位事惟能。以人事君者，大臣之職也。乃或阿其所好，而藉以市恩；或獵取虚名，而不孚輿論。爲國薦賢之謂何，良由私意汩于中，而偏見淆於外也。何以使膺薦舉之任者，皆舉能其官，而無用匪其人之失歟？

言路開，則見聞廣。但言必衷于理，事必舉其當。若摭拾浮談，有心迎合，或以迂疎悠謬之論，喋喋敷陳，所謂稽于衆者，果若是歟？夫有益於民生國計，是曰嘉謨，即糾繆繩愆，亦稱讜論。有志建白者，何以無負懸鞀設鐸之至意歟？

我國家休養生息，民物滋繁，宜其户慶盈寧，蓄積饒裕。乃猶時廑匱乏之虞，其咎安在？將人多趨利，逐末者衆，而耕作者寡歟？食用奢靡，未能以禮以時，而不知撙節歟？其所以勸勸課而警游惰，可不講歟？

夫都俞交儆，則可以持泰運於無疆；俊乂在官，則可以飭官方於有位。謨明弼直，則堂陛交，務本力田，則閭閻裕。久

① 「小心」至「敬也」十五字，據《狀元策》《文武狀元策》補。

安長治之道，無踰於此。多士其各攄所見，詳著於篇，朕將親覽焉。

（底本：《清高宗實録》卷四二，册九，頁七四六—七四七。參校本：《狀元策》，榮錦堂乾隆續刊本；《文武狀元策》，文錦、二酉書屋乾隆續刊本）

臣對：臣聞帝王之承天立極而錫福萬年也，以誠敬之心，行誠敬之政。而宫庭之上，班聯之間，百爾之衆，兆民之繁，皆無私之志氣，流通貫注於其中。而堂陛自以交孚，朝野自以悉協，如天地之無不持載，無不覆幬，萬物相生相育，而不知誰爲之運行焉，惟其誠敬而已。蓋天地無心而成化者，天地之全體也；聖人有心而無爲者，聖人之全體也。聖人之存心，廓然而大公；聖人之處事，物來而順應。本之於中，無一毫私欲之累。誠敬之心，所以凛於明旦，其功固極精而極純，達之於事，皆天理自然之宜。誠敬之政，所以流於寰區，其治亦最周而最溥。一人建極於上，而於以撫馭臣工，教養天下，萬物之衆，無不盡化其拘墟偏僻之私，歸於包涵容納之内，底於蕩平正直之風，所謂「惟天聰明，惟聖時憲，惟臣欽若，惟民從乂」。明王之奉天以理民者，未有不法天以爲治，而統天人上下，一出於誠敬者也。

欽惟皇帝陛下，學懋緝熙，功隆參贊。建一中以立政，寰宇同風；敷五福以誠民，會歸有極。仁心錫類，顯謨承烈，光四海而繼述彌隆；敬德體乾，旰食宵衣，敕萬幾而明聰遠燭。勤修典禮，準今酌古，凛陟降之小心，而有馮有翼有孝有德以咸集，吉人興藹藹之多；叠沛恩綸，赦罪輕徭，致雍熙之大化，而自西自東自南自北以來歸，至治仰巍巍之盛。固已世登上理，俗進敦龐，普天率土，沐膏澤而戴尊親；異域遐陬，奉車書而通獻見矣。乃聖德淵沖，疇咨彌切，進臣等於廷，而策之以保泰之道，薦舉之公，讜論之陳，民生之裕。以臣之愚陋，何足知此，然恭承清問，敢不竭其管窺之末見乎？

伏讀制策有曰：「帝王建治於上，尤賴百職事輔治於下。君臣咨儆，始可迓庥和而綿泰運。大小臣工，何以精白寅恭，恪襄至治？」誠萬世堂廉兢業之隆也。臣惟人君代天子民，凡百爾臣工，如四時之運行而成歲焉，是臣固佐君以亮天工者也。故位則曰天位，職則曰天職。君奉天，而臣奉君，必有畏天之心，而後可盡其亮工之職。所以虞廷喜起賡歌，必先之以時幾之訓，兢業之衷。一堂之君咨臣儆，動色相戒者，總不外誠敬之交修，此可以得聖世君臣致治之本矣。人君之心，本於誠敬，則上之以顧天命，下之以畏民喦，而嚴恭寅畏，不敢荒寧也。人臣之心，本於誠敬，則上之惟思報國，下之惟思裨民，自矜而不争，群而不黨也。古之聖人，當重熙累洽之時，猶必切憂盛危明之懼者，保泰之道也。於是三公論道，六卿分職，以爲九牧之倡。其事則所掌各殊，其治則總歸於阜成兆民焉耳。今諸臣果皆仰體皇上欽崇之至德，誠飭之深心，而精白自矢，公爾忘私，持盈保泰之休風，孰有逾於是哉？

制策有曰：「以人事君者，大臣之職也。何以使膺薦舉之任者，舉能其官，而無用匪其人之失。」此誠知人任使之規也。臣惟致治之方，用人爲要。苟得其人，則天下之事有不難從容以理者。然必求才全德備之人而後用之，則天下之才且將告乏，而一人之耳目，亦有所不周。於是以其權分寄之部院卿貳、督撫提鎮，而内外文武之材，乃可以一無所遺，豈非用人之良法哉？顧薦舉一行，則登進之途以廣，而僥倖之門亦易開。今日呈身自獻之人，必非他日致身許國之人；今日識面求榮之人，必非他日鐵面無私之人。自好之士，不事于求；浮競之中，斷無人品，此可一言決也。乃臣子爲國薦賢，而顧惟年友恩門之是徇，黨援請託之相仍，尚望其得人才而收實用乎？本至公之心，出以至明之識，是在諸臣之仰體聖主求賢圖治之盛心矣。

制策有曰：「言路開，則見聞廣。但言必衷於理，事必舉其當。有志建白者，何以無負懸鞀設鐸之至意。」誠萬世獻替之盛也。竊思虞廷致治，必先之以明四目，達四聰，所以廣四方之觀聽，決天下之壅蔽也。蓋以天下之大，爲聰明者，聖人之大公也。天下之大，不能周知，於是以大臣爲之股肱，而以諫臣爲之耳目，此後世言官之所由設歟？三代以下，號稱納諫無如漢之文帝、唐之太宗，故名臣迭起，直聲著聞，用能布德施惠，治臻太平。外此則水火之攸分，朋黨之互立，附比者陰爲之主持，立異者顯肆其詆毁，辨論紛紜，攻擊不已。馴至植黨樹援，分門列户，變易黑白，顛倒是非，而國政民生，均受其弊者。此宋明以來積習相仍，固結而不可解者也。今諸臣幸遭逢聖明虚衷諮詢，言路廣開，果實求夫吏治民生之得失，盡屏私心，竭誠入告，有不媲美於明目達聰之隆者哉？

制策有曰：「國家休養生息，民物滋繁，而慮人多趨利逐末，食用奢靡，欲勤勸課而警游惰。」誠敦本崇實之至意也。考之《周禮》所載，太宰以九職任萬民，首於三農生九穀，而終於游民無常職，此可見重本抑末之意焉。又讀《七月》之詩，而知聖人之愛養其民者，何委曲而詳盡；民之遵守其教者，何風淳而俗厚也。其事不過農桑兩大端，而自治蠶織絍、場圃田獵、烹葵剥棗之事，無不至纖至悉，以爲之謀，何其始於勤而歸於儉也。意者田畯之勸相有道耶？抑民俗之相習成風耶？是知三代盛時，其民之寬然有餘，於以成康阜之休，致雍熙之盛者，殆教養兼隆之道歟？臣謂欲民之富，莫若使之敦本力田；欲民之敦本力田，莫若使之驅游惰而爲力勤。抑兼并而歸儉約，申逐末之禁，務崇本之風，化浮靡之俗，而長吏又以時巡行郊野，以宣布聖天子愛養生民、敦本重農之德意，與民休養生息。衣食足而禮義興，化民成俗之道，寧有外於是乎？

要皆我皇上以至敬之默成者主於中，而以至誠之無息者運於上，是以當盛明之世，深兢惕之衷，而至敬之心，與天合撰焉；至誠之德，法天行健焉。於以成萬年永定之基，而綿國家鞏固之隆，自與天無極矣。

臣草茅新進，罔識忌諱，干冒宸嚴，不勝戰慄隕越之至。臣謹對。

（底本：《狀元策》，榮錦堂乾隆續刊本。參校本：《文武狀元策》，文錦、二酉書屋乾隆續刊本）

三七　乾隆四年己未科　莊有恭

乾隆四年（一七三九）己未科，共取進士三百二十八名。狀元莊有恭，榜眼涂逢震，探花秦勇均。

是科會試知貢舉：禮部左侍郎張廷璐。正考官：大學士趙國麟、吏部尚書甘汝來；副考官户部右侍郎留保、兵部右侍郎凌如焕。

是科殿試讀卷官：大學士徐本、趙國麟，吏部尚書甘汝來，户部尚書陳德華，刑部尚書尹繼善，工部尚書魏廷珍，吏部右侍郎陳大受，工部右侍郎阿克敦，内閣學士王承堯，通政使歸宣光，右通政楊嗣璟，大理寺少卿高山，詹事府少詹事許希孔。

莊有恭（一七一四—一七六七），字容可，號滋圃，一號淳夫，廣東廣州府番禺縣（今廣州市）人。進士第一，授修撰，直上書房。累遷侍講學士，擢光禄寺卿。尋丁父憂。十一年，特擢内閣學士。十三年，提督江蘇學政。十五年，擢户部侍郎，尋充江南鄉試正考官，復督江蘇學政。十六年，授江蘇巡撫。十七年，署兩江總督。二十一年，丁母憂，命予假百日回籍治喪，于伏汛前至淮安，署江南河道總督。二十四年，調浙江巡撫。二十七年，調江蘇巡撫。二十九年，擢刑部尚書，留巡撫任。三十年正月，命協辦大學士，仍暫留巡撫任。八月，召詣京師。三十一年八月，授福建巡撫。三十二年七月，卒於福州官署，年五十五。《清史稿》有傳。

莊有恭狀元策見《乾隆四年進士登科録》（中國第一歷史檔案館藏）、《狀元策》（榮錦堂乾隆續刊本，哈佛大學漢和圖書館藏）及《文武狀元策》（文錦、二酉書屋乾隆續刊本，哈佛大學漢和圖書館藏）等。

乾隆四年，己未。夏四月，丁丑朔。策試天下貢士軒轅詰等三百二十八人於太和殿前，制曰：朕惟帝王統御寰區，代天子民，敕明旦，凛對越，廣諮詢，切飢溺，朝夕乾惕，不遑寧處者，亦惟思措天下於治安，登斯民於衽席。緬想唐虞之世，吁咈一堂，時幾互儆，其時黎民於變，府事修和，猗歟盛矣！

朕以涼德，纘承丕基，孜孜圖治，四年於兹。勤恤民隱，痌瘝在抱，蠲復遍於各省，而閭閻尚覺艱難；賞賚時及八旗，而京師未見富庶。論者謂泉布之貴，病在禁銅。今銅禁開矣，而錢價轉昂。又謂物料之貴，病在税重。今關税薄矣，而物價未減。用是日夜思維，不能稍釋，惟恐言路或有壅塞，而利弊不知。乃諮詢倍切，而假公濟私者多，實心忠愛者少；苟且塞責者多，直陳時務者少。豈折檻牽衣之流，不可見於今日耶？

元爲善長，宅心豈可不寬，而尚寬大則諸弊叢生，民生轉受其累，恐其流也。稍事整飭，而觀望者又以爲上心在嚴，遂莫不以苛爲察，以刻爲明，而民受其困矣。夫以今日之風，行今日之政，不過補偏救弊，權宜設施，思欲家給人足，講讓興廉，成比户可封之俗，將何術之從歟？

又如河工一事，動如聚訟，新開運口，論者紛紛。彼身當其事者，稍自擔承，衆即以爲固執而措置失宜。若一無釐正，又以爲因循而不足與爲。是責人則易，而自處之則又難也。

生民休戚，視庶司賢否，而承宣表率，則大吏之責也。乃今之課吏者，不過稽其案牘，察其考成，其有愛民若子，如召父杜母者，果得與旌揚之典耶？

凡此數事，皆朕時廑於懷，而未得其要領者。爾多士起自草茅，入對明廷，既無顧忌之嫌，宜盡敷陳之義，若能倣《治安六策》《賢良三對》，深達天人之理，性命之原，治亂安危之機者，亦不拘體制，詳切陳之，朕將進而親詢焉。

（底本：《清高宗實録》卷九〇，册一〇，頁三八五—三八六。參校本：《乾隆四年進士登科録》，中國第一歷史檔案館

藏；《狀元策》，柴錦堂乾隆續刊本；《文武狀元策》，文錦、二酉書屋乾隆續刊本）

臣對：臣聞天生民而立之君，尊之則元后，親之則父母。惟皇降衷，若有恒性，而克綏厥猷，必歸之一人。故位曰「天位」，工曰「天工」。王者奉若天道，凛幾康，嚴明旦，明目達聰，以通其蔽；設官分職，以寄其權。大而府事之修和，粗而日用之食飲，至孅至悉。無非爲天心所仁愛之民籌其生聚保乂之要道而已矣。《書》有之：「惟天聰明，惟聖時憲，惟臣欽若，惟民從乂。」言人君法天率下，而民獲福利也。又曰：「歲月日時無易，百穀用成，乂用明，俊民用章，家用平康。」言人君省躬無衍，而休徵自感應也。

欽惟皇帝陛下，惟時惟幾之念時廑於淵衷，已饑已溺之忱恒深于痌瘝。所以優恤閭閻者，不可謂不殷；廣開言路者，不可謂不至；宅心垂訓者，不可謂不得其中正；經理地方，整飭吏治者，不可謂不極其勤勞。此宜萬邦早已協和，風俗早登上理，庶績早已咸熙，百寮上繼師濟矣。顧夙夜孜孜，罔或不欽，而猶覺有未愜於宸衷者，何也？臣伏而思之，今天下別無所謂治安之術也，惟以實心行實政而已。蓋今日而必拘成法於古人，則迂踈而不適於用。況今所遵行，亦何嘗不祖古人之意也。臣之所謂實心行實政者，皇上以法天宜民、勵精圖治爲心，内外大小臣工，即仰體皇上之心以爲心。當官而行，盡職而理，毋苟且一時而眈目前之晏安，毋諉任異人而狃奉行之故事。程子曰：「一命之士，苟留心於愛物，於物必有所濟。」況聖明在上，推心置腹，則所以思日贊襄勤求治理者，宜何如其盡心也。

伏讀制策有曰：「蠲復遍於各省，而閭閻尚覺艱難；賞賚時及八旗，而京師未見富庶。」因慮及泉布、關稅之所宜，是誠軫念民瘼之盛心也。臣愚以爲，各省或經水旱之後，如病者初起，元氣未復，精神未充。善治病者，爲之調食飲，和脉絡，視寒暑所宜而節宣之，而後可與議粱肉。今蠲復之恩廣沛，民情已昭蘇矣。第督撫大吏，實心體國，加以噢咪，勸課農桑，預籌積貯，崇樸素以淳民俗，懲貪婪以惜民脂，則和氣致祥，豐稔疊見。十年之後，元氣既復，則精神自固。至欲京師之富庶，苟非痛懲其侈靡，則臣未見其可也。夫雕文刻鏤傷農事，錦繡纂組害女紅。今或戲園酒肆之間，華衣麗服，争相徵逐，以有用之金錢，不爲家人婦子之生計，而供往來酬酢之喧囂，是亦不可以已乎？古者，宫室輿馬，婚娶喪葬，皆禀裁于國典，而又稱家有無以酌劑之。今乃富者欲過，貧者欲及，或破財産以悦聽視，或炫虚實以僥稱貸，長此不已，流弊焉窮？是惟禁僭踰而抑末務，昭法度而一采章，庶幾費用有節，而財不至遽殫矣。至于泉布之貴，患在以户工二局供給天下，出之雖多，如用之至廣何？再四思維，惟裕銅以資鼓鑄，加卯開鑪，以廣流通之一法耳。物價昂，而輕關税宜矣。然生齒日繁，百度日增，物力艱難，亦勢使然也。通商惠工方，固傳之古人，果其措注有方，則足國足民，亦豈必不可得之事哉？

制策又曰：「諮詢倍切，而假公濟私者多，實心忠愛者少；苟且塞責者多，直陳時務者少。」因論及治道之寬嚴而恐迎合者之益衆。臣惟三代而後，以直節著者，無如貞觀之世。彼魏徵、房喬之徒，既以大臣而從容入對，馬周、張行成之屬，亦以諫官而慷慨陳詞。下此雖風節之時聞，要極盛而少繼。又其甚者，柔志成風，誰則羞立仗之馬爲朝陽之鳳乎？浮詞塞責，誰則陳苦口之言有格心之益乎？此籌國多可箝之口，事君少盡瘁之身，古人所以歎也。宋臣司馬光曰：「取諫臣之道有三，第一不愛富貴，次則重惜名節，次則通曉治體。」韓琦又曰：「凡所陳奏，當願體酌，宜主于理勝，而以至誠將之。」臣愚以爲，從司馬光之言，則可以得真諫臣；從韓琦之言，則可無愧爲諫臣。至于寬嚴互用，惟期得中；補偏救弊，要在因時。仁育義正，凡爲治者類然。故天道有陰陽，而舒慘必隨四時之序，固不能雨露日降，而雷霆日擊也。《記》曰：「一張一弛，文武之道。」而龔遂治渤海，孔明治蜀，要皆順時達變，不泥古，不牽俗，洞悉其利害而力挽之。是則存乎公者，決不肯希旨以取合；而存乎私者，斷不能秉道以自行。公私之界，亦惟人主之誠明有以察之而已。

制策又曰：「河工一事，動如聚訟。新開運口，論者紛紛。」此誠慎重河防之至意也。夫河工關係甚鉅，非親歷其地，相度形勢，不能以逆定。然古人之事，臣嘗聞之，從來水土既平，則貢賦以定。河漕本相爲表裏，《禹貢》所載，固不可鍥舟而求。即漢唐之治，亦未可扣槃而擬也。臣思黃淮之異議，莫如明代，而河漕之並治，亦莫如明代。當嘉靖隆萬間，或以爲當瀹海口，或以爲宜開故河。自潘季馴一出，二十七年之間興三大役，而黃淮遂以相敵，河漕遂以並治。彼其要，不過曰「以河予淮，以淮予河，以河淮予海」而已。今誠取季馴書中之精要，講求而切究之，以神明變化其間，而毋多議論，毋狃成見，有不績奏安瀾，而河漕並治者哉？

制策又曰：「生民休戚，視庶司賢否。而承宣表率，則大吏之責也。」臣惟虞廷三載考績，周家六計弊吏，當時雖無循吏之名，而民莫不敬服用情，以安其生焉。漢興，崇德尚賢，以核名實，如黃霸、朱邑、杜詩、劉矩輩，皆卓卓可紀。唐之太宗，屏風録名；宋之仁宗，印紙書績，皆留心獎勸其間，此吏治所以蒸蒸也。大抵作吏之道，務振作則紛更，尚優容則怠玩，故水濡必濟以火烈。紓民力則逋負常多，督國課則追呼時擾，故撫字必寓於催科。顧今之膺薦剡而稱循卓者，以佞諛爲賢能，以捷給爲敏練。至于安静之吏，悃愊無華，日計不足，月計有餘者，十不一聞焉。是善事上官，則逢迎奔走之下材可邀，豈弟慈祥之上薦，又何恠吏道之不古若也？然則登楊震之四知，列陽城于上考，是在督撫大吏端好惡之原，正倡率之道，毋輕行喜怒爲黜陟，毋誤寄耳目爲聰明，愛惜人材，寬其文法，庶能仰副我皇上勤求吏治之意矣。

要之，有治人無治法者，千古之恒言，實千古之確論。果其上下一心，設誠以致行之，則以正風俗，至淳也；以籌民生，至足也；以出治道，大順也；以平水土，以飭官方，無不旋至而立效也。有實心，有實政，而即有其實功，將休徵衆著于天下，福利普被于群生，我國家鞏固之隆自與天無極矣。

臣草茅新進，罔識忌諱，干冒宸嚴，不勝戰慄隕越之至。臣謹對。

（底本：《乾隆四年進士登科録》，中國第一歷史檔案館藏。參校本：《狀元策》，桀錦堂乾隆續刊本；《文武狀元策》，文錦、二酉書屋乾隆續刊本）

庚辰，上閲殿試進呈卷，召讀卷諸臣入。諭曰：「今次爾等所取之卷，無浮泛之習。所擬第一，甚爲允當。所擬第五，拔置第二。第六拔置第三，第二置第五，第三置第四。餘俱依汝等所擬。」因命大學士徐本拆視第一名，莊有恭，廣東人。上喜曰：「廣東僻遠之省，竟出狀元耶！」吏部尚書甘汝來奏曰：「前朝曾有數人，本朝從未曾有。」上曰：「九卿京堂内，並無廣東人。今得狀元，頗爲可喜。」尋按名拆畢，諸臣捧卷退出。

（《清高宗實録》卷九〇，册一〇，三八八頁）

三八　乾隆七年壬戌科　金甡

乾隆七年（一七四二）壬戌科，共取進士三百二十三名（《乾隆七年進士題名碑録》《欽定國子監志》《皇朝文獻通考》《國朝貢舉年表》載三百一十三名。按，《清高宗實録》載二甲九十人，《題名碑録》載二甲八十人，或因此導致誤差）。狀元金甡，榜眼楊述曾，探花湯大紳。

是科會試知貢舉：禮部左侍郎張廷璐。正考官：大學士鄂爾泰、刑部尚書劉吴龍。副考官：兵部左侍郎汪由敦、副將御史仲永檀。

是科殿試讀卷官：大學士張廷玉、徐本、查郎阿，協辦大學士、禮部尚書三泰，内閣學士覺羅吴拜，詹事錢陳群，户部尚書陳德華，吏部侍郎阿克敦，吏部侍郎蔣溥，户部侍郎梁詩正，工部侍郎德齡，大理寺少卿周炎。

金甡（一七〇二—一七八二），字雨叔，號海住，浙江杭州府仁和縣（今杭州市）人。雍正元年癸卯科舉人。初以舉人授國子監學正。會試、廷試皆第一，授翰林院修撰。三遷侍講學士。二十二年，直上書房，擢詹事，再遷禮部侍郎。三十八年，遘疾乞休，允之。四十七年，卒於鄉，年八十一。所著有《金雨堂詩墨續編》《静廉齋詩集》等。《清史稿》有傳。

金甡狀元策見《狀元策》（榮錦堂乾隆續刊本，哈佛大學漢和圖書館藏）及《文武狀元策》（文錦、二酉書屋乾隆續刊本，哈佛大學漢和圖書館藏）等。

乾隆七年，壬戌。夏四月，庚寅朔。策試天下貢士金甡等三百十三人於太和殿前，制曰：朕德弗類，託於士民君公之上，凛對越之小心，思安危之至計。玆爾多士，釋褐觀光，宜有以陳古今之通變，直指當世之切務，是以詳延於廷，諏以政要，匄以啓告，朕匪惟覘多士之所學，亦以匡朕不逮，思益下民耳。

蓋君之於民，其猶舟之於水耶。舟不能離水而成其功，人主亦不能離民而成其治。是以古聖先王，恫瘝懷保，憫然惟日不足者，非蘄民之懷惠而已也，實有見於君民一體之故。今君與民，誠一體歟？德之不修，政之不宣，賢才之不進，民隱之不聞，有一於此，其能成治道者，未之或聞也。將欲補四者之闕，又何術之從歟？

夫天下不必治也，君明而臣良，上令而下從，天下雖亂，識者知其有治之幾焉。天下不必亂也，君庸而臣諂，上令而下違，天下雖治，識者知其有亂之幾焉。其盈虛消息之機，多士亦嘗籌之素，而欲有辰告乎？

務民之本，莫要於輕傜薄賦，重農積穀。我國家從無力役之征，斯固無傜之可輕矣，而賦猶有未盡合古者乎？賦之外曰「耗羨」，此固古之所無也，抑亦古嘗有之，不董之於官，則雖有若無，而今不可考耶？且康熙年間無耗羨，雍正年間有耗羨。無耗羨之時，凡州縣莅任，其親戚僕從，仰給於一官者，不下數百人。上司之苛索，京官之勒助，又不在此限。而一遇公事，或强民以樂輸，或按畝而派捐，業田之民，受其累矣。自雍正年間，耗羨歸公，所爲諸弊，一切掃除，而游民之借官吏以謀生者，反無以餬其口。農民散處田間，其富厚尚難於驟見，而游民喧闐城市，貧乏已立呈矣。人之言曰：「康熙年間有清官，雍正年間無清官。」亦猶燕趙無鎛，非無鎛也，夫人而能爲鎛也。而議者猶訾征耗羨爲加賦，而不知昔之公項，皆出於此而有餘，今則日見其不足，且動正帑矣。是以徒被加賦之名，而公私交受其困而已矣。將天下之事，原不可以至清乎？抑爲是言者，率出於官吏欲復耗羨者之口乎？

多士起自田間，其必不出此，而於農民之果有無利弊，必知之詳矣。又如常平之設遍天下，而卒不聞百姓無鮮飽之嗟，或者禾栖畝而給銀，稼登場而責穀，是民未受其益，先受其害矣。將欲改弦易轍，而天時不可必，其何恃以無恐耶？

凡此數者，皆朕日夜躊躇而未得其要領者。多士其毋以朕爲不足告，而闕之隱之。其尚以朕爲可告，而敷之陳之，悉言其志，毋有所諱。

（底本：《清高宗實録》卷一六四，册一一，頁五九—六〇。參校本：《狀元策》，榮錦堂乾隆續刊本；《文武狀元策》，文錦、二酉書屋乾隆續刊本）

臣對：臣聞人主承天育物，而上天付畀之重，獨萃於一身，四海九州，罔有内外，無不待澤於下流者。故下有以爲撫綏，斯上有以爲昭事，舉天之聰明明畏，無一不自民驗之。其夙夜單心，懋勤罔斁者，一夫不獲，則必曰「時予之辜」；一政未均，則必曰「惟予有咎」。蓋其視斯民之休戚，如疾痛之切於乃身，而引養引恬，皆不啻自求安定之計。公天下之利，皆所以成民之事，而非以取其盈也；厚天下之生，皆所以振民之窮，而非以滯其積也。康濟小民之道，時與臣鄰共相懋勉，而至誠惻怛之所感，自有以深洽乎民情。是以在上有怵惕惟厲之心，在下有深固不摇之氣，風流而令行，治象日見其光昌，而釁孽不憂其隱伏。然猶宵旰靡寧，因時乾惕，舉生民之利病，廣致諮詢，冀以補其所不逮。蓋自古聖王，深探夫治亂之原，而制治於未亂，保邦於未危，利用阜財，惠鮮懷保，於以成郅隆之治者率是道也。

欽惟皇帝陛下，凝命敕幾，所其無逸，際累洽重熙之盛，凜持盈保泰之衷，固已仁恩丕冒，物阜民康，朝野有大同之徵，億兆享太平之福矣。乃猶聖不自聖，思久安長治之圖，進臣等於廷，而策以君民一體之義，治亂消息之幾，正供耗羡之規，常平賑恤之政。臣愚何足以知此，顧清問所及，不棄芻蕘，敢不竭管窺之見，以冀仰裨萬一乎？

伏讀制策有曰：「君之於民，猶舟之於水。必君民一體，而治道乃成，欲求德政之宣昭，賢才畢進，而民隱畢聞，何術而可？」臣惟人主以一身居兆庶之上，百姓之安危係於君，而人主之安危，亦係於民。故曰：「民猶水也，水能載舟，亦能覆舟。」古聖王深鑒於此，而時以是爲兢兢，其自儆之詞則曰：「若涉淵冰，予惟往求，朕攸濟。」即其儆告夫民也。亦曰：「若乘舟，汝弗濟，臭厥載。」其往往取喻於舟與水者，誠以安危之勢相倚，不容一刻不廑於懷也。夫舟必能因水之勢，順水之性，而後可以成利濟之功；人主必能順民之心，恤民之隱，而後可以成從欲之治。蓋民之待澤，固一心仰望乎君，而君之軫念夫民者，實有恫瘝之切，則德意之所孚，萬姓愈以見王心之一。蓋境地懸隔，而血脈流通，此君民一體，聖王所以通天下之志，聯天下之情也。夫君所以表正乎民者惟德，所以經理夫民者惟政，所期輔治而宣猷者，惟在賢俊之奮庸；所爲欲與聚而惡勿施者，惟在民隱之章徹。人主勤求治理，固無患四者之有闕。顧若谷之懷，更欲集思廣益。臣竊謂見諸事者，固未易疏舉也。但常存此兢業之衷，以殫心於宥密之地，則祗勤於德，而政治益修，庶明勵翼之餘，萬姓自其安於樂利，是猶涉水而謹其維楫，自足以利濟而無難矣。

制策又以「治亂有倚伏之幾」，而欲深究夫盈虛消息之故。臣惟治亂之數，天運循環，而天數必準乎人事，則吉凶之先見者，即人事固可以驗之也。夫天下有當治當亂之數，必天下事實有當治當亂之理。時未治，而天下之事皆足以致治，所謂與治同道罔不興，此雖亂必治，殷憂之所以啓聖明也；時未亂，而天下之事皆足以釀亂，所謂與亂同事罔不亡，此雖治必亂，燕安之所以爲鴆毒也。治亂之應，惟君臣上下，實有所以致之。故覘治亂之幾者，亦惟即此以驗之而已。其君明而臣良，則一德之交孚也；其上令而下從，則順氣之成象也，此其所由治也。其君庸而臣諂，則即聾從昧之漸也。其上令而下違，則去順效逆之勢也，此其所由亂也。天地之生物也，春夏盛長之中，即寓秋冬消落之理，蓋陰陽之氣，已不能無所虧矣。秋冬消落之極，正爲春夏長育之元，蓋陰陽之氣，實有以植其根矣。此盈虛消息之幾，即治亂倚伏之理也。今天下當極治之勢，於《易》之象爲《豐》，惟在君臣上下，咸凜日中月盈之戒，而常矢涉淵履冰之心，斯克謹夫治亂之萌，而有以保治於無窮矣。

制策又以「賦法未盡合古」，而欲熟籌耗羡之利弊。臣惟正賦之外，固不容多取贏餘，而物之由散而聚，其必有贏餘者勢也。因是正其耗羡之名，以作充公之用，固不得以加賦爲嫌也。康熙年間無耗羡，凡有司之濫費，與因公科斂，其爲累於民者寔深，而上下皆有恬熙之象。雍正年間有耗羡，自此諸弊掃除，百姓宜共樂其利，而反形貧困之象者，臣愚以爲先後苦樂之情，不關耗羡有無之故，亦時爲之耳。天下久平，民物滋息，財用之不足以贍，雖聖人未如之何。幸而耗羡充公，百姓得免借名苛擾之累，而尚無餘力。如此使今日仍如無耗羡之時，有司皆得因緣科斂，而民力之絀更不支矣。夫國之本計在農，今農陰受其福，特其利難驟見耳。官吏或以實窮縮而形訾議，①游民或以無所附託而共爲咨嗟，此皆出於私意，其又何足恤哉？第原耗羡之所從來，本出於正額之外，則催征之際，或宜少爲寬假，其有逋欠時，或量加蠲免，是在特降德音矣。

制策又以：「常平之制，未能偏惠於民，將欲改弦易轍，而天時難必，何以有恃無恐。」臣惟常平之法，既發糶以給民食，旋和糴以補倉儲，法至善也。今設倉偏天下，而百姓時有鮮飽之嗟者，户口日蕃，生者少而食者衆，偏災小祲，時復見告，倉儲雖廣，不足以給，此固非常平之鮮利也。其不至饑饉之難堪，則猶賴常平之補救耳。夫發糶之後，正額懸缺，自須買補完倉，始足爲後來之備。顧買補有不能無弊者，歉歲之後，幸而有年，民間或稍有蓋藏，或斗升裁足，米穀有餘，而市價平減，此民氣之所由蘇息也。一旦採買交至，則米價日以昂貴，彼未盈而此已虛，將被澤於異時，先受困於今日矣。是惟在封疆大吏，酌劑夫盈虛，相度其緩急，使價平而額自足，則無買補之弊，而常平之利爲可久矣。如謂藏富於民，自能充給，不必徒爲滯積，反奪其朝夕之需。此未權利害多少之數，不可因是而有改制之疑也。

① 「窮」，《文武狀元策》作「窘」。

凡此數者，舉安危治亂之大原，以及制用恤民之大計，無不本皇上覆載同符之德，而出以懋勤圖治之心。由是健行無息，廣運無疆，顧畏民碞，而萬方有徯志之應；永思治道，而萬世有不拔之基。明至治以薦馨，驗庶徵之來備，我國家景祚之隆，自與天無極矣。

臣草茅新進，罔識忌諱，干冒宸嚴，不勝戰慄隕越之至。臣謹對。

（底本：《狀元策》，榮錦堂乾隆續刊本。參校本：《文武狀元策》，文錦、二酉書屋乾隆續刊本）

乾隆七年，壬戌。夏四月，庚寅朔。

壬辰，諭大學士等：「今科殿試制策内『羨餘』一條，係時事中之切要者，讀卷官務須留心閲看，以覘士子平素之學問經濟。不得僅以文理通暢，字畫端楷，遂列前茅。如果能確有所見，愷切敷陳，可備採擇者，朕將見諸施行。即字畫不甚工緻，亦應拔取進呈，以備親覽。可傳諭讀卷諸臣知之。」

（《清高宗實録》卷一六四，册一一，頁六五）

癸巳，上御養心殿，閲殿試進呈卷，召讀卷官入，諭曰：「今科殿試策『耗羨』一條，最關時務。卿等所擬十卷中惟第六卷，條對頗明暢。本欲置爲第一，但策内有幾字錯落，可拔置第二。所擬第二卷，拔置第一。所擬第一卷，改置第三。」命拆第一卷視之，是金甡，浙江人。上顧户部侍郎梁詩正曰：「金甡汝曾保舉過他。」梁詩正奏曰：「金甡臣曾保過，現任七品小京官。」命拆第二卷，楊述曾，江南人。拆第三卷，湯大紳，江南人。其餘諸卷，上一一鑒定。命大學士張廷玉填寫。

（《清高宗實録》卷一六四，册一一，頁六五—六六）

三九 乾隆十年乙丑科 錢維城

乾隆十年(一七四五)乙丑科,共取進士三百一十三名。狀元錢維城,榜眼莊存與,探花王際華。

是科會試知貢舉:禮部侍郎楊錫紱。正考官:大學士史貽直、吏部左侍郎阿克敦。副考官:兵部尚書彭維新、刑部左侍郎錢陳群。

是科殿試讀卷官:大學士陳世倌,協辦大學士訥親,內閣學士王會汾,吏部左侍郎阿克敦,兵部尚書彭維新,兵部右侍郎開泰,刑部尚書汪由敦,刑部左侍郎錢陳群,刑部右侍郎彭啓豐,工部右侍郎德齡,左都御史劉統勳,左僉都御史嵇璜,大理寺卿劉綸等。

錢維城(一七二〇—一七七二),字幼安,一字宗盤,號茶山,一號稼軒,江南常州府武進縣(今江蘇常州市)人。乾隆三年,舉順天鄉試,年十九。七年,試爲内閣中書舍人。狀元及第,授翰林院修撰。尋擢右春坊右中允、日講起居注官,命南書房行走。旋擢翰林院侍讀學士。十八年,擢内閣學士,兼禮部侍郎。十九年,充會試副考官。二十二年,擢兵部侍郎。二十六年,調刑部,尋轉左侍郎。三十七年,丁父憂歸,以毁卒。贈尚書,謚文敏。書法蘇軾,畫得元人筆意,時以爲天授。著有《茶山詩文集》。《清史稿》有傳。

錢維城狀元策見《狀元策》(榮錦堂乾隆續刊本,哈佛大學漢和圖書館藏)及《文武狀元策》(文錦、二酉書屋乾隆續刊本,哈佛大學漢和圖書館藏)等。

乾隆十年，乙丑。四月，戊午。戊辰，策試天下貢士蔣元益等三百十三人於太和殿前，制曰：國家設科取士，每三年而賓興之，復明試於廷，以覘所志。朕既不逮，立政無方，常思進彼嘉言，佐予休治。比策試貢士，亦既不愧不文，爰咨爰度矣。乃多士之對揚者，華藻是飾，骨鯁無聞，豈朕求之不誠歟？抑司其事者，抑不以進歟？不然豈時無闕政，民無隱情事耶？則多士以起自田間，未諳政務爲辭耳。夫政事與學問非二途，稽古與通今乃一致，爰以多士所素服習敬業者詢之，必有以導朕焉。

五、六、七、九、十一、十三之經，其名何昉，其分何代，其藏何人，其出何地，其獻何時，傳之者有幾家，用以取士者有幾代，得縷晰而歷數歟？三選、四科、五問、十條，乃周漢以下取士之別，爲取爲棄，爲同爲異，爲得爲失，可得而詳言歟？其銓除也，代復不同。魏晉而下，率循資格，有四科九班之別，五保七流之異，其體例亦能條對論列否耶？將欲得賢材，舍學校無別途；將欲爲良臣，舍窮經無他術。① 多士宜有以奮發敷陳，啓迪朕蔽，其有深悉時政得失直言極諫者聽。

（底本：《清高宗實録》卷二三九，册一二，頁八一—八二。參校本：《狀元策》，榮錦堂乾隆續刊本；《文武狀元策》，文錦、二酉書屋乾隆續刊本）

臣對：臣聞治天下以道，而道莫備於經。古者草昧初開，書契未啓，開天之聖人，天亶聰明，乘運而起，因圖書而畫八卦，而文治始光，道統治統並垂於天壤。《易》曰：「古者，庖犧氏之王天下也，仰則觀象於天，俯則觀法於地，觀鳥獸之文與地之宜，於是始作八卦，以通神明之德，以類萬物之情。」此經學之權輿，而道法之源流所從出也。夫經者常也，帝王所以經天下之大猶，而人臣所恃以爲拜獻之資者也。嘗考之唐虞三代學校之制，上庠下庠，東序西序，各異其名而不異其

① 「舍窮經無他術」六字，《狀元策》《文武狀元策》作「舍經術無他道」。

學，所以壽考作人，①爲國家儲有用之器，致文明之治也。蓋士必有湛深經術之實，而後足以資明聽效翼，②爲董仲舒、賈誼之策，陸贄之議，蘇軾之論，所以慷慨激昂於國家治忽之關，③言之深切而著明者，其所學者大，而所見亦大也。

欽惟皇帝陛下，以天縱之資，繼天首出，際重熙累洽之治，德洋恩溥，澤潤生民，風動之休，徧於萬國。乃猶宸衷愈惕，五夜精勤，博稽古訓，要於至治，以二帝三王之心爲心，以二帝三王之學爲學，綸綍所播，聖謨洋洋矣。兹當廷試之期，復進臣等而策以窮經稽古之學，儲才取士之方，用人銓職之成法。臣愚何足以知，然聞古者庶民百工，皆得以事進言，況對揚伊始，敢不竭管窺蠡測之見，以仰副高深於萬一？而聖諭以爲「多士之對揚者，華藻是飾，骨鯁無聞」，此誠聖主求賢若渴之至意。臣伏念宋儒陸九淵之言曰：「事君之初，豈敢過直。」此言新進事君，自有體也。且臣等起自草萊，國家政治，多所未諳，即懷欲陳之，而未得其要，誠有如聖諭所云者。若乃於呫嗶訊言之末，自獻其學古有獲之一二端，臣雖極愚，敢不罄所聞以對？

制策有曰：「政務與學問非二途，稽古與通今原一致。」而因及於經學之源流。臣觀《禮記》所載，已有六經，《易》《詩》《書》《春秋》《禮》《樂》。自秦以後，《樂經》不見於世，所存者惟《樂記》數篇，附於《禮記》而已。然經義所言，亦有可疑者。《春秋》以孔子筆削而成，魯之《春秋》，不過紀事之史耳，而自言曰「屬辭比事，《春秋》教者」，非也。則五經之名，當自日後論定。《易》以卜筮之書，未經秦火，自王弼宗費氏，略數主理，而施、孟、焦、京之學不傳。漢初，除挾書之律，濟南伏生始以《尚書》授鼂錯，劉向、劉焯之徒俱傳之。「四詩」齊、魯、韓先出，毛氏最後，以鄭箋而獨傳。《春秋》則公羊、

① 「所以」至「治也」，《文武狀元策》作「所以興賢育才，而爲國家儲有用之器，大作人之化也」。
② 「而」下，《文武狀元策》有「後家修廷獻」五字。
③ 「激昂」，《文武狀元策》作「直陳」。

穀梁先立學宮，何休、范甯各宗之。《左氏》附經爲傳，最爲詳備，劉歆、①賈逵之徒，皆爲之説，而杜預《集解》爲最詳。《禮記》始于后蒼，漢分大小二戴，今所宗者陳澔之《集註》也。《儀禮》始于高堂生，鄭康成、賈公彦皆疏之。《周禮》後出，②由劉向而著於世。《爾雅》始于周公，而成于子夏，郭璞註之，積十八年而成，亦云勤矣。《孝經》得于河間顔芝，而有今古文之異。《論語》出于孔壁，而有齊與魯之分，張禹、孔融、王弼而下，治之者不下十數家。《孟子》註于趙岐，得有宋諸儒而益顯。蓋諸經在漢已大備，惟《古文尚書》獻于東晉梅賾耳。而十一、十三經之名，至唐宋而始定也。蓋嘗論之，經之出也有時，其傳也有爲。《論語》將出，乃有魯恭壞宅之舉；《尚書》將獻，乃格于江充巫蠱之變。《左傳》功存羽翼，雖以劉歆之博辯，不能破太常博士之見。《爾雅》義取訓詁，自終軍能辨豹鼠，而後世取爲博雅之資。自非聖學昌明于上，諸儒表彰論説於下，安能萬世爲昭，留遺至今日哉？至用以取士者，漢立博士弟子，使之治經。③唐之取士，以詩賦爲重，于經義從略焉。宋幼始重帖括，王安石復創爲四子制義，後以安石所論定者置于學宮，取士必依王氏爲斷。自正學復明，而王氏遂廢。我皇上表彰經學，重道崇儒，固以任官惟賢，取士必得矣。而清問猶以周漢以下取士之棄取同異得失爲諄諄，誠欲講求至道，以收得人之效也。

臣惟桓公之三選，慈孝與拳勇並舉，終爲雜伯。漢之四科，首以德行高妙、志節清白，而能任博士之任，御史才任三輔，今皆存孝悌清公之行，猶爲崇本。至駱宰考格，五問並得爲上，而超宗以爲非，患對不盡問，患以恒文弗奇。北齊射策十條，通八以上賜九品出身，而劉思之論，當時已多異議。臣嘗總而計之，自周迄漢，取士皆尚實而不尚文。故周之俊士、

① 「劉歆」至「最詳」，《文武狀元策》作「劉向請立學官，當時未果。及後劉焯兄弟爲之註，而杜預集註爲尤詳」。
② 「出」下，《文武狀元策》有「世無知者」。
③ 「治經」下，《文武狀元策》有「而未嘗別立科目」。

造士、進士，自大樂正以升于司徒、司馬、司空，皆六德六行之選也。漢有茂才異等、直言極諫、孝悌力田、賢良方正諸科，皆有體有用之才也。唐宋以下，始尚文而不尚質，故韓愈有「類於俳優者之所爲，可無學而能」之歎。田況有「言可施行，勿謂制科止進取一途」之戒。① 此其棄取同異得失，可約略言之也。

若夫銓除之法，尤士君子學古入官之始，而國家位事惟能之道。我皇上澄敘官方，②整齊銓法，博採古制而參用之，固已法良而意美矣。而制策又以「魏晉以下銓除之體例」爲問，臣請原其始而言。自古得人之盛，於周爲烈，而用人之道，亦於周爲詳。《王制》司馬辨論官材，③論定而後官，任官而後爵，位定而後禄，無所謂銓除之法也。漢初，立常侍曹尚書一人，以主公卿之選；立二千石曹尚書一人，以主近國之選。④ 光武復改常侍曹爲吏部尚書，以總三曹之事，所用必加歲月先後之次，而選法始詳。順帝時，左雄爲限年四十之法。曹魏時，陳群爲九品中正之法。崔亮、⑤裴光庭後先倡議，而資格

---

① 「之戒」至「言之也」，《文武狀元策》作「嘗觀朱子貢舉私議曰：『古者學校選舉之法，始於鄉黨，達於國都，教之德行道藝，而興其賢者能者，所以居之者無異處，所以官之者無異術，所以取之者無異路。是以士之有定志，而無他慕。夫制藝取士，本欲使學者沉潛載籍，效法聖賢，博求掌故也。而行之既久，雷同餖飣之弊因之，而實學未必可得，似宜法朱子分年考試之法，行之而實學可崇矣。』」

② 「我皇上」至「意美矣」，《文武狀元策》作「我皇上澄敘官方，整齊選法，固已酌古宜今矣」。

③ 「《王制》」至「之法也」，《文武狀元策》作「《周禮》司徒以鄉三物教萬民而賓興之，司馬以進士告於王，論定而後官，無所爲銓除之法也」。

④ 「近國」，《文武狀元策》作「郡國」。

⑤ 自「崔亮」至文末「基于此矣」，《文武狀元策》作「崔亮復倡於前，裴光庭又繼踵於後，而資格之法加嚴。自唐迄宋皆因之，故尚書、侍郎之有左右選也，有大小選也，此即流内流外之選也。姚崇患墨敕之太濫，宇文融疾吏部之不公，而有通選十選，其所用皆資格也。夫資格雖不可專任，亦不能竟廢，惟參酌而用之，使豪傑有自見之路，單寒無坐抑之虞，則選法盡善矣。蓋本經術以爲治，則聖教明而大猷允升。以之養士，而王國有克生之休；以之用人，而立賢有無方之盛。我國家太和洋溢之化基於此矣」。

之法加嚴，自唐迄宋皆因之。唐制，選於尚書者謂之尚書選，選于侍郎者謂之小選。宋法，文臣升朝者屬尚書左選，幕職、州縣以下屬侍郎；左選武臣升朝者屬尚書，右選副尉至從義屬侍郎。右選莫不循資格爲制，而天子不得左右其間。夫銓選之用資格，亦猶取士之以科目，非古之遺意。然魏元同、張九齡、胡致堂，嘗欲廢之而卒不可者，勢有所不能也。惟人主詳慎其制，若孫權之三署，皆依四科，而宿衛之臣，俱慶得人矣。若齊高帝之同軍，各立五保，魏孝明之五人相保，而冒濫遺籍之弊寡矣。司銓選者，一稟至明至公，若劉頌建九班之制，考課能否，明其賞罰；王儉之七流選用，奏無不可，則積弊肅清，而選法大善矣。

此數條者，皆載籍之成法，與政務相通，聖諭所以諄諄于此，而臣不敢不竭其區區之忱，以仰答聖天子之丕顯休命者也。蓋本經術以爲治，則聖教明而大猷允升，聖德修而萬邦式化。以之取士，而王國有克生之休；以之用人，而立賢有無方之盛，我國家太和洋溢之治基于此矣。

臣草茅新進，罔識忌諱，干冒宸嚴，不勝戰慄隕越之至。臣謹對。

（底本：《狀元策》，榮錦堂乾隆續刊本。參校本：《文武狀元策》，文錦、二酉書屋乾隆續刊本）

四〇　乾隆十三年戊辰科　梁國治

乾隆十三年（一七四八）戊辰科，共取進士二百六十四名。狀元梁國治，榜眼陳枘，探花汪廷璵。

是科會試知貢舉：內閣學士劉綸。正考官：兵部尚書陳大受。副考官：吏部右侍郎兼理户部侍郎事蔣溥、兵部左侍郎鄂容安、禮部右侍郎沈德潛。

是科殿試讀卷官：大學士張廷玉，協辦大學士傅恒、陳大受，刑部尚書汪由敦，吏部右侍郎德齡、歸宣光，署户部侍郎莊有恭，兵部右侍郎王會汾，刑部左侍郎覺羅勒爾森，內閣學士鐘音、張泰開，左副都御史梅瑴成、嵇璜，少詹事金德瑛。

梁國治（一七二三—一七八七），字階平，一字豐山，號瑶峰，又號梅塘，浙江紹興府會稽縣（今紹興市）人。乾隆六年，鄉試中式。狀元及第，年二十六，授翰林院修撰。遷國子監司業。充廣東鄉試正考官。除惠嘉潮道，移署糧驛道。擢署左副都御史，遷吏部侍郎。以署糧驛道時失察家人舞弊遭劾奪職。起授山西冀寧道。三遷湖北巡撫。三十四年，命署湖廣總督，兼荆州將軍。三十六年，移湖南巡撫。三十八年，召還京師，命在軍機處行走，并直南書房。三十九年，授户部右侍郎。四十二年，主順天鄉試，擢户部尚書。四十七年，加太子少傅。四十八年，命協辦大學士。五十年，晉授東閣大學士，兼户部尚書。五十一年十二月，以疾卒於官，年六十五。贈太子太保，謚文定。所著有《敬思堂文集》六卷、《敬思堂詩集》六卷、《敬思堂奏御詩集》四卷。《清史稿》有傳。

梁國治狀元策見《狀元策》（榮錦堂乾隆續刊本，哈佛大學漢和圖書館藏）及《文武狀元策》（文錦、二酉書屋乾隆續刊本，哈佛大學漢和圖書館藏）等。

乾隆十三年，戊辰。夏四月，甲寅朔。己卯，策試天下貢士鄭忬等二百六十四人於太和殿前，制曰：朕惟制治在審其時宜，論治必徵諸實用。《書》曰：「明試以功。」又曰：「乃言底可績。」士先資其言，必度可施之行事，爲濟時之良畫，斯足以應天下之務，而國家收其實效。朕臨御十有三年，宵旰兢兢，期與四海臣民，共臻蕩平正直之休。而朝堂卿尹，未見其能公忠體國，夙夜匪懈也；僚采，未見其能震動恪共，服勤趨事也。封疆大吏，未見其能正己率屬，移風易俗也；守吏，未見其能砥節奉公，勞心撫字也。將整飭之未得其道，激揚之未盡其方與？吏治之未及於古，其故安在？

農桑，王政之本也。列聖重熙累洽，休養蕃滋，思所以裕其衣食，亦既屢申勸課之令矣。而人不能無遺力，地不能無遺利，果游惰蠹之，追呼擾之歟？抑荒萊不闢，耒耜不勤，司牧者漫不知省，而大吏惟以簿書期會爲急，即著之功令，用以爲殿最，率具文從事歟？

邇年米價之貴徧天下，朕多方籌畫，稅免矣，而騰涌如故；倉發矣，而市值仍昂，豈皆有司之奉行未善歟？或且欲停採買以紓其急，嚴囤户以暢其流，禁富民之射利，以裕其所出，果皆切中事情歟？採買停，則所在倉庾，不數年而告匱，緩急將何以濟？青黄不接之時，市無現糧，貧民翹首官倉，使粒米無存，有司能坐視而不爲補救歟？生穀止有此數，積於官必虧於民，其較然者。然積之害，與散之利，當熟籌之，而非明著其由，何以使官民兩利？至水旱偏災，朕不惜帑藏，廣爲賑卹，而實惠之未能下逮者，其弊安在？山東被災較重，前後截漕撥帑，費既不貲，且命大臣臺諫，往莅其事，而流移捐瘠，何以勞來而安集之？古荒政之切於時事，可行者有幾？先事之綢繆，既無及矣，獨不思所以善其後歟？乘時雨之霑溉，招流亡，貸籽種，給牛具，播種而耰之，以待有秋，非要務歟？此外或有裨於實用，可入告者否與？

治河轉漕，以餉京師，黄河之由豫入徐，奮迅急疾，大溜横趨，隄工在在危險。而又加以埽壩林立，水勢不能直達，淤沙日停，河心日墊，不得已而加隄以禦之。近聞淤沙之離兩岸者，或僅三四尺、五六尺，偶值盛漲，必有決溢之患。河病而漕亦病，果何道而能刷沙以暢其流與？將復用河兵操舟製器，日從事其中，可歲月奏效與？舍加高培厚之外，别有長策，可一勞而永逸者否與？

多士修之於家，宜有明治體，知治要，以期自見於當世者。而事詞章而略經術，急進取而競聲華。論文體則尚浮辭而乖實義，於聖賢道德之實，未有能體之於心，修之於行事者，將教化之未明與？抑積習之難返與？其博思所以端風尚而正人心者，切言之無隱，朕將親覽焉。

（底本：《清高宗實録》卷三一三，册一三，頁一三七—一三八。參校本：《狀元策》，榮錦堂乾隆續刊本；《文武狀元策》，文錦、二酉書屋乾隆續刊本）

臣對：臣聞天下雖大，治之在道；四海雖遠，治之在心。是以聖主綏猷而建極，明王執要以圖幾，則高拱垂裳，不勞而理。古之帝王，緝熙康乂，光照六合，仁風翔於海表，茂德溢於方外。《書》曰：「祗台德先，不距朕行。」又曰：「聖有謨訓，明徵定保。」然則出治之原，不可不立；運世之本，不可不端。而先王成憲之垂，不可以不鑒也。故自朝廷以至閭里，出政令以宣風教，皆一人之精神志慮所爲流通，則出之也不煩，而行之也有要。後之論治者，或泥古人之迹，而不可施之今。姑欲徇名而遂廢其實，此則陋儒之見，不可與言治道。又或謂今人之情，皆已異於古，而先王之迹，不可復於今。趨便目前，不務高遠，則亦恐非大有爲之論，而未足與經當世之務也。竊嘗慕夫漢之賈誼，唐之陸贄，宋之蘇軾，皆能原本經術，論列時事，是則不爲迂闊難行、①空疎無用之學，而於聖賢道法之治，庶有當乎？誠願學焉而未逮也。

① 「是則」至「之學」，《文武狀元策》作「其言不悖乎古，而可施之于今，庶乎」。

欽惟皇帝陛下，躬至聖之德，承累葉之庥，學問積於光明，膏澤敷於遐邇。德已至而猶謂未至，功已成而猶謂未成，宵衣旰食，日昃不遑，猶於萬幾之暇，進臣等草茅之士，而詢以吏治民生之本，採買賑濟之策，以及河流之通塞，士風之淳薄。臣愚誠百慮而莫究其萬一也。雖然，承明問，敢不就所聞以對？

臣聞：「后克艱厥后，臣克艱厥臣。」故自一命以上，位有崇卑，其實皆奉公體國，而與人君共治平之責，同休戚之情者也。然則在上者黜幽陟明，以樹風聲；在下者，敬共匪懈，以風有位。此則君臣一體之義，而泰交之所以盛也。

伏讀制策有曰：「卿尹未能公忠體國，僚采未能震動恪共，大吏未能率屬，守令未能撫字，而因慮整飭之未得其道，激揚之未盡其方。」臣惟爲人臣者，殫心精白，以急公家之事分也。高爵厚禄，榮寵而尊顯之者，人主臨馭之大權，而非臣下之所敢幸望也。然凡人之情，不賞則不勸，不罰則不懲，賞罰得其宜，則人皆感激踴躍，争自濯磨，思奮於功名之路矣。且夫卿尹之未能體國，大吏之未能率屬者，既已在聖明洞鑒之中矣。若夫慎簡僚吏，卿貳之責也；稽察守令，督撫之權也。《冏命》曰：「罔以巧言令色，便辟側媚，其惟吉士。」然則整飭屬員，亦在大吏之公正而已。簡僚吏者，考其職業之勤；課守令者，責以循良之效。如此則人知好惡之不私，夤緣之無益，而乃得併心壹力，以營其職，而官方肅矣。

制策又曰：「農桑，王政之本也。而人不能無遺力，地不能無遺利，而又恐地方大吏之以具文從事也。」誠哉聖訓！根本之治，切要之圖，莫急於此矣。夫國家休養生息，百年於兹，①可耕之田愈少，而人愈以多，勢不能悉驅而爲農也。即荒萊之不翦者，十餘年前尚或有之，今則高山之麓，湖河之淤，皆墾闢而耒耜矣。若夫人之不能無遺力者，則亦時有。蓋東南之地田少而農勤，小有旱澇，人力可施；西北則田較多而力穡不逮，一有偏災，②束手無策，動輒流移。雖人事之不

① 「國家休養生息百年於兹」，《文武狀元策》作「國家休養，生齒日繁」。
② 「一有偏災」，《文武狀元策》作「一縫水旱」。

齊，亦其地勢然也。然要在司牧者，勞來勸課，使得及時耕種，以盡地力，而不區區責效於簿書期會之間，則盈寧有慶矣。

制策又以：「米價之貴徧天下，稅免矣，而騰涌如故；倉發矣，而市值益昂。或且欲停採買以紓其急，嚴囤户以暢其流。」夫穀價之貴，由田貴也。康熙年間，東南之田每畝值七八金者，今且倍之矣；西北之田每畝值一二金者，今且不止倍之矣。田賤則貧者猶能置産，田貴則富者益復居奇。夫小民所争，不過什一之利耳。今田之所入，穀非加多也，而田已貴，則穀豈能以遽賤乎？免稅，令典也。然其效隱而未覩，若欲復之，則擾矣。發倉，盛舉也。然其弊積而多端，若能釐之，則善矣。欲停採買者，矯時弊而過其正，其言新奇可喜，而考之古人，揆之將來，萬一數年間緩急告匱，其何以濟嚴囤户，而禁富民之射利，誠釐剔之策矣。要在身其事者，安靜不擾，而酌量其地方之情形而善爲之，杜其流則庶乎米穀流通矣。

聖諭又以山東被災較重，①而思所以善後之策，或裨於實用可入告者。臣思東省連歲災歉，又其郡縣頗多。自上年來，我皇上撥銀截漕，發倉賜復，所以維持而安全之者，不啻拯溺救焚。今年復命大臣臺諫，往涖其事。此時元氣漸復，民亦可勞來還定而安集之矣。又麥秋在邇，乘時雨之霑溉，可望收穫。至於招集流亡，貸其籽種牛具，俾得盡力於田野，誠目前之急務。但秋收尚遠，該省米價一時未能驟減，倉儲一時猶未甚足，採買既難，平價匪易，小民粒食，未免仍艱，宜令董其事者，悉心斟酌，以籌平價之策，則小民皆得安居樂業，深耕易耨，以俟秋成矣。

至於治河之法，睿慮周詳，以「淤沙日停，河心日墊，不得已而加隄以禦」爲慮。夫黄河之難治，自古患之。加隄以禦，誠權宜之計，然舍此亦無長策。其云操舟製器，日從事其中，若小河挑淺之法，似乎較築堤者爲切要矣，而又恐歲月難以

---

① 「聖諭」至「大臣臺諫」，《文武狀元策》作：「制策又以山東被災較重，而思所以善後之策，或裨於實用可入告者。臣思東省連歉，又其郡縣頗多。自上年以來，荷蒙命大臣臺諫。」

奏功。然且試爲之，第以近時未有行者，事固難以懸度也。要之，經久之務，寧使一勞永逸，毋爲旦夕苟且，河工重事，不可不講求而切圖之也。

制策又以：「多士修之於家，宜有明治體、知治要者。而於聖賢道德之實，未能體之於心，修之於身。」此誠爲人心風俗計深遠也。① 夫教化未明，士無實學者，地方官吏師儒之（士）〔責〕也；②積習難返者，士之過也。夫近日士風之靡，大抵以決策發科爲事，而於古人正誼明道之旨，③經綸幹濟之業，或置而不問。④ 其作爲文詞，亦多浮靡影響之談，而於經傳之微言奥義，生民之休戚利病，或未嘗究心。誠宜挽其宿習，而務講求夫實際；覘其行能，察其器識，處則爲誼士，出則爲良臣，豈非菁莪棫樸聖天子作人之雅化哉？

抑臣聞古之盛王，未有不以得人爲急也。故曰：「十年之計樹木，百年之計樹人。」故上自公孤卿尹，下至群吏守令，⑤莫不選賢能以官其職，然後可與重農桑，興教化。已饑已溺，爲主上分憂；胼手胝足，爲朝廷宣力。⑥ 此聖治之本，而帝王道法心法之歸也，聖朝垂拱萬年之慶必積諸此矣。

臣草茅新進，罔識忌諱，干冒宸嚴，不勝戰慄隕越之至，臣謹對。

（底本：《狀元策》，桀錦堂乾隆續刊本。參校本：《文武狀元策》，文錦、二酉書屋乾隆續刊本）

---

① 「此誠爲人心風俗計深遠也」，《文武狀元策》作「煌煌聖諭，所以爲風俗人心計者，至深遠也」。
② 「責」，據《文武狀元策》改。
③ 「古人正誼明道之旨」，《文武狀元策》作「聖賢道德之要」。
④ 「置而不問」，《文武狀元策》作「忽而不講」。
⑤ 「群吏」，《文武狀元策》作「牧伯」。
⑥ 「宣力」下：《文武狀元策》有「故曰爲天下得人者謂之仁」。

四一 乾隆十六年辛未科 吴鴻

乾隆十六年(一七五一)辛未科,共取進士二百四十三名。狀元吴鴻,榜眼饒學曙,探花周澧。

是科會試知貢舉:禮部左侍郎吕熾。正考官:刑部尚書劉統勛、工部尚書孫嘉淦。副考官:禮部侍郎介福、内閣學士董邦達。

是科殿試讀卷官:大學士來保、史貽直,協辦大學士、尚書阿克敦,内閣學士李因培,吏部侍郎彭啓豐,户部侍郎嵇璜,禮部侍郎嵩壽、秦蕙田,兵部侍郎汪由敦,刑部侍郎錢陳群,副都御史梅玨成,鴻臚寺卿吴應枚。

吴鴻(一七二八—一七六三),字頡雲,號雲巖,浙江杭州府仁和縣(今杭州市)人。乾隆十二年,浙江鄉試解元。殿試第一,授翰林院修撰。十六年,任廣西鄉試正考官。十八年,充日講起居注官。二十一年,任湖南鄉試正考官。遷右春坊右中允。二十二年,提督廣東學政。二十四年,調補湖南學政。二十八年,差竣回京,途中誤食河魨中毒身亡。著有《吴雲巖稿》。

吴鴻狀元策見《乾隆十六年進士登科録》(中國第一歷史檔案館藏)、《狀元策》(榮錦堂乾隆續刊本,哈佛大學漢和圖書館藏)及《文武狀元策》(文錦、二酉書屋乾隆續刊本,哈佛大學漢和圖書館藏)等。

乾隆十六年,辛未。五月,丁酉朔。丙午,策試天下貢士周澧等二百四十三人於太和殿前。制曰:朕撫御鴻圖,兢兢業業,日慎一日,嘉與海内臣民,懋登上理。深惟政治之易弛,風俗之易奢,士或荒於經術,備或懈於邊陲,保泰持盈,其道曷以？

夫圖政本於立心，非大公無以明其體；亮工斯以熙績，非純勤無以勵其用。朕奉三無私以治天下，自朝至於日中昃，弗遑康寧，群工之靖共匪懈者安在？偏私之習，怠忽之端，何以防其漸？

蠲租賜復，無追呼矣；深耕易耨，無荒萊矣。而衣食之謀，蓋藏之計，恒鰓鰓焉靡不（急）［給］之虞。① 乃環顧閭閻小民，服尚鮮華，市陳技巧，百用所需，胥過其節，則侈靡之俗蠹之也。返樸還淳，將非空言所能喻，因而爲之法制禁令，不幾滋之擾歟？孰爲之啓迪而倡導之也？

膠庠之士，樂化育而咏作人。經術昌明，無過今日。第考之於古，議大政，斷大獄，決大疑，輒引經而折其衷，此窮經之實用也。今欲矯口耳之虚文，以致實用，其要安在？

幅員所暨，漸被無垠，若海疆，若朔漠，若蠻陬絶徼，曷嘗不列斥堠、置戍守，而將嬉卒玩，其申警於未然，綢繆於先事者何若？《書》曰：「有備無患。」安可以烽燧久銷，而視備邊爲文具也。

凡此皆關於制治保邦之要，久安長治之道，莫切於此。多士其以素所藴者，剴切陳之，毋拘毋諱，朕親覽焉。

（底本：《清高宗實録》卷三八八，册一四，頁九七。參校本：《乾隆十六年進士登科録》，中國第一歷史檔案館藏；《狀元策》，榮錦堂乾隆續刊本；《文武狀元策》，文錦、二酉書屋乾隆續刊本）

臣對：臣聞帝王憲天出治而凛持盈保泰之謨也，必有以肅百爾之紀綱，而無黨無偏之極建；必有以裁萬民之習尚，而

① 「給」，據《乾隆十六年進士登科録》改。

遵道遵路之治成；必有以宣文教，而膠庠昭經術之光；必有以振武功，而邊境奠苞桑之固。此其事統歸於實用，而其理托本於君心。《書》曰：「君子所其無逸。」非好勞也，一人明作於上，百執事承流於下，斯職不曠而氣不浮，久大之業在是矣。粵稽古聖相傳，撫辰凝績，致治保邦，莫非本不息之衷，成無疆之烈，其後堂廉喜起，府事修和，百度清明，萬世永賴。其始也，皆殷殷於率作之方，朝則儆夫晏安，野必懲夫游惰，非經明行修之士則弗庸，非折衝禦侮之材則不任。迨至上以實求，而下不敢以名應，制期盡善而後不局於小康。久道化成，太和翔洽，始知法必防微而杜漸，心期履盛而思謙，而治益求治，安益求安，密運潛移，有基弗壞。於以致蕩平之隆軌，光被之休風，非偶然也。

欽惟皇帝陛下，中和建極，神化宜民，嘉績播於九垓，仁聲翔乎六合。固已治臻上理，俗進敦龐，文德聿宣，邊塵永息矣。乃聖心愈惕，諮訪維殷，進臣等於廷而策之以整飭群工、節宣民俗、昌明經學、慎重邊防之要。臣愚何足以知此，顧幸承休命，拜獻有懷，敢不稍竭其愚，以酬清問於萬一乎？

伏讀制策有曰：「圖政本於立心，非大公無以明其體；亮工斯以熙績，非純勤無以勵其用。」而因慮夫偏私之易啓，怠忽之易乘。大哉聖言！誠慎憲省成之至意也。臣惟唐虞之世，建官惟百，內有百揆四岳，外有州牧侯伯，職至繁矣。而當時惟是一德一心，協恭和衷，以成至治。至於君曰「咨儆」，相曰「日孜」，人皆上聖，而憂勞百倍於庸材；世際中天，而危慮更深於季世。夫乃歎古良臣之所以答君者誠厚也。蓋人君所治皆天事，人臣即分天之事以爲事，非虛公無我，則私衷參雜，而何以贊天之心；非勤敏不遑，則怠氣交乘，而何以佐天之運。《周官》之訓曰：「功崇惟志，業廣惟勤。」千古純臣，當未入官時，已具有參贊經綸，靖共爾位之素，而非有待於感激愧勵也明矣。我皇上敕幾度務，宵旰勤勞，庶政之張弛，封章之披覽，巨細悉經宸斷，大公至正，朝野咸昭，敷政優優，將在今日。夫禮樂刑政，非供臣子徇私之具，亦何堪開玩愒之階，內而宰執卿尹，外而督撫監司，一有不共，何以率屬？則爲審乎公爾忘私之義，凜乎率作興事之箴，體國奉公，夙夜匪懈，是在諸臣之仰體聖心矣。

制策又以閭閻小民，侈靡成俗，欲返本還淳，而虞啓迪化導之無術。誠維風易俗之盛心也。夫從來運會之隆，視乎風俗，而風俗之厚，成於禮教。凡民有血氣心知之性，上之人不得而禁也。通國大都，貲財相耀，而愚民無識，亦争相慕傚以爲高。於是，一嫁娶而幾竭中人之産矣，一宴席而致罄數月之資矣。弊之所成，將有如賈誼、鼂錯之所歎者。臣愚以爲，欲懲其弊，先自貴者始。仕族之家，鄉里所表率，一習於侈，誰肯安其樸者。今縱不能盡歸於儉素，而費去其泰甚，事去其過煩，非特以養物力，亦所以崇體制。臣讀《詩》至《七月》，自「授衣織紝」，以至「稱觥躋堂」，其中言禮節亦略備，而當時惟循循於稼穡之遺風何厚也。豈其性本有然歟？抑其習有未慣者歟？誠得良有司導之於先，士大夫倡之於始，而富商巨賈，俱耻以貲力炫親朋；列肆百工，毋得以奇技獻淫巧。即間有好勝之流，將廢然而自返矣。浮夸既節，而謂蓋藏不裕於家、衣食不給於身者，未之有也。

制策又以「經學昌明，無過今日」，而「欲矯口耳之虚文，致窮經之實用」。所以敦崇實學者至矣。臣惟聖賢之書，原不徒爲後人佔畢計也。三代以來，圖籍漸多，記述寖廣，①凡夫陰陽人事之原，治亂得失之故，皆朗若龜鑒，而昭如日星，果援据乎義理者精，則發抒於事爲者必正。故曰：「士不通經，不足用也。」自漢以下，承學之士，各有原本，而决幾定策，亦即以此爲折衷，迨治經者第以其名，而學始荒矣。我皇上陶鑄群倫，涵育多士，冀得經明行修之彦，以儲異時經濟之材。臣愚以爲，是固當覈其實也。帖括之弊，識者早見之。而欲山陬海澨，舍其樸陋而務六經，此道固終無以易。乃當其説經第以獵取科名，而非求通於謨訓，固無與於體用之全。至於牽引前經，傅會古説，徒得拘迂之病，而學不足以濟時，則又泥古而愚，而不足稱閎通之選也。然則倣朱子分年讀書之法，依胡瑗經義治事之條，稽古即以宜今，通方乃能致遠，是非厚自策勵不爲功。

① 「記述寖廣」，《文武狀元策》作「記誦滋富」。

制策又以「幅員所暨，必有備無患」，而爲申警未然，綢繆先事之道。此誠安邊懷遠之宏圖也。夫國家當開創之時，兵材將勇，指顧可集，其禦備也易；國家當守成之日，文恬武嬉，邊境無事，其整飭也難。我朝定鼎百年，南極海隅，北窮絶塞，梯航四達，重譯來王，威靈所被，亘古未有。即間有竊發，旋即解甲投戈，歸誠輸欵，武備之飭，前此未之見也。乃猶厪聖明之遠慮者，得毋太平日久，軍政稍弛，戎伍之間，訓練有未嫻者乎？夫兵必練而後呈材，將必練而後成勇，攻戰擊刺，雖在異時，而坐作進退，必由素講。故必使之習勞，而不可以養安，將弁得人，則卒伍適職，臂指成相，使之形干城有腹心之寄，即以制勝千里可也。若夫邊徼之地，生釁者多；疆場之間，冒功不少。寧安靜以和福，無輕動以招尤，是又在一二重臣之防維弗替矣。

若是者，事有相因，理惟一致，以清朝宁，而亮工熙載，①廟堂成稽拜之隆；以儆民風，而用禮食時，群黎安日用之質。士咸深於經籍，則學術不淪於章句而雅化以蒸；②備不弛於承平，則聲靈益振於邊陲而丕基永奠。而要以操之有道，宰之有原，惟皇上以克儉克勤之德，凜無荒無怠之衷，寧人與敷政交殷，奮武繼揆文並懋，治益登於熙皞，守彌固於金湯，我國家萬年有道之長將在是矣。

臣草茅新進，罔識忌諱，干冒宸嚴，不勝戰慄隕越之至。臣謹對。

（底本：《乾隆十六年進士登科録》，中國第一歷史檔案館藏。參校本：《狀元策》，榮錦堂乾隆續刊本；《文武狀元策》，文錦、二酉書屋乾隆續刊本）

---

① 「亮工熙載」，《文武狀元策》作「翼爲明聽」。

② 「以蒸」，《文武狀元策》作「益興」。

四二　乾隆十七年壬申恩科　秦大士

乾隆十七年(一七五二)壬申恩科,共取進士二百三十一名(《國朝貢舉年表》載三百二十一名)。狀元秦大士,榜眼范棫士,探花盧文弨。

是科係皇太后萬壽恩科。會試知貢舉:禮部左侍郎吕熾。正考官:大學士陳世倌、禮部右侍郎嵩壽。副考官:内閣學士鄒一桂。

是科殿試讀卷官:大學士來保、史貽直、陳世倌,吏部尚書孫嘉淦,户部尚書蔣溥,刑部尚書阿克敦,劉統勛,户部侍郎裘曰修,禮部侍郎介福,刑部侍郎勒爾森、秦蕙田,工部侍郎何國宗,内閣學士鄒一桂、錢維城。

秦大士(一七一五—一七七七),字魯一,又字鑒泉,號磵泉,又號秋田,江南江寧府江寧縣(今南京市)人。乾隆十二年舉人。狀元及第,授翰林院修撰。十八年,充順天鄉試同考官。十九年,以母憂歸。二十二年,服闋復官。二十三年,擢翰林院侍講學士。二十五年,充會試同考官。二十七年,任福建鄉試正考官。二十八年,復充會試同考官,既竣事,遂請終養歸。乾隆四十二年二月,卒於里第,年六十三。著有《蓬萊山樵集》《抹雲樓集》《秦磵泉稿》。

秦大士狀元策見《乾隆十七年進士登科録》(中國第一歷史檔案館藏)、《狀元策》(榮錦堂乾隆續刊本,哈佛大學漢和圖書館藏)及《文武狀元策》(文錦、二酉書屋乾隆續刊本,哈佛大學漢和圖書館藏)等。

乾隆十七年,壬申。九月,戊午朔。癸未,策試天下貢士邵嗣宗等二百二十九人於太和殿前,制曰:朕紹承大統,撫御萬邦，宵旰孜孜，勤求治理，所冀内外臣工，靖共爾位，閭閻黎庶，共慶盈寧，群材之登進日隆，邊境之敉寧益永，庶幾海内臣民，共登上理焉。顧官方或未盡肅，民食或未盡豐，取士之術猶疎，邊圉之防未備，將何以整綱飭紀，以臻郅隆之治歟？

國家設官分職，所藉以熙績亮工，宣上德而達下情也。唐虞之世，五臣四岳九官十二牧，師師濟濟一堂之上，同寅協恭，用能明良喜起，成中天之盛治。然雖有都俞，不廢吁咈，一時動色相戒者，猶以叢脞爲虞，觀賡拜颺言，慎乃憲，屢省乃成，其交相責者何至也。朕日以修和之盛，望之内外大小臣工。顧因循瞻顧之私，或猶有未盡化者，官方之砥礪，其道奚從？

農者，天下之大本也。德惟善政，政在養民。開其資財之道，斯以蓄積多而備先具。周家穡事啓國，爰興八百之基。逮至西漢文帝，蠲租勸農之詔屢下，而皆以務本爲兢兢，豈非治要之所在歟？今幅員日廣，民生日繁，游惰雜處，其間雕文刻鏤，傷農之事愈興，俗尚奢靡，罔知節儉。朕勤求民瘼，閭閻之(艱)[疾]苦，①纖悉周知，偶有偏災，賑恤立沛。然裕民足食之道，有不得不深爲計者。今欲重農事而務本計，其道安在？

制科取士，所以振淹滯，儲任使也。登明選公，責在有司，鑒空衡平，言乎公則生明也。比年以來，加意釐剔，宜人知畏法，罔敢觸禁矣。而不謂舞弊者之即生於察弊，此雖千百人中僅亦一見，(即)[抑]或者處士虚聲，②恩門年誼，習俗相沿，流風未殄歟？司衡者秉校士之任，當使寒畯無淪落之虞，菲材絶覬覦之念，斯無負闢門籲俊之盛典，宜如何立法，俾宿弊永蠲，以光文治歟？

國家文德既修，武事必備。防邊固圉，綢繆未然，非以誇遠略也。漢唐宋以來，兵制迭更，其間善否，或亦有可採求者

① 「疾」，據諸參校本改。
② 「抑」，據諸參校本改。

歟？有必勝之將，無必勝之兵，選將固在所重矣。然將非兵莫與爲用，兵非將莫與爲統，聯屬之方，嫻習於平時，誠不可緩。我國家全付所（覆）［受］，①土宇昄章，亘古罕匹，而將士之勇，韜略之嫻，訓練之精，制勝之神，皆遠過前代。惟是承平日久，或狃於佚樂，易致廢弛。則修明武備，以慎固邊圉，所宜豫爲籌論者也。

凡此者上自廟堂，下周鄉國，本保泰持盈之心，籌制治保邦之要。思皇多士，久需雅化，其以素所藴蓄者，詳著於篇，朕將親覽焉。

（底本：《清高宗實録》卷四二三，册一四，頁五三八—五三九。參校本：《乾隆十七年進士登科録》，中國第一歷史檔案館藏；《狀元策》，榮錦堂乾隆續刊本；《文武狀元策》，文錦、二酉書屋乾隆續刊本）

臣對：臣聞帝王之建中錫福而綿統祚於萬年也，莫不兢兢焉持盈保泰，舉安危治忽之大原，以及風俗人心之本計，運量於深宫淵默之中，措施於海隅光天之下。萬事得其理，不敢謂已治已安；一夫有不獲，必引爲予辜予咎。是故臣隣之襄贊已效公忠，而更欲仰追吁咈都俞之盛；群黎之日用已臻寧止，而更欲紹阜財解愠之休。求賢若渴，而更欲以廓然大公者，廣登崇寒畯之路，而不使倖進以梯榮。邊境永清，而更欲以有備無患者，昭乂安海宇之規模，而不以熙恬爲可恃。敕天之命，則惟時惟幾；軫民之艱，則求寧求莫。敬慎在一朝，而永賴在萬世。《書》曰：「惟天聰明，惟聖時憲，惟臣欽若，惟民從乂。」言人君法天率下，而民獲福利也。《詩》曰：「夙夜基命宥密，於緝熙，單厥心。」言人君繼體守文而思艱圖易，不遑暇逸也。蓋德盛者化神，道隆者業峻，基厚者勢固，源遠者流長，自古及今，理莫能易也。

① 「受」，據諸參校本改。

欽惟皇帝陛下，令德宜民，大中建極，敬修於堂廉階戺之上，則兢業時聞；靜循乎盤盂户牖之箴，則幾康日敕。固已大法小廉，民安物阜，揆文奮武，薄海同風矣。乃猶宸衷彌惕，五夜乾乾，廑憂盛危明之慮，進臣等草茅之士於廷，而策以砥礪官方之道，重農務本之方，登明選公之規，慎固邊圉之術。臣之檮昧，即有一得，譬之土壤之無補泰山，細流之無裨河海也。然而仰承清問，敢不敬攄愚忱以獻？

伏讀制策有曰：「國家設官分職，所藉以熙績釐工，宣上德而達下情也。」而因慮内外大小臣工，猶有未化，因循瞻顧之私者，欲從而砥礪之。此誠保邦制治之根本也。夫天生民而立之君，所以代天理物者也。公孤卿尹，宣力效忠於上，百執事承流於下，所以熙帝載而亮天工也。官無論内外，而在其位即謀其政，當矢靖共爾位之忱；爵無論崇卑，而乘其車即載其危，當盡夙夜匪懈之志。苟因循瞻顧之私積於中，則怠緩悦從之習成於外，興一利，除一弊，而先計及於身家，斯勇敢之氣阻矣；立一法，定一謀，而或牽制於同官，斯黨援之勢成矣。我皇上慎簡百僚，知人善任，内外臣工，罔不整飭，而二者之弊未能盡化者，則實心任事者之難其人也。誠上不負吾君，下不負吾民，中不負吾身，臨事則敬慎而出以果確，和平而濟以勇敢，虚公而不避嫌疑，《洪範》所稱「有猷有爲有守」，成周所謂「以賢以功以能」，舉不外此。行見官方飭而綱紀嚴，賢才輔而治化洽，於以遠追唐虞師濟之盛不難矣。

制策又以：「農者，天下之大本也。開其資財之道以養民，斯蓄積多而備先具。」而因籌及重農事而務本計。此誠視民如傷之隱念也。夫天下大利，首歸於農，故周家以穡事開國。《周禮》所載「天下無不耕之士，無不耕之人」，而酇人、遂人爲之簡稼器，趣耕耨，重農貴粟，意至厚也。又當時風土未漓，民情近古，讀《豳風》一篇，至纖至悉，皆經先王之區畫，而民生其間，亦遂樂覆載之寬，而無饑寒之累。降至後世，生齒日繁，逐末者衆，土不曠而民游，非不欲人教之耕也，而不能人授之田。即以大江南北言之，十餘年來，田且數倍其值矣。然而民食之不足，則不盡由逐末也。古者食時用禮，耕三餘一，耕九餘三，開源節流，緩急有恃。今民間崇尚奢侈，轉相倣效，甚至輿臺皂隸，服御鮮華；市民細人，宫室逾制。大吏不立其程，有司不嚴其禁，一旦水旱偏災，專恃蠲租賑濟，即罄大府金錢，能飽無窮谿壑乎？然則節民財而足民食，以仰副聖天子愛養群黎之意，是在有司牧之責者矣。

制策又以：「制科取士，所以振淹滯，儲任使。登明選公，責在有司。當使寒畯無淪落，而菲材絶覬覦。」此誠慎重名器之盛典也。夫選士、俊士、造士、進士之法，昉於成周。漢則有賢良方正、孝廉茂才、博士弟子之制。魏立九品官人。唐用秀才、明經、進士。至宋，則糊名易書。法久必變，理所固然。我朝沿明代，以制義取士，名卿大儒，多出其中，而有司之責綦重。韓愈曰：「業患不能精，無患有司之不明；行患不能成，無患有司之不公。」公與明，缺一不可。而公又以生乎明也。皇上御極以來，於科場積弊，加意釐剔，而猶有干名犯義而不恤者。則釣名之徒，小人不畏天命者也。羇窮寒畯，困窗下者有年，躓場屋者有年，杜門不交一人，而年家故舊，暗索潛搜，①處士虚聲，捕風掠影，其究也植黨營私，勢所不免。此天下孤寒之輩所聞而痛心者也。大哉王言！昭揭海宇，足使士氣振興，而宵小屏跡。自今以往，魑魅魍魎之故習，亦斷不能再逞於光天化日之中矣。

制策又以：「國家文德既修，武事必備。防邊固圉，綢繆未雨。承平狃於逸樂，易致廢弛。」此誠衣袽馭朽之明箴也。夫國家當開創之日，兵材將勇，指顧可集，其禦備也易；當守成之代，文恬武嬉，邊境無事，其整飭也難。我朝定鼎百年，梯航四達，重譯來王，聲教被陽冰陰火之鄉，政令通館海巢山之域，威靈所攝，亘古無加。即間有竊發，旋解甲投戈，歸誠輸款。乃聖明猶遠慮者，得毋太平日久，恐軍政稍弛耶？漢唐宋以來，兵制迭更，有善有否。漢之屯田，足以備邊；唐之府

① 「困窗下者」至「暗索潛搜」，《文武狀元策》作「裹髮呻唔，白首困躓，歎年之不逢，力田何益，而師門年誼，秘嚮潛通」。

兵，庶幾稱善。惟宋招募，無足取者。而要之，兵必練而後成材，將必練而後成勇，則王冀五練之説爲優。夫攻戰擊刺，雖在臨時，而坐作進退，必由素習。故必使之習勞，而不可以養安，將弁適職，則士卒效忠，倚之爲腹心，使之如臂指，運帷幄而勝千里可必也。至邊徼之地，易於生釁，而所以從容坐鎮之者，則在一二重臣之恩威交濟。而安靜以養和平之福，無妄動以招喜事之尤，將見四境敉寧，而國勢成磐石苞桑之固矣。

若此者，事有相因，理惟一致。庶明勵翼，而建官位事，朝無不肅之班聯；黎庶咸熙，而鑿井耕田，野有渾忘之帝力。多士騰驤乎皇路，而菲材不敢萌僥倖之思；邊陲永靖夫烽烟，而止戈益振其聲靈之赫。而要以操之有要，治之有原，惟在我皇上以克勤克儉之衷，矢無怠無荒之志。由廟堂以逮鄉國，運量咸周；自一日以至萬年，率由罔懈，我國家久安長治之業基諸此矣。

臣草茅新進，罔識忌諱，干冒宸嚴，不勝戰慄隕越之至。臣謹對。

（底本：《乾隆十七年進士登科録》，中國第一歷史檔案館藏。參校本：《狀元策》，榮錦堂乾隆續刊本；《文武狀元策》，文錦、二酉書屋乾隆續刊本）

四三　乾隆十九年甲戌科　莊培因

乾隆十九年（一七五四）甲戌科，共取進士二百四十一名。狀元莊培因，榜眼王鳴盛，探花倪承寬。

是科會試知貢舉：禮部左侍郎鄒一桂。正考官：大學士陳世倌。副考官：禮部左侍郎介福、内閣學士錢維城。

是科殿試讀卷官：大學士來保、史貽直、陳世倌，協辦大學士、刑部尚書阿克敦，户部尚書蔣溥，刑部尚書劉統勛、侍郎蔡新，吏部侍郎楊錫紱、裘曰修，禮部侍郎介福，兵部侍郎吴達善，工部侍郎董邦達，内閣學士錢維城、李清芳。

莊培因（一七二三—一七五九），字本淳，後字仲淳，江南常州府陽湖縣（今江蘇常州市）人。雍正五年狀元彭啓豐之婿，時人稱「翁婿狀元」。乾隆六年（一七四一），順天鄉試中式，年十九。次年，考取内閣中書，辦事軍機處。狀元及第，年三十二，授翰林院修撰，充日講起居注官。乾隆二十一年，出任福建鄉試主考官。二十三年，晉翰林院侍講學士，旋提督福建學政。二十四年，父喪聞訃，哀毁不食者五日，途中疾作，抵里一日而歿，年三十七。平生尚意氣，重然諾。詩文敏贍，楷法精妙。著有《虚一齋集》五卷。

莊培因狀元策見《狀元策》（榮錦堂乾隆續刊本，哈佛大學漢和圖書館藏）及《虚一齋集》（影印光緒九年刻本）等。①

乾隆十九年，甲戌。夏四月，庚辰朔。乙巳，策試天下貢士胡紹鼎等二百四十三人於太和殿前，制曰：朕纘承鴻業，勤

① 《虚一齋集》，［清］莊培因撰，見《清代詩文集彙編》編纂委員會編：《清代詩文集彙編》册三五二，上海：上海古籍出版社，二〇一〇年。

思上理，緬惟自古帝王，上畏天命，下凛民嵒，秉道以揆幾，窮理以制事。凡所以建用皇極，爲表正萬邦之本也。朕宵衣旰食，於天人感應之際，理道制治之原，整躬以率物，勸學以興賢，念茲在茲，未得其要。茲當臨軒發策，佇爾讜言。

《易》曰：「先天而天弗違，後天而奉天時。」《書》曰：「惟天聰明，惟聖時憲，惟臣欽若，惟民從乂。」天人合一之理，前聖蓋昭著言之，顧天日在人之中而人不知。故先儒曰：「天即理也。」董仲舒以爲：「善言天者，必有驗於人。」又謂：「道之大原出於天。天不變，道亦不變。」夫元亨利貞，仁義禮智，皆配四時言之。在天之天，虚而難索；在人之天，近而可求。然在人之天，即在天之天，無二理也，無二道也。人無一日不在理道中，本無理道之可名。自宋諸儒出，於是有道學之稱。然其時尊德性，道問學，已譏其分塗。而標榜名目，隨聲附和者，遂藉以爲立名之地，而大道愈晦。今欲使先聖先賢之微言大義，昭如日星，學者宜何所致力歟？朕敕幾毖治，蓋無日不奉天以乾乾，五經四子書而下，濂洛關閩之學，亦嘗深究其源流，而微窺其得失矣，其粹言可以幾道者，可得切陳歟？

古言盂圓則水圓，盂方則水方。上之所視嚮，下之所效法從之。故曰：「正朝廷以正百官，正百官以正萬民。」朕臨御十有九年於此，勤勤求治，罔敢暇逸，而民風未盡淳，俗尚或即於偷者，其咎安在？夫爲政不在多言，顧力行何如耳。虚張治具，粉飾文爲，非所以爲治也。條教號令，懸諸象魏者，求治之跡，而非致治之原也。所與朕共理天下者，内而公孤卿士，外而牧民長伯，皆儼然臨於民上，而或者視自治治人爲二事，毋乃闇於理而闇於事歟？深宫燕閒之地，朕弗敢康，所賴以輔予治理，左右有民者，其省身克己之道何若？夫實心實政，夫人能言之，然必返瘖寐而無慙，而後對大廷而不愧，朕念此至切矣。多士來自田間，「行」且分治人之責，①宜有敷陳，用覘素藴。

① 「行」，據《狀元策》補。

國家設科取士，首重制義，即古者經疑經義之意也。文章本乎六經，解經即所以載道。《易》曰：「修辭立其誠。」《書》曰：「辭尚體要。」文之有體，不綦重歟？朕於場屋之文，屢諭以清真雅正，俾知所宗尚久矣。乃者或逞爲汗漫之詞，徒工綺麗，甚至以漢唐詞賦，闌入其中，律以大雅之言，甚無當也。文之浮薄，關於心術，王通論之詳矣。今欲一本先民，別裁僞體，豈惟文治廓清，抑亦所以明經術而端士習也。陸機云：「固無取乎冗長。」韓愈言：「約六經之旨而成文。」皆聖人辭達之義也。司衡之去取，其可不黜華崇實，以加之釐正歟？

《記》曰：「官先事，士先志。」士也者，養之於庠序之中，登之於廟廊之上，以備馳驅之用，而收任使之效者也。民俗之厚薄，視乎士風之淳漓；士習之不端，由於士志之不立。榮進素定，干禄之學，聖人弗許。志一不立，而寡廉鮮耻，卑污之行隨之。居家或不免武斷之習，應試或尚懷干進之私。浮薄流傳，競相仿效，士習將何由而正乎。國家百餘年，養士之典極隆。邇者復命各省學臣，舉行選拔，於其來也，行廷試之典，慎遴選之方，分途擢用，所望於士之鼓舞奮興，至深且渥矣。太學者，賢士之所關也。其貢入成均者，宜何如其陶淑而樂育之，無俾虛縻廪餼歟？師儒之官，教化所出，鄉國學中，皆於下第内採其遺珠，畀以秉鐸，將内則陳敬宗、李時勉，外則胡瑗之蘇湖教法具在，或亦有用以端飭士習者歟？

凡此數端，内而天德，外而王道，文章者性道之華，學校者風化之本，載籍所傳，講肄所及，爾多士其詳著於篇，朕將親覽焉。

（底本：《清高宗實録》卷四六一，册一四，頁九八八—九九〇。參校本：《狀元策》，榮錦堂乾隆續刊本）

臣對：臣聞《書》敕時幾，《詩》基有密，異經而同指，昭盛德之隆也。是以至治之世，凝休篤祜，重熙而累洽，有自然之理，必至之符。然聖人之心，夙夜不遑康寧，基命定命，宜民宜人，其兢業未嘗一日釋諸懷也。粵稽古昔，德莫隆於堯舜，治莫美於成康，垂諸典謨，作爲《雅》《頌》，以紀盛烈，以告成功。而寅畏祗懼之旨，言重辭複，則聖帝明王，所以事天乂民，立萬世之丕基者，其在於此矣。夫道洽政治，所由綱紀四方，而仁義教化，皆其具也。蓋時當太平極盛，則必有以作其震動恪恭之象，而厚其敦龐純固之原，馨香感格，猶凛對越昭事之忱；治教休明，猶詳稽古正學之要。不以百度之已貞，而寬大法小廉之誡也；不以俊髦之已登，而弛黜華崇實之訓也。一人乾惕於上，群工承式於下，於以一道德，同風俗，而皆本乎敬以將之。《書》曰「撫于五辰」，《詩》曰「保佑命之，自天申之」，言時憲以布政，康茀禄於無疆也。

欽惟皇帝陛下，以聰明天亶之資，繼天立極，宅祗慎之念，毖敕於曰旦曰明，懋典學之功，建中於惟精惟一。所以飭官常，示砥礪者，不可謂不肅；所以端士習，廣樂育者，不可謂不至。乃宸衷兢惕，彌切疇咨，爰進臣等於廷而策之。臣幸生郅隆之世，涵濡教澤，竊有慕於賈誼、董仲舒之策，陸贄之奏議，其所敷陳，皆能切於事情，合於理道，而徒自安於佔畢聲華之末，無當乎明體達用之學，此臣所夙夜疚心者也。兹當拜獻伊始，仰承清問，正愧勵思奮之時，敢擇平日所考論者以對。

伏讀制策以天人合一之旨，前聖昭著言之，而因詳及乎理道之大原。臣聞天牖下民，而作之君師，蓋天之所大奉使之王者，則必法天而立道。所謂「天行健，君子以自彊不息」，此即先天弗違，後天奉若之本也。四時具而成歲，四德備而爲乾，而四德之中，則又以元爲善長。《春秋》表年以始事，而謂一爲元者，言法天者，必居正以體元云爾。《詩》曰：「予懷明德。」天之於人也，永言配命。人之於天也，人君德積於宮廷，化洽於民物，則天瑞應誠而至，是故陽不僭而陰不伏，百昌遂而兆民殖，此感應之驗也。夫天，積氣之區也，而真實无妄之理寓焉。命之於人則爲性，此道之大原所從出也。元亨，誠之通；利貞，誠之復。故誠者天之道，而思誠者人之道。仲舒言道而不推本於誠，則猶未既乎精微之蘊也。民受天地之中以生，仁義禮智五常之性，有生之所同具，天禀其性而不能爲之節。聖人象天時，作禮樂刑政，而以深入教化乎民，使各返乎降衷之始，而自全其天。故曰：「修道之謂教。」所以立人倫，正情性，節萬事者也。語曰「天因人，聖人因天」，亦言天之一徵也。臣又考《宋史》始立《道學傳》，蓋將以别乎訓詁詞章之儒，而不知適啓分門立户之漸。夫道爲天道，理爲天理，無指名，亦無岐途，誠有如制策所云者。而學者致力之方，則惟有居敬窮理而已，德性問學，其工夫節目，固有次第也。奈何以身心性命之要，而徒相持於口舌是非之間，豈朱陸當時講學本意乎？至濂谿周子，得不傳之秘於遺經，著《太極圖説》《易通》，以及程子之《易傳》，張子之《西銘》《正蒙》，皆以發明天人合一之旨，而朱子實集其成。我皇上學貫天人，闡往聖之微言，息群喙之淆惑，雖唐虞之一中授受，洙泗之集大成，何以尚兹？而列在儒林者，其何以仰副國家表章正學之盛意哉？

制策又以「自治治人非二事」，而欲公孤卿士，牧民長伯，思省身克己之道。夫公卿大夫，所使壹統類，而承流宣化。董仲舒曰：「皇皇求仁義，常恐不能化民。」風俗之未登，誠無所辭其責也。《詩》云：「夙夜匪懈。」若夫徇名市惠，冀以博庸衆之稱譽，則益無當於整飭之本原，其所存心於夙夜者，固已懈矣。我皇上宵旰勤求，時以澄敘官方爲念，凡百有位，罔不恪共而勤職守。然而猶有歉於宸慮者，蓋欲率作之用，不僭於初終；精白之忱，罔斁於内外也。臣以爲材力或有不齊，而矢潔清以效公忠，則人可自奮。公者，虚其心之謂也；忠者，一其心之謂也。虚其心，則集思廣益之途開；一其心，則寵利居功之念絶。所謂潔己以奉公，正己而格物，此純臣之道，庶幾上不負天子，下不負所學，而實輔理承化之資也。《書》曰：「臣爲上爲德，爲下爲民。」《詩》曰：「靖共爾位，正直是與。」此董正治官之要務也。

伏讀制策以「文章本乎六經，解經即所以載道」，宜崇尚清真雅正，而欲其一稟先民，别裁僞體，誠昌明文治之盛軌也。臣惟才德有厚薄，則文辭有良窳，蓋心之所養，發而爲言，言之所發，比而成文，此表裏相應之驗。是故不知道德，而以文辭爲能者，昔人以藝事鄙之。而或者飾輪轅，繡鞶帨，榮華其言，將以是爲發策决科計，豈務實之意歟？唐裴行儉作主司，而罷盧照隣、駱賓王之躁薄；宋歐陽修知貢舉，而黜劉幾之險怪。當時以詩賦策論取士，而程式之嚴如此，况乎制義爲代聖賢立言者哉？劉勰曰：「論文必徵諸聖，勸學宜本乎經。」臣伏見經訓，至本朝而美備，斟酌義疏，折中至當，宜令膠庠之士，專其師承，誦法服習，而操衡鑒、司訓迪之任者，復董勸而別白之，不在六經之科者，勿使並進，則統紀一定，士知服從矣。

制策又以：「民俗之厚薄，視乎士風之淳漓；士習之不端，由乎士志之不立。」而欲加意於成均之士，師儒之官。臣謹按，《周禮》大司樂掌成均之法，大司徒以鄉三物教萬民而賓興之。蓋必養之於平日，斯可興之於三年，所以教民敦實行，儲登進也。夫科舉未嘗累人，人自累科舉。士爲四民之首，而徒習於奔競，争尚浮夸，民安所觀法歟？太學首善之地，風教所先，以及直省、郡、州、縣學，凡司教迪之官，皆當仰體聖天子興賢育才之至意，提撕儆戒，或倣朱子分年考校之法，胡瑗經義治事之式，務廣厲而崇起之，庶積習可返，而書升皆孝秀。《詩》曰「譽髦斯士」，此之謂也。臣又考之於《詩》，《棫樸》之能官人，文王所以造周也；《卷阿》之求賢用吉士，成王所以祈天命也。蓋治天下，以正風俗得賢才爲本，賢才既得，則治運益昌，以凝庶績至明也，以康兆民至順也，以承天休至厚也，我國家萬年有道之長基於此矣。

臣草茅新進，罔識忌諱，干冒宸嚴，不勝戰慄隕越之至，臣謹對。

（底本：《狀元策》，榮錦堂乾隆續刊本。參校本：《虚一齋集》卷五，影印光緒九年刻本）

四四　乾隆二十二年丁丑科　蔡以臺

乾隆二十二年（一七五七）丁丑科，共取進士二百四十二名。狀元蔡以臺，榜眼梅立本，探花鄒奕孝。

是科會試知貢舉：禮部左侍郎伍以煊。正考官：刑部尚書劉統勳。副考官：禮部左侍郎介福、右侍郎金德瑛。

是科殿試讀卷官：大學士來保、陳世倌、鄂彌達、蔣溥，工部尚書秦蕙田，吏部右侍郎裘曰修，户部左侍郎劉綸，禮部左侍郎介福，兵部左侍郎觀保，刑部左侍郎蔡新，刑部右侍郎書山，刑部右侍郎王際華，工部左侍郎董邦達，工部右侍郎錢維城。

蔡以臺（一七二二—一七六三），字季實，號蘭圃，又號小棲真樵者，浙江嘉興府嘉善縣（今屬嘉興市）人。乾隆十五年，順天鄉試中式。二十二年，連捷會狀，年三十六，授翰林院修撰。二十五年，分校順天鄉試；仲夏，任日講起居注官。尋乞假回鄉養親。二十八年夏，其父故世，以臺哀毁過度，病卒。著有《三友齋遺稿》《姓氏竊略》等。

蔡以臺殿試原卷，今存法蘭西學院漢學研究所。策文亦見於《狀元策》（榮錦堂乾隆續刊本，哈佛大學漢和圖書館藏）等。

乾隆二十二年，丁丑。五月，辛卯朔。庚子，策試天下貢士蔡以臺等二百四十二人於太和殿前，制曰：朕纘承大統，臨御萬邦，宵旰憂勞，勤求民隱，惟恐一夫失所，有負上天爲民立君之意。是以二十二年以來，兢兢業業，罔自暇逸，亟欲登斯民於衽席之安，措天下於蕩平之路。此固宫廷痌瘝所堪自信，亦溥海所共見聞者。① 顧臣隣尚少篤棐之忱，士子猶多

① 「溥海」下，《狀元策》有「遠近」二字。

納乎？

囂凌之習，四方之風俗，未盡淳龐，兩河之疏築，尚煩區畫，皆朕所念兹在兹者。多士對揚休命，何以副朕之虚懷採納乎？

《書》曰：「無曠庶官，天工人其代之。」蓋庶官所治之事皆天事，必夙夜匪懈，無曠廢之職，斯可以凝庶績而熙帝載也。朕日理萬幾，不遑暇食，所冀公孤卿尹，下逮庶司百職，各矢靖共之義，君臣交勉，上下志同，以臻郅隆之治。今朝廟之地，未必盡矢寅恭，曹署之間，或至相安逸豫，敬爾在公之義謂何？夫紀綱不肅，何以振頹靡？率作不勤，何以戒叢脞？砥礪官方之道，將何從與？

士也者，四民之首，如表臬焉，表正則影正，斯其所繫非淺尠也。朕屢降明詔，諄諄以勤勵純修，精研實學爲務，乃今者讀書敦品之士雖多，而標榜聲華，追逐時好者，尚未盡絶，其故何歟？夫心術不正，則聰明才智，適以助其詖淫邪遁之資，雖文彩可觀，而本根已撥，曷足重乎？自科目設而流弊漸滋，然朱子學校貢舉私議有曰：「非科舉累人，人自累科舉。」蓋梯媒倖進，原非設科本意，未可因流弊而追咎立法之不善也。將欲拔本塞源，使華士詘而真儒出，其何道而可？制治之原本莫重於人心，轉移則由乎風俗。《禮》曰：「司徒修六禮以節民性，明七教以興民德，齊八政以防淫。」一道德以同俗，古之化民成俗，如此其至也。是以風俗醇厚，民生樂業，奸宄不生，訟獄衰息，爲不善者惟恐人知。休哉！何風之隆也。

我國家承平，百有餘年，教養倍至，令行法立，綱舉目張，其所以納民於軌物之中者，亦綦備矣。然而民心未底於淳，民習未歸於厚，武斷鄉曲，訐告長官，甚至頑梗不馴，罔顧大義，恩已厚而不知感，法已極而不知畏。何教之不先，率之不謹歟？程子云：「教人者善養其心，治民者導之敬讓。」必如何而革薄從忠，以臻道一風同之盛也？

國家歲漕東南四百萬粟，以供天庾，必取道於黄運兩河，而濱河州縣，民生安危係焉。則宜防底績，其首務也。朕晝夜廑念，憂之至深，籌之至熟。兹者，親莅河干，自維揚上溯徐邳，疇咨荒度，凡河臣思慮所未及，經理所未善者，朕詳悉指示，並分命大臣督率繕治。或增築隄堰，或疏導淤沙，或開濬支渠，或添建涵洞。近江者引之入江，近海者納之歸海，俾烝民早離阽危一日，則朕乃稍釋殷憂一日也。然隄防雖設，而修守者或不能因時趨事；物料雖齊，而搶護者或未必咸歸實用。大吏或安於因循，漫不省視；汛弁或狃於舊習，競相侵漁。近雖竭力整飭，漸知法守，然何以使疏瀹各合機宜，隄防悉皆鞏固，上以裕節宣之方略，下以盡董築之實心歟？

凡此數事，皆班朝莅官之要道，興行育才之訏謨，型方訓俗之良規，運道民生之至計。多士學古入官，講求有素，其剴切詳明以對，朕將親覽焉。

（底本：《清高宗實録》卷五三八，册一五，頁七九九—八〇一。參校本：《狀元策》，榮錦堂乾隆續刊本）

臣對：臣聞天之道，恒久不已；聖人之道，悠久無疆。是非任人立政之徒以其具文爾也。蓋必有精勤純篤之心，以周於鼓舞變通之地，而後持中正以肅官方，則矢公矢慎，必期實效。去浮華以敦儒行，而希賢希聖，非託空言。端風俗之原，核隄防之要，而會歸統於皇極，清晏亦紀休徵。《易象》有曰：「后以財成天地之道，輔相天地之宜。」又曰：「聖人久於其道，而天下化成。」言乎世際重熙，則必有持盈之術；俗臻上理，不可無廣運之神。昔有虞氏地平天成，六府三事允治，猶兢兢業業，一日二日萬幾，亦越成周。海隅出日，罔不率俾，而覲光揚烈，繼序思不忘。夫以太平極盛之時，而宵衣旰食，一息不敢自安者，非過慎也。體天道之健行，乃以成至誠之不息，所爲治益求治，安愈求安。而凡官常之臧否，士習之淳漓，以及訓俗型方，安瀾乂士之則，無不當先事而預籌。乃以建無窮之基，亦有無窮之聞而已矣。

欽惟皇帝陛下，聰明時憲，聖敬日躋，躬天縱之能，際太和之運，禮明樂備，府修事和。所以立綱陳紀者，已無不肅；所以誠民乂物者，已無不周普。天之下被潤澤而大豐美，熙熙然共登仁壽之域矣。廼聖不自聖，諮訪彌殷，進臣等於廷，而策以砥礪官方之道，琢磨儒術之方，以及俗尚所以無偏，河流所由底績。以臣之愚，何足以知之，伏念古者庶司百工，皆得以事進言，況當對揚伊始，敢不竭管窺蠡測之見，以仰副高深於萬一？

伏讀制策有曰：「庶官必夙夜匪懈，斯可以凝庶績而熙帝載。」而因及紀綱不肅，何以振頹；靡率作不勤，何以戒叢脞。斯誠澄敘官方之盛心矣。夫君者，奉天以出治者也；臣者，分君之天事以爲事者也。《書》曰：「無曠庶官。」天寄其任於君，而君復分其職於臣，此豈僅委蛇退食，奉身無過之地而已哉？一日不事其事，此日爲負君之日；一心不敬其事，此心即負君之心。當其草茅中，孰不謂他日立朝，將若何亮工，若何熙績。幸致身通顯矣，功名之念輕，身家之念重，甚者因循自便，但思以掩飾他人之耳目，而不復顧此心之可安，將篤棐之謂何？且夫公孤卿尹，其品詣之純疵，亦久在聖明洞鑒中矣。若夫庶司百執事，宣猷效力於下，其見事之明暗，赴幾之勤怠，當非大僚，無以察其微而摘其伏。誠得秉正嫉邪者因時加審，隨事周觀，懷謇諤之風，矢鷹鸇之志，無牽於故舊同官之誼，彰癉明而勸懲，當庶幾敬爾在公之意舉朝其罔替歟？

制策又以：「士爲四民之首，而標榜聲華，追逐時好，尚未盡絶。」因欲拔本塞源，使華士詘而真儒出。大哉王言！理學之源，庠序之教，千載如一日矣。臣聞：「太上立德，其次立功，其次立言。」文辭之於言，抑又其末而已。今惟口耳是尚，誇多爲能，而於聖賢正誼明道之學，經論幹濟之才，竟置而不問。甚者聰明材力，適以助其詖淫邪遁之資，而不知自惜，亦獨何歟？夫忠信，人之大本也；廉耻，人之大節也。本之不端，節之不立，是猶雨集於溝澮，而欲漸進以放四海不能也。亦如樹撥其本根，而欲滋榮以邀茂蔭不得也。古之人有求至於道德仁義，而止於富貴利達者矣，未有志於富貴利達，而能至於道德仁義者也。是惟力祛其倖心，而務求其實學，重師儒之官，嚴學校之課，知類通達，强立不返，待其大成而賓興之，則科目足以重人，而人非但以科目重矣。有志於聖賢者，宜如何樹立，以仰副聖天子作人之雅意也乎？

若夫「正朝廷以正百官，正百官以正萬民」，則所以爲風俗人心計者，古人亦言之詳矣。我國家子惠元元，休養生息，涵煦百年之深，而漸以仁，摩以義，復潛移而默化之。宜乎六合之内，蕩蕩平平，無不自率其天，自若其性矣。而制策猶以民心未底於醇，民習未歸於厚，而殷殷下問。臣愚以爲，唐虞之世，於變時雍，尚有奸宄，此天地覆載之寬，所謂良莠並生者也。《詩》曰：「不競不絿，敷政優優。」《傳》曰：「寬以濟猛，猛以濟寬。」蓋凡人之情，不賞則不勸，不罰則不懲，故曰：「小懲而大誡，小人之福也。」夫四民之中，士食舊德，農服先疇，誦絃可以養性，土物亦以心臧，油油然歌咏太平可矣。乃有徒手嬉遊，終日無所用心，驕淫之氣既長，放僻之習已慣，遂至頑梗不馴，罔顧大義。無他，其所由來者，非一朝一夕之故也。然則有司牧之任者，平時必先警其游惰，秀者收之庠序，朴者驅之力田，俾得樂其業以安其心，而又爲之申科條講律，令薰陶涵育，以幾其自化。猶有不帥教者，懲一警百，無稍寬假，彼民獨無所恐乎？上易則下慢，上嚴則下肅，勢固然也。雖然，父母斯民者，不恃有不可犯之法，而恃有不欲犯之心。《記》曰：「愷以强教之，悌以悦安之。」是起化於微渺，而絶惡於未萌者也。轉移一世之機，不誠如聖訓所謂善養其心者哉？

制策又以黄運兩河，有關運道民生，而思所以宣防底績。此爲國計者至深遠也。謹(桉)[按]周定王五年，①河徙胥口。自漢至元，屢徙屢南。明孝宗築斷黄陵岡支渠，以一河受全河之水，而兖青徐揚害且不支矣。夫清口當淮黄交滙之區，淮清而勢弱，黄濁而勢强。計惟蓄全淮之力，以攻黄之濁，此以堤束水，以水刷沙之謂也。至於徐州，當儀考之東，勢若峽束，故兩岸易於泛溢。聖猷宏遠，親莅河干，經營荒度，將下流淤沙先行開濬，而後築堤遠禦。凡諸臣思慮所未及，經理所未周者，悉得聖明指示，洵乎機宜得而收效神矣。而修守之官，又必隨地豫防，因時搶護，而一切因循玩愒之端，務力

① 「按」，據《狀元策》改。

懲其積習，庶幾睿照無勞南顧耳。

若此者，事有相因，理惟一致，以飭朝綱，而大法小廉，明廷有喜起之盛；以敦士品，而學顏志尹，草茅皆髦髦之英。一道德以同俗，而睦婣孝友之誼醲，順氣於無形；任疏瀹以奏功，而民安物阜之休兆，太和於有象。要惟皇上，以如玉如金之度，存不矜不伐之心，化益徵其悠遠，德彌進於欽明，治官既與教學交嚴，玉燭且共金堤並永，則我國家萬年有道之長基於此矣。

臣草茅新進，罔識忌諱，干冒宸嚴，不勝戰慄隕越之至。臣謹對。

（底本：影印法蘭西學院漢學研究所藏殿試原件。參校本：《狀元策》，榮錦堂乾隆續刊本）

四五　乾隆二十五年庚辰科　畢沅

乾隆二十五年（一七六〇）庚辰科，共取進士一百六十四名。狀元畢沅，榜眼諸重光，探花王文治。

是科會試知貢舉：兵部右侍郎兼管順天府尹熊學鵬。正考官：大學士蔣溥、刑部尚書秦蕙田。副考官：禮部左侍郎介福、左副都御史張泰開。

是科殿試讀卷官：大學士來保，協辦大學士鄂彌達，内閣學士富德、赫赫，吏部侍郎程巖、董邦達、恩丕，户部侍郎于敏中，禮部侍郎介福，兵部侍郎觀保、王際華、熊學鵬，刑部尚書秦蕙田，侍郎錢汝誠。

畢沅（一七三〇—一七九七），字纕蘅（一作湘衡），號秋帆，江南太倉州鎮洋縣（今江蘇太倉市）人。乾隆十八年，順天鄉試中式。授内閣中書，充軍機處章京。狀元及第，授翰林院編修。再遷庶子。歷甘肅鞏秦階道、安肅道，擢陝西按察使。四十五年，署陝西巡撫。五十年，調河南巡撫。五十九年，降授山東巡撫。六十年，仍授湖廣總督。嘉慶二年，以勞卒於辰州，贈太子太保。四年，追論沅教匪初起失察貽誤，濫用軍需帑項，奪世職，籍其家。著有《續資治通鑒》《傳經表》《經典辨正》《靈巖山人詩文集》等。《清史稿》有傳。

畢沅狀元策見《乾隆二十五年進士登科録》（中國第一歷史檔案館藏）、《狀元策》（榮錦堂乾隆續刊本（哈佛大學漢和圖書館藏））；乾隆乙卯年新鐫、嘉慶續刊本，國家圖書館藏）。《乾隆二十五年進士登科録》與《狀元策》兩個版本所載異文較多，今兩存之，以便對照閱讀。

乾隆二十五年，庚辰。五月朔，甲辰。戊申，策試天下貢士王中孚等一百六十四人於太和殿前，制曰：朕祇承帝命，實懷永圖，審聽高居，惟勤至化。自纘膺鴻緒以來，早夜孜孜者，二十五年矣。比雖遐陬款化，戎服敉寧，風雨和甘，陰陽式協。顧日中之戒宜凛，載舟之喻宜思。公卿大夫，與朕共襄治理者也。食德服疇之侶，宜何如啓佑而安輯之？爾多士利用賓王，當此三道，佇延讜論，以沃朕心。

帝王心法治法之要，莫備於經，其源流分合，厥論詳矣。若夫《易》著六象，《書》標七觀，《詩》兼三訓，《禮經》垂三種，《春秋》明五例，能約舉其條目歟？儒生夙昔誦習，果何以究乎性情政治之本，得失同異之歸，以黼黻盛明，羽翼傳注歟？《記》所云「入其國而教可知」者，又何道之從？

科目所以求才，而文藝之淳漓，人品心術見焉。磨勘之申嚴也，將以蒸蒸日進於雅馴，以蘄至於古之立言者。乃應試之文，猶不免夫支離疵謬，豈習尚之異趨歟？抑學臣之董率於平日者，有未至也？根之深者其實遂。辭尚體要，陳言務去之謂何？士貴自振拔耳，豈古今人果不相及歟？

朕軫念民依，惟足食是廑，常平社倉之制，何嘗不設法舉行。顧積貯久，則有司以浥爛爲虞；出納頻，而胥吏得因緣叢弊。於是乃藉其稱貸之名，隱其缺額之實，安望蓄積多而備先具乎？京師設廠平糶，歲且周矣，而穀價未見平減，意者囤積之不免歟？市儈擅奇贏，何以除之？泉流表其不匱，懋遷通其有無，豈竟無長策歟？

古者屯田之法，籌餉兼以防邊，此非論於今日幅員無外者也。漢唐屯營，其地安在？調戍之役，何緣而昉？或佃或守，且戰且屯，史策所傳，當究厥理。方今平定西陲，擴地二萬餘里，闢展以西，耕屯相望，兹葉爾羌諸城，甘澍應時，農功大起，天貺既渥，將使地無遺利，人無遺力。古法或有宜於今者，可兼採歟？

之數者，士習民莫之本，邊防食貨之原。朕一日二日，冀以保泰持盈。爾多士修絜博習，其必有以明其指略也。各悉對著於篇，勿猥勿并，朕將覽擇焉。

（底本：《清高宗實録》卷六一二，册一六，頁八七六—八七七。參校本：《乾隆二十五年進士登科録》，中國第一歷史檔案館藏；《狀元策》，榮錦堂乾隆續刊本）

其一

臣對：臣聞敕天之命，屢省乃成；知民之依，所其無逸。古帝王之握符闡珍也，道大者功必崇，功崇者心愈一。《易》曰：「君子終日乾乾。」《詩》曰：「夙夜基命宥密。」《書》曰：「兢兢業業，一日二日萬幾。」此三五以來，其時殊，其揆一也。夫一人首出，垂拱穆清之表，以作之君，而作之師。而天下如此其大也，百度如此其賾也，含生負氣，萬有不齊，其有待於財成輔相者，又如此其懷而慕思也。惟聖人建其有極，定之以中正仁義，於以表正萬邦，曲成萬物，敦崇經術，則人不讀非聖之書，而於古訓有獲也。昌明文治，則士各知鏡古之學，而能遜志時敏也。以厚民生，而通商惠農，咸歌樂利；以實邊儲，而分疆畫井，直遍遐荒。由是經緯乾坤，榮鏡宇宙，至治馨香，大化翔洽，九重之上，揮絃而聿臻熙皞；六合以内，拜舞而並戴生成。澤普汜而無私，法含宏而不敝，而聖人宵旰之盛心，不在兼容并包之大，而在緝熙執兢之純也。

欽惟皇帝陛下，精一心傳，智勇天錫，本健行之學，以自强不息，建非常之原，而天下晏如。固已文德武功，業隆今古；重熙累洽，治媲勛華。則凡所謂明經學、振文教、裕民食、籌邊防者，亦既詳明而剴切矣。乃修明之有要，擘畫之多方，尚廑聖懷殷殷諮訪，進臣等於廷而策之。臣幸際隆平，沐浴教澤，自揣固陋，於國政多所未諳。兹當拜獻伊始，正敷奏以言之時，宜有以副清問之淵衷，敢就平昔所知者以對焉。

伏讀制策有曰：「帝王心法治法，莫備於經。」而因窮經之學，以究乎性情政治之本，得失同異之歸。夫五經之在天地間也，微言奧義，炳若日星，王者以之治世，儒者即以之治身，此窮經所以爲致用之實學也。箋疏之功，漢儒窮之於前；精微之旨，宋儒闡之於後。源流分合，人代不同，理歸一貫，而要其意旨所存、體例所定，則又分經而各著者也。《易》自一畫開天，仰觀俯察，總於象乎著之。九師興而易道微，六象著而易道顯，而言理言數，莫能外也。《尚書》始經口授，繼出孔壁，疑多奧旨。而自仁義政事，美戒度標，七觀之目，而疏通致遠之實義得矣。《詩》之爲教，寄托遥深，括以三訓，曰志、曰持、曰承，而修齊要道，已貫四始六義之精矣。禮經之垂三種也，《士禮》十七篇，傳自高堂生；《周禮》五官，購自河間獻王，而劉歆世守其業；至曲臺雜記，則后蒼傳之；二《戴》鄭康成合而箋之，而禮經賴以不晦。至《春秋》，爲作史之權輿，文成數萬，其指數千，所謂「微而顯，志而晦，婉而成章，盡而不污，懲惡而勸善」。杜預、胡安國諸儒，守其例以通其義，庶有合於詞嚴義正之旨乎？夫士不通經，果不足用，古之醇儒，如賈、董、匡、劉輩，皆湛深經術，通達時務，而石渠虎觀，談五經同異，經學大顯。我皇上紹先聖之緒言，闡古書之奧義，無不洞悉源流，折衷體要，一時儒臣學士，各宜留心經訓，以歸實用，真千載一時也。

制策又以：「文藝之淳漓，關乎人品心術。」而諄諄於立言之旨。臣惟言者，心之聲也。韓愈之言曰：「古之立言者，毋望其速成，毋誘於勢利，養其根以竢其實，沃其膏以希其光。」況制藝代聖賢立言，務須原本經術，羽翼傳註，而操觚之家，每視爲榮進階梯，剿襲陳言，揣摩時尚，求其言中有物、愜心貴當者，百不獲一。昔有唐制科，文字有類於俳優之所爲者，帖括之流弊，何以異此？鄭樵云：「酒醴之末，自然澆漓；學術之末，自然淺近。」無真品誼，安有真文章哉？士當正學昌明，聖訓煌煌，敢不爭自濯磨，悉歸馴雅？精粹積於中而英華流於外，自立有素，不懈而進於古，無待師儒之董率也。易曰：「觀乎人文，以化成天下。」從此雅化涵濡，孰不和其聲以鳴國家之盛哉？

制策以民間足食是厪，而因籌及積貯之多弊，商販之未通。夫《王制》以三十年之通制國用，《周禮》以荒政十有二聚萬民，立法最詳，爲利最溥。三代以下，積貯之政不講，後人常平、社倉之設，亦一時權宜之計耳。究之有治人無治法，貴糴賤糶，偶有浥爛，則轉而償之民間矣；夏放秋收，吏或因緣，則取而飽其慾壑矣。是惟良有司以實心行之，使實貯在倉，實放在民，而弊自絶矣。至流通商賈，亦以有餘補不足之急務也。《書》曰：「懋遷有無化居。」蘇軾云：「萬室之邑，千斛在市，則市價必平。」況京師爲都會之地。我皇上念切民莫，首重閭閻口食，令豐收各省，源源協濟，麥米分撥，五城設廠，平糶尚恐賈販滯阻，市儈居奇，特命大臣前往查勘，所以爲民食計者至詳且盡矣。夫地方水旱，不能必之於天，而事不容已。國家酌盈劑虛之道，市值低昂，不能强之於民，而效有必著朝廷補偏救弊之功。市販争至，糧價必平。物多則無翔涌之虞，利微則無囤積之弊。因之天休，滋至時和年豐，而民咸食太平之福矣。

制策又詢及於屯田之法。臣惟籌邊莫急於足食，而議軍儲於數萬里外，使内無轉輸之勞，外有守禦之備，所以護邊塞、裕兵食，舍屯田莫由。然策屯政於今日，非獨壤地情形視昔迥殊，即籌畫之道，亦不得泥古而膠於一。何則？趙充國之留屯敦煌也，將以敝先零也；諸葛亮之留屯渭濱也，將以敝魏也。今則不然，武成大定，式廓輿圖，關門以西，拓地二萬餘里，鑿首綯髮、剺面花門之衆，莫不抒誠跂足，喁喁向風。而自伊犂至葉爾奇木、哈什哈爾一帶，水泉沃衍，可資耕種者甚多。誠於此時爲之計，休養謀保聚，區畫而經理之者，勢不能執古人之成見以拘墟也。議者乃曰：「撥兵分屯以開荒，則力衆而易舉；招集流亡以耕種，則事便而可行。」不知分兵屯墾，則築堡運糧，在在取資内地；招流墾闢，則籽糧農具，又事事仰給在官。是耗國家之財力，以贍一隅，揆之事情，誠多未可。則處今時而策屯政，計惟是相度土宜，爲因利乘便之舉，則力不勞而事易集。我皇上睿謨廣運，超越古今，先於闢托克沁、哈拉沙拉等處，徐爲布置，分兵試墾，歲獲豐收，行有成效。而於新闢疆域，特置重臣，量爲籌度。經理不計近功，不謀速效，將視其歲收以爲添兵增墾之計，内地安若無事，而邊庭被福無涯，不數年間，行見沃野數千里遍西域矣。

夫至治之世，教養兼隆，士抱遺經，家無僞學，小民自裕蓋藏，邊兵不勞議餉，而我國家萬年有道之休基於此矣。

臣草茅新進，罔識忌諱，干冒宸嚴，不勝戰慄隕越之至。臣謹對。

（底本：《乾隆二十五年進士登科録》，中國第一歷史檔案館藏。參校本：《狀元策》，榮錦堂乾隆續刊本）

其二

臣對：臣聞敕天之命，屢省乃成；知民之依，所其無逸。古帝王之握符闡珍也，道大者功必崇，功崇者心愈一。《易》曰：「君子終乾乾。」《詩》曰：「夙夜基命宥密，兢兢業業，一日二日萬幾。」此三王以來，其時殊，其揆一也。夫一人首出垂拱穆清之表，以作之君，而作之師。而天下如此其大也，百度如此其賾也，含生負氣，萬有不齊，其有待于財成輔相者，又如此其懷而慕思也。惟聖人建其有極，定之以中正仁義，于以曲成萬物，表正萬邦，敦崇經術，則人不讀非聖之書，而於古訓有獲也。昌明文治，則士各知鏡古之學，而能遜志時敏也。以厚民生，而通商惠農，咸歌樂利；以充邊實，而耕田鑿井，直遍遐荒。由是經緯乾坤，榮鏡宇宙，大化翔洽，感武紛繧。九重之上，揮絃而聿臻熙皞；六合以内，拜舞而並戴生成。溥普（記）［氾］而無私，①法含宏而不敝，而聖人宵旰之盛心，不在兼容并包之大，而在緝熙執兢之純也。

欽惟皇帝陛下，精一心傳，智勇天錫，本健行之學，以自强不息，建非常之原，而天下宴如。固已文德武功，業隆今古；重熙累洽，治媲勛華。則凡所謂明經學、振文教、裕民食、籌邊防者，至詳明而剴切矣。乃修民之有要，籌畫之多方，尚厪聖懷殷殷諮訪，進臣等於廷而策之。臣幸際隆平，沐浴教化，自揣固陋，於國政多取未諳。兹值拜獻伊始，正當敷奏以言，

① 「氾」，據《乾隆二十五年進士登科録》改。

宜有以仰副清問，謹就平昔所知者以對焉。

伏讀制策有曰：「帝王心法治法備于經。」而因窮經之學，以究乎性情政治之本，得失同異之歸。夫五經之昭垂天地間也，微言大義，炳若日星。王者以之治世，學者以之治身，此宗經所以爲致用之實學也。《易》自一畫開天，仰觀俯察，凡爻象卦變，總于象乎著之。九師興而易道微，六象明而易理顯。實假偏圓，義用分析，其説而後人言數言理，莫能外也。《尚書》始經口授，總出孔聖，古今異文，疑多質奥。自仁義誠度，治事美標，七觀之目，而疏通致遠之實義得矣。傳《詩》者，齊、韓、毛四家，而《詩》主於道性情，比物達類，宗托遥深，訓以曰承、曰志、曰持，而四始六義，理歸一貫。《士禮》十七篇，得之高堂生；《周禮》王官，搆自河間獻王，而劉歆世守其業；至曲(屋)[臺]雜記，①則后蒼傳之，二《戴》鄭康成合而箋之。經緯判然，禮經藉以不晦。《春秋》一書，爲作史之祖，文成數萬，其指數千，取之五例，則微而顯，志而晦，婉而成章，盡而不污，懲惡而勸善也。然非杜預、胡安國表章聖學，安得盡當筆削之微權哉？夫士不通經，果不足用，古之醇儒，如賈、董、匡、劉輩，類皆湛深經術，通識時務，而石渠虎觀，談五經同異，遺書祕册，互相發明，所以體用兼備，今古咸宜，經學之盛，懿爍千古。我皇上紹先聖之薪傳，闡不刊之鴻教，萬(凡)[幾]餘暇，②討論六籍，無不洞悉體要，折衷至當，下而儒臣學士，各宜留心經訓，以歸實用，真千載一時也。

制策又以：「文藝之淳漓，關乎人品心術。」而詢及于立言之旨行。惟言者，心之聲也。韓愈曰：「古之立言者，毋望其速成，毋誘於勢利，養其根以談其實，沃其膏以希其光。」况制藝代聖賢立言，務須原本經術，羽翼傳注，而操觚之士，每視爲榮進堦梯，剿襲陳言，揣摩俗尚，求其言中有物，愜心貴當者，百不獲一。昔有唐制科，文字有類于俳優之所爲，帖括

① 「臺」，據《乾隆二十五年進士登科録》改。
② 「幾」，據文義改。

之流弊，何以異此？鄭樵之「酒醴之末，自然澆漓；學術之末，自然淺通」，無真品詣，安有真文章哉？士當正學昌明，聖訓煌煌，敢不争自濯磨，懋修砙行，①精粹積而英華著。人貴自立耳，不懈而進于古，不待師儒之董率也。《易》曰：「觀乎人文，以化成天下。」從此士氣振興，文明朗潤，孰不和其聲以鳴國家之盛哉？

制策以民間足食是廑，而因念積貯之多弊，商販之不通。夫《王制》以三十年之通制國用，《周禮》以荒政十有二聚萬民，立法最詳，爲利最廣。三代以下，積貯之道不（溝）［講］，②常平、社倉之設，不過一時權宜之計耳。蓋有治人無治法，貴糶賤糴，而官有浥爛之虞，則轉而償之民間矣；夏放秋收，而吏或因緣爲奸，則取而飽其慾壑矣。是在良有司以實心行之，使實貯在倉，實放在民，而積弊自絶。至流通商賈，亦以有餘補不足之急務也。《書》云：「懋遷有無化居。」蘇軾之「萬寶三邑，③千斛在市，則市價必平」，況京師爲都會之地。我皇上念切民莫，首重閭閻口食。上年偶值偏災，令豐收各省，源源協濟，米麥分撥，五城平糶，尚恐津梁間隔，賈販阻滯，特命大臣前往查勘，所以爲民食計者，至詳且盡矣。夫地方水旱，不能必之于天，而事不容已。國家酌盈劑虚之道，市值低昂，不能强之于民，而效有必着朝廷補偏救弊之權。物多則無翔踊之虞，利微則無囤積之弊。物價漸平，民氣益固，因之天休，滋至時和年豐，而舉世食太平之福矣。

制策又以屯田事宜，諄諄下問。從來籌邊，莫切於足食，而議軍儲於數萬里外，使内無轉輸之勞，外有守禦之備，所以護邊塞裕兵食，舍屯田莫由。然策屯政於今日，非獨壤地情形視昔迥殊，即籌畫之道，亦不得泥古而膠於一。何則？趙充國之留屯敦煌也，將以敝先零也；諸葛亮之開屯渭濱也，將以敝魏也。今則不然，武成大定，式廓輿圖，關門以西，拓地

① 「砙」，據文義當作「砥」。
② 「講」，據《乾隆二十五年進士登科録》改。
③ 「萬寶三邑」，《登科録》作「萬室之邑」。據蘇軾《上神宗皇帝書》，當作「萬家之邑」。

二萬餘里，髽首綯髮、花門鼇面之衆，無不抒誠跂足，喁喁向風。而自伊犂至葉爾奇木、哈什哈爾一帶，水泉沃衍，可資耕種者甚多。誠於此時爲之計，休養謀保聚，區盡而經理之者，勢不能執古人之成見以拘墟也。議者乃曰：「撥兵分屯以開荒，則力衆而易舉；招集流亡以墾種，則事便而可行。」不知分兵開屯，則築堡運糧，在在取資内地；招流墾闢，則籽種農具，又事事仰給在官。是耗國家之財力以贍一隅，揆之事情，誠多未可。則處今時而策屯政，惟是相度土宜，爲因利乘便之舉，則力不勞而事易集。我皇上睿謨廣運，超越古今，先於闢展托克沁、哈拉沙拉等處，徐徐布置，分兵試墾，歲獲豐收，行有成效。而于新闢疆域，特置重臣，量爲籌度。經理不謀速效，不計近功，將視其歲收以爲添兵增墾之計，則内地安若無事，邊庭被福靡涯，不數年間，行見沃壤數千里遍西域矣。

夫至治之世，教養兼隆，士抱遺經，家無僞學，小民自裕蓋藏，絶徼不勞議餉，而我國家萬年有道之休基於此矣。

臣草茅新進，罔識忌諱，干冒宸嚴，不勝戰慄隕越之至。臣謹對。

（底本：《狀元策》，榮錦堂乾隆續刊本。參校本：《乾隆二十五年進士登科録》，中國第一歷史檔案館藏）

乾隆二十五年，庚辰。五月朔，甲辰。辛亥，諭：「廷試士子，爲掄才大典。向來讀卷諸臣，率多偏重書法，而於策文，則惟取其中無疵纇，不礙充選而已。敷奏以言，特爲拜獻先資，而就文與字較，則對策自重於書法。如果文義醇茂，字畫端楷，自屬文字兼優，固爲及格之選。若其人繕録不能甚工，字在丙而文在甲者，以視文字均屬乙等，可以調停入彀之人，自當使之出一頭地。況此日字學稍疎，將來如與館選，何難臨池習之。倘專以字爲進退，兼恐讀卷官有素識貢士筆跡者，轉以此藉口滋弊，非射策決科本義也。現在定例擬選十卷進呈，須俟引見，始定名次。衡文尚待觀人，而閱卷時竟先抑文重字，可乎？又向來讀卷官，雖例不回寓，然皆各覓公所散住，地非鎖院，人得自由。在監試王公大臣等，既不能各分一員，同居糾察。而讀卷諸臣，從容退息，亦何不可遣人回家，潛通消息者？此而置之不問，則凡鄉會試之設法關防，又何取焉？且試策不過一二百卷，以十四人公閲，即一二日亦可竣事。乃遲之三五日，始行進呈，晨集暮散，展轉須時，於形跡尤爲未協。著大學士、九卿，將嗣後讀卷官，如何參覈文字，務令取擇適中。并作何住居、監察、刻期竣事之處，一併詳悉議奏，以協朕期於名實俱副、肅清衡校之至意。」尋議：「廷試讀卷，自應取文義醇茂者，拔置上第。若策對全無根據，即書法可觀，亦不得入選。至讀卷官各覓公所散住，誠非設法關防之意，查向來讀卷，俱在内閣。本年經大學士臣來保，奏明在文華殿閲卷，應請即於文華殿兩廊、傳心殿之前後房間，及派出監察之王大臣、科道、收掌等官，一同住宿。再每科試策，不過二百餘卷，舊例讀卷十四人，未免過多。嗣後將應行開列人員，請簡八員，足資辦理。再閲卷請定限二日，擬定十卷進呈。」從之。

（《清高宗實録》卷六一二，册一六，頁八八〇—八八一）

壬子，夏至。御養心殿，召讀卷官入，親閲定進呈十卷甲第。諭：「今歲廷試，有條對策問，以古之屯田爲勞民，今之屯田，勞民正所以惠民者。新進摭拾陳言，不悉實政，固不足怪。然現在新疆墾種，實無一勞民之事。以書升論秀者，尚不免形諸廷對，何況蚩蚩無識之徒，以訛傳訛，伊於胡底，故有不得不明白宣示者。西陲戡定，回部悉平。朕之初念，豈務爲好大喜功，今亦不過輯其舊部，復其本業而已，又安肯轉事勞民動衆。蓋回人等，本以種藝爲生，自爲準夷驅使執役，伊犁各處，習耕佃者，延袤相望。今當掃穴之餘，在殘衆自營生計，不過還其所固有，而駐防大臣等，循行勸墾，亦惟用其人以墾其地。曾有一内地百姓，抑之負耒而往者乎？總督楊應琚，前此酌籌屯務。於派駐兵丁，採買牲畜，部署頗涉紛繁，朕以其未得此事要領，屢降諭旨，令其從容隨宜經理。今日奏到，伊亦自知前議之非，并稱各就本地力量情形，因利乘便，可規久遠。則前後擘畫緣起，歷歷可數。至應遣之犯，議令前往種地，以減死之人，而予以謀生之路，伊等既不得謂之民，又安得謂之勞也。且朕規畫此事，更有深意。國家生齒繁庶，即自乾隆元年至今二十五年之間，滋生民數，歲不下億萬，而提封止有此數，餘利頗艱。且古北口外一帶，往代皆號巖疆，不敢尺寸踰越。我朝四十八部，子弟臣僕，視同一家。沿邊内地民人，前往種植，成家室而長子孫，其利甚溥。設從而禁之，是厲民矣。今烏嚕木齊、闢展各處，知屯政方興，客民已源源前往貿易，茆簷土銼，各成聚落，將來阡陌日增，樹藝日廣，則甘肅等處無業貧民，前赴營生耕作，汙萊闢而就食多，於國家牧民本圖，大有裨益。夫利之所在，雖禁之而不能止。民可使由，不可使知，將來亦徐觀其效而已。朕又何所爲而先事勞之？前此武功告成，不過偏師嘗試之，而好議者或云黷武；今辦理屯種，亦衹因地制宜之舉，而無識者又疑勞民。朕實不解，且付之不必解，而天下後世，自有公論耳。因閱對策，特降此旨，并將楊應琚奏摺，通諭中外知之。」

（《清高宗實録》卷六一二，册一六，頁八八一—八八三）

四六　乾隆二十六年辛巳恩科　王杰

乾隆二十六年（一七六一）辛巳恩科，共取進士二百一十七名。狀元王杰，榜眼胡高望，探花趙翼。

是科會試知貢舉：刑部侍郎熊學鵬。正考官：協辦大學士、吏部尚書劉統勳。副考官：户部侍郎于敏中、兵部侍郎觀保。

是科殿試讀卷官：大學士來保，協辦大學士鄂彌達、劉統勳，兵部尚書梁詩正、左侍郎觀保，刑部尚書秦蕙田、左侍郎錢汝誠，都察院左都御史劉綸，入覲兩江總督尹繼善。

王杰（一七二五—一八〇五），字偉人，號惺園，晚號葆淳，陝西同州府韓城縣（今韓城市）人。乾隆二十五年，鄉試中式。狀元及第，授翰林院修撰。尋直南書房，屢司文柄。五遷至内閣學士。三十九年，授刑部侍郎，調吏部，擢左都御史。四十八年，丁母憂，即家擢兵部尚書。服闋，還朝。五十一年，命爲軍機大臣、上書房總師傅。次年，拜東閣大學士，管理禮部。臺灣、廓爾喀先後平，兩次圖形紫光閣，加太子太保。仁宗親政，爲首輔。嘉慶七年（一八〇二），固請致仕，晉太子太傅，在籍食俸。嘉慶十年正月，卒於京邸，贈太子太師，祀賢良祠，謚文端。《清史稿》有傳。

王杰狀元策見《乾隆二十六年進士登科録》（中國第一歷史檔案館藏）、《狀元策》（榮錦堂乾隆續刊本，哈佛大學漢和圖書館藏）。

乾隆二十六年，辛巳。夏四月，庚午朔。庚寅，策試天下貢士陳步瀛等二百一十七人於太和殿前，制曰：朕寅奉天命，式承丕基，緬惟古昔帝王，制治求寧，履謙持泰，載稽典策，如見其心。朕早作夜思，勤求郅理，而撫躬省治，弗敢自安。乃者集慶迓庥，諸福駢翕，疆宇頌其式廓，雨暘順以節宣。當扆永懷，惟增祇惕。爾多士際慈壽之維祺，應棫薪之雅化，魚魚闕下，當必有明於經術，通於吏道，審悉乎程材訓俗之端者，其誦厥志，以達予聽。

夫學者載籍極博，必原本於六經。《易》有四尚，《詩》有六義，《書》有古今，《禮》有經曲，《春秋》有三傳，能舉其大義，詳其條貫歟？ 注，一也，而有曰傳、曰箋、曰學、曰集解之別。疏，一也，而有曰釋、曰正義、曰兼義之殊。立博士者，或十四人，或十九人，先後何以不同？ 立石經者，或一字，或三字，紀載何以互異？ 多士亦能洞悉其源流，而略陳其梗概否也？ 朕崇尚經術，時與儒臣講明理道，猶復廣厲學官，蘄得經明行修之士而登之，其何以克副期望之意歟？

致治要在審官，考課之方，代詳其制。論者謂自漢以前，大率詳於外吏，而略於京朝。然觀成周六計弊吏，而日要月會歲計，不遺六官之屬。兩京以六條察二千石，丞相御史，雜考郡國計書，而在三府者，光祿勛歲行進退。至唐，京官之考，主之郎中；外官之考，主之員外。其後先法制同異，可晰言之歟？ 邇者慎簡長吏，既令督撫舉堪任郡守之材，武途副將以上，甄擇入告。其在京曹司，復飭堂上官於會同察計外，各疏其賢否，用資校覈，何道而使人揚其職，群僚敦行實，大臣稟虛公也？

進士一科，得人爲盛，伊古然矣。卿尹大夫，皆由此其選，始進能無慎乎？ 乃行之既久，而文體或猶未盡淳，士習或猶多浮尚，豈風會使然歟？ 抑法制有未盡善也？ 臨軒策士，要以遴拔真才，是在司事諸臣之共襄公慎耳。然而以水濟水，其何能益？ 和而不同，古大臣每矢勵厥心，見諸言論事績者，可舉似一二端歟？ 今既更易舊制，宜積習肅清矣，又何以使崇實去華，科名稱極盛歟？

服勤尚儉者，民生風俗之原也。比歲洊膺鴻貺，闓澤應時，西域新疆，屯收充羨，食貨可幾漸裕矣。而年豐易滋游手，糴賤兼恐傷農，生穀止有此數，服食侈靡者耗之，法制禁防，既難盡及。迨頓積居奇，而耗於商賈者半；採買翔涌，而耗於吏胥者又半。司民牧者，將開源節流，使生者不匱，而用者不奢，道果安在？

凡此數端，溯經籍之源流，察官聯之課最，士尚先資拜獻，農知務本力田。諸生講肄有年矣，其以所得者，悉之究之，朕將親爲裁擇，且覘夙抱焉。

（底本：《清高宗實録》卷六三五，册一七，頁九〇—九二。參校本：《乾隆二十六年進士登科録》，中國第一歷史檔案館藏；《狀元策》，榮錦堂乾隆續刊本）

臣對：臣聞聖主綏猷而建極，哲王執要以圖幾，人君奉若天道，必有震動恪恭之意，以端其敷治之原；必有持盈保泰之衷，以昭其化成之效。蓋時當太平極盛，一人端拱於穆清之上，百爾臣工，罔不宣猷效力，承弼厥辟，蒸蒸然治臻上理，而四海從風。然而深宫宵旰之勤，不以賢才篤生，而忘通經致用之本也；不以庶明勵習，而弛大法小廉之誡也；不以文教誕敷，而忘黜華崇實之訓；不以物用富饒，而寬去奢從儉之思。兢兢業業，雖以天庥洊至，而朝乾夕惕之不遑者，非過慎也。天道健行不息，而聖人之法天宜民者，即與天道同其運量。是故經明行修儲其用，後先奔走效其能，菁莪棫樸呈其化，時和年豐彰其瑞，治化有日上之勢，而王心無暇逸之思，不以爲已治已安，而切其咨其儆之懷，斯能以純王之心，行純王之政。舉唐虞三代之隆，所謂治教休明，太和翔洽於兩間者，足以媲美也。

欽惟皇帝陛下，允執厥中，所其無逸，當重熙累洽之際，存思艱圖易之懷，固已人崇實學，臣思篤棐，士先器識，而民咸樂利矣。乃猶進臣等於廷，而策之以通經課吏之要，程材訓俗之端。以臣之愚，正所謂細流土壤，奚足以裨高深，然清問所及，不棄芻蕘，則當對揚伊始，敢不罄管窺蠡測之見，以冀仰副宸衷於萬一乎？

伏讀制策有曰：「載籍極博，必原本於六經。」而因及乎經義注疏之源流，此誠昌明正學之極軌也。臣聞：「論文必徵諸聖，勸學宜本於經。」聖人觀乎天文，以察時變；觀乎人文，以化成天下。於是吐辭爲經，以繼往聖，以開來學，而義理之昭垂，乃萬古而常新。夫《易》之爲書，廣大悉備，其旨遠，其辭文，而尚辭、尚變、尚象、尚占，取義無窮。《詩》本性情，而用之邦國，用之家人，則爲賦比興，爲風雅頌者，體裁亦異也。《書》經秦火之後，煨燼無餘，自漢除挾書令，而濟南伏生，始口授晁錯，是爲今文；孔壁所出者，是爲古文。《儀禮》出於高堂生，《禮記》删於二戴，先儒謂《儀禮》爲經，《禮記》爲傳，所謂「《經禮》三百，《曲禮》三千也」。《春秋》三傳，惟左氏爲最詳，雖與《公》《穀》各有得失，而聖人之經，究以盲左爲功臣。至若注疏之家，如安國、毛萇之傳，鄭康成之箋，何休之學，范甯之集解，賈公彥之釋，孔穎達之正義，名雖異，而於聖人之經，皆能有所發明，以崇信而表章之也。漢儒傳經，各有專門，故先後立博士，或十四人，或十九人。立石經者，蔡邕止一體書，邯鄲淳有三體書，此亦種事而增者也。我皇上稽古右文，崇儒重道，於儒先注疏，皆折衷至當，又復廣勵學宮，蘄得經明行修之士。生其際者，沐浴涵濡，宜何如爭自奮勵，以敦崇實學也哉？

制策又以「致治要在審官」，而因詳及於歷代考課之制，慎簡長吏之法。甄拔人才之計，何以加此？臣聞三載考績，始於虞廷，迨乎成周，以六計弊群吏，而日要、月會、歲計，不遺六官之屬。漢法，太守得自除吏，刺史行部，但按察二千石，故曰：「與我共此治者，其惟良二千石乎？」丞相御史，雜考郡國計書，而在三府者，光禄勛歲行進退。是其詳於外制，而略於京朝者也。唐制，京官之考，主之郎中；外官之考，主之員外。此其法制，似爲詳審。然而漢之循吏，千古獨稱盛焉。是知致治之道，存乎考課，而風化之原，端在長吏。姚崇言擇十道觀察使，尚恐不得其人，況守令乎？蓋長吏既得其人，則好惡無偏，既不得干進以私，而舉察咸宜，亦且共知所向。夫激勵人才者，馭世之大權也；綜覽名實者，用人之要務也。曾見大臣稟虛公之度，以甄别賢能，而群僚有不咸懷激勸以自效者乎？又況以聖明在上，即所疏之賢否，而親爲校覈，將内而曹司，外而郡守，固無一不在睿鑒之中矣。

制策又以：「文體猶未盡淳，士習猶多浮尚。」慮法制之或未盡善，冀司事之共襄公慎。夫文以載道者也，矧制義以代聖賢立言，則當其發爲文詞，而人品之高下，心術之邪正，俱於此可見。此豈揣摩剽竊之類所能僥倖而得者乎？顧或以聲韻爲工，而不求經術；或以帖括爲能，而不循義理。此雖飾輪轅，繡鞶帨，説一時之耳目，而無當于愜心之要旨矣。朱子謂：「科目之設，徒阻天下英雄之路。」又曰：「非科舉累人，人自累科舉。」《唐史》言：「方其詞章自見，類如浮文少實；及臨事設施，奮其事業，爲國名臣者，不可勝數。」然則謂人材盡於科目者非也，謂人材不出於科目者亦非也。我皇上釐正文體，清真雅正之訓，屢行誥誡，士咸知所趨向矣。然而遴選真材者，不以文運之日昌，而可懈其公慎之衷也。蓋衡文者意見稍殊，則倖進者不過濫膺名器，而人或疑於風會之將然，而轉相傳效矣。昔裴行儉爲主司，而罷王楊盧駱之躁薄；歐陽修主試，而黜劉幾之險怪，一時文風翕然丕變。是誠衡文者之能爲轉移者矣。

制策又以「年豐易滋游手，糶賤兼恐傷農」，因籌及於服食侈靡，商賈吏胥之耗，誠惠鮮懷保之至意也。夫服勤尚儉者，民生風俗之原；開源節流者，先事綢繆之計。王者繼天而立極，即代天而子民，則凡閭閻之服食器用，何一不關于君上之籌畫。獨是民有可以自爲謀者，服田力穡，烹葵剥棗之常，所謂民生在勤，勤則不匱也。必有在上之代爲謀者，食時用禮，敦本崇實之道，所謂國奢示儉，國儉示禮也。至於頓積居奇，採買翔湧，是又在司土之實力稽查，而其弊自見也。

凡此數者，用人行政之大端，而致治保邦之要道也。誠使窮經者坐言可以起行，襄治者正己即以率屬，多士沐同文之化，司牧體子惠之忱，則福利普被於群生，休徵叠見於寰宇，我國家乃以享億萬斯年之慶矣。

臣草茅新進，罔識忌諱，干冒宸嚴，不勝戰慄隕越之至。臣謹對。

（底本：《乾隆二十六年進士登科録》，中國第一歷史檔案館藏。參校本：《狀元策》，榮錦堂乾隆續刊本）

四七　乾隆二十八年癸未科　秦大成

乾隆二十八年(一七六三)癸未科,共取進士一百八十八名。狀元秦大成,榜眼沈初,探花韋謙恒。

是科會試知貢舉:禮部左侍郎程景伊。正考官:刑部尚書秦蕙田。副考官:吏部左侍郎德保、兵部左侍郎王際華。

是科殿試讀卷官:大學士來保、劉統勳,兵部尚書劉綸,左都御史彭啓豐,兵部右侍郎託恩多,刑部右侍郎蔡鴻業,禮部右侍郎雙慶,内閣學士竇光鼐。

秦大成(一七二三—一七八四),字承敘,號簪園,江蘇太倉州嘉定縣(今上海嘉定區)人。乾隆二十四年,鄉試中式。狀元及第,授翰林院修撰。旋歸鄉養親。乾隆四十三年,任會試同考官。告歸,歷主鐘山、平江、婁東書院,聘修《南巡盛典》。乾隆四十九年,卒于鄉,年六十二。

秦大成狀元策見《狀元策》(榮錦堂乾隆續刊本(哈佛大學漢和圖書館藏),乾隆乙卯年新鐫、嘉慶續刊本(國家圖書館藏))。

乾隆二十八年,癸未。夏四月,戊子朔。戊申,策試天下貢士孫效曾等一百八十七人於太和殿前,①制曰:朕祗荷天

---

① 「戊申,策試天下貢士孫效曾等一百八十七人於太和殿前」,《乾隆帝起居注》云,「四月二十一日戊申,策試天下貢士孫效曾等一百八十八人於太和殿内」。

祖鴻庥，光纘丕緒，地大物博，際盛思艱，上理勤求，永懷(考)[孜]贊。① 深惟心源治蹟，道在交修，物力民庸，功蕲攸濟。爾多士資言成信，亮所稔聞，尚殫矢陳，用酬延佇。

聖學之傳，首崇心性。《虞書》十六字，尚矣！《大學》言心不言性，而朱子序《大學》，言性獨詳。《中庸》言性不言心，而朱子序《中庸》，言心獨詳。將非交引互發，義即偏而不舉歟？性者心之神明，心者性之郛郭，是言性足以統心，而道心與人心何以判？義理之性，與氣質之性何以歧？張載曰：「氣質之性，君子有弗性者焉。」然自孟子以性善闢百氏之説，而性惡三品，後儒猶事紛呶。豈子輿力挽狂瀾，意嚴矯枉，雖尼山相近相遠之訓，不可以語中人以下歟？

史有二體，紀傳法《尚書》，編年法《春秋》。朱子本司馬光《資治通鑑》之舊，大書分註，約爲《綱目》，囊括一千三百餘年史事，爲編年正軌，足便覽觀。厥後薛應旂有《續通鑑》，商輅有《宋元續綱目》，能不失二書初指否？明《通鑑纂要》，本出自官輯，與顧錫疇、王世貞、陳仁錫輩，取備兔園册子不同，而隸事詳略，亦未完善，已命館臣釐次分進，幾暇手批評騭。凡前史義例未安，必往復刊定，勒爲《輯覽》一編，嘉惠來許。有志「三長」之學者，夙習發明書法，《考異》《集覽》諸家之言，能研覈折衷，而切指其利病否？

糴糶蓋昉乎古。質劑致民遺意，考其委積所在，若鄉里、門關、郊里、野鄙、縣都，厥用曷分？後此三倉建置相仍，在官在民，孰爲便利。唐之和糴，宋之寄糴、裱糴等名，一切權宜取濟，而法隨人弊，其戾於前規者安在？國家昇平康阜，暘雨應時，第一隅歉穫偶聞，動需挹注。常平社穀所貯，既命所司以時貸撥，近復出太倉以平市值，截漕艘以支給賑。且採運奉天、豫東羨粟，以廣灌輸，擘畫不遺餘計。然自窌困充牣，而或大賈居奇，駔牙登壟，因緣蠹耗，(檢舉)[撿剔]難周，②

① 「孜」，據《狀元策》改。
② 「撿剔」，底本作「檢舉」，《狀元策》及策對中均作「撿剔」，故據改。

矧事由補救一時，非可援爲經制。則所謂求裕民足食之本，策果奚先？溝洫所以備水旱、時蓄洩也。大禹決川距海，必兼濬畎距川。未聞以墳壤塗泥異制，暨《周官》遂人則捐膏腴，匠人則治溝洫，且多於賦，意至深遠。近世言水，猥詳於南而略於北，詎不以南居澤國，北處中原，又積潦鮮逢歟？不知水無所坊，旱無所豬，高原之患，勢均澤國。前者中州山左，工已遞興。比因畿輔秋霖餘潦，濱河下隰之區，節宣未邕，屢遣大臣涖事疏導，庶幾消閼遏而利畊町。顧滄津猶可洩尾閭，而淀沽或難迴釜底，捍田棄地，何道之從？

夫溯酈嶧之聖涯，披唐虞之治境，①四鬴贏而野多秉穗，百川滌而田不汙萊。隆郅之圖，跂予昕夕久矣。爾其誦言所學，臚著於篇，毋泛毋隱，朕親裁擇焉。

（底本：《清高宗實録》卷六八五，册一七，頁六六六—六六八。參校本：《狀元策》，榮錦堂乾隆續刊本）

臣對：臣聞帝王以覆載之量爲量，以天地之心爲心，是以握符御極，必裕乎建中錫福之大原，操夫國計民生之要務。兢兢焉舉安危治忽之幾，教養立達之用，運量於淵默之中，措施於薄海之外，此其道甚大而治甚溥，功彌崇而心彌惕矣。夫以太平景運之隆，而宵衣旰食，一息不敢康，非過慎也。治益求治，安益求安，凡危微精一之旨，剖析宜詳，則毫釐有所必嚴矣；往古得失之由，條陳具備，則博覽有所必貴矣。閭閻已無失所，而惠愛盡誠，自臻於休養安全之福，水旱偶有不時，而補捄盡善，自協於天時水土之宜。《書》曰：「惟天聰明，惟聖時憲。」《易》曰：「后以財成天地之道，輔相天地之宜。」蓋言體天出治，建極宜民，必有以參贊化育，醖釀太和，而後爲至治之鴻庥，郅隆之盛軌也。遐考唐虞三代之隆，主極

① 「境」，《狀元策》作「鏡」。

端於上，風俗成於下，清和誠理，一道同風，陰陽和而風雨時，群生育而百昌遂，莫不由是道也。

欽惟皇帝陛下，聖敬日躋，化神丕著，心存乎敕幾慎憲，而百度惟貞；治兼乎文德武功，而萬方率服。固已至教流行，仁風翔洽，垂駿烈於寰中，播鴻休於無外矣。乃宸衷淵惕，咨訪彌殷，爰進臣等於廷，而策之以辨心源、考治蹟、阜物力、裕民庸之要。臣材識淺陋，自知土壤細流，奚裨於泰山河海，然仰承清問，拜獻有懷，敢敬攄所見以對。

伏讀制策有曰：「聖學之傳，首崇心性。」而因指示夫交引互發之幾，剖別夫義理氣質之判，斯誠昌明正學之盛心也。夫道必原於性，而學必本諸心。蓋心者，人之神明，而性即心所具之理也。自無極之真，二五之精，本自妙合而凝。故化生萬物，氣以成形，而理亦隨以付，理不雜乎氣，而亦不離乎氣。故夫子性相近云者，蓋即氣質之中，指其義理之本然而言之。理無偏全，氣有清濁，所以第曰相近也。自諸子之說，專言氣質，而不復推其所性之真，則凡恣肆爲惡者，皆可諉其咎於性矣。故孟子力挽狂瀾，獨指其粹然之理而表之曰「性善」，所以矯百家之失，而自可與尼山之旨相發明也。至於人同此心，而其發於義理者爲道心，發於氣質者爲人心。《大學》言心不言性，而存其心，即所以裕性之用；《中庸》言性不言心，而養其性，即所以葆心之體。朱子序《學》《庸》二書，融其旨而合之，正所以備交引互發之義歟？夫聖學統緒，肇自虞廷，孔孟而後，宋儒之講明遞詳。我皇上聰明天縱，宥密單心，所以紹十六字之心傳者，已集其大成。道術之廣崇，德性之體備，又孰能外焉乎？若夫存之爲内聖，發之即爲外王，則千古以來之治蹟，惟史册爲考鏡之林矣。

制策又以《續通鑒》《續綱目》之義例下問，而因於發明書法，《考異》《集覽》，諸家之中，期於研覈折衷。臣謹按作史之家，向有「三長」「五難」「三等」「四患」之說，所以紀傳編年，體裁各判。而得失互程，自非典文該洽，義例精詳，固難以蔚爲不刊矣。涑水《資治通鑒》，錯綜諸史而出之，所以備編年之法。諸子因之爲《綱目》，①大書分注，據事直書，褒貶自見，洵堪上繼《春秋》矣。厥後薛應旂之《續通鑒》，商輅之《宋元續綱目》，欲上接涑水、紫陽之軌，雖未失乎二書之初指，而複雜偏駁，不能盡泯。且所未入著作之林，成一家言者，必崇尚體要，通達治體，固非僅摭採網羅，取備兔園冊子已也。是故前明之《通鑒纂要》，已得大體，而隸事詳略，亦未盡完善。我皇上於萬幾餘暇，手批評隲，凡於前史義例之所在，芟其繁蕪，補其缺略，於以折衷於至當，研辨其精微，斯誠萬世著作之權衡，而備極夫三長矣。臣等管窺之見，更何能有當於萬一乎？且夫考古所以証今，而言治惟在善政。

制策又以「三倉建置相仍」，審乎在官在民之孰便，而更以給賑之餘，因緣蠹耗，撿剔難周，欲籌裕農足食之本。猗與休哉！睿慮周詳，無微不燭，真愛養黎元，有加無已之意也。臣謹按《周禮》遺人裕鄉關之委積，以備艱厄，法莫良焉。自後管仲通輕重之權，李悝行斂散之術，其制遞易。迨耿壽昌始爲常平之制，長孫平復有義倉之設，朱子更有社倉之法，斯三者，或貯之於官，或司之於民。臣愚以爲三者可交相濟，而不可以偏爲廢也。蓋常平出糶，秖及於市井小民，而義倉、社倉，隨處支撥，乃可以徧於鄉村黎庶。合在官在民，務有以稽其出入，而防其虧損，是在乎行之得人而已。我皇上深仁厚澤，漸被無疆，已無一民之失所矣。近因直省偶被偏災，上廑宸衷，疊加賑恤。更以米價未平，特命五城設廠平糶，鄰省羨粟，相繼灌輸，凡所爲補捄之方已備。然或貸撥支給之時，大賈居奇，駔牙登壟，亦所間有。則夫禁商賈之囤積，察吏胥之侵牟，其法宜申儆也。若因時補捄之外，更爲有備無患之謀，則教民節儉，用禮食時，餘三餘九，其亦裕農足食之本務矣。夫發賑所以禦歉歲，而畎澮所以利農田。

---

① 「諸」，當是「朱」之訛。

伏讀制策有曰：「溝洫所以備水旱、時蓄泄也。」而殷殷焉以消闕遏而利畊甿爲念。臣嘗攷夫直屬水利，如子牙、永定等河，歲修具有成規，隄防約束，已無可慮。第以漳水流入衛河，漫及京南州邑，舊秋雨澤稍多，窪地遂多潴水。夫四十九淀，七十二沽，所以匯諸河之水，使近淀者歸淀海，則承其流而爲之宣洩，其大勢然也。顧入海有疾趨之勢，斯近淀無旁溢之虞。向來天津五牐，爲入海尾閭，今上流之積水既多，非五牐所能驟洩。雖廣爲疏消，添建閘座，尚未能導之歸墟也。夫惟不惜咫尺之地，乃可以復作乂之功。凡於淀沽潴水之處，更加疏濬利導其所歸，使汙澤先有容受之區，而後滄津可漸覩先洩之效矣。考之《周禮》，匠人治溝洫，棄地捍田之意，至今想之，其良法猶若可覩也。近代以來，如郭守敬、徐貞明、於北直水利，著有成效，是皆可兼採而行之矣。

若是者，事雖各殊，理惟一致。抉至道之藴奥，而貫徹源流，所以大千聖之薪傳也；稽簡編之緒論，而勒成不刊，所以炯千秋之昭鑒也。以資愛養，而實惠被諸編氓，斯物阜民安，九垓咸有含哺之慶；以治水土，而功程徵於率作。斯飲和食德，六宇盡享衽席之庥。而要惟我皇上以無逸作所之心，盡保泰持盈之道，斯德盛而化神，道高而恩厚，仁聲與嘉績俱流，玉燭與金堤並永，我國家萬年有道之休基於此矣。

臣草茅新進，罔識忌諱，干冒宸嚴，不勝戰慄隕越之至。臣謹對。

（底本：《狀元策》，榮錦堂乾隆續刊本）

乾隆二十八年，癸未。夏四月，戊子朔。辛亥，上御乾清宮，召讀卷官入，親閱定進呈十卷甲第。諭：「嗣後殿試進呈十卷，不必豫拆彌封，候朕閱定後，再行按名傳齊，帶領引見。」

（《清高宗實録》卷六八五，册一七，頁六七一）

四八　乾隆三十一年丙戌科　張書勛

乾隆三十一年（一七六六）丙戌科，共取進士二百一十三名。狀元張書勛，榜眼姚頤，探花劉躍雲。是科會試知貢舉：禮部右侍郎程巖。正考官：兵部尚書尹繼善。副考官：户部左侍郎裘曰修、兵部右侍郎陸宗楷。是科殿試讀卷官：大學士尹繼善、劉統勛，協辦大學士、吏部尚書陳宏謀，户部侍郎王際華，兵部侍郎鐘音、彭啓豐，刑部侍郎周煌、左都御史觀保。

張書勛（一七三二—？），字在常，號酉峰，江南蘇州府吴縣（今江蘇蘇州市）人。乾隆二十四年，鄉試中式。狀元及第，授翰林院修撰。乾隆三十九年，署日講起居注官。四十年，任上書房行走。四十二年，任湖北鄉試正考官。累官至右中允。丁憂歸，猝逝于鄉。詩文散佚無存。

張書勛狀元策見《狀元策》（乾隆乙卯年新鐫、嘉慶續刊本，國家圖書館藏）。

乾隆三十一年，丙戌。夏四月，庚子朔。庚申，策試天下貢士胡珊等二百七人於太和殿前，制曰：朕纘紹丕基，誕撫萬國，祇慎夙夜，懋敕幾康，三十一年於兹，未敢少懈。必世昌期，幸符熙洽，仰荷上帝之鴻庥，列聖垂裕之嘉祉。方内乂寧，士宇遐擴，士民樂業，歲復屢豐。朕履盛思謙，勤咨上理，緬惟經學爲出政之原，史册爲鑒觀之本，察吏治以底績，疏選法以程材，將以監古宜今，胥規實效，勵官造士，共勉永圖。兹當臨軒發策，延攬維殷，佇獻嘉言，以佐予休治。

六經之旨，千古範圍，約舉數端，以覘誦習。《易》傳三義，《書》分六體，《詩》有三作，《春秋》著五始，《戴記》多後儒之所增，《周禮》以冬官爲散見，其説可臚舉歟？ 窮經致用，先務貫通。《彖傳》《象辭》，何以《乾卦》獨立於文下？ 二典三謨，何以《左氏》引以爲《夏書》？ 《王風》《魯頌》編詩，何以獨異？ 《左傳》《公》《穀》，經文何以互殊？ 以《禮記》爲《曲禮》，易《周官》爲《周禮》，始於何人何代？ 能確鑿言之歟？

史以垂彰癉，而體例不必盡同。《循吏》《儒林》始於《史記》，《文苑》《獨行》始於《後漢書》，《忠義》始於《晉書》，《道學》始於《宋史》，其分門各當否？ 《梁書》有《止足傳》，《隋書》有《誠節傳》，《唐書》有《卓行傳》，同異果何如也？ 凡人之賢否，事之得失，俱見於傳，復作論贊，疑若贅設，沿而不廢，毋亦拘於體例耶？ 兹命廷臣，重修國史，期於據事直書，永昭懲勸，有可以援古証今，裨益編摩者歟？

《記》曰「大臣法，小臣廉」，言乎上與下之相承也。《周官》以六計弊群吏，善能而下，皆冠以廉。漢法六條察吏者五，良規具在，可備列而踵行歟？ 朕澄敘官方，加意整飭，期庶司百職，共底廉平，而任封疆者，或以姑息爲心；綰銅墨者，或未清白率職。吏治之不醇，民生其曷攸賴？ 夫大吏者，群有司之圭臬也。欲使群吏皆守法奉公，固在大吏之公正明察，足以董率而甄覈之矣。顧侵漁之弊未盡除，黷墨之風未盡息，何以杜其源，遏其流，俾人思濯磨，潔己自愛歟？

古者三物賓興，書升論秀，士皆得乘時利見。自九品官人，三途並用，時勢較異，或以猥雜爲譏，或以壅滯爲患。唐之銓法，有十數年不得親政者，選途之積，自昔而然。朕念士之列賢書者，需次稽時，或少壯策名，淹及皓首，特令甄選，廣其途而登用之，俾無積薪之虞，既爲疏通，繼此果無慮其復壅歟？ 且及鋒而用，爲舉人計，即爲民社計也。膺兹選者，何以奮勉供職，以毋負拔擢之意歟？

夫崇經術，昭法戒，飭官常，勵儒修，皆惟其實，不惟其文也。多士習聖賢之業，明治理之要。其悉意敷陳，以無負循名責實之義。毋勦毋泛，朕將親覽焉。

（底本：《清高宗實録》卷七五九，册一八，頁三五七—三五八。參校本：《狀元策》，乾隆乙卯年新鐫、嘉慶續刊本）

臣對：臣聞道隆者文焕，德盛者化光。古帝王膺圖御宇，必有經緯天下之宜，整飭天下之具，而後道法寓於典謨，事功垂於史册，百官得其宜，萬事得其序。寧惟是穆穆皇皇，法居高拱，稱對天之鴻庥，示無前之偉緯而已哉。《書》曰「皇極之敷言，是彝是訓」，言世所訓行者，必衷諸聖也。《記》曰「官先事，士先志」，言處則視其所守，出則視其所爲也。夫問學與治功無二致，勵官與選士有交資，是以聖人夙夜單心，幾康交敕，兼内聖外王之量，備宜今鑒古之模。雖庶官已和，而猶嚴大法小廉之誡；雖多士已奮，而猶廣闢門籲俊之途。故其時勛華普被，文教光昌，翼爲明聽盡其長，菁莪棫樸彰其盛，所以垂至治於深宫，溥修和於薄海者，咸日進於無疆。蓋自唐虞三代以來，禮樂刑政所祖不同，質文損益之宜亦隨時遞變，而要其心法治法之傳，合朝野上下，胥安於大化而不自知者，未嘗不同條而共貫也。

欽惟皇帝陛下，體元居正，建極用中，茂德日新，鴻熙遐播。固已事辭經術炳雲漢而爲章，颺拜賡歌著明良於一德，遠邇慶同文之治，寮采彰奉法之隆矣。乃睿慮周詳，疇資博採，兹届廷試之期，復進臣等而策之。臣學術迂疎，至愚極陋，然念古者事君，先資其言拜，自獻其身，以成其信，則當對揚伊始，敢不就平日所考論者少罄管蠡，以仰承清問乎？

伏讀制策有曰：「六經之旨，千古範圍。窮經致用，先務貫通。」臣謹按，聖人之道，莫備於經。自漢唐宋諸儒，研精覃思，其授受最廣，而説亦最博。《易》之爲書，彌綸天地，觀象衍數而理寓焉。道不外乎易簡，而不易變易，體用攸分，故鄭康成謂：「一名而含三義。」其以《彖》《象》《文言》雜入卦中者，自費直始。後人以諸卦《彖》《象》，各分綴爻辭前後，惟《乾卦》獨列爻後，論説紛如。至吕祖謙，依古更定，朱子因之，而十二篇之舊不紊矣。《書》以道政事，孔安國標舉六體，典、謨、訓、誥、誓、命，固已盡其大概。他若貢歌征範，亦可以類相從。二典三謨，成於虞夏史臣之手，故《左傳》稱爲《夏書》，而孔子定爲《虞書》。《詩》分四始，義自判如，不特《王風》之不可名雅，《魯頌》之不可名風，而《雅》有大小，亦非無別。王通謂：「有一國之作，有天下之作，有神明之作。」但就風雅頌所用以爲言耳。《春秋》著五始，謂元爲氣始，春爲時始，王爲受命始，正月爲政教始，即位爲一國始，此亦訓詁之通例。至《三傳》異辭，實由所見所聞所傳聞，而聖人筆削之旨，彼此均未盡得焉。古《禮經》之傳於世者，《儀禮》最近古，而已非完書。《戴記》採輯頗雜，馬融增以《月令》《明堂位》《樂記》，雖其文或出秦漢諸儒，而三代遺制，藉是可徵。《周官》爲制治立法之書，《冬官》既缺，自非《考工記》所能補，後儒謂「《冬官》未嘗亡，散見五官中」，説亦近是。然遂欲紛更舊帙，創立新編，不亦鑿乎？要之，説經之難，不難於考核，而難於會通；不難於節目之周詳，而難於大義之明晰。語曰：「士不通經，果不足用。」則窮經將以致用也。而謂士之講求，可不豫歟？

制策又曰：「史之體例，不必盡同。修史期於據事直書，永昭懲勸。」臣惟史者，所以鏡得失，垂法戒，固典型之統會，册府之淵林也。自司馬遷變編年爲紀傳，班范而下，遞相祖述，别類分門，特爲標識。《史記》傳《儒林》《循吏》；《後漢書》傳《文苑》《獨行》；《晉書》列李密、庾衮諸人於《孝友》，列嵇紹、張禕諸人於《忠義》，此皆分類之始，而其義亦頗當。自是而後，大略相同。《梁書》之《止足》，即本《魏略》之《知足傳》，其人皆静退少欲者也。《隋書》之《誠節》，《晉書》之《忠義》，《唐書》之《卓行》，即《後漢書》之《獨行》。惟《宋史》别立《道學傳》，則以周、程、張、朱之學，上接孔孟，概以《儒林》，無以别異於漢唐諸儒，故繫之《道學》，而非謂作史者必沿其例也。夫人之賢否，事之得失，俱於一傳見之，傳後復作論贊，疑於贅設，此亦體例之不必拘者矣。蓋史以傳信，非以傳疑，必使瑕瑜不掩，名實相符，偏私無所徇於中，毁譽無所摇於外，斯即自爲體例，而一世之彰癉明焉，百世之勸懲立焉。劉知幾「三長三等」之説，可取而鑒也。今國史一書，重加修輯，凡入著作之廷，任編摩之責者，亦惟詳考核，審是非，編次勒成，垂憲萬世，斯無負聖天子制作之盛意已。

制策又以吏治爲民生所賴，而「欲使群吏皆潔己奉公，大吏皆公正明察」。此誠澄敘官方之至意也。夫自古循吏之道，有經綸幹濟之用，必有廉潔忠信之操。蓋所操既巨，而持之於始進，必不曲意以求榮；驗之於當官，必不營私以便己。由是以實心行實政，勸課農桑，皆惠愛也；決斷疑獄，皆正直也。豈尚有侵漁百姓，而簠簋不飭者？是以論應務之才，則以猷爲爲貴；論精白之志，則以有守爲難。《周官》六計，漢法六條，皆此意也。若夫正己率屬，則在大吏之公正明察，誠有如聖諭所云者。蓋公則一念不敢自私，而瞻徇之弊絶矣；明則一事無容姑混，而回惑之志消矣。如此則吏之賢者得以進，不肖者無以容，吏肅而民安，休養生息之方，承流宣化之責，胥於是乎在矣。

制策又以：「列賢書者，需次稽時，甄選疏通，廣爲登用。」此誠千載一時之盛，而亦膺是選者所當奮勉者也。夫取士之法，古今所重。司徒賓興三物，司馬辨論官材，其時所舉，皆六德、六行、六藝之選也。漢有賢良茂才、孝弟力田，諸科未遠，猶得鄉舉里選遺意。自魏晉以後，九品官人，三途並用，寒畯抑於下僚，銓選苦於壅滯，其於先王造士之方浸以失矣。我皇上樂(有)[育]人材，①甄陶士類，今歲復命揀選舉人，量材録用，士生其間，宜何如感激奮興，思所以裕登進之基，儲待用之具。夫上之所以待士者重且專，則士之所以自待者必深且厚。蓋有求志達道之實，成己成物之功，無慕於速成，無誘於勢利，而後坐而言者起而行，必有上不負天子，下不負所學者。上以名求，而下以實應，士行之端，官方之懋，乃相濟而成矣。《詩》曰：「思皇多士，生此王國。」《書》曰：「其惟吉士，用勱相我國家。」此道得也。

夫右文稽古，大化之所由隆也；任官選士，吏治之所由美也。休明日積，上下交孚，雖唐虞三代之隆，何以加此？抑

① 「育」，據文義改。

臣尤伏願皇上，慎之又慎，安愈求安，鑒成法於宜古宜今，文明益啓，勵勤修於服休服采，喜起彌彰。凡在薄海内外，沐日浴月之區，彌復蹈德咏仁，回面内嚮，功歌永賴，樂利常昭，我國家億載無疆之休舉視此矣。

臣草茅新進，罔識忌諱，干冒宸嚴，不勝戰慄隕越之至。臣謹對。

（底本：《狀元策》，乾隆乙卯年新鐫、嘉慶續刊本）

四九　乾隆三十四年己丑科　陳初哲

乾隆三十四年（一七六九）己丑科，共取進士一百五十一名。狀元陳初哲，榜眼徐天柱，探花陳嗣龍。

是科會試知貢舉：禮部左侍郎金甡。會試正考官：協辦大學士、吏部尚書劉綸。副考官：吏部左侍郎德保。

是科殿試讀卷官：大學士劉統勛、陳宏謀，吏部侍郎德保，户部侍郎英廉，兵部尚書陸宗楷，刑部尚書蔡新、侍郎錢維城、張若溎，工部侍郎曹秀先。

陳初哲（一七三七—一七八七），字在初，號永齋，江南蘇州府元和縣（今江蘇蘇州市）人。乾隆二十五年，鄉試中式。廷試第一，授翰林院修撰，充武英殿協修。三十六年，任方略館纂修官，入值武英殿，兼任起居注官。三十八年，入「四庫館」，尋任文淵閣校理。四十年，任會試同考官。四十二年，任陝西鄉試正考官。四十三年，再充會試同考官。陞湖北荆宜施道員。四十八年，丁母憂歸里。繼丁父憂。乾隆五十二年，卒于里第，年五十一。

陳初哲狀元策見《狀元策》（乾隆乙卯年新鐫、嘉慶續刊本，國家圖書館藏）。

乾隆三十四年，己丑。夏四月，癸丑朔。癸酉，策試天下貢士徐烺等一百五十一人於太和殿前，制曰：朕寅紹丕基，勤求上理，夙興夜寐，曰篤不忘，三十四年以來，兢兢如一日。凡以敬迓天庥，乂安萬姓，期於無一夫不獲其所。朕安益求安，嘉與爾多士共商至道，其何以剴切指陳，以資拜獻。

善言天者，必有驗於人。仲舒《三策》，天人之際，言之詳矣。顧其學本《春秋》，而往往流入陰陽術數，即其弟子，亦有議其非是者，何歟？《易》稱：「神以知來，知以藏往。」感應之微，奚假推測？況人君代天子民，與庶官百姓不同。果洗心藏密之地，真有吉凶同患之情？或者默契天心，誠無不格？夫以實不以文，理本不爽。古所謂陽感天不旋日者，其説何如？可推闡源流，親切言之，以究昭事之實歟？

古者君咨臣儆，著美唐虞，明試以功，不廢考績。至《周官》以六計弊群吏，其法加詳。顧周制六年五服一朝；又六年，王乃時巡，以明黜陟，而冢宰歲終則令百官各正其治，受其會，既詔以廢置矣。而大計誅賞，又以三年。其疎密之故，可得陳歟？自漢以六條察二千石，嗣後代有損益，而原本《周官》無二義也，可略舉歟？朕爲民擇官，期公爾忘私，以襄庶政。乃察吏非不嚴，而貪墨未息；鋤惡非不力，而縱逸尚聞。甚且上下彌縫，就輕避重，將立法未盡善歟？抑習慣性成，此風不能驟革歟？今欲大法小廉，肅清綱紀，將何道之從？

以言取人，或謂非古。然虞廷敷納，車服由之，雖司馬三升，最詳德行。而詩書禮樂，教分四時，文與行，未嘗不並重也。言者心之聲，言著於文，又其精者，非惟載道，且以徵心。言不師古，懼其背道。乃或裁割古文，採掇糟粕，陳言務去之謂何？朕萬幾之暇，懋勤典學，尤期海内弦誦之士，共勵精勤，以光文治。《欽選四書文》，頒行已久，而或失之雷同剿説，或失之怪僻艱深，其弊安在？將教之者非歟？抑取之未善耶？夫以帖括爲時文，其説已誤；而以詞賦取實學，其本已離。不得已而專試策論，又多浮詞摭拾之患。今由科舉以及朝考，三者皆用之矣，而未收得人之效，何歟？將欲一洗陋習，歸於清真雅正，多士其以心得者著於篇。

風俗者，教化所蒸也。我國家重熙累洽，承平百餘年之久，朕軫念群黎，尤加培養。然而持盈之懼時切者，蓋今爲治之道，較古爲難，故化民亦難。古者王畿千里，諸侯各治其國，大不過百里，總千八百國，僅數千里止耳。今版圖式廓，西至二萬餘里，此地大物博之難也。侯國予奪自專，今自督撫及牧令，惟所措置。即民間日用，咸待周知，此家喻户曉之難也。將欲一道同風，何施而可？比者匪徒邪教，尚未悉除。懸賞格，敘超擢，則不肖者邀功，反累良善；無能者避過，坐失渠魁。除莠養禾，何以兼得？夫五禮六樂，司徒所以導民，先儒所謂大務。將使俗返敦龐，邪慝不作，要言至德，必可述焉。

凡此數者，亮天工以熙庶績，黜浮靡以導淳風。多士學古入官，講求有素矣。其悉心以對，毋蹈故常，朕將親覽焉。

（底本：《清高宗實録》卷八三三，册一九，頁一一一一—一一一二。參校本：《狀元策》，乾隆乙卯年新鐫、嘉慶續刊本）

臣對：臣聞帝王之撫綏海宇而錫福凝庥也，必有與天默契之心，以行繼天出治之政。是以法乾行之至健，則化育播於無疆；建皇極以用中，則神明運於不息。《書》曰：「敕天之命，惟時惟幾。」又曰：「惟天聰明，惟聖惟憲。」唐虞三代，所以措天下於治安，登斯民於衽席，未有不以法天爲本者也。夫君者，出令者也，凝承昭事，必裕其原，而後得感通之無閒臣者之令，而致之民者也。股肱耳目，共收其效，而後得治具之畢張。士習之淳漓，視乎其言之純雜，必也因文見道，而後詞章非無實之華。風俗之厚薄，關乎斯世之盛衰，必也返正除邪，而後民氣有敦龐之象。雖在太平盛世，而夙夜單心，不遑暇逸，凛保泰持盈之意，未敢謂已治已安；惕九重五夜之思，則時廑其咨其儆。舉旦明陟降之故，亮工熙載之謨，以及行舉言揚，化民成俗之要，莫不交集於嚴恭寅畏之心，用能建無窮之基，有無窮之聞也。

欽惟皇帝陛下，學懋緝熙，功隆參贊，立仁義中正之極，際重熙累洽之休。所以欽崇天道，整飭官常者，已無不至；所以振興文教，乂安兆民者，已無不周。乃宸衷彌惕，思久安長治之圖，進臣等於廷，而策之以天人之故，黜陟之方，文體之何以正，民俗之何以淳。臣之愚昧，千慮未有一得，然竊念古者庶民百工，皆得以事進言，況際昌言不諱之朝，正臣子對揚之日，兹承清問所及，不棄芻蕘，敢不竭管窺蠡測之見，冀仰副高深於萬一乎？

伏讀制策有曰：「善言天者，必有驗於人。」而因究夫古來言天者之得失。臣惟天者，理而已矣。舍理以言天，則沖漠無形之中，徒索之空虛杳渺，而切近之地，轉無以悉其真也。惠迪從逆之數，不求之人生日用，則微顯之機，亦無以會其通也。董江都《天人三策》，皆粹然爲儒者之言，《玉杯》《繁露》數十篇，未免流於龐雜。弟子吕步舒，初議遼東之對，而其後顓斷淮南者，何嘗不本《春秋》之義哉？夫《易》稱：「先天而天弗違，後天而奉天時。」此三才之所以並建也。又謂：「自天佑之，吉无不利。」此一理之所爲感通也。蓋天道昭著，與人事之消息，默契潛孚。《易·中孚傳》曰：「陽感天不旋日。」鄭康成以當陽之義歸之天子，而以一日之應爲甚速，推之諸侯不旋時，大夫不過期，無不視諸此矣。爲人上者，要惟夙夜祗懼，協上下以承天休，則位曰天位，禄曰天禄，工曰天工。天人合一，而諸福之物，可致之祥，自不求而至。我皇上御極以來，兢兢業業，一日萬幾，以實心而行實政，故精誠上格於穹蒼，又豈推測之私所能窺其運量哉？

制策又曰：「察吏非不嚴，而貪墨未息；鋤惡非不力，而縱逸尚聞。甚且上下彌縫，就輕避重。」臣惟用人行政，千古所難，而人主一人之耳目，内外大小臣工，無不共待其旌别，共待其陶成。而人不能無賢否者勢也，故或初著公忠，而後先改轍；或自居無過，而實效難期。夫以人立政者，爲上之權也。食其禄而忠其事者，又爲下之所以自勵也。皇上慎重官方，勤求吏治，自督撫大吏，以至監司守令，無不親加簡擢，思以共襄庥治。則封疆重臣，固宜公爾忘私，整躬率屬；而親民之官，除邪去惡，又宜何如盡心。而猶有未愜於宸衷者，何也？是豈虞廷之庶明勵翼，周家之多士思皇，其考課别有異術歟？漢多良二千石，入《循吏傳》者，代不乏人，其廢置又自有他道歟？夫以今之法稽之於古，其詳善爲何如者？願法能治其人，而人必自糾其心，是在爲臣子者勵匪躬之節，養廉耻之心，則臣志端而臣道盡矣。

制策又曰：「言者心之聲，言著於文，又其精者，非惟載道，且以徵心。」臣惟人心之動，因言以宣。古聖人吐辭爲經，後人傳而習之，而書不盡言，言不盡意，於是窮究乎立言之微旨，參酌乎儒先之義疏，引伸觸類而發明之，此制藝之所由起也。顧其始也，代聖賢立言，視其醇雜以爲高下。及其繼也，乃至誇多鬬靡，甚至迂僻怪誕，而莫知所底。以此取士，無論空言無補於實用，即其尋章摘句，已大失立言之本旨矣。昔者昌黎韓愈，紹搜絶業，其爲文也，爲能起衰式靡，而六朝遺習爲之一變。歐陽修知貢舉，則黜劉幾之險怪，將欲去不切之陳言，而擇其雅馴者爲法式，固非宗經不爲功，而毋使惑於風尚之説。剿襲摹仿，以期速售，則端其趨向，即所以正其心術，而教之在庠序學校之地，取之於棘闈鎖院之中，寧非司其事者之責歟？我朝文治光華，才俊蔚起，《欽定四書文》既爲海内法式，凡誦習之士，固宜屏絶浮詞，羽翼傳註，日進於清真雅正，則支離晦昧之文，無由雜出，庶幾言可見之施行，而於德行道藝之科，敷奏明試之旨，無相背矣。

制策又曰：「風俗者，教化之所蒸。」爰慮夫地大物博、家喻户曉之難。此聖主型方訓俗，必使無一夫不獲而後即安也。臣惟古昔盛世，至於黎民於變時雍，然而修己安人，堯□猶病，此猶天覆地載，物不能無餘憾，而生成之德，究非有所遺於物也。方今版圖式廓，月竁以西，皆我屬民，幅員之廣，既爲亘古所無，而睿慮周詳，固已合内外臣民，陶鎔而變化之矣。然而承平日久，牧馭者之防範稍弛，則土著者之莠良雜出，此在承流宣化諸臣實力奉行，留心稽察耳。夫朝廷之耳目，寄於大吏；大吏之耳目，寄於庶司。平日因循怠惰，不以詰奸除惡爲事，一旦萌蘖之生，潛蹤里巷，則又急思見句，以圖塞責，良民或形跡可疑者，輒被拘問棘木之而可，求不得民之受其累者，正復不少。然欲寬以養之，而或以優柔爲安静，或以姑息爲慈祥，又何以彰善癉惡，［俾］克畏慕。① 今欲正本清源，使匪徒邪教消彌於未形之先，則平時化導之方，地方有司寧可視爲迂濶哉？

要之，本敬慎之心以事天，則休徵有應也；得輔弼之賢以敷治，則明良有慶也。以敦崇實學，丕變民風爲要道，則士氣

① 「俾」，底本漫漶，據文義補。

振而邪慝除也。臣伏願皇上，聖德乾乾，日新不已，凛日中之戒，思無逸之箴，於以法天行而正百官，開文運以同風俗，我國家億載無疆之福基於此矣。

臣草茅新進，罔識忌諱，干冒宸嚴，不勝戰慄隕越之至。臣謹對。

（底本：《狀元策》，乾隆乙卯年新鐫、嘉慶續刊本）

乾隆三十四，己丑。四月二十四日，丙子。巳刻，讀卷官大學士劉統勛等進呈殿試策十卷，恭候欽定。上御乾清宮，召讀卷官入，賜坐。上閲卷，親定甲乙。擬進第二卷，拔置第一；擬進第一卷，易置第二；擬進第七卷，拔置第三；擬進第三卷，易置第四。隨命讀卷官開拆彌封，按名傳到貢士，帶領引見。第一卷陳初哲，江南人；第二卷徐天柱，浙江人；第三卷陳嗣龍，浙江人；第四卷任大椿，江南人；第五卷楊壽楠，江西人；第六卷鮑之鍾，江南人；第七卷蕭際韶，順天人。上命大學士劉統勛照所定前後名次填寫卷面。其引見不到之第八卷、第十卷，並降置三甲末。讀卷諸臣捧卷及貢士等俱退出。

是日，吏部議：「會試中式二十名梁泉試卷，經磨勘官王顯曾指出疵謬多至四十餘簽，除考官劉綸、德保咨送都察院查議外，所有閲薦之同考官、少詹事張曾敞，應照黜革舉子二名例革職提問。御史王顯曾據寔詳悉指出，應加一級。」一疏。大學士尹繼善、劉統勛，奉諭旨：「張曾敞著革職提問，王顯曾著加一級。」

（《乾隆帝起居注》，①册二八，頁一九八—一九九）

① 中國第一歷史檔案館編，桂林：廣西師范大學出版社，二〇〇二年。

五〇　乾隆三十六年辛卯恩科　黄軒

乾隆三十六年（一七七一）辛卯恩科，共取進士一百六十一名。狀元黄軒，榜眼王增，探花范衷。

是科會試知貢舉：工部左侍郎閻循琦。正考官：大學士劉統勛。副考官：左都御史觀保、内閣學士莊存與。

是科殿試讀卷官：大學士劉統勛、劉綸，内閣學士全魁，吏部尚書程景伊、侍郎曹秀先，兵部侍郎覺羅奉寬，左都御史觀保、張若溎。

黄軒（？—一七八七），字日駕，一字小華，號蔚塍，江南徽州府休寧縣（今屬安徽黄山市）人。乾隆三十三年，鄉試中式。狀元及第，授翰林院修撰。乾隆四十二年，任山東鄉試副考官。遷司經局洗馬。四十九年，充日講起居注官。陞四川川東道。時值臺灣用兵，黄軒督辦軍糧，勞累過度，卒于途中，加恩賞按察使銜。

黄軒狀元策見《狀元策》（乾隆乙卯年新鐫、嘉慶續刊本，國家圖書館藏）。

乾隆三十六年，辛卯。夏四月，辛未朔。辛卯，策試天下貢士邵晉涵等一百六十一人於太和殿前，制曰：朕懋纘鴻圖，勤求郅治，疇咨宵旰，弗懈益虔。仰荷天祖貽庥，際一百二十餘年昇平之會，持盈思永，採納彌殷。貢士等登選在廷，行將入政，資言成信，古訓所先，尚矢嘉謨，用裨聽覽。

昔《虞書》以十六字衍萬世心法之傳，厥指不外執中。曰精曰一，執中之詣力也。逮尼山道隆祖述，子思子作《中庸》，特揭時中之義，以明一脈相承，而於大舜之用中，推溯問，察隱揚，執兩端之運量，其即精一之謂歟？顧中即天命之性，致中即盡性之事。左氏言「受中以生」，而《湯誥》言「恒性曰降衷」。衷與中，二歟？一歟？子輿氏又申「執中無權」之説，異學之分塗何在？隋儒王通有《中説》十卷，其粹遠過荀揚，學者轉以僭經訾之，何歟？嗣是言心性莫若宋五子，周子《太極圖説》，以中與正並舉；程子言忠恕猶中庸，不可偏舉，能縷析其底藴歟？

考績之典，肇自唐虞，至周而法尤備。漢時群吏受計，如韓延壽爲斷獄最，陳立爲勸農最之類。唐代因之，定有四善二十七最諸條，善最相權，復差九等。宋以六事考監司，四善三最考守令。科等參錯不一，求其詳要兼舉，惟周制爲近。三載一考，統其成也。析之則歲會月要日成，考覈致爲精審。今庶僚莅事，未滿半載，即不入考，而移取注語於舊任，彼歲會即未之及，獨不有月要日成可覈歟？又如攝事他曹者，設不改歸，一任舉察，將上官以遷代苟容，下屬以兼權貸責，可歟？不可歟？

食爲民天，積貯所宜亟講。《王制》以三十年之通制國用，尚矣！自漢耿壽昌、隋長孫平、宋朱子，三倉之法立，歷代悉仿行之。若宋沿唐和糴之令，又增博糴、俵糴、兑糴等名，抑配無度，豈貯糴利民本意哉？國家重農嘉惠，常平、社倉並行，屢諭大吏飭屬助宣德意，將使吏不爲奸，民霑實惠，果何術之操也？昨歲以東省麥收倍稔，命撫臣采運京師平糶，今夏尚有餘積。近復降旨，再寬海豐、利津關禁之限，務期商販流通。於推廣裕民之道，更何以進籌善策歟？

古稱寓兵於農，井田之制邈已，若屯田猶略倣其遺意。自漢募耕塞下，洎魏晉唐宋，或以兵，或以民，或兵民兼用。其條法賅備，莫如趙充國便宜十二事，要領安在？魏鄧艾慮田良水少，建議大開河渠，軍儲以贍，非得屯政先務歟？方今新疆式擴，屯墾日開，從來廣漠之區，泉渠沃衍，所收自給歲支糈饟而外，嬴糧數且不貲，成效顯著。他如直省屯衛舊租，取佐漕丁運費，節經釐正，故籍脱漏尚多。欲使除隱占，資協濟，其道何由？

夫心法爲宰化之原，考察實程材之準，豫貯糴以足民食，廣屯田以益邊儲，皆經國之要圖也。貢士等其誦言所聞，各抒夙抱，毋汎毋隱，朕親甄擇焉。

（底本：《清高宗實録》卷八八三，册一九，頁八三〇—八三一。參校本：《狀元策》，乾隆乙卯年新鐫、嘉慶續刊本）

臣對：臣聞治以道同，福惟德致。王者綿景祚，暢淳風，明察炳夫隆規，豈弟臻於純嘏，神人訢合，中外樂康，庶徵蕃社，各以類應，寧徒是深居高拱無爲化成哉？粤稽古昔，朝有明良之慶，野有熙皞之休。當其時，海寓固已時雍，品物固已咸若，而堂廉之上，君臣之間，矢謨陳歌，交相咨儆，有位猶戒其敬修也，庶官猶戒其無曠也，百姓猶戒其罔咈也。其不憚詞重旨複者，何歟？蓋誠切究於畏天勤民之本，綏猷錫福之原，而永持以兢兢業業，治益求治之一心也。是故以垂道統，則士端趨向，而幾希在所常存；以飭官方，則臣懋和衷，而夙夜咸知匪懈。念厚生之宜豫，而通商惠農，爲因時而酌劑之；思邊儲之務充，而開疆畫井，爲因地而經營之。凡所以基命定命，宜民宜人者，罔不綱舉而目張，同條而共貫焉。《易》曰「體仁足以長人」，言君子能以仁爲體，則各正保合，群生胥歸，覆幬資始之德，與天無極也。

欽惟皇帝陛下，濬哲文明，剛健中正，際重熙累洽之運，深持盈保泰之謨，宰化握其原，亮工昭其盛，閭閻殷阜，邊徼敉寧，光天之下，至于海隅蒼生，欣然其躋仁壽矣。乃聖德撝謙，不遺流壤，進臣等於廷而策之。臣來自田間，未諳體要，竊考策士昉於西漢，賢良文學，得人稱盛。兹當先資拜獻，正愧勵思奮之時，敬承清問，敢不擇平日所誦習者以對？

伏讀制策有曰：「心法之傳，不外執中。」而因以辨異學之分塗，析諸儒之底藴。此誠牖民覺世之隆軌也。臣惟中者受之生，初所恃以宰制百爲，權衡萬變，而帝王運世之本，要不外乎是。唐虞授受，尼山祖述，心法治法，一以貫之而已。子思子揭時中之義，而于大舜用中，推溯問，察隱揚，執兩端之運量，精一之旨於是發明。《湯誥》曰：「降于下民，若有恒性。」天所賦畀，即民所稟受，固自有二而一者，自爲我兼愛，異端紛起，而執中無權，弊乃相等矣。隋王通著《中説》，其言粹然以視，彼擇焉不精，語焉不詳，實遠過之。宋興，濂洛關閩，淵源紹述。《周子》曰：「聖人定之以中正仁義，而主靜，立人極。」蓋兼四德以爲言。程子謂：「忠不可偏舉。」則本忠行恕，操之有要也。我皇上躬集大成，建其有極，邁千百王而上接十六字之傳，士生斯時，沐浴涵濡，宜何如砥礪修能，以無負協中之化哉？

制策又以：「考績之典，貴于詳要兼舉。」而爲酌諸往古，揆之當今，所以澄敘而激勸者至矣。臣伏思保邦制治，莫大於董正百官。三載考績，昉自虞廷，迨乎成周，歲會、月要、日成，小宰之職，以六計弊群吏，而皆冠以廉。廉者察也，又或訓廉爲潔者，六事以廉爲本也。漢制六條，如强宗豪右、田宅踰制之類，專以察郡國丞相，雜考計書，光禄勛歲行進退，其時韓延壽、陳立輩，循吏林立。唐以四善考德，曰德藝有聞、清謹名著、公平可稱、恪勤匪懈也。以二十七最考才，於近侍則有獻可替否諸條，於長吏則有農桑石口諸條。善最相乘，差以九等，宋代因之，法尤參錯。皇上整飭綱紀，三年計察黜陟，一秉大公，部院督撫諸臣，復得隨時薦劾，務使一命以上，各揚其職。宋蘇洵曰：「天下之官，皆有所屬之長。有功有過，其長皆得以刺舉。」夫激勵人材，馭世之大權也；綜覈名實，用人之要務也。在是膺師帥者公以宅心，明以持鑒，勿以久暫異致，勿以遷代苟容，將見大臣法，小臣廉，咸精白乃心，以恪共厥職，而治道益臻隆古已。賈誼曰：「積貯者，天下之大命也。」穀之生在地，其成在天，而綢繆補救以輔相天地之宜則在君。

制策又以積貯採運，推廣裕民之道下詢。古王視民如傷，何以加兹！臣謹按，《周禮》以荒政十二聚萬民，遺人、廩人、旅師，屬諸司徒，法良意美。後世常平、社倉諸制，權輿於此。魏李悝之言曰：「糴貴則傷民，糴賤則傷農。」故上熟糴三而舍一，中熟糴二而舍一，下熟糴一而舍二。耿壽昌、長孫平，皆師其意，而朱子之法更爲盡善。宋沿唐令，抑配無度，名愈繁而實滋失矣，曷有裨歟？皇上愛育黎元，無微不至。直省州縣，量地廣狹以定常平之額，而社倉、義倉之輸自民間者，復官爲之經理，蔀屋窮簷，亦群歌樂利矣。尤以京師爲都會之地，昨者東省麥秋豐稔，申命大吏採買，解運於五城，設廠平糶。近又寬諸關禁，使商販益得流通。《書》曰：「懋遷有無化居。」蓋物多則無翔踴之虞，利微則鮮居奇之弊。市值既平，民氣益固，所由感召和甘，人壽年豐，食太平之福而不知也。

制策又曰：「寓兵於農，井田之制。」爰因新疆成效，而欲爲直省屯衛除隱占，資協濟。臣愚以爲，三代立法，時異勢殊，多不能强爲沿襲。而屯田之設，以食足兵，以兵足食，最得成周遺法。漢鼂錯之議募民耕塞下，迄於魏晉唐宋，或以兵，或以民，或兵民兼用。唐趙充國所奏便宜十二事，條法賅備，其於規畫邊圉，維持久遠之計，良可取法。若夫建大開河渠之議，而軍儲以贍，不復以田良水少爲慮者，則魏鄧艾尤得先務之急焉。聖武布昭，版圖式廓，葱嶺以西，拓地二萬餘里，其間泉渠沃衍，頻年收穫豐饒，即其地之所出以給歲支，而廣漠之區，贏糧逾倍。《記》曰：「天不愛其道，地不愛其寶，人不愛其情。」成效所彰，有由然也。他如直省屯衛，原以佐漕丁運費，而節經釐正，脱漏尚多，誠有在聖明洞鑒中者。是在地方有司，留心清理，嚴詭寄之明條，剔侵漁之積弊。舊制於以不敝，而協濟有所取資，不且駸駸然比隆周制哉？

之數者，皆實政也，而要恃以實心行之。《中庸》言：「九經推本於誠，天德王道無二致也。」伏惟皇上，運自强不息之神，成悠久無疆之治，不以已治已安爲可恃，而以無荒無怠爲良謨。正學昌明，則有以端人心風俗之原，而邪説詖行無自興也；庶明勵翼，則有以任奮庸熙載之寄，而覆餗素餐無可倖也。閭井享含哺之樂，則型仁講讓，倉廪實而禮義生也；邊方多有備之儲，則干城腹心，捍衛周而苞桑固也。《書》曰：「建無窮之基，亦有無窮之聞。」薄海内外被潤澤而大豐美，我國家垂拱萬年之慶積諸此矣。

臣草茅新進，罔識忌諱，干冒宸嚴，不勝戰慄隕越之至。臣謹對。

（底本：《狀元策》，乾隆乙卯年新鐫、嘉慶續刊本）

乾隆三十六年，辛卯。夏四月，辛未朔。甲午，上御乾清宫，召讀卷官入，親閲定進呈十卷甲第。諭：「前因殿試對策，貢士等多用頌聯，甚非先資拜獻之道，屢經降旨飭禁。今日讀卷諸臣，將擬定十卷進呈，閲其文詞，仍未免頌多規少。其間且有語涉瑞應者，朕意深爲不取。夫文章華實不同，即關係士習淳漓之辨。貢士等進身伊始，若徒撏撦膚辭，習爲諛頌，豈敦尚實學本意？現就各卷中，擇其立言稍知體段，不至過事鋪張者，拔列前茅。其措詞近浮，及引用字句失當之卷，酌量抑置，以昭激勸，並將此旨通行曉諭知之。」

（《清高宗實録》卷八八三，册一九，頁八三二）

五一　乾隆三十七年壬辰科　金榜

乾隆三十七年（一七七二）壬辰科，共取進士一百六十二名。狀元金榜，榜眼孫辰東，探花俞大猷。

是科會試知貢舉：禮部左侍郎倪承寬。正考官：大學士劉綸。副考官：兵部侍郎覺羅奉寬、内閣學士汪廷嶼。

是科殿試讀卷官：大學士劉統勛、劉綸，内閣學士德風、謝墉，吏部尚書程景伊，兵部尚書蔡新、侍郎周煌，左都御史觀保。

金榜（一七三五—一八〇一），字輔之，一字蘂中，晚號檠齋，江南徽州府歙縣（今屬安徽黄山市）人。乾隆三十年，高宗南巡，召試詩，賜舉人，授内閣中書，軍機處行走。狀元及第，授翰林院修撰。以父喪歸，遂不出。徜徉林下，著書自娱。精治禮學，著有《禮箋》十卷。嘉慶六年（一八〇一）六月卒，年六十七。《清史稿》入《儒林傳》，附戴震後。

金榜狀元策見《狀元策》（乾隆乙卯年新鐫、嘉慶續刊本，國家圖書館藏）等。金榜殿試卷原件亦存世，今藏日本東洋文庫。

乾隆三十七年，壬辰。夏四月，丙寅朔。丙戌，策試天下貢士孫辰東等一百六十二人於太和殿前，制曰：朕祇紹丕緒，期臻大猷，御寓三十七年於今。際重熙累洽之庥，殫圖易思艱之責，每懷延納，膚末不遺。矧爾多士引對闕廷，入官伊始，尚因發策，共效敷言。

自古帝王求治，莫先乎勤政，孜孜贇贇，典謨陳訓綦詳。大《易》首系乾元，必以行健法天，握其樞要。於《下經》，則次

《咸》《恒》二卦。咸曰速，恒曰久，而惟其能速，是以能久。固即申明健行不息、天人協一之至義與？《乾》之三爻曰「乾惕」，《泰》之三爻曰「艱貞」。《象辭》何以若合符節，所爲開泰保泰之原，本有同條共貫者與？漢仲舒董氏，經術最醇，其云尊聞行知，高明光大，一歸之於彊勉。《易》與《春秋》，又有歧指與？

夫一日萬幾，宵旰不遑暇逸，而疇咨交儆，佐治是所兼資，何道而使廣益集思，胥盡弼違之誼也？歷代諸史，嚮敕館臣校刊，嘉惠海內。近以遼、金、元三史，人地官名多淆於後代儒生之手，或一人而兩傳，或一地而數名。至於釋義對音，動成乖舛。因命重加釐正，務極精詳。其餘臚事繫時，悉仍其舊。顧《金史》多本劉祁《歸潛志》，《元史》多本虞集《學古録》。今以史文相覈，率有矛盾，何耶？《同文韻統》所叶《三合切音》，至爲脗合與？所云華嚴字母，折衷何若？昔稱七音爲均，均者韻也，考其真於譯音，而通其用於韻學，詎有外於諧聲辨字之本者與？

直省積貯，所以備歉，而經理端在豐年。曩制三十年之通，與夫耕九餘三，耕三餘一，無論矣。如常平、社倉，至今承用不改，第任法任人，奉行匪易。或飭購補乘時，雖穀賤無慮傷農，而市值之加增不免，或聽因循展限，即那移利於懸價，而廩儲之虛曠誰籌，將使措置適宜，策果安在？乃者新疆烏嚕木齊等處，屯收充羨，督臣議請建倉，捐貯本色，省轉輸，足邊計，利更溥於腹地。舉行實惟其會，何道而使斂散及時，勾稽盡善乎？

文章載道之具也，遡尼山在兹之統，及門通六藝者七十二人，而文學一科，獨列游夏，何也？厥後師授紛歧，宗派各別，所作麗於經史子集者，數難更僕，淵源正變，能縷述與？沿及譚藝之家，若陸機《文賦》，狀作者之用心；劉勰《文心雕龍》，區七十二體之式，所言不越八代文格，於《原道》《徵聖》之目，洵有當否？近代茅坤，裒唐宋爲八家之選，存古文法度。本朝儲欣，益以李翺、孫樵，蒐羅較備，曾令儒臣訂定《唐宋文醇》，付梓以行，於《文粹》《文鑒》或不至大相逕庭乎？

夫治道期於勵精，史書貴乎傳信，廣屯倉以充軍實，觀人文以驗化成。爾多士講明有年，其悉意正辭，條具以對，朕將親覽焉。

（底本：《清高宗實録》卷九〇七，册二〇，頁一三三一—一三四。參校本：《狀元策》，乾隆乙卯年新鐫、嘉慶續刊本）

臣對：臣聞行健所以法天，持敬所以保泰。自昔聖王，握樞建極，有致治之實政，由有圖治之實心。敷錫措於蕩平，考鏡昭夫懲勸，民食饒裕，文教昌明，此實政也。不以久安長治，而寬惕勵之懷；不以同軌同文，而忘稽核之實。户慶盈寧，而勞來益至；士登藹吉，而別裁益精，此實心也。夫重熙累洽之時，釀化懿鑠，湛恩龐鴻，協氣暢乎三靈，淳風覃乎九寓，而法宫之上，兢兢業業，夙夜不敢康，豈過慎哉？《書》曰：「敕天之命，惟時惟幾。」《傳》謂：「奉天臨民，而安不忘危也。」《易》曰：「聖人久於其道，而天下化成。」《疏》謂：「得天之長久，而光宅天下也。」蓋人主撫御萬方，必本乎其難其慎之思，而後成可久可大之治。故舉夫皇極之綏猷，史裁之徵信，以及樂利蒙庥，菁莪霑化之要，莫不交集於緝熙宥密之一心，用能一道德而同風俗，歌豐阜而啓文明，百度咸章，遐邇禔福。蓋自唐虞三代以來，致治之隆，未有不由斯道者也。

欽惟皇帝陛下，德懋日新，功崇時敘，凛朝乾夕惕之念，劭宵衣旰食之勤，固已道洽羲軒，化臻熙皞矣。乃聖德淵沖，疇咨彌切，復進臣等於廷，而策之以興治功、昭信史、廣屯儲、驗文教之實。臣至愚極陋，管窺蠡測，何足以知體要，然芻蕘之言，敷奏所不廢。兹當對揚伊始，愈殷葵向之忱，敬承清問，謹就平日所誦習者以對。

伏讀制策有曰：「自古帝王求治，莫先於勤政。」而以釐乾惕、儆疇咨爲履泰之本。此誠致治保邦之大原也。臣謹案，言政備於《尚書》，唐虞之世，六府孔修，百工允釐，政莫隆焉。乃觀大禹之陳謨，首曰：「后克艱厥后。」若知人安民之旨，又曰：「惟帝其難之。」而《尚書》數十篇中，凡於天命民喦之足畏，祁寒暑雨之宜思，蓋諄諄三致意焉。以是知九重之上，未有不以知難爲本也。大《易》首系乾元，必以行健法天握其樞要。而《下經》《咸》《恒》二卦，則著咸速恒久之義。蓋惟其能速，是以能久，固與健行不息之旨相發明矣。夫陽開三而成《泰》，《泰》之三爻曰「艱貞」，《乾》之三爻曰「乾惕」，則憂勤惕勵，提挈綱維，用能杜玩愒之萌，而成泰交之運，保泰開泰，指歸寧有殊哉？董仲舒曰：「尊其所聞則高明矣，行其所知則光大矣。」夫以乾惕爲心，而一勗之以彊勉，然後一日萬幾，疇咨交儆之至意，胥可得而驗焉。我皇上設誠於中，觀化於久，凛日中之戒，廑持盈之思，蓋操心法之統宗，握功修之主要，敕幾凝命之庥，洵與勛華媲隆矣。

制策又以：「遼金元三史，對音乖舛，重加釐正，因考譯音之真，通韻學之旨。」臣愚以爲，三史人地官名，率多承訛襲謬，展轉失真。《金史》出劉祁《歸潛志》、元好問《壬辰雜編》，《元史》出虞集《學古録》。而《元史》列傳八卷，速不台九卷，雪不台一人作兩傳；十八卷完者都，十九卷完者拔都，亦一人作兩傳，編纂固不出一人之手。舊史所附《國語解詮釋》，附會舛誤尤多，甚至於對音中曲寓褒貶，尤爲鄙陋。章句迂儒，既不能深通譯語，並且逞其私智穿鑿，數百年來，未有能正其失者。國家當一統同文之盛，凡索倫、蒙古之隸臣僕供宿衛者，蒙天語親加詢問，於其言語音聲，悉皆考覈精詳，無纖微之誤。爰命館臣，就遼金元《國語解》内人地職官氏族，及一切名物象數，詳晰釐正，悉依《同文韻統》《三合切音》對譯，俾一字一音，咸歸脗合，並爲分類箋釋，各從本來音義，幾暇披覽，親爲裁定，用以納方俗於會極，祛群疑之分畛。舊史踳駁，昭若發蒙，詎非諧聲辨字之本，而闡訛傳信之要哉？

制策又曰：「積貯所以備歉。」而因新疆屯收充羨，建倉捐貯，以足邊計。古者耕九餘三之盛軌，何以加茲？臣竊謂食爲民天，政爲首重。《王制》以三十年之通計國用，尚矣！魏李悝之言曰：「糴貴則傷民，糴賤則傷農。」上熟糴三而舍一，中熟糴二而舍一，下熟糴一而舍二。耿壽昌、長孫平，皆祖述其意，而朱子之法爲尤善。然或飭購補乘時，雖穀賤無慮傷農，而市值之加增，不免或聽因循展限，即那移利於懸價，而廩儲之虚曠誰籌？任法任人，奉行匪易，而措置適宜之策，誠不可以不講也。至若遐陬之井疆日闢，内地之生齒日繁，則因曠土以贍邊民，尤爲轉移之善策。我國家自平定準部、回部以來，拓地二萬餘里，衍沃膏腴，耕屯相望，頻歲屢報豐稔。今餘壤尚多，邊民既知墾種獲利，自必趨之若鶩，不待招而自往矣。夫泉渠日開，耕稷饒裕，自供給禄糈而外，歲有贏餘，若不使之及時積貯，則未免有穀賤傷農之患。近經議准督臣所奏，令於肅州、烏魯木齊等處，捐粟備貯，上許捐納本色，並令各就所在捐貯，以期核實備用，法良意美，洵爲經遠之模矣。《記》曰：「天不愛其道，地不愛其寶，人不愛其情。」此誠豐亨豫大之徵，而樽節愛養所由因時而制宜者。董其事者，宜何如其斂散及時，而勾稽盡善乎？

制策又云：「文章載道之具。」爰爲析正變備，搜羅考文之治，斯爲盛矣。臣案劉勰之言曰：「昔夫子刪述，而大文彌耀。」文固以六經爲祖也。《易》曰：「修辭立其誠。」《書》曰：「辭尚體要。」然則文豈徒以辭而已？必將深究夫理道之原，涵養乎性情之正，庶幾稟經酌雅，毋貽誚於虛車也。孔門文學一科，獨列游夏，尚矣。自時厥後，代有作者，惟董生粹然一歸於正，爲漢儒宗。至陸機《文賦》，狀作者之用心；劉勰《文心雕龍》，區七十二體之式。而起八代之衰者，惟推韓愈。蓋文以理爲主，理足則氣充，氣充則詞達。故韓愈云：「約六經之旨以成文。」如集中《原道》等篇，真如布帛菽粟，有裨實用也。皇上大文炳煥，式訓四方，御製文集，廣大悉備，理優於聖域，而氣舉乎文詞，固非漢唐以來文士所能窺見萬一。而《唐宋文醇》一書，又豈茅坤、儲欣等蒐集之得望其涯涘乎？

若此者，治道期於勵精，史書貴乎考信，廣屯倉以充軍實，觀人文以驗化成，而惟恃此恪恭震動之精神以運之。《書》曰：「一人元良，萬邦以貞。」職是道也。伏願皇上，本思艱圖易之衷，勵敕命謹幾之學，無逸作所，屢省乃成，德業已隆，而益極其盛；鑒裁已密，而愈致其精。食貨日進於滋豐，文治彌臻於炳蔚，盛朝萬禩郅隆之慶，與天無極矣。

臣草茅新進，罔識忌諱，干冒宸嚴，不勝戰慄隕越之至。臣謹對。

（底本：《狀元策》，乾隆乙卯年新鐫、嘉慶續刊本）

乾隆三十七年，壬辰。夏四月，丙寅朔。辛巳，諭：「今日禮部奏會試磨勘試卷一摺，請將簽摘允當之原勘官，照例議敘，自所宜然。至以原勘遺漏之員交部察議，而置全無簽摘之員於不問，定例殊未允協。試卷派員磨勘，又派大臣覆閱，立法雖已周詳，若原勘官於疵謬之卷，並未加簽，經覆勘大臣察出，其遺漏處分，原屬應得。但覆勘大臣，豈果能逐卷翻閱，不過就有簽之卷重加評覈，而無簽者即不復寓目。人情好逸而惡勞，孰不樂於省事，此亦無足爲怪。第以有簽之卷，復指摘一二以爲挂漏，是盡心磨勘者，竟以有簽招議。而不置可否，草率了事之員，轉得倖免處分，既不足以服人，亦非覈實辦公之道。嗣後凡原勘官，已經簽出者，雖覆勘另有增易，毋庸復行交議。至各員内有派辦兩科，並未簽摘一卷，則其人全不以事爲事，疎漏實所難辭，照例予以處分，庶足示儆。所以此次會試磨勘無簽各員，著該部存記，俟下科磨勘時，彙覈查辦。如此準情定例，則功過皆得其平，而公事亦益昭詳慎。著爲令。」

（《清高宗實録》卷九〇七，册二〇，頁一一二五）

五二　乾隆四十年乙未科　吴錫齡

乾隆四十年（一七七五）乙未科，共取進士一百五十八名。狀元吴錫齡，榜眼汪鏞，探花沈清藻。是科會試知貢舉：禮部左侍郎李宗文。正考官：兵部尚書嵇璜。副考官：刑部右侍郎王杰，左副都御史阿肅。是科殿試讀卷官：大學士舒赫德，協辦大學士、吏部尚書程景伊，内閣學士嵩貴、董誥，吏部侍郎曹秀先，户部侍郎梁國治，内閣學士署工部侍郎彭元瑞，左都御史張若溎。

吴錫齡（？—一七七六），字純甫，江南徽州府休寧縣（今屬安徽黄山市）人。乾隆三十六年，鄉試中式。狀元及第，授職翰林院修撰。未期年，以疾卒。

吴錫齡狀元策見《狀元策》（乾隆乙卯年新鐫、嘉慶續刊本，國家圖書館藏）。

乾隆四十年，乙未。夏四月，戊寅朔。戊戌，策試天下貢士嚴福等一百五十八人於太和殿前。制曰：朕凝承景貺，式於九圍，夙夜欽虔，單心無逸，緝熙光明，以釐庶績。仰荷上天祖宗眷佑，宅中臨馭，今四十年矣。慄慄危懼，恒思久於其道者安在，益廑保泰，彌佇嘉謨。矧髦士觀光，尤徵讜論，其敬聆諮問，贊我大猷。

董仲舒言：「以一貫三爲王。」謂王者，父天母地，中立人極，呼吸感通爲至近也。《洪範》以五事配五行，以庶徵配五事，寓訓至深。劉向、劉歆之流，揣測陰陽，穿鑿事應。班固《五行志》，馬端臨《祥異考》，皆沿其說，未免支離附會，不足與言欽崇之學。《月令》稱政事不以其時，則有某某之應，又小異《洪範》之説，其書源出吕不韋，未足深據。而《周禮》布政，多順四時，是固聖人之典也，又何以稱焉？《書》曰：「欽崇天道，永保天命。」格天之學也。夫應天以實不以文，古帝王昭事之忱，必有超於術數推測之外者，其陳厥指歸，以明其要。

伊古言心始《禹謨》，言性始《湯誥》，言學始《説命》，儒者類能言之，非獨詞章訓詁，無益實用。即研究理氣之精微，辨別心性之存發，亦未切躬修。然則《大學》由格致以治平，《中庸》本中和以位育，必有更進乎儒生所談者，能略指其樞要歟？六經言中、言一、言敬、言仁義，雖意指各殊，實則同條共貫也，可約略言之歟？宋儒程子、朱子，所以啓沃其君者，至爲純密，堪與經訓相爲表裏。而范祖禹《帝學》一書，指陳實事；真德秀《大學衍義》，參證史書，其亦有可以互相發明者歟？今將衍往聖之心傳，粹然一出於正，其道安在？

《洪範》八政，食居其首，儲蓄素具，以待不時，有備無患之道也。常平、社倉二法，迄今並行，成規具在，多士諒聞之熟矣。惟是常平之法，恒待穀貴出糶，抑其價而使之減，乃宋張詠，於年荒米少之時，則大增市價，恣其多售，而運販雲集，其價轉平，民食以裕，將出奇而偶中乎？抑深籌乎盈虛消長之勢，而欲取姑與，可操勝得乎？朱子行社倉法，世號良規，其春借秋斂，加息以償，疑與熙寧之青苗，約略相似，而利病迥殊，其得失之故，能一一指陳歟？朕蠲漕截糧，爲民足食計者，至周且裕，有經理常平社倉之責者，宜何如共體朕意，實力奉行，使德澤下究歟？

朕表章經籍，用光文治，蒐羅遺典，咸集石渠，特簡儒臣，俾司編纂，亦既具有條理矣。顧四庫之藏，浩如淵海，必權衡有定，去取乃精。昔董仲舒請罷黜百家，專崇孔氏。陶宏景則「一事不知，引爲深耻」。今將廣收博采，而傳注時多曲説，稗官不免誣詞，異學混儒墨之談，僞體濫齊梁之艷，於人心世教未見有裨。如但墨守經師，胥鈔語録，刊除新異，屏斥雕華，則九流之派未疏，七略之名不備。抱殘守匱，亦難語該通。至於忠臣孝子，或拙文辭；宵小僉壬，間工著述，文行相左，彰癉安從。他如略藝編摩以後，晁陳著録以前，門目各殊，規條歧出，此增彼損，甲合乙分，不有折衷，孰爲善例？多士下帷有日，宜以知人論世爲先務，其各區陳醇駁，以徵稽古之功。

夫本敬天以勤民，念典學以積道，養民而功惟叙，觀文而化以成，斯黼扆出治之源，宜草茅家修所裕也。爾多士其誦言夙昔所學，臚著於篇，毋隱毋汎，朕將親遴焉。

（底本：《清高宗實録》卷九八一，册二一，頁九五—九七。參校本：《狀元策》，乾隆乙卯年新鐫、嘉慶續刊本）

臣對：臣聞聖人之誕膺駿命而丕纘鴻圖也，格天著昭事之忱，典學紹心傳之緒，足倉儲以裕民食，稽載籍以驗化成，莫不本嚴恭寅畏之衷，以奮迅於初基，而周浹於恒久。及夫道洽政治，胥天下爲其鼓舞而不自知，而其夙夜宥密之間，所以修己治人，持盈保泰者，彌不勝其欽崇劼毖焉。是豈忘逸豫而好憂勤哉？誠有見夫鑒觀不爽，則顧諟必獨嚴也。躬行不怠，則學古乃有獲也。欲户慶蓋藏而人知學問，則厚生之策宜備，而求書之典益勤也。要其精神之默運，每常惺於亦臨亦保之餘，而其法制之精詳，復綿亘於無怠無荒之際。太和翔洽而時保彌殷，經術湛深而躬修倍切，雖蒸民乃粒，而積貯務使有餘；雖典籍燦陳，而參訂期於至善。用是經緯乾坤，榮鏡宇宙，醇日新之德，豐茂世之規，蓋自唐虞三代以來，撫五辰，貞百度，功崇業廣，兼容而並包之。於以順承天慶，延期流祚，胥是道也。

欽惟皇帝陛下，法天行健，建極用中，秉至聖之資，而慎修思永；立非常之業，而揚烈覲光。固已視億兆如一人，而且積四十年如一日矣。乃爲政之有要，籌畫之多方，尚廑聖懷殷殷諮訪，進臣等於廷，而策之以天德聖功之大，養民典學之方。臣伏處猶深葵向之心，將對揚用竭管窺之見，敬承清問，敢就平日所誦習者以對。

伏讀制策有曰：「王者父天母地，中立人極，而推本於應天以實不以文。古帝王昭事之忱，必有超出術數推測之外者。」斯真言天之要旨也。臣謹按，善言天者，必有驗於人，天人之分，一理而已。董仲舒之言「以一貫三爲王」者，之於天，呼吸感通爲至近也。蓋帝王之心即天之心，一息之運動，直與穆清之表相接，而不失于幾微。《洪範》以五行爲五事之配，而以庶徵配五事，寓訓至深遠也。夫天地之氣，四時各異，則王者之行政布令，每順時以出之，亦祇率其自然行所無事，初非揣測陰陽，逞其穿鑿之説，而輕言感應之徵也。《書》曰：「欽崇天道，永保天命。」聖人以一心爲感召，而旦明寤寐之交，凛凛乎如臨在上，如質在旁，無一刻敢忘敬畏之心，則無一事不奉陟降之嚴，固非淺學所能窺測者。若班固之《五行志》，馬端臨之《祥異考》，支離附會，何足深論乎？我皇上持奉若之衷，著時憲之德，誠通庶物而上瑞已呈于中天，動協天心休徵，胥應於寰宇，此格天之學所爲千古獨隆也。

制策又以：「《禹謨》言心，《湯誥》言性，《説命》言孝，儒者類能言之。」而欲舍訓詁之末，以期於實用，則其道不可不發明也。臣聞上古之世，人心淳樸，情僞未滋，罕有言心性者。自虞廷闡十六字之傳，而惟皇降衷，厥有恒性，其説相爲表裏。至《説命》，乃暢言爲孝之旨矣。夫義理之精微，不徒求詞章之細，將以見躬修之大，儒生摘句尋章，久已無裨帝王之學問，即使辨理氣於幾希之頃，驗心性於存發之間，議論紛紜，亦空言無補耳。《大學》由格致以治平，《中庸》本中和以位育，聖賢之立言，各有指歸，正未可以淺嘗得也。六經之旨，本同條而共貫，其言中、言一、言敬、言誠、言仁義者，意指各殊，而要不外乎治心之學。此千古道統之傳，原無異同，而皆可以片言握其要也。宋儒程子、朱子，其學最醇粹，而其所以啓沃其君者，悉本經訓之精義，以爲拜獻之先資，平昔之所講貫，既已明晰其大旨，而後以醖釀之深厚，發之大廷之上者，而皆有當於聖人之經，斯所謂通經致用者歟？至范祖禹之《帝學》一書指陳實事，真德秀之《大學衍義》參証史書，且不與經旨相發明乎？聖天子敦崇經學，默契淵微，所以直紹往聖之源者，固合先後以同揆也。

制策又曰：「《洪範》八政，食居其首。」而預爲有備無患之策。臣聞堯湯之世，不能無水旱，而無一物之不得其所者，正恃有以補捄之而已。《周禮》遺人掌鄉關之委積，以備艱厄，法莫良焉。後則管仲通輕重之權，李悝行斂散之術，耿壽昌始爲常平之制，朱子更有社倉之法。之二者，或貯之于官，或司之于民，固可交相濟而不可以偏廢也。夫常平之法，恒待穀貴出糶，抑其價而使之減；社倉之法，春借秋斂，加息以償，其法疑與熙寧之青苗約略相似，而利病懸殊，有不可同日語也。第常平之利，祗及於市井小民，而社倉隨處可以支撥，或可編於鄉村黎庶，法固無不善，要在任其事者，稽其出入，而防其損虧，因時與地，熟籌其便而行之耳。若宋張詠，于年荒米少之時，則大增市價，慫其多售，而運販雲集，其價轉平，或亦變通之一策也。皇上軫念民依，週年蠲漕截糧，所以爲民足食計，至周且裕，從來聖王御宇，未有湛恩汪濊如此日者也。宜乎甘霖應時，二麥有秋，豐年有慶，豈不懿哉！

制策又以：「表章經籍，蒐羅遺典，編纂既具條理，去取必定權衡。」而欲有所折衷，以求善例。臣愚以爲，載籍極博，必徵信於六藝，著作日當，源流日多，欲總彙以成條貫，則編校之不可不精也。漢興，廣開獻書之路，迄孝武世，乃建藏書之策，置寫書之官，下及諸子傳説，皆充秘府。然徵求之富，而無以爲考核之精，則部分不清，將淆亂而無章，辨別未真，亦指歸之下見，又安能盡善乎？夫傳注時多，曲説稗官，不免誣詞，異學混于儒墨，僞體濫于齊梁，人心世教之所關者甚大，故採擇尤不容不（容）嚴也。① 然以刊除新異，屏斥雕華爲心，則墨守之下，難語該通，又何以疏九流之派，備《七略》之名哉？昔董仲舒請罷黜百家，專崇孔氏；陶宏景則「一事不知，深引爲耻」。由博反約之際，其孝之醇駁，亦約略可見矣。他如《略》《藝》編摩以後，晁陳著録以前，規條之岐出，增損之不同，而要在乎校勘之當、選擇之精也。《欽定四庫全書》，集古今之大成，備圖書之淵海，每於幾暇披覽，指示精詳，非儒生所能仰窺，則所以嘉惠士林者至深矣。

---

① 下「容」，涉上「容」字衍，删。

此數者，皆出治之本也。伏願皇上，乾行不息，攸久無疆，敬天爲垂拱之原，好學乃綏猷之始，將見閭閻豐豫，而文治光昭，中外樂康，神人訢合，國家景祚之隆，直與天無極矣。

臣草茅新進，罔識忌諱，干冒宸嚴，不勝戰慄隕越之至。臣謹對。

（底本：《狀元策》，乾隆乙卯年新鐫、嘉慶續刊本）

五三　乾隆四十三年戊戌科　戴衢亨

乾隆四十三年（一七七八）戊戌科，共取進士一百五十七名。狀元戴衢亨，榜眼蔡廷衡，探花孫希旦。

是科會試知貢舉：禮部左侍郎謝墉。會試正考官：大學士于敏中。副考官：吏部右侍郎王杰、内閣學士嵩貴。

是科殿試讀卷官：武英殿大學士阿桂，協辦大學士、吏部尚書程景伊，内閣學士胡高望，署吏部左侍郎董誥，户部尚書梁國治，兵部尚書蔡新，工部尚書嵇璜，都察院左副都御史覺羅巴彦學。

戴衢亨（一七五五—一八一一），字荷之，一字蓮士，江西南安府大庾縣（今大餘縣）人。年十七，本省鄉試中式。乾隆四十一年，召試，欽取一等，授内閣中書。尋充軍機章京。狀元及第，年二十四，授翰林院修撰。累典江南、湖南鄉試，督山西、廣東學政，歷遷侍講學士。累遷禮部侍郎，調户部。嘉慶六年（一八〇一），擢兵部尚書，兼管順天府尹、户部三庫。七年，加太子少保。十年，調户部，兼直南書房，典會試。十二年，協辦大學士，兼翰林院掌院學士，典順天鄉試。十四年，晉太子少師。十五年，拜體仁閣大學士，管理工部，兼掌翰林院如故。十六年四月，以疾卒。贈太子太師，入祀賢良祠，謚文端。著有《震無咎齋詩稿》。《清史稿》有傳。

戴衢亨狀元策見《狀元策》（乾隆乙卯年新鐫、嘉慶續刊本，國家圖書館藏）。

乾隆四十三年，戊戌。夏四月，辛卯朔。辛亥，策試天下貢士繆祖培等一百五十五人於太和殿前，制曰：朕祗承鴻緒，兢兢業業，不遑康寧。深維元后之責，思所以會歸皇極，敷錫黎庶，以承天庥，夙夜寅畏，日慎一日，四十三年於兹矣。凛兹保泰，佇爾嘉謨，其敬聆諮問。

治法莫盛於唐虞。史敘堯勛，時雍於變；舜命司徒，敬敷五教。夫教民以實不以名，惟在督撫大吏，董率屬員，實力化導，使百姓遷善遠罪，以無忝父母斯民之任。今欲使士敦廉讓，民知禮教，愚蒙者咸識綱常，頑悍者潛消獷戾，以庶幾一道同風之盛，其何道之從歟？

且士者，民之望也。化民者先訓士，士之學問紕繆，學臣得以文黜之；行止頗僻，有司得以法糾之。至於聚徒講學，漸成門户，始於騖虚名，終於受實害。如東漢唐宋黨禁，以及明之東林，其已事也。今將使學者篤潛修而杜私黨，其何以勸迪之歟？今政治昌明，士風丕變，自愛者未必至此。然杜弊者先於未萌，識微者防其漸致，其又何以豫絶之歟？

前言往行，悉載於書。自周有柱下史，漢魏有石渠、東觀，以至甲乙丙丁之部，《七略》《七録》之遺，代有藏書，孰軼孰傳，孰優孰劣，可約略指數歟？乃者命儒臣輯《四庫全書》，搜訪校讐，亦云勤矣。而網羅猶有放失，魯魚猶有譌舛，何歟？

國家重熙累洽，都邑蕃昌，人民和樂，由儉入奢，勢固然也。會典通禮，所以别貴賤，辨等威，防奢僭。顧服食之違制，得以法繩之，人工物力之糜費，不能以法繩也。賓祭之過侈，得以禮節之，飲食器用之瑣屑，不能以禮節也。使事事爲之厲禁則擾，聽其紛華以耗本業，又豈藏富之道乎？其何以還淳返樸，用有節而民不煩，事有制而法可久歟？

爾多士稽古力學，於學問之要，政治之本，講求熟矣。其籌之策之，引之伸之，推之古昔，證之當今，悉言無隱，朕將親覽焉。

（底本：《清高宗實録》卷一〇五五，册二二，頁九九—一〇〇。參校本：《狀元策》，乾隆乙卯年新鐫、嘉慶續刊本）

臣對：臣聞聖人所以法天者純也，所以事天者敬也，所以格天者誠也。道原於自强不息，化極於悠久無疆。是故允升大猷，會歸皇極，文治焕乎明備，習俗進於淳龐，久道所以化成也。德教已周，而不忘董勸；風聲已樹，而益勵防維。不以稽古既精，而弛紹聞之念；不以厚生既溥，而紓撙節之懷，聖心所以恒久不已也。蓋人主繼天出治，則必本心法爲治法，故治積累而彌光，心虔鞏而益懋。舉凡庶類之從風，群才之就範，與夫考訂之何以詳，樂利之何以永，莫不統於朝乾夕惕、無逸作所之深衷。《書》曰「率作興事，慎乃憲」，言大君率臣下以振起事功，而必謹兹法度也。《易》曰「中正以觀天下」，言聖人在上，斯能舉中正之德，以垂示天下也。夫當已治已安之時，而夙夜不遑，幾康交敕，所由化導，握其原訓，行昭其則，載籍徵夫考信，生計保夫常贏。自昔聖王，奉若天道，而日慎一日，不敢荒寧者，胥是意也。

欽惟皇帝陛下，體元法健，履泰持盈，際極盛之隆規，厪思艱於上理，固已釀化覃洽，淳風茂揚，式觀前古，無以踰斯。乃聖德淵沖，諮詢彌切，復進臣等於廷，而策之以明教化、端士習、稽往訓、崇儉德之至計。臣至庸極陋，蠡測管窺，烏足以知體要，然芻蕘之言，敷奏所不廢。矧對揚伊始，拜獻攸資，敬承清問，謹就平日誦習所及，勉竭愚忱以對。

伏讀制策有曰：「治法莫盛於唐虞。」因緬於變之休風，師敬敷之遺意，而欲使教民者以實不以名，此誠致治保邦之要也。臣惟德盛者化神，故訓俗型方，必本於道德齊禮。古昔盛時，法制修明，綱紀具飭，其民皆有遷善遠罪之思，而上之視其民，皆必有父母斯民之責，故教化之權，操之自上也。然或條教號令，視爲具文，而誠意弗屬，則雖懸書屢示，讀法頻聞，竊恐無當於風行草偃之觀，而潛移默運之功，不數數覯也。《周禮》以鄉三物教萬民而賓興之，而旌别淑慝，彰善癉惡，於《周書》三致意焉，凡以使愚蒙者知所勸，而頑戾者知所懲也。夫守令者，親民之官；大吏者，群有司之表。苟身膺民牧者興化善俗，大遠於俗吏之所爲，而耻以簿書期會爲盡職，督撫大吏復以是定其殿最，慎其考稽，將所稱日計不足、歲計有餘者，誠操乎化民成俗之原也。聖天子整飭官常，勤求治理，凡封疆重臣必盡心民事者，始邀簡擢。正本清源之道，莫切於此。猶慮董率有未周，化迪有未至，訓諭周詳，推誠共見，是在有教化之寄者，心體而力行之。將以一道德，同風俗，而士敦廉讓，民知禮教，悉由於此。

制策又以「士者民之望」，而因及於潛修之宜篤，私黨之務除。臣愚以爲，聖人之世無黨，非無黨也，人主識微知著，有以預絶其黨也。夫士之學問紕繆，行止頗僻，誠不難以文絀之，以法糾之。至若假聚徒講學之名，成黨援門户之勢，如東漢竇武、陳蕃諸人，自命名流，互相標榜，遂有八顧、八俊、八及、八厨之目。唐之牛、李搆釁，數世相延。宋則有洛黨、蜀黨，各爲排擊。夫以程頤、蘇軾諸儒，而猶不免於此，則知不黨之學，誠未易言也。明之季世，東林黨盛，顧憲成、高攀龍倡於前，錢一本、孫丕揚、趙南星諸人繼於後，至於潛藉聲援，隱撓國是。所謂生心害政者，將靡所止，不待黨禁已成，而始知其敗也。然則欲杜朋黨之萌，而示儒術之正，亦惟化其偏私，祛其浮囂，使力崇實學而已。我皇上本大公至正之心，操用人行政之準，蕩平正直，中外率由。生斯世者，敢不爭自濯磨，以慎厥步趨，端其志慮哉？

制策又曰：「前言往行，悉載於書。」而慮網羅之有未盡，讐校之有未精。臣謹案，周有柱下史，漢魏有石渠、東觀。自七略昉於劉歆，四部起於荀勗，其後有從勗例者，如任昉、謝靈運之分部是也；有從歆例者，如王儉之《七志》，阮孝緒之《七録》是也。前史所載，藏書之富，莫盛於隋之嘉則殿。唐開元時，分經史子集爲四庫，宋初始建三館，後又有秘閣、崇文書院。其書籍之可考者，如唐之《開元書目》，宋之《秘閣書目》《崇文總目》，以及《中興書目》《續中興書目》是也。夫書缺有間，則搜採宜(殿)[殷]；①字體沿訛，則對勘宜審。國家文治昌明，超越往代，因前明《永樂大典》依韻分編，未爲允當，爰易其割裂，歸於完善，復訪求遺籍，不下千百萬卷，命儒臣輯爲《四庫全書》，分爲應刻、應鈔，或僅存篇目，又掇書中

① 「殷」，據文義改。

要旨，別爲《提要》。鴻文秘簡，蓋云賅備矣。乃校訂諸書，時勤乙覽，猶間有舛謬，則校對之功尚多未盡。有編摩之責者，所宜殫心悉力，期盡免夫魚魯之誤，而不敢諉諸掃葉之難者也。矧在事諸臣，近以五年期届，恩予簡注，謄録諸生，亦仰邀優敘。斯誠千載一時之遇，而躬逢盛際者，宜何如勤勉將事，以快覩同文之盛歟？

制策又以「民俗由儉入奢」，因籌及於制事節用之要旨。此藏富於民之道，所宜亟講也。臣竊惟國之本計在民，而民俗之淳漓，關乎世運之升降。古聖人輔相財成，雖昇平日久之餘，而不忘制節謹度之思者，誠以民計期於饒裕，而其失則在奢靡也。夫服舍之踰制，賓祭之過侈，此禮法之所得限者也。人工物力之糜費，飲食器用之瑣屑，此禮法之所不得限者也。顧去奢從儉，不在乎慮禁之多端，而在乎風示之有本。誠使士大夫相尚以紛華，而民俗有不趨於敝者鮮矣。誠使士大夫相高以儉約，而民俗有不歸於樸者鮮矣。昔明季薦紳，競爲豪侈，靡惜物力，百姓互相效法，以至凋敝，則知民生之厚，未有不以崇儉爲首務也。聖主勤恤民隱，軫念民依，當重熙累洽之時，不存豫大豐亨之見，比年屢奉恩旨，蠲免租賦，古者藏富於民之道，何以加茲！顧養欲給求者，上之心也；端本善則者，民之訓也。誠當隆盛之休，而不忘節儉之旨，將生計以之足，本俗以之敦，而蕃昌和樂之象，益永於無窮矣。

凡此者，德化期於周浹，學術戒夫拘偏，考古要在折衷，勵俗貴臻淳固。伏願皇上，治益求治，安益求安，本至誠無息之心，懋純一不已之學，群黎徧德，而愈廣教思；髦士攸宜，而愈嚴趨向；博蒐往籍，而愈切參稽；利濟生民，而愈昭節制。於以導揚盛化，敬迓休和，我國家萬年保泰之規基諸此矣。

臣草茅新進，罔識忌諱，干冒宸嚴，不勝戰慄隕越之至。臣謹對。

（底本：《狀元策》，乾隆乙卯年新鐫、嘉慶續刊本）

五四　乾隆四十五年庚子恩科　汪如洋

乾隆四十五年(一七八〇)庚子恩科，共取進士一百五十五名。狀元汪如洋，榜眼江德量，探花程昌期。

是科會試知貢舉：禮部左侍郎謝墉。會試正考官：禮部尚書德保、曹秀先。副考官：兵部尚書周煌、内閣學士胡高望。

是科殿試讀卷官：大學士阿桂，協辦大學士、吏部尚書嵇璜，内閣學士紀昀，吏部侍郎謝墉，禮部侍郎阿肅，兵部尚書蔡新、侍郎曹文埴，左都御史羅源漢。

汪如洋(一七五五—一七九四)，字潤民，號雲壑，浙江嘉興府秀水縣(今嘉興市)人。乾隆七年狀元金甡外孫。會試、殿試均第一，年二十六，授翰林院修撰。乾隆四十八年，充三通館纂修官，是年冬，入直上書房。五十一年閏七月，任山東鄉試正考官；十二月，提督雲南學政。還，仍入直上書房。五十六年，丁母憂去官。五十七年冬，服闋，仍入直。五十九年八月，以疾卒，年四十。著有《葆沖書屋集》四卷、《葆沖書屋外集》二卷。

汪如洋狀元策見《狀元策》(乾隆乙卯年新鐫、嘉慶續刊本，國家圖書館藏)。

乾隆四十五年，庚子。五月，己卯朔。戊子，策試天下貢士汪如洋等一百五十五人於太和殿前，制曰：朕誕膺寶運，今四十有五年。幸函夏乂安，廣輪茂豫，欽崇永保，慎憲省成，凛懷無逸之圖，式迓延洪之福，恒思讜論，以贊鴻猷。况今佑荷天申，春祺溥鬯，緬惟古義，壽考作人，《棫樸》《薪槱》，當必應期而作，兹因廷試，佇採嘉謨。

《孟子》述道統之傳，自堯舜以至於孔子，蓋謂心法治法，同條共貫也。然帝王之學，與儒者終異。保大定功之要，其果在觀未發之氣象，推太極之動静歟？永嘉學派，朱子譏爲事功。真德秀作《大學衍義》，其目自《格致》《誠正》，至於《修》《齊》而止，治平之經略不詳焉，抑又何歟？

天下之化理，存於民風，而民風淳漓，由乎吏治。賈誼稱：「俗吏之所爲，在於刀筆筐篋，而不知大體。」是則然矣。然蒲鞭示辱，謂之仁心；催科政拙，謂之循吏。其果可理繁治劇歟？一道德以同風俗，始臻上治。乃或以輕財結黨爲義俠，豪健撓法爲氣節，以敗俗而負美名。爲長吏者，將何以辨别而誨導之歟？

積貯之法，不出常平、社倉。然常平豐斂而歉散，其制在於出陳易新，但逢穀貴而採買入倉，慮有强派之弊；穀賤而紅陳召糴，恐滋勒買之虞。何道而使倉庾常盈，閭閻不累歟？仰藉社倉者，必皆貧户，倘所入之息不敵所出之數，則義舉且漸廢，使必按册而促之償補，則追呼滋擾，善政反成作法之涼，將何以斟酌而歸於實惠歟？

《書》稱：「刑期無刑，辟以止辟。」蓋天地之道，温肅並行；帝王之治，恩威交濟。固大異乎名法之家，而亦非徒博寬大之譽也。後世秉憲之吏，不知德禮刑政之同原，其於明罰敕法之道，未能權衡要於至當。豈咸中之治，果難復見歟？將使惟明惟允，無縱無枉，以協於弼教之意，果操何道歟？

夫先資自獻，官之始也；敷奏以言，古之制也。多士學古入官，於經世之略，講之有素。又新自田間來，於民生利弊，知之必悉，其竭慮以對，毋泛毋隱，朕將親覽焉。

（底本：《清高宗實録》卷一一〇六，册二二，頁八〇二—八〇三。參校本：《乾隆帝起居注》，册三〇，頁九三—九四；《狀元策》，乾隆乙卯年新鐫、嘉慶續刊本）

臣對：臣聞健運有常，天行所以成歲；日新不已，聖德所以宜民。蓋純修必惕於自强，斯至化克符於久道。是故盛王御宇，恒持之以不暇逸之心，而性量驗其敷施，風聲資其倡導，以足儲待者酌盈虚之用，以慎簡孚者昭出入之平，非徒致飾於治象已也。重熙累洽之朝，主極光亨，鴻施旁浹，物靡不得其所，亦既協氣翔而休徵應矣。而内勤纘紹，則格被彌周；外肅綱維，則訓行益摯。蓋藏素裕，而倍殷先事之籌；懲創維嚴，而愈廣無私之照。所爲殫精心以臻上理者，蓋不勝其欽崇而劼毖焉。《書》曰「敕天之命，惟時惟幾」，言人君者，隨時隨事，皆當戒飭，而不可不（惟）惟天是法也。①《詩》曰「不顯亦臨，無射亦保」，言其凛鑒臨於寤寐，而矢敬畏於幾微者，要本此純一不已之衷以爲之宰也。然則恢揚郅治之隆，而欲使業焕欽明，政歸丕變，厚生允殖，弼教惟光，是在至誠悠久之規，有以賅萬化而默操其要矣。

欽惟皇帝陛下，道崇敷錫，志劭寅虔，普樂利於無言，協平成而有慶。固已駿烈宣昭，徽猷式著，綜觀前古，無以踰斯。乃聖德淵沖，諮詢彌切，復進臣等於廷，而策之以修治統、飭化原、廣倉儲、彰憲典之實。臣自維愚陋，烏足以知體要，然伊古對揚之盛，采擇不廢芻蕘，敬承清問，敢就平日所誦習者以對。

伏讀制策有曰：「《孟子》述道統之傳，謂心法治法，同條共貫。」而因思保大定功之要，更有進於是者。此誠馭世經邦之首務也。臣聞宋程頤有言：「帝王之學，與儒生異尚。」儒生循習章句，而帝王務得其要，以措諸事業，固未可規求於口耳之末，亦未得虚談夫性命之微也。宋儒言學，備於《性理》一書，觀未發之氣象，所以嚴省察於幾希；推太極之動静，所以驗機緘於闔闢也。而於王者，措正施行之道，或略而未之及焉。夫古者危微授受，即以致時雍風動之庥；緝熙光明，即以紹典謨承烈之緒。事功之與學問，豈不同出於一源？然欲即藴蓄之深，以指爲發抒之迹，則有難於等量觀者。惟是後

① 「惟」，當係衍字，據文義删。

儒侈張事業，大抵駁而不純。如永嘉學派，矜上下千古之識，而詳於事者終略於道，誠難免乎朱子所譏。至真德秀《大學衍義》，止於格致、誠正、修齊，而不及治平之經略，蓋猶是經筵進講，啓沃身心之用，而非必薄視經綸，故爲迂遠之論也。方逢聖天子生知好學，統外王内聖而咸賅，洵足紹往聖之心傳，而遠邁諸儒之論説矣。雖媲美勛華，又何讓焉？

制策又以：「化理本於民風，民風實由於吏治。」而因及於誨導者之必嚴其辨别。此訓俗型方之要所宜亟講也。臣惟化民者，必習其業之所成，有時以清和咸理爲良規，即有時以振刷維新爲先務，此非示天下以武健之用也。儒者一行作吏，稱述詩書，其視刀筆筐篋之流，固非可以同日語。及試之簿書繁劇之地，而心勞政拙，有茫然無所設施者。況夫頑悍刁獷之習，往往而有，設徒效蒲鞭之小惠，而風力不足以鎮奸民，聲色不足以威敝俗，則儒術之疎，曾何裨官方之重者乎？昔西漢之世，吏治蒸蒸，黎民乂安。而其以六條察二千石也，首列强宗豪右之禁。凡以使輕財結黨、豪健撓法之徒，舉不得横斷鄉閭而矯持官吏。蓋惟有德者，能以寬服民，其次莫如猛，非惟事勢之不齊，抑其理固如是也。是故王者慎簡官僚以安民生，即以糾民慝。當盛世，官方澄敘，政體精詳，爲長吏者宜何如整飭規模，俾夫敗俗而負美名者，争自濯磨，以期底於敦龐之化歟？

制策又以：「積貯之法，不外常平、社倉。」而慮夫法久之不能無弊。臣惟法無弊也，有不能善其法者，而弊生焉。則大約循乎積貯之名，而失乎積貯之實已矣。常平自耿壽昌、長孫平，已行其法，意主乎豐斂歉散，而制在乎出陳易新。第相沿日久，而採買者不免强派之慮，召糴者亦恐滋勒買之虞，此豈弊之未易絶哉？亦難乎儲蓄者之克酌其宜也。誠能收貯及時，不以那移而務支飾，則雖穀貴穀賤之異時，而倉庾常盈，閭閻亦無擾累矣。至如社倉之設，本爲貧户通其緩急，春借秋斂，有便於民用，而仍無耗於公費，意至美也。乃或取息以償，而所出者反浮於所入，則册籍虧欠之恒不免焉。將任其那延懸貸，而廪儲虚曠，歲計遂多不足之形。將限以按户追呼，而逋積牽連民力，亦有難紓之患。所賴司其出納者，審量於哀多益寡之宜，庶幾善政之行，人蒙實惠，而足食裕民之舉，非奉行故事比矣。我皇上軫念民艱，所以計其生全者至詳且備，而郡邑蓄聚之制，尤爲亟務。行見比户盈寧，屢豐告慶，有不熙熙耕鑿，胥忘帝力之勤者乎？

制策又曰：「天地之道，温肅並行，帝王之治，恩威交濟。」蓋刑期無刑，辟以止辟，固唐虞三代之盛軌也。臣嘗考《周禮》，秋官之職，正月始和，乃縣刑象之法於象魏，使萬民觀之，凡以儆天下之愚不肖，而使之毋輕蹈於法也。夫名法之學，治世所不言；而寬大之譽，亦聖王所弗尚。後世秉憲之吏，昧於德禮刑政之同原，而權衡於以鮮當，不知先王之明罰而敕法者，具有慎重之意焉。防之於始，有五戒五禁；審之於終，有三典三刺、三赦三宥、五聽五過、八成八辟；待之於終，有三就三居。至於秦漢，法網滋繁，禁條岐出，前之律不可以旁引，後之例不免於遞增，亦勢之無如何者。惟夫由詳核而歸簡要，由簡要而得精密，小懲而大誡焉，斯不得私爲上下於其間矣。皇上仁如天，知如神，凡刑獄之事，親加審度，輕重悉由其人之自取。又復特諭法司，分别榜示，俾愚蒙咸知謹凛，蓋與古者象魏之典，一無以異。無他，明之至者慎之至，慎之至者愛之至也。

凡此者，敦厥躬以議道，靖爾位以同風，耕九必策其餘三，懲一要期於儆百。其見諸事者不同，而其源則歸於一也。臣伏願我皇上，本所其無逸之心，勗政貴有恒之義，性功已著，而尚凛綏猷；治具咸張，而猶嚴勵俗。不以阜成已兆，而寬藏富之懷；不以風紀咸清，而弛協中之訓。於以茂揚醇化，覃洽仁風，我國家億載無疆之慶基諸此矣。臣草茅新進，罔識忌諱，干冒宸嚴，不勝戰慄隕越之至。臣謹對。

（底本：《狀元策》，乾隆乙卯年新鐫、嘉慶續刊本）

乾隆四十五年，庚子。五月，己卯朔。庚辰，又諭：「本日阿桂等議覆，德保等奏會試分卷一摺，請仍照舊例，衹令房考回避本省。所有試卷，仍由至公堂均分十八束，送進内簾分掣，不必將至字、公字區分兩項等語，已依議行矣。此摺係大學士、九卿會議，查閲銜名，吏部侍郎謝墉亦經列銜具奏。但戊戌、庚子兩科，俱係謝墉知貢舉，其辦理分卷，均照至字、公字兩項分辦。即係謝墉以爲事屬可行者，即當另行陳奏，不宜隨同畫諾。若以兩項分辦，究於多寡搭配不匀，必須仍循舊例，即應將從前辦理未協之處，自行隨摺聲請議處，乃謝墉既經兩次分辦於前，復隨衆改議附和於後，其中毫無定見，何前後模稜若此。著謝墉明白回奏。」

（《清高宗實録》卷一一〇六，册二二，頁七九六）

乾隆四十五年，庚子。五月，己卯朔。癸未，諭：「本年恩科會試，各省士子雲集觀光，其中龐眉皓首挾策偕來者，多至三十餘人，實爲熙朝盛事，宜加渥澤，用廣作人。除石震、萬邦獻、朱鏡，已加恩賞，給國子監學正銜外。所有年八十以上之李實生、劉克柔、王熊應、馬士棨、黄甗，俱係鄉試中式舉人，著加恩賞，給翰林院檢討銜。其劉髦學、郭元標、馮出佐、劉夢華、李尌、索止任、張廣基、張純仁、李蘧、王景績、康銑、李天民、許祖健、李欽元、謝士豪、徐常淳、李作朋、董斌、李成、章彦，俱係上年鄉試未經中式，欽賜舉人。著與年七十以上之吴兆魁、周仲連、宋瑞孫、凌雲、毛肇，一體加恩，賞給國子監學正銜。俾耆儒膺秩，各遂夙願，以彰推恩引年之至意。」

（《清高宗實録》卷一一〇六，册二二，頁七九九）

五五　乾隆四十六年辛丑科　錢棨

乾隆四十六年(一七八一)辛丑科,共取進士一百六十九名。狀元錢棨,榜眼陳萬青,探花汪學金。

是科會試知貢舉:禮部左侍郎錢載。正考官:禮部尚書德保、吏部右侍郎謝墉。副考官:兵部右侍郎沈初、左都御史吴玉綸。

是科殿試讀卷官:大學士三寶,協辦大學士蔡新,内閣學士錢士雲,吏部左侍郎謝墉,户部尚書梁國治,兵部右侍郎沈初,刑部左侍郎杜玉林,都察院左都御史羅源漢。

錢棨(一七四二—一七九九),字振威,號湘舲,一作湘靈,江南蘇州府長洲縣(今江蘇蘇州市)人。乾隆四十五年,鄉試解元。會試、殿試皆第一,爲有清「三元及第」第一人。授翰林院修撰。乾隆五十一年,充順天鄉試同考官。五十二年,受命上書房行走,侍教皇子。五十四年,因曠職上書房,革職留任。五十八年,任右贊善。五十九年,任廣東鄉試副主考官。歷中允、侍讀學士。嘉慶三年(一七九八),任雲南鄉試正考官,提督雲南學政。嘉慶四年,補内閣學士,兼禮部侍郎銜,八月,以疾卒於任,年五十八。著有《湘舲詩稿》。

錢棨狀元策見《狀元策》(乾隆乙卯年新鐫、嘉慶續刊本,國家圖書館藏)。

乾隆四十六年,辛丑。夏四月,甲辰朔。甲子,策試天下貢士錢棨等一百六十九人於太和殿前,制曰:朕纘膺鴻業,嚴恭寅畏,夙寤晨興,殫心萬幾,兢兢翼翼,弗敢康寧,四十六年於兹矣。思所以仰承天庥,持盈保泰,成庶事之熙,徧群黎之德，進兹多士，咨爾嘉言，其敬聽朕命。

人君所敬惟天，帝堯欽若，文王昭事，帝王受命，先後合符。夫愛民所以承天，勤政所以事天，天視自我民視，天聽自我民聽，可不愛乎？無曠庶官，天工人代，可不勤乎？民隱何以達之，庶事何以康之，人君集天下之耳目，合天下之智力，是以德澤下究，而情隱上聞，何以兼聽並觀，咸熙庶績歟？

民生之康阜，繫乎吏治之澄清，風俗淳漓，由此判焉。《周官》六計弊吏，皆以廉爲本。漢唐以來，條目滋多，要其懲貪獎廉，豈有異旨歟？夫正百官以正萬民，轉移化導之機，操之自上。《周禮·職方》所載，與《王制》所稱，其土宜風氣，不可推移，果何道而使之還淳返樸，臻一道同風之盛歟？

學術首嚴真僞。士子讀書敦行，處爲良士，出爲良臣，原不藉文字爲標榜。自欺世盜名之徒，託言講學，謬竊虚聲。(而)[如]明季東林諸人，①流而爲門户，爲朋黨，甚至莠言亂政，變易是非，實於朝常國體、世教民風，所關甚大。其何以息邪説，距詖行，使行堅言辯者，不得逞其私臆，學術純粹，毋誤歧趨，以正人心而端風教歟？

明刑所以弼教，或輕或重，一視其人之自取。議讞者，必審寬嚴之當，持情法之平，本無容心於其間。夫不求其平固不可，而求其平之後，於己原無涉也。乃或曲意市恩，或有心避怨，以國家刑章憲典之公，爲邀譽沽名之具，其心尚可問乎？將欲使矜慎庶獄，無枉無縱，以臻咸中之慶，其何道之從歟？

爾多士洽聞稽古，來自田間，政教之本原，民生之利弊，所習聞也。其審思之，詳究之，悉意以陳，毋有所隱，朕將親覽焉。

① 「如」，據諸參校本改。

（底本：《清高宗實録》卷一一二九，册二三，頁九〇—九一。參校本：《乾隆帝起居注》，册三一，頁一六五—一六六；《狀元策》，乾隆乙卯年新鐫、嘉慶續刊本）

臣對：臣聞帝王欽崇天道，奉若天命，莫不本祇敬之一心，爲之經綸而丕冒，故其以至明燭萬幾者，皆其以至公宰萬物者也。夫單心基於宥密，而運量遍乎寰區。莅政則業矢精勤，考績則治臻熙皞，勸學必歸於正軌，明刑胥協乎王章。兢兢焉日慎一日，即至天人合德，民物咸和，道隆而化普，業舉一世而躋之太平仁壽之域，猶不敢自暇逸者，何也？蓋王者憲天出治，肅政本而振民風，正人心而申國禁，夙凜明威以昭彰闡，惟其事天之誠，故能立人之極。明則無私照也，公則無私覆也。《易》曰：「範圍天地之化而不過，曲成萬物而不遺。」《書》曰：「達於上下，敬哉有土。」用能溥雍和之化，擴鴻遠之模，主極克端，尚情殷於茂育；天工時亮，猶念切於敦龐。聿崇正學，畸衺之習全消；爰致祥刑，輕重之權悉當。是故智周道濟，仁育義正，一人建極於上，而薄海内外沐浴詠歌，尊親並戴於億萬斯年者，胥是道也。

欽惟皇帝陛下，德參天地，道貫古今，懸離照以有臨，體乾行而不息，固已建中錫福，澤周於宜民宜人；崇實黜浮，法立於無偏無黨矣。乃聖德淵沖，疇咨彌切，復進臣等於廷，而策之以勤政愛民之本，興廉察吏之方，黜邪辨正之嚴，弼教協中之務。臣自田間來，至愚極陋，譬諸細流土壤，何裨山海。竊復自念身際昇平極盛之時，欣逢壽考作人之化，仰承清問，下逮芻蕘，敢不竭平日所知，以對揚於萬一乎？

伏讀制策有曰：「人君所敬惟天，愛民所以承天，而勤政即所以事天。」此誠撫辰凝績之盛心，而熙載奮庸之要道也。臣惟天地萬物，父母元后，作民父母。天生民而立之君，有體天行政之權，即有代天養民之責。夫天行至健，風雨露雷，無非教也。王者本天之教以爲教，則秩曰天秩，敘曰天敘，舉凡民彝物則之常，何在不奉天以從事乎？天心仁愛，大生廣生，無弗徧也。王者以天之心爲心，則工曰天工，官曰天官，舉凡體國經野之規，何在不順天以布令乎？是故六合既同矣，而猶虞民隱之未由上達，則舉時巡之典以周悉之；百度既貞矣，而猶慮庶事之未盡乂康，則廣選舉之途以群策之。古人君凝承帝眷，而御宇綏猷，所謂集天下之耳目，合天下之智力，兼聽並觀而日勤其宵旰者，端在是乎？然則勤政者，無非愛民之實心；而愛民者，皆爲敬天之至意。堯之欽若昊天，文之昭事上帝，類皆載以小心，升兹大業。用是天庥呈於上，人和積於下，遂以鼓舞一世，敦尚廉隅，以幾一道同風之治也，豈不休哉！

制策又曰：「民生之康阜，繫乎吏治之澄清，而風俗之淳漓，由此判。」臣謹按，《周官》以六計弊群吏，而統之曰廉，官箴之本，其在是矣。漢以六條察二千石，唐有四善二十七最，差之以九等，要皆所以糾劾不廉也。其法令較周制爲加密。夫法令雖操於大廷，而考察必嚴於各屬。爲大吏者，先正己率物，身示之坊，斯爲守令者，自不敢不砥礪廉隅，肅清利弊。由是上行而下效，旋見俗易而風移矣。且夫五方之風氣不齊，一時之俗尚各異。《周禮》職方氏掌天下之圖，則有邦國、都鄙、侯甸、男采之殊制。《王制》司空度地居民，則有山川、沮澤、剛柔、輕重、遲速之異宜。然古者修六禮以節民性，明七教以興民德，齊八政以防民淫，一道德以同風俗，則不必易其俗，而其教自行；不必易其宜，而其政自舉。爲長吏者，誠能潔己奉公，於以型方訓俗，因勢利導，所謂奢則示之以儉，儉則示之禮者，酌劑焉而得其平，固無難黜詐僞、敦仁厚，以並底於正直蕩平之路矣。皇上慎簡群僚，懋敦醇俗，吏治民風，固以蒸蒸日上。乃當省方之歲，每諮閭閻疾苦，周悉民情，則知勤政之衷，無時或釋。縣官州牧，宜何如整飭，勉勵官方，以仰副聖朝察吏維風之至訓也。

制策又以：「學術首嚴真僞，士子讀書敦行，毋誤歧趨，以正人心而端風教。」此誠睿慮周詳，見微而知著也。夫學術真僞，固人心風俗所視爲轉移者。三代以上，無不正之學，故無僞學之名。然而勛華之時，間生僉壬；孔子之世，亦有聞人。倘非四凶之屏，兩觀之誅，焉知清流朋黨之患，不早熾於並生並育之世哉？東漢士林，品流雜出，李膺、郭泰，首倡宗風，負人倫重望，而范滂、黄憲輩，並束身砥行，以節義相高。其弊也，以各立門户，致來清流之目。降而唐之牛李，宋之蜀洛，交樹黨援，互相傾軋矣。明季朋黨之風益甚，顧憲成講學東林，而高攀龍等從而附唱之，一時意氣自矜，矯持過甚。其後宵小協謀，擠排善類。藉令當李、趙、高、繆諸人，不以獨行自詡，稍爲貶損，則東林之患，當不至是。夫朋黨之説，其局起於激之太甚，其端實萌於防之不嚴。故凡學校之中，群萃州處，必使趨表正，經明行修，無涉欺世之見，無起盗名之心，俾學術一歸於至正，而假道學以爲僞君子者，何由而强托哉？我朝正學昌明，士林向化，而欲杜弊於未萌，察幾微於未著，必將舉君子小人之真僞，顯别其逕途，而争自樹立者，宜知所自處矣。今夫信義行於君子，而刑戮施於小人，此必然之勢也。

制策又曰：「明刑所以弼教，或輕或重，一視其人之自取。」臣惟以刑者，聖人不得已而用之，大要持其平而已矣。唐虞之世，刑期無刑，辟以止辟，一則曰「惟刑之恤」，再則曰「惟明克允」。善用刑之中，自具詳慎之至意，初未嘗有過枉過縱之失參。其間也。《周禮》獄訶之成也，司寇聽之，三公參聽之，而告於王，王三聽，然後制刑。《吕刑》之篇曰：「上刑適輕下服，下刑適重上服，輕重諸罰有權。」此謂率乂於民，咸中有慶也。夫不求其平，固不可以臆爲聽斷，既得其平，則國家憲典之昭垂無可倖逃，而操致治之原者，亦何嘗有成見據乎其中哉？

若此者，敕幾於在宥，而奉天即以勤民；端本於群僚，而察吏即以善俗。黜僞學以正人倫之趨向，明王章以肅當代之綱維，是皆繼天出治者宰世服物之大要也。伏願皇上，帝德廣運，悠久無疆，醲化懋崇，天庥滋至，我國家萬年有道之長基諸此矣。

臣草茅新進，罔識忌諱，干冒宸嚴，不勝戰慄隕越之至。臣謹對。①

（底本：《狀元策》，乾隆乙卯年新鐫、嘉慶續刊本）

---

①「宸嚴」至「臣謹對」，國家圖書館藏本闕，據西北師範大學圖書館藏本補。按兩家圖書館所藏爲同一系統，而所收科次不同。

五六　乾隆四十九年甲辰科　茹棻

乾隆四十九年（一七八四）甲辰科，共取進士一百一十二名。狀元茹棻，榜眼邵瑛，探花邵玉清。

是科會試知貢舉：禮部右侍郎莊存與。會試正考官：大學士蔡新、禮部尚書德保。副考官：兵部左侍郎紀昀、工部左侍郎胡高望。

是科殿試讀卷官：大學士阿桂、蔡新，内閣學士朱珪，吏部尚書劉墉，吏部右侍郎彭元瑞，户部右侍郎曹文埴，禮部左侍郎達椿，都察院左副都御史覺羅巴彦學。

茹棻（一七五五—一八二一），字稚葵，號古香，浙江紹興府會稽縣（今紹興市）人。乾隆四十二年，鄉試中式。狀元及第，授翰林院修撰。乾隆五十三年，任山東鄉試正考官。五十四年，任山西學政。嘉慶元年（一七九六），授右贊善，轉左贊善。遷右庶子、侍讀學士、詹事府少詹事，署日講起居注官。五年，任山西鄉試正考官。六年，提督湖北學政。十二年，任奉天府府丞。十六年，陞内閣學士，兼禮部侍郎銜。十七年，任工部右侍郎，翌年，轉左，充江南鄉試正考官。十九年，擢都察院左都御史。中遭降級。二十一年，授吏部右侍郎，擢工部尚書。二十四年，充順天鄉試正考官。二十五年，轉兵部尚書。道光元年（一八二一），卒于任。著有《使兖》《使晉詩草》《使楚詩草》《使南詩草》《使藩詩草》等。

茹棻狀元策見《狀元策》（乾隆乙卯年新鐫、嘉慶續刊本，國家圖書館藏）。

乾隆四十九年，甲辰。夏四月，乙酉朔。庚戌，策試天下貢士侯健融等一百十二人於太和殿前，制曰：朕寅奉丕基，仰荷昊綍純佑，吏謹民淳，咸知順則。比者展義行慶，河海奠安，五世一堂，欣被景貺。用是彌深乾惕，式懋凝承，劼毖宵旰，不敢自康。逾厪崇實學，昭雅化，敦善俗，裕民天。雖略臻康乂，而猶日孜孜，上期淳懿，周諮博稽，以裨集思廣益之治，爾多士其敬聽予詢。

夫致用在乎通經。士自束髮授書，思探奧旨，先考𧷤文。宋儒謂：「有舉其辭而不能通其義者矣，未有通其義而不能舉其辭者也。」簡策異同，微言實關大義，諸經互引，厥有殊辭。唐人刻石猶存，或間與今判。郭氏之《易舉正》，王氏之《詩考》，雜臚歧出。《禮》之《大學》，《書》之《武成》，考定紛如；《春秋》經文，三《傳》間別。誦習有素，其能賅隱而條系歟？

辟雍之制，古者所謂「建國君民，教學爲先」也，或謂「殷無辟雍」，信歟？有文王之辟雍，有武王之辟雍，於經何據？自西自東，自南自北，或解以爲四學，師氏守東南，保氏守西北，義相通歟？辟雍之名，或取字義，或取地形，有達詁歟？靈臺、明堂、清廟、太室，異名同地，説可訂歟？三老五更，養於太學，老更何義？各一人，或三五人歟？

今方茂舉鉅典，考古證今，能通貫其制歟？三王不易民而治，然淳樸日開，奢儉相矯，中天盛世，已非復狉榛舊俗矣。雖風會所關，在上者宜引爲己責，將何以善所導歟？《王制》謂「無曠土，無游民」；而《周禮》則「有閒民，無常職」。轉移執事，無乃異制歟？千畝嘉禾，不無稂莠。或以邪教鼓愚，或以告訐罔利，豈民尚未能遷善歟？抑親民者化之未浹歟？由儉入奢易，由奢入儉難。顧儉非貌取，雕文纂組，或資其業以養生；澣衣狐裘，或矯其行以希世。將何以撙節而務實歟？

積貯者，生民之大命。常平、社倉，今久行之，毋庸縷述古制矣。顧貯則有浥爛之虞，出則有那移之蠹。方其補也，市價或因採而昂；及其發也，奸胥或冒民以領。甚或倉非實儲，户或俵糴。將欲杜弊端而經理得宜，何道之從？朕念切民依，截漕平糶，動不惜費，計期周溥，果黎氓實被其澤，而吏無中飽，商無囤積歟？

爾多士横經就塾，鼓篋圜橋，服我教澤，將以學古入官，講求民生風俗之原，養恬之效，固仕學所均宜有事也。毋泛毋隱，具著於篇，朕將親覽焉。

（底本：《清高宗實録》卷一二〇五，册二四，頁一二二三—一二二五。參校本：《乾隆帝起居注》，册三四，頁一八一—一八二；《狀元策》，乾隆乙卯年新鐫、嘉慶續刊本）

臣對：臣聞經學光昌，人材藹吉，野被淳風，倉歸實貯，將必以至健者法天，運精神於不息；以用中者立極，播化育於無疆。是以敦崇實學，而道接心傳；鼓舞賢才，而制期首善；行三代之直，而户盡可封；樂萬寶之成，而民登至足。《書》曰：「敕天之命，惟時惟幾。」又曰：「惟天聰明，惟聖時憲。」古昔帝王，所以横經講藝，側席求賢，易俗移風，耕三餘九，馴至天人協應，純嘏聿臻，仁恩汪濊，惠澤覃敷。於是清和咸理，郁郁彬彬，道德一而風俗同，群生育而百昌遂，有由然也。

欽惟皇帝陛下，德符廣運，治協時雍，固已學貫三才，教崇四術，恬熙永慶，豐樂同休。乃猶宵衣存若谷之懷，臨馭凛如傷之念，睿慮周詳，諮諏彌切，復以通經籲俊、厚俗重農之要，進臣等於廷而策之。臣至愚極陋，譬微塵涓滴，奚裨山海，顧自獻者人臣之義，兹當對揚伊始，敢不就平日所誦習者以對？

伏讀制策有曰：「簡策異同，微言實關大義，諸經互引，厥有殊辭。」而因期於隱括而條系。此誠表章經訓之盛心也。臣謹案，諸經自漢初至今，由科斗而篆而隸而楷，字凡數易，誠不免烏焉亥豕之譌。況漢初經師，分教弟子，各有專門，則其間語音之不合，授受之不同，延及唐宋，其義紛如。《易》則言理與言數異，《詩》則齊、魯、韓與毛氏異，《禮》則大小戴之説又異，《書》則今文、古文異，《春秋》則三傳異，此固不可强同者。至石經之與雕板，則自漢之三體石經以來，唐人刻石，幸而僅存，縱有間見錯出，亦足以備參考而廣異聞。我皇上尊經重道，於諸經莫不考訂詳明，頒示遐邇，俾士人得以家有一編，朝吟夕諷，豈非同文之極盛也耶？

制策又以：「辟雍之制，古者所謂『建國君民，教學爲先』。」而茂舉鉅典，期於考古證今。此尤文教昌明之會也。夫辟雍之立，取於圜水，以節觀者。諸侯半之，則爲泮宫。案《詩》辟雍凡兩見，説者遂分指爲文王之辟雍，與武王之辟雍。要之，辟雍之名，始見於成周，亦猶皋門冢土。周有天下，遂以爲一代之號。至南學、北學、東學、西學之稱，見於漢説，亦不爲無據。（第）第古人之立辟雍也，①以祭則爲廟，以朝則明堂，以教則爲學，而靈臺亦在其中焉，固不僅地形字義之殊已也。三老五更，古有祝哽祝噎之文，執爵執醬之儀，而因有父事三老、兄事五更之説。然名爲三五，而累代舉行，僅止一人，則三五之説，固不攻而自破矣。聖天子集金聲玉振之大成，特建辟雍，行見四方觀禮，喁喁向風，而文治益以蒸蒸日上已。

制策又以：「三王不易民而治，中天盛世，風會日開，在上者宜引爲己責。」此又整齊習俗之隆軌也。夫太古之世，結繩而治，後世聖人易之以書契。於是三代相承，顓蒙日遠，斯固元會運世之一大關鍵也。聖朝累洽重熙，太平未有如此其久也，幅員未有如此其廣也，生齒未有如此其繁也。必斤斤焉繩以尺寸，使一返而爲朴陋之風，勢固有所不能。甚者如毛玠所以爲政，世轉以敝車羸馬相高，誠有如張敞所譏。假令當世民皆讓畔，道不拾遺，究亦無益於治。是唯在爲大吏者正己率下，而親民之官復有以化導之，俾冠昏祭祀之禮，秩然一軌於正，庶於古者理大物博之旨始有合耳。

制策又以：「積貯者，生民之大命。將欲杜弊端而經理得宜，何道之從。」此尤充裕民食之要圖也。《王制》以三十年之通制國用，《周禮》有遺人、廩人之掌，而荒政十有二，且掌之大司徒。良以水旱之災，聖世不免，不可不爲未雨綢繆之

①「第」，據文義删。

計。就令八蜡順成，而補助之政，亦所不廢，此常平、社倉之所由設也。然天下立一法，即有一弊行乎其間，如官吏之侵漁，胥役之中飽，駔儈之居奇，反乘民之急以邀利，而穀貴穀賤之傷尚不論也。要之，有治人無治法。立法以防弊，而法有所窮；用人以行法，而法以持久。我皇上勤恤民隱，輪免天下錢糧以億萬計，而一隅偏災，截漕平糶，有加無已。百萬生靈，咸獲登仁壽之域，無不淪肌浹髓，歌咏太平。承流宣化者，宜何如振興洗刷，以清宿弊也乎？

凡此者，學古訓而至德懋昭，念典學而文思光被，普潤澤而大豐美，歌大有而樂盈寧，皆聖功王道之要也。臣伏願皇上，精益求精，治益求治，宗往典而單心宥密，定成規以廣厲學官，鋤稂莠而化臻上理，實倉廩而效奏屢豐，斯國家億萬年有道之基在此矣。

臣草茅新進，罔識忌諱，干冒宸嚴，不勝戰慄隕越之至。臣謹對。

（底本：《狀元策》，乾隆乙卯年新鐫、嘉慶續刊本）

五七　乾隆五十二年丁未科　史致光

乾隆五十二年(一七八七)丁未科，共取進士一百三十七名。狀元史致光，榜眼孫星衍，探花董教增。

是科會試知貢舉：禮部左侍郎藍應元。會試正考官：大學士王杰。副考官：刑部左侍郎姜晟、内閣學士瑞保。

是科殿試讀卷官：大學士阿桂，大學士嵇璜，内閣學士阿肅、胡高望，吏部尚書劉墉，禮部尚書紀昀，兵部尚書彭元瑞，左都御史李綬。

史致光(一七五二—一八二八)，字葆甫，號漁村，浙江紹興府山陰縣(今紹興市)人。乾隆五十一年，順天鄉試中式。狀元及第，授翰林院修撰。乾隆五十四年，任湖北鄉試正考官。五十八年，授雲南大理府知府。嘉慶元年(一七九六)，調雲南府。十年，陞鹽法道。十九年五月，擢雲南按察使；六月，調貴州按察使；十二月，轉貴州布政使。二十二年，擢福建巡撫。二十四年，調雲南巡撫。二十五年，陞雲貴總督。道光二年(一八二二)，召還京師。三年，授都察院左都御史。未幾，因病奏請開缺，許之。四年，回籍。道光八年，卒於家。

史致光狀元策見《狀元策》(乾隆乙卯年新鐫、嘉慶續刊本，國家圖書館藏)等。此版《狀元策》錯簡嚴重，據策問及上下文義乙正。

乾隆五十二年，丁未。夏四月，戊戌朔。戊午，策試天下貢士顧鈺等一百三十七人於太和殿前，制曰：朕撫馭九寓，膺祚久長，於今五十有二年。仰荷昊蒼眷佑，幸而精神純固，車書乂安，五世一堂，胥宙合臻於蕃祉老壽，如前代粃政，無一蘗芽，庶底小康，見於向之古稀説矣。然而宵旰益懋，惟日孜孜，罔敢自暇逸。思欲鑒古觀文，與民遊大道而裕所天，教養大備，式躋郅隆。兹多士觀光，沐浴誦習之已久，庶幾敷贊，其敬聽予詢。

史非徒紀事，所以監先式後，等百世以爲因革損益者也，則表志尚矣。顧曰書、曰志、曰考，或有或無，或取他家以益之，或越數代以補之，或統及古今，或併詳五朝。徵其體例，能較然與？且或作通史，而全書以志名，能著其凡與？地理之山川、物産、古蹟，經籍之類例，撰人，何者爲當？符瑞、釋老，不已細與？傳之隱逸、止足、獨行、孝義，更易其名，儒林、道學、文苑紛歧，其品可類指與？贊、論、評，毋乃贅與？論史家體例者，劉知幾、鄭樵，能述晰與？本大公至正之心，慎守器勿失之戒，闕紀載失實之誣，屢經論斷，宜逖聞而心識之，其抒所見焉。

夫《虞書》標言志之文，宣聖示辭達之旨。經典所垂，具有明訓。迨後世體裁遞變，門徑各殊，論詩論文，遂多乖正旨。劉勰《文心雕龍》，雖局於齊梁之儷偶，然其書首以《原道》，次以《徵聖》，次以《宗經》，次以《正緯》，所見實在諸家上，能約舉其説歟？杜詩韓筆，爲後來作者冠冕，其論詩論文之宗旨，具見本集，能舉其得失歟？《昭明文選》，多取華藻；真德秀《文章正宗》，深矯其弊。然蕭之末流，至於綺靡；真之末流，亦或傷樸僿。欲酌文質之中，其何道之從歟？且詩文之體雖殊，其爲載道則一也。宰之以理，運之以氣，亦既文成數萬矣。所期以化成天下，而共泳聖涯，同遊藝府，能知所致力歟？

古人有言：「積貯者，生民之大命。」《周禮》之廩人遂人、屋粟耡粟，後人師其遺意，而耿壽昌、長孫平、朱子，皆有規制。及夫上熟、中熟、下熟之斂，和糴、俵糴、兑糴之名，言積貯者靡弗能詳，固不必泥古而覼縷也。朕截漕平糶，所以爲閭閻計朝夕之供者，數十年時舉，亦無一日或間。然欲求實貯，則墨吏之虧缺宜繩；欲孚惠心，則猾胥之蠹蠹宜察；欲平市價，則駔儈之囤積宜懲。而且穀數民數，歲報可稽，酌盈劑虚，詎易言給足歟？採買則慮價昂，散給則虞中飽。籌後日之饑，節目前之食，朝三暮四，寧善術歟？作民父母，仰我乳哺，即一饔飧計，而爲君之難如此。諸生服疇食德，亦有一二區畫，可採裨乎？

昔先王設奇衺之禁，嚴左道之誅，立法綦詳。誠以邪説誣民，易於熒惑，非豫遏其萌，恐爲世道人心之患也。我國家化澤涵濡，士大夫讀書明理，自不爲異論所移。至鄉里愚氓，或誘於罪福之説，姦黠匪徒，或借爲箕斂之術，自扞法網者，間亦有之。如概從禁絶，則祈報蜡社，皆將爲胥吏需索之端。若慮其滋擾，不爲區畫，又恐日累月積，久且草蔓。今將爲杜漸防微，清源正本，使人人知禮義之維，而謾妄之言，不能蠱其視聽，其何道之從焉？

朕撫臨悠久，無時不以稽古明理期天下之士，無時不以正德厚生籌天下之民。多士以讀書起家，宜明古今著述之源流，又新自田間來，宜悉土俗民生之利弊。其以夙所抱者，臚於簡末，毋浮毋隱，朕親覽遴焉。

（底本：《清高宗實録》卷一二七九，册二五，頁一三四—一三五。參校本：《乾隆帝起居注》，册三六，頁一二四—一二六；《狀元策》，乾隆乙卯年新鐫、嘉慶續刊本）

臣對：臣聞鑒古者上理所資也，鳴盛者太和所感也，長裕者豐亨之象也，時雍者豫順之徵也。古帝王治洽淳龐，化成悠久，將欲觀古今於治忽，廣教育於文思，奏三登而順敘歲功，協萬國而凝休風動，必有行健秉恒之德，以著延洪純佑之符。《禮記》曰：「大人舉禮樂，則天地爲昭焉。」《易》曰：「聖人久於其道，而天下化成。」誠以四方之訓行，則儆胥克奉皇極之敷言，會其有極，而後能光昭簡策，黼黻勛猷，錫盈寧之福，登懋良之書，所由政教合一，治學同軌者也。

欽惟皇帝陛下，闡圖史之精要，集道藝之大成，樂利廣夫蓄儲，誠和正於風俗，固已炳謨訓而煥文章，溥沃澤而覃雅化矣。乃聖懷沖挹，深思久安長治之道，彌切持盈保泰之圖，進臣等於廷，而策之以史學體裁，詩文標準，厚生利用，成俗化民。臣之庸愚，何足知此，竊念先資拜獻之端，敷奏揚言之義，敬承清問，敢不述所聞，誦所習，以效管窺蠡測之一得乎？

伏讀制策有曰：「史非徒紀事，所以監先式後，等百世以爲因革損益。」而因欲覈夫體例名類之異同。此誠讀書稽古之要務也。臣聞董仲舒《繁露》曰：「《春秋》無達例。」自何休《公羊解詁》，設科分例，見於徐彦疏；杜預《左傳集解》，别爲《釋例》一書。後世史家，言例所自昉也。司馬遷始創紀、表、書、傳之體，後之作史者因之。《史記》八書，班固以下皆稱志。歐陽修《五代史》，删薛史《職官》《食貨》諸志，别爲《司天》《職方》二考。范蔚宗《後漢書》無志，梁劉昭取司馬彪《續書志註》補之。《八書》統及古今，《隋志》兼詳五代，繁簡各殊，體製固一矣。陳壽《三國》以「志」名而不作《志》，鄭樵《通志》以通史之體而稱「志」，又參互各出者也。《地理志》昉於《漢書》，述古文則《尚書》舊説，引桑欽則地理志專家，得其精覈，體簡而該。或詳記山川物産，以及古蹟，專爲地理書則可，入於史志則嫌冗矣。《漢·藝文志》本《七略》，《隋·經籍志》本《七録》；《漢》詳學術源流，《隋》著書名存逸。其《七略》沿而爲四庫，事勢之所固然，要其類例各有當也。江淹云：「修史莫難於志。」誠神明馬、班之意，何至《符瑞》《釋老》之貽譏乎？傳多標目，始於華嶠、范蔚宗，史、漢惟《儒林》《循吏》等而已。分《儒林》爲《道學》，又自宋始。史之有贊，起於《左傳》之述君子，鄭樵已言。遷史多補傳外意，班固近决科之文，而後人復論後有贊，不可謂不贅也。論體例者，莫詳於劉知幾、鄭樵。知幾分《史記》《漢書》爲二家，樵宗《史記》，故詆議《漢書》多失其實。伏讀《御製評鑒闡要》，折衷至當，辨析精微，正群史之舛訛，溯六經之義藴，昭斧鉞而炳日星，萬世修史之法，舉莫出其範圍矣。

制策又曰：「詩文之體雖殊，其爲載道則一。」而欲溯體裁之變，酌文質之中。臣以爲文章之正變，由時會之遷移而成。堯舜之世，賡歌喜起，運啓文明。成周，《詩》定雅頌，《書》陳誥誡，《國語》以《棠棣》爲召公之詩，《韓詩》以《關雎》爲畢公所作，皆洋洋乎盛世之元音也。然其指歸，要於辭達。漢初，賈董之文，原本經術；而司馬相如諸賦，人已譏其「諷一而勸百」，故東京後文體遂靡。論詩文者，陸機《文賦》、鍾嶸《詩品》，未能盡合正旨。劉勰《文心雕龍》所論，諸體悉備，或謂其沿儷偶之習。然《原道》《徵聖》《宗經》諸篇，雖辭義尚淺，而厥旨不乖，洵六朝之傑出者。唐世詩文，端推杜韓。杜云：「熟精《文選》理。」韓云：「約六經之旨而成文。」即自道所得歟？《昭明文選》，唐人謂之「選學」。其後宫體之流，實傷綺靡。宋真德秀《文章正宗》，深矯其弊，而流失又多樸僿。欲得乎中者，其守經典之明訓而後可哉？

制策又以：「積貯者，生民之大命。」因欲爲酌盈劑虚之善術。斯又濟世之大權，保赤之盛意也。臣謹按，《周官》倉人掌粟入之廩藏，遺人掌邦之委積，其爲積貯計者甚詳。後世師其意，於是有常平、義倉、社倉之設。《漢書·食貨志》載耿壽昌常平之法，班固蓋深予之，而顔師古乃指爲權道，則其識去蕭望之無幾矣。州縣立社倉，自朱子爲浙東提舉，及真德秀帥長沙，皆行之有效，而其後亦不能無弊，則殆所謂任法不如任人者。大抵諸倉之法，其得也則官司之出入有時，其失也則胥吏之侵漁莫制，固不在規制之泥古而求也。聖天子惠養黎元，勤思儲備，審畫周詳，有加無已。爲大吏者，宜何如承奉，以實心行實政，而成菽粟水火之天下也乎？

制策又以：「愚民誘於罪福之説，自扞文網。」而思杜漸防微，正本清源之計。夫奇衺之禁，左道之誅，《周官》《王制》大爲之防。古王者所以正人心，維世俗，不憚立法之煩者，非必實有其人也。蓋恐邪説爲民所易惑，不先立其防，則一朝煽誘，滋擾必多。惟先有厲禁，而盛世之人心皆知禮義，自維不爲異端所蠱。其即有一二姦黠者，假以要結，亦不過逞其私智，以爲箕斂之地。此則稂莠不除，嘉禾不殖，必不容稍存姑息，以縱其奸。申保甲之令，嚴督捕之方，幾呵禁察，預遏其萌，安見耕田鑿井之儔，尚有作奸犯科之慮哉？

若此者，法五始而正綱維，則體元以建治；修六藝而尚輯懌，則扢雅以宜民。耕九餘三，備黍稌於億秭，而時和年豐；禮陶樂淑，暨聲教於大同，而化行俗美。唐虞三代之隆，又孰有逾於此。抑臣又聞：「乾道以不息爲義，君子所其無逸，莊敬日强。」載籍取於徵信，經論本於至誠，補助得游豫之時，彰癉有風聲之樹，悉由寅恭翼畏，以垂裕於億萬斯年。伏願我皇上，本日新久照之謨，凛慎憲省成之義，鑒於古籍，以欽若爲光被之原；觀乎人文，以顯思綿緝熙之學。不以野溢倉箱，而東作西成稍緩其平秩；不以俗臻良善，而春温秋肅稍間其弛張。清寧合撰，覆幬彌綸，敬迓蕃釐，式承多祉，國家申錫無疆之慶肇於此矣。

臣草茅新進，罔識忌諱，干冒宸嚴，不勝戰慄隕越之至。臣謹對。

（底本：《狀元策》，乾隆乙卯年新鐫、嘉慶續刊本）

乾隆五十二年，丁未。夏四月，戊戌朔。丁巳，大學士公阿桂等奏：「向例殿試讀卷官八員，閱卷時各以己見品評優劣，用夾片分作八行，各標識於姓下。在進呈及前列卷，標識多佳，難以移動。其餘諸卷，層次記認，分别無多，恐粘貼時不無錯誤，甲第前後，頗有關係。臣等公同酌議，於卷後彌封之外，列讀卷八人之姓，就卷標識，不用浮簽，庶免移换之弊。」得旨允行。

（《清高宗實録》卷一二七九，册二五，頁一三三——一三四）

五八　乾隆五十四年己酉科　胡長齡

乾隆五十四年（一七八九）己酉科，共取進士九十八名。狀元胡長齡，榜眼汪廷珍，探花劉鳳誥。

是科會試知貢舉：兵部右侍郎伊齡阿、户部右侍郎王承霈。正考官：大學士王杰。副考官：禮部右侍郎鐵保、工部右侍郎管幹珍。

是科殿試讀卷官：大學士嵇璜、和珅，吏部尚書彭元瑞，左都御史李綬，禮部侍郎鄒奕孝，刑部侍郎姜晟，内閣學士圖敏，宗人府府丞竇光鼐。

胡長齡（一七五八—一八一四），字西庚，號印渚，江南通州（今江蘇南通市）人。乾隆四十八年，鄉試中式。狀元及第，授翰林院修撰。乾隆五十六年，大考二等，超擢侍講學士。六十年，遷國子監祭酒。嘉慶元年（一七九六），告假回籍。二年，假滿，仍任祭酒。三年，任山東鄉試正考官，命提督山東學政。五年，補光禄寺少卿。六年，遷順天府丞，調奉天府丞。十一年，擢光禄寺卿。十二年二月，轉太常寺卿，九月，提督廣東學政。十四年，擢左副都御史。十五年，授兵部右侍郎。十六年，充會試副總裁，署工部右侍郎。十七年，調禮部左侍郎。十八年，充經筵講官，擢禮部尚書。十九年七月，因病請假回籍，十月，行至德州卒。所著有《三餘堂集》等。

胡長齡狀元策見《狀元策》（乾隆乙卯年新鐫、嘉慶續刊本，國家圖書館藏）等。

乾隆五十四年，己酉。夏四月，丁亥朔。丁未，策試天下貢士錢楷等九十八人於保和殿前，制曰：朕寅承天佑，撫馭寰區，五十有四年，稽諸往牒，自三代以下所未有。用致海宇小康，尉候廣遠，集家慶於五代，祝豐歲於三登，虔荷昊蒼眷賚者獨厚。子於父母不敢言報，惟是朝夕乾惕，日慎一日。仰體仁覆之心，布德於衆兆民，由小康而臻上理，集思廣益，冀於實政有裨。多士通經致用，葄史適宜，敦習尚以徵材，修濬防以溥利，妙損益以鑒古，講肄有素，其佇予諮詢焉。

經旨奧衍，章句其顯也。《易》備四德者七卦，爻無卦名者五卦，言數者二十七卦，吉居一耳，有六爻皆吉者，有五爻皆吉者，是可僂指之。《舜典》他籍所引，或以爲《唐書》，或以爲《夏書》。言仁、言性、言誠、言學，何以皆始《商書》？《洪範》有考定文，其可從歟？《詩》三百十一篇，名見《禮》及《左傳》者凡幾？十五《國風》，或謂斟酌序次，或謂以兩相比，語出何氏？《春秋》最重書王，冠於正月、二月、三月者，可計也。有闕一時者，有闕二時者，有無月有日者，「有有朔無甲子者」，①有有日無事者，可詳也。《考工記》不合周制者何官？中霤、投壺、遷廟、釁廟，可補《儀禮》否？《夏小正》《周書·時訓》，可代《月令》否？縷晰言之，將徵所學。

史家屬詞比事，出於《春秋》，互文尤關考證。班固之書，半資司馬，其或因或改，異同得失，至爲繁賾。《南北史》合《宋》《齊》《梁》《陳》《魏》《北齊》《周》《隋》之書，亦有短長。綴譜系，劃時代，何者爲優？新舊《唐書》，今武英殿始合刻並存，修者謂事增而文減，論者或軒昫而輊祁，孰爲定論？薛居正《五代史》，佚之數百年，近始輯成，其視歐陽修《五代史記》，孰以事勝，孰以法勝？至若表羅古今，志補前代，漢末群牧，錯見《國志》，典午《載記》，間入《魏書》，其參互論斷，以爲定衡焉。

士爲四民之倡，朝廷登選，所以備任使，②更以厚風俗也。鄉舉里選之典古矣，九品中正，流弊更甚。以文取士，自唐

① 「有有朔無甲子者」，據《狀元策》補。
② 「所」，《狀元策》作「將」。

至今循之。其中糊名、易書、搜索之禁，分路、分額、分卷、分經之法，累代史志，言之詳矣。然漢世已有私改漆書文字之譏，八叉假手，一聯巡乞，場屋醜之。至鬱輪袍、緑衣吏而掃地矣。上請之説，通榜之議，其何取焉？今制《四子書》以正其塗，五經以博其趣，八韻以覘其才，五策以徵其實，立法善矣。士宜何如端醇淬礪，以副予文治乎？《禹謨》六府，《箕疇》五行，皆先曰水，除其害，所以溥其利。西北之渠，川蜀之堰，自豫以下之隄，沿江沿海之塘，其大勢也。昔人謂《禹貢》無隄防字，然而地徙流合，人衆土闢，若釃、若鬵，其何以鳩民而奠之？若夫陶莊之河，引溜北趨，窖金之洲，排江東注，海塘之築，一勞永逸。要未嘗非疏瀹與隄防並用。朕數十年臨視圖指，不惜數千萬帑金，以爲閭閻計，大都平成矣。其或隨宜善守，尚有未盡。又偏隅井邑、畎澮溝洫之利，自田間來者，亦有可指陳歟？

《説命》以師古攸聞，周文以監代稱盛，重古制也。然鑒古必取宜今，有可因，有不可泥。古有邊防，今日無邊防。幅幀廣矣，其誠無邊防乎？古有馬政，今日無馬政。孳貢蕃矣，其誠無馬政乎？古辟雍，今亦辟雍，立之郊外則已迂。古養老，今亦養老，三老五更，袒割醬饋則已褻。今韶樂猶古，無取樂章之沿。今耤田猶古，無取勞酒之瓚。古美命官交讓，仿以爲京察自陳則僞也。古取經筵講學，責以爲成就君德則誨也。朕久道慎修，思躋淳邃，而酌古準今，屏華崇實，具有微權，其有能知古知今，以會其通者，可推廣陳之歟？

凡兹五事者，蘊諸心爲經史之實學，施諸政爲教養之良規，見諸事爲古今之善制。沐浴涵泳，服我作人之化者，端心聲，祛臆説，實著於篇，朕將親（採）[擇]焉。①

（底本：《清高宗實録》卷一三二七，册二五，頁九六四—九六六。參校本：《狀元策》，乾隆乙卯年新鐫、嘉慶續刊本）

① 「擇」，據《狀元策》改。

臣對：臣聞考載籍者，必折衷於六藝；式前聞者，尚體要於三長。選士造士，所由辨論官材；康功田功，遂以弼成五服。然必得會通因仍之道，而後有神明損益之權。《春秋傳》曰：「視諸故府，則其事也。」荀卿曰：「欲觀聖王之迹，於其粲然者矣。」是則枕經葄史，既觀治忽之源；設教圖功，愈得化裁之益。唐虞文思光被，濬哲重華，惠疇載采，地平天成，皆本之於則天慎憲，俊德敕命。《易》曰：「君子以自彊不息。」《書》曰：「君子所其無逸。」前聖之膺受鴻名，而常爲稱首者用此也。

欽惟皇帝陛下，稽古同天，觀文成化，作人倬《雲漢》之章，敷土慶山川之奠。固已事勤於三五，而功兼於在昔矣。迺聖懷沖挹，深思久安長治之道，彌切持盈保泰之圖，進臣等於廷，而策之以經學、史裁、貢舉、濬防、鑒古。臣之檮昧，何足知此，顧念先資拜獻之義，敢不誦所聞，以效愚者一得乎？

伏讀制策有曰：「經旨奧衍，章句其顯也。」臣按漢儒説經，各有章句，遞相師承，以爲家法。故《後漢·徐防傳》言：「博士試經，多從私説。自今策試甲乙，宜各用其家章句。」惟費氏《易》無章句，時劉向以三家校之，或脱「无咎」「悔亾」，獨費氏與古文合，即合所傳本。《困學紀聞》言：「卦備四德者，《乾》《坤》《屯》《隨》《臨》《无妄》《革》七卦，六爻皆吉者，惟《謙》一卦。言數者二十七，爻無卦名者五，其它譌文脱句，如郭京之《易舉正》，《容(之)〔齋〕隨筆》載其二十餘條。①范諤昌《易證墜簡》，若「不喪匕鬯」之類，均未爲無補正經也。《尚書·舜典》，今文合於《堯典》，古文乃分爲二。前人不見孔書，故所稱多異。如《左傳》以《舜典》《禹謨》爲《夏書》，《説文》引《舜典》爲《唐書》也。説者謂《商書》始言性學等，見孔子之傳有自來，其説近鑿。蘇軾、王柏、金履祥，皆有考次。《洪範》憑臆更古聖之舊，其過甚於僭經。司馬遷言孔子

① 「齋」，據文義改。

刪《詩》，然三百十一篇之外，其佚猶散見於各經。如《貍首》《驪駒》《采齊》《肆夏》等之見於《禮》，《新宮》《河水》《祈招》《茅鴟》《鳩飛》《轡之柔矣》等之見於《左氏》也。《毛詩》次序，鄭康成先有《詩譜》，歐陽修得之，重加補緝，始秩然可觀。說《春秋》者謂「以夏時冠周月」，惟《左氏》「春王周正月」，一字可抉千古之疑。至日月有無，皆因史闕文，以是言例，徒滋轇轕。《考工記》以補《冬官》，不盡合周制。古經出於淹中，合五十六篇，惟《士禮》十七篇，與高堂生合，吴澄以《中霤》《投壺》等八篇補之，固已離於全經矣。《月令》，吕不韋之書也，《隋志》謂馬融足入。《周書・時訓》爲劉歆所改，不若用《夏小正》爲得耳。我皇上典學高深，表章微義，凡在横經執業者，敢不益自砥礪，以期通方適用哉？

制策又以「史家互文，尤關考證」，因改異同，至爲繁賾，而兼及於志、表、載記之錯出。誠觀治尚象之要務也。臣惟《史記》上綜古昔，班固始斷代爲史。理有相因，事非勦襲。陸澄注班書，多引《史記》，皆采摘成句，標爲異說，書今不傳。厥後李思作《班馬異同》，所著頗詳。李延壽《南》《北史》，翦截繁蕪，視本書爲有加。新舊《唐書》，論者或軒昫而輊祁。蓋《新書》不載儷辭，故刪詔令，專工澀體，徒覺艱深。然謂文減於前，事增於舊，亦其所長也。歐陽修以薛史之繁，重加修定，書成初藏於家，後詔取列學官，薛書遂微。今乃稱合璧，物之顯晦，固自有時。然歐書究略，必得如裴松之之注《三國志》而後爲盡美也。作史最重表、志，《漢書・古今人表》殊失斷限，惟《隋書》志兼五代，紹聞述往，厥意甚宏。若魏收取同時列國之君而强附臣傳，斯無謂之至也。

制策又曰：「士爲四民之首，將以備任使，更以厚風俗也。」臣案虞廷有九德之采，周室有三物之興。漢晉以來，郡國守相，得以掌薦舉之權；九品中正，得以司人物之柄；自隋而搢紳發軔，始由於科目。唐代因之，其科之目，有秀才、明經、進士、俊士、明字、明法等科。而士俗所向，惟明經、進士而已。李肇《國史補》云：「進士爲時所尚久矣，其争名常切，其爲俗亦弊，蓋其勢然也。」唐博士、助教，分十經爲大中小，以授諸生。宋司馬光、歐陽修，並以分路均額爲言。熙寧元祐之間，經義詩賦，迭爲廢興。景德祥符之際，糊名易書，制防已密。蓋禄利之路既開，斯浮薄之風日競。此班固已致意於儒林，而蔡邕欲求正乎經字也。然則欲正本澄源者，必如朱子《學校貢舉私議》，(仕)[使]士之來者，①爲義而不爲利，則三代之風可以復見矣。

制策又以「除其害所以溥其利」，而欲疏瀹與隄防並用，斯體國經野之善術也。昔平當以明《禹貢》使領河隄，奏言：「經義有決河深川，無隄防壅塞之文。」按《周禮》匠人爲溝洫，稻人以防止水，以瀦蓄水，蓋其制相爲表裏。故曰：「善溝者水漱之，善防者水淫之。」自秦開阡陌，制度悉隳，而水利之説始興。《史》《漢》所載，如史起引漳以灌鄴，鄭國導涇以富秦，鄭當時穿渭關中，莊熊羆引洛商顔，李冰、文翁鑿通江水，並言其利。然水就下者也，遏而陂之，利於旱而不利於水。而翟方進、杜預之徒，又必欲盡去陂障，則逞其偏見，而未規其美全也。夫因勢利導，存乎其人。我朝海塘、河工、江防諸大政，悉奉睿略指示，相度機宜，安瀾胥慶，誠駕禹功而上之者矣。

制策又以：「鑒古必取宜今，有可因，有不可泥。」斯尤執權用中之至道也。臣以爲五帝殊時，不相沿樂；三王易世，不相襲禮。蓋創制顯庸，自有制度，初不必慕古昔以爲美名也。如疆域也，南北一候尉，不必置屯戍而自固金湯；如馬政也，天驥充下陳，不必立監坊而如游汧渭。更若國典朝章，上儀隆禮，於監古成憲之中，寓綜核名實之道。伏讀《御製評鑒闡要》，著日星之大義，垂政典之恒經，洋洋乎丕天之大律，疇能亘之哉！

若此者，鴻都虎觀，不足言經術也；金鐀石室，不足言史才也；興秀舉孝，龍首白渠，不足言其訓俗而厚生也；夏造殷因，或素或青，不足言其折中而貴當也。案六經而校德，眇古昔而論功，備哉粲爛，真神明之式也。臣伏願皇上，本日新之

① 「使」，據文義改。

德，法天健之行，安益求安，延洪曼羨，國家億萬年無疆之慶肇此矣。

臣草茅新進，罔識忌諱，干冒宸嚴，不勝戰慄隕越之至。臣謹對。

（底本：《狀元策》，乾隆乙卯年新鐫、嘉慶續刊本）

乾隆五十四年，己酉。夏四月，丁亥朔。甲辰，諭：「昨召見侍郎鐵保，詢以本年會試闈內閱卷情形。據奏此次中式各卷內，同考官未經呈薦，經正副考官搜閱落卷，因而取中者甚多。中定之後，始發交同考官補用薦條，殊屬非是。鄉會試設有正副考官，及同考各官，原恐一二人衡鑒未能允當，是以必待覆加甄閱，以昭慎重，且使彼此互相防範，難以舞弊徇私。既云落卷，則同考官初閱時，自必以其文不佳，或詞句中實有疵纇，是以未薦。迨經正副考官搜出後，同考官亦應將其所以不薦之故簽出相商，或疵纇尚小，瑕不掩瑜，方可取録。何得一經正副考官搜出取中，即爲補用薦條？似此隨同阿附，與外省督撫保題卓薦業經定有其人，始發交兩司補詳者何異？不特相率爲僞，甚至通同一氣，徇情作弊，何不可爲，殊非公明甄録之道。況如此辦理，即設正副考官足矣，又安用同考官爲耶？向來同考官閱卷時，於指出疵纇處所僅自登記，不准於卷上批寫，所以正副考官搜出取中後，得以授意同考各官，將其從前批壞之語掣去，補用薦條遂爾泯然無迹。此係歷來場中之弊，朕今始知。嗣後應令同考官於閱卷時即將詩文優劣，所以薦與不薦之故，均在卷內註明。其正副考官於原中，暨搜出取中者，亦應將取中之故，批註卷上，俱交磨勘官秉公覆閱具奏，候朕親定，庶得中者知其公，不中者亦無可怨。蓋人之衡鑒，原不能毫釐無爽，然於可上可下之卷，一時不能鑒別，尚屬事之所有。若以佳者爲劣，及以劣者爲佳，非任意屈抑，即屬有意營私，是非顛倒，一經磨勘，或科道執其卷以糾參情弊顯然，如弊在同考官，則應治同考官之罪；如弊在正副考官，則應治正副考官之罪。不得仍前隨意附和，徒滋外間横議。又據鐵保奏，此次取中之第二名，即係王杰搜出，第三名即係鐵保搜出，更屬非是。同考官共有十八人，學問豈盡平庸，其所取之卷，又豈盡不如王杰、鐵保所搜之卷？乃必以正副考官二人所搜之卷拔置前茅，若曰無弊，其誰信之？朕臨御五十餘年，辦理庶務，無不兼聽並觀，折衷至當，從不膠執己見。乃王杰、鐵保於掄材大典，不能虛衷商榷，惟以師心自用，無怪士子等之退有後言也。朕若另派大臣，將已中在後各卷，通行覆閱，互相比勘，此内同考官薦中之卷，恐未必竟無勝於第二第三名者。若有較勝之卷，而列置在後，朕亦無難治王杰、鐵保以不公之罪。但此乃立例之始，朕從來不爲已甚，是以不加深究。總之，落卷不搜，則權在同考官，弊竇易生，自應准正副考官將落卷覆行搜閱，以免遺珠。但搜中之卷，亦止准列於五十名以後，不得濫厠前列。所有此次搜中之第二第三名，俱著改列五十名以後，並將此旨恭録刊刻，懸貼於各直省闈場内外，俾考官等觸目警心。而應試士子等，亦得傳觀，咸喻朕掄别真材，鑒空衡平之至意，將此通諭知之。」

（《清高宗實録》卷一三二七，册二五，頁九六一—九六二）

五九　乾隆五十五年庚戌恩科　石韞玉

乾隆五十五年（一七九〇）庚戌恩科，共取進士一百零二名。狀元石韞玉，榜眼洪亮吉，探花王宗誠。

是科會試知貢舉：禮部右侍郎鐵保、刑部左侍郎姜晟。會試正考官：大學士王杰。副考官：吏部右侍郎朱珪、工部左侍郎鄒奕孝。

是科殿試讀卷官：大學士阿桂、和珅，吏部尚書彭元瑞，左侍郎金士松，禮部右侍郎鐵保，兵部左侍郎沈初，刑部左侍郎姜晟，内閣學士玉保。

石韞玉（一七五六—一八三七），字執如，號琢堂，江南蘇州府吳縣（今江蘇蘇州市）人。乾隆四十四年，鄉試中式。狀元及第，授翰林院修撰。乾隆五十七年，任福建鄉試正考官，旋視學湖南。嘉慶元年（一七九六），充日講起居注官。三年，入上書房行走。是年冬，京察一等，授四川知府，補重慶府，護川東道。十年，擢陝西潼商道。在任四月，擢山東按察使。未幾，以足疾乞歸。主講蘇州紫陽書院二十餘年，並修《蘇州府志》。道光十七年（一八三七），卒於里第，年八十二。著有《獨學廬詩文稿》等。

石韞玉狀元策見《狀元策》（乾隆乙卯年新鐫、嘉慶續刊本，國家圖書館藏）。

乾隆五十五年，庚戌。夏四月，辛亥朔。辛未，策試天下貢士朱文翰等一百二人於保和殿前，制曰：朕祗承大寶命，仰荷燕翼貽庥，御宇久長，日慎一日。惟是納隍馭朽，廑於以養以教，以子惠兆民，上答昊綍恩德。今幸年躋八旬，康彊勤恁，未敢高自頤養，抑非術致駐延，孜孜不息，久習而安。用致五代逢吉，四裔向風，保赤誠求，鮐倪愛戴。然猶仔肩罔怠，思欲持敬宅心，鑒古出治，千倉藏富，六計勵官。而集思廣益，貴乎周逮，廼詢爾多士，以佇昌言。

《洪範》九疇，五福驗之人，八徵驗之天，而總原於五事之敬。用故主敬者，天人之合也。《尚書》道政事，賅帝王，五代心傳，萬世治要。其中深切著明，惟「曷其奈何弗敬」一語，足蔽全書。向曾於讀《召誥》篇，闡厥義宗矣。若夫耆嫣子姒之臨其下，禹皋伊旦之頁其君，六體十例中，與斯言互爲發明者，可臚舉歟？《易》《詩》《禮》《春秋》，可旁通歟？《大戴禮》《逸周書》《管子》《晏子》《荀卿・成相》《淮南・主術》，亦有紬繹斯言者歟？《帝範》《帝學》，《大寶》《丹扆》二箴，《大學衍義》《養正圖説》，或言主敬，或不言主敬，而義相印、事相彰者可指述歟？能以此揚明廷，抑用資宥密也？

以古爲鑒，可知治忽。編年之體，《通鑒》謙不敢繼《春秋》，而託於繼《左傳》，其生平精力，書局自隨，同譔者何人？分代者何屬？採取者正史外何書？略而爲《目録》，析而爲《甲子紀年》，訂而爲《考異》，別而爲《稽古録》，體例可瞰歟？分而冠之以綱爲《綱目》，盡出於朱子之意歟？遠而追之於古，曰《前紀》，徵引盡軌於正歟？續當代者《長編》，五朝九朝，有全帙歟？建炎以來，朝野雜記，不少約歟？續後代者宋元《通鑒》，兩家之作孰優歟？然且紀統紀年，不出至公；紀事紀辭，或嫌失實。炎興存宋，宣光黜元，黄帝國晝萬區，后啓鼎鑄九賦，釋兵權者詫奇謀，躭晏安者夸至孝，火牛燧象，虎渡蝗遷，昔備之鑒評，尚無忝於《春秋》之義乎？

蠲貸之政，惠澤攸先；損上益下，惠心元吉，《易》義可釋歟？① 昔人謂古者畫井授田，故無蠲政。然帝王因利利民，《周官》之職，《左傳》之文，其制亦有相近者歟？除民田租，史昉漢文。有蠲半者，有蠲十之三者，有免逋者，有免酒課坊

① 「釋」，《狀元策》作「繹」，於義似更妥。

税者，有巡幸而蠲，有封禪而蠲，有幸舊宅而蠲，有軍所過而蠲，有優聖人林廟而蠲。皆能指其年代，稽其事實歟？寬緩之令，宋時謂之倚閣。或且迫於吏私，累於破限，甚至有黄紙放白紙收者。當時章奏剴陳之，能言其弊歟？至於放民租而以内庫撥還，非示人私歟？因免賦而及私債，不擾民歟？朕課晴問雨，爲民亟三時；布闓敷醲，爲民謀四鬴。自乾隆五十年以前，蠲貸已二千萬萬，積歲有加焉。本年以大慶普蠲天下錢糧，三年而徧，冀裕盈寧而廣和樂，民力其有紓歟？奉行其盡善歟？多士自田間來，盍讜陳之。

善爲政者，安民必先察吏。《堯典》重乎允釐，《舜歌》戒其叢脞，其要在先事後食，勿欺而已。《周官》太宰受其會，正其治，聽其政事，歲月日皆有期會，能詳之歟？三載考績，三考黜陟幽明。又有十二年之巡狩，大明黜陟。立法之意，可徵諸説經家歟？唐考流外官四等，宋考百官三等，皆以勤爲上，能列其目歟？城隍修理，爲二十七最之一，竊盜十一而得十爲中考，能舉其故事歟？《官箴》《百官箴》之所規，政經之所尚，斷章可取歟？《戒石》本有全辭，節鐫公庭，何時所頒歟？朕耄念殷勤，出則秉燭待章，居則宵衣鮮寐，以盡負扆之職，盂水方圓之謂何？何猶有延玩庇飾者？率作興事，慎憲省成，法猶未盡良歟？

凡此立敬則不忒，法古則不愆，孚惠則不屯其膏，莅勤則不懈於位。書之簡策爲治譜，庀之朝夕爲躬行，予曷敢不亹，其孰敢弗蘉？上下交修，予一人藉報帝載鴻貺之隆爾，萬方更勝公堂兕觥之祝。家修廷獻，明道敷言，毋諱毋膚，朕將親遴焉。

（底本：《清高宗實録》卷一三五三，册二六，頁一二三——一二四。參校本：《狀元策》，乾隆乙卯年新鐫、嘉慶續刊本）

臣對：臣聞上德之應，錫極而觀文；大猷之升，誠民而貞度。天子體天出治，法行健以乘時，溥太和以壽世，茀禄於是乎集，儀型於是乎孚，惠保章於俊民，亮采熙於庶績，皆本此自强不息之精神，以固純常而凝寶命。《漢書·禮樂志》曰：「德施大而世曼壽，高賢愉而民和樂。」言訓行於上，斯瑞應於下，由是體諸躬則嚮用之庥，垂諸世則成憲之監也。以之保世而治官，則惠鮮董正之隆軌也。荀悦《申鑒》曰：「三才允敘，五事交備。」膺鴻名而受多祜者，蓋莫隆於此矣。

欽惟皇帝陛下，德備福徵，道光文治，惇允元之精意，播熙載之良圖，亦既保極斂時，稱先則古，邇安遠格，大法小廉矣。茲乃以萬壽昌辰，特開慶榜，進臣等而策以敷言監古之精，惠庶敘官之要。如臣檮昧，安能仰贊高深，惟念先資拜獻，古人靖共之義也，敢不竭其愚以對？

伏讀制策有曰：「《洪範》九疇，五福驗之人，八徵驗之天，而總原於五事之敬用。」因而推論夫五代心傳，萬世治要。臣愚以爲，皇極者九疇之本，而五事又皇極之本也。孔安國《書傳》曰：「極者，中也。」朱子亦曰：「中，所以爲極者也。」故「允執厥中」一語，寔與建極之義相發明，而「危微精一」，皆敬用之實功。堯之欽明，舜之温恭，禹之祗承，湯之懋昭，文武之緝熙執兢，罔非此一念之敬基之。故《尚書》五十八篇，有六體以表其義，有十例以發其凡，七觀以宣其藴，而《召誥》「曷其奈何弗敬」一語，直可該全書之意。外此，曰「王其疾敬德」，曰「王敬作所不可不敬德」，皆所以爲祈天永命之原。而敬事上帝，敬保元子，君臣交勉，咨儆一堂，均足互相印證者也。後世哲后賢臣，讀其辭而心知其義，故唐太宗《帝範》十二篇，嚴飭躬闈政之幾；張藴古《大寶》一箴，著物侈聲淫之戒；李德裕《丹扆》六箴，臚辨邪納誨之條。而宋真德秀《大學衍義》一書，前列二者之綱，後分四者之目，胥推本「二帝三王之心法治法」以立説焉。我皇上體元建極，宵旰勤思，固已治臻上理，中外會歸。茲届八旬聖壽，特鐫「八徵耄念」之寶，誠求保赤，惟日孜孜，直以堯舜禹湯文武之心爲心，五福備其隆，五行順其序，寔基於此矣。

伏讀制策又曰：「以古爲鑒，可知治忽。」因而稽夫《通鑒》《綱目》之作。臣考編年之史，昉自荀悦，而柳芳、陳岳、馬總、賈緯之徒，代有撰述。至宋司馬光作《資治通鑒》，上起戰國，下迄五代，年經國緯，托左氏表年之例。其時同譔者，如二劉一范，皆抱著作之才，其所采録，正史而外，若葛洪《西京雜記》、劉珍《東觀漢記》、崔鴻《十六國春秋》、蕭方《三十國春秋》、王韶《太清記》等書，指不勝屈。學識既精，徵引又富，綜計二百九十四卷。又別爲《目録》三十卷，以備檢閲；《考異》三十卷，以參異同；《稽古》一圖，以資講讀；《歷年》五圖，以便討論。直能括一千三百六十二年事蹟於一書之中，其體大，其思精矣。朱子因之作《綱目》，表歲以首年，因年以著統。削新莽，以糾班固之失；正蜀漢，以革陳壽之非。述澠池之會，則宗楊氏之言；辨博浪之（錐）［椎］，①則原程子之説。夫唯博覽深思，故克集其大成焉。他若尹起莘之《發明》，劉友益之《書法》，汪克寬之《考異》，王幼學之《集覽》，徐昭文之《考證》，陳濟之《正誤》，馮智舒之《質實》，皆能各成一家之言，而羽翼正史者也。要而論之，史家著述，或臆斷而失之謬，或好怪而失之誣，謂軒皇之封國爲萬區，謂姒后之鑄金爲九賦。夸田單、鍼尹之奇策，則述火牛、燧象之謀；譽劉昆、宋均之循聲，則載虎渡、蝗遷之異。訛以傳訛，古今耳食而莫之辨。皇上幾餘清暇，評騭史事，睿訓詳明，闢古今史臣相沿之陋，誠足與《春秋》之義相發明矣。

制策又以「因利利民，《周官》《左傳》其制亦有相近」，而因及歷代蠲緩之令。臣謹按，《周禮》大司徒減未輸之租曰薄征，維時無所爲蠲免也。迨西漢孝文帝，始詔除田之租税曰蠲除。考之《漢書》，文帝二年，詔賜民田租之半；十二年，詔賜民租税之半；十三年，詔除田租税。武帝蠲諸逋貸，宣帝元康元年、神爵元年，元帝永光四年，俱詔所賑貸勿收。此漢代蠲除之大略也。踵而行之者，宋孝武帝有逋租緩征之詔，而唐武德開元貞元之間，累蠲宿逋。權德輿曰：「役不蠲除，亦無可貸之理。」宋太宗至道二年，詔悉除逋籍。真宗咸平元年，遣使四出，蠲宿逋至一千餘萬。仁宗時，改追欠司爲蠲納

① 「椎」，據文義改。

司。淳熙而下，但循舊規。朱子在浙東時，建議以去年已納之數，應作明年未納之數，則百姓被澤不致偏枯，而官吏亦無由滋弊矣。此又歷代蠲除之事載在史册可考者也。我朝薄賦輕租，民間已多儲積，而又屢有蠲除之令。本年恭值萬壽慶典，普免天下錢糧，裕盈寧而廣康樂，無一夫不被澤矣。

制策又以「安民必先察吏」，而詳求慎憲省成之要。臣謹按，察吏之法，昉於唐虞，敷奏明試，三考黜陟，尚矣。夏有遒人之徇，商有官刑之儆，皆所以考課也。周以八法治官府，八枋御群臣，六計弊群吏，以及日成、月要、歲會，隨時以考，而總諸冢宰，黜陟行乎其閒。漢初以六條察二千石，東漢則司徒掌人民事功，太尉掌四方兵事，司空掌水土事功，歲終奏其殿最。晉以五條考郡縣，而杜預又改其法，委達官各考所統。唐之考課，分以二十七最，差以九等，其法視前代加詳。而鎮防重城隍之築，守令嚴竊盜之捕，則因其地，因其時，亦調劑之深心也。《戒石銘》，黄庭堅書之，而梅堯臣有「開元戒石」之句，則唐已有之矣。宋之考課，大略因唐，而紹興中以七事爲考，熙寧中以九事爲最，此可見二主勵精求治之心。而高宗時則又分守令所課與縣令所課而二之，皆非初制也。要而論之，治官之道，有治人，無治法，而察吏先察大吏始。爲大吏者，果能實心任事，潔己率屬，則寮吏寧有玩延庇飾之事乎？

若是者，主敬以格天，敷文以成化，惠心協其元吉，奮庸敕其時幾，固已臻郅治之庥，洽同風之化，凜保泰持盈之念，成重熙累洽之模矣。而臣尤伏願皇上，法天行之自强，以日新爲富有，斂時錫福，安益求安，則我國家萬年景祚之庥長無極矣。

臣草茅新進，罔識忌諱，干冒宸嚴，不勝戰慄隕越之至。臣謹對。

（底本：《狀元策》，乾隆乙卯年新鐫、嘉慶續刊本）

乾隆五十五年，庚戌。夏四月，辛亥朔。戊辰，諭：「據知貢舉鐵保、姜晟奏，本年會試舉子内，九十歲以上者四名，八十歲以上者七十三名，七十歲以上者二十四名，皆三場完竣，未經中式等語。本年届朕八旬，特開萬壽恩科，各省舉子年老應試者，至一百餘人之多。龐眉皓首，踴躍觀光，洵爲昇平盛事。除九十以上之段三連，業經賞給都察院都事職銜；八十以上之曹京，賞給國子監典簿職銜；七十以上之姜价、項朱、柴杰、邵利達，賞給國子監學正職銜；吴瀣，賞給翰林院典簿職銜外，所有年届九十以上之劉湘、胡椿、陳鳳翔，八十以上之吴霖……，俱著賞給翰林院檢討銜。七十歲以上之董繼允……，俱著賞給國子監學正銜。其九十以上者，各加賞緞三匹；八十以上者，各加賞緞二匹；七十以上者，各加賞緞一匹。並年在九十、八十、七十以上，前經賞給職銜之段三連等七名，亦著一體分别賞給緞匹，以示朕嘉惠耆儒，仁壽作人之至意。」

（《清高宗實録》卷一三五三，册二六，頁一一一七）

己巳，太僕寺少卿戈源奏：「磨勘會試中式第一名朱文翰卷内，有『寸衷蠱没孤行』之語，查『蠱没』二字，雖本《爾雅·釋詁》，實非古句全文。恐士子好異，相率效尤，不但文體非宜，且易暗藏關節，請嗣後科場制義，於五經外徵引詭僻者，雖出古書，概不取録。再三場策題，飭令主考親出，毋庸假手房考，以杜豫擬透露之弊。其圍中以三場取中者，並令主考將合校頭場之處，批明卷内，聽候磨勘，不得濫列前茅。」得旨：「所奏甚是，依議行。」

（《清高宗實録》卷一三五三，册二六，頁一一一九—一一二〇）

六〇　乾隆五十八年癸丑科　潘世恩

乾隆五十八年（一七九三）癸丑科，共取進士八十一名。狀元潘世恩，榜眼陳雲，探花陳希曾。

是科會試知貢舉：内閣學士瑚圖禮、周興岱。正考官：吏部尚書劉墉。副考官：禮部左侍郎鐵保、工部右侍郎吴省欽。

是科殿試讀卷官：大學士阿桂，大學士王杰，禮部尚書紀昀，左都御史竇光鼐，吏部侍郎金士松，禮部侍郎劉權之，兵部侍郎玉保，内閣學士瑚圖禮。

潘世恩（一七七〇—一八五四），字芝軒，江南蘇州府吴縣（今江蘇蘇州市）人。乾隆五十七年，江南鄉試中式。狀元及第，授翰林院修撰。嘉慶二年（一七九七），大考一等，擢侍讀。仁宗親政，擢侍講學士。一歲三遷至内閣學士，歷禮部、兵部、户部、吏部侍郎，督雲南、浙江、江西學政。十七年，擢工部尚書，調户部。丁母憂歸，服除，以父老乞養，會其子登鄉舉，具疏謝，坐未親詣京，降侍郎，居家十載。道光七年（一八二七），父喪服闋，補吏部侍郎，遷左都御史。再授工部尚書，調吏部。十三年，超拜體仁閣大學士，管理户部。尋命爲軍機大臣，兼翰林院掌院學士。晉東閣大學士，調管工部。充上書房總師傅，加太子太保。十八年，晉武英殿大學士。二十八年，以八十壽晉太傅。咸豐四年卒，謚「文恭」，入祀賢良祠。著有《正學編》《思補齋詩集》《熙朝宰輔録》《思補齋筆記》《思補老人自訂年譜》等。《清史稿》有傳。

潘世恩狀元策見《狀元策》（乾隆乙卯年新鐫、嘉慶續刊本，國家圖書館藏）等。

乾隆五十八年，癸丑。夏四月，癸亥朔。癸未，策試天下貢士吳貽詠等八十二人於保和殿前，制曰：朕荷天寵命，御宇久長，兹幸功蕆十全，慶徵五代，每虞盛滿，日切勤求，雖年逾八旬，未敢少躭安逸。緬唐虞之心紹，溯孔孟之微言，期康阜於閭閻，勵鞏謙於夙夜，時慎敕幾，思登上理，咨爾多士，佇聽嘉謨。

十六字心傳，尚矣！蔡氏沈《書序》，言之綦詳，其説可悉陳歟？執中一言，禹湯武相傳不易，所以致其精一者，其要何居？唐太宗作《帝範》，所言果盡醇歟？宋范祖禹《帝學》一編，具有條理，能見其大者何在？真德秀《大學衍義》，僅及修身齊家而止，其治平之跡，果可舉而措之歟？邱濬《大學衍義補》，政典極爲詳備，抑尚有提挈大綱者在歟？洛學末流，岐爲二派。永嘉之學，好談經濟，朱子謂其近事功，其故安在？其源流得失，能一一言之歟？金谿之學，流爲姚江；紫陽之徒，流爲河津。世多以河津爲正脈，然論者或謂王守仁所樹立，斷非薛瑄所能，可詳言之歟？王畿以後講心學者，又空虛而無實用，其故又安在歟？

漢代力田與孝弟並重，宋代守土之官，結銜必有管内勸農字，猶三代重農之遺意也，其規制尚可考歟？明代有檢田之吏，其設官之意，與古人同歟？異歟？《孟子》有「不知檢」之句，《漢書》引之作「斂然則採買積貯」，周代已有之歟？他書尚有可考者歟？朱子社倉立法至善，而論者或謂其近於青苗法，其似同實異之故，能悉舉之歟？《堯戒》稱「戰戰栗栗，日慎一日」，舜庸作歌之時，亦稱「敕天之命，惟時惟幾」。古帝王治定功成，兢業猶如是也。宋張根作《吳園易解》，六十四卦之中，惟《泰卦》別著一論，反復申明，能爲舉其大旨歟？①《泰》之内卦，即《乾》本有健行不息之義，能闡發其意歟？老氏知足知止，僅自守而已。聖賢之學，必有所持守運行，而後能久於其道，能指陳其要歟？

①「爲」，《狀元策》作「約」。

多士稽古有年，必有淹貫博通，深達於治理之原，可以敷之實用者，悉抒所藴，副朕博訪之意焉。

（底本：《清高宗實録》卷一四二七，册二七，頁八六—八七。參校本：《乾隆帝起居注》，册四〇，頁一〇七—一〇九；《狀元策》，乾隆乙卯年新鐫、嘉慶續刊本）

臣對：臣聞建中者心法之要也，懋修者致用之原也。敦勸課以訓農功，所爲家給而人足也；敕幾康而勤夙夜，所爲久安而長治也。自古聖皇，配天立極，重道崇儒，厚民生而三時不害，承昊貺而庶績其凝。《書》曰：「念終始典于學。」《易》曰：「成性存存，道義之門。」《詩》曰：「立我烝民，莫匪爾極。」又曰：「小心翼翼，昭事上帝，聿懷多福。」是皆本乎設誠致行之衷，以爲敷治綏猷之具，用能彌綸天地，榮鏡宇宙，祉祚流衍，純嘏延洪。所爲暢九垓而泝八埏，洋洋乎帝者之上儀也。

欽惟皇帝陛下，德勤參兩，運協升恒，固已紹往聖而益懋緝熙，正學術而聿端趨向，兆民普樂利之休，百度凛幾康之飭矣。乃聖德淵沖，愈深無逸作所之念，倍切思艱圖易之懷，進臣等於廷，而策之以聖學、儒修、足民、勤政。臣之檮昧，何足以知體要，顧念先資拜獻之義，際兹對揚伊始，敢不敬誦所聞？

伏讀制策有曰：「十六字心傳，尚矣！執中一言，相傳不易。」而因思所以致其精一之要。臣惟二帝三王之治本於道，而二帝三王之道本於心。是故禮樂教化，心之發也；典章文物，心之著也；家國治而天下平，心之推也。此蔡氏沈《書序》言之綦詳也。「執中」一語，禹湯以來，相傳不易，要亦嚴辨夫人心道心之界而已。蓋人心易私而難公，道心難明而易昧，惟精以察之，斯不雜形器之私；一以守之，則純乎義理之正，而執其中矣。要所以致其精一者，其要在於存誠，而其功在於居敬。存誠而後中之體有以立，居敬而後中之用有以行，此帝王傳心之本也。後世哲后賢臣，心知其意，如唐太宗

《帝範》十二篇，始《君體》《建親》，終《閲武》《崇文》，王道本末兼該；宋范祖禹《帝學》八卷，上自三皇五帝，下迄宋代神宗，聖學實事具備，皆足與典謨相發明。真德秀《大學衍義》，大旨在正本清源，故首之以爲治之要，爲學之本。次分四大綱，曰格物致知，曰誠意正心，曰修身，曰齊家，而治平之略缺如。邱濬因之，倣真氏所衍之義，於齊家之下，補以治國平天下之要，其爲目凡十有二，曰《正朝廷》，曰《正百官》，曰《固邦本》，曰《制國用》，曰《明禮樂》，曰《秩祭祀》，曰《崇教化》，曰《備規制》，曰《慎刑憲》，曰《嚴武備》，曰《馭外藩》，①曰《成功化》。真氏之書，本之身家，以達之天下；邱氏之編，則又將致治平之要，以收格致、誠正、修齊之功也。昔宋儒程頤有言：「帝王之學，與儒生異。」儒生循習章句，而帝王務得其要，以措諸事業。夫古者危微授受，即以致時雍風動之休；宥密單心，即以紹顯謨承烈之緒，事功之與學問，豈不同條共貫歟？我皇上君師兼體，斂錫同原，内聖外王之學，一以貫之，洵足與勛華媲美矣。

制策又以：「洛學末流，歧爲二派。王畿而後，徒尚空虛。」欲究其源流得失。臣惟堯、舜、禹、湯、文、武、周公、孔子，以道法相授受，自荀、董紹聞而後，濂洛未出以前，其所謂學，大都不過誦法先聖以修己治人，無所謂理氣心性之微妙也。自濂谿周子得不傳之秘，作《太極圖説》《易通》等書，二程師之，於是明艮其背之義，申反鑒索照之戒，析無主則實、有主則虛之辨，而濂洛之學，燦然大明。一時相望而興者，若横渠之以禮爲教，堯夫之以數爲學，而其指歸，要不失濂洛正傳。惟陳傅良之才高氣粗，述漢唐致治之具，自任欲興禮樂。陳同甫之智數法術，修皇帝王霸之略，自謂長於用兵，殊非儒者切己近裹之學。則朱子謂永嘉學術急近事功，良不誣也。金谿之學，世多謂其涉玄虛。然考其生平事實，子靜之才極大，其爲荆門州，至境内無賊，路不拾遺。又嘗造一城，估計五十萬人者，止用五千人，尅日而就。姚江之學，實宗子靜，故其刱

① 「外藩」，《大學衍義》作「夷狄」，當係因避清廷忌諱而改。

劉瑾，戡劇盜，倡義討，平寧藩，氣節勛烈，推重一時，視子静更有出藍之譽。然則守仁之學，確然有以自得，亦確然有以自立。彼河津之貴踐履，惓惓於復性，於學雖爲正脈，要其樹立，豈可與守仁同日語哉？至若王畿、王艮之徒，沿其師説，墮空虚而無實用，使人病爲浙學，此亦如子夏之後流爲莊周，而非姚江之過也。方今聖天子敦崇實學，溯先聖之微言，析諸儒之底藴，世之學者，宜何如束修砥礪，以期藴之爲德行，發之爲事業乎？

制策又以「漢代力田與孝弟並重」，而欲勤求於三代重農之遺意，積貯之良規。臣聞道民之路，在於務本，是以《周官》九職，以農爲首；《洪範》八政，以食爲先。至於漢代置力田常員，薄其租税，寵其强力，令與孝弟同科，凡以務農功，勸本業也。逮夫宋世，此意猶存。自雍熙、明道間，親耕耤田，屢申勸農之旨。至道中，爰置勸農使，其見於《宋史》者，有陳靖爲西京勸農使，按行陳、許等州。景德中，復詔諸路轉運刺史以上，並領勸農使；知州軍通判，並兼勸農事。天禧中，并改諸道提刑爲勸農使副使兼提點刑獄。於是一時守土之官，無不以「管内勸農」結銜，此猶見三代遺意。若明之編黄册，走官民田，而因有檢田吏，不過爲徵收糧税之計耳。且夫重農者，盛世之首務也；積貯者，生民之大命也。考周制大司徒「荒政」，一曰散利，遺人掌鄉里、縣都之委積，旅師掌聚野之耡粟、屋粟、閒粟，平頒其興積，施其惠，散其利。凡用粟，春頒而秋斂之，是採買積貯，周代已有之，固不第《孟子》有「不知檢」之句。《漢書·食貨志》引之作「斂」，師古注謂「菽粟饒多，此時可斂」，爲可據也。朱子社倉，立法最善，所謂「斂散有經，維持有要」，即此鄉之粟活此鄉之民者。而論者或謂其近於青苗，不知青苗以錢，社倉以粟；青苗主以官吏，社倉儲之里保；青苗志在取息，社倉志在濟農，迹雖同而實迥異矣。我皇上愛養黎元，無微不至，偶遇歉收，截漕平糶，有加無已，所由躋斯民於仁壽，而迪萬姓於吉康也。

制策又曰：「帝王治定功成，不忘兢業。聖賢之學，必有所持守運行，而後能久於其道。」此尤持盈保泰之要圖也。臣惟唐虞之世，黎民於變，萬邦協和，府事孔修，平成永賴。而法宫之上，不敢康寧，豈過慎哉？《堯戒》曰：「戰戰栗栗，日慎一日。」《書》曰：「敕天之命，惟時惟幾。」王者奉天臨民而安不忘危，類如此也。謹按大《易》首係《乾》元。乾者，君象也，而必以自强不息爲本，言人君代天出治，必法天之行以爲行也。夫陽開三而成《泰》，《乾》之三曰：「終日乾乾，夕惕若。」蓋憂勤惕厲，所以開泰交之運也。故《泰》之三亦曰：「艱貞无咎。」按程《傳》謂：「既能艱貞，即可常保其泰。」又曰：「善處泰者，其福可長也。」蓋德善日積，則福禄日臻；德踰於禄，則雖盛而非滿。是説也，誠得保泰之道矣。要之，開泰者，一元之運，亦臨亦保，治化所以常貞也；保泰者，不息之誠，無怠無荒，規爲所由大備也。宋張根《吴園易解》，六十四卦中於《泰》卦别撰一論，所以深著滿盈之戒，發明保泰之義者，至詳且備。夫日月得天而久照，聖人久道而化成。《書》曰：「滿招損，謙受益。」是以堯舜業業，湯武皇皇，即使已治已安，而猶廑其咨其儆。伊古帝王，未有不勵精圖治若此者也。若《老子》知足知止之論，僅知自守而已，要豈足以語至治哉？聖朝太平日久，累洽重熙，奏十全之武功，厘八徵於耄念，固已事勤於三五，而功兼乎在昔，綜觀前古，莫與比隆矣。

若此者，聖敬日躋，儒風丕焕，百室有盈寧之慶，萬幾凛逸欲之防，猗歟盛哉！臣尤伏願皇上，懋日新不已之功，成悠久無疆之治，慎之又慎，精益求精，中外樂康，神人禔福，我國家萬年有道之長基諸此矣。

臣草茅新進，罔識忌諱，干冒宸嚴，不勝戰慄「隕越之至。臣謹對」。①

（底本：《狀元策》，乾隆乙卯年新鐫、嘉慶續刊本）

乾隆五十八年，癸丑。夏四月，癸亥朔。戊子，諭：「朕仰蒙昊蒼眷佑，纘緒凝庥，臨御以來，海宇敉寧，遐方向化，膚

① 「隕越之至臣謹對」七字，底本闕，據策對體例補。

功熙績，幸躋十全，踐阼年滿六十，實二十五即位之人君所難得也。前曾降旨，於六十一年歸政，允宜愷澤覃施，與海内臣民，斂時敷錫。而嘉惠士林之典，尤應預爲舉行，著於乾隆五十九年秋特開鄉試恩科。六十年春，爲會試恩科。至六十年秋，即爲嗣皇帝恩科鄉試。丙辰春閒，即爲嗣皇帝元年恩科會試。所有應行事宜，著該部照例豫備。其各直省舉人大挑，亦著於六十年會試後，該部奏請辦理。但此時雖距歸政之期不遠，朕惟有日益孜孜，不敢稍存盈滿，以期與天下蒼生共迓天眷之福，將此通諭知之。」

又諭：「向來順天鄉試及禮部會試，同考官分列十八房，校閲時自應各就所分之卷，盡心詳閲呈薦，原不得彼此互看，致生弊端，並將本省應行迴避之卷扣除，自屬可行。至於正副考官，係朕特派大臣，必當將各房呈薦之卷，悉行批閲，如彼此意見相同，方能取中，何得亦同房考之例，各人分看。且正副考官，將本省之卷迴避不閲，則外間舉子，更可豫擬某主考分看某省，轉致揣度鑽營，是防弊而適以滋弊。況各房考呈薦之卷，至多亦不過四五百本，主考三人在闈一月之久，何難逐卷共相品評，以期棄取允當乎？今聞此次會試考官，係屬分省閲卷，殊屬非是。姑念相沿舊例，不加深究。嗣後順天鄉試及會試正副考官，務當將各房考呈薦之卷，公同批閲，庶不至以一人意見，遽爲定評，以致佳卷或有黜落，而文理平庸者得以倖取。設考官等，經此次訓諭之後，尚敢仍前分閲滋弊，或經監試科道糾參，必將該考官重治其罪，決不寬貸。並著將此旨載入科場條例，永遠遵行，以副朕遴選真才，慎重登畯至意。」

（《清高宗實録》卷一四二七，册二六，頁九〇—九一）

六一 乾隆六十年乙卯恩科 王以銜

乾隆六十年（一七九五）乙卯恩科，共取進士一百十一名（《國朝貢舉年表》載一百八十名）。狀元王以銜，榜眼莫晉，探花潘世璜。

是科會試知貢舉：禮部侍郎鐵保、署副都御史方維甸。會試正考官：左都御史竇光鼐。副考官：內閣學士瑚圖禮、禮部侍郎劉躍雲。

是科殿試讀卷官：大學士和珅、王杰，吏部尚書劉墉，户部尚書董誥，禮部尚書紀昀，吏部侍郎金士松，禮部侍郎鐵保，工部侍郎吴省欽。

王以銜（一七六一—一八二四），字署冰，一字鳳丹，號勿庵，浙江湖州府歸安縣（今湖州市）人。乾隆五十四年，鄉試中式。會試、殿試皆第一，授翰林院修撰。嘉慶八年（一八〇三），署日講起居注官。十二年，任江西鄉試副考官。十八年，命在南書房行走。歷右春坊右庶子、詹事府少詹事。十九年，擢詹事府詹事，提督江蘇學政。尋陞內閣學士，兼禮部侍郎銜，累遷工部左侍郎。二十三年，任江西鄉試正考官。道光元年（一八二一），轉禮部右侍郎。道光三年十二月，卒於官。所著有《閑燕齋詩存》等。

王以銜狀元策見《狀元策》（乾隆乙卯年新鐫、嘉慶續刊本，國家圖書館藏）等。

乾隆六十年，乙卯。夏四月，辛巳朔。丁酉，策試天下貢士王以銜等一百十四人於保和殿前，制曰：朕懋膺昊眷，惟日孜孜，延洪景命，四事是黽，八徵念協，以唐虞三代之心爲心，以唐虞三代之治爲治，期天心之吉祐，冀民俗之協中。海隅成買櫝之風，鄉校整操觚之體，庶躋上理，爰布嘉謨，爾多士尚其敬聽。

民之天惟君，而大君爲天之子。應天以實不以文，庶徵協應，首重養民。漢文帝賜半租，宋仁宗免積逋一次，僅見之舉，汔致小康。我世祖章皇帝，定鼎之初，即定田賦額；聖祖仁皇帝，曾經普免田賦、漕糧各一次；世宗憲皇帝，蠲免浮糧，如蘇松二府，每年減至數十萬。朕御宇至今，免天下錢糧四次，免漕糧三次，免各款積逋，亦不下數千萬。凡以殷懷保赤，敬體天心，子之於父不敢言報，天之於朕，申錫無疆。古之熒惑退舍，蝗不爲災。雖未可盡信史册，而「善言天者必有驗於人」，其説何若？

虞廷弼教，欽恤惟刑。禹刑湯刑，其書缺軼，肉刑除於何時？非刑酷於何代？刑之屬何以共係三千？法與名何以各爲一家？刑與兵何以合爲一典？朕慎重民命，準之天理人情，以爲明罰敕法。當慮囚之時，惟期其得實；觀縱囚之事，每哂其好名。引《春秋》以決事，非讀書讀律者所當留意歟？

古之海防，以禦外寇。故明鄭氏《海防全圖》，袤延萬里，多講戍守之方。今中外大同，鹿耳、雞籠，久已内屬；茭塘、沙灣諸盜藪，亦全就廓清。所防者，莠民之出洋竊掠而已。唯是波浪迢遥，帆檣倏忽，乘隙竊發，往往難稽。論者以爲稽人不如稽舟，稽出不如稽入，稽水不如稽陸。蓋出洋行劫，贓必載還於出口，先給一票，記舟中之所有，無齎而往，有挈而來，其來歷可詰也。出産貨物，各有其地；販鬻貨物，各有專行。貨非生所往之地，及忽賣此貨，忽賣彼貨，恒無一定者，其來歷亦可詰也。果可行歟？不虞其滋擾歟？

民風多隨乎士習，士習可驗於文章。故韓愈曰：「仁義之人，其言藹如也。」古法鄉舉里選，漢尚有孝廉、茂才諸名，制科則偶一舉行，不爲定制。進士科始自隋而盛於唐，至宋元祐中，始變詩賦爲經義。元延祐因之。明洪武中，遂定爲三場之制，沿用至今。或謂隆慶以後，不及嘉靖以前。然摹擬王唐，每成貌似。又謂隆慶以後，始機法周密；天啓以後，始議論崇閎。然纖巧恣肆之弊，又因以叢生。果以孰爲是歟？至文以明理，而或馳騁以見才，或襞積以見學，固爲陋習。一矯其弊，又或枯窘而空疎，使庸淺者易售，又何以酌其中歟？

凡此者，乾惕朕衷，一日二日，欲至於萬年，於惠心孚其昭事，於止辟播其祥和，於戢暴致其安恬，於作人觀其成化。多士橋門釋褐，學古入官，言資先獻也，毋泛毋隱，朕將親覽焉。

（底本：《清高宗實録》卷一四七七，册二七，頁七二九—七三一。參校本：《乾隆帝起居注》，册四二，頁一三六—一三八；《狀元策》，乾隆乙卯年新鐫、嘉慶續刊本）

臣對：臣聞行慶施惠，所以阜成兆民；除莠安良，所以勸懲庶類。掌疆掌固之制設，而四海無虞；師氏保氏之教興，而萬民嚮道。聖王治洽敦龐，化昭炳蔚，莫不以綏猷敷教之典，致延洪純佑之符。《易》曰：「自上下下，其道大光。」見惠民之心焉。《書》曰：「刑期無刑，民協于中。」紀禁民之法焉。《禮》曰：「外户不閉，是謂大同。」《詩》曰：「倬彼雲漢，爲章於天。」言風俗皆臻於上理，而人文可觀其化成焉。當是時也，上有欽明濬哲之德，下有親賢樂利之庥，郅治上儀，萬福所由嚮用也。

欽惟皇帝陛下，建中出治，錫福同民，固已百室慶夫盈寧，萬類公平彰癉，朝野聿臻静治，庠序式焕光華，斯誠千載一時也。迺睿德謙沖，本所其無逸之念，彌深建其有極之思，復進臣等於廷，而策以安民之術、弼教之方、制治之嚴、同文之治。臣之檮昧，譬如細流土壤，奚裨海山，顧義切對揚，時當敷奏，敬承清問，敢不就平時誦習，謹述所聞，以效管窺蠡測之忱乎？

伏讀制策有曰：「庶徵協應，首重養民。」斯誠惠愛黎元之盛心也。臣考唐虞三代之君，繼天出治，勤恤民隱，布德施惠，屢見於經。《周官》大司徒，減未輸之租曰薄征。春秋列國，救時之政，薄斂已責，往往而有。迨漢孝文二年，詔賜民田租之半；十二年，詔賜民租稅之半；十三年，詔除田租，稅則蠲免。施恩自漢文始，其後武帝蠲諸逋貸，宣帝、元帝，俱詔賑貸勿收。至唐武德、貞觀、開元，宋至道、咸平，俱詔除宿逋，仁宗亦免積逋一次。總論漢唐以來，蠲免或因桑梓之鄉，或因巡幸之地，或因封禪郊祀、謁聖奏凱諸事，故閱數十年而一見，未能數數然也。我朝定鼎以來，逮下之厚，體恤之周，已邁兩漢唐宋而上。仰惟皇上功敘十全，德施屢降，免天下錢糧四次，免漕糧三次，免各款積逋又不下數千餘萬，此固生民以來所未有者也。其在《書》曰：「惟天惠民，惟辟奉天。」既敬承天意，將見德化丕懋，協氣旁流，史冊所載星退舍而蝗不害，又理所必然者矣。

制策又以「虞廷弼教，欽恤惟刑」，而兢兢於明罰敕法之間。臣按舜之時，德威德明，爰定五刑之制，爾時民協于中，罔干于正，尚已。禹則下車有政，而夏之後世作《禹刑》；湯則祝網有仁，而殷之後世作《湯刑》。宜晉之叔向，與周之九刑同譏也。五刑之屬三千，詳於《呂刑》及《周官》，此刑之律也。至上下比罪者例也，雖不止三千，要不外三千之定律。至五刑中有肉刑三，漢文十三年，淳于公得罪，其少女緹縈上書願代，因詔除肉刑。其時張倉、馮敬，請易黥爲髡，易劓爲笞三百，易斬左趾爲笞五百。至今讀「改行爲善，道亡繇至」數語，想仁人之言之利溥焉。至武帝時，張湯、趙禹之屬，以苛爲察，以刻爲明，作見知故縱部主之法，禁網甚密，刑非其刑，識者譏之。夫刑與兵，俱以象天地嚴凝之氣，其合爲一者，即董仲舒所云「陰嘗居大冬，而積於空虛不用」之意，故以減爲主。其分爲二者，如《書》所謂「慎于庶獄，又必克詰戎兵」也。聖天子好生爲德，事準乎情理，律斷以《春秋》，民志静而奸不生，民氣和而刑可措。彼肆眚失刑，縱因干譽，豈不重可嗤哉？

制策又以「古之海防，以禦外寇」，而因及稽察之方，斯又預防之善術也。臣考海之近内地者，自廣東樂會縣起，經八閩，環浙江，沿江南，達山東，抵遼東山海關，袤邪一萬五千餘里，則綿亘之地甚廣。粵則有三路，閩則有五塞三游，浙則有四參六總，江南則有七汛九堡，山東則有登萊青三郡，則設守之地誠多。晉唐以前，收魚鹽之利，通番船之饒，即有寇盜，旋亦蕩平。至明嘉靖間，倭寇竊發，海防之嚴自此始。方今中外一家，膏澤覃洽，鹿耳、雞籠，久已內屬；茭塘、沙灣諸淵藪，全見廓清。即有莠民，亦且革面革心矣。顧寧謐者大同之規，而豫防者萬全之策。夫海之風候不常，則事之稽查非易。惟於內洋山島設兵駐守，則偵伺易而聲援亦便，此稽水不如稽陸也。賊之出口行劫，贓必載還，則來歷可詰，是稽出不如稽入也。出口之舟，各給一票，復於每舟各烙字號以記之，如來無票與字號者盤問，是稽人不如稽舟也。而又詰舟之虛往實歸，及販貨所產之地符與不符，則防之之法密。將見遷善遠罪，更無有敢售其欺者矣。聖朝化日光天，聲教四訖，金柅以止柔道之牽，即金湯以鞏苞桑之固，海不揚波久矣，豈尚有奸民不同心而嚮道者乎？

制策又以：「民風多隨乎士習，士習可驗於文章。」俾砥礪廉隅，學術醇美。臣聞宋司馬光之言曰：「士先德行而後文章。」唐之韓愈曰：「約六經之旨以成文。」又曰：「仁義之人，其言藹如。」故文可驗其人，而文必視所舉。《周官》鄉舉里選，大司徒以三物賓興。漢文有孝廉、賢良科，孝武有茂才、明經科。至進士科，則始於隋而盛於唐。唐以詩賦取士，而應試者俱以才華相尚，即有極言直諫、賢良方正諸科，大半以駢體取功名。宋則變詩賦爲經義，以四書命題，考第高下以取士。夫以文取士，必原本經術，觀其文即知其行，非徒苟焉已也。由宋迄明，總守此法。而有明一代之文，亦致不同，嘉靖以前講理法，隆慶之時講機法，天啓以後講議論。夫機法、議論之文盛，恐纖巧恣肆之弊生，而尚理法之文，又恐貌似王、唐，爲空疎枯寂者所藉口。要而論之，質與文不可偏廢，苟立言得聖賢之本意，揭經史之精華，則其人亦歸於正，而不愧爲經術之士。此聽言即可觀行，衡品不外衡文也。聖人壽寓凝庥，同文播化。《詩》曰：「濟濟多士，克廣德心。」其是之謂乎？

若此者，心以推心，而業臻大有；辟以止辟，而刑可稱祥。戢暴有方，自徵四海之長治；觀文有準，可軼八佰之興歌。自來闡乾符握坤珍，鮮可與比絜也，猗與盛哉！臣尤伏願皇上，治益求治，安益求安，以日新久照之模，凛慎憲省成之義，德至周焉，法至備焉，守至嚴焉，化至洽焉。既仁育義正之兼行，亦武功文事之悉舉，撫于五辰，以凝庶績。人物吉康，中外禔福，巍巍乎光四表而格上下，暢九垓而泝八埏，我國家億萬載無疆之慶基此矣。

臣草茅新進，罔識忌諱，干冒宸嚴，不勝戰慄隕越之至。臣謹對。

（底本：《狀元策》，乾隆乙卯年新鐫、嘉慶續刊本）

乾隆六十年，乙卯。夏四月，辛巳朔。癸巳，諭：「朕辦理庶務，往往天牖朕衷，幾先洞燭。本年會試榜發，第一名王以語係浙江人，二名王以銜，亦係浙江人。朕披閱之下，以各直省應試舉子不下數千人，豈無真才足拔？王以鋙、王以銜，同籍聯名，儼然兄弟，恰居前列，殊覺可疑。兹據欽派大臣將覆試各卷，分別等第進呈。第二名王以銜，覆試列在二等第四，高下尚不相懸。其王以鋙，竟列在三等七十一名。朕親加披閱，疵纇甚多，派出大臣，校閱甚爲公當。且據磨勘大臣奏稱，王以鋙會試中式之卷，第二藝《參也魯比》内用『一日萬幾』『一夜四事』等字樣，於先賢身分，尤爲引用不切。似此膚泛失當之卷，何以拔置第一，且所擬策題，紕繆處甚多，該考官等於掄才大典，漫不經心，殊非慎重衡文之道。竇光鼐人本拘迂，不曉事體，朕夙聞其於時藝一道，尚能留心講習，是以派爲正考官，不意其糊塗錯謬一至於此，且初九日，主考出闈復命，召見時，竇光鼐不特奏對不明跪起，兼至傾跌，是其年老昏憒，豈可復膺風憲之任。除副考官劉躍雲、瑚圖禮，及薦卷不當之同考官等，即照和珅等所請，交部嚴加議處，餘著照所擬分别辦理外，竇光鼐著即解任，聽候部議，所有都察院左都御史員缺，著朱珪補授。廣東巡撫員缺，一時尚未思得其人，朱珪著暫留巡撫之任，其未回京以前，著紀昀兼署左都御史事務，俟朕簡放巡撫有人，到廣東任，朱珪再行來京供職。

（《清高宗實録》卷一四七七，册二七，頁七二七）

乾隆六十年，乙卯。夏四月，辛巳朔。癸卯，諭：「據欽派大臣將覆校會試薦卷内文理較優者三卷進呈，朕披閲之下，詩文俱爲清妥，未經中式，不免屈抑。除正副考官等，業經交部分別嚴議外，所有選取之直隸舉人徐炘、浙江舉人傅淦、山西舉人李端，俱著加恩，賞給内閣中書，與考取候補人員，挨次補用。以示朕遴拔遺才，恩施寒畯至意。」

（《清高宗實録》卷一四七七，册二七，頁七三五）

六二　嘉慶元年丙辰科　趙文楷

嘉慶元年（一七九六）丙辰科，共取進士一百四十四名（《嘉慶帝起居注》《嘉慶元年進士題名碑録》所載人數同。①《國朝貢舉年表》載一百一名，當僅爲三甲人數）。狀元趙文楷，榜眼汪守和，探花帥承瀛。

是科會試考官：都察院左都御史余士松，禮部尚書紀昀，兵部侍郎李潢。

是科殿試讀卷官：大學士和珅，吏部尚書劉墉，户部尚書董誥，工部尚書彭元瑞，吏部左侍郎沈初、右侍郎胡高望，兵部左侍郎玉保，内閣學士吴省蘭。

趙文楷（一七六一—一八〇八），字逸書，號介山，安徽安慶府太湖縣（今屬安慶市）人。乾隆五十三年舉于鄉。狀元及第，授翰林院修撰。嘉慶五年（一八〇〇），任出使琉球國正使。九年，任山西雁平兵備道。十三年，卒于任。著有《石柏山房詩存》八卷。

趙文楷狀元策見《狀元策》（乾隆乙卯年新鐫、嘉慶續刊本，國家圖書館藏）。

嘉慶元年，丙辰。夏四月，丙子朔。丙申，策試天下貢士袁樾等一百四十八人於保和殿，制曰：懿惟凝庥集祜，長治久安，在乎夙夜宥密，單心基命。朕仰承昊蒼眷佑，撫馭寰宇，幸臻寧謐康乂之庥，夕惕朝乾，不敢暇逸。勉思法一中之運

---

① 《嘉慶帝起居注》，中國第一歷史檔案館編，桂林：廣西師范大學出版社，二〇〇六年。

量，考三古之規模，兆民遵正直之塗，五材歸化裁之用，克與垓埏瀛嶂，偕之大道。茲以敷奏爲明試，爰舉臚詢。

人心道心，肇闡虞廷，帝王所以與天下相見者心也。《書》所謂「享天心，肩一心，洽民心」，蓋徹上下之義也。心之用主乎敬，《堯典》一篇，始終皆曰欽，即至於元首股肱，喜起賡歌，而尤勖以欽，乃傳心之功效也。經訓之粹，足相證明者何語？伏羲以前尚矣，《文子》有神農之法，《新書》有神農之教，諸家言黄帝者更詳。若顓頊敬勝義勝之訓，帝嚳博愛博利之文，載籍微言，稽唐虞三代而上者可舉歟？《大戴禮》武王諸銘，能約其詞歟？後世若《帝範》《帝學》《心經》《政經》，亦有合歟？凡皆帝學心傳所宜沿溯也。

《周書》曰：「政貴有恒。」《記》曰：「五帝殊時，不相沿樂。三王異世，不相襲禮。」蓋治道有定而不可泥者也，然其得失，可得而言？井田封建，古以爲大經大法。然而漢起七國，唐限名田，踵而行之，如棼絲矣。戰之以車也，泉之以刀也，税之以絹也，後世斷不可行，無論得失矣。周昉《六官》，唐沿《六典》，今猶其職，而掌隸分合，品秩崇卑，考課疏密皆殊。軒畫萬井，舜區九州，今更擴之，而疆宇襟帶，控制沿革每異。它若刑法、食貨、兵戎、禮樂，史遷之書，列史之志，旁及政書，如《會要》《典章》《會典》所釐具者，能原本權衡言之歟？

司徒修六禮，明七教，凡以節民性，興民德也。《禮·坊記》數千百言，皆以坊民而已，故《周禮》有禁虣之官，《王制》嚴左道之律，道政齊刑，三代不廢。孔子云：「民可使由，不可使知。」使由者何途？不使知者何道？先聖名言，必有奥旨。今未嘗不禁奇衺，而誑疑未盡泯；未嘗不嚴保甲，而奉行未盡善。蠲貸普，而民或未盡厚生；教誡諄，而民或未盡正德。至於吏爲民父母，而富教非由科條；士爲民表率，而跅弛無由觀感。欲使道德一而風俗同，諸生來自田閒，宜有聞見。

兵所以威天下，實所以安天下。田乘邱甲，非如古之制也；步伐止齊，非如古之法也。漢之南北軍，唐之府兵、彍騎，宋之更調，明之團營，與今之制孰善？錢文子之《補漢兵志》，宋之《武經總要》，明之《紀效新書》，與今之法孰詳？要所以奏膚公而成偉績者，練其技，則精而不苶；鼓其氣，則作而不竭；實其籍，則不虞冗且浮；明其賞罰，則不至窳且怠。古之善將將者，孰能得此意？《易》曰：「師出以律。」孔子曰：「我戰則克。」其以此歟？

凡此者，式於古訓，而時幾精一傳其學；監於成憲，而因革損益合其宜。民安於日用飲食，而遵路之俗成；士忘乎智名勇功，而知方之風勸。治道褘而協氣蒸，其必有所由致。循是以觀厥成，曷敢不亹。維爾修於家，揚於庭，毋隱毋膚，朕將親第焉。

（底本：《清仁宗實録》卷四，册二八，頁一〇五—一〇七。參校本：《嘉慶帝起居注》，册一，頁一三五—一三七；《狀元策》，乾隆乙卯年新鐫、嘉慶續刊本）

臣對：臣聞建中者錫福之原，善制者綏猷之本，觀民者設教之方，講武者安邦之要。桓寬《鹽鐵論》曰「修聖緒，宣德化」，言懋昭也。《淮南子》曰「放準循繩，曲因其當」，言法鑒也。《抱朴子》曰「運大鈞乎皇極，開元模以軌物」，言善俗也。賈誼《新書》曰「王者戰義，帝者戰德」，言振武也。是以郅隆之世，時幾儆而損益精，文治昭而武功備。蓋惟有純一不已之心，以馴致夫久道化成之治，而後能昭宣元化，鼓鑄群生，俾梯山航海之衆，無不蹈德詠仁，而咸游於太和之宇宙也。

欽惟皇帝陛下，至德敷文，精心鑒古，化偏而會歸有極，握算而揆奮兼權。固已德教成而政皆適俗，民志定而士盡知方矣。乃聖懷沖挹，當重熙累洽之時，而復切保泰持盈之計，進臣等於廷，而策之以懋修之密，法古之精，與夫民俗之所以醇，軍政之所以善。臣至愚極陋，何足以語此，顧念泰山不辭土壤，河海不擇細流，敢不敬述所聞，以效管窺之一得乎？

伏讀制策有曰：「人心道心，肇闡虞廷，帝王所以與天下相見者心也。」而因及夫唐虞三代而上之聖學。此誠傳心之要也。臣竊以爲，自古帝王，未嘗廢學。是故黄帝學乎大真，顓頊學乎緑圖，帝嚳學乎赤松子，堯學乎尹壽，舜學乎務成跗，禹學乎西王國，湯學乎威子伯，文王學乎鉸時子斯，武王學乎郭叔。此以知學之不可廢也。夫學所以正其心，而心之用主乎敬。《堯典》一篇，始終曰欽，元首興歌，終以欽哉。其後，禹之祗台，湯之日躋，文之小心，武之執兢，詎不與《堯典》相證明歟？唐虞以前，書缺有間。然而，《文子》有神農之法，《新書》有神農之教。其最醇者，則有如《丹書》顓頊之訓曰：「敬勝怠者吉，義勝欲者從。」《大戴禮》帝嚳之文曰「博施利物」「撫教萬民」。推之武王諸銘，所謂「安樂必敬，戒慎必恭」者，皆足以見治法之全也。若夫《帝範》十二篇，成於貞觀，始《君體》《建親》，終《閱武》《崇文》。宋范祖禹約三皇迄宋代之治法，爲《帝學》八卷。真德秀本《大學衍義》，爲《心經》一卷、《政經》一卷。此數書者，皆能綜貫王道，則又三代以下之治術所略可見者。仰惟聖學高深，心德純固，性命事功，同條共貫，生民以來，未之有也。

制策又曰：「治道有定而不可泥，其得失可得而言。」臣謹案，董仲舒曰：「道者，所由適於治之路也。仁義禮樂，皆其具也。」夫王者有改制之名，無變道之實。然而文質異用，風俗異宜，必泥古法而不顧天下之所安，强之以必從，持之而莫易，不幾於劉歆、王安石之以《周禮》亂天下乎？夫井田封建，先王本之以爲治。然而漢倣封建而起七國，唐倣井田而限名田，豈封建、井田未善哉？亦以漢唐之世，非唐虞三代而已。今欲强戰陳者以車，責市貸者以刀，令入税者以絹，軍有不淆，市有不紛，民有不擾者乎？又何論夫得失哉？夫唐之《六典》，即《六官》之遺也，今雖品秩考課之殊，而職官仍之熙績。舜之九州，即萬井之地也。今雖控制沿革之異，而土宇於以敉寧。誠使變通盡利，則凡刑法、食貨諸大典，皆可以少有因革，何必拘守其成法乎？此則治天下者之大要也。

制策又以「道政齊刑，三代不廢」，欲使道德一而風俗同。此尤勤民之至意也。夫司徒修六禮以節民性，明七教以興民德。《坊記》數千百言，而皆有以此坊民之語，誠見夫民之不可不教也。故禁虣有官焉，左道有誅焉。太公之誅華士，孔子之誅少正卯，子産之誅鄧析，良以稂莠不去，不足以安嘉禾也。夫奇衺禁則正士榮，保甲嚴則盜賊息，黷貸普則民厚生，教誡諄則民正德。然而，吏者民之父母也，士者民之表率也。吏而徒嚴科條，士而競尚跅弛，則民安所觀感乎？故漢制，亭鄉有三老、嗇夫、游徼，所以輔風化而詰奸慝。凡有修行能帥衆爲善之人，以十月賜酒食。唐設里正，掌按比户課植農桑，檢察非常。宋重保甲之法，明有《大誥》之頒，皆於治民之道兢兢焉。夫民非無良，亦在漸以化之而已。聖朝清和咸理，風俗敦龐，生斯世者，有不遵蕩平之路也哉？

制策又曰：「兵所以威天下，實所以安天下。」而詳及漢唐宋明之兵制。臣惟三代之前，兵制備矣。漢初，南軍以衛宫城，北軍以衛京城，此京師之兵也。材官、樓船以待戰，率更、踐更爲工役，過更、謫發爲戍邊，此郡國之兵也。武帝時，番上變爲長屯；光武時，長屯變爲遠征，而兵制以壞。魏晉以後，無足言者。惟宇文氏倣周制爲六軍，頗有大小相維之勢。唐定府兵之制，凡天下十道置府六百三十四，而關内則二百六十一焉。平居無事，惟耕於野，有事命將帥之以出，事解則兵歸於府，將歸於朝，其制實爲最善。張説乃請一切募士，長從宿衛，更號彍騎。天寶之末，彍騎則又廢矣。宋之兵制有四：曰禁兵、廂兵、蕃兵、鄉兵。統計天下之兵，京師居其半，内外重輕，適得其當。其後廂兵既多，縣官坐受其困，此孫洙、蘇洵所以憂而議之也。明京畿兵約五十萬，盡諸省之兵不能當其數。于謙汰其老弱，得勝兵十五萬，改爲十團營，各設都督統之，體統相維，號令歸一。嗣後或廢或置，寖易其制焉。且夫軍不習練，百不當一；習而用之，一可當百。《管子》曰：「繕器械，選練士，爲教服，連什伍，徧知天下審御機數。」此兵主之事也。是故稽其籍而實之，選其拔而精之，鼓其氣而進之，明其賞罰而激厲之，古之稱善用兵者不越乎此。夫知兵之將，生人之司命也。郤縠以敦詩書而爲元帥，其後孫、吴有兵法，衛、霍有别傳，誠通其意。則錢文子之《補漢兵志》，曾公亮之《武經總要》，戚繼光之《紀效新書》，皆可取而則之矣。

若此者，性道闡其微，損益昭其用，教養之澤，下周於九有；蒐狩之制，無弛於四時。於以茂揚宏業，溥暢祥和。猗歟休哉！蓋亘千古而獨隆者矣。臣尤伏願皇上，安益求安，治益求治，天德懋而彌切寅恭，政績休而不忘考證。時雍既協，猶深型方訓俗之心；治化已昭，益鑒容民畜衆之象。慎修思永，熙載釐工，宏化式敷，德威遐播。由是上暢九垓，下泝八埏，握符闡珍，固純常而凝寶命，則我國家億載咸寧之慶基於此矣。

臣草茅新進，罔識忌諱，干冒宸嚴，不勝戰慄隕越之至。臣謹對。

（底本：《狀元策》，乾隆乙卯年新鐫、嘉慶續刊本）

六三　嘉慶四年己未科　姚文田

嘉慶四年（一七九九）己未科，共取進士二百零九名。狀元姚文田，榜眼蘇兆登，探花王引之。

是科知貢舉：内閣學士達椿、禮部侍郎曹城。會試正考官：吏部尚書朱珪。副考官：都察院左都御史劉權之、户部侍郎阮元、内閣學士文寧。

是科殿試讀卷官：大學士王杰、慶桂，禮部尚書紀昀、右侍郎錢樾，工部右侍郎童鳳三，内閣學士達椿、成書，都察院左副都御史陳嗣龍。

姚文田（一七五八—一八二七），字秋農，號梅漪，浙江湖州府歸安縣（今屬湖州市）人。乾隆五十四年，鄉試中式。乾隆五十九年，召試第一，授内閣中書，充軍機章京。嘉慶四年，狀元及第，授翰林院修撰。迭典廣東、福建鄉試，督廣東、河南學政，累遷祭酒。嘉慶十八年，入直南書房。二十年，擢兵部侍郎，歷户部、禮部。二十二年，典會試。二十四年，督江蘇學政。道光四年（一八二四），擢左都御史。七年，遷禮部尚書。尋卒，依尚書例賜恤，謚文僖。著有《邃雅堂集》《邃雅堂文集續編》《説文聲系》《説文考異》《學易討原》《古音諧》等，輯有《嘉慶廣陵事略》。《清史稿》有傳。

姚文田狀元策見《狀元策》（乾隆乙卯年新鐫、嘉慶續刊本，國家圖書館藏）等。

嘉慶四年，己未。夏四月，己丑朔。己酉，策試天下貢士史致儼等二百九人於保和殿，制曰：朕誕膺洪祚，統馭廣輪，荷穹昊之佑申，緬祖考之彝訓，兢兢業業，日昃不遑，恒思求帝王之法要，推修齊以致治平，挈刑賞之綱維，釐守令而寧黎庶。當生聚熙攘之後，慮稂莠之潛生；豐亨豫大之餘，懼紛華之相耀。蓋典學所以啓化源，察吏所以培邦本，而豫防姦匪，禁止奢靡，尤所以保泰而持盈，均不可不亟講也。顧明作在乎朕躬，而得失則聽諸輿頌。多士講習有素，當深知學問經濟之源流，又來自田間，見聞最切，其各抒所見，毋泛毋隱，毋摭拾陳言，虛陳無用之論，朕將親覽焉。

溯聖學之源者，必推「精一危微」十六言，然「允執厥中」，實爲治世之樞要。古帝王不空言心也。《易》爲盡性至命之書，四聖人之微旨存焉。而六十四卦之《大象》中，如云「君子以」，以者用也，非皆切人事言乎？而好語精微者，顧皆引之於心，然歟否歟？孔門一貫之傳，曾子得之，《大學》一篇，帝王之全體大用也，條目中節節各有其功力。而真德秀作《大學衍義》，乃略治平而不言，果操於一家之內，而國自治而天下自平歟？所謂帝王之學異乎儒生者，果安在也？

閭閻之休戚，恒視守令之賢否。顧守令之中，爲民訐者十不二三，爲己訐者十恒七八。其有情迫勢逼，激而上陳者，或曰恐啓刁風，雖知其有據，亦不可不薄懲；或曰恐激衆怒，雖不盡得實，亦不深究。各執成見，牢不可破，其何術使兩得其平乎？悃愊無華之吏，誠不病民，然緩急或不足恃；强健有爲之吏，誠足集事，然得志又或恣睢而橫行，其何以各得其用乎？舉劾不操之上官，非惟不持其柄，不足以驅策群力。且君門萬里，其長短何由上達？全委之於上官，其覆轍又一一可數也，其何以覈其真乎？

天地之大，梟鸞並育，雖三代不能無奸民。奸民惑衆，治之於已成，不如治之於未起。是誠然矣，然守土之吏，或輕忽視之，以爲無害；或懼干譴咎，匿而苟安，不能豫杜其萌也。惟是平時察之不嚴，則不免養奸貽患；察之太嚴，則胥役借此以擾民，或反激而生變。何術而使不枉不濫也？密相勾結，伏莽伺隙者，當必有信使之往來，其何以偵伺之歟？非道非僧，非寺非觀，無故聚集多人，必露形迹，其何以稽察之歟？兵役難保不通賊，賊難保不詭充兵役，又何以辨别之歟？此當今之切務，有所聞見，其具陳之。

風會所趨，人情争向，太平日久，踵事增華，則奢麗生焉。此雖物力豐盈，故能相誇耀，然積而不返，亦非撙節養富之道也。惟是車裘服飾之細，實不能物物而稽，亦不能人人而察，必一一爲之禁止，瑣屑煩擾，恐不可行，其何以酌其中歟？冠婚喪祭，原有定制。然詩禮之族，或不盡循；里巷小民，尤不能盡齊。論者謂：「禁止靡麗，當自辨别等威始；辨别等威，當自士大夫始。」是或一道歟？抑别有勸諭之術歟？

以上四條，或理關學術之精微，或事切民生之利病，或爲人心世道之防，或爲利用厚生之本。多士通經致用，今當先資拜獻之始，佇望讜言，冀資啓沃，其咸體朕意，各抒嘉謨焉。

（底本：《清仁宗實録》卷四三，册二八，頁五二〇—五二二。參校本：《嘉慶帝起居注》，册四，頁二四五—二四八；《狀元策》，乾隆乙卯年新鐫、嘉慶續刊本）

臣對：臣聞明德爲新民之本，釐工實熙績之原，禁姦宄所以安善良，崇節儉所以保康阜。古帝王寅紹丕基，廑求上理，莫不敬修厥德，慎簡庶僚，嚴匪僻之防，著奢淫之戒。是以萬邦咸正，百度惟貞，國無莠民，野有善俗。《詩》曰：「日就月將，學有緝熙于光明。」《書》曰：「任官惟賢才。」《周禮》司寇「以詰四方」，《王制》司徒「以齊八政」。蓋主德純而醲化敷，臣工良而庶務飭，民無邪慝而海寓乂安，家有蓋藏而群生和樂。國之所以久安長治，保鴻名而常爲稱首者，恃有此道耳。

欽惟皇帝陛下，纘膺大寶，振飭崇綱，本繼志述事之心，廣闢門達聰之益。固已萬幾兢業，刑賞兼施，九有會歸，禮教咸被矣。乃聖懷虔鞏，葑菲不遺，體至善之無窮，惟邇言之是察。進臣等於廷，而策之以崇聖學、肅吏治、靖奸民、慎儉德之至計。臣之愚昧，何足以裨高深，顧當先資拜獻之時，敬念古者敷奏以言之義，敢不竭所聞，以效芻蕘之一得乎？

伏讀制策有曰：「溯聖學之源者，必推『精一危微』十六言。」而因博求允執厥中之蘊。臣以爲，執中與用中，無二理也。《虞書》言人心道心，先儒謂二帝三王之心法，乃即二帝三王之治法也。蓋道心存，則用人行政皆得其正，而黎民致於變之休；人心祛，則惰慢邪僻不能相干，而庶事著康哉之效。故如《周易》爲盡性至命之書，而聖人繫《大象》之詞，則稱君子、稱先王、稱大人、稱后、稱上，亦以其著諸人事者言也。孔門一貫之傳，實具《大學》一書，其始格致而終治平，實節節各有其功力。後世言學而空語心性者，非篤論矣。宋真德秀作《大學衍義》，本爲進講之書，其意在於勖主德，故略治平不言。明邱濬又補成之，使謂能齊其家而國可自治，天下可自平，則義有所未備。昔人有德被一鄉，化行一郡，及其身膺重任而譽望遂減者，豈非設施之有異哉？後世有裨主術者，如《大寶箴》《丹扆箴》，或黜遠聲色，或分別賢姦，而總不外一中之用。則古帝王治世之樞要，洵非可以空言竟矣哉？皇上幾康時敕，夙夜勤求，持小心抑畏之思，而見之於敷政□言之際，所謂以實心行實政者，又何難咸五而登三也哉？

制策又以：「閭閻之休戚，視乎守令之賢否。」而因求禁民、安民之各得其宜，良吏、能吏之各收其用，又推及於上官舉劾之效。臣聞漢宣帝有言：「庶民所以安其田里，而無歎息愁恨之心者，政平訟理也。與我共此者，其惟良二千石乎？」又聞：「安靜之吏，悃愊無華，日計不足，月計有餘。」是民之休戚實在守令，守令爲親民之官，果能養之以惠，使之以義，民無不愛其上者。至於情迫勢逼，激而上陳，則順之既易啓刁風，懲之又慮干衆怒，幾無善術之可施矣。故欲杜其萌，則莫如使之愛上；欲民也愛上，則必先予之以可愛。至於安靜之吏，緩急不足恃；强健之吏，恣睢又易行。欲求其各盡所用，則又在人地之相得。昔龔遂、黃霸、朱邑等，以仁厚用而境內治；張敞、趙廣漢、尹翁歸等，以强健稱，而境内亦治，其所處之地異也。若夫舉劾之權，不得不操之上官，上官之賢否，又在於任用之得失，是黜陟所必慎耳。皇上自親政以來，孜孜以澄敘官方爲要務，大吏能體此以率屬，守令能奉之以自行，又何有閭閻之不並登於康乂耶？

制策又以當今之切務，在於奸民，而欲求治之於未起。臣以爲，民雖至愚，未有不愛其身家者。其或致激而生變，則必其衣食匱而生計竭也。治平日久，户口滋豐，生齒繁則財力難給，故必先使其富，而後民興於善。今守土之吏或不然，任意掊克，雖有失所而不顧恤，則衆怒之勢漸成。守土者知其有是，而懼干譴咎，則隱忍而苟安，奸民見其罔所作爲，愈肆意藐法而無所畏忌。於此用偵伺之法，則黨與未易動摇；恃稽察之勤，則胥役轉滋擾累。求辨別之道，則兵役皆非可深恃之人。故已成而治之，其勢實難，而欲治之於未起，亦非能以權術禦也。宋臣蘇軾有言：「任法不如任人。」竊以爲吏治肅而民自寧，故探本之圖仍在察吏。至於防民之道，盛世所不廢。《王制》有左道之誅，《周官》有奇衺之禁，示之以義，而民知向方；怵之以刑，而民知畏罪。且必先使之遂其生，而民愈有以自愛，所謂治之於未然者如此。今墨吏日就剔除，當必有實力行之而獲效者矣。

制策又以：「風會所趨，人情争向，太平日久，踵事增華，則奢麗生焉。」因思有以禁諭之，此誠撙節養富之要道也。臣聞《逸周書》云：「不爲驕侈，不爲靡泰。」其戒勸誠在有位者，然風俗之攸關，亦即在是。物土之所産，民力之所入，省嗇而用之，則積久可以有羸；一日而耗之，則竭蹷猶將不繼。故奢麗之習，不可不大爲之防。然車裘服飾之細，必一一爲之禁止，則煩擾而民必有所難安。冠昏喪祭之禮，既事事示以等威，更瑣悉而民亦難于徧喻，此誠宜有以善其用者。要之，上行下效，其權實在上。王者不寶金玉，則捐金於山，沈珠於淵矣。齊桓公好衣紫，則國俗爲之變矣。《禮記》云：「國奢則示之以儉。」士大夫以奢麗相尚，而欲使小民之胥安敦樸，其勢必不能；士大夫以恭儉相高，而猶有小民之過事紛華，其意且不適。則不待禁止勸諭，而可以日返於淳者。我朝法制周詳，民知向化，惟因物産豐豫而風俗漸奢，誠示之以撙節之方，則淳樸可復，而民生益阜矣。

凡此者，典學爲致治之基，擇吏握安民之要，正人心以維世道，愛物力以裕民資，體用兼該，内外咸理，實治道之至大康裕，我國家億萬年有道之長在是矣。海内愈躋於康者。臣尤伏願皇上，大德日新，九功時敘，治平奏而不忘夫敬畏，舉措當而益慎於登崇，庶民悉迪於馴良，海内愈躋於康裕，我國家億萬年有道之長在是矣。

臣草茅新進，罔識忌諱，干冒宸嚴，不勝戰慄隕越之至。臣謹對。

（底本：《狀元策》，乾隆乙卯年新鐫、嘉慶續刊本）

六四　嘉慶六年辛酉恩科　顧皋

嘉慶六年（一八〇一）辛酉恩科，共取進士二百七十五名。狀元顧皋，榜眼劉彬士，探花鄒家燮。

是科知貢舉：户部左侍郎高杞、都察院左副都御史陳嗣龍。會試正考官：禮部尚書達椿、工部尚書彭元瑞。副考官：兵部右侍郎平恕、工部左侍郎蔣曰綸。

是科殿試讀卷官：大學士王杰、董誥，户部左侍郎周興岱，兵部左侍郎陳萬全，内閣學士李鈞簡、戴聯奎，都察院左副都御史恩普、陳嗣龍。

顧皋（一七六三—一八三二），字緘石，一字歕齋，號晴芬，江蘇常州府金匱縣（今江蘇無錫市）人。乾隆六十年（一七九五），鄉試中式。狀元及第，授翰林院修撰。嘉慶九年（一八〇四），提督貴州學政。嘉慶十五年，以翰林院侍讀，充日講起居注官。二十一年，任陝西鄉試正考官。道光元年（一八二一），擢内閣學士，兼禮部侍郎，尋陞工部右侍郎。二年，任浙江鄉試正考官。三年，充會試知貢舉，調户部右侍郎，兼管錢法堂事務。五年，署兵部左侍郎，充順天鄉試副考官。七年，管國子監事，轉户部左侍郎。八年，署禮部左侍郎。九年，以病解任。十二年四月，卒於家，年七十。著有《墨竹詩齋古文》《井華詞》等。

顧皋狀元策見《狀元策》（乾隆乙卯年新鐫、嘉慶續刊本，國家圖書館藏）。

嘉慶六年，辛酉。夏四月，丁未朔。丁卯，策試天下貢士馬有章等二百七十五人於保和殿，制曰：朕寅纘丕基，勤求上理，兢兢業業，夙夜不敢康，期於斟元闡繹，熙績亮功，比户可封，邪慝不作，以庶幾道一風同之盛。用是兼聽並觀，廣開言路，爾多士所共聞也。兹當對揚伊始，佇獻讜言，以資採擇，其敬聽朕命。

自唐虞授受一中，開萬世之治要，而《堯典》首欽，《舜典》首恭，實能體天以出治，可推闡其義歟？三代聖王，後先一揆，《尚書》而外，經旨相通，可類陳歟？《大學或問》謂：「格致誠正以至修齊治平，始終不外乎敬。」《中庸或問》謂：「中和位育，極之聖神功化，樞紐不外乎誠。」心法治法，一以貫之者，二書實括其全，能申明朱子之意歟？又若王通《中説》，真德秀《大學衍義》，邱濬《大學衍義補》諸書，其言亦有合歟？

有司爲親民之官，撫字訓迪，無不可以實心行實政。《記》曰「大臣法，小臣廉」，言上下能相承也。朕澄敘官方，加意整飭，顧侵漁之弊未盡除，黷墨之風未盡息，大臣已法而小不盡廉，豈真積重之難反歟？抑封疆大吏，所以董率而甄覈之者，尚未扼其要歟？《周官》六計弊吏，漢法六條察吏，良規具在，果何以踵行而共知濯勵歟？風化基於人心，亦教化所見端也。太平既久，踵事而增，今欲還淳反樸，而地大物博，何由使家喻户曉歟？

别等威而禁奇衺，朝廷俱有定制，何由使無僭越歟？必欲一一督責之，則又失六禮節性七教興德之本懷矣。朕躬行節儉，爲天下先，士爲四民表率，所以佐朕化民成俗者，果何道之從歟？保甲之法，昉於《周官》，地近則耳目易稽，人習則防閑尤密，無巡察之勞，而民不致有良莠之雜，法至善也。顧或奉行不實，不免姑息養奸。今欲申明舊章，嚴爲考察，又恐吏胥苛索，致擾閭閻，效未著而弊已滋矣。懲盜於已然，終不若弭盜於未然。營汛墩堡之當修，寺院庵觀之當察，亦保甲之一端，良有司何以稽覈而無弊歟？

夫心法爲宰化之原，吏治乃安民之本，挽澆漓以歸醇厚，除稂莠以殖嘉禾，皆制治之要也。多士各抒所見，毋泛毋隱，朕將親覽焉。

（底本：《清仁宗實録》卷八二，册二九，頁六九—七〇。參校本：《嘉慶帝起居注》，册六，頁二一五—二一六；《狀元策》，乾隆乙卯年新鐫、嘉慶續刊本）

臣對：臣聞懋學爲宰化之基，考績實釐工之本，還淳樸所以維世運，慎防守所以奠民生。古帝王德配三無，功覃九有，勤求上理，寅紹丕基，莫不本心法以爲治法，飭官方以定官常，澄清風俗之原，申畫郊圻之禁。《書》曰「克綏厥猷惟后」，言道民先自一人也。《周禮》曰「設官分職，以爲民極」，言承流宣化，得人然後得民也。《書》又曰「政由俗革」，又曰「慎固封守」，言教化宜詳，防衛宜周也。伊古以來，功炳蔚而治敦龐，風俗同而道德一，克保鴻名常爲稱首者，用此道耳。

欽惟皇帝陛下，錫福同民，綏猷定命，本所其無逸之念，深建其有極之思。固已一德日新，九功時叙，萬邦咸正，百族雍和矣。乃聖德淵沖，不遺微小，景郅治之上儀，察樞機於在邇，進臣等於廷，而策之以崇聖學、慎官方、訓節儉、禁奸慝之至計。臣之愚昧，何足以裨高深，顧當先資拜獻之時，敬念敷奏以言之義，敢不勉述平昔所誦習者，用以效芻蕘之一得乎？

伏讀制策有曰：「自唐虞授受一中，開萬世之治要，而《堯典》首欽，《舜典》首恭，實能體天以出治。」此聖神功化之極致也。臣謹按，三代聖王，後先一揆，而論道統者，必推本「人心道心，精一執中」十六言。蓋聖賢傳心之要，不外一中；建中之矩，不外一敬；主敬之本，不外一誠。堯曰欽明，舜曰濬哲，禹曰祗台，湯曰日躋，文曰緝熙，武曰執競，無非主敬存誠，以協於中而已。《尚書》以後，諸經之理，奥旨相通。《大學》一篇，首列八條目，而朱子《或問》謂「格致誠正，以至修齊治平，始終不外乎敬」，此主敬之説也。《中庸》一書，中列三達德，而朱子《或問》謂「中和位育，極之聖神功化，樞紐不外乎誠」，此存誠之説也。誠敬立，而中之理建焉矣。朱子而外，先儒緒論亦多可采。隋時王通教授河汾，作《元經》以擬《春秋》，又著《中説》以擬《論語》，事涉於僭，而評論頗多格言，程子嘗取之。真德秀《大學衍義》，取經文二百五字，證以《堯典》《皋陶謨》《伊訓》之書，《思齊》之詩，《家人》之卦，子思、孟子、荀況、揚雄諸儒之説，意在揭明爲學致治之本，而治平之略缺焉。明邱濬補之，爲目十有二。蓋真氏之書，本諸身家，以達天下；邱氏則以治平之效，發揮格致、誠正之藴也。斯内聖外王之學，一以貫之者歟？我皇上大德懋昭，登三咸五，幾康是敕，夙夜惟寅，治象炳於八埏，風教達於四表。洋洋乎錫極之隆儀，萬福所由嚮用也。

制策又以：「有司爲親民之官，撫字訓迪，不可不以實心行實政。」此誠澄敘官方，加意整飭之至意也。臣聞考績之法，始於虞廷，《皋陶謨》亦行有九德，《注》謂「考績之次，序於四方」是也。六計弊吏，《周官》特詳其文，歲終旬終，無非考成之日；冢宰小宰，無非考成之人。而六事之本，悉歸於廉。惟廉故察貪則昧矣，惟廉故潔貪則汙矣。官箴如此，成周吏治所由蒸然日上歟？漢世考課，事猶近古。刺史以六條察二千石，丞相、御史得雜考郡國之計書，至天子，則受丞相之要。以史考之，如尹翁歸爲東海太守，必於秋冬課吏，是郡課縣也；尹翁歸又爲右扶風盜賊課常爲三輔最，是州課郡也。丙吉謂：「長安京兆尹，歲竟丞相課殿最，奏行賞罰。」是公卿課群吏也。六條之詔，有田宅踰制之禁，侵漁聚斂之禁，通行貨賄之禁。崇廉訓潔，足以媲美《周官》。隋唐以後，考察之法，損益不常，有四善二十七最之目，有五術、六藝、六行之條，有九班崇讓之説。遺規具在，吏治或可鑒也。《記》曰：「大臣法，小臣廉。」誠哉！六事以廉爲本，而承流宣化，實意奉行，尤在大臣之督率。懲貪墨，禁侵牟，則一國之肥，天下之肥矣。今聖天子整飭治原，凡封疆大吏所以董率守令，而甄別其優絀者，誰敢不考核嚴明，兢兢業業，共期以實心而行實政哉？

制策又曰：「風俗基於人心，亦教化所由見端。」而深慮太平既久，踵事而增，因思還淳返樸之道。臣稽古先王之治，有六禮以節性，七教以興德，所以積基樹本，經緯禮俗，節理人情，勤恤民力也。雖文質異時，功業不同，而立制坊民，其揆一焉。蓋既明法制以別等威，自克禁奇衺而歸中正。漢之孝文，躬行節儉，而民破觚斲雕矣；漢之孝武，娱游壯觀，而民綈錦被牆矣。上之人法行自近，則君子勤禮，小人盡力，國無澆俗，衆知嚮方。故朝廷者，天下之楨幹也；公卿大夫，衆庶之標準也。卑不踰尊，新不先故，所以統人情敦習俗也。《易》曰：「天施地生，其益無方。」惟節故益，民生所由裕也；惟儉故節，人心所由正也。教化之原本，治理之樞機，其在此乎？皇上躬行節儉，爲天下先，俾薄海内外咸知務本抑末，士食舊德，農服先疇，粲乎隱隱，各得其所，誠三代盛隆之極軌也。

制策又以「保甲之法，宜密其防閑」，而因進稽《周官》之制。臣考《周官》，自鄉遂大夫，以迄閭師比長，莫不聯其什伍，合其衆寡，以相保而相恤。有伍兩師軍之法，有比閭族黨之制，有田里追胥之事，有訓練校閱之期。蓋以兵衛民，實即以民衛民也。欲使耳目易稽，故必聯之於近地；欲使巡察易密，故必習之使有功。則良莠既分，奸邪自靖，惟是成法雖定，而或奉行不實。將寬爲考察，不免姑息養奸；嚴以核稽，或致閭閻滋擾。而吏胥苛索，假事生端，尤不可不禁也。蓋懲盜於已然，不若弭盜於未起。小民有同井同疆之利，因有相友相助之謀，此備之裕於民者也；營汛墩堡之當修，寺院庵觀之當察，此備之裕於官者也。誠得良有司以申明舊章，加意稽核，不使寬以容奸，不至嚴以滋擾，萬物群生，聯屬其鄉，所謂合天下爲一家，由此其選也。

若此者，本聖學以爲王道，重吏治以升大猷，挽澆漓以厚民生，除稂莠以封比户。猗歟休哉！四海之民，交被天和矣。抑又聞荷覆幬之德，則願天之彌高；感容載之恩，則冀地之彌厚。臣伏願皇上，安益求安，治益求治，天德懋而彌切寅恭，庶事康而不忘率作，致惇大成裕之俗，宏四方日靖之功，慎憲於以省成，惟動昭夫丕應。中外禔福，遐邇一心，治軼勛華，功昭巍焕，式敷在民德，彝訓在萬邦。繇是協氣旁流，淳風四溢，則我國家億萬年有道之長基此矣。

臣草茅新進，罔識忌諱，干冒宸嚴，不勝戰慄隕越之至。臣謹對。

（底本：《狀元策》，乾隆乙卯年新鐫本，國家圖書館藏）

嘉慶六年，辛酉。夏四月，丁未朔。乙卯，諭内閣：「本月十四日覆試新進士，本令在乾清宫考試，惟念本科中式人數較多，天氣漸熱，恐不免擁擠，著在保和殿覆試，此後即著爲定例。」

又諭：「本年大挑各省舉人，聞有廣東舉人顔樾，業經王大臣公同挑取一等，後因張若渟稱係直隸布政使顔檢之弟，王大臣等有意避嫌，當即扣除。朕本欲俟會試揭曉後另行加恩，令榜發未經中式。顔檢平日居官公慎，伊弟本已挑取一等，未便因顔檢係屬大員，轉行扣除。顔樾，著加恩仍作爲一等，照例掣籤分發試用。」

又諭：「朕因原任大學士蔡新，宣力年久，在籍身故，特降旨令該省巡撫，於伊孫中選擇一二人，送部引見。嗣經吏部將蔡新之孫舉人蔡行達，帶領引見，因其現屆會試，本欲俟伊中式後再行録用，兹已揭曉，未經取中，著加恩賞給進士，准其一體殿試。」

（《清仁宗實録》卷八二，册二九，頁五七—五八）

戊午，賞賢良後裔原任大學士李光地玄孫、廩貢生維翰舉人，一體會試。

（《清仁宗實録》卷八二，册二九，頁六〇）

癸亥，諭内閣：「刑部審擬吴孝顯考差懷挾，請比照科場懷挾之例，加等問擬杖徒。向來考試試差，自翰詹科道以下進士出身人員，俱得與試，擇其文理較優入選者，以備簡放主考及鄉會試同考官之用，並不關繫黜陟。若自揣文理荒疏，或因病不能應考，原各聽其便，並未律以規避之條。且與考者俱係職官，應各知謹飭。向例並無搜檢以存體制，乃此次考差之宗人府主事吴孝顯，竟懷挾詩句，希冀逢題抄録，入選得差。試思此等空疏僥倖之人，一旦衡文，豈有不營私舞弊者？設或倖簡學政，於考試時搜出生童夾帶，反而自思，又將何以辦理耶？看來吴孝顯從前中式舉人、進士時，亦未必無作弊之事，今亦不值深究。吴孝顯，著照刑部所擬辦理，以示懲儆。嗣後御試各項人員，均宜各知自愛。朕亦不因吴孝顯此次懷挾，增一搜檢之例。但與考人員，儻再有似此懷挾者，一經查出，必當從重治罪，決不寬貸。」

（《清仁宗實録》卷八二，册二九，頁六六）

己巳，諭內閣：「本日，據王大臣等審明左德修懷挾策條，定擬具奏。此案若祇係左德修臨場夾帶，猶爲事所間有，不過交部照例辦理。乃前日監試王大臣摺內奏稱，搜出新貢士左德修懷挾策底，訊據供稱，伊與尚書張若渟係屬親戚，帶進策底時，張若渟囑其小心挾藏，恐被搜檢等語。顯係張若渟豫知其事，囑令挾藏。以尚書大員，竟敢知法犯法，不獨朕深抱不知人之愧，即在廷諸臣聞之，亦無不駭異慙惶。此而不嚴加究辦，何以儆官方而肅政體？當即召見軍機大臣，降旨將張若渟解任，同左德修一併交軍機大臣，會同豐紳濟倫、明安，嚴行審訊。據左德修供稱，伊親戚張若渟於會試場前，曾囑令不可懷挾，昨因所帶策料搜出，自知獲罪，口稱『悔不聽我親戚之言』。經監試王大臣等詢伊親戚何人，始據供出張若渟姓名，並訊之張若渟。據稱，左德修是伊姪孫壻，於會試前曾囑付同鄉親友，各宜自愛，片紙隻字，不可夾帶。供與原奏不符，復添派監試之儀親王永璇、成親王永瑆、慶郡王永璘，同軍機大臣等覆加詳訊，左德修仍供如前。又傳到搜出之侍衛羅布藏多爾濟、達靈阿二人，當面質對，僉稱左德修被搜出時，但聞其有懊悔不聽張若渟囑付，並無張若渟令其小心挾藏之語。是監試王大臣所奏，殊未明晰，若伊等前奏，將左德修供情聲敘確鑿，則與張若渟毫無干涉，何至將尚書大員遽行解任質審。今既詢明，此事先由侍衛搜獲左德修夾帶，面回慶郡王永璘，因誤聽左德修在彼自悔之言，輒交儀親王永璇繕摺。永璇亦未覆訊明確，率行入奏，均屬非是。儀親王永璇、慶郡王永璘，著交宗人府議處。其隨同列銜之王大臣官員等，除搜獲左德修夾帶之侍衛羅布藏多爾濟，業經交部議敘。又侍衛達靈阿，續經訊明，同時在彼搜獲，著一體交兵部議敘外，所有監試之寶恩等，於具摺時，並未留心詢明，聯銜陳奏，俱屬不合。睿親王寶恩、成親王永瑆、和郡王綿偱，及鄂勒哲依圖、春寧圖默慎奕純、德麟、綿偲、德勒格楞貴慶長、那彥柱、蘇沖阿、哲陳泰、圖善、永芹、雅爾通額、明倫、王蘇、茅豫，著交各該衙門察議，以爲祇列銜名、不定主見者戒。張若渟著照舊供職。」

（《清仁宗實録》卷八二，册二九，頁七一—七二）

六五　嘉慶七年壬戌科　吴廷琛

嘉慶七年(一八〇二)壬戌科，共取進士二百四十八名。狀元吴廷琛，榜眼李宗昉，探花朱士彦。

是科會試主考官：内閣學士玉麟，禮部尚書紀昀，都察院左都御史熊枚，内閣學士戴均元。

是科殿試讀卷官：大學士劉墉、董誥，吏部尚書劉權之，户部尚書朱珪，工部尚書彭元瑞，户部左侍郎英和，刑部右侍郎初彭齡，内閣學士那彦成。

吴廷琛(一七七三—一八四四)，字震南，號棣華，江蘇蘇州府元和縣(今蘇州市)人。乾隆五十七年(一七九二)，鄉試中式。會試、殿試皆第一，授翰林院修撰。嘉慶九年，任湖南鄉試正考官，旋督湖南學政。十一年，丁母憂歸里。嘉慶十五年，出爲金華府知府。道光二年(一八二二)，陞直隸清河道道員，尋授雲南按察使。七年，以四品京堂入京候補。未幾，以疾疏歸。二十四年九月，卒於鄉，年七十二。著有《歸田集》《池上草堂詩集》等。

吴廷琛狀元策見《狀元策》(乾隆乙卯年新鐫、嘉慶續刊本，國家圖書館藏)。

嘉慶七年，壬戌。夏四月，辛丑朔。辛酉，策試天下貢士吴廷琛等二百四十八人於保和殿，制曰：朕寅承昊綍大寶命，於今七年，仰受訓詒付託罔極之德，親政以來，朝夕亹勉，兢業寅畏，庶期克副宙合烝黎愛戴之心，以無負君天下子萬民之責。恒思相小民以知依，念經訓以建事，代閭閻謀厥温飽，爲學校端其步趨，道洽政治，底於淳熙，嘉與億兆共蒙康乂淳良之福。凡所以治心、典學、保赤、正俗者，庸舉要旨，爲多士廷獻者諮。

《尚書》傳帝王心法治法，而其最深切著明者，莫如《無逸》一篇。我皇考常書於屏扆，朕誦仰尋繹，念繹在兹。其曰嚴恭，曰懿恭，曰寅畏，曰抑畏，將無「恭畏」二字爲七更端之要義歟？顧羲軒頊嚳堯舜禹湯，皆帝王隆軌，而近代獨舉三宗一家專尊穆考，何歟？或曰祖甲，或曰太甲，各有其義，將何遵歟？受命中身，溯自即位。然則受命改元之説誣，虞芮質成之年妄歟？惟正之供，或以爲正道以待，或以爲伯國之貢，疇爲定論，鮮或訓乏，或訓生意，疇爲正音。唐紫宸殿，宋邇英閣，誰書誰圖，能舉其事歟？

五經之書，廣大悉備，微旨未易推尋。撮舉儒先傳注之顯者，《易》重卦何時，《文言》何人所作，《繫辭》疑不出孔子，先後天復有中天；《書》古文疑信何紛，古今文復有中文，《武成》《洪範》，曷可更定，《費》《秦誓》何以入《書》；《詩》風雅頌外有南，南、雅、頌入樂，而風不入樂，笙詩應否有辭，《魯》《商》何以入《頌》；《周禮・冬官》散在五典，《儀禮》僅《士禮》而非闕，《禮記》何篇出漢儒，各有其説；《春秋》經傳，何時閒配，獲麟後經疇作，《左傳》中有兵謀兵法，皆可詳臚歟？

堯湯水旱，不能必無。爲人君者，心廑恫瘝，力謀補助，爲民父母之謂，何而忍恝耶？賦饘鑄幣，伊古有之。《周禮・大司徒》以荒政十二聚萬民，其目云何？其科條解義，先鄭後鄭，所註不同，吕祖謙酌申其説，可述而斷歟？此外散見諸官者可詳歟？

富弼青社賑荒，千古良法。其分給田土之疏，支散斗斛之檄，可倣歟？程子賑濟之論，曾鞏救荒之議，朱子畫一事件之狀，有可行歟？蠲賦、緩征、截漕、平糶、鬻賑、以工代賑、資送流民，今皆行之，古於何始歟？法不蔑古，不泥古，以合時宜爲善，將採以惠吾民焉。

士也者，民之坊也，亦官之樸也。士而端心術，治性情，砥礪廉隅，不虧儒行，則其鄉人薰而善良，不入於奇衺，不蹈於匪僻，否則民何型焉？一旦出而服官，士廉則不爲貪夫，士良則不爲酷吏，士勤則不爲曠官，皆以章縫爲圭臬也。今或中存傲倖，罔顧箴檢，詭遇求合，其毋乃辱青衿而羞黄卷乎？《王制》大司徒、大樂正，四術四教，何正且嚴，而猶有不帥教者，何以善其化導歟？察行而或起別居之謡，考文而空致虚車之飾，舉鹿洞之遺規，倣蘇湖之教法，上之待士甚厚，亦思何以克稱歟？

凡兹四事，端主德以建極，崇正學以稽古，觀民生以孚惠，培士氣以含淳，朕夙夜圖維至亟也，問察至廣也。各抒素所講習者，毋泛毋隱，朕將親遴焉。

（底本：《清仁宗實録》卷九七，册二九，頁二九八—二九九。參校本：《嘉慶帝起居注》，册七，頁一七四—一七六；《狀元策》，乾隆乙卯年新鐫、嘉慶續刊本）

臣對：臣聞思艱所以圖易，稽古所以同天，惠德所以有孚，造士所以興教。斯行遠之令圖，不易之通典也。稽諸載籍，欽明有作，耕鑿爰播其謡；書契聿興，墳索肇垂其目。餘糧棲於畮首，命士寵以飾車，康乂淳良，猗歟茂矣！聖人因之，綱紀具舉，有奠麗之教，有念典之訓，有施舍之政，有廣學之條。皆本乎設誠致行，以宜民而淑世。是以敬畏凛而醲化敷，文明昭而經術懋，樂利貽諸奕禩，聲教浹乎儒林。自古帝王所爲，埴在埏，金在鑪，陶天下爲一家者此也。

欽惟皇帝陛下，德洽修和，治臻富教，固已稼穡開藉田之制，圖書炳河洛之傳，倉廪實而民樂其生，庠（庠）［序］謹而士端其行矣。① 乃聖懷沖挹，深維久安長治之道，彌切持盈保泰之思，進臣等於廷，而策之以治心典學，保赤正俗。臣之檮昧，何足以知體要，顧念敷奏以言之義，際兹對揚伊始，敢不敬誦所聞？

① 「序」，據文義改。

伏讀制策有曰：「《尚書》傳帝王心法治法，而其最深切著明者，莫如《無逸》一篇。」臣惟「敬勝」一語，肇載《丹書》。厥後帝典王謨，隆軌述遵，心源闡繹，不越是旨。周公作《無逸》，凡七更端，恢之彌廣，曰嚴恭，曰懿恭，曰寅畏，曰抑畏，「所其無逸」與「敬德作所」之義，實相發明。舉三宗者，繼體之賢君也；言文王者，身之所逮事也。孔安國、王肅，以祖甲爲湯孫太甲；馬融、鄭玄，以爲武丁子帝甲。如王、孔説，則世次倒置，且周公明言，「自殷王中宗，及高宗，及祖甲」。「及」者，因其先後次第而枚舉之詞，馬、鄭説較長。「受命中身」，孔《傳》謂：「中身即位。」然《泰誓·序》「惟十有一年」，《傳》又謂：「周自虞芮質成，諸侯並附，以爲受命之年。」蓋惑於「武成九年，大統未集」之説。「惟正之供」，《傳》謂：「衆國所取法，則以正道供待之。」「惠鮮鰥寡」，《傳》謂：「加惠鮮乏鰥寡之人。」案陸德明《經典釋文》：「鮮，息淺反。」與孔義合。後世如唐宋璟之於玄宗，宋孫奭之於仁宗，皆寫《無逸圖》以獻。考唐《國史》，圖設於紫宸殿，宋在邇英閣，奭《傳》所謂「施於講讀閣」者也。皇上朝夕亹勉，軫念民依，咸和之實政，固非往昔所可媲隆矣。

制策又以：「五經之書，廣大悉備。」因舉儒先傳注之顯者，以要厥指歸。臣考《易》之重卦，鄭玄以爲神農，孫盛以爲夏禹，史遷以爲文王。然《繫辭傳》言「神農取《益》，取《噬嗑》」，則當斷自伏羲。《繫辭》本文王、周公所作，繫於卦爻下者。孔子所述，乃《繫辭傳》也。《文言》爲孔子第七翼，《乾》《坤》，《易》之門，故特釋之。壁經自魏晉間晚出，《書》盛行而真僞始淆，劉陶又別爲《中文尚書》。《武成》有程子、劉敞、蔡沈等定本，《洪範》有蘇軾、王柏、金履祥等定本。録《費》《秦誓》者，魯有征討之備，秦有悔過之美，故以備王事焉。《詩》南、雅、頌皆入樂，《風》惟豳章有豳籥。然豳、雅、頌，先儒亦未有定論。笙詩云笙不云歌，劉原父謂「本無其詞，非亡失之亡」。然大射管《新宮》三終，《左氏》宋公享昭子，賦《新宮》管詩有詞，則笙詩亦應有詞。魯自季孫行父請命於周而作頌，夫子因其實著之。宋，王者後，巡守不陳其風，《猗那》五篇，固頌體也。《周禮·考工》漢博士所補，多不合周典，程泰之因謂「五官各有羨數」，凡羨數百工事，當歸《冬官》。俞庭椿亦云：「《司空》之篇，雜出於五官之屬。」《禮》古經，本五十六篇，多天子、諸侯、卿大夫之制。高堂生傳十七篇，皆《士禮》。后蒼推《士禮》而致於天子，非也。《禮記・王制》《樂記》，皆漢儒纂輯。《春秋》公、穀二家，皆以傳入經；《左氏》自杜預始分年相附。獲麟後經，弟子因記聖師始終，據史續之。《左氏》載用兵謀士決勝，武臣用奇，千載如見，實開《國策》縱横、史遷敘述之先聲矣。

制策又以「堯湯水旱，不能必無」，歸於廑恫瘝而謀補助，以盡父母斯民之實。臣惟先王之世，以三十年之通制國用，歲即不登，民無菜色。然且處常慮變，定爲經制。《周禮》太宰均節財用，廩人移民就穀，士師移民通財，糾守緩刑，遺人待以縣都之委積。又總其要於大司徒，自散利薄征，至索鬼神，除盜賊。《荒政》之目十有二，先鄭以「去幾，爲關市不幾」，後鄭以爲但去其税。又康成以眚禮屬吉禮，而以第八條爲省凶禮，亦與司農小異。東萊吕氏謂：「荒政始於黎民阻飢，舜命棄爲后稷。」夏商無聞，周則大司徒外，其詳又錯見於六官。春秋乞糴，國鮮九年之蓄。至李悝創平糴，穀價不貴，民安其居。斯三代後救荒良策也。後世如富弼在青州，處流民於城外，室廬措置，皆有法則。使寄居遊士分掌其事，而吏胥不與，其經畫俱非苟且。夫法不可蔑古，亦不可泥古。皇上愛養黎元，有加無已，凡截漕、平糶、鬻賑諸善政，皆酌乎古今之宜，封疆大吏，咸能實心奉行，固無一夫不得其所矣。

制策又以「民之坊、官之樸，胥在於士」，蕲從事於性情心述，以全儒行。此又崇起士習之要務也。臣聞董仲舒有言曰：「正其誼，不謀其利；明其道，不計其功。」士苟砥礪廉隅，則其鄉人聞風矜式，薰德善良。一旦以家修爲廷獻，廉則不貪，良則不酷，勤則不曠，素所樹立然也。古者鄉大夫賓興賢能，諸侯歲獻貢士於天子，所以成就之者，不外樂正之四術四教。帥教者升之，不帥教者屏之。蓋以下興民行，上飭官常，考察既嚴，人才斯出。鄭司農註《周禮》，謂「興賢若今舉孝廉，興能若今舉茂才。」漢法取士，猶爲近古，故其時吏有循良之最，民鮮婾薄之風。唐取士，有明經、進士、明字、明法等科，士俗所向，惟明經、進士而已。禄利之途既開，徼幸之心斯起。原其所以，不在古今立法之遞變，察行而或起「別居」之謡，考文而空致虚車之飾，轉移風教之權操自上矣。方今聖天子道德齊禮爲天下先，有志之士，罔不端淳淬礪，以爲拜獻之資，所謂「言有壇宇，行有坊表」，凡民有不觀感而興起者哉？

若此者，法天自强，則勤民之政舉也；學古有獲，則觀文之化成也。重民天以固本，則德徧群黎；正儒術以樹坊，則風淳比户。猗與休哉！道洽政治，騰實蜚聲矣。臣尤伏願皇上，至誠無息，安益求安，鞠謀之績維熙，益單心於夙夜；作述之成已集，彌式訓於典常。厚生載永賴之功，譽髦申無斁之意。事勤乎三五，功兼乎在昔。神人禔福，中外樂康，則我國家萬年有道之長基諸此矣。

臣草茅新進，罔識忌諱，干冒宸嚴，不勝戰慄隕越之至。臣謹對。

（底本：《狀元策》，乾隆乙卯年新鐫、嘉慶續刊本）

嘉慶七年，壬戌。夏四月，辛丑朔。戊午，諭内閣：「據磨勘大臣，將本科會試中式覆勘應議試卷，黏簽進呈。内二百二十四名龔正調一卷，簽出文義疵謬、詩句粗鄙數處，且字畫訛誤甚多。首篇半係録舊，其素不能文，已屬顯然。前此鄉試取中，亦必有鎗冒等弊，特事隔多年，姑免深究。此等行險儌倖之徒，豈可令其濫厠科目。該大臣等，僅請將該貢士先行扣除，停其殿試，仍由禮部照例覈辦具題，聲敘殊未明晰。龔正調不但應革去進士，伊係由附貢生中式舉人並捐納員外郎，俱著全行斥革，永不准再行應試。其字句應議之處，考試官未能看出，著該部照例議處。」

（《清仁宗實録》卷九七，册二九，頁二九五—二九六）

六六　嘉慶十年乙丑科　彭浚

嘉慶十年(一八〇五)乙丑科,共取進士二百四十三名(《嘉慶十年進士題名碑録》載有未經殿試者九人姓名)。狀元彭浚,榜眼徐頲,探花何凌漢。

是科知貢舉:内閣學士德文、王綬。會試正考官:大學士朱珪、户部尚書戴衢亨。副考官:吏部右侍郎恩普、户部左侍郎英和。

是科殿試讀卷官:大學士董誥,協辦大學士、禮部尚書劉權之,吏部尚書費淳,都察院左都御史鄒炳泰,吏部左侍郎李鈞簡、右侍郎戴均元,禮部左侍郎玉麟,兵部左侍郎戴聯奎。

彭浚(一七六九—約一八三三),字映旗,號寶臣,湖南衡州府衡山縣(今衡陽市衡東縣)人。狀元及第,授翰林院修撰。嘉庆十八年,署日講起居注官。陞侍講。二十三年,改用户部員外郎。道光元年(一八二一),任福建鄉試正考官。歷太僕寺少卿,道光三年,補奉天府府丞,兼提督學政。道光十一年,調順天府丞。年六十五卒,祀鄉賢。著有《賜硯堂詩文集》《賜硯堂今古文》等。

彭浚狀元策見《狀元策》(乾隆乙卯年新鐫、嘉慶續刊本,國家圖書館藏)。

嘉慶十年,乙丑。夏四月,甲寅朔。甲戌,策試天下貢士胡敬等二百三十三名於保和殿,制曰:朕仰膺昊眷,統馭寰區,十年於兹,朝乾夕惕,不遑暇逸,以冀紹古帝王執兩用中之治,保大定功之模。黜陟以嚴考課,宣防以利轉輸,期臻上理，爰待嘉謨。

《尚書》綜帝王之治道，二典必始欽恭；《洪範》九疇，亦必原於五事之敬，而要皆本於一誠。《書》言精一，《中庸》言所以行之者一。一者誠也，蓋誠則必敬，敬則必勤。人君在上，緝熙單心，所以敬天位；人臣在下，精白敬事，所以亮天工。故敬天即以勤民，至誠即以格天，其致一也。六籍所著，其與敬勤之旨相印合者，可綜貫而條舉歟？《大寶》《丹扆》之箴，典矣茂矣。朱子《或問》所言治道，《皇極經世書》言君道臣道十二則，《大學衍義》綱舉四條，皆本心傳以發明治道，能詳述之歟？

古者寓兵於農，伍兩卒旅，蒐苗獮狩，制善法良，有明徵已。漢設郡國材官騎士，唐置府兵，後更彍騎，其制已異於古。宋有禁廂鄉蕃之目，蘇軾言被邊百姓自相保聚，可收爪牙之利，司馬光復言其害，可悉指歟？蓋兵於無事之時，訓練爲尤急，勤練則可使有勇，教訓則可使知方。《孫子》所謂練士，《吴子》所謂治軍，可備舉歟？唐太宗與李靖《問對》中所言足法手法，可通於古步伐止齊之義歟？若平時以游惰之民募補，又以雜色服役之人濫充，是豈國家設兵衛民之意歟？膺斯任者，宜何如督率而振厲之也？

《書》曰：「知人則哲，安民則惠。」堯舜猶兢兢於察吏，考績之典所自昉也。周官弊吏，一以廉爲本。漢時取士曰興廉，察吏曰察廉，其亦本此意歟？朕乙夜批章，日昃不遑，内而卿尹，外而疆吏，共矢法廉，以襄予治，果何以僚屬咸知勵職，吏胥不致逞奸？乃或甘優逸而案有積延，避吏議而事多消弭，是豈惠養吾民之意歟？《書》言「無曠庶官」，《傳》言「民生在勤」。夫循名責實，則人不曠官；朝考夕稽，則吏皆勤職，其果何道之從歟？

古之治河者，治一河而止耳，今則合淮與漕治之。黄河自失故道，遂累代爲患。《史記》謂水行平地數爲敗，故禹廝二渠北載之高地。夫水性趨下，引之高地，轉不爲害，何也？河之變遷屢矣，唐一代河患最少，其故安在？論者謂水性北行，折之東南，故易決溢，此修防所宜亟講也。元明以來，余闕、邱濬、潘季馴，諸人之議，孰爲得失？國家歲漕四百萬粟，以供天庾，必取道於黄運兩河，而以清刷黄，尤爲輓渡利漕要法。今於東清禦黄兩壩之外，别有長策，可臻一勞永逸歟？

若此者，稽古而講求治理，飭戎而綏靖嘉師，官方敘而綱紀畢張，漕運利而隄防永固。有典有則，是經是程，佇望讜言，藉資啓沃，毋泛毋隱，朕將親覽焉。

（底本：《清仁宗實録》卷一四二，册二九，頁九四九—九五〇。參校本：《嘉慶帝起居注》，册一〇，頁一五八—一六〇；《狀元策》，乾隆乙卯年新鐫、嘉慶續刊本）

臣對：臣聞大德之懋，典學而安民；郅治之隆，釐工而利運。稽古帝王，建用皇極，丕奏膚功，庶績咸熙，萬世永賴，莫不以敷政寧人之本，致延洪純佑之苻。《管子》曰「聖人精德立中以生正」，言崇聖教也。《尉繚子》曰「人君有必勝之道，故能兼並廣大」，言修武備也。《鬻子》曰「功最於吏，福歸于君」，言勤考課也。《莊子》曰「河潤百里，澤及三族」，言興水利也。蓋惟基命宥密而嚴律靖邊，澄敘官方而衆流順軌，醇洪鬯之德，豐茂世之規，所爲凝寶命而迓鴻庥者，恃有此道耳。

欽惟皇帝陛下，闡極法天，含元育物，固已夙夜闡性道之精，而率土咸綏以大定，官職昭法廉之式，而薄海永慶夫安瀾矣。乃聖德淵沖，勤思上理，惟樞機之是察，至葑菲之無遺，進臣等於廷，而策之以稽古、飭戎、察吏、治河諸大政。臣之檮昧，何足以知體要所存，顧當對揚伊始，敬念古者敷奏以言之義，敢不竭蒭蕘之愚，勉述所聞，用效土壤細流之一助乎？

伏讀制策有曰：「《尚書》綜帝王之治道，二典始欽恭，九疇言敬用，其要皆本於一誠。」此誠聖德王道之全功也。臣愚以爲，執中授受之原著於《尚書》，而其微詞奥旨，莫切于《大學》《中庸》。誠意之戒欺求慊，至誠之盡性達天，實能剖析乎人道危微之界。堯舜之精一，堯舜之誠也。誠則必敬，故堯以欽明同天，舜以温恭協命；敬則必勤，故堯稱聖神廣運，舜稱兢業萬幾。人君之建極保極，臣民之會極歸極，胥是道也。即此《易》之立誠，以乾惕而體法健行；《詩》之主敬，在旦明而戒申游衍。儼若首曲臺，而存「莊敬日强」之訓；體元重魯史，而録「民生在勤」之箴。六籍所陳，同條共貫。朱子《大學或問》謂：「格致以及治平，始終不外乎敬。」《中庸或問》謂：「中和極於位育，樞紐不外乎誠。」誠敬立，而慎獨以清好惡之源，篤恭以全聖神之化，賅洽無遺矣。真德秀《大學衍義》綱舉四條，曰格致、誠正、修身、齊家，意在于以本貫末，故略治平而不言。明邱濬補之，體用兼備。外如張藴古箴陳《大寶》，李德裕箴著《丹扆》，凛物侈聲淫之鑒，臚《宵衣》《正服》之條，以及邵子《皇極經世書》，言君道臣道十二則，皆本心傳以發明治道者也。我皇上聖學高深，緝熙濬哲，舉凡用人行政，無不根于誠敬，以綏猷於古帝王之心法，曠世相符，道統與治統，一以貫之矣。

制策又曰：「古者寓兵於農，伍兩卒旅，蒐苗獮狩，制善法良。」而因及于訓練之方。臣竊考漢初，南軍以衛宮城，北軍以衛京師，得内外相制之道。唐置府兵，有事則命將以出，事解輒罷。後更彍騎，其制悉壞。宋統外兵於樞密，摠内兵於三衛。明京畿兵約五十萬，後于謙汰其老弱，改爲十團營。夫兵重事也，不勤練不能有勇，非教訓無以知方。昔楊龜山曰：「兵農不可復合，而伍兩軍師之制，不可不講。無事之時，使之相保相受，刑罰慶賞相及。用之於有事之際，則申之以卒伍之令，督之以旌旗指揮之節。」誠善言戎政也。若夫身之使臂，臂之使指，屈伸往來，無不如意，此《孫子》練士之謂。一人學戰，教成十人；萬人學戰，教成三軍，此《吴子》治軍之謂。晝方以見步，點圓以見兵，步教足法，兵教手法，則唐太宗與李衛公《問對》中語也。成規具在，而督率振厲之用，則在膺斯任者之實力奉行。平時游惰之民，不以募補；雜色服役之人，不至濫充。由是禁怠荒，程技藝，步伐止齊之義，嫻習既精，則信乎若手足之捍頭目，如虎豹之有爪牙矣。聖朝化日光天，聲教四訖，固可養兵不用矣。而整飭戎行，深於睿念，將弁體而行之，有以振作勿怠，不誠保大定功之宏謨哉？

制策又以「安民必先(之)[知]人」,①而兢兢於考績之典,惠養之意。此誠肅清吏治之至計也。臣謹按,察吏之法始於唐虞,允釐黜陟,敷奏明試,尚矣。夏嚴木鐸之徇,商著官刑之儆。周以八法治官府,八枋馭群臣,而尤嚴於弊吏之六計。善、能、敬、正、法、辨,皆冠以「廉」。廉固潔清之義,而亦訓察,其即因操守以爲綜覈歟?漢取士曰「興廉」,察吏曰「廉察」,猶本《周官》遺意。刺史以六條按郡國,而察豪强者一,察二千石者五。晉以五條考郡縣,唐分二十七最,差以九等,其法倍詳。宋以七事考監司,九事考縣令,皆試其材而呈其功。夫循名責實,則人無曠官也;朝考夕稽,則吏皆勤職也。乃行之既久,視爲具文,甘優逸而案有積延,避吏議而事多消弭,皆不能以實心行實政,是又不徒在立法之良,而在行法之人矣。我皇上乙夜批章,日昃不遑,内而卿尹,外而疆吏,能率僚屬以勵職,懲吏胥無逞奸,有不蒸蒸日上,臻于亮工熙載之盛哉?

制策有曰:「古之治河者,治一河而止耳,今則合淮與漕治之。」而因思夫一勞永逸之策。臣竊考《禹貢》之言治水也,曰播、曰瀦。蓋水之性,合則衝,驟則溢,别而疏之,所以殺其衝,又北播爲九河是也;旁而蓄之,所以節其溢,大野既瀦是也。黄河自失故道,遂累代爲患。漢時,河決瓠子,武帝築宣防宫,導河北行二渠,復禹舊跡,而梁楚之地無水災。王景修汴渠堤,河由東北入海,偶合禹跡,自東漢至唐無河患。元時,河決白茅、金隄等處,賈魯以二策進。一議疏塞,並與脱脱韙之,此疏瀹、隄防之兼重者也。且夫治河必並治淮,淮治而河患息,斯漕運自利。今欲收其利,惟當加意清口。清口者,淮黄之會合也。淮力易弱,黄力常勁,淮不敵黄,湖口已患倒灌矣;黄逆入淮,河道轉患淤墊矣。是則以清刷黄,所以輓渡利漕之法,務在因時度勢,爲疏爲築,修舉無遺耳。國家歲賦正供,不惜帑金,以修漕道,恬波濟運,真億

① 「知」,據文義改。

萬年之福也。

若此者，勤求治理，心學懋矣；綏靖嘉師，戎律嫻矣；綱紀畢張，官職釐矣；隄防永固，轉輸利矣。猗歟盛哉！臣伏願皇上，安益求安，治益求治，明政貴有恒之要，深所其無逸之思。德已裕而彌切篤恭，民已寧而猶嚴捍衛，吏已察而愈飭幾康，防已宣而更思利賴。斂福昭夫敷錫，愼憲於以省成。扇巍巍，顯翼翼，摠八方而爲之極，至道大光謨烈，治功遠軼勛華。由是協氣旁流，淳風四溢，彌綸天地，榮鏡宇宙，我國家億載咸寧之慶基於此矣。

臣末學新進，罔識忌諱，干冒宸嚴，不勝戰慄隕越之至。臣謹對。

（底本：《狀元策》，乾隆乙卯年新鐫、嘉慶續刊本）

六七　嘉慶十三年戊辰科　吴信中

嘉慶十三年（一八〇八）戊辰科，共取進士二百六十一名。狀元吴信中，榜眼謝階樹，探花石承藻。

是科知貢舉：吏部右侍郎德文、兵部右侍郎周興岱。會試正考官：大學士董誥、吏部尚書鄒炳泰。副考官：内閣學士秀寧、顧德慶。

是科殿試讀卷官：吏部尚書瑚圖禮，禮部尚書王懿修，工部尚書曹振鏞，吏部左侍郎潘世恩，禮部左侍郎桂芳，兵部右侍郎周興岱，工部左侍郎周兆基，工部右侍郎陳希曾。

吴信中（一七六六—一八二二），字藹人，號閬甫，江蘇蘇州府吴縣（今蘇州市）人。嘉慶十二年，鄉試中式。狀元及第，授翰林院修撰。嘉慶十五年、二十一年，分别任河南、廣東鄉試正考官。二十三年，陞右春坊右庶子，充日講起居注官。二十四年，任湖北鄉試正考官。遷翰林院侍讀學士。二十五年，充文淵閣直閣事。道光間，以請養歸。卒年五十六。著有《玉樹樓稿》。

吴信中狀元策見《歷科狀元策》（影印中研院傅斯年圖書館藏本，臺北：廣文書局，一九七六年）等。

嘉慶十三年，戊辰。夏四月，丁卯朔。丁亥，策試天下貢士劉嗣綰等二百六十一名於保和殿，制曰：朕祇紹鴻圖，仰荷昊綍純佑，寰宇敉寧，比者展義行慶，河海奠安，欣被景貺。用是彌深寅畏，式懋凝承，宥密單心，罔敢暇逸。勉思繹精一之微言，躋蕩平之郅治，慎刑期協中之效，宣防臻順軌之庥，顧惕厲亹諸朕躬，而諮諏採乎士論。兹當臨軒發策，延攬維殷，爾多士對揚伊始，其各獻嘉謨，用資啓沃。

自古帝王傳心之要，主敬爲先。《堯典》始終曰欽，至舜而喜起賡歌，明良交翊，尤必相勖以欽，此千古傳心之精蘊也。三代聖王，曰敕命，曰昭受，曰日躋，曰靈承，先後一揆，可互相證明歟？朱子謂：「《大學》始終不外乎敬，《中庸》樞紐不外乎誠。」心法治法，一以貫之者，二書實括其全，能申明其義歟？《帝範》《帝學》《心經》《政經》諸書，其言亦有合歟？夫天亶聰明，尤勤念典，所謂帝王之學異乎儒生者，又安在也？

三載考績，始於《虞書》；六計弊吏，見於《周官》。曰日成，曰月要，曰歲會，法綦密矣。漢制以六條察守相，盍舉其目歟？刺史秩六百石，守相秩二千石，以卑察尊，何也？二千石以下，六條之外，刺史得察之歟？唐考吏以四善二十七最九等，宋以七事，明以三等，可略言歟？朕澄敘官方，風厲有位，所期內外臣工無曠職守，顧或上行而下不效，大法而小不廉，因循塞責者多，實心任事者少，抑獨何歟？

明刑所以弼教。《易·噬嗑》之《象》曰：「先王以明罰敕法。」敕猶理也。《旅》之《象》曰：「君子以明慎用刑而不留獄。」言審慎用刑，而不稽留獄訟也。《周禮》大司寇以三典刑邦國，以八刑糾萬民，聽以五聲，議以八辟，未有不聽訟而遂可期無訟者。黄霸之治疑獄，顔真卿、崔碣之決冤獄，皆卓可傳述，其他尚多可考歟？夫獄犴不平，固多文致，而塵案遞積，必少平反，遂使情僞滋紛，奸詐百出。將欲矜慎庶獄，無枉無縱，果何道之從歟？我朝立法至爲詳備，重民命而恤民生，問刑之官，宜何如存明允之意，以求合乎刑期無刑之道歟？

天津爲渤海故郡，其地南則衛河，北則白河，川瀆輻輳，漕運所經。衛河向苦淺滯，自漳河南徙，始以隄防爲務，乃隄日增而水亦隨長，何以治之？白河性易衝突，非隄防所能禦，疏洩之功，可或懈歟？三岔河上受南北諸水，下乘强潮，何以免倒漾橫流之患？滹沱子牙，是一是二；桑乾永定，孰原孰委。格淀以障渾流，何以三灘必須接築；筐港以洩盛漲，何以坦坡必須致功。今淀津隄河各工，以次告竣，有能洞徹水利者，其條貫敷陳之。凡茲四事，持敬爲宅心之本，亮功爲熙績之徵，五刑恤而折獄惟良，六府修而安瀾永慶，皆制治之要圖也。多士學古入官，講求有素，以所蘊者著於篇，毋泛毋隱，朕將親覽焉。

（底本：《清仁宗實録》卷一九四，册三〇，頁五六五—五六六。參校本：《嘉慶帝起居注》，册一三，頁一八二—一八三；《歷科狀元策》，影印中研院傅斯年圖書館藏本）

臣對：臣聞建極所以綏猷，釐工所以熙績。彰癉者糾懲之憲，宣防者疆理之經。遡稽曩籍，《易》訓健行，《詩》歌藹吉，《書》著簡孚之誠，《禮》垂修利之文，茂矩崇儀，粲焉賅備。聖人紹天闡繹，握鏡臨宸，念典以劭淵修，亮采以資慎簡，憲禁明而刑法當，河渠開而水利興，悉本乎虔鞏兢業之衷，以垂拱而司契。用是日就月將，天工人代，庶獄歸於明允，丕績奏其平城。郁郁乎煥哉！天人之事炳焉，帝王之道隆焉。自古凝薰萬寓，陶化二儀，所爲扇淳風而席福嘏者此也。

欽惟皇帝陛下，懋緝熙之聖學，飭廉法之官箴，洽大德於生成，登寰瀛於清晏。固已主極端而吏治修，國典平而朝宗會矣。乃聖懷沖挹，不遺細微，廑衢室之疇咨，冀芻言之一得，進臣等於廷，而策以宅心之本，弊吏之方，聽訟之宜，濬川之務。如臣檮昧，譬諸涓流撮壤，奚補崇深，顧義切對揚，時當敷奏，敬承清問，敢不就平昔誦習，謹述所聞，用效蠡測管窺之微悃？

伏讀制策有曰：「帝王傳心之要，主敬爲先。」而因求夫先後同揆之實。此誠基命宥密之大原也。臣謹按，《尚書·堯典》首曰「欽明」，至舜而喜起賡歌，明良翊贊，尤必相勗以欽，用致康哉之盛。嗣是而禹曰祗台，湯曰懋昭，文曰小心，武曰執競，同此旨也。周公作《無逸》，曰嚴恭，曰懿恭，曰寅恭抑畏，猶斯義也，無非「以敬作所」「精一危微」之蘊也。而《丹書》之訓，所爲「敬勝怠者吉」兩言，又其前此者矣。《周易・乾・九三》：「君子以終日乾乾，夕惕若。」許慎《説文》引作「夕惕若夤」，夤即敬也。而《乾》之象爲天，君子體天以出治，則必有昭事凝承之實，以契於穆不已之運。故三代聖王，曰敕天之命，曰昭受上帝，曰聖敬日躋，曰靈承於帝，心源代衍，如契斯合。朱子《大學或問》謂：「格致治平，始終不外乎敬。」《中庸或問》謂：「中和位育，聖神功化，樞紐不外乎誠。」先儒訓「敬」爲「主一無適」，一者誠也。誠與敬，交相劼毖，而存之爲道統，發之爲事功焉矣。唐太宗《帝範》十二篇，始《君體》《建親》，終《閱武》《崇文》。宋范祖禹約三皇至宋代治法，爲《帝學》八卷；真德秀爲《大學衍義》，《心經》一卷，《政經》一卷，均有足於經訓相發明者。《説命》之篇始言學，而「天亶聰明，元后作民父母」。帝王之學，固與儒生之佔畢異也。皇上君師兼體，敷錫同原，斟酌道德之淵源，肴核仁義之林藪，誠統千聖百王之心法治法而一以貫之者也，豈不倬哉？

制策又以「澄敘官方，風厲有位」，期内外臣工無曠職守，爰以求實心任事之臣。斯又設官分職之要圖也。臣聞察吏法始於虞廷，敷奏明試，三考綦詳。夏有遒人之徇，商有官刑之儆。至周而八法治官府，八枋馭群臣，而以六計弊群吏。日有成，月有要，歲有會，其法皆總諸冢宰。漢法，刺史以六條考二千石，凡田宅踰制，牟利侵漁，具申其禁。夫刺史秩僅六百石耳，而得周行郡國，省問治狀，以卑察尊，具得小大相制，内外相維之義。至六條之外，則固未嘗下侵守相職也。唐有四善、二十七最，善之言德，最之言才。四善者，德義有聞，恪勤匪懈等是；二十七最者，獻可拾遺，修隍詰盜等是。宋分七事，明別三等，名雖殊，法由舊也。荀悦《申鑒》曰：「有事考功，有言考用。動則考行，靜則考守。」然則分猷任職，品秩雖有崇卑，官守均宜無曠。乃或上行而下不效，大法而小不廉，斯固在上位者，所當正己率屬，以力爲激勸者矣。聖天子整飭官常，凡封圻大僚，下逮守令，吏治有不肅清者哉？

制策又以：「明刑所以弼教，期於矜慎庶獄，無枉無縱。」臣以爲五刑之設，上世不能廢。古稱「象刑惟明」，言象天道而作刑，非所謂畫衣不犯也。《易·噬嗑》之《象》曰：「先王以明罰敕法。」卦體雷電合章，卦德威明德中，用獄之義取此。《旅》之《象》曰：「君子以明慎用刑，而不留獄。」獄者，罪人之旅也。慎重如山，明照若火，而獄不稽留如旅寄焉耳。《周禮》大司寇，以三典刑邦國，以八刑糾萬民，聽以五聲，議以八辟，立法亦云詳矣。後世若黄霸之治疑獄，顔真卿、崔碣之決冤獄，皆具有明決慈惠之意，非徒以鉤距見長也。夫獄犴不平，固多文致，而塵案積壓，必少平反，遂使情僞滋紛，奸詐百出。寬之則坐長刁風，嚴之又重爲民累，是宜揆之以情，斷之以法，而衷之於理。古稱刑官爲大理，蓋其義也。《書》「惟刑之恤」，《史記》作「静」，言欲其静而無擾也。而聽斷之勤，則又其本圖矣。伏讀御製《明慎用刑説》，本慈祥愷悌之誠，闡閲實矜疑之旨，凡爲秉憲之吏者，宜何如重民命，昭信讞，以共襄刑措之休風乎？

制策又以「天津爲川瀆輻輳，漕運所經」，籌及夫隄防疏洩之功。臣考「防」之名，見於《毛詩》《爾雅》《禮記》。昔人謂「古不防川」者，非也。津門以渤海故郡，南有衛河，北有白河，洪波巨浸，條分縷析，誠天漢之津梁，畿輔之雄郡也。衛河發源蘇門山下，隋爲永濟渠，其流向苦淺滯，自漳河南徙，始以隄防爲務。乃隄日增而水亦隨長，築捺之力宜勤也。白河發源塞外，亦名潞河，性易衝突，非隄之所能禦，分疏之道宜暢也。三岔河上受南北諸水，下乘强潮，歸墟之路宜順也。滹沱爲子牙上游，勢均而力敵。永定舊名無定，匯於桑乾，渟爲蘆溝，源合而流分。格淀隄舊至臺頭而止，今則接築至三灘。筐兒港以洩盛漲爲功，今且兼及於坦坡，所爲因勢而利導也。夫《禹謨》六府，《洪範》五行，皆以水居首，此滌川陂澤之策，康功所由奏也。矧兹夫轉漕孔道，列服近畿者哉？方今睿謨廣運，軫念民依，凡淀津千里長隄，以及格淀隄，各工均豪，特頒帑金，鳩工增修，地慶安瀾，人歌樂土。遐哉邁超禹績，宜乎鑾輅省方，懷柔告瑞也。

若此者，體性功以宰化，則玉燭調和；統班敘以甄材，則瑶圖亮績。咸中協慶，而恩樂熙春；允翕升歌，而歡臚函夏。胥根至誠悠久，用垂裕乎億萬斯年。伏願皇上，本日新久照之謨，勗慎憲省成之義，執中考道，以欽若昭格被之光；灼見克知，以惠疇勸弼諧之治。不以科條已審，而惟欽惟恤，董戒稍寬；不以濬距已成，而或委或原，經營偶弛。清寧合撰，曼羨延洪，於以祇迓蕃釐，式承多祜，則我國家申錫無疆之慶基諸此矣。

臣末學新進，罔識忌諱，干冒宸嚴，不勝戰慄隕越之至。臣謹對。

（底本：《歷科狀元策》，影印中研院傅斯年圖書館藏本）

六八 嘉慶十四年己巳恩科 洪瑩

嘉慶十四年(一八〇九)己巳科,共取進士二百四十一名。狀元洪瑩,榜眼廖金城,探花張岳崧。

是科係慶祝嘉慶五十大壽特設恩科。知貢舉:兵部右侍郎成書、都察院左副都御史秦瀛。會試正考官:大學士費淳、禮部尚書王懿修。副考官:户部右侍郎英和、内閣學士貴慶。

是科殿試讀卷官:大學士董誥,協辦大學士、户部尚書戴衢亨,吏部尚書鄒炳泰,刑部尚書金光悌,工部尚書曹振鏞,都察院左都御史周興岱,户部右侍郎劉鐶之,禮部左侍郎桂芳。

洪瑩(一七八〇—一八四〇),字賓華,號鈐庵,安徽徽州府歙縣(今屬黄山市)人。嘉慶九年舉人。狀元及第,授翰林院編修。尋遭誣告,云其一甲第一名進士,係戴衢亨舞弊所致。嘉慶帝親審查,事終得辨白。洪瑩經此遭遇,遂無心仕進,上疏辭官。居家潛心學術,五經皆有撰述。

洪瑩狀元策見《歷科狀元策》(影印中研院傅斯年圖書館藏本)等。

嘉慶十四年,己巳。夏四月,庚寅朔。庚戌,策試天下貢士孔傳綸等二百四十一人於太和殿前,制曰:朕寅紹丕基,覃熙宙合,仰荷上蒼鴻佑,祖考眷貽,海宇乂寧,雨暘時敘。而深宫劼毖,益亹治安,弗侈小康,冀臻大同。兹御極之十四年,值朕躬五旬慶節,誕敷綸詔,特開恩榜,嘉與天下,普錫蕃釐,同躋仁壽。思所以昌明經術,會通典禮,正士趨而裕民食者,非博採臚言,曷弼予治。爾多士揚對大廷,其敬聽咨詢,各抒所蘊。

言《易》首稱漢學，其授受源流，皆有可考。上下《經》原目，始於《乾》而訖於《豐》，今之篇目，何時所定？先儒《十翼》，次第不同，其以《文言》分附《乾》《坤》二卦者何人？荀爽《九家易》列諸逸象，能約舉歟？孔子删《書》斷自唐虞，而《周官》外史，職掌三皇五帝之書，其書有見於他籍者歟？《洪範》九疇，與八卦相爲表裏，能暢其旨歟？《詩》首二南，《詩譜》云：「得聖人之化者謂之周南，得賢人之化者謂之召南。」厥旨安在？《詩》之用於樂者，國君以《小雅》，天子以《大雅》。然燕饗所用，或上取，或下就，見於《書傳》者凡幾？《周頌》爲周室太平德洽之詩，作於何時？《魯頌》果奚斯所作歟？宋無風而商有頌，其義安在？《春秋》宗《公羊》者幾家？宗《穀梁》者幾家？平其異同者幾人？修《左氏傳》者自何人始？條列二家不如《左氏》數十事者何人何事，能確指歟？

經曲之文，損益之道，莫備於《禮》。漢時后倉最爲明禮，授弟子三家者誰氏？其名《周禮》爲《尚書·周官》者何謂？作《十論》《七難》以排之者何人？其能釋論難使《周禮》義得條通者又何人？《周禮》爲末，《儀禮》爲本，豈真本難明而末易曉歟？《周禮》註者多門，註《儀禮》者止鄭康成，其爲章疏者二家，孰舉大而略小？孰舉小而略大？《禮記》則大小二戴，既共氏以分門。王鄭兩家，復同經而異註，其爲義疏者，則有南北九家五家，可縷指之。至若唐之《開元禮》《曲臺新禮》《續曲臺禮》，宋之《開寶通禮》《太常新禮》《太常因革禮》，以及《通典》《續通典》諸書，源流得失，其參互論斷以爲定衡。

古之用人，首德行，次才能。漢舉孝廉及賢良方正，有未仕而舉者，有既仕而舉者，何歟？魏陳群立九品官人之法，劉毅謂九品有八損，而官才有三難。所謂八損三難者，撮舉其略。唐取士多沿隋制，常貢之科有幾？其擇人有四事，而猶必先德行者，本末先後，不較然歟？覓舉之譏，最爲士習之痼弊。宋太宗謂科級之設以待士流，豈容走吏冒進，竊取科名，言之何篤切歟？國家求賢取士，非徒以階榮進之路。多士學古入官，宜何如束身自愛，以副貢選之盛典也？

食爲民天。《周禮》倉人藏粟，旅師聚粟，遺人委積，其爲儲蓄甚備，常平、義倉、社倉無論。《元史》所載河西務十四倉，京師二十二倉，通州十三倉，即今制所由昉。顧天庾轉輸，丁胥叢雜，回漕攙和之弊，何以杜之？平糴之法，所以便民。其後或定和糴之制，或築富人之倉，或置東西市之糴，厥爲何代？《管子》守國守穀之説，李悝糴三糴二糴一之論，所言果有當歟？宇文融之受詔益貯九穀，孫成之發倉賤售，薛訥之不與倉粟，皆有可採歟？夫糶運多則囤積不免，存貯久則紅朽堪虞，果何道而使市無騰踊、穀無浥爛歟？

夫覃研經籍，爲致用之原；參稽禮制，爲建中之準。先器識後文藝，而後登進之法嚴；三餘一九餘三，而後儲備之道廣。斯數者皆經國之要圖，立政之先務也。爾多士坐言起行，先資拜獻，即在於此。其勉殫素學，悉意敷陳，以備遴選焉。

（底本：《清仁宗實録》卷二一〇，册三〇，頁八一一—八一三。參校本：《嘉慶帝起居注》，册一四，頁二〇四—二〇六；《歷科狀元策》，影印中研院傅斯年圖書館藏本）

臣對：臣聞稽古者觀文之盛，建中者制禮之經，明宅俊所以登賢良，實倉廪所以保康阜。《吕氏春秋》曰「黄帝之道在《丹書》」，顓頊之師爲緑圖」，言念典也。《文子》曰「天道爲文，地道爲理」，言垂制也。《易緯稽覽圖》曰「君五期，輔三名，以建德通萬靈」，則官人之法可知矣。《尚書大傳》曰「八政先食，萬物之始，人事之所本也」，則民食之重可思矣。懿夫圖書亮章，潤色鴻業，騶虞樂官備，隴畝棲餘糧，巍乎事該功備矣。自古升恒有慶，容保無疆，所爲膺福嘏而凝寶命者此也。

欽惟皇帝陛下，錫疇御宇，握鏡臨宸，固已河洛闡羲軒之藴，經曲攬文質之宜，論升材則棫樸可歌，驗藏富而阜昌有兆矣。迺聖德淵沖，勤求上理，思崇久治之規，益切咨詢之實。進臣等於廷，而策之以經訓、禮制、官人、積貯諸大典。臣之檮昧，何以知體要，顧念幸際嘉言罔伏之時，敬附拜獻先資之義，敢不就平時所考見者，謹述所聞，以效顓蒙之一得乎？

伏讀制策有曰：「《易》首稱漢學，其授受源流皆有可考。」而因統究夫《書》《詩》《三傳》之精微。此誠宅心知訓之要典也。臣考《漢書》，立博士十四家。漢興，《易》學本田何，有施、孟、梁邱之學，而劉向以中古文校三家經，或脱去「无咎」諸字，惟費氏《易》與古文同。夫漢《易》莫古於孟喜，《藝文志》載「《孟氏》上下經二卷」。二卷是孟喜以前已題「經」字。然孟喜、費直之古《易》，鄭康成尊之，王弼易之，王肅難之。而河北、江南，爲鄭氏、王氏之學，遂立門户之見矣。《十翼》次第，以孔穎達《正義》所列爲定，自《正義》定，而先儒無異議矣。李鼎祚《集解》載荀爽九家，逸《象》三十有九家，有虞翻、陸績等九人，稱爽者以爽爲之主也。《尚書》斷自唐虞，《尚書大傳》以《堯典》爲唐傳，是伏生時所見本，《虞書》亦謂之《唐書》。孔安國《序》云：「三皇之書，言大道也；五帝之書，言常道也。」《周官》外史掌三皇五帝之書，未必至漢初全佚。若王應麟《困學記聞》所載《荀子》，賈誼《修政語》諸篇所引，可參考也。劉歆《洪範五行傳》云：「自初一以下六十五字，皆《洛書》文。」唐一行引《京房傳》云：「自《中孚》冬至用字，九八七六是爲三十。」夫河出圖，洛出書，聖人則之。張衡云：「龍圖受羲，龜書畀姒，而戴九履一，陽奇陰耦之文，其表裏相符，可考也。」《詩譜》云：「《周南》得聖人之化，《召南》得賢人之化。」然周召分陜，而至謂周公以聖自居，而以賢居召，此後儒所以不能無議也。若《大雅》《小雅》，燕饗所用，天子、諸侯之樂，有未能畫一者，故箋經者定爲「上取下就」之説。《魯頌》有「清廟奕奕，奚斯所作」之語。班固《兩都賦序》云：「皋陶歌虞，奚斯頌魯。」後人遂以《魯頌》爲奚斯作，誤矣。《商頌》宋戴公得其五篇，稱「頌」者仍其舊也。宋無《風》，王者之後，不備輶軒之采也。劉知幾云：「《左氏》之義有三長，《公》《穀》之義有五短。」王應麟臚列甯諸家之説甚詳，而三科九旨之等，善經善禮之言，皆昭然矣。我皇上倬漢經天，振興文教，生斯世者，宜何如通經以致用也乎？

制策又曰：「經曲之文，損益之道，莫備於《禮》。」而因及王鄭異同之文，唐宋因革之義。此又質文損益之大經也。臣考漢時，后倉最善於禮，《曲臺》古經，五傳弟子，分曹教授。而注《禮》之大宗爲鄭康成，賈公彦、孔穎達二家義疏，詳略異宜，或得或失。《小戴》四十九篇爲今《禮記》，《大戴記》之《五帝德》《帝系姓》諸篇，猶可考見三代之遺也。河北、江南爲鄭之學者，黨同伐異，而門户之見分矣。漢初，叔孫通定禮儀，爲綿蕞於野外習之。東漢則又有曹褒定禮。唐初太宗、高宗時，有《貞觀顯慶禮》；開元中，命張説、徐堅等撰《開元禮》。由是有唐一代，若《貞觀顯慶禮》《開元禮》《曲臺新禮》《續曲臺禮》，粲乎備矣。宋之《開寶通禮》，視乎唐爲損益，而《太常新禮》《太常因革禮》，以及《通典》《續通典》諸書，源流得失，皆可參稽互考也。仰惟聖天子德車樂御，玉振金聲，超百代以立隆，宰萬殊而示準。郁郁乎文，優優之大，又豈唐宋以來所可企及於萬一也哉！

制策又以：「古之用人，首德行，次才能。」爰及漢魏而下，官人貢士之方。此又循名責實之要義也。臣按《毛詩傳》云：「八能可使爲士，九能可使爲大夫。」王應麟云：「三德官人之法，三宅知人之法。秦漢以上，取士不一途，惟名實相賓而已。」漢世始有貢舉之名。《韋彪傳》云：「二千石賢，則貢舉得其人。」文帝十五年親策賢良，武帝元光元年、五年，策試董仲舒等，爲後世策試貢士之始。魏陳群立九品官人之法，晉劉劭作都官考課七十二法。晉干寶云：「子真著崇讓而莫之省，子雅制九班而不得用。」此劉毅八損三難之説深有見乎？知人之不易已。唐代取士，多沿隋舊，常貢之科，擇人有四，時之所向，明經、進士而已。至宋太宗謂：「科級之設(以)待士流，①豈容走吏冒進，竊取科名。」其言篤切，士之所宜奉爲圭臬也。皇上敦崇實學，奬勵士林，凡服古入官者，敢不深相勉勵也乎？

① 「以」，據《文獻通考·選舉考八》等删。

制策又曰：「食爲民天，《周禮》倉人藏粟，旅師聚粟，遺人委積。」則儲蓄之方與平糴之法，均不可不亟講也。臣考蔡邕《月令章句》曰：「穀藏曰倉，米藏曰廩。」許慎《説文》曰：「倉黄取而藏之，故謂之倉。倉黄取而廩之，故謂之廩。」古者耕九餘三，財用不匱，所由民氣樂而頌聲作也。若耿壽昌之常平，朱子之社倉，皆倉儲可取者也。《管子》守穀、守國之説，李悝糴三、糴二、糴一之論，則平糴可酌者也。夫惟實意奉行，則轉輸不虞其勞，而回漕攙和之弊息矣；糴糶均當其時，而囤積紅朽之慮免矣。《管子》曰：「聖王在上，政令無不從，惟民生之厚也。」皇上惠愛黎民，至優極渥，念三農之生穀，式九用以宜民，而倉儲糴糶諸大政，有裨於斯民生計者大矣。

若此者，翺翔仁義之圃，則經術昌也；覽觀文物之林，則軌度昭也；升司馬之書，而士氣勉也；重司農之粟，而物産寧也。抑臣尤伏願皇上，安益求安，治益求治。考古驗同文之盛，而章志貞教，不忘考訂之勤；大中建皇極之隆，而緯地經天，益飭儀文之等。小廉大法，而官方澄敘，倖進於以嚴其防；解愠阜財，而民依軫念，惠鮮彌以深其澤。九垓八埏，莫不涵濡沾被，則我國家億萬年有道之長基此矣。

臣末學新進，罔識忌諱，干冒宸嚴，不勝戰慄隕越之至。臣謹對。

（底本：《歷科狀元策》，影印中研院傅斯年圖書館藏本）

嘉慶十四年，己巳。秋七月，己未朔。丙寅，諭内閣：「另摺又言戴衢亨於本年殿試閲卷，顛倒舞弊，將洪瑩援引爲一甲第一名進士。該給事中曾令一同鄉庶吉士周際釗，向戴衢亨私宅查閲門簿，探問管門之人，得其交通情狀。又黄中模策寫俱佳，不列入十卷之内；黄旭行楷相間，竟置二甲之中，指爲舞弊實據等語。朕因特派大學士慶桂、董誥、禄康，尚書蘇楞額，傳旨向戴衢亨詢問，令其明白登答。戴衢亨回奏之摺，陳辯甚明。……至於殿試爲掄英大典，科場舞弊，律有明條。若果如花杰所言，戴衢亨與洪瑩交結情密，援引爲一甲一名進士，於黄中模、黄旭顛倒列置，此是何等弊竇，何項罪名，其告訐者應如何坐罪。該給事中摺内，但云『請將洪瑩覆加考試，或默寫策對，若實係平常，請嚴究弊端』，而於考試無弊，則全不反而自思應否治罪，殊屬荒誕無理。現因該給事中有覆考時，尚恐南書房有人設法照應，請旨嚴密防範。因即如其所言，先向内閣查取洪瑩等殿試各原卷，加封進呈，一面派滿洲軍機章京，將洪瑩由福園門帶至上書房，命二阿哥監看，令其默寫試策，朕親加披閲。設字策不符，顯有弊竇，非但戴衢亨與洪瑩獲罪甚重，凡此次派出讀卷之大學士董誥等，皆當一併懲處，朕豈肯稍爲寬假。今洪瑩所默策對，與原卷悉符，閒有數字誤寫，用硃筆點出者，不過文義小有異同，語句先後微有參差。試思尋常擬作詩文，數日後尚不能悉行記憶，今距殿試已逾兩月之久，而洪瑩竟能記憶默寫，非績學有素，安能如此，尚有何弊？且殿試前十卷進呈時，洪瑩本係朕拔置第一，并非讀卷官所擬，花杰何得指稱戴衢亨一人援引之力？至於黄中模、黄旭各原卷，文理皆可列二甲，惟黄旭末四行字畫不能工整如前，亦並無一筆行書，今黄中模列置二甲，黄旭置二甲之中，尚皆公允，此二卷亦非由戴衢亨首先校閲，花杰何得指戴衢亨徇情顛倒，如此妄行參奏，伊自問可以脱然無事乎？又花杰摺内稱，『本年考取南書房四人，除王以銜外，周系英係英和同年，席煜係英和門生，姚元之則係英和、戴衢亨二人門生，文字雖優，鑽營尤甚。英和平日賞識，戴衢亨畏忌英和，陰與爲附，實屬結黨行奸』等語。本年考試南書房，英和會同戴衢亨、瑚圖禮保舉十二員，朕圈出與考八員，選取四員，内周系英、王以銜，本係講官，於隨圍時朕曾屢加召對，加以遴選。席煜、姚元之，試卷本佳，並非戴衢亨、英和力薦。若謂周系英係英和同年，則豈是科祇英和一人可供文學侍從之選，其餘竟無一人可用？若謂席煜等係其門生，豈戴衢亨、英和二人所取之士皆不可選用内廷乎？尤爲謬妄。至名節所係，即尋常一介齊民，朕尚不忍令其受人污衊，況戴衢亨任用已久，經朕用至協辦大學士。今花杰任意詆訐，無所不至，朕豈肯任其甘受虚誣？花杰著交部嚴加議處，並著將洪瑩等殿試原卷，及昨日默寫之卷，均發交花杰閲看，令其心服。」

（《清仁宗實録》卷二一五，册三〇，頁八八四—八八七）

又諭：「洪瑩能默寫策問，僅訛十數字，的係真才實學。朕命二阿哥監看封奏，朕親自校對，大約無弊矣。洪瑩平空被誣，若實不能書寫，當得何罪？著賞紗二件，以示獎許。花杰誤聽邪言，濫行入告，本應嚴議，恐阻言路，改爲交部加等議處。劉承澍播弄典常，殊屬陰險，著解任交大學士慶桂、董誥，尚書曹振鏞，侍郎桂芳，嚴訊確情具奏。」

（《清仁宗實録》卷二一五，册三〇，頁八八七）

六九　嘉慶十六年辛未科　蔣立鏞

嘉慶十六年（一八一一）辛未科，共取進士二百三十七名，狀元蔣立鏞，榜眼吴毓英，探花吴廷珍。

是科知貢舉：内閣學士榮麟、吴芳培。會試正考官：大學士董誥，户部尚書曹振鏞。副考官：兵部右侍郎胡長齡，内閣學士文寧。

是科殿試讀卷官：協辦大學士、兵部尚書劉權之，吏部尚書瑚圖禮、鄒炳泰，禮部尚書王懿修，吏部右侍郎秀寧，兵部左侍郎萬承風，工部左侍郎陳希曾，内閣學士汪廷珍。

蔣立鏞（一七八二—一八四二），字序東，號芝山，又號笙陔，湖北安陸府天門縣（今天門市）人。嘉慶九年，湖北鄉試中舉。狀元及第，授翰林院修撰。嘉慶十八年，任河南鄉試副考官。二十四年，任廣西鄉試正考官。歷詹事府少詹事。道光十六年（一八三六），擢内閣學士，兼禮部侍郎銜。二十一年，送父靈柩回鄉。次年，卒于家。著有《香案集》。

蔣立鏞狀元策見《歷科狀元策》（影印中研院傅斯年圖書館藏本）。

嘉慶十六年，辛未。夏四月，戊申朔。戊辰，策試天下貢士朱壬林等二百三十七人於保和殿，制曰：朕誕膺昊眷，寅纘丕基，於今十有六年。幸函夏寧謐，海洋肅清，惟日孜孜，冀臻上理。探帝王建極之原，期河漕安瀾之慶，刑罰清而民訟息，操防肅而兵制嚴。爾多士以敷奏爲明試，爰資啓沃，佇聽嘉謨。

危微精一之旨，爲帝王道統所開。堯曰執中，舜曰用中，湯曰建中，與《中庸》致中和之義有合否？朱子謂：「《大學》

之格致誠正，以至修齊治平，始終不外一敬；《中庸》之聖神功化，樞紐不外一誠。」心法治法，一以貫之，二書實括其全，能申明其意歟？眞德秀《大學衍義》，略治平而不言，何歟？唐太宗《帝範》，范祖禹《帝學》，以及《大寶》《丹扆》之箴，有可採歟？《洪範》「皇極」，漢儒訓爲「大中」，宋儒又以爲不然，何歟？

禹之治河，先疏下流，《禹貢》一書可按也。若今之治河，則兼欲利漕，其治法不過曰疏、曰浚、曰塞。潘季馴云：「水性不可拂，河防不可弛，地利不可强，治理不可鑿。」此誠不易之論也。夫以隄束水，以水刷沙，自有成法。顧何以濁流或致分侵，運道或成淤澱？以借黄濟運，苟且目前，不顧後患。宜用何策使之涓滴不入，又能利漕？其於入口出口隄防牐壩之利，宜何如置力歟？國家數百萬漕，歲資濟運，而施工亦所費不貲，必使清足敵黄，黄不倒灌，水得遄行，帑歸實用，始於河漕均有裨益。詎可因循怠忽，致失機宜歟？

虞廷弼教，欽恤惟刑。《周官》大司寇以五刑糾萬民，有五禁五戒，所以使勿犯也；有三刺五聽，所以致其慎也；有三赦三宥八議，所以加之仁也。肉刑除於何代？五刑之屬三千，夏商與周同否？法與名何以分爲二家？兵與刑何以合爲一典？人命至重，所謂悉其聰明，致其忠愛，豈不在折獄者之無成心、無偏見歟？朕哀矜庶獄，每閱讞牘，再三審慎，以期無枉無縱。而司獄者或以姑息爲陰德，或以武健爲勝任，豈稱不剛不柔受王嘉師之意歟？

兵可以百年不用，不可以一日不備。《易》占利用，《書》稱克詰，《禮》有蒐苗獮狩之典，皆於農隙講武，所以振國威也。周制寓兵於農，管子作内政而兵農以分，漢有南北軍之屯，唐有府兵、彍騎之制，宋有禁兵、鄉兵之殊，元立五衛，明設京兵、邊兵。統屬異同，其詳若何？今直省營制，非不勾稽有册，簡閲有規，校練有期，侵冒有禁。保無有老弱充伍，巡防疏惰，習爲具文而無實效者乎？近日又有團勇練勇之稱，究竟有益無益？其何以副朕整飭戎行設兵衛民之意？多士試詳言之。

夫心法爲宰化之樞，河防爲安民之本，刑罰中而祥風洽，訓練謹而武備修，皆致治之要圖，經邦之大計也。多士學古入官，講求實用，其各以素所誦習者著於篇，毋泛毋隱，朕將親遴焉。

（底本：《清仁宗實録》卷二四二，册三一，頁二六五—二六六。參校本：《嘉慶帝起居注》，册一六，頁二一〇—二一一；《歷科狀元策》，影印中研院傅斯年圖書館藏本）

臣對：臣聞建極所以綏猷，經邦在乎濟運，明刑斯能弼教，衛民莫如足兵。帝王寅承實命，本内外交修之實，握天人協應之機。以課有密，兢業凛夫九重；以利轉輸，貢賦通乎三壤；以示慈祥，法歸於準情酌理；以昭震疊，義著於懷德畏威。是以《詩》歌敬止之文，《書》美濬川之績，《禮》記參聽之命，《易》繫容保之辭。綜搜載籍，主術懋而日月就將，民利興而金湯鞏固。國有政簡刑清之化，士講安民和衆之方，所由規矩乾坤，甄陶品彙，胥一世而躋之仁壽者恃此也。

欽惟皇帝陛下，道契執中，治昭普利，沛好生之大德，修整武之常經。固已莊敬日强，而隄防永賴；簡孚有衆，而法制相維矣。乃聖懷沖挹，葑菲無遺，既觀民而設教，復詢事以考言，進臣等於廷，而策之以傳心學、籌河防、慎典刑、嚴軍制之至計。如臣愚昧，何足以知體要，顧當對揚伊始之時，敬念敷奏以言之義，敢不勉述素所誦習者，以效管窺蠡測之微忱乎？

伏讀制策有曰：「危微精一之旨，爲帝王道統所開。」而因揭夫内聖外王之功用。臣謹按，《史記·五帝紀》云：「帝嚳溉執中，以徧天下。」執中之説，固不自《尚書》始。然删《書》斷自唐虞，堯執中，舜用中，湯建中，先後一揆。孔子特加一「庸」字，蓋以性情言中和，以德行言中庸，其理無非一中也。朱子謂：「《大學》自格致誠正，以至修齊治平，始終不外乎敬。《中庸》自中和位育，以迄聖神功化，樞紐不外乎誠。」誠則不息，敬則必勤，誠敬立，而帝王之體用賅矣。二書實與《尚書》相表裏。真德秀《大學衍義》分四大綱，曰格致，曰誠正，曰修身，曰齊家，意在於正本清源，故略治平而不言。明邱濬以《正朝廷》《成功化》等目補之，乃爲完備。唐太宗《帝範》十二篇，始《君體》《建親》，終《閲武》《崇文》。宋范祖禹《帝學》八卷，上自三皇五帝，下迄神宗。以至張藴古《大寶箴》，凛物侈聲淫之戒；李德裕《丹扆箴》，臚《宵衣》《正服》之條，皆有足述者。《孔傳》訓「皇極」爲「太中」，朱子曰：「中所以爲皇極也，以極爲在中之準則可，以極訓中則不可。」五行、五事、八政、五紀，極之所由立；三德、稽疑、庶徵、五福、六極，極之所由推。以《洛書》以五居中，而《九疇》以皇極爲本也。仰維聖學高深，崇儒重道，洵足接心源於往哲，樹作覩於群倫，復繹經筵講論，闡用中之微旨，發順動之真詮，固宜其昭垂萬古矣。

制策又以：「今之治河，兼欲利漕。」此誠一勞永逸之策也。考《玉海》載《禹貢》九州未繫河，是爲運道之始。顧黄河自唐以前，北行入海。晉開運元年，滑州之決，河乃自北而東。宋熙寧八年，澶州曹村之決，河乃自東而南。元延祐六年，築汴梁護城，使水南匯于淮，而河始與淮通。清口者，黄淮之會合也。淮之力易弱，黄之力常勁。黄水倒灌，清口必至淤澱。洪澤湖水不出，自高堰各壩流入高寶諸湖入運河，則下流皆爲澤國，而運道亦以不通。故欲收淮河之利，宜加意於清口，添築攔黄磯嘴長壩，以殺黄勢。其或淮黄並漲，又宜保固高家堰。潘季馴所爲用束淮刷黄之策，堅築高家堰，蓄洪澤所注，全淮之水，以七分入清口，刷黄入海，而以三分入運河，自山陽、寶應、高郵、江都三百里内以達之江，誠有以固東南之保障，導糧艘之關鍵也。自古河徙無常，惟在善治河者審時度勢，或設磯嘴以禦其衝，或修月隄以防其潰，或挑引河以殺其流，而其大指不外助淮以敵河，使淮治而河亦治；合黄淮以治漕，使黄淮治而漕亦治，庶水得遄行，而帑歸實用耳。方今海宇恬波，河流順軌，皆仰賴睿謨籌畫，集衆議而衷一是，俾運道常通，而倉庾益見充實已。

制策又曰：「虞廷弼教，欽恤惟刑。」而欲使察獄之道，無枉無縱。夫五刑之制，起于蚩尤，唐虞三代，因革不同，而要無失乎刑期無刑之意。史稱漢文帝十三年除肉刑，然崔浩《漢律序》謂「文帝除肉刑，而宫不易」。《通鑑》西魏大統十三年除宫刑，《書正義》及《周禮疏》又謂「至隋唐乃赦」，則肉刑之除，不盡在漢矣。《周官》五刑之屬各五百，穆王增爲三千，輕刑增而重刑減。然《周禮》鄭注引夏刑，大辟二百，臏辟三百，宫辟五百，劓墨各千，則三千之制，自夏已然，即《吕刑》所本。法十家出於理官，名七家出於禮官，源流自别。禮樂分爲二職，兵刑合爲一官，詳略各異故也。昔陳咸言：「爲人議法，當依於輕，雖有百金之利，慎無與人重比。」蓋漢承秦法，過於嚴酷，咸亦有激而言。至苟慕輕刑之名，而不恤惠奸之患，則姑息市恩，如唐太宗縱囚一事，亦不免爲歐陽修所譏耳。臣讀御製《慎刑論》，往復重申，戒喜怒之勿縱，慮輕重之失宜。更恭繹御製《息訟安民論》，仍本慎刑之意，推原勤政，非治民之要道歟？

制策又以：「兵可以百年不用，不可以一日不備。」臣惟古者寓兵於農，蒐苗獮狩，皆於農隙以講武事。自管子作《内政》，寄軍令，而兵農始分。漢初，南軍以衛宫城，北軍以衛京師，得内外相制之道。唐置府兵，一變爲彍騎，再變爲方鎮，其制益壞。宋統外兵于樞密，總内兵于三衛，有召募、揀選、廪給、訓練、屯戍、遷補、器甲、馬政之目。明京兵錦衣十二衛，留守四十八衛，即唐府兵之遺。邊兵如薊遼、大寧諸司等衛，即漢募民實塞下之遺。大抵自唐宋後，專用募兵，而游手無藉之徒應募濫入，養兵之費日浩，而實無所可用。必如宋臣蘇軾疏河北弓箭社事宜，鄉勇自相團練，人情不擾而邊備修，特不至戎服執器，奔驅滿野，如王安石保甲之法耳。聖朝承平化洽，疆宇敉寧，海島重洋之區輸誠者億萬計。然猶敕諭屢頒，諄諄以簡閲爲念，屬在將弁，孰敢不鼓舞而振興哉？

若此者，基命以單心，宜民以利運，緩刑以尚德，奮武以昭戎。洋洋乎暢九垓而泝八埏，蓋亘古而獨隆也。臣尤伏願
皇上，懋持盈保泰之懷，臻累洽重熙之盛，時幾已敕而益表潔齊，清晏已歌而愈勤疏鑿，彰癉已分而彌思保惠，戎兵已詰而

更切懷柔。遜志之修敏焉，翕河之頌陳焉，折獄之良稱焉，知方之訓著焉。騰英聲，蜚茂實，總八極而爲量，於以彌綸宇宙，鼓鑄群生，開駿發之遠祥，固保定之宏業，則我國家萬年有道之長視諸此矣。

臣末學新進，罔識忌諱，干冒宸嚴，不勝戰慄隕越之至。臣謹對。

（底本：《歷科狀元策》，影印中研院傅斯年圖書館藏本）

七〇 嘉慶十九年甲戌科 龍汝言

嘉慶十九年(一八一四)甲戌科,共取進士二百二十六名。狀元龍汝言,榜眼祝慶蕃,探花伍長華。是科殿試讀卷官:大學士董誥,户部尚書潘世恩,兵部尚書劉鐶之,都察院左都御史戴均元,吏部左侍郎秀寧,兵部右侍郎周系英,工部左侍郎茹棻,内閣學士恩寧。

龍汝言(一七七八—一八二九),字子嘉,號錦珊,安徽安慶府桐城縣(今屬安徽安慶市)人。嘉慶十三年,以寄籍廪生應天津召試,賜舉人,准予會試。十六年,賞内閣中書。狀元及第,授翰林院修撰。二十年,受命參與《秘殿珠林》《石渠寶笈》正續編繕寫。二十一年,任湖北鄉試正考官。二十四年,以其抄寫《石渠寶笈續編》中「高宗純皇帝廟號」時,脱落「帝」字,革職回籍。道光元年(一八二一),起爲内閣中書,授兵部主事,進兵部員外郎。工花鳥,擅墨竹。著有《賜硯齋集》十二卷。

龍汝言狀元策見《嘉慶十九年進士登科録》(國家圖書館藏)及《歷科狀元策》(影印中研院傅斯年圖書館藏本)等。

嘉慶十九年,甲戌。夏四月,壬戌朔。壬午,策試天下貢士瞿溶等二百二十六名於太和殿前,制曰:朕仰承昊綍眷佑,兢兢業業,夙夜不敢康,十有九年於兹矣。用是彌深寅畏,以期治臻上理,與我黎庶共享昇平之福。當兹延攬,爰佇嘉謨。

《尚書》爲傳心要典,二帝三王以來,凡曰欽、曰恭、曰慎、曰克艱、曰孜孜、曰兢兢,君臣交儆之言,與《洪範》之言敬,《中庸》之言誠,能推闡其義歟? 人君敬天以勤民事,人臣敬事以亮天功,誠敬相通之旨,可發明其藴歟? 《丹扆》《大實》之箴，《皇極》《經世》之論，典矣懋矣。朱子《或問》之言心法治法者，道無不賅，能互申其旨歟？真德秀《大學衍義》，略治平而不言，豈果操諸一家之内，而國自治、天下自平歟？抑所謂措正而施行者，固有漸歟？

政教之美，風俗爲先。古者家有塾，黨有庠，州有序，國有學，凡以化導其民，而興賢興能，由此其選也。《記》曰：「君子如欲化民成俗，其必由學乎。」夫孝弟忠信，禮義廉恥，固有之良，盡人同具，彼民習聞正論，則奇衺之説，自不得而中之。漢循吏如文翁、召信臣輩，或興學校，或重本業，誠得端本善則之道歟？正學興則邪説熄，官常肅則庶民從。公卿大夫，所使承流而宣化，二千石與我共此民者，宜何如董率而化導之也？官多因循疲玩，吏多貪利徇私，啓聾振聵，敕法除奸，用何道歟？

古無所謂兵，凡民皆兵也；無所謂將，六卿皆將也。《周官》始有伍兩卒旅師軍之名，自邱甲田賦之制日紊，楚有二廣，晉有爰田，法制紛如。嗣後崇卒用徒，車戰漸廢，戰國之兵，動以數十萬計，於是兵民始分。至漢而内有南北軍，外有郡國兵，厥制何若？唐之府兵，最爲近古，何以更爲彍騎？宋收節度之權，改爲更調，元祐熙寧兵制，孰爲合宜？明之五軍都督府，亦猶府兵之意也，何以改爲十二團營，又改爲三大營？召募之法，既不可行；團練之名，亦多流弊。多士自田間來，見聞親切，其何以使兵歸實用，餉不虚糜歟？

上古無司刑之官。《虞書》命臯陶作士，明五刑以弼五教。《周禮》獄辭之成，司寇聽之，三公參聽之，其載在《秋官》者，有五聽八議三刺三宥三赦之法，能舉其略歟？《春秋》時鄭有《刑書》，晉有《刑鼎》，情僞日出，法令滋彰。李悝法律，蕭何益之，叔孫通又益之，其篇目若何？漢文除肉刑，善矣。而以髡笞代之，深文酷吏，務從重比，死刑轉不勝其衆，魏晉以來病之。隋唐以來，始制五刑，其即有虞鞭扑流宅之遺意歟？朕明慎用刑，期於辟以止辟，近又命廷臣清理庶獄，凡情有可原，悉予減等。愚民無知，自罹法網，果何道而使之革面革心，不犯有司歟？

夫端主德以建極，正民俗以同風，飭戎而綏靖嘉師，敕法而矜慎庶獄，皆制治之要圖也。多士學古入官，講求有素，其以所藴者著於篇，毋泛毋隱，朕將親覽焉。

（底本：《清仁宗實録》卷二八九，册三一，頁九五六—九五八。參校本：《歷科狀元策》，影印中研院傅斯年圖書館藏本）

臣對：臣聞建極者綏猷之盛軌，遵道者訓行之隆規，克詰重則衛合天慈，欽恤昭則治躋民服。緊古帝王，紹承聖緒，宣暢淳風，布武績於八紘，凜憲成於三宥。以溯精一，則心法傳焉；以廣教化，則治術恢焉；以靖衆志，安善良，則軍政修焉；以別淑慝，明彰癉，則刑罰清焉。是以典學敏修，式垂於説命；乂民用德，化洽於箕疇。《周禮》詳蒐獮之文，義《易》列噬嗑之象。飭宸躬而綿區飲化，肅武備而匝宇歸仁。用茲啓迪品類，覆露芸生，洪鬯延醇，闡繹流祚，上哉敻乎！

欽惟皇帝陛下，參三立極，執兩用中，健體乾行，比户偏德，威嚴師律，刑措成風。固已福應盛而嘉祉駢，衆彙蕃而昇平慶矣。迺睿懷沖挹，深維久安長治之方，彌廑保泰持盈之念，進臣等於廷，而策以聖學、教化、講武、恤刑諸大政。臣之檮昧，曷知體要，譬若塵涓，奚裨山海。顧念對揚伊始，竊附拜獻先資，敬承清問，敢不勉述前聞，備陳誦習，以效管窺蠡測之微忱乎？

伏讀制策有曰：「《尚書》爲傳心要典，二帝三王以來，君臣交儆。」因及心法治法之精，治國平天下之理，誠措正施行之要義也。臣謹按，羲農黄顓，尚矣。而孔子删《書》，斷自唐虞，「人道危微」十六言，乃千古帝王傳心之要，故《堯典》以欽之辭始，《益稷》以欽之辭終。《舜典》曰：「温恭允塞。」又曰：「慎徽五典。」《皋陶謨》曰：「同寅協恭。」又曰：「慎厥身，修思永。」《大禹謨》曰：「后克艱厥后，臣克艱厥臣。」以及湯之聖敬日躋，文之緝熙，武之執競，其所以惟日孜孜競業而不違者，非特主術之懋，抑唯是贊襄而燮理者與有責焉。《洪範》九疇，皇極之所以錫也，而用五事者，首之以敬。《中庸》一書，聖道之所爲大也，而陳九經者，要之以誠。夫天生民，而立之君使司牧之，惟敬天以勤民事，則克享天心，凝承寶命矣。一人不能以獨理，故左輔右弼，前疑後丞，内則有六卿，外有州牧侯伯，惟敬事以亮天工，則上膺主眷，懋官懋賞矣。張藴古《大寶箴》，李德裕《丹扆箴》，凛物侈聲淫之鑒，臚《宵衣》《正服》之條。邵子《皇極經世書》，言君道、臣道十二則，皆本心傳以發明治道者也。朱子《或問》謂：「格致以及治平，始終不外乎敬。中和極於位育，樞紐不外乎誠。」心治法原於天命，神聖功顯於篤恭矣。真德秀《大學衍義》，取經文二百五字，證以典謨，《伊訓》之書，《思齊》之詩，《家人》之卦，子思、孟子、荀子之説，意在正本清源，故首以爲學之要，次乃分四大綱，曰格物致知、曰誠意正心、曰修身、曰齊家，而治國平天下之略缺焉。邱濬補之，因真氏所衍者，於齊家之下，續以治平之要，其爲目凡十有二。真氏之書，本之身家，達之天下；而邱氏之編，又將治平之要，收格致、誠正、修齊之功也。是則修齊與治平，豈有二理也哉？我皇上天亶聰明，日新盛德，中心無爲，以守至正；慎簡有位，以儆庶官，本至誠無息之全功，爲輔相財成之盛治，豈不懿哉？

制策又以：「政教之美，風俗爲先，君子如欲化民成俗，其必(力)[由]學乎？」①而因期循吏以端本善則之道，與夫董率化導之方。臣稽古者立學，所以教化斯民，使之各得其孝弟忠信之理，生其禮義廉耻之心，以全其同具固有之天良而已。故家有塾，黨有庠，州有序，國有學，鄉老以賓興賢能，司馬則辨論官材，此其選也。蓋豐衣足食，既有以厚民生；禮樂詩書，復有以正民德。父兄師長之訓迪，耳聞目見之漸摩，奇衺之説，何由得而煽惑之哉？顔師古曰：「循者，順也。上順公德，下順人情也。」漢吏治最爲近古，文翁守蜀郡，召信臣守南陽，或興學校，或重本業，洵足與黄霸、朱邑、龔遂等並傳

① 「由」，據策問改。

已。夫正學興則邪説熄，官常肅則庶民從。漢宣帝詔曰：「庶民所以安其田里，而無歎息愁恨之心者，政平訟理也。與我共此者，其良二千石乎？」又曰：「安静之吏，悃愊無華，日計不足，月計有餘。」是民之休戚在守令，而守令之賢否，又視乎大吏之公忠體國，有以表率之。果其大法小廉，不戾於清、慎、勤之訓，則承流宣化，夫何愧乎？而反樸還淳，又何難乎？聖天子幾康用敕，德意旁敷，允釐百工，咸和萬民者，甚盛治也。

制策又曰：「古無所謂兵，凡民皆兵也。無所謂將，六卿皆將也。」而欲使兵歸實用，餉不虚糜。此誠以兵衛民之要旨也。臣愚以爲，兵可百年不用，不可一日而無備。《左氏》曰：「不備不虞，不可以師。」良非謬也。《周官·司馬》兵制詳矣，自邱甲田賦作，而楚有二廣，晉有爰田，於是兵民始分。漢之南北軍，内兵也；有郡國兵，外之制也。《光武紀》曰：「高祖選能，引關蹶張、材力武猛者，爲輕車、騎士、材官、樓船，以春秋講肄。」唐府兵，十人爲火，火有長，三百人爲團，厥制猶古。自更爲彍騎，而令典弛矣。宋懲唐季節度之患，改爲更調是已。至元祐熙寧之間，議改議復，則柄國秉政之人異也。明五軍都督府，猶府兵也，一變而爲團營，再變而爲三大營，其制曷足貴乎？皇上神武，布昭天威，震疊八旗，勁旅如虎如貔，蓋從古無比也。

制策又以：「明刑弼教，期於辟以止辟。」而又清理庶獄，愚民無知，使之格而有耻，改行遷善。此誠仁政也。臣考《周禮》獄辭之成，司寇聽之，三公參聽之，《秋官》有五聽、八議、三刺、三宥、三赦，法綦詳矣。春秋時，鄭有《刑書》，晉有《刑鼎》，法令滋煩矣。李悝者，魏文侯師也，著法六篇。蕭何除參彝連坐，增部主見知等法，叔孫通又益爲十八篇。漢文帝十三年，淳于公得罪，少女緹縈上書願代，因詔除肉刑。張蒼等易黥爲髡，劓爲笞三百，斬左趾爲笞五百，酷吏重比，後世病之，宜矣。我皇上明慎用刑，矜憐折獄，既協咸中之慶，更施法外之仁。非唯遠邁隋唐，而刑期無刑，直媲美於虞廷矣。

若此者，崇主極以立隆，輯民情以丕變，飭戎而嘉師綏靖，敕法而明允協中，皆勤求乎上理已。然而，治益求治，安益求安。臣尤伏願皇上，懋日新不已之功，成悠久無疆之治。執沖含和，萬福所由嚮用也；齊民情正，一道所以同風也。曰有禦侮，師之所爲以律也；念茲祥刑，訟之所由自無也。由是規萬乾坤，榮鏡宇宙，休風流衍，醲化懿綱，咸五而登三，暢垓而泝埏，則我國家億萬年有道之長視此矣。

臣末學新進，罔識忌諱，干冒宸嚴，不勝戰慄隕越之至。臣謹對。

（底本：《嘉慶十九年進士登科録》，國家圖書館藏。參校本：《歷科狀元策》，影印中研院傅斯年圖書館藏本）

七一 嘉慶二十二年丁丑科 吴其濬

嘉慶二十二年(一八一七)丁丑科,共取進士二百五十五名。狀元吴其濬,榜眼凌泰封,探花吴清鵬。

是科知貢舉:禮部左侍郎多山、太常寺卿韓鼎晉。會試正考官:大學士曹振鏞、吏部尚書戴均元。副考官:户部左侍郎姚文田、刑部左侍郎秀寧。

是科殿試讀卷官:大學士松筠、董誥,户部尚書劉鐶之,都察院左都御史汪廷珍,吏部左侍郎王鼎,户部左侍郎黄鉞,工部左侍郎王以銜,内閣學士毛謨。

吴其濬(一七八九—一八四七),字瀹齋,又字季深、吉蘭,河南光州固始縣(今屬河南信陽市)人。父烜、兄吴其彦,並由翰林官至侍郎。其濬初以舉人納資爲内閣中書。狀元及第,授翰林院修撰。嘉慶二十四年,任廣東鄉試正考官。道光十一年(一八三一),命在南書房行走。十二年,提督湖北學政。歷洗馬、鴻臚寺卿、通政司副使。十六年,超遷内閣學士,兼禮部侍郎銜,充玉牒館副總裁。十七年,任浙江鄉試正考官;升兵部左侍郎,提督江西學政,調户部右侍郎。二十年,暫署湖廣總督,尋授湖南巡撫。二十三年,調浙江巡撫,未行,調雲南巡撫。二十四年,兼署雲貴總督,復調福建巡撫。二十五年,又調山西巡撫。二十六年,因病解任,尋卒,贈太子太保。著有《植物名實圖考》。《清史稿》有傳。

吴其濬狀元策見《歷科狀元策》(影印中研院傅斯年圖書館藏本)。

嘉慶二十二年,丁丑。夏四月,甲戌朔。甲午,策試天下貢士龐大奎等二百五十五人於保和殿,制曰:朕寅承大寶命,二十有二年，仰荷昊綍眷佑，祖考貽庥，年穀順成，函夏安乂，兢兢業業，不敢自逸。敬思修己治民之道，知人善任之原，官箴吏治之方，除莠安良之事，期與寰海生民，共臻上理。玆當對揚伊始，咨爾多士，用佇嘉謨。

孔子曰：「修己以敬，修己以安百姓。」《書》曰：「在知人，在安民。」以堯舜猶病之事，責之一人，果可以無爲而治乎？抑大圜在上，大矩在下，法而則之，即可以爲民父母乎？百官何以治，萬民何以察，利病何以周知，情僞何以能辨，亦惟是躬節儉，屏聲色，未明求衣，不遑暇食，遂可以致太平。是必深宮有格致誠正之學，然後朝野有官禮雎麟之化。朕日夜孜孜，勵精圖治，保泰持盈，以誠御下，雖海宇昇平，人民和樂，而由小康以致大同，其道何由歟？

《詩》云：「無競維人。」《易》云：「聖人養賢，以及萬民。」知人之道，非君天下者所首重歟？古所傳觀人之法，若《大戴禮·文王官人》篇，以至陸贄、司馬光、蘇軾之論，亦有可采者歟？皋陶曰：「亦言其人有德，乃言曰載采采。」《舜典》曰：「敷奏以言，明試以功。」進賢用人，如此其難也。乃古之君臣相得，或決於立談之閒，何耶？大智若愚，大詐若忠，或外忠而內奸，或始賢而終佞，燭照數計，其道何由？君子小人，各從其類，然諸葛亮之所用，李泌之所舉，司馬光之所取，或未必賢，抑又何說？孔子曰：「取人以身，知言窮理。」將何以濬其原歟？

亮功熙績，治理所先，大法小廉，國家攸賴。朕率作興事，日昃不遑，乃內外臣工，謹身守家之意多，奮發有爲之氣少，旅進旅退，流爲怠惰因循；保祿保位，相率委靡遷就，豈稱忘私奉國之義。六計首廉尚已，然飭簠簋，杜苞苴，人臣之常分耳。案牘積而不釐，民生困而不恤，又安用此素食者爲？至若浮躁喜事者，有似於敏勤；闒茸玩愒者，有似於持重，何以辨其真歟？悃愊安静者，大抵便民，而緩急或不足恃；强健明幹者，易於集事，而恣睢或至殃民，何以善其用？

舉劾之權，不可不寄之大吏，而不無借以遂其私者，何以委任而責成歟？天地之大，梟鸞並育；稂莠不翦，嘉禾不生。邪慝萌蘖之始，或結會斂錢，煽惑人心，或糾黨鬭很，武斷鄉曲。地方官及時治之，本不難於立時淨盡，乃或畏其激變，姑息養奸，甚或聞之上司，而封疆大吏，反以多事斥之，一味姑容，縱邪害正。官既不經理，民甘心順從，以致受其害者忍而不敢言，一旦煽動，爲患甚大，非有司釀成之罪歟？

保甲之制，所以弭患未萌，法至善也。乃王安石行之熙豐，而世以爲累；王守仁用之南贛，而百姓便之，其故何歟？吏胥所以察姦，兵弁所以戢盜，乃往往聲息相通，反爲援引，何術以防之歟？或謂民之不法，或迫於不得已，或陷於不自知，然則開衣食之原而明禮義之方，固自有其本歟？

若是者，典學以成化，迪知以用賢，澄敘以勵官常，糾詰以除民慝，保邦致治，莫要於是。多士稽古有素，且自田閒來，見聞尤習，其各陳心得，以當先資，毋泛毋隱，毋摭陳言，朕將親遴焉。

（底本：《清仁宗實録》卷三二九，册三二，頁三三六—三三八。參校本：《歷科狀元策》，影印中研院傅斯年圖書館藏本）

臣對：臣聞建中所以錫福，迪知所以任官，熙績則道先釐工，安良則政在戢暴。稽諸載籍，《易》著健行之訓，《書》傳勵翼之文，《禮》陳弊吏之經，《詩》頌宜民之化，茂矩崇儀，粲然具飭。自古帝王，乘乾御宇，錫極臨宸，緝熙有學，黜陟有權，綜覈有方，效圻有禁，悉本夙夜勤求之實，以握天人交應之機。用是精一執中而主極建，浚明亮采而百志熙，廉能既辨而官常嚴，保受相資而民風懋。所爲揚駿烈，暢鴻庥，備五韙而協庶徵者，洋洋乎超圖溢牒，洵郅治之隆軌也。

欽惟皇帝陛下，懋昭大德，時亮天功，本灼見以官人，嚴彰癉以訓俗。固已敬修可願而考察無遺，賢能有書而禮教咸被矣。迺聖懷沖挹，不遺細微，壓衢室之疇咨，冀葑菲之可采，進臣等於廷，而策之以典學、知人、察吏、安民諸大端。臣佔畢庸愚，曷足以知體要，顧幸際廣思周逮之時，竊附於拜獻先資之義，敢不敬述平日所誦習者，用效土壤細流之一助乎？

伏讀制策有曰：「修己以敬，修己以安百姓。」而因推本於格致誠正之學。此誠圖治之要道也。臣惟帝王之道，不外主敬；主敬之功，不外存誠。惟敬則勿敢慢，惟誠則勿敢欺，誠敬合而主術於是乎立。黄帝之書曰：「大圜在上，大矩在下，汝能法之，爲民父母。」其説見《吕氏春秋》，實開心法、治法之源。《古文尚書》曰：「人心惟危，道心惟微。」孔穎達《正義》謂：「立君所以安民，安民必先明道，明道必先精心一意。」蓋道心存，則兢業匪懈；人心去，則佚豫不生。嚴祗敬而諧臣鄰，百官何患其不治；敕幾康而應徯志，萬民何患其不察。知人安民，其要端不外是。夫法令者治之具，而非治之本。一日萬幾之繁，使事事待於督責，則宵旰不遑矣。九州四海之廣，使人人問其疾苦，則情僞難悉矣。故立綱陳紀以有爲者振其機，而恭己垂裳必以無爲者端其範。《周官》爲致太平之書，而首之曰「以爲民極」。三德三行，所以建極也；六典六職，所以錫極也。至於四方和會，六幕恬熙，下有歸極之化，上切保極之忱，則朱子《或問》所謂：「格致誠正，始終不離乎敬；中和位育，樞紐不離乎誠。」其言深切著明，可爲持盈保泰之良謨矣。我皇上乾惕爲懷，廑求上理，凡用人行政，無不本誠敬以爲敷施，治統與道統，一以貫之，洵足以遠紹唐虞而獨隆千古也。

制策又以：「知人之道，爲君天下者所首重。」而因廣求夫大智若愚、大詐若忠，以及内外始終之異。臣謹案，《大戴禮·官人篇》曰：「倫有七屬，屬有九用，用有六徵。」蓋朝廷辨論官材，惟在於事舉言揚之始。虞廷有九德之選，周官重三物之興。其考之平時者既無不至，而又必試之以事，任之以官。舉凡所以詔爵詔禄者，無不兼功與德而計之。蓋知人者勞，而後任人者逸。乃或聞其名而遽畀以政，聆其言而即授以權，立談之間，上結主知，自非相契有真，未易得此。夫忠奸之别，界於幾微；賢佞之分，淆於疑似。自來小人不能容君子，而君子或誤用小人。諸葛亮之所用，既顯違其節制；李泌之所取，又復涉於貪惏。至司馬光急於去新法，而小人又以材能進矣。究之衡鑒之或爽，皆學識之未精。誠能無偏私之見以清其源，無朋黨之意以弭其隙，有光明正大之心，有英斷果決之識，陸贄、蘇軾之論，固可參酌用之矣。皇上敷求俊良，加意實學，尚廉介之風，杜倖進之門，先德行而後文藝，海内之士，咸知嚮方，蒸蒸然人材蔚起，豈不懿歟？

制策又以：「大法小廉，治理所先。」而思所以祛其怠惰因循、委靡遷就之習。臣惟安民之道，在乎選吏，而吏有廉吏，有能吏。廉吏淡泊自守，而或短於才，則諸事必不免廢弛；能吏奮發有爲，而或失其守，則舉動亦不免輕浮。故察吏之要，必先責其操守，而即試其材能。漢以六條察二千石，其法自田宅踰制，以及通行貨賄，所以察其廉。唐以四善敘内外官，其目自獻可拾遺，以及城隍修理，所以考其能。二者相濟，而不容偏廢矣。雖然，群吏之黜陟，不能不寄於大吏，大吏得其人，則察之有其識，督之有其方。凡積案未釐，民風未淳，則劾罰隨之，而又旌其有猷有守者，以爲凡百有司勸，庶幾群吏皆知奉法，相率忘私奉國，而無玩愒闒冗之弊也。我國家澄敘官方，時加整飭，内而群尹庶司，外而封疆守令，聆訓誡之嚴切，宜無不爭自濯磨，以力除夫保禄保位之習也哉？

制策又以：「邪慝萌蘖之始，可以及時治之。」而慮有司之姑息。此制治保邦之至計也。臣案《周書》曰：「緜緜不絶，蔓蔓若何。」言凡事當防其漸也。鄉曲之間，斂錢結會，其始不過一二莠民倡立邪説，煽惑庸衆。爲長吏者，及時治之，固易捕除。乃不知思患預防之術，姑爲寧人息事之説，及至黨與漸衆，邪慝叢生，縱之既恐其蔓延，懲之又懼其激變。守令畏干譴咎，大吏慮生事端，上下姑容，而宵小逞其奸，良民受其害矣。夫安民必先弭盜，而弭盜莫如保甲。《周官》有比閭族黨之制，管仲創軌里連鄉之法，皆以里閈相習之人，察耳目最近之事，其法至爲美備。惟是營汛堡墩之設，不能不寄於兵弁；寺院庵觀之察，不能不責之吏胥。賞罰不明，則兵不捕盜；稽覈不力，則吏或藏奸。王守仁行之而民安，王安石用之而民擾，則有治法，尤貴有治人也。雖然，治之於已然，不若治之於未然。倉廩實則民自愛其身家，學校興則人咸知夫禮義，何至惑於邪説哉？聖朝典章明備，一道同風，嚴左道之誅，設奇衺之禁，所由人心正，風俗淳，胥一世而納之軌物也，豈非經正民興之效哉？

若此者，懷寅畏之忱，則主極端也；重升庸之典，則明良慶也；隆進退之權，則治績茂也；嚴旌別之政，則風聲樹也。醲化懿綱，蜚聲騰實，仁聖之事賅，帝王之道備矣。臣尤伏願皇上，治益求治，安益求安，敬德昭而彌切嚴恭，翼爲集而益期襄贊。紀綱既飭，愈勤考課之條；仁讓已興，猶廑風化之本。案經校德，成襲六爲七之書；稽古論功，躋咸五登三之盛。淳良康乂，曼羨延洪，上以祗迓蕃釐，下以永綏多祜，則我國家億萬年有道之長基此矣。臣末學新進，罔識忌諱，干冒宸嚴，不勝戰慄隕越之至。臣謹對。

（底本：《歷科狀元策》，影印中研院傅斯年圖書館藏本）

七二　嘉慶二十四年乙卯恩科　陳沆

嘉慶二十四年（一八一九）乙卯恩科，共取進士二百二十四名。狀元陳沆，榜眼楊九畹，探花胡達源。

是科係爲慶賀嘉慶六十大壽特開恩科。知貢舉：理藩院左侍郎常英、内閣學士汪守和。會試正考官：協辦大學士、吏部尚書戴均元，兵部尚書戴聯奎。副考官：禮部左侍郎王引之、詹事府詹事那彦成。

是科殿試讀卷官：大學士托津、章煦，禮部尚書汪廷珍，吏部左侍郎王鼎、右侍郎周系英，户部右侍郎姚文田，刑部左侍郎帥承瀛，工部右侍郎陸以莊。

陳沆（一七八六—一八二六），原名學濂，字太初，號秋舫，湖北黄州府蘄水縣（今浠水縣）人。嘉慶十八年，鄉試中式。狀元及第，授翰林院修撰。道光元年（一八二一），任廣東鄉試正考官。三年，充會試同考官，轉四川道監察御史。六年，以病卒于任所，年四十一。著有《詩比興箋》《近思録補注》《簡學齋詩存》《簡學齋詩删》《白石山館遺稿》等。

陳沆狀元策見《嘉慶二十四年進士登科録》（中國第一歷史檔案館藏）、《歷科狀元策》（影印中研院傅斯年圖書館藏本）。

嘉慶二十四年，己卯。夏四月，壬戌朔。壬午，策試天下貢士費庚吉等二百二十四人於保和殿，制曰：朕寅承昊穹眷命，列祖貽庥，翼翼兢兢，於今二十有四年。周撓甲以斟元，衍長庚而集祜，萬方清晏，百穀慶成，四瀆安瀾，五韙來備。豫順聿隆於此日，謙亨敢懈於初衷，靡文盡屏，卻九牧之貢珍，詢事維殷，闢四門而籲俊。敬惟制治保邦之道，厚生正德之原，去奢崇儉之方，肄武詰戎之法，洵整飭之當先，乃講求之倍切。爾多士論秀於鄉，用賓於國，佇聞讜論，式贊嘉猷。

唐虞授受，不外一中。嗣是仲虺言建中，孔子言用中。中者，帝王之心法，即帝王之治法也。其言「惟精惟一」，即孔門明善誠身之説所自出歟？《詩》頌「不剛不柔」，《傳》稱「寬猛相濟」，蓋言中也。乃漢興之始，網漏吞舟，諸葛治蜀，赦不輕下，寬嚴不同，同歸於治，何歟？《泰》之九二，備陳保泰之道，其與《論語》寬信敏公之旨，有相合歟？司馬光論人君之德有三，其才有五，而爲道則一。其於《中庸》「達道達德」「人存政舉」之義，可相通歟？《大學》《平天下》一章，專言貨財、用人二事，何歟？朕際重熙累洽之時，深惟長治久安之道，所以鞏丕基於永固，登郅治於大同，其要可得聞歟？

昔賢論富教之道，曰易田疇，薄税斂，立學校，明禮義。方今之世，農務墾辟而地鮮遺利，賦惟正供而時予蠲除，設國學鄉學以教士，宣《聖諭廣訓》以教民，法綦備矣。而未能民皆足食，户盡可封，其故安在？井田庠序，古法既不可行，講約勸農，虚文或且滋擾，蘇洵田制之議，柳宗元《種樹》之篇，其明鑒也。將欲順人情而收實效，其道何由？

夫民生風俗，國家之元氣也。大小臣工，於民皆有父母師保之責，使徒從事於簿書案牘，而置本務於不圖，豈稱識治體培國脈者乎？古之循吏，轉凋敝爲沃饒，化頑愚以禮讓，如召杜、文翁之流，豈徒恃講求之有素，才略之過人歟？《書》曰：「慎乃儉德，惟懷永圖。」誠以奢儉之間，君心敬肆所由分，風俗淳澆所由辨也。方今太平久而生齒繁，人情自質而趨文，物力雖豐而易匱，有如漢詔所云「雕文刻鏤傷農事，錦繡纂組害女紅」者。習染既久，富者僭而踰制，貧者濫而爲非，豈細故哉？朕躬行節儉，出於天性，時頒訓言，冀挽薄俗。乃詔書屢下，淳樸未臻，將欲嚴法制以繩之，又慮奉行不善，適以病民，將何以移風而易俗耶？古之卿大夫，若楊綰、盧懷慎、杜黄裳之徒，高節清標，聞者感而自化，羔羊素絲，風流如在，今何必異於古所云也。

兵可百年不用，不可一日不備。整軍經武，先王所以保太平也。然有空籍而無勝兵，徒滋糜費，則簡閲爲要矣。漢代訓練之法，有都試、都肄、都講、貙劉、卞射諸制，其詳若何？唐時講武都外，宋有大閱之典，其法若何？《文獻通考》載兵有五練，厥目安在？我朝以弧矢威天下，家法罔敢怠荒。侍衛禁軍，躬親校閱，屢諭掌兵大臣，盡心簡練，又以時舉行大閱，教演陣法，每歲行圍，肄武習勞。至直省營伍，亦嚴飭將軍、督撫、提鎮等，勾稽較覈。其果能選驍鋭，汰老羸，以得實用乎？修整犀利，變更呰窳，以精器械乎？役使兵丁，攤扣糧餉，不加懲儆，何以肅戎政乎？

夫圖治所以經邦，遂生繼以復性，節用以裕民食，振武以壯國威。凡此四端，參互考訂，則軌跡易遵；通變化裁，則推行盡利。多士學于古訓，通知時事，拜獻厥有先資，遠猷尚期辰告，勉殫素藴，毋襲陳言，朕將親第焉。

（底本：《清仁宗實録》卷三五六，册三二，頁六九八—七〇〇。參校本：《嘉慶二十四年進士登科録》，中國第一歷史檔案館藏；《歷科狀元策》，影印中研院傅斯年圖書館藏本）

臣對：臣聞制治所以經邦，安民在乎正德，同風必先謹度，講武斯可寧人。遐稽載籍，《書》紀綏猷之命，《詩》歌率育之文，《易》垂制節之占，《禮》著經戎之典。備哉燦爛！崇閎之式也。伊古帝王，紹天闡繹，冠德卓蹤，端表極於幾康，布經綸於久大，崇儉以敦民俗，簡兵以示國威，莫不本虔恭抑畏之心，爲駿固醇龐之業。用是無偏無黨，上理登焉；引養引恬，群倫育焉；以禮以時，財用阜焉；有嚴有翼，武備修焉。所由覆露芸生，陶甄品彙，胥一世而躋之仁壽者，恃此道也。

欽惟皇帝陛下，道光謨烈，功洽修和，陳度數以移風，飭車徒以講事。固已時幾無逸而仁讓咸興，訓俗有方而蒐苗罔懈矣。乃聖懷沖挹，不遺細微，景郅治之上儀，冀芻言之有得，進臣等於廷而策之敷帝治、篤民生、挽澆風、簡軍政之要。如臣檮昧，何足以裨高深，顧當對揚伊始之時，敬念敷奏以言之義，敢不勉述夙昔所誦習者，以效管窺蠡測之微忱乎？

伏讀制策有曰：「帝王之心法，即帝王之治法，其理不外一中。」而因博求夫長治久安之道。此誠勤施之至意也。臣謹按，蔡沈《書傳》曰：「二帝三王之治本於道，二帝三王之道本於心。」孔穎達《尚書正義》曰：「立君所以安民，安民必先明道。明道必先精心一意，精一所以執厥中也。」嗣是，仲虺言建中，孔子言用中，其源俱出於此。而《中庸》明善誠身之說，尤足與「惟精惟一」之旨相發明焉。《詩》頌「不剛不柔」，《傳》稱「寬猛相濟」，中之道也。然而，漢承秦苛，網漏吞舟而治；諸葛治蜀，赦不輕下而亦治。寬嚴不同，則所乘之時與地異也。地天交而成《泰》，程《傳》謂：「能艱貞者，即可常保其泰。」又曰：「善處泰者，其福可長也。」蓋德善日臻，則福禄日厚。德踰於禄，則雖盛而非滿。是説也，誠爲保泰之道矣。「九二」一爻，卦義賅備，其曰「包荒」者，即《論語》「寬則得衆」之義也；曰「用馮河」，即「信則民任」之義也；曰「不遐遺」，曰「朋亡」者，即「敏則有功，公則説」之義也。司馬光論人君之德有三，才有五，而道則一，與《中庸》達道達德、人存政舉之論，若相符合。至於《大學》釋平天下，其道莫大於絜矩，絜矩莫大於公好惡，公好惡莫大於理財用人，故特舉二者言之。要之，丕基永固，則惟視兢業之一心也。我皇上設誠於中，觀化於久，洵足紹勛華之軌，而繼軒項之規矣。

制策又以：「民生風俗，爲國家之元氣。」而欲使民皆足食，户盡可封，於以順人心而收實效。此尤安百姓之全謨也。

臣惟民生不厚，則無以爲禮義之資；民德不興，則又以生奢淫之漸。此井田與學校，所以爲天下之大命也。使得其意以行之，則雖不必三代之井田，而何異南東之畝；不必三代之學校，而何殊上下之庠。若徒視爲虚文，則講約勸農，皆足以滋擾。此蘇洵田制之議，病於法古；柳宗元《種樹》之篇，通於治人，其説有足采也。今夫君之於民，有父母師保之責焉，而凡大小臣工，皆與分其責者也。誠使爲大吏者，公忠以率其屬，務相求於人心風俗之原；爲群吏者，悃愊以字其民，不徒勤於簿書案牘之末。則安見凋敝之地，不可轉爲沃饒；頑愚之民，不可化以禮讓哉？果能父母斯民，則皆如召杜之守南陽也；肇興學校，則皆如文翁之治蜀郡也。然古所稱循吏，雖講求之有素，而變通之妙用，詎容以成法自拘。雖材略之過人，而愛慕之實心，必難以虚浮相飾。要在識治體，培國脉，庶幾勞民勸相，被潤澤而大豐美耳。皇上子惠元元，教養兼至，一時小大之臣，孰敢不勵精圖治哉？

制策又以：「奢儉之間，君心敬肆所由分，風俗淳澆所由辨。」而欲挽薄俗以臻淳樸。此尤撙節愛養之至計也。臣聞尚儉者開福之原，聖人之行，此可以導衆，可以奉生。是以下皆法其行，而民爭學其容。夫雕文刻鏤傷農事者也，錦繡纂組害女紅者也。天地之勢，日趨於文。昇平日久，涵濡煦育之餘，萬物莫不知有生之樂。於是乎文明之象，踵事而增，其由和樂而習於華靡，由華靡而流爲空乏，亦理之所必然，而勢之所不可不慮也。《淮南子》稱：「堯之王天下也，茅茨不翦，采椽不斲，大路不畫，越席不緣。舜之爲君也，捐璧於谷，蔬食菲服，無以尚已。」後世若漢之文帝，衣緼無文，而民破觚斲雕矣；武帝娛游壯觀，而民綈錦被牆矣。可知同風俗在正人心，正人心在敦禮教，不徒恃法制以相繩矣。至若卿士大夫者，庶民之標準，誠能如楊綰、盧懷慎、杜黄裳之高節清標，則聞者感而自化，不且與羔羊素絲相輝映與？我皇上躬行節儉，爲天下先，生斯世者，有不登於熙皞之庥者哉？

制策又以：「兵可百年不用，不可一日不備。」而因講求夫整軍經武之道。此尤保太平之至計也。臣謹按，《周禮》大司馬，春夏秋冬，有振旅、茇舍、治兵、大閱之文，簡軍實，修軍禮，此訓練之以時計者也。《漢書》載連帥比年簡車卒正，三年簡徒群牧，五載大簡車徒，此訓練之以歲計者也。漢設南北軍，每十月都課試，《漢官儀》則謂在八月，《翟義傳》又以爲九月。唐講武都外，則在城西外設四門、五表、六軍、五旗之制。宋太平興國間，定四時講武儀，按礮角射，軍儀精鋭，後世宗之。夫不選驍鋭、汰老羸，則不足以收實用，而其弊尤莫大於役使兵丁，攤扣糧餉。無以得兵心，何以作兵氣乎？善哉！蘇轍之言曰：「天下雖平，不敢忘戰，農事之隙，致民講武。使其耳習聞金鼓，目習見旗幟，而不至於有所懾。練兵之法，貴先練心。人心齊一，則百萬之衆即一人之身，而教可成矣。」聖朝大閱鉅典，屢次舉行，八旗勁旅，因時肄習，以奮武衛，以昭戎經，豈不大哉！

若此者，基命以升猷，紹天以立政，去華以崇實，整軍以衛民，洋洋乎亘千古而立隆者也。臣尤伏願皇上，治益求治，安益求安，懋日新不已之功，成悠久無疆之化。中和已致，而倍切疇咨；豫大已臻，而彌思保乂；法度已明，而尤嚴裁制；兵戎已詰，而益勗止齊。平康之福錫，府事之功成，族黨之風醇，干城之力裕。猗歟盛哉！協氣旁流，淳風四溢，榮鏡宇宙，經緯乾坤。於以祇迓蕃釐，式承多祜，則我國家億萬載無疆之慶基此矣。

臣末學新進，罔識忌諱，干冒宸嚴，不勝戰慄隕越之至。臣謹對。

（底本：《嘉慶二十四年進士登科録》，中國第一歷史檔案館藏。參校本：《歷科狀元策》，影印中研院傅斯年圖書館藏本）

七三　嘉慶二十五年庚辰科　陳繼昌

嘉慶二十五年（一八二〇）庚辰科，共取進士二百四十六名。狀元陳繼昌，榜眼許乃普，探花陳鑾。是科知貢舉：禮部右侍郎那清安、內閣學士杜塄。會試正考官：户部尚書盧蔭溥、禮部尚書黄鉞。副考官：刑部右侍郎吴芳培、工部右侍郎善慶。

是科殿試讀卷官：大學士托津，兵部尚書劉鐶之，工部尚書茹棻，都察院左都御史汪廷珍，吏部左侍郎顧德慶，禮部右侍郎湯金釗，工部左侍郎王以銜、右侍郎陸以莊。

陳繼昌（一七九一—一八四九），字哲臣，號蓮史，廣西桂林府臨桂縣（今屬桂林市）人。嘉慶十八年，鄉試解元。會試、殿試皆第一，授翰林院修撰。道光二年（一八二二），任陝甘鄉試副考官。歷任山東兖州知府、直隸保定知府、直隸通永道。道光十五年，擢江西按察使。十七年，轉山西布政使，尋調直隸布政使。未幾，因病解任。二十三年，病痊，出爲甘肅布政使，尋調江寧布政使。二十五年，以病解任回籍。卒于家。著有《如話齋詩存》。

陳繼昌狀元策見《嘉慶二十五年進士登科録》（中國第一歷史檔案館藏）、《歷科狀元策》（影印中研院傅斯年圖書館藏本）等。

嘉慶二十五年，庚辰。夏四月，丙戌朔。丙午，策試天下貢士陳繼昌等二百四十六人於太和殿。制曰：朕寅承大寶，撫御寰區，二十有五年，孜孜汲汲，罔敢一日暇逸。仰荷昊綍篤祜，列聖貽庥，函夏乂寧，民人樂業，冀與内外臣工，早作夜思，由小康而躋上理。洪惟帝王治道之原，學校教人之法，儆群僚以勵翼，奠德水以安流，所爲斟元闡繹，以保萬世丕丕基者，爰廣咨諏，用資啓沃，爾多士其敬聽之。

道莫高於唐虞，法莫備於成周。典謨官禮，萬世之圭臬也。臯陶之謨曰「知人安民」，而其文何以有詳略？三公之職曰經邦論道，而其官何以獨不傳人心道心授受之要，而荀卿何以引爲道經？樂德樂語，教冑之規，而竇公何獨傳其遺法？璣衡爲測天之器，而渾天周髀，何以殊途同歸？什一爲取民之常，而鄉遂都鄙，何以因地異制，以至虞五服，周九服；虞十二州，周九州；虞服十二章，周九章；虞五載巡守，周十二年巡守。禮樂，虞分爲二，周合爲一。兵刑，虞合爲一，周分爲二。變通損益，其道安在？若夫《虞書》五篇，約之以一欽；《周禮》六官，統之以爲民極。古帝王所以握萬化之原，而端出治之本者，不更有心法在乎？

辟雍之名，見於《詩》《禮》，鄭氏箋注，何以不同？或以辟雍爲文王樂名，其説何本？蔡邕、袁準，其論何以互異？漢以明堂、靈臺、辟雍爲三雍，何故？釋奠、釋菜、視學合語，其典若何？漢代圜橋觀聽，稱制臨決，其時講論於白虎觀者誰氏？東漢魏周養老，爲老更者何人？北面乞言，所對何辭？唐七學三館，宋六學三舍，明六堂積分，其法若何？我朝辟雍肇建，聿舉上儀，石鼓石經，燦然昭列，諸生沐浴教澤，有能通經述古，揚扢而言之者歟？《書》曰：「無教逸欲有邦。」又曰：「天工人其代之。」明乎居官行政，不可以不勤也。爲吏者苟能厲廉隅、循法度，其亦可矣。然或怠玩因循，燕燕居息以廢弛爲安静，以顢頇爲老成，獄訟積而不問，職事惰而不修，國家安賴有是官爲？至若曹參之治齊，寬而簡；諸葛亮之治蜀，嚴而詳，而二人皆以賢相稱。龔、黄之治民以慈仁，張、趙之治民以明敏，而四人皆以賢守著。爲道不同，同歸於治，其故若何？悃愊之吏，可以寧人，而緩急或不足恃；武健之才，易以集事，而跅弛或至踰閑。量才器使，其道何若？朕宵旰厲精，率作興事，内而曹司，外而守令，實繁有徒。惟賴爲大吏者，躬親倡導，以熙庶績，而或徒以旅進旅退，謹身寡過爲事，豈所謂靖共匪懈者乎？

江淮河濟，古稱四瀆。何以河之爲患獨甚於今？《爾雅》「河出崑崙」，言河源者，漢張騫、唐薛元鼎、元都實，孰得其真？周定王時，河始南徙，迄今遷變凡幾。古謂河不兩行，禹何以播之爲九？漢武帝之塞宣房，王景之治汴渠。其事若何？賈讓《三策》，其議若何？潘季馴之治河，主於束清刷黄，其切實可施行者安在？方今河道所關至鉅，北決則慮穿運，而轉漕或礙，南溢則恐入淮，而高堰可虞。自桃汛以至秋汛，自兗豫以至徐揚，司事者晝夜巡防。培築之法。疏濬之宜，壩堰之宣洩，薪料之儲備，在在宜慎。朕不惜巨萬帑金，爲生民圖安宅，欲使績底平成，民無墊隘，萬世永賴，計將安出？

凡此者，法古以立治，興學以作人，廉法而庶政和，清晏而百川理。爾多士學古入官，先資拜獻，今日陳之爲讜論，異日施之則爲嘉猷。毋泛毋隱，毋襲陳言，朕將親第焉。

（底本：《清仁宗實録》卷三六九，册三二，頁八七八—八八〇。參校本：《嘉慶二十五年進士登科録》，中國第一歷史檔案館藏；《歷科狀元策》，影印中研院傅斯年圖書館藏本）

臣對：臣聞建極所以綏猷，興賢所以致治，旌别嚴而鵷聯式序，榮光塞而龍敘呈圖。此景鑠之上儀，郅隆之盛軌也。稽諸載籍，《詩》徵式命之符，《禮》重書升之典。克知灼見，百司慎簡於《周書》；距澮濬川，九功特詳於禹績。自古帝王，德邁鴻軒，勛踰象緯，莫不建中以錫福，立教以凝禧。儲杞梓而用協衡平，銷竹箭而休占河潤。是以佩德則帶銘恭壽，歌風則琯奏昭華。朝殷亮采之咨，世獻安瀾之頌。所爲凝薰六幕，陶鑄二儀，永受鴻名而誕膺多祜者，用恃此也。

欽惟皇帝陛下，道光泰寓，仁洽坤輿。固已神樞合撰於山淵，榮鏡騰輝於日月，飭六事而治昭廉法，宅四隩而績奏平成矣。迺聖懷沖挹，深維長治久安之道，彌切持盈保泰之思，進臣等於廷而策以敷政之本、譽士之經，與夫考察之隆規，宣防之要務。如臣檮昧，奚補高深，顧當對揚伊始之辰，敬維拜獻先資之義，敢不謹竭芻蕘之一得，用效葵藿之微忱乎？

伏讀制策有曰：「道莫高於唐虞，法莫備於成周。」而因典謨官禮之垂，進溯宰化出治之本。臣惟帝王之治，因革損益，不必盡同，而其源則一。立綱陳紀以有爲者振其機，恭己垂裳以無爲者端其範。篇章具在，訓誡如聞，溯厥心源，若合符節也。知人安民之旨，二帝猶勵其難；經邦論道之原，三公獨專其責。蓋禮樂刑政，制治之具，而心法則有深焉者矣。精一危微，千古傳心之要，而荀卿或引爲道經；樂德樂語，一朝教胄之規，而竇公獨傳其遺法。夫治法，自唐虞而降，歷代沿襲不同。周人修明兼用，亦惟參以變通之妙，酌以損益之施，《記》云「協諸義而協，可以義起者」是也。是以璣衡之器，什一之征，畫地之殊，分疆之別，莫不因地異制，因時制宜。他如虞服十二章，而周則用九；虞巡狩以五載，而周則行於十二年。其燦著於禮樂兵刑者，或分爲二，或合爲一。措施之際，識者於以觀制作之精。蓋其敬以作所，主善爲師。絜矩端好惡之原，修己立均平之準。所以虞廷之交儆曰欽，《周禮》之以爲民極。帝王聖不自聖，精益求精，端拱而坐，致雍熙太平，而猶廑惕厲者，誠以一人握萬化之樞，惟恐因陋就簡之意萌於幽獨，急功計利之念擾其神明也。我皇上德符圜矩，化洽垓埏，端本則於億萬年飭幾康者一二日，奉三無以出治，遍九有以覃恩。唐哉皇哉！誠帝者之隆矣。

制策又以：「辟雍之名，見於《詩》《禮》。」而因考夫歷代之創建。此誠敦崇實學之至意也。臣惟移風易俗，立教爲先。古者旌俊造以興賢，尊彝典以立訓，具有儀型，聿存矩範。是以博士之設，始自漢宣，太學之規，隆於光武。其後三雍並建，經始永平，舉視學之典，修養老之文，稱制以決五經之異同，親幸以考諸儒之論說。肄業者給舍，聽講者圜橋，蓋一時稱極盛焉。降及唐宋以來，莫不悉遵斯軌，故有七學三館、六學三舍之制。夫褒顯經術，尊禮師儒，治化所由昌明，文教所由光被也。顧昔之舉是典者，或曠代始一見，或累朝始一行，拘於更叟之説，泥於巡狩之文，議禮則聚訟紛如，説經則折衷無主。求其昭示訓行，範模天下，懋亘古之隆儀者亦鮮矣。《洪範》云：「皇極之敷言，是彝是訓，於帝其訓。」蓋必有聰明足以牖世，教訓足以宜民者，始足以迪彼顓蒙，光兹道化。故大昕之警衆者特其文，主極之持源者乃其實也。聖天子體道敷言，本身立教，中外士民，亦既沐浴膏澤矣。兹奉特詔，來歲舉臨雍之典，崇儀茂矩，炳焕輝煌，謂非千古盛事哉？

制策又以：「天工人代，居官行政，不可不勤。」黜其怠玩因循，而期於靖共匪懈。臣考《周禮》以六計弊吏，而策之以廉善廉能；《洪範》以五福錫民，而重之以有爲有守。洵課吏之良規，立身之大節也。以廢弛爲安静，以顢頇爲老成，獄訟積而不問，職事惰而不修，國政難與之振興，即士品亦不堪自問矣。漢以六條察二千石，有田宅踰制之禁，侵漁聚斂之誅。訓潔崇廉，至三至再，故漢之吏治猶爲近古。然曹參與諸葛亮皆賢相也，而其爲治，一則寬而簡，一則嚴而詳；黄霸與龔遂皆賢守也，而其爲治，一則以慈仁，一則以明敏。蓋因人立政，因地制宜。惟本慈祥愷惻之心，以副其勵精圖治之實。夫全材之得，自古爲難，有體者不盡有用，有才者不盡有德。所以處常則有餘，任重則不足；暫用之易以見功，久任之易以見過。國事所關，民命所屬，職無鉅細，所繫匪輕。惟操其柄者，一本乎公正之心，以賞善而黜惡，而大吏復體此意，以相懋勉，不阿所好，不徇所私。庶幾賢能之士，争自濯磨，於以熙庶績，貞百度，不徒以寡過爲事矣。我朝用人立政，一秉大公，内外臣工，宜何如勤慎以襄盛治哉？

制策又以：「河之爲患，獨甚於今，培築疏濬之方，在在宜慎。」臣惟堯警九年，禹勤八載，河之爲患，自古已然。蓋南北之高下不同，而古今之遷徙無定。河自孟津而下，土性卑濕，地勢寬平，緩則停淤，急則漲溢。無底柱龍門之巨限，匯伊洛漳沁之支流，北高南下，其地殊也。漢唐以來，宣房初築，汴渠再修，始但東趨，繼且南注。合濟運束淮爲一事，舉興利除害之兩端，古易今難，其時異也。載稽往牒，如賈讓之三策，王景之八渠，季馴所書，至正所紀，具有成法，咸可施行。然而時勢互殊，情形各異，泥乎古而河不治，離乎古而河亦不治。是在司事者有精鍊之才，洞達之識，清廉之守，强固之身。

察其高下分合，緩急節宜，不以倉卒淆其見，不以補苴畢其功。工堅料實，滯導川疏，古之上策，何以加之。仰惟睿謨廣運，德意旁敷，發千萬之帑金，拯億兆之民命，行且見夫金隄鞏固，璣鏡昭融，則翕河媲於周詩，釃渠同夫禹績矣。

若此者，大猷允升，則光昭玉燭焉；多士藹吉，則澤敷圜海焉；月要日成，則瀍垂八柄焉；河清海晏，則化被九垓焉。英規茂矩，昭古鑠今，備哉燦爛，真神明之式也。抑聞荷帲幪之化，則仰天之彌高；感光大之恩，則冀地之彌厚。臣伏願皇上，至誠育物，稽古同天，政和而治益修，軌順而防益豫，則我國家萬年有道之隆基諸此矣。

臣末學新進，罔識忌諱，干冒宸嚴，不勝戰慄隕越之至。臣謹對。

（底本：《嘉慶二十五年進士登科録》，中國第一歷史檔案館藏。參校本：《歷科狀元策》，影印中研院傅斯年圖書館藏本）

七四　道光二年壬午恩科　戴蘭芬

道光二年（一八二二）壬午恩科，共取進士二百二十二名。狀元戴蘭芬，榜眼鄭秉恬，探花羅文俊。

是科會試正考官：户部尚書英和。副考官：禮部尚書汪廷珍、户部右侍郎湯金釗、禮部左侍郎李宗昉。

是科殿試讀卷官：大學士曹振鏞、伯麟，吏部尚書盧蔭溥，工部尚書初彭齡，吏部左侍郎王引之，刑部左侍郎韓文綺，工部右侍郎顧皋，内閣學士奎照。

戴蘭芬（一七八二—一八三四），字畹香，號湘圃，安徽泗州天長縣（今天長市）人。嘉慶十三年（一八〇八），鄉試中式。狀元及第，授翰林院修撰。道光八年（一八二八），任福建鄉試正考官。十年，提督陝甘學政。十二年，授翰林院侍講。十三年，授侍讀，旋轉右春坊右庶子，遷翰林院侍讀學士，充文淵閣校理，教習庶吉士。是年冬十二月，卒於京第，年五十二。著有《望湖軒詩賦》。

戴蘭芬狀元策見《歷科狀元策》（影印中研院傅斯年圖書館藏本）等。

道光二年，壬午。閏三月，丙子朔。丙申，策試天下貢士呂龍光等二百二十三人於保和殿，制曰：朕寅紹丕基，撫綏寰寓，仰荷昊穹洪貺，祖考貽謀，御極以來，兢業敕幾，日慎一日，勉思制治保邦之道，興賢育才之方，詰戎講武之猷，戢暴安良之法。冀與中外臣庶，臻郅隆之盛軌，致上理於大同，延攬人才，特開恩榜。兹值臨軒發策之始，虚衷博採，爰舉臚詢，爾多士其敬聽之。

朕惟帝王之道，統乎修己治人。明德慎徽，修身之本；知人安民，治世之綱。典謨尚矣，《伊訓》《説命》，舉其粹語，可與典謨互相發明。執中爲心法之傳，溯自堯舜以來，已開其緒，其散見於載籍者，如堯戒之言戰慄，舜對之執忠信，禹以驕汰自儆，湯以慎舉爲先，皆古聖之微言。《丹書》敬勝義勝之旨，垂訓萬世，武王受之，因作十七銘。顧《漢書》註所引，與《大戴禮》所載互異，何者較爲淳質？三代以後，人君知治道而著之篇章者，如唐太宗之《金（鑒）〔鏡〕》，①宋真宗之《正説》，胥能深通政要，取鑒古今。魏徵之疏十思，司馬光之上五規，皆千古君道之大閑，擇其要者而繹述之，其皆可以爲修齊治平之助乎？

賢才之興，本乎學校。自鄉舉里選易爲科目，士爲青紫而明經，道德文藝，幾判爲兩途，而務正學者鮮矣。漢自董仲舒倡養士之論，元朔議崇化厲賢，與計偕者，郡國先慎其選。虞溥作《學誥》，奬訓生徒，以正心修身爲本，胡瑗教授子弟，咸使適於實用。朱子《白鹿洞學規》，所列五教之目，爲學之序，修身處事接物之要，乃聖賢入德之門。真德秀示學者説，於學術真僞，剖析諄摯，可以廉頑立懦。今欲使學者處爲修士，出爲良臣，必知先德行而後文藝，國家乃獲收人才之用。多士素所嚮慕者安在，其述所聞，可以覘器識焉。

兵可不用，不可無備。《周禮》載振旅、茇舍、治兵、大閲，教以坐作、進退、疾徐、疏數之節，以行蒐苗獮狩之禮，立法最爲詳備。《管子》春秋角試，以練精鋭，有教目、教身、教足、教手、教心諸法。漢之都試，行於十月；唐之講武，舉於仲冬。史册俱存，沿革不一。宋沈括論九軍陣法，臧景陳馬射六事；明于謙創團操之議，王驥定練兵之制，其詳略異同何若？夫兵知所勸，則士氣益騰，技藝若何而熟嫺，馬步若何而驍健，是在統兵之員，平日存記，以隨時鼓勵。朕嚴飭武備，務期一

① 「鏡」，據《歷科狀元策》改。

日有一日之功，一兵有一兵之用，將何以收實效乎？

禁暴所以安良，稂莠不除，嘉禾不（植）〔殖〕。①《周官》比追胥之事以行賞罰，外有野廬氏，内有修閭氏，譏察嚴則邪慝潛消。古者發奸摘伏之政，如趙廣漢缿筩投書，張敞赭污衣裾，尹翁歸收人會中，韓延壽置立五長，其治術皆卓然可紀。漢唐亭長、嗇夫、里正、坊正之制，即成周里宰、鄰長遺意。顧熙豐立法，民不勝擾，而王守仁踵行於南贛，民皆稱便，法同而行之者異也。歐陽修、汪應軫之議，並以慎擇官吏爲要，誠探原之論。今門牌户册之設，亦緝奸之一端，但恐視爲具文，有名無實。化頑梗而爲善良，除奸宄以厚風俗，或更有其本歟？

凡兹四事，慎修以端宸極，敦行以勵士風，肄武以衛民生，詰奸以淑政化，敷施凝績，莫切於斯。爾多士講求有素，拜獻先資，且自田間來，見聞較確。其務攄實藴，毋泛毋隱，毋蹈襲陳言，朕將親覽焉。

（底本：《清宣宗實録》卷三二，册三三，頁五七八—五八〇。參校本：《歷科狀元策》，影印中研院傅斯年圖書館藏本）

臣對：臣聞顯道本於緝熙，立教先乎俊造，詰兵戎斯能謀保乂，除奸慝所以安善良。稽諸載籍，《書》訓修來，《禮》隆德進，《詩》詠陳師之烈，《易》傳擊柝之文，茂矩崇儀，秩然賅備。自古帝王，紹天闡繹，錫極臨宸，主術光昭，士林彬雅。允武與允文並懋，用刑與用賞兼宜，悉本設誠致行之實，以致延洪純佑之符。用是日就月將，聖功篤焉；賢登才舉，學校修焉；習儀辨等，軍實昭焉；刑暴詰奸，民情肅焉。上哉！敻乎所爲，規矩二儀，陶甄萬類，胥一世而躋之仁壽者恃此也。

①「殖」，據《歷科狀元策》改。

欽惟皇帝陛下，治光軒頊，榮鏡垓埏，固已體乾行之健德，端蒙養之教思。兵農交衛，而師律綦嚴；風俗久移，而井閭胥樂矣。廼聖懷沖挹，不遺細微，景郅治之上儀，冀芻言之足采，進臣等於廷，而策以崇聖學、育人材、肅軍政、化邪民之至計。臣之愚昧，譬諸撮壤涓流，奚補山海，顧當對揚伊始之時，敬念先資拜獻，敢不就平日所誦習者勉效葵藿之微忱也乎？

伏讀制策有曰：「帝王之道，統乎修己治人。」而因思典謨心法之傳，以及篇章所載，可以爲修齊治平之助。此誠制治保邦之鴻謨也。臣謹按，《吕氏春秋》引《黄帝》之書曰：「大圜在上，大矩在下，汝能法之爲民父母。」《淮南子》引《堯戒》曰：「日慎一日，人莫蹪於山，而蹪於垤。」古帝王執中以徧天下，明德慎徽，所以爲修身之本；知人安民，所以爲治世之綱。惟本精一危微以宰持乎萬化，故心法開於十六字，而帝學彰於十七銘，先聖後聖，其揆一也。朱子《大學或問》，自修齊以至治平，始終不外乎敬；《中庸或問》，自中和以至位育，樞紐不外乎誠。誠敬立而體用賅，千古之治術，約之即在乎性功矣。後世人君知此意者，莫如唐太宗之《金鏡》，宋真宗之《正説》；人臣知此意者，莫如魏徵之疏十思，司馬光之上五規。深通政要，而閭閻之衣食，胥關宵旰之憂勤；取鑒古今，而史乘之箴規，悉作廟堂之惕厲。故貞觀《帝範》凡十二篇，始《君體》《建親》，終《閲武》《崇文》。宋范祖禹《帝學》八卷，上自三皇五帝，下迄神宗，會而通之。固猶是《伊誥》《説命》之所陳，而衍其遺意焉。程子云：「帝王之學，與儒生異。」然聰明天亶，亦有慎修思永之功，則勤夙夜而不忘念典，夫且有較中材而倍惕者矣。皇上聖敬日躋，中和建極，接心源於往哲，表作覩於群倫，合道法治法而一以貫之，洋洋乎誠遠軼二帝三王之隆軌也。

制策又以：「賢才之興，本乎學校。」而欲使先德行後文藝，庶幾乎處爲修士，出爲良臣。此誠彰德育才之至意也。臣考《周禮》，大司徒有賓興三物之典，六德六行六藝，皆書其人而登進之。自鄉舉里選易爲科目，而古法不行，道德文藝，幾於判爲兩途，而務正學者蓋鮮。漢董仲舒精心大業，爲群儒首，是以倡養士之論，實足崇化厲賢，章明文教者也。後世若虞溥之獎訓生徒，胡瑗之教授子弟，卓然可稱。朱子講學於白鹿洞，蓋本二程遺意，而示人以聖賢入德之門。雖其時有朱陸異同之説，謂朱子道問學功多，然其理初無相悖。真德秀剖學術之真僞以示人，固可廉頑而立懦焉。夫君子小人之辨，惟儒術爲尤難。漢時，有孝弟力田之科，與異等茂才俱用。然其既也，有「舉秀才不知書，舉孝廉父别居」者。可見士生斯世，果能誦法儒先，敦尚實學，不必德行有書，而紆青紫者，自俊髦之美也；不必弓旌有召，而登科目者，皆經濟之才也。屏浮華而守中正，安異古所云哉？聖天子崇儒重道，教育英賢，獎勸修士之餘，固宜收其實用矣。

制策又以：「兵可不用，不可無備。」而因思夫坐作進退之節，蒐苗獮狩之經。臣按振旅茇舍，治兵大閲，掌於《周官》大司馬者綦詳。《管子》春秋角試，教目、教身、教足、教手、教心，皆所以練精鋭也。漢時，南軍衛宮城，北軍衛京師，期門羽林，材官蹶張，悉皆入選，而都試、都肄、卞射、貙劉，莫不務爲詳密。唐講武都外，舉於仲冬，太宗命諸衛將卒，習射於顯德殿，賞賜盛行，而其將亦加上考。後惟李抱真觀察澤潞，籍丁男，結弓矢，令於農隙分曹角射，得士卒九十餘萬，昭義步兵，稱極盛焉。大要步伐止齊，非訓練不能嫻習。《晉志》所載，公卿相儀，君王執節，典何如其重也；《唐志》所載，旂分卧舉，陣列圜方，容何如其整也。沈括之論九軍，臧景之陳馬射，皆有關於武事匪淺。王驥所云練兵，一曰練膽，二曰練藝，三曰練陣，四曰練地，五曰練時，尤爲可取者矣。夫技藝熟嫻，馬步驍健，是在統兵之員隨時鼓勵，勝兵自多，戎政自肅爾。聖世道隆化洽，疆宇乂安，乃偃武而不忘武備，養兵而不弛兵威。凡屬在弁兵者，其孰敢怠惰偷安，而不期於果鋭也哉？

制策又以：「禁暴所以安良，稂莠不除，嘉禾不殖。」而期於化頑梗，除奸宄之實政。臣惟比閭族黨，保受相賓。管仲治齊，郊内則軌里連鄉，郊外則邑卒鄉縣，各立官長，以司其事，使奔走無所匿，而遷徙無所容。漢官百官公卿而下，十里置一亭，亭有長，十亭爲一鄉，鄉有三老、嗇夫、游徼，爲此皆有修行能帥衆爲善之人。故賞賜食賜帛，寵之以異齊民也。

唐時，里正坊正，免其課役，尚有成周遺意。自古詰奸之法，保甲爲善。然王守仁行之於明，而民恃以安；王安石行之於宋，而民且爲累，則有治人無治法也。大抵胥吏所以察奸，兵弁所以弭盜，可以耳目寄之，不可以爪牙用之；可以指臂使之，不可以腹心任之。非在上者明察爲懷，則此委以權，而彼反借以爲利，除奸而轉以養奸，不能謂必無是也。聖朝風同道一，良有司奉行成法，勤勤懇懇，凡革面洗心者，固共適於蕩平之路矣。

若此者，緑圖尹壽，不足詡其傳也；辟雍靈臺，不足賡其化也；赫聲濯靈，不足頌其嚴翼也；立民順則，不足喻其熙雍也。猗歟盛哉！亘古獨隆也。臣尤伏願皇上，治益求治，安益求安，聖神已著而彌切嚴恭，庠序已明而愈思培養，令甲行威而不忘乎簡閱，夷庚式化而益凛乎防維。經緯萬端，涵濡多士，干城共守，匪辟俱消。於以扇巍巍，顯翼翼，恩樂熙春，歡臚函夏，寰區飲化，匝宇歸仁，則我國家億萬載無疆之慶基此矣。

臣末學新進，罔識忌諱，干冒宸嚴，不勝戰慄隕越之至。臣謹對。

（底本：《歷科狀元策》，影印中研院傅斯年圖書館藏本）

七五　道光三年癸未科　林召棠

道光三年（一八二三）癸未科，共取進士二百四十七名（《道光三年進士題名碑録》《國朝貢舉年表》載二百四十六名）。狀元林召棠，榜眼王廣蔭，探花周開麒。

是科會試正考官：大學士曹振鏞。副考官：禮部尚書汪廷珍、吏部左侍郎王引之、户部右侍郎穆彰阿。

是科殿試讀卷官：大學士長齡，吏部尚書盧蔭溥，户部尚書黄鉞，兵部尚書王宗誠，刑部尚書那清安，兵部右侍郎朱士彦，刑部右侍郎史致儼，内閣學士陳嵩慶。

林召棠（一七八六—一八七三），字愛封，號芾南，廣東高州府吴川縣（今吴川市）人。嘉慶二十一年（一八一六），順天鄉試中式。狀元及第，授翰林院修撰。道光十一年（一八三一），任陝西鄉試正考官。十三年，受聘主講於肇慶端谿書院，長達十五年。同治十一年（一八七二）十二月，卒於家，年八十七，謚文恭。著有《心亭亭居詩存》《心亭亭居文存》《心亭亭居筆記》等。

林召棠狀元策見《道光三年進士登科録》（中國第一歷史檔案館藏）、《歷科狀元策》（影印中研院傅斯年圖書館藏本）等。

道光三年，癸未。夏四月，庚子朔。庚申，策試天下貢士杜受田等二百四十六人於保和殿，制曰：朕仰承昊蒼眷佑，祖考詒庥，履位以來，於今三載。幸海宇乂安，國家無事，思與天下臣民，同樂太平，允臻上理。而朕懷兢業，惟慮風化之未淳，主術之或怠，聽言之未廣，民生之未裕。周咨博采，罔敢少康。爾多士彈冠而來，必有嘉謨，用裨朕治。

學校者，人才之本，風化之原也。虞廷有教胄之訓，《周官》重成均之職。化民成俗，實基於此，朕躬臨辟雍，講學興禮，非徒盛三雍之上儀，修漢唐之故事也，亦惟多士觀聽，庶知嚮風耳。夫禮樂何以防民？教訓何以正俗？師儒何以有得民之責？庠序何以爲明倫之地？崇儒重道，何以馴致太平？講讓興賢，何以潛消匪僻？建首善以勵天下，何以遠邇會歸？端士習以振民風，何以本末維繫？輔世長民之道，明德新民之學，必有能識其要領者，毋第以環林璧水，徒以揄揚之詞進也。

自古求治之主，罔不躬行節儉，爲天下先。然考其心迹，誠僞判焉。茅茨土階，紩衣攣領之世，尚已，三統而降，可得而言？漢文帝衣綈履革，蒲席韋帶，屏雕文之飾，惜中民之產，其視初元建平之代，罷齊三服官，易帷帳、去錦繡者，何如也？厥後令辟，亦知克己，焚翟裘，毀筒布，以蕭何壯麗之對爲非雅言。又其甚者，一冠三載，一衣屢澣，儉矣。然或盛衰殊途，始終異轍，豈徒儉不足以示國歟？抑務名不求其實歟？朕仰思《禹謨》勤儉之訓，永懷《商書》儉德之言，欲使天下黜華屏欲，治登淳古，何道以致之？

朕觀郅治之世，必有論思獻納之臣，輔翼左右，而人主亦復虛衷下問，翕受敷施，所以上下一德，民受厥福也。堯有衢室之問，舜有總章之訪，夏禹聞善則拜，殷湯好問則裕，文武諮詢於虞虢，訪問於箕子。帝王御宇，未有不以詢事考言爲先務者。後世令主，非無懃懃之言，懇懇之求。然或旒纊上闢，芻蕘下遺，白獸之尊徒設，肺石之函莫啓。即有聽納，或慕虛名，急於進言，未遑詳察。蓋非明不足以察其言，非斷不足以行其言，若泛然受之而無所別於中，將亦悠然容之，而莫能區處於外矣。取舍之宜，厥惟艱哉！明斷之本，可得聞歟？

昔大禹盡力於溝洫，以備水旱之虞，其功尚矣。然因其利而利之者，代不乏人，故鄭渠鑿而秦人富，蜀堋成而沃壤興。

漢唐循吏，所以衣食其民者，莫不以行水爲急務。畿輔大川有五，南北運河、永定、清河、滹沱是也。今欲南北運河入海之路暢達，何以使下游無阻。滹沱會合之水甚衆，何以免横溢之虞？清河以兩淀爲渟蓄，何以疏瀹深通？永定爲山水所會歸，何以沙淤不積？或者又謂治河之吏，知有隄而不知有河，密於修防，疏於濬導；營田之吏，知有田而不知有河，利其淤墊，忘其漲塞。夫五行之材，水居其一，用之善則灌溉可資，用之不善則泛溢爲患，將欲興利除害，何道而盡善焉？

凡此四者，皆經國之大猷，立政之本務。夫蓄疑而不問，主術之疏也；博學而不達，士林之恧也。考之於古，驗之於今，何去何從，孰得孰失，多士其悉言無隱，朕將親覽焉。

（《清宣宗實録》卷五一，册三三，頁九一八—九二〇。參校本：《道光三年進士登科録》，中國第一歷史檔案館藏；《歷科狀元策》，影印中研院傅斯年圖書館藏本）

臣對：臣聞致治本於育才，正俗先乎謹度，聽箴規斯能綜衆善，勤疏濬所以慶安瀾。稽諸往籍，《詩》詠作人，《易》嚴節制，《書》著從繩之美，《禮》有修防之文，茂矩崇儀，秩然賅備。伊古帝王，斟元立極，握符闡珍，庠序修明，軌儀端肅，詢事與考言並慎，隨山與導水兼宜，皆本持盈保泰之心，以懋咸五登三之治。用是漸仁摩義，聖化隆焉；去華崇實，民風茂焉；集思廣益，政理平焉；陂澤滌川，地利盡焉。猗與盛哉！所爲被潤澤而大豐美，受厚福以浸黎元者恃有此道也。

欽惟皇帝陛下，布辟雍之雅化，敦渾穆之醇風，酌衆論以權衡，登寰瀛於清晏。固已臻淳熙而還質慤，賡喜起而奏平成矣。乃聖懷沖挹，葑菲不遺，體至善之無窮，冀邇言之可采，進臣等於廷，而策以講學、崇儉、納諫、治水諸大政。如臣檮昧，有若涓流撮壤，奚補海山，顧當對揚伊始之辰，敬附敷奏以言之義，敢不勉述前聞，備陳誦習，以效管窺蠡測之一得乎？

伏讀制策有曰：「學校者，人才之本，風化之原也。化民成俗，實基於此。」而因求輔世長民之道，明德新民之學，此誠致治之首務也。臣考米廩虞庠，教胄聿開乎嬀典；東序右學，隆義嗣啓於兩朝。鄉詢五物，士論三升，咸莘莘而濟濟矣。《詩》曰：「於樂辟雍，文王之學也。鎬京辟雍，武王之學也。」古者天子有視學之典，燕禮食禮，四代兼修；合舞合聲，三時備舉。發德音，記惇史，所由朝廷有菁莪之化，多士美藹吉之譽也。西漢三雍，興於孝武之代；明堂辟雍，修於元始之年。建武中興，投戈講藝，車駕親臨。中元之間，其禮備舉，橋門圜觀聽之人，羽林悉通經之士。其後順帝陽嘉，靈帝熹平，嗣舉隆儀，勿替敬典。降及魏晉唐宋之間，餘風猶被焉。夫王者講學行禮，所以訓迪多士，使知嚮方也，豈徒美鼉鼓之於論，誇鸞旗之焜耀云爾哉？禮明樂備，所以防民；一德同風，所以正俗。重師儒之選而論道秉德，萬方有歸化之誠；謹庠序之修而教孝勸忠，天下明人倫之義。崇儒重道，久且馴至乎太平；講讓興賢，即以潛消其匪僻。建首善以勵天下，而是行是訓，咸遵王道之蕩平；端士習以振民風，而無黨無偏，悉納群倫於軌物。時雍風動，不即在環林璧水之間哉？聖天子闡千古之心傳，邁百王之治法，賢才蔚起，仁讓風行，復臨雍講學，明至道以示群英，海澨山陬，有不研經而砥行者哉？

制策又以：「自古求治之主，罔不躬行節儉，以爲天下先。」而因考心跡誠僞之判。此返樸還淳之至意也。臣謹按，《逸周書》曰：「不爲驕侈，不爲靡泰。」《禮記》曰：「國奢則示之以儉。」是豈愛財惜費，爲唐魏儉嗇哉？蓋民生有欲，聖人不能絶之使無，而以禮爲防。先王所爲，節而不過，因其情，制其物，與之等級，戒其侈淫，自古範民之道，未之有改也。然制之於下，防其流，非以清其源；謹之自上，正其本，即以理其末。禹謨美勤儉之訓，商書崇儉德之言，《周禮》王后服膳有不會之文，而司服、膳夫各有成憲，則其謹而不過可知也。各守爾典，無即慆淫，天下所由式化乎？夫茅茨土階，綈衣攣領之世尚已。三統以降，可得而言。漢文帝衣綈履革，蒲席韋帶，屏雕文之飾，惜中人之産。其時家給人足，幾致刑措，非節儉之效歟？厥後令辟，亦知克己，焚翟裘，毁筒布，以蕭何壯麗之對爲非雅言。又其甚者，一冠三載，一衣屢澣，可謂儉矣。而或盛衰殊途，始終異轍，非儉不足示國，則務名而不求其實耳。夫儉出於誠，則心無逸欲，而天下皆化其風。儉飾於僞，則外矯紛華，而兆人且窺其隱。心術所存，從違即判已。皇上躬堯舜之温恭，崇夏商之忠質，黜華敦樸，已風行四海矣。

制策又以：「郅治之世，必有論思獻納之臣，輔翼左右。」將求上下一德，民受厥福也。臣惟堯舜之聖，度越臣工，可以獨行不惑矣。而典謨所載，曰疇咨，曰弼諧，戒面從美，師錫罔非，求善納誨，冀臻上理。衢室之問，總章之訪，所由開萬世帝王之大法也。三代之隆，夏禹聞善則拜，商湯好問則裕，文王詢於八虞、諮於二虢，武王訪《洪範》於箕子，受《丹書》於尚父。明試敷奏，非帝王御宇之先務哉？夫獨斷者勇於自信，而聽言太廣，用人太驟，又無以核其實，而或失所折衷。故必至明而後能察其言，至斷而後能行其言。隱惡揚善，執兩用中，決擇所以能精也；僉受敷施，九德咸事，推行所以盡利也。欲其能明，必先窮理，而後不惑於疑似之交。欲其能斷，必先去私，而後不溺於依違之見。惟明且斷，聰明斯稱天亶，勇智乃爲天錫也。豈慮旒纊上闢，而芻蕘猶下遺哉？皇上聖德日新，淵衷下濟，人無不盡之懷，亦理無不析之藴矣。

制策又以：「大禹盡力溝洫，以備水旱之虞。」而因求興利除害之善政。臣惟畿輔地勢廣衍，諸川巨海，匯於津門，隄防疏導，厥功要矣。諸川之中，滹沱、漳河最大。滹沱即《禹貢》衛水，水勢湍急，同於桑乾，源出山西繁峙縣東北泰戲山，曰青龍泉。迴環九百里，入直隸界，會井陘水，至獻縣，分爲二派。一派東流，與漳河合，至青縣，與運河合；至天津，合白河，桑乾諸水入海。一派北流，徑子牙河，至静海縣，與清水河合；至西沽北，與白河、桑乾合；又東南合運河，而二派復合。合流既衆，横溢之虞所當備也。漳河舊名葫蘆河，爲滏、洺諸水之委，清濁二源，分流至交漳口而合；至廣平縣，分爲二，至天津而俱入於海。源委既遠，疏導之方所宜詳也。夫治河之吏，知有隄而不知有河，密於修防，疎於濬導；營田之吏，知有田而不知有河，利其淤墊，忘其漲塞。將因勢利導，並收厥功，如虞集之議海田，何承矩之耕水田，可倣其法矣。

皇上俯念民依，勤求底績，不且安流如鏡，資灌溉以爲豐年哉？

若此者，承明金馬，不足言選俊也；沈珠抵璧，不足言返淳也；肺石路鼓，不足言達情也；鄭渠蜀堋，不足言興利也。蜚英聲，騰茂實，備哉燦爛，真神明之式乎！ 抑聞荷帡幪之化者，則仰天之彌高；感光大之恩者，則冀地之彌厚。臣伏願

皇上，教思加廣，儉德永崇，理明而研益精，軌順而防益豫，則我國家萬年有道之隆基諸此矣。

臣末學新進，罔識忌諱，干冒宸嚴，不勝戰慄隕越之至。臣謹對。

（底本：《道光三年進士登科録》，中國第一歷史檔案館藏。參校本：《歷科狀元策》，影印中研院傅斯年圖書館藏本）

七六　道光六年丙戌科　朱昌頤

道光六年（一八二六）丙戌科，共取進士二百六十五名，狀元朱昌頤，榜眼賈楨，探花帥方蔚。

是科會試正考官：大學士蔣攸銛。副考官：工部尚書陸以莊、署工部左侍郎王鼎、署禮部右侍郎湯金釗。

是科殿試讀卷官：大學士托津、曹振鏞，户部尚書黄鉞，吏部左侍郎王引之、右侍郎杜堮，户部左侍郎李宗昉，兵部右侍郎武忠額，都察院左副都御史韓鼎晉。

朱昌頤（一七九二—一八六二），字吉求，號正甫，又號朵山，浙江嘉興府海鹽縣（今屬嘉興市）人。道光五年，順天鄉試中式。狀元及第，年三十五，授翰林院修撰。歷户部員外郎。道光二十四年，出任雲南鄉試副考官。二十六年，遷山西道監察御史，擢吏科給事中。與同官言事不合去職。主講敷文書院前後八年。同治元年，以疾卒于陝西同州。書工小楷。著有《鶴天鯨海焚餘稿》。海鹽縣博物館主編《朱狀元日記手稿》，二〇一五年由西泠印社出版。

朱昌頤狀元策見《歷科狀元策》（影印中研院傅斯年圖書館藏本）等。首都圖書館亦藏有《海鹽朱朵山先生道光丙戌殿試策》單刻本。

道光六年，丙戌。夏四月，壬子朔。壬申，策試天下貢士王慶元等二百六十五名於保和殿，制曰：朕仰承蒼昊眷佑，列聖貽庥，御極以來，於今六載，寅恭夙夜，惟幾惟康。舉凡甄綜人才之實，詰戎講武之經，整飭士風之原，明刑弼教之要，兢兢業業，時廑予懷。兹當授簡敷言，對揚伊始，咨爾多士，佇聽嘉謀。

夫欲熙庶績，必藉群才。《書》曰：「凡厥庶民，有猷有爲有守，汝則念之。」又曰：「不協于極，不罹于咎，皇則受之。」自古用人器使，豈必求備哉？然簡任者人君之權，薦舉者大臣之責。祁奚舉賢，李克論相，後世稱之，其故安在？趙武舉管庫之士七十，而晉君不以爲多；淳于髡一朝薦七士，而齊王厭其衆，將毋類聚攸殊，疑信各異歟？徐庶傾心於南陽，禰衡受知於北海，其薦賢之識，可並論歟？狄仁傑儲材於藥籠，呂蒙正置册於夾袋，何以得人稱盛歟？國家延訪人才，惟秉虚衷，能收實效，其何由祛比周之習，登公明之選歟？

古者文德誕敷，不忘武備，詰戎治兵，所以輔化安民也。漢之訓練，唐之講武，宋之大閲，其法果有裨益乎？邊防之策，漢唐最詳，賈誼、鼂錯、陸贄之論，昭然具在。然自古承平日久，中外無事，武臣邊帥，往往奉行具文，不能盡心簡閲，勞役兵丁，虛糜餉食，流弊孔多。其何以選精鋭，汰老羸，簡器械，演陣法，裕於平日乎？朕萬幾之暇，時御弧矢，侍衛禁軍，躬親校閲，亦欲習勞肄武，爲將士先耳，將何以整軍飭備，戎政克修乎？

士習文風，相爲表裏。漢初經學昌明，文章醇茂，其時績學之士，各有師承，老儒耆德，化行鄉里。沿乎末世，標榜日滋。魏晉而下，逮及陳隋，文漸華縟，士多浮靡。唐代起衰，人文並蔚，初盛中晚，體以時殊。波流五代，雕琢曼詞，其間人材，披沙揀金，得不償失。宋以五緯之瑞，篤生大儒名臣，聯鑣接軫，故其文章淳雅寬博，炳耀一時。洎乎元明，猶承餘韻，論文講學，可溯淵源。朕典學幾餘，總覽風會，登崇俊乂，道歸樸淳。夫文辭藝也，道德實也。惟爾多士，敷奏以言，有先資矣。虚車之誚，何以免諸？

先王制禮以崇敬，作刑以明威，刑罰明而後教化行，獄訟平而後民心服。畫象不犯，厥風古已；三典既用，五聽惟詳。漢代循吏治獄每多平反，論者謂得周官遺意。蓋欲天下無冤民，必先朝廷無枉法，罪疑惟輕，所以廣好生之德；刑與衆棄，所以平萬物之情。後世守令，不能盡知古人立法之意，乃至姑息養奸，游移寡斷，名爲慎重民命，實則屈抑民情。其武健者又或深文周内，恃才徼功。將欲清訟，不亦難乎？朕慎憲省成，惟刑之恤，申諭封疆大吏，嚴飭守令，明慎用刑，期於無枉無縱，辟以止辟，將何道而臻刑措之風乎？

凡此者，儲材以資治，講武以衛民，敷教所以端風化，慎刑所以彰明允，是皆經國之至計，保世之遠猷。援古證今，可行可法者，其要安在？爾多士讀書待用，各攄所知，毋泛毋隱，朕將親覽焉。

（底本：《清宣宗實録》卷九七，册三四，頁五七九—五八一。參校本：《歷科狀元策》，影印中研院傅斯年圖書館藏本）

臣對：臣聞求賢爲致治之原，講武爲衛民之要，設教者型方之善，慎罰者明德之修。古帝王執樞斟化，握鏡臨宸，以登宅俊，則忱恂之意昭焉；以詰戎兵，則簡閱之規肅焉；以宏樂育，制詳乎論秀書升；以示慈祥，法期乎準情酌理。是以《周禮》著舉能之典，《雅》詩陳鞠旅之章。道藝有書，爰彰三物；明允有訓，用弼五刑。遡觀曩紀，旁求切而念殷碩輔，訓練勤而吉協嘉師。士行端風化之先，國憲凛德威之用。所由函夏歸仁，熙春泳化，歆和六宇，暢德九垓者此也。

欽惟皇帝陛下，建中立極，錫福誠民，固已闢門軼美於重華，奮武齊徽於文命，德行懋而經明待用，欽恤昭而刑措咸欣矣。迺聖德謙沖，廑總章衢室之疇咨，冀土壤細流之裨益，進臣等於廷，而策以舉賢之典，肆武之方，與夫教士之良規，明刑之鉅制。如臣愚昧，奚補崇深，顧當對揚伊始之時，敬念拜獻先資之義，敢不謹竭芻蕘之一得，用效葵藿之微忱乎？

伏讀制策有曰：「簡任者，人君之權；薦舉者，大臣之責。」而因思所以祛比周之習，登公明之選。此誠釐工熙績之首務也。臣謹案，《洪範》之書曰：「凡厥庶民，有猷有爲有守，汝則念之。」又曰：「不協于極，不罹于咎，皇則受之。」自古人君將登斯民於上理，未有不勞於求賢而逸於任人者也。然而四海九州之廣，使人人待於察識，則日旰不遑矣；鉅細經曲之繁，使事事躬爲嘗試，則曠職必多矣。故必賴乎左右輔弼之大臣，各舉其所知，以爲朝廷之任使。昔者祁奚舉善於晉國，李克論相於魏侯，有足稱焉。且夫大臣之薦賢也，必其忠信誠慤，爲九重之所倚賴，則自深信而不疑。其公溥明通，爲物望之所引重，則自群萃而不涣彼。夫趙武舉管庫之士至七十，而晉君不以爲多；淳于髡一朝薦七士，而齊王厭其衆。固由其取類各殊，亦由其所以格君者有誠與不誠之異也。雖然，有舉賢之任者，尤必有相士之識。夫士有始終之可信，有名實之攸殊。若諸葛亮爲徐庶所薦，卒成蜀漢之業，而孔融之所薦者，迄無實用，何得震於其名哉？況一材一藝，不可以或遺也；一官一邑，不可以遽授也，必默識於平日而取用於臨時。如唐之狄仁傑，儲材於藥籠；宋之吕蒙正，置册於夾袋。其得人稱盛，尤徵以人事君之忠焉。皇上孜孜求治，延訪人才，秉虚衷以收實效，咸登報最之書矣。

制策又以：「詰戎治兵，所以輔化安民。」而因思夫選精鋭、汰老羸、簡器械、演陣法之事。臣惟兵可百年不用，不可一日不備。漢時置材官於郡國，京師有南北軍之屯。其時訓練之方，則有都試、都肄、貙劉、卞射諸目，立法至爲詳密。唐講武都外，時則舉於仲冬。太宗命諸衛將卒習射於顯德殿，賞賜盛行，而其將亦加上考。其後惟李抱真觀察澤潞，令於農隙分曹習射，昭義步兵，稱極盛焉。宋有大閲之典，《文獻通考》所載五練之法，皆有裨於營伍者也。若乃邊防之策，漢唐最詳，賈誼、鼂錯、陸贄諸人，不憚再三論列，以切求夫撫馭之術。夫自古承平日久，中外無事，武臣邊帥，往往奉行具文，不能盡心者矣。大抵校閲之制既弛，則兵丁適以供役使，而試之弓馬則疎；饟廪之饋既繁，則武弁轉以恣侵漁，而給於卒旅則僞，其流弊殆有不勝言者。而且精鋭宜選，則老羸不可不汰也；器械宜備，則行陣不可不演也。俾之將作士氣，士識將心，其裕之平日者，不可不亟講也已。皇上幾暇習勞，躬親校射，整軍經武之宏規，邁往古而上之矣。

制策又以：「士習文風，相爲表裏。」而因博求夫漢唐元明文學盛衰之源流。此尤黜華崇實之至意也。臣考西漢初興，下求書之詔，其時老師宿儒，每各抱其殘缺，以待當世之徵辟。有如《書》有古今文之異，《詩》有齊魯韓三家，《易》

《禮》《春秋》咸有師承。故其著之文章，賈誼之醇，董仲舒之茂，卓爲一代名儒。然沿乎東漢之世，則淳厚之風漸息，而節義之氣克敦。清議既起，標榜日滋。若夫建安之格，永明之體，逮乎梁隋，競以聲律相尚，文既趨於華縟，行亦流於浮靡。惟唐韓愈奮然振興，能起八代之衰，匪獨其文辭邁越，實由其制行醇篤，足爲士林之表率。然而初盛中晚，體以時殊，波流五代，而雕曼之詞猶所不免。則信乎端士習以釐文體，尤非易事也。宋以五緯之瑞，篤生周程張朱諸大儒，嗣是名臣聯鑣接軫，其文章淳雅寬博，足與六經賢聖之旨相發明。至元明，論文之純疵，講學之異同，溯厥淵源，指歸可覩也。［聖主］典學高深，①崇儒重道，先德行而後文藝，教思被乎無外已。

［制策］又以：②「刑罰明，而後教化行；獄訟平，而後民心服。」而因求所以無枉無縱，辟以止辟之道。臣聞三古以前，畫象不犯，厥風尚已。漢代循吏，如龔、黄之仁慈，張、趙之明敏，其斷獄每多援經術以飾吏治，論者謂得《周官》遺意。夫欲天下無冤民，必先朝廷無枉法。罪疑惟輕，所以廣好生之德；刑與衆棄，所以平萬物之情。乃後世守令，不能盡知古人之意，往往自恃其才智，而不審夫出入之重輕，不辨其情僞之得失，深文周内，苟且徼功，此武健之吏不可不懲也。然或因循視事，委靡不振，姑息適足以養奸，游移秖成其寡斷，推彼憚於煩勞之念。亦謂民命甚重，初不可旦暮以期速效，而豈知案牘積而不理，則無辜之羈累益多；吏胥擾而不懲，則比户之追呼益急，民情之屈抑，且有甚於武健之所爲。然則欲求夫刑罰明而訟獄平者，惟力返怠玩之習耳。聖天子慎憲省成，洞燭民隱，恤刑之治久已徧洽乎寰區，猶時申諭封疆大吏，嚴飭守令，期於明慎用刑，無枉無縱，豈不懿歟？

若此者，才欣特達，衆樂知方；鄉物賓興，祥刑式化。是用南諧北燮，西被東漸，汪汪乎振古之上儀，無以加矣。臣伏

① 「聖主」，底本闕，據《狀元策》補。
② 「制策」，底本闕，據《狀元策》補。

願皇上，治益求治，安益求安，懋持盈保泰之思，臻累洽重熙之盛，賢能已奮而倍切登庸，義勇已昭而愈勤教閱，膠庠已振而彌勵儒修，嘉胏已平而尤嚴敕法。蜚英聲，騰茂實，於以彌綸宙合，鼓鑄群生，揚駿烈以永綏，迓鴻庥之蕃衍，則我國家億[萬]載咸熙之慶基諸此矣。①

臣末學新進，罔識忌諱，干冒宸嚴，不勝戰慄隕越之至。臣謹對。

（底本：《海鹽朱朶山先生道光丙戌殿試策》，單刻本，首都圖書館藏。參校本：《歷科狀元策》，影印中研院傅斯年圖書館藏本）

① 「萬」，據《狀元策》補。

七七　道光九年己丑科　李振鈞

道光九年（一八二九）己丑科，共取進士二百二十一名。狀元李振鈞，榜眼錢福昌，探花朱蘭。

是科會試正考官：大學士曹振鏞。副考官：兵部尚書玉麟、右侍郎朱士彦，户部右侍郎李宗昉，光禄寺卿吴椿。

是科殿試讀卷官：大學士長齡，協辦大學士盧蔭溥，内閣學士朱方增，吏部左侍郎杜堮，户部尚書王鼎，兵部左侍郎寶興，刑部尚書陳若霖，都察院左都御史潘世恩。

李振鈞（一七九四—一八三九），字仲衡，號海初，安徽安慶府太湖縣（今屬安徽安慶市）人。道光八年舉於鄉。狀元及第，授翰林院修撰。歷文淵閣校理、國史館和功臣館纂修、順天鄉試同考官。性兀傲，不諧于時，遭忌者壓抑，憂鬱成疾，未幾卒。著有《味鐙聽葉廬詩草》二卷。

李振鈞狀元策見《道光九年進士登科録》（中國第一歷史檔案館、國家圖書館藏）及《歷科狀元策》（影印中研院傅斯年圖書館藏本）等。

道光九年，己丑。夏四月，甲子朔。甲申，策試天下貢士劉有慶等二百二十一人於保和殿，制曰：朕寅承洪緒，統馭寰區，夙夜兢兢，不敢暇逸。仰荷昊蒼篤佑，疆圉乂安，歲功康若，惟益勤求治理，以丕綏我億兆民。兹當臨軒籲俊，式殷延訪，用集嘉謨。

惟民生厚，因物有遷，興化善俗，致治之本。《虞書》敷教，俾民親遜。《周禮》以三物教民，以八刑糾民。故風化維持，久而弗替。漢置三老孝弟常員，徵拜美俗使者。唐賜孝義高年粟帛，遣使觀覽風俗，皆以勸民厲俗，惟懷遠圖。國家承平日久，芸生者衆，良莠不齊，將返漓者而使之淳，若多設科條，則易滋擾累；即廣頒文誥，或徒飾觀聽。昔吕氏《鄉約》，袁氏《世範》，或牧令以化一邑，或搢紳以教一鄉，其言至爲淺近，然由其道而實行之，俗美風淳，雖王政無以易。今欲使四海之内，獄訟衰息，邪慝不興，里黨輯睦，耆孺和樂，其操何術以收勞來匡直輔翼振德之效，而致時雍之化歟？

黄河水道，漢元光中注鉅野，通於淮泗，武帝築宣防，導之北行。逮永平中，王景修渠築隄，偶合禹功，自漢至唐不爲害。石晉開運年間，浸汴、曹、濮、單、鄆五州境，自北而東。宋元豐後，日趨於南，中牟以下奪汴，徐州以下奪泗，清口以下奪淮，而後注海，禹蹟遂不可復。今治河之法，曰疏曰防，其要尤在蓄清以刷黄，束清壩，禦黄壩，清黄之關鍵也。因時啓閉，治河即以通漕，河道深通，南北重空，運自無阻滯。蓄清之法，尤以保護高家堰爲急務，何以使黄水無倒灌之虞，洪湖無下溢之患？石隄摸砌，難期穩固，謀經久之策，以何術爲善？余闕、邱濬、潘季馴諸人，均有成法可稽，誠能會通其説而治之，俾河流順軌，漕艘遄行，庶可一勞永逸歟？

選賢任能，政之樞要。一代之治，必有一代之賢能分任之，其德器必過人，而責效在專其任。堯舜之世，皋夔稷契皆聖人，各守一官而治隆。三代用人，首德行，次才能。漢舉孝廉及賢良方正，制爲近古。魏立九品官人法，論者何以有或損或難之譏？唐制科之外，擇人有四事，何者爲先？崔祐甫薦舉，日除數十人，未逾年，除吏幾八百員，史稱允當者安在？宋司馬光云：「專引知識，則嫌於私。止循資序，未必皆才。」欲設十科舉士，可詳陳其條目歟？抑行之果無流弊歟？夫賢才登進，則治道昌明，士人立德修行，宜何如圭璧束身，以應旁求之典？

自古治平不忘武備，整軍戢暴，馭世大權。漢唐以來，訓練之法，載在史册，其制若何？歷代邊防，孰得上策？若賈誼、晁錯、趙充國、陸贄之倫，其著爲條議，見諸施行者，亦有可採歟？我朝中外一家，邊徼敉安，偶有不靖，命將出師，膚功迅奏，蓋有鑒於前代弛備之弊，詰戎講武，未嘗一日不儆也。綏邊之法，在乎彊内以讋外。今西戎即敘，凡邊帥之侵漁，屯師之墮廢，已增其禄糈，汰其衰庸，剔除積弊，禁令嚴申。任將帥之責者，將何以使之日久弗懈，振國威而懾荒服，以長保太平之治乎？

夫敦化以善民俗，濬川以利民生，簡賢以勵官常，振武以靖邊圉，胥制治保邦之要圖也。多士稽古有年，先資拜獻，其各陳讜論，毋有所隱，朕將親第焉。

（底本：《清宣宗實録》卷一五五，册三五，頁三八一—三八二。參校本：《道光九年進士登科録》，中國第一歷史檔案館、國家圖書館藏；《歷科狀元策》，影印中研院傅斯年圖書館藏本）

臣對：臣聞正俗斯能成化，濟運莫如導河，致治在乎得人，懷遠期於振德。古帝王夕爽還政，晨旦調風，操天人協應之機，本内外交修之實。以神於變，光被及於萬邦；以謹隄防，瀦蓄通乎四瀆；以昭迪簡，典隆於翹乘；招弓以廣幅員，道存乎整軍經武。是以《書》紀敕和之訓，《易》占利涉之爻，《詩》賡興賓之章，《傳》垂慎守之戒。以暨聲教，會歸大也；以資灌溉，飛輓通也；以登俊乂，干旌賁也；以嚴征繕，金湯鞏也。寰海鏡清，方隅砥平，所爲涵泳聖涯藻被歌頌者此也。

欽惟皇帝陛下，德侔幬載，治炳登咸，則古聖以同民，本至仁以育物。固已匝宇歸仁，而翕河獻頌；彈冠誌慶，而脱劍揚休矣。迺聖懷沖挹，愈切疇咨，勤葑采而聽卑，詢芻言而察邇，進臣等於廷，而策之以敦化、治河、簡賢、振武諸大政。臣之愚陋，何足以知體要，顧念泰山峻極，猶資土壤之微；滄海宏深，不遺涓流之細，敢不就平素所誦習者敬效先資之拜獻乎？

伏讀制策有曰：「惟民生厚，因物有遷，興化善俗，致治之本。」而因思夫勞來匡直，輔翼振德之效，此誠勤求上理之大原也。臣謹按，《尚書》契作司徒，敬敷五教，而化成時雍；成周忠厚開基，睢麟雅化，起於二南。又設官教以三物，糾以八刑，故風化維持，久而弗替。漢承秦敝，首除苛法，後乃置三老孝弟常員，徵拜美俗使者。唐賜高年粟帛，遣使觀風，皆將以廉頑立懦，薰其德而善良，猶存古太史陳詩觀風之遺意。夫民性非本漓也，民俗非本媮也，惟父兄之教不先，子弟之率不謹，鮮廉寡耻而俗不長厚也。將欲使之滌瑕蕩穢而鏡至清，嗜慾源滅而禮義心生，固非多設科條、廣頒文誥之所能奏效也。昔吕氏《鄉約》、袁氏《世範》，或以牧令而化一邑，或以搢紳而教一鄉，此猶之匹夫爲善於家，尚可刑于八口也。況乎立端本善則之極，操移風易俗之原，一人笑嚬，群黎逖聽；九重好惡，四海具瞻，誠有相深於本原之地，而潛驅默化於不覺者。故《山樞》《蟋蟀》之篇，俟著從狼之詠，非獨其風氣不古也。國奢則示以儉，國儉則示以禮，未始非親民之吏徒簿書之鞅掌而申勸未經心耳。苟能型方訓俗，俾返澆薄於太初，又何慮良莠不齊，或偭規而背矩哉？聖天子修和有夏，愷澤如春，道昭乎偏德敷文，化洽乎近光保極，海隅日出，安平和親，喁喁嚮化，蓋歌《康衢》而賡《擊壤》矣。

制策又以：「河流順軌，漕艘遄行。」而咨夫一勞永逸之至計。臣嘗誦濬畎距川之文，隨山刊木之紀，未嘗不歎美哉。禹功明德遠矣，然其時洚洞爲災，非獨黃河爲害，故禹以海爲水之歸，而治河以通水道，所謂「導河積石，至於龍門」者是也。河至漢元光中注鉅野，通於淮泗，武帝築宣防，導之北行。逮永平中，王景修渠修隄，偶合禹功，自漢至唐尚不爲害。迨及石晉開運年間，河始汎溢，浸汴、曹、濮、單、鄆五州境，自北而東。宋元豐後，日趨於南，中牟以下奪汴，徐州以下奪泗，清口以下奪淮，而後注海，禹跡遂不可復。歐陽修《治河三策》，至今稱之。夫治河之法，惟就下之性不可拂，而遏厥狂瀾；宣洩之宜不可違，而慎其啓閉。曰疏曰防，其大要也。然非束清禦黃，兩壩安能蓄清以刷黃乎？況乎因時啓閉，治河即以通漕，河道深通，重空軍船，北運南旋，歲以爲常，咸稱利濟矣。第扼清黃之要津者，莫如高家一堰。蓄清尤必慎加保護，石隄摸砌，功費浩繁，所以防九折於天來，望千帆之雲集，經久之策，可勿講乎？昔余闕、邱濬、潘季馴，雖各有成法，第非明乎地勢而因時制宜，殆未易言法古也。盛世慶奏安瀾，功成作楫，桃花無恙，瓠子不波，河流固屢清矣。

制策又曰：「一代之治，必有一代之賢能分任之。其德器必過人，而責效在專其任。」斯誠選俊書升之大要也。臣竊惟名世之生，必鍾間氣，而群才之策，咸景清時。古者上有放勛重華，下有皋颺夔拜，明良喜起，稱極盛。三代之隆，伊傅周召，猶堪繼軌。而用人則首德行，而次才能，可謂法良意美。漢舉孝廉及賢良方正，制雖近古，然有「舉秀才不知書，舉孝廉父別居」者，安在策於天子，察於州郡，舉於學校乎？唐有國學、太學、四門學之制，後乃重進士而輕明經。惟崔祐甫薦舉日除數十人，未逾年除吏幾八百員，史未嘗以爲濫。大抵薦剡之賢否，惟視推轂者之公私耳。如曰專引知識，則嫌於私，將叔向之不避親，鮑叔之知我貧，皆私乎？如曰止循資序，未必皆才，將馮唐之老爲郎，相如之久不遷，非才乎？此宋司馬光所欲爲設十科以舉士，特惜其阻也。皇上四門籲俊，一德旁求，鸞旂而芹藻生香，鹿野而苹蒿擢秀。士之幸逢斯盛者將黼黻爾躬矣，宜何如圭璧爾心也哉？

制策又以：「治平不忘武備，振國威而懾荒服，所以長保太平之治也。」臣竊考漢分南北二軍，唐有府兵、軍府、折衝、彍騎，其制屢易，而訓練之法，要不過較閱精而賞罰當耳。夫七旬而格有苗，益彰大舜之文命；三年而克鬼方，何損高宗之中興。然必慎固封守，而綏靖邊隅者，安不忘危，耀德而非黷武，戢暴正所以安邦也。欲彊内以警外，則善將兵莫如善將將矣。夫邊帥寄膺閫外，營列細柳，乃真將軍，纛建高牙，非假節鉞，固當壯元老之猷，以趙屯田爲法，無使書生矜紙上談，如賈誼、晁錯、陸贄輩之議其後也。況乎虎帳不喧，豹韜有略，練膽練藝，教目教身，惟在軍實日討，刁斗宵嚴，士皆挾纊而無敢執冰，斯邊弗争桑而罔窺牧馬矣。聖朝恩覃赤縣，威震青徼，何殊陳涿鹿之師而奮揚鷹之烈哉！

若此者，端己以齊民，濬源以利運，任賢以佐治，申儆以防邊，洋洋乎暢鴻庥而垂駿業，蓋亘古而立隆也。臣尤伏願皇上，薰軫常調，璇衡默運，風聲已樹而益凛黈旒，雪浪不揚而愈籌竹箭，鵷鸞咸集而夏屋彌庇，鯨鯢久封而秋防倍警。訓俗之道昭焉，濟民之功懋焉，作人之化隆焉，正域之規立焉。光玉鏡，披金繩，奄九有以來同，總八方而爲極。用以德徵風動，澤洽露生，衍奕葉以壬林，承昊綍之申錫，則我國家億萬載無疆之慶基此矣。

臣末學新進，罔識忌諱，干冒宸嚴，不勝戰慄隕越之至。臣謹對。

（底本：《道光九年進士登科録》，中國第一歷史檔案館、國家圖書館藏。參校本：《歷科狀元策》，影印中研院傅斯年圖書館藏本）

七八　道光十二年壬辰恩科　吴鍾駿

道光十二年（一八三二）壬辰恩科，共取進士二百零六名。狀元吴鍾駿，榜眼朱鳳標，探花季芝昌。

是科會試正考官：吏部尚書潘世恩。副考官：刑部尚書戴敦元，工部尚書穆彰阿、朱士彦。

是科殿試讀卷官：大學士曹振鏞、富俊，吏部右侍郎湯金釗，户部右侍郎李宗昉，刑部右侍郎恩銘，工部左侍郎吴椿，理藩院右侍郎奎照，都察院左都御史白鎔。

吴鍾駿（一八〇一—一八五三），字崧甫，一字晴舫、吹聲，江蘇蘇州府吴縣（今江蘇蘇州市）人。道光二年舉於鄉。狀元及第，授翰林院修撰。道光十四年，任福建鄉試正考官。十五年，任湖南鄉試正考官。十六年，命上書房行走。十七年，提督福建學政。遷侍讀、國子監祭酒、詹事府詹事。二十三年，擢内閣學士，兼禮部侍郎銜，提督浙江學政。二十四年，陞禮部右侍郎，仍留浙江學政任。二十八年，署户部右侍郎，兼管錢法堂事務。二十九年，轉禮部左侍郎。咸豐二年（一八五二），轉福建學政。三年，因病解任，未幾卒。

吴鍾駿狀元策見《狀元策》（道光二十年文寶堂刻本，國家圖書館藏）、《歷科狀元策》（影印中研院傅斯年圖書館藏本）等。

道光十二年，壬辰。夏四月，丁丑朔。丁酉，策試天下貢士馬學易等二百六人於保和殿，制曰：朕纘膺大寶，統御寰區，中外乂安，於兹十有二載。仰荷昊蒼眷佑，列聖垂庥，敕命時幾，兢兢業業。深念亮功熙績之道，去奢崇儉之模，厚生藏富之規，布憲頒條之要，期臻上理，延訪維殷。爾多士拜獻先資，對揚伊始，冀聆讜論，式贊嘉猷。

唐虞官人，申言載采；成周分職，重戒惟勤。官禮所載，八灋八成，六敘六計，所以治官府正群吏者，至詳且備，能晰言之歟？漢史言綜覈名實，吏稱其職，有合於董正治官之旨。然上求實效，而下務虛名，以拘守繩墨爲慎，以奉行條律爲勤，勵翼之謂何？其遂稱庶官無曠歟？夫詢在事，考在言，而宅俊之克知灼見者則在心，任職之吏，豈徒以奉令承教爲賢歟？任賢勿貳，去邪勿疑，帝者之盛軌也。① 上以誠待下，則下當以誠事上。朕權衡黜陟，一秉至公，内外大小臣工，宜何如敬慎法廉，實心任事，以克副釐工熙績，澄敘官方之意歟？

尚儉者，開福之原。堯不以土階爲陋，而舜怵戒於塗髹，禹卑宫，文王卑服，尚已。嗣是衣從弋綈，貢罷縑綸，往跡流傳，其儉德不猶可溯歟？去奢去泰，上下所同。古人臣勵羔羊素絲之操，如趙抃守成都，一鶴一琴；程爀令鹽城，一馬一僕，其高節清標，非臣下所當矜式歟？夫鏤簋朱紘，玉纓瓊弁，自昔所譏。乃積習相沿，敝化奢麗，以致不能養廉，將何以重誡風愆，儆於有位歟？《蟋蟀》《山樞》，民風近古，今則閭閻不免踰禮，將何以挽其澆漓，俾還淳而返樸歟？朕躬行節儉，爲天下先，時以黜華崇實之意，訓迪臣民，何由而使風氣日臻醇茂歟？

積貯者，生民之大命。倉人遺人之灋，具在《周官》。漢耿壽昌設常平倉，增價減價，因時以濟民之緩急，意非不善。然出入在官，易滋流弊，若社倉、義倉二者，係民間自爲經理，不更有以輔常平之不及歟？義倉起於隋長孫平，當社立倉，豐則取之，歉則散之。社倉行於宋朱子，夏貸冬償，主守則屬於鄉之行義，收斂則請於郡之長官，二者豈非久遠之利歟？乃日久弊生，倉正不無偷賣，州縣不無那移，胥吏不無侵蝕。甚至日就虧缺，僅賸空廒，將何以整頓舊規，使良法及時興復

① 「者」，《狀元策》作「王」。

歟？夫倉以社義爲名，宜聽小民輸納，苟州縣有抑勒侵那諸弊，而大吏不加懲辦，無以肅吏治，又何以厚民生歟？

法令者治之具，而非制治清濁之原。《周禮》官灋治要，官成治凡，綱舉目張，無一切苛碎繁重之政，粲然明白，庶事所由康歟？《繫辭》言「易簡而天下之理得」，蓋本顯明之理，以立要約之法，則人皆易知而易從。漢代蕭規曹隨，較若畫一，猶得行簡臨民遺意。嗣後簿書日積，科條日增，庶司顧慮既深，救過不暇，將何以折衷一是，裁定明文，俾吏胥無從高下歟？夫徒法不能以自行，一弊未除，一弊已伏，如經徵考成過嚴，則緣墊欠而適成虧帑；承緝處分太重，則因諱飾而轉致養奸。科指猥多，册籍重複，苟非汰其叢雜，歸於簡明，何由蠲滌煩苛，以昭示法守歟？

凡厥四端，董迪以肅官治，敦樸以開化原，積貯以阜民生，簡覈以防吏蠹，皆立政之大綱，經邦之要道也。多士學于古訓，通知時事，以敷奏爲明試，務收實用，毋摭膚辭，朕將親覽焉。

（底本：《清宣宗實録》卷二一〇，册三六，頁九〇—九一。參校本：《狀元策》，道光二十年文寶堂刻本）

臣對：臣聞課績者任官之法，崇實者化俗之原，藏富者裕國之猷，行簡者臨民之本。綜稽往籍，《禮》著官常，《傳》稱儉德，《詩》有崇墉之頌，《書》詳慎憲之文。自古帝王，斟元御宇，握鏡臨宸，以辨廉能，則貆庭無誚也；以敦淳樸，則鹿裘可風也；以謀貯畜，則魚旐占豐也；以滌煩苛，則蠹胥不擾也。懿綱醲化，侯其禕而用是，官箴飭而紽緎肅其型，主德清而茅茨昭其樸，天庾盈而坻京儲其備，吏治簡而官府考其成。所由榮鏡宇宙，經緯乾坤，固萬葉而爲量者恃此也。

欽惟皇帝陛下，治亮天功，懋昭大德，溥樂利於閭閻，頌清和於易簡。固已百職具修，而兆人永賴；三年有備，而庶事惟康矣。迺聖懷沖挹，深維長治久安之計，彌切持盈保泰之思。進臣等於廷，而策之以考績、崇儉、積貯、立政諸大端。臣佔畢庸愚，奚足以知體要，顧幸際廣思周逮之時，敬繹夫敷奏以言之義，敢不勉述平昔所誦習者，用效土壤細流之一助乎？

伏讀制策有曰：「唐虞官人，首言載采；成周分職，重言惟勤。」而因推本於任賢去邪之方。此誠澄敘官方之至意也。臣謹按《虞書》三載考績，三考黜陟幽明。《尚書大傳》以爲：「積善至於明五福，以類升，故陟之；積不善至於幽六極，以類降，故黜之。」九載而三考者，法天數也。《周官》太宰之職，以八灋治官府；小宰之職，以官府之六敘正群吏，以官府之八成經邦治，以官府之六計弊群吏之治。條分目析，粲然具備。而又日有成，月有要，歲有會，三歲有大計，隨時而考課之，法綦密矣。漢以六條察二千石，其考課之次第，令長於歲終計户口錢穀之數，上之郡國，是郡國得課令長也。郡守課於刺史，刺史課於御史、丞相，丞相上之天子，而賞罰乃行。循名責實，誠有合於董正治官之旨。如以拘守繩墨爲愼，以奉行條例爲勤，豈所稱庶民勵翼之意歟？夫安静之吏，悃愊無華，日計不足，月計有餘，惟在官者敬愼法廉，實心任事，上以實求，下非名應，庶乎小大之臣，咸懷忠良，鵜梁無彼己之譏，騶虞有備官之樂，濟濟多士，交相勗於靖共爾位也。皇上整飭官常，删除冗濫，洵乎教清於雲官，治穆乎鳥紀也矣。

制策又以：「尚儉者開福之原。」而思所以挽其澆漓，俾之臻於醇茂。此尤慎乃儉德之至計也。臣謹考《子華子》曰：「堯不以土階爲陋，而舜怵戒於塗髹。」仰見勛華之聖，躬行節儉，昭示來世，誠不欲以逸欲教有邦也。嗣是而大禹卑宫，文王卑服章矣。三代而下，漢文猶爲近古。《漢書·揚雄傳》稱：「綈衣不敝，革鞜不穿；大厦不居，木器無文。」蓋承秦敝之後而返斯民於敦龐之治，皆漢文之儉所致云。厥後哲王，亦知恭己，翟裘則焚，筒布斯毁，素木卑構，陶匏充御，儉德不可想歟？夫風化之行，自上及下。昔紫衣賤服，齊桓猶變其風；長纓玩好，鄒君且移其俗。誠得節儉正直之臣，如趙抃之守成都，程[illegible]之令鹽城，宣化承流，圖匱於豐，防儉於逸，化其踰禮之習，俾成比户可封之俗，安見民敦工樸，商慤女憧之風，不再見於今；而鏤簋朱紘、瓊弁玉纓之侈，不返而爲澣衣濯冠、豚肩不掩之樸也？《管子》曰：「姦邪生於匱不足，匱不足生於侈，侈生於無度。」是知奢儉之分，正風俗之原也。今聖天子體唐成儉，踵虞爲樸，游其宇者，孰不勉於淳質之化哉？

制策又以：「積貯者，生民之大命。」而因詳及夫三倉之利弊。臣考《周官・遺人》「鄉里之委積，以恤民之囏厄」，倉人掌穀入之藏，廩人掌九穀之數，旅師掌聚野之鋤粟、屋粟、間粟，均所以備豫不虞而待平頒也。李悝曰：「穀賤則傷農，穀貴則傷民，權其輕重，宜設倉以貯之。」此常平所由立也。厥後耿壽昌行之於漢，民以爲便。隋長孫平復設義倉，唐踵而行之。宋常平、義倉並設，而常平爲重。朱子借常平之粟立社倉，有社長一人稽其出入，行之三年，民以饒裕。夫常平、義倉、社倉三者行之，各有成效，而其久均不能無弊。如常平之貯在官也，或上下相蒙，祇視爲肥身之計。義倉之蠲在民而貯在官也，或吏胥得伺緩急以行其私。社倉之貯在民也，視諸倉爲較便，然社長不得其人，則侵漁科派，以千家之粟利一人之謀，弊亦猶之二倉也。要之，有治法，尤貴有治人。誠使在官者以愛民爲念，爲民者以體上爲心，採買之法，則如陳堯佐之增價；發糶之法，則如趙抃之減價。而且胥吏有察，不至於作奸；市廛有積，不至於囤積。樂歲有以儲之於先，歉歲有以籌之於後。斯經畫之宜，於以克盡耳。皇上軫念民依，思艱圖易，所以爲百姓謀生聚者至深且遠矣。

制策又以：「法令者（法）［治］之具，①而非制治清濁之原。」因思蠲滌煩苛，以昭示法守。誠立政之大綱也。臣惟《周禮》官灋治要官成治，凡綱舉目張，昭然大備。在上者無叢脞之虞，在下者無繁重之苦，是操何道而致此哉？《大戴禮》引《易》曰：「正其本，萬物理。」蓋握其至簡之理，以爲宰制之本，斯刀筆筐篋之瑣，不足以動其耳目；簿書錢穀之繁，不足以擾其心慮。昔蕭曹爲相，有「顜若畫一」之歌。蓋漢承秦之敝，破觚而爲圜，斲雕而爲樸，網漏於吞舟之魚，其解苛除嬈，與民休息，深有得於出政之宜。史氏所謂「治尚黃老」者，殆謂此也。夫徒法不能自行，而防弊即以滋弊。如經徵之考成過

① 「治」，據文義改。

嚴，則緣墊欠而適成虧帑，承緝之處分太重，則因諱飾而轉致養奸。大抵科條愈備，則詐僞愈多，吏胥之舞文，即長吏亦有所不及覺者，法太繁故也。《繫辭》曰：「易簡而天下之理得。」諒哉！聖朝澄清吏治，剔弊釐奸，凡百臣工，孰不砥礪，以期有爲也哉？

若此者，釐工以熙績，去奢以黜華，足國以保民，除煩以度事。洋洋乎暢皇風而熙帝載，洵亘古而立隆也。臣尤伏願皇上，至誠無息，立政有恒，綜覈已精而彌殷考察，封靡已戒而愈凜儉恭，囷倉已裕而倍功蓋藏，政務已清而益期簡約。班聯之序肅焉，撙節之風厚焉，儲蓄之資充焉，清淨之理成焉。猗歟茂哉！上咸五，下登三，同風八寓，均禧九垓。用是緝熙帝載，潤色皇猷，民氣合於盧牟，邦本鞏於磐石，則我國家萬年有道之長基諸此矣。

臣末學新進，罔識忌諱，干冒宸嚴，不勝戰慄隕越之至。臣謹對。

（底本：《狀元策》，道光二十年文寶堂刻本，參校本：《歷科狀元策》，影印中研院傅斯年圖書館藏本）

七九　道光十三年癸巳科　汪鳴相

道光十三年(一八三三)癸巳科，共取進士二百二十名。狀元汪鳴相，榜眼曹履泰，探花蔣元溥。

是科原應在道光十二年舉行，爲慶祝道光五十壽辰，改道光十二年爲恩科，正科推遲至此年。

是科會試正考官：大學士曹振鏞。副考官：協辦大學士、雲貴總督阮元，兵部尚書那清安，工部左侍郎恩銘。

是科殿試讀卷官：大學士富俊，户部尚書王鼎，吏部右侍郎李宗昉，兵部左侍郎鐵麟、朱爲弼，刑部左侍郎史致儼，工部左侍郎吴椿，内閣學士恩桂。

汪鳴相(一七九六—一八四〇)，字朗渠，號珏生，江西九江府彭澤縣(今屬九江市)人。道光十二年，舉于鄉。狀元及第，授翰林院修撰。十四年，任順天鄉試同考官。十五年，任廣西鄉試正考官。繼遭父母喪，歸鄉丁憂。二十年二月，服將闋，忽自經死。著有《雲帆霜鐸聯吟草》，編有《新安汪氏宗祠通譜》。

汪鳴相狀元策見《狀元策》(道光二十年文寶堂刻本，國家圖書館藏)及《歷科狀元策》(影印中研院傅斯年圖書館藏本)等。

道光十三年，癸巳。夏四月，辛丑朔。辛酉，策試天下貢士許楣等二百二十二人於太和殿，制曰：朕寅紹鴻圖，撫綏寰寓，勤孜宵旰，兢業不遑。仰承蒼昊垂庥，邊陲底定，疆圉乂安，惟益慎儉思艱，期無一夫不獲。兹當臨軒策士，式殷延訪，用集嘉謨。

選士興賢，治之大要。古者選舉獻貢，以德行道藝教之，然後予以明揚，何時改爲設科較藝？漢代惟賢良得人爲最，制猶近古，至九品官人法立，而古意寖失，損難貽譏何歟？唐制科之外，擇人者尚有四事，較漢魏爲益詳。宋之三科，以直言、經學、吏理爲目，其後增以三科爲六科，又增以四科爲十科，條目若何？得人以何者爲盛？夫專引知識，則嫌於私；止循資序，未必皆才，司馬之言善矣。又何以建十科之議，而不果於行？蓋代有賢才，才皆資世，用里選，則才由里選而出；用科目，則才由科目而出，此所重之勢則然。士人砥行立名，宜如何端志潔身，以應旁求之典？

考課之法，代有不同。上古之課臣以實政。既選天下之賢，專莅一職，而不置可否於其間，又設爲考績黜陟以課其官，官之長各自課其屬，故法簡易行。漢迄明之課臣也以名，事無大小，一聽於法，雖豪傑不能自主，較之以資，取之以望，是以名勵天下，而準之以法也。然得其人，則考察必當；非其人，則舉劾失宜。甚且有借以伸恩怨者，豈任法非公，抑任人不易，兩得之道，將何所從？

今謂善最不同，等差依別，何以儒館之才，亦勝錢穀，諫諍侍從之職，亦任刑獄邊防，將通才之易得，或求備之無妨。夫賢否彰明，則政治畢舉，儒者學古入官，何以備敷言試功之典歟？訓練士卒，莫詳於振旅、茇舍、治兵、大閱之文。周制所以卓越前古者，合在於是。西漢京師州郡，皆立教試法，其後何以州郡不行？唐三時勸農，一時講武，猶古制也，何以自昭義步兵後？至宋代均未有州郡訓練之條，蓋練卒道在懷以恩義，一以號令，庶幾臨敵能得其力；練將道在待以誠信，運以機權，庶幾任使克盡其心，然或始則法密而人知儆，繼則法玩而勢易怯者，何故？今校閱之時，果能明貴賤，辨等列，順少長，習威儀，養奇傑之氣於禮義之中，使嫺夫坐作進退之節，安之而不懾，則統馭有方，止齊有序，雖決勝於萬里之外可也，豈第行乎一州一郡而已？

明刑所以弼教。《易》言刑者五卦，《噬嗑》言明罰，而不言折獄；《中孚》言議獄緩死，而不言赦過宥罪；《賁》與《旅》何以一則無敢折獄，一則不留獄，可分晰歟？刑獄起於訟，而訟何以不言刑？皋陶刑官也，而教民祇德；伯夷禮官也，而折民惟刑，此何説也？自《虞書》有金作贖刑，《周官》乃有鈞金之入，議者疑非聖人之法，抑有解歟？《虞書》之五刑，與《周官》之五刑，秦之五刑，與後世之五刑，同乎異乎？《春秋》書肆大眚，其義例若何？漢有任出之詔，魏有權行之議，宋有貼放之名，可一一舉其詞歟？樂有律，而刑亦有律，於義云何？獄者生人之大命，蕩滌瑕垢，以彰至治，豈非爲政之急務歟？

夫明試以達賢能，考察以熙政績，教練以簡軍旅，欽恤以重民生，胥制治保邦之要圖也。多士稽古有年，其各陳讜論，毋有所隱，朕將親覽焉。

（底本：《清宣宗實録》卷二三六，册三六，頁五二四—五二五。參校本：《狀元策》，道光二十年文寶堂刻本）

臣對：臣聞翊辰謨而籲俊，慶叶泰交；崇申錫以敘官，法昭巽命。奏膚公則威嚴師律，①矜庶獄則慈寓觀民。遐稽曩籍，韋編叶彙征之吉，壁簡垂明試之文，載橐誌美於周詩，參聽備詳乎王制。伊古帝王，握鏡甄和，運樞闡繹，以闢四門而人賡鳳翽，以弊六計而吏肅鵷班，以肆三略而勛集鷹揚，以糾八刑而法縣象魏。悉本宸衷之恭己，以躋海宇於由庚。用是仕路澄清，銓衡簡當，戎行整肅，條教綏和。淵懿哉！所爲被潤澤大豐美，鴻源翼運，象構駢釐者此也。

欽惟皇帝陛下，道符圜矩，德備勛華，闡孚惠於寰瀛，媲隆施於幬載，固已彈冠共慶而錫帶增榮，説劍定功而鈞金示恤矣。②乃聖懷沖挹，不擯涓塵，廣衢室之疇咨，肆洪鈞之陶播，進臣等於廷，而策以舉賢、課績、整軍、恤刑諸大政。臣質同

① 「奏膚」至「象魏」，《歷科狀元策》作「簡軍實，則錫蕃晉接；敷寬教，則慈寓觀民。遐稽曩帙，儀羽著韋編之象，考詢傳壁簡之方，葩經載詠於閑馳，戴記備詳於成讞。伊古帝王，握鏡甄和，運樞闡繹，以達四聰，而澤覃魚藻；以弊六計，而載肅鵷行，以昭坰牧，而遠集龍媒；以糾八刑，而恩流駿惠」。

② 「固已」至「示恤矣」，《歷科狀元策》作「固已英才拔萃，而亮采凝釐；品彙阜昌，而群倫納軌矣」。

葑菲，識陋芻蕘，何足以知體要，顧際嘉言罔伏之時，敬念拜獻先資之義，敢不敬述素所誦法者，以效管窺蠡測之一得乎？

伏讀制策有曰：「選士興賢，治之大要。」爰及漢唐而下設科諸典。此誠風勵教化之大權，迪知忱恂之至意也。臣謹案取士之法，三代以上出於學，漢以後出於郡縣吏，魏晉以後出於九品中正，隋唐以後出於科舉。自虞廷有九德之采，《周官》重三物之興，先德後才，法良意美。尚已！漢法近古，而終未能復古；累代變法，而法不能無弊。夫用人之道，不外詢事考言兩端。漢魏之法，意本重乎行能，其弊也舉秀才不知書，舉孝廉父別居，七損八難之譏何取焉？隋唐之法，言以覘其蘊蓄，其弊也，習非所用，用非所習，當官少稱職吏之譏何取焉？其間設科置目，補救因時，唐則益以四事，宋則增以十科，未嘗不欲言與行兼之。然條目雖繁，而名實相副者鮮矣。至於得人之盛，則不特賢良三策，學究天人，治行千秋，傳多循吏。即較藝衡文，而文武幹濟、英偉特達之才，曷嘗不出乎其中？司馬光有言：「專引知識則嫌於私，止循資序未必皆才。」蘇軾亦云：「得人之道在於知人，知人之道在於責實。」誠能責實，則處爲修士，出爲良臣，不必廉孝有科，而懷鉛槧者目俊髦之彥也；不必弓旌有召，而紆青紫者皆經濟之才也。屏浮華而守正直，安在異於古所云乎？① 皇上作人雅化，

① 「迪知」至「云乎」，《歷科狀元策》作「壽考作人之至誼也。臣考《尚書大傳》有云：『堯舜之時，必有命民。』而『諸侯貢士，一適謂之攸好德，再適謂之賢賢，三適謂之有功』。《周官》使民興賢，鄭氏謂『猶今舉孝廉也』；使民興能，鄭氏謂『猶今舉茂才也』。大司徒以鄉三物教萬民而賓興之。一曰六德，二曰六行，三曰六藝。升於鄉者曰選士，升於司徒者曰俊士，升於司馬者曰進士。論定後官，任官後爵，位定後祿。其取士固如此其重也。漢法取士猶爲近古，吏奏循良之最，民鮮媮薄之風。劉毅七損八難之說，有以見知人之不易焉。唐代設科之具，有秀才、明經、進士、俊士等科，而士所尚者，惟明經、進士而已。至於天子自詔，則隆之曰制舉，如姚崇下筆成章，張九齡道侔伊呂之類，見於史者五十餘科。然制科之外，擇人者尚有四事，較漢魏爲益詳。宋之三科，以直言、經學、吏理爲目。其後增以三科爲六科，又增以四科爲十科。夫專引知識則嫌於私，循資序未必皆才。正其誼不謀其利，亦明其道不計其功，董子之所謂大儒也；德行本也，文藝末也，周子之所謂心術大原也。至大成而賓興之，則人以科目重矣」。

炳炳麟麟，薪槱詠而蘭芷升，誰不爭自濯磨哉？

制策又以：「制治之要，在乎得人。」而因詳夫考課之法代有不同。此尤循名責實之要圖也。臣惟虞廷三載黜陟，爲後世考課之先。漢令，刺史以六條案郡國，而察豪强者一，察二千石者五。唐考功法，以德義、清謹、公平、恪勤叙其四善，以獻可、拾遺以及修隍、詰盜，别其二十七最，罔非孜孜求治之義焉。且夫事徵諸實，存乎考課之精；用得其宜，視乎大吏之職。蓋必覈乎因循之非鎮静，奔競之非才能，苛察之非精明，武健之非幹理，跅弛踰閑，斷難勇於仕事；迂疎寡效，奚取廉於律身。夫然後賢員之鑒别無差，而上理之勤求可致。若徒尚其名而不崇其實，拘其跡而不察其宜，則催科政拙，考下陽城；官無異術，殿書易干。何以博選群材，弗愧古名臣之望因材器使足收良有司之效乎？況錢穀、諫諍，備於一人；訟獄、邊防，兼以數職。自非較之以資，養之以望，寬以收之，嚴以策之，雖有傑異之才，鮮能有所樹立。惟考課者審慎於循名責實之間，清心寡欲，俾愛憎無所私，大法小廉，使貪庸知所警，斯用法與用人兩得之矣。恭逢聖朝吏治修明，人材蔚起，内外臣工，宜何如奮發以臻上理哉？

制策又以：「訓練士卒，莫詳於振旅、茇舍、治兵、大閲之文。」臣考《周禮》，大司馬簡軍實而修軍禮，其因時因地而訓勵之者，法至備也。漢承秦後，内有乘之之法，行以孟秋；外有都試之法，教以八月，視周制已稍疏矣。至光武起自兵間，久厭武事，乃罷尉侯之職，無都試之設，惟京師肄兵，而其後更於邊郡置義從諸兵。外兵既重，内兵轉弱，非平日訓練失宜，何以致此。唐府兵之制，立法最善，後變爲彍騎，漸成方鎮之勢，而南衙北衙，僅成虚設。宋太祖加意軍政，定四時講武之儀，或大閲西郊，或閲兵講武殿，可謂訓練有法。然但知鑒前代之弊，收藩鎮之權，勁兵盡萃京師，州郡大者祇給十人，小者祇給五人，以充常從。兵既疲弱，而武備之修，遂日就廢弛。夫農隙講事，所以明貴賤，辨等列，順少長，習威儀也。果其奇傑之氣，養於禮義；誠信之道，運以機權，則統御有方，止齊有序，何難整軍經武，宣保大安民之謨哉？皇上勇由天錫，令肅風行，京旗營衛，因時肄習，偃武而不忘武備，養兵而不弛兵防，於以整飭戎行，乂安邊境，豈不懿歟？

制策又以：「明刑所以弼教。」而因舉夫經史所載諸端。臣案《易》言刑獄者五卦。《噬嗑》以立法取象，不以用法取象，故言「明罰」，而不言折獄。《中孚》以竭誠感受取象，不以施恩寬大取象，故言「議獄緩死」，而不言赦過宥罪。折獄貴乎情實，《賁》則文飾而没其情，故其《象》曰「无敢折獄」。入罪不宜淹滯，《旅》則暫與而非久處，故其《象》曰「不留獄」。至於《訟》，方戒以「作事謀始」，「訟不可成也」，故《訟》不言刑。蓋決獄之道，惟明克允。自唐虞著五刑之名，歷代沿革不一，適輕適重，而眚災肆赦，尤非常典。《春秋》所以書「肆，大眚也」。嗣後漢有任出之詔，魏有權行之議，宋有貼放之名。然屢赦非國所宜，識者譏之矣。夫皋陶刑官也，而教民祇德；伯夷禮官也，而折民惟刑。古人使民無訟之意，即寓於潛移默化之中。決獄者，誠不忍以刻覈爲能，亦不敢以寬縱廢法，庶有合於明慎用刑之旨。聖天子咸中有慶，法外施仁，以致刑措之休，以臻蕩平之法，猗歟盛哉！

若此者，爲楨爲幹，國器儲矣；是訓是行，官常肅矣；有嚴有翼，惟允惟明，則又奮武衛，而敕懋和矣。臣尤伏願皇上，治益求治，新又日新，秀俊造而彌樹楩楠，班聯正而更儲梁棟，行伍飭而倍選車騎，祥刑措而愈恤桁楊。由是蜚英聲，騰茂實，淳風跂懌，醲化蠕桴。於以北燮南諧，東漸西被，上答穹貺，下緦輿謳，咸斟酌乎德醪，永翱翔乎福囿，則我國家億萬年有道之長基此矣。

臣末學新進，罔識忌諱，干冒宸嚴，不勝戰慄隕越之至。臣謹對。

（底本：《狀元策》，道光二十年文寶堂刻本。參校本：《歷科狀元策》，影印中研院傅斯年圖書館藏本）

道光十三年，癸巳。夏四月，辛丑朔。甲子，諭内閣：「本日殿試新進士前十本進呈，經朕親定，已拆彌封填寫名次矣。其餘二甲三甲進士卷，著原派之收掌官四員，在内閣嚴密關防，並著監試御史各二員，每日輪流在内稽察，不許豫先宣洩。俟二十九日，前十名進士帶領引見後，再行拆閱彌封，填寫金榜。其新進士朝考，著改於五月初六日，在保和殿考試。」

（《清宣宗實録》卷二三六，册三六，頁五三三）

八〇　道光十五年乙未科　劉繹

道光十五年(一八三五)乙未科，共取進士二百七十二名。狀元劉繹，榜眼曹聯桂，探花喬晉芳。是科會試正考官：協辦大學士、吏部尚書穆彰阿。副考官：工部尚書何淩漢，吏部右侍郎文慶、張鱗。是科殿試讀卷官：大學士長齡、潘世恩，刑部尚書史致儼，吏部右侍郎文慶，户部左侍郎姚元之，工部右侍郎吴傑，内閣學士陳官俊、卓秉恬。

劉繹(一七九八—一八七九)，字瞻巖，江西吉安府永豐縣(今屬吉安市)人。道光五年(一八二五)拔貢生，次年朝考，以知縣用，呈請改就教職，選授宜黄縣教諭。道光十一年，鄉試中式。狀元及第，授翰林院修撰。旋入直南書房。十八年，提督山東學政。任滿後，以雙親年邁，乞回鄉奉養。歸里後，主講吉安鷺洲、青原兩書院，達四十餘年，培養人才甚衆。咸豐元年(一八五一)，應召入京聽候簡用，仍以母老多病乞歸侍養。咸豐八年，加三品京堂銜，督辦江西團練。光緒五年(一八七九)八月，卒於家，年八十二。著有《存吾春齋文鈔》《存吾春齋詩鈔》《崇正黜邪語》等。

劉繹狀元策見《道光十五年進士登科録》(中國第一歷史檔案館藏)、《狀元策》(道光二十年文寶堂刻本，國家圖書館藏)等。

道光十五年，乙未。夏四月，庚寅朔。庚戌，策試天下貢士張景星等二百七十二人於保和殿，制曰：朕寅紹丕基，撫綏方夏，仰荷昊穹篤祜，列聖垂庥，函夏鏡清，黎民康乂，庶幾上理克臻，躋群倫於仁壽之域。兢兢業業，彌切疇咨，惟恐敬德之未昭，戎律之未嫻，民俗之未醇，轉輸之未利，宵旰講求，冀聞讜論。爾多士對揚伊始，庶明化道，以贊大猷，咨汝昌言，其敬聽朕命。

治法莫盛於唐虞，典謨所載，一則曰「惟危惟微」，一則曰「無怠無荒」。自古帝王，未有不謹小慎微，允迪厥德，而能底久安長治之庥者也。三代而下，如漢之文景，唐之文皇，稱極盛矣，而治終不及古，將世變不同，抑所尚各異耶？《大學》之教，統内聖外王而歸於修身，真德秀《衍義》一書，略外而詳内，豈有説歟？保泰之道，在於謹幾。《論語》寬信敏公之旨，有與經義相發明者歟？清淨可以致治，而高談名理者，或長浮華，兢業所以揆幾，而衡石傳餐者，難言政體，治忽之故，固當辨之於微歟？

《禹貢》揆文，必兼奮武；《周官》立政，特訓詰戎。兵可百年不用，不可一日無備。古有蒐苗獮狩之法，所以嫻步伐，習威儀也。漢有都試、都肄、都講、貙劉諸制，果名異而實同歟？唐太宗親臨閱射於顯德殿，賞勞有差，不誠以訓練諸政爲亟亟歟？府兵彍騎，沿革若何，宋沈括論九軍政法，臧景陳馬射六事，明于謙創團操之議，王驥定練兵之制，皆可參酌用之歟？朕嚴飭武備，鼓勵戎行，直省督撫提鎮，宜如何隨時操演，加意稽查，老羸之必汰，惰窳之必懲，器械之必精，伍兩之必協，以期一兵有一兵之用歟？

稂莠不去，嘉禾不生。《王制》所以嚴左道之誅，《周禮》所以設奇衺之禁也。夫愚民莫不自重其利，自愛其生，一惑於邪説，而金錢取以奉人，身家置之不顧，豈非守土之吏，化導之不先歟？其初視爲無害，姑息養奸，其後懼干嚴譴，隱匿不報，爲長吏者，其何以糾察之？漢之亭長、嗇夫，唐之里正、坊正，皆以里閈相習之人，察耳目至近之事，猶有閭胥比長遺意，故詰奸之法，莫善於保甲，然王安石行之於宋，而民不勝擾；王守仁行之於明，而盜無所容，其故安在？張敞之治京兆，尹翁歸之治東海，枹鼓稀鳴，姦邪震慴，所以發奸摘伏者，果何道之從歟？

漕運之法，其來尚矣。《禹貢》州未繫河，即唐裴耀卿節級轉輸之所由昉，而法至漢唐而大備。漢仰漕於山東，唐仰漕於江淮，顧引渭穿渠之謀，不見於高文之時，而見於武帝之世；泝河入渭之説，不見於太宗之日，而見於代宗之後者，何歟？漕糧爲天庾正供，輓粟飛芻，歲有常額，顧踰江淮而達京師，南則患河身之高仰，清水不能敵黄；北則患河流之微弱，湖水不能濟運。治河先於治漕，啓閉之節，疏濬之宜，瀦蓄之利，可不講與？

夫慎德所以圖治，講武所以衛民，除莠所以安良，治河所以利運，皆經國之遠猷，立政之要圖也。多士學古通今，藴懷有素，其勉悉乃心，臚列見聞，詳著於篇，毋泛毋隱，朕將親覽焉。

（底本：《清宣宗實録》卷二六五，册三七，頁七三—七四。參校本：《道光十五年進士登科録》，中國第一歷史檔案館藏；《狀元策》，道光二十年文寶堂刻本）

臣對：臣聞建極者綏猷之本，整軍者經武之規，防民者正俗之原，重粟者阜財之要。古帝王斟元御宇，錫福諴民，將欲嚴至德於緝熙，申明威於軍旅，令典昭而閭閻胥静，民生厚而輸轉惟勤，則必本持盈保泰之心，以懋咸五登三之治。逖稽往牒，《書》昭典學，《易》叶師貞，《禮》垂禁暴之文，《傳》美泛舟之役。是故惟時惟幾，上理也；有嚴有翼，英規也。相保相受，有幹有年，安民和衆之善經也。仁聖道賅，粲乎同揆，所由亮敷天之駿業，豐壽世之鴻規者胥恃此道耳。

欽惟皇帝陛下，績懋修和，法詳簡閲，昭蕩平之正軌，普樂利之深仁。固已抱蜀垂型而舞干敷德，播琴化俗而納秸輸忱矣。洒聖懷沖挹，猶切勤求，撮細壤以崇山，導涓流而益海，進臣等於廷，而策之以慎德、講武、衛民、利漕諸大端。臣佔畢庸愚，曷足以知體要，顧當對揚伊始之時，敬念敷奏以言之義，敢不就平日所誦習者藉攄葵藿之誠，用效芻蕘之獻乎？

伏讀制策有曰：「保泰之道，在於謹幾。」而因推原夫治法心法之所由懋。此誠聖功王道之至精也。臣考《堯典》一篇，始終曰欽，而授受之道，不外「惟精惟一」之旨。其後禹之祇台，湯之日躋，文之小心，武之執競，皆本無怠無荒之意，以迪夫謹小慎微之德。三代以後，如唐太宗《貞觀金鏡述》與《帝範》三卷相表裏，尚有關於治術學術，可與漢文景同稱盛焉。然而世變不同，所尚各異，則始終不及於古矣。從古内聖外王之學，莫備於《大學》之教，統内聖外王而歸之於修齊，誠握乎其要而綜乎其原也。夫存誠乃所以保泰，考《易》之象，陽開三而成《泰》。《乾》之三曰：「終日乾乾，夕惕若。」蓋憂勤惕厲，所以開泰交之運也。故《泰》之三亦曰：「艱貞无咎。」程《傳》謂：「既能艱貞，即可常保其泰。」又曰：「善處泰者，其福可長也。」故德善日積，則福禄日臻。彼清淨亦可以致治，而非高談名理之謂。兢業本所以揆幾，而非衡石傳餐之文也，可不辨其微與？皇上正誼明道，勵俗宜風，盛三雍之上儀，修五品之常教，酌百王損益之中，成一代太平之治，不誠紹乎唐虞之至德哉？

制策又以：「兵可不用，不可無備。」而爰念夫器械必精，伍兩必協之政。臣謹案《周禮》所載振旅茇舍、治兵大閲，致以鼓鐸鐲鐃，教以坐作進退，蒐苗獮狩，立法綦詳。管子作《内政》寄軍令，春秋角試，以練精鋭，固有教目、教身諸法，務使嫻習有素，所以齊步伐，整威儀也。漢時，置材官於郡國，南軍以衛宫城，北軍以衛京師。其時訓練之方，厥有都試、都肄、都講、貙劉諸制，而都試之法十月舉行。唐代之制有府兵，三時勸農，一時講武。太宗常引諸衛將帥習射於顯德殿，賞以弓刀絹布。由是人知自奮，悉爲精鋭。宋咸平有東武之閲，而八政之額，訓練於是設官。明于謙拯京師之弊，而十營之改團練所以創議。自古沿革不同，成規具在，不外督率之用，振厲之方。王驥所爲，有練膽、練技、練陣、練地、練時之法也。要在操兵權者隨時講習，加意稽查，行之以信，恤之以仁，庶幾紀律嚴明，聲威遠著，士氣益奮，而咸知所勸矣。聖世文德武功，漸被中外，寰海鏡清，銷劍戟以爲農器，而營伍之間，講求至密，蓋偃武而不忘武備，養兵而不弛兵威矣。

制策又以：「稂莠不去，嘉禾不生。」而因思所以發奸擿伏，震慴邪慝。此尤制治保邦之至計也。臣考比閭族黨之法，士師八成之治，所謂防微杜漸，弭盜於未然者也。且夫盜之發也，始或出於一時射利之意，繼或逞夫一時好勝之心。至於惑於邪説，而金錢取以奉人，身家置之不顧，而陷溺日益深矣。而爲長吏者，其初視爲無害，而姑息養奸，其後畏於干譴，而隱匿不報，則所以糾察之者，誠不可不亟講矣。夫安良必先弭盜，而弭盜莫如保甲。保甲之設，原於《周官》，管子因而變通之，創軌里連鄉之法。皆以里閈相習之人，察耳目近識之事，其法最爲盡善。其後亭長、嗇夫稱於漢，里正、坊正置於唐，猶此制也。惟是有治法，尤貴有治人，故王守仁行之南贛，而民以爲便；王安石行之熙豐，而民不勝擾。蓋稽覈必協於畫一，而法令惟恐其紛更也。他如龔遂守渤海，以散爲弭；張敞治京兆，以用爲弭；尹賞守長安，志在鋤奸；郭伋守潁川，意存安撫，是亦弭盜之善術也已。聖朝深仁厚澤，倉廩實則民自愛其身家，學校興則民咸知夫禮義，固胥一世而納之軌物也，又何有宵小之竊發也哉？

制策又以：「治漕濟運，必先治河。」而因講求啓閉之節，疏濬之宜，潴蓄之利。臣惟三代以前，漕運之法未詳。《禹貢》州末繫河，先儒以爲，運道至於青，達濟揚，達泗荆，止於南河，雍止於西河。此正裴耀卿節級轉輸之法。漢唐而下，漕法始詳。漢孝武通西南而勞餽餉，鄭當時引渭水入河以通運，桑弘羊請山東致粟而益漕。光武時，張純引洛而穿陽渠；安帝時，虞詡鑿阻而達下流。曹魏由陳項以抵壽春，元魏運中州以濟邊鎮，此其得失皆可考也。夫沿河以運漕，踰江淮而達京師，其所資治河之功者甚鉅。溯自明初，濬會通之故道，瀹汶水以分流，而疏清河之浦，鑿二洪之石，則平江之功，全河允賴。苟隨時而導之防之，何至於南患河身之廣，而清水不能敵黄；北患河流之微，而湖水不能濟運乎？夫漕糧爲天庾正供，治河轉運，任事者當深悉其方略矣。國家海宇恬波，河流順軌，設飛輓以輸漕，疏大川以修運，俾貢賦通於三壤，芻粟濟於群黎，不誠駕禹功而上之也哉？

若此者，治心者其學，奮武者其猷，保俗者其規，豐財者其政。以端主德，則三才之道備焉；以詳武略，則五權之法昭焉；以肅憲章，則四民之生遂焉；以興水利，則千倉之積盈焉。洋洋乎！治邁鴻軒，祥呈象緯，蓋亘古獨隆矣。臣尤伏願皇上，日新進德，天健昭行，本至誠無息之衷，臻累洽重熙之盛。辰居作所，以存誠爲安止之符；甲士奏功，以畜衆爲容民之務，禮教已臻善俗而彌切勸懲，和豐已裕群生而猶勤補助。於以奉三無，安九有，揚休於六寓，式化於八埏，則我國億萬年有道之長視此矣。

臣末學新進，罔識忌諱，干冒宸嚴，不勝戰慄隕越之至。臣謹對。

（底本：《道光十五年進士登科録》，中國第一歷史檔案館藏。參校本：《狀元策》，道光二十年文寶堂刻本）

八一 道光十六年丙申恩科 林鴻年

道光十六年（一八三六）丙申恩科，共取進士一百七十二名。狀元林鴻年，榜眼何冠英，探花蘇敬衡。是科會試正考官：大學士潘世恩。副考官：協辦大學士、户部尚書王鼎，工部右侍郎吴杰，内閣學士王植。是科殿試讀卷官：大學士長齡、阮元，刑部尚書成格，户部右侍郎程恩澤，禮部左侍郎卓秉恬，兵部左侍郎廖鴻荃、右侍郎史譜，内閣學士王植。

林鴻年（一八〇五—一八八六），字勿村，福建福州府侯官縣（今福州市）人。道光八年，鄉試中式。狀元及第，授翰林院修撰。道光十七年六月，任册封琉球國正使。二十年，任山東鄉試副主考官。後歷任國史館協修、文淵閣校理、方略館纂修等職。二十六年，出任廣東瓊州府知府。二十九年，轉護雷瓊道。咸豐九年（一八五九），簡雲南臨安府知府。同治二年（一八六三），擢雲南按察使，旋補雲南布政使。三年，授雲南巡撫。五年，革職回鄉。主正誼書院講席多年。十一年十二月卒，年八十一。

林鴻年狀元策見《道光十六年進士登科録》（中國第一歷史檔案館藏）、《狀元策》（道光二十年文寶堂刻本，國家圖書館藏）等。

道光十六年，丙申。夏四月，癸丑朔。癸酉，策試天下貢士夏子齡等一百七十二人於保和殿，制曰：朕撫綏寰宇，敬紹丕基，宵旰健勤，不敢暇逸，仰荷昊蒼眷佑，四海乂安，惟益延集嘉謨，冀熙庶績，臨軒策問，其敬聽之。

士以行誼爲重，而科目先憑文學。文學多端，首重經史，九經爲聖賢彝訓，帝學官箴，皆從此出。故未言漢宋之講孔孟，當先求孔孟之説《詩》《書》，《詩》《書》内名言至論，最補身心治道，爲孔孟所引證推明者何在？漢晉唐宋傳註疏義，孰爲醇正？《易》之費虞，《書》之歐夏，《詩》之三家，何所考見？賈公彦二《禮》孰精？《儀禮經傳通解》，朱子晚年立意若何？史以《春秋》爲最先，《三傳》科例何殊？荀、袁兩《漢紀》，繼爲編年之體。司馬光《通鑒》，重在資治，後世資爲金鑒，皆不刊之書也。多士治經學史，先器識而後文藝，所以裨朕治理者也，其臚敘之。

考績始自唐虞，詢事考言，既已察之平時，而三載五載九載，何以加密？《尚書大傳》謂：「積善至於明五福，以類升；積不善至於幽六極，以類降。」其説何如？《周官》六計，以廉爲本，或訓廉爲察，厥義孰優？漢以六條察二千石，晉以五條考郡縣，唐敘以四善，分以二十七最，差以九等，宋因唐之四善，分爲三等，詳略得失，可縷析之歟？《漢書》言「綜覈名實，故吏稱其職」，然或上求實效，下循虚名，將操何道而使之皆實心以任事乎？虞廷欽恤，刑期無刑，《周官》五刑之屬各五百，《吕刑》何以言五刑之屬三千，所增減者安在？魏文侯時，李悝著《法經》六篇，爲後世律例所自始。然楚之《僕區》，鄭之《刑書》，晉之《刑鼎》，不俱在李悝之前歟？漢初約法三章，厥後蕭何定律令，於李悝所造凡益若干篇，叔孫通復益者何律？唐之《律令格式》，宋之《刑統》，元之《至元新格》《大元通制》，明之《大明律令》，其輕其重，其沿其革，能詳陳歟？朕哀矜庶獄，每閲讞牘，再三審慎，期於無枉無縱，司憲之吏，宜如何持平協中，以共泯刻覈姑息之見乎？

自昔除莠安良之法，莫善於保甲。漢之亭長、嗇夫、游徼，唐之里正、耆老，所轄之地甚近，所聯之户無多，里巷之中，互相糾察，最爲切近。後世幅員日廣，户口日繁，生計之絀，盗賊易生，惟有編查勤密，摘發精明，庶使閭閻相安，奸慝斂跡。夫以一州一縣，四境非遠，果能視一邑如一家，何至藏伏盗奸，傳習邪術。趙廣漢、張敞固甚嚴明，然能消患於初萌，戢亂於未發，如龔遂至郡，盜賊皆散，不更善乎？　盜之所以重乎弭者在此也。　多士來自田間，見聞較切，其各陳之。

凡此四端，皆經國之大猷，爲政之本務，其稽古有年，講求有素者，所宜悉抒讜論，毋有所隱，朕將親覽，虚衷聽納焉。

（底本：《清宣宗實録》卷二八二，册三七，頁三四三—三四五。　參校本：《道光十六年進士登科録》，中國第一歷史檔案館藏；《狀元策》，道光二十年文寶堂刻本）

臣對：臣聞稽古者集益之資，熙績者釐工之效，恤獄者敷仁之實，安民者正俗之功。　聿觀往牒，《書》稱學古，《詩》頌宜人，《禮》重詰奸，《易》占禦寇，崇規茂矩，粲然具賅。　伊古帝王，凝命膺圖，紹天闡繹，以端蒙養，則蛾術維勤也；以協泰交，則鵜梁無誚也；以懲比匪，則犴獄不留也；以睦井閭，則鼠牙胥靖也。　用是有典有則，群書萃焉；是行是訓，庶績凝焉；惟畏惟明，片言折焉；相保相受，兆姓恬焉。　所由蜚英聲，騰茂實，躋俗壽宇，納民福林，潤色休明，藻被歌頌者恃此耳。

欽惟皇帝陛下，璣衡宰化，金鏡調元，侔輿蓋於二儀，廣陶鈞於庶品，固已設科選俊而補袞分猷，解網敷恩而族閭表善矣。　廼聖懷沖挹，猶切疇咨，廑兼聽之無遺，冀邇言之可采，進臣等於廷，而策以勤學、課績、明刑、防奸諸大政。　臣佔畢庸愚，曷知體要，顧念對揚伊始，拜獻先資，雖涓埃無補於崇深，而管蠡或窺夫萬一，敢不竭芻蕘之末論，抒葵藿之微忱乎？

伏讀制策有曰：「士以行誼爲重，而科目先憑文學。」因講求夫治經學史之功。　此誠敦崇實學之至意也。　臣謹案《書傳》有云：「安民必先明道，明道必先精心一意。」精一之統，肇於《尚書》。　故群籍莫古於《書》，而内聖外王之藴實賅於此。《詩》主性情而通於政事，《風》《雅》《頌》所陳，皆化起躬修而流爲治象，故孔氏雅言之目，《詩》《書》首陳；孟氏尚友之論，頌讀爲重。　欲具知人論世之識者，舍聖賢彝訓，將無以爲權輿。　故欲求所以補益心身，推詳治道，即孔孟所引證推明者而詳説之，亦可以得其大旨所歸矣。群經傳注疏義，迭出於漢晉唐宋之世，然諸家亦各有醇疵。史之體裁，本於《春秋》三傳，科例已自互殊。班、馬而後，若荀、袁兩《漢紀》，其編年之體，實足以紹述前古。而至通達治原，足資化理者，如宋司馬光《通鑒》之作，自謂一生精力萃於此書，實能考鏡乎是非得失之林，而爲行政、用人之所莫外。後之講求治理者，當奉爲金鑒焉。聖朝化穆三雍，人從五典，寢仁沐義，開儒館以獻歌；砥行束躬，望橋門而式訓，先器識而後文藝，固賡棫樸而詠藻芹矣。

制策又以：「詢考始於唐虞，後代考課，不必相同。」而欲得乎實心任事之效。臣考《尚書大傳》謂：「積善至於明五福，以類升，故陟之；積不善至於幽六極，以類降，故黜之。」九載而三考者，則天數也。《周官》六計，以廉爲本，然飭簠簋，杜苞苴，稍知自愛者優爲之，惟責其操守，即察其材能。故正己率下，尤貴有鑒别群倫之識焉。漢以六條案郡國，而察豪强者一，察二千石者五。唐考功法，以德義、清謹、公平、恪勤叙其四善，其目自獻可、拾遺，以至修隍、詰盜，分爲二十七最，又差以九等。宋因唐之四善，分爲三等，或略或詳，得失斯寓。夫位事惟能，良臣所以報最，而因材器使，佐理所以得人。《漢書》言「綜覈名實，故吏稱其職」。夫綜覈非刻繩之謂也。苟拘其跡而不察其宜，則催科政拙，考下陽城，官無異稱，殿書易干，又何以博選群材，使賢員之鑒别無差，期於臻上理乎？盛世廉法成風，德才課最；鶴爵筮鳴陰之和，羊羔傳退食之歌。麟儀儀，鳳師師，凡在臣工，有不争自濯磨以日勤贊襄歟？

制策又以：「五刑之屬，代有增減，輕重沿革，務求其詳。」此誠刑期無刑之至計也。臣謹案虞廷欽恤，實爲言刑之祖。嗣是夏有《禹刑》，周有《甫刑》，尚已。魏文侯時，李悝著《法經》六篇，爲後世律例所自始。《漢書》合兵刑爲一志，以其所施者同也；分名法爲二家，以其所出者異也。蓋自漢初除秦苛政，約法三章，蕭何定律，於李悝所造，復益以篇數，叔孫通更益之。至唐之《律令》《格式》，宋之《刑統》，元之《至元新格》《大元通制》，明之《大明律令》，因時增損，文網既密，故法加詳焉。夫刑罰之設，原欲使民遷善遠罪也。三代以還，民猶近樸，故犯法者少，而無知干令，咸可以自新。降自秦漢，民俗日偷，法之所及且巧爲趨避，故雖慈祥愷惻之主，亦不能廢刑法以爲治。縱囚一節，識者譏之，有旨哉！然自科條日多，雖明習者亦不能通曉。吏因緣爲奸，例之相歧，可以高下其手，而良民遂受其累矣。夫好生，厚德也，而優容亦所以藏奸；明斷，良才也，而武健非所以造福。刑者成也，一成而不可變，故夫君子盡心焉。不存偏見，不設成心，而惟明克允在是矣。皇上法嚴三尺，恩浹五流，覆盆而冤必平反，扞網則罰無偏縱。有虞咨皋，成周命吕，風雷之駿肅，雨露之祥膏，非二物也。

制策又以：「除莠安良，莫善於保甲。」而爰念夫盜之所由弭。此誠制治保邦之要務也。臣考保甲之法，始於《周官》，比閭族黨之經，管子因而變通之，創軌里連鄉之制，皆以里閈相習之人，察耳目至近之事，其立法最善。漢則有亭長、嗇夫、游徼，唐則有坊正、里正、耆老。里巷相從，互爲糾察，凡藏垢納汙者，無難立見焉。夫盜之發也，始或出於射利之意，繼或逞其好勝之心，至於習傳邪術，金錢取以奉人，身家置之不顧，陷溺既深，泯棼胥起。雖由小民之無良，亦守土之吏，不能化導於平日，稽察於臨時。其始視爲無害，而姑息以養奸，其後懼干嚴譴，而隱飾而不報，①而爲大吏者，復優容調護之。不知盜之弭不弭，實爲民生休戚之所關。消患在於未萌，戢亂在於未發，非良有司之責歟？誠使親民之吏編查勤密，摘發精明，不時躬履鄉井，徧詢利病，四境之内，如家人婦子，皆可洞悉其隱，又何奸邪之不發，而莠俗之不除乎？趙廣漢、張敞、龔遂諸人，成規具在，皆可師其意焉。聖世愷澤如春，修和有夏，入鄉而知教之易，觀蜡而知道之行。興讓興仁，匪朝伊夕，維持而防範之，斯訓俗型方之善耳。

①「隱」，底本漫漶，據《狀元策》補。

若此者，師古以多識，慎憲以省成，敕法以防民，祛邪以善俗。廓帝紘，恢皇綱，仁聖之事賅，治平之業備矣。臣尤伏願皇上，蘿圖席瑞，薰軫凝和，青簡已蒐，而更開甲庫；素絲已詠，而彌勵寅恭；赭衣已恤，而倍切申嚴；黔首已馴，而益防丁壯。斯時也，朝熙門穆，里忭塗懽，①扇六幕以同風，統八紘而禀朔。星輝雲爛，賡復旦之光華；鏡清砥平，鞏無疆之寶祚，我國億萬年有道之長基此矣。

臣末學新進，罔識忌諱，干冒宸嚴，不勝戰慄隕越之至。臣謹對。

（底本：《道光十六年進士登科録》，中國第一歷史檔案館藏。參校本：《狀元策》，道光二十年文寶堂刻本）

① 「塗」，底本漫漶，據《狀元策》補。

八二　道光十八年戊戌科　鈕福保

道光十八年(一八三八)戊戌科,共取進士一百九十四名。狀元鈕福保,榜眼金國均,探花江國霖。

是科會試正考官:大學士穆彰阿、兵部尚書朱士彥。副考官:禮部右侍郎吴文熔、工部右侍郎廖鴻荃。

是科殿試讀卷官:大學士潘世恩,吏部尚書湯金釗,户部左侍郎文慶,禮部右侍郎吴文鎔,刑部左侍郎恩銘,工部左侍郎沈維鐈,都察院左都御史卓秉恬,左副都御史善燾。

鈕福保(一八〇五—一八五四),字右申,號松泉,浙江湖州府烏程縣(今湖州吴興區)人。狀元及第,授翰林院修撰。道光十九年,出任江南鄉試副考官。二十年六月,出任江西鄉試副考官;八月,任廣西學政。二十七年,陞侍讀,以左春坊左中允,署日講起居注官。道光二十五年、二十七年,兩次任會試同考官。咸豐元年(一八五一),上疏乞養。四年,以病卒于鄉。

鈕福保狀元策見《道光十八年進士登科録》(國家圖書館、首都圖書館藏)及《狀元策》(道光二十年文寶堂刻本,國家圖書館藏)等。

道光十八年,戊戌。夏四月,壬寅朔。壬戌,策試天下貢士王振綱等一百八十三人於保和殿,制曰:朕寅紹丕基,兢兢業業,日慎一日,十有八載於兹。仰蒙昊蒼眷佑,列聖詒庥,府事修和,綱紀整肅,期合天下黎元,迪吉康而躋仁壽,深惟化民成俗之方,足食厚生之道,奮武衛而詰戎兵,招俊乂而襄政治,爰咨多士,式佇嘉謨。

風俗爲治平之本，而教化實風俗之原。孟子云：「經正則庶民興，庶民興斯無邪慝。」古昔盛時，道德一而風俗同，左道有誅，奇衺有禁。當其時，未嘗無莠民也。特以比閭族黨，既各以法教其所治，司諫司救，又糾勸而誅讓之。漸以仁，摩以義，節以禮，俾群黎百姓，相安於日用飲食之質，而荒誕不經之説，罔或奸其間。逮叔世民訛，邪説滋熾，轉相煽誘，習爲固然，身陷於罪，不得不繩以法。何以使桀黠者革面洗心，愚懦者中心有所守而不爲所惑歟？歐陽修言：「莫若修其本以勝之。」行以勤而浸以漸，儻可丕變歟？

積貯者，天下之大命也。漢耿壽昌築常平倉，時稱便矣。後漢劉般謂常平倉有利民之名，而内實侵刻百姓，其故安在？當境採買，固虞勒派；採自鄰封，又添運費。例價有定，糧價無常，何以使官民兩不受累，而及時奉行，不至有名無實歟？論者謂成周以後，備荒之法，莫如義社二倉。義倉勸課，當社出穀，即委社司簡校收積，遇荒賑給，法非不良也。苟非其人，斂散皆弊，官吏因而持之，害不可勝言矣。社倉之法，略與義倉同，何以隋唐行之，不久便廢？至朱子而獨有成效，朱子《社倉記》，推原朝廷未改設社倉之意，試詳述之。今欲儲偫無虧，而凶荒有備，將何道之從歟？

《論語》曰：「以不教民戰，是謂棄之。」古者因田獵以簡軍實，四時所教不同，有謂「夏令不田」，有謂「三時務農，一時講武」者，何歟？漢時都試，厥制若何？何以建武遽行停罷，罷都試無流弊歟？貙劉與乘之同異若何？唐太宗引諸衛騎兵統將等，習射顯德殿庭，朝臣多有諫者，豈通達之論歟？宋時教閱之法紛如，而兵力不振，無乃有名無實歟？陳法始於何時？或三、或五、或八、或十二、或三十二、或六十四，能言其略歟？《管子》教目、教身、教足、教手、教心之方，《荀子》爲將六術、五權、三至之道，能舉其説歟？我國家以弧矢威天下，承平日久，武備尤不可不加修也，其剴切陳之。

自鄉舉里選之法不行，而取士悉由於科目，重文藝而輕德行，論者譏之。然居後世而復鄉舉里選，能行之無弊歟？唐因隋舊，設立諸科，而士所趨向，惟明經、進士二科，進士尤貴，得人亦最盛。然其弊至有「求知己」「温卷」諸名目，風俗不可問矣。分路取人，司馬光、歐陽修，持論不同，孰者爲當？罷詩賦、明經諸科，以經義論策試士，蘇軾之論極通達矣。司馬光又以專用經義論策，爲百世不易之法，何歟？朱子亦欲罷詩賦而分諸經子史時務之年，其議若何？糊名易書撿檢，起於何時？朝廷用之也重，則求之不得不嚴，有謂待士輕者，豈通論歟？

夫敦教化以正風俗，籌積貯以裕倉儲，訓練協經武之宜，選舉副求賢之實，撫綏寰宇之要圖也。爾多士學於古訓，參稽有素，其悉對著於篇，毋泛毋隱，朕將親覽焉。

（底本：《清宣宗實録》卷三〇八，册三七，頁七九八—八〇〇。參校本：《道光十八年進士登科録》，國家圖書館、首都圖書館藏；《狀元策》，道光二十年文寶堂刻本）

臣對：臣聞敷教者正俗之原，足食者裕國之本，整軍者衛民之務，舉賢者輔治之資。自古帝王，錫疇御宇，握鏡臨宸，以重師儒，則教思維廣；以謹出入，則比户可封；以詰戎兵，則武功丕著；以登宅俊，則士行益修。稽諸往籍，《雅》著鼓鍾之樂，《頌》傳墉櫛之歌，《書》詳武衛之文，《禮》重賓興之典。用是甄陶切而庠序被其休，國用饒而積倉儲其備，訓練明而車徒得其用，旁求廣而英俊慶其升。懿綱醲化，俟其褘而所爲盧牟六合，綱紀萬端，軌連胥而規軒頊者此也。

欽惟皇帝陛下，德侔幬載，治炳登咸，則古聖以同民，體至仁以育物。固已四術是崇而九年有備，六師並飭而三物咸興矣。廼聖懷沖挹，不遺細微，深維久治之規，彌切疇咨之念，進臣等於廷，而策之以化俗、厚生、經武、選賢諸大政。如臣愚昧，何足以知體要，顧當對揚伊始之時，敬念拜獻先資之義，敢不謹述平昔之所誦習者，以勉效土壤細流之一助也乎？

伏讀制策有曰：「風俗爲治平之本，而教化實風俗之原。」而因思夫經正民興之盛。此誠端本善則之至意也。臣聞虞廷教百姓親遜，實本放勛勞來輔翼之旨，而致四方風動之休。《周禮》大司徒施十有二教，下至比閭族黨，月吉則屬民讀瀼，各有以教其所治，司諫、司救又糾勸而誅讓之。古昔盛時，道德一而風俗同，左道有誅，奇衺有禁，司化導於未發，嚴懲創於已萌。樂防情而禮防僞，有以漸進於敦龐；賢得民而道得民，有以日生其觀感。由是德禮修而政刑皆當，漸以仁，摩以義，俾群黎百姓，相安於日用飲食之質，而荒誕不經之説，罔或奸其間。逮叔世民訛，邪説滋熾，轉相煽誘，習爲固然，身陷於罪，不得不繩以法。夫愚民莫不自重其利，自愛其生，一惑於邪説，則金錢取以奉人，身家置之不顧。惟在上者導以大中正直之途，開其鼓舞作新之路，使桀黠者革面而洗心，愚懦者中心有所守。因勢而利導，訓俗以型方，如泥之在鈞，金之在鎔，無不受其陶鑄。歐陽修曰：「莫若修其本以勝之。」行以勸而浸以漸，庶幾可以丕變矣。聖朝教澤涵濡，風俗醇茂，敷天之下不已臻康樂和親之治哉？

制策又以：「積貯者，天下之大命。」而因詳及夫三倉之利弊。此尤利用厚生之至計也。臣考《周官》，遺人掌鄉里之委積，以恤民之囏厄；倉人掌穀入之藏，廩人掌九穀之數，旅師掌聚野之屋粟閒粟，所以儲偫無虧而緩急有備也。李悝曰：「穀賤則傷農，穀貴則傷民。」權其輕重，宜設倉以貯之，此常平之所由立。厥後耿壽昌行之於漢，一時稱便，而後漢劉般謂其「外有利民之名，而内實侵刻百姓」。夫當境採買，固虞勒派；採自鄰封，又添運費。例價有定，糧價無常，苟非斟酌盡善，何能官民兩不受其累而及時奉行，不至有名無實哉？成周以後，備荒之法，論者謂莫如義社二倉。義倉始於隋長孫平，當社出穀，即委社司簡校收積，遇荒賑給，法非不良也。然苟非其人，則斂散皆弊，而吏胥得伺緩急以行其私，害有不可勝言矣。社倉之法，略與義倉同，而隋唐行之，不久便廢，至朱子獨有成效。夫有治法，必貴有治人。自朱子借常平之粟立社倉，有社長一人，稽其出入，行之三年，民以饒裕。使社長不得其人，則侵漁科派，以千家之粟，利一人之謀，弊亦猶之二倉矣。他如採買之法，如陳堯佐之增價；發糶之法，如趙抃之減價，良法美意，皆可遵循也。皇上軫念民依，廑思國計，倉箱慶而億秭歌，固已屢豐登頌矣。

制策又以：「承平日久，武備尤不可不加修。」而因思古者三時務農，一時講武之法。此制治保邦之善則也。臣惟兵可百年不用，不可一日不備。《周禮》大司馬之職，仲春振旅，仲夏茇舍，仲秋治兵，仲冬大閱。舉凡坐作進退之節，金鼓鐲鐃之用，無不以時肄之。《論語》曰：「以不教民戰，是謂棄之。」因田獵以簡軍實，即所以豫教之矣。漢時兵制，猶爲近古。都試、都講、都肄、貙劉諸制，散見兩《漢書》中。建武時，停罷都試，軍政所由弛也。唐太宗引諸衛騎兵統將等，習射於顯德殿庭，賞勞有差，而朝臣多有諫者，豈爲通達之論歟？宋時教閱之法紛如，禁兵廂兵，厥制甚備，天下之兵統於樞密；京師之兵，統於三衛，而兵威不振，不免有名無實之譏。夫耀德非以黷武，除暴所以安邦。《管子》五教之法，《荀子》爲將六術、五權、三至之道，誠能講明而熟究之，庶幾有勇知方，如身之使臂，臂之使指，莫不聽從。所由慎固封守，綏靖邊隅也。聖天子神武懋昭，德威遠播，偃武而不忘武備，養兵而不弛兵威。用是保大定功，安民和衆，六德備而止戈之義益彰矣。

制策又以：「鄉舉里選之法不行，而取士悉由於科目。」而因詳夫德行文藝之辨。此登明選公之要圖也。臣考《大司徒》之法，興賢興能，有合於詢事考言之典。自後易爲科目，論者譏之。然居後世而欲復論秀書升之制，固不能行之而無弊矣。唐因隋舊，設立諸科，而士所趨嚮，惟明經、進士二科。進士尤重，得人亦最盛。然其弊至有「求知己」「温卷」名目，風俗不可問矣。分路取人，司馬光、歐陽修，持論不同。蘇軾之議貢舉，謂：「以經義、論策試士，不如詩賦。」蓋經義、論策，無聲律對偶，非若詩賦之難工，其論極爲通達。而司馬光又以專用經義、論策，爲百世不易之法。朱子亦欲罷詩賦，而分諸經、子史、時務之年，亦在試士者精核之耳。夫以科目取士，用之也重，則求之不得不嚴。糊名、易書、搜檢，所以明大公之量，以收有用之才，而論者顧議其「待士之輕」，豈通論歟？皇上明目達聰，求賢若渴，容才利國之臣，固皆能贊襄盛典也。

若此者，崇儒以勸學，藏富以足民，講武以經邦，育材以佐治。洋洋乎暢鴻庥而垂駿業，蓋亘古而立隆也。臣尤伏願皇上，至誠無息，立政有恒。栽培已至而更切陶成，功敘已歌而彌勤保乂，嚴翼已昭而猶申簡閲，賢才已集而倍廣徵庸。名教之辨尊焉，儲蓄之資厚焉，紀律之陳肅焉，髦髦之頌興焉。仁風四溢，協氣旁流，上以迓蕃釐，下以綏多祜，則我國家億萬年有道之長基此矣。

臣末學新進，罔識忌諱，干冒宸嚴，不勝戰慄隕越之至。臣謹對。

（底本：《道光十八年進士登科録》，國家圖書館、首都圖書館藏。參校本：《狀元策》，道光二十年文寶堂刻本）

八三　道光二十年庚子科　李承霖

道光二十年（一八四〇）庚子科，共取進士一百八十名。狀元李承霖，榜眼馮桂芬，探花張百揆。

是科會試正考官：大學士潘世恩。副考官：户部尚書隆文、禮部尚書龔守正、户部右侍郎王璋慶。

是科殿試讀卷官：大學士潘世恩，協辦大學士、吏部尚書湯金釗，刑部尚書祁𡎴，工部尚書廖鴻荃，都察院左都御史沈岐，刑部左侍郎麟魁、王植，禮部右侍郎馮芝。

李承霖（一八〇八—一八九一），字雨人，號果亭，一號仰巖，江蘇鎮江府丹徒縣（今屬鎮江市）人。道光十九年，鄉試中式。狀元及第，授翰林院修撰。道光二十三年六月，任廣西鄉試正考官；八月，提督廣西學政。二十九年九月，受命分卷抄録《皇清開國方略》，校對進呈；十一月，命在上書房行走，教皇五子奕誴讀書。咸豐元年（一八五一），以翰林院侍講學士署日講起居注官。尋丁母憂歸里。咸豐六年，父喪，遂不復出。光緒十七年，卒於鄉。所著有《劫餘僅存》。

李承霖狀元策見《歷科狀元策》（影印中研院傅斯年圖書館藏本）。

道光二十年，庚子。夏四月，辛酉朔。辛巳，策試天下貢士吴敬義等一百八十人於保和殿，制曰：朕寅紹丕基，勤求上理，兢兢業業，夙夜不敢康，二十年於兹矣。仰荷昊蒼垂佑，列聖詒庥，海宇乂安，黎民康阜，持盈保泰，廣益集思。爾多士拜獻先資，對揚伊始，冀聆讜論，式贊大猷。

《三易》名於何代？重卦畫於何時？《乾》《坤》言學，有聖賢之分；《泰卦》九二，備保泰之道，能陳其義歟？《堯

典》《舜典》，何人所分？人心道心，何書所引？《康誥》《酒誥》，何以疏其職官？《多士》《多方》，何以解其篇次？《行
葦》言射，果祭歟？《臣工》《噫嘻》，果戒農官歟？《長發》，禘歟祫歟？《出車》《王命》，殷歟周歟？周公作頌，何以有
康昭以後之詩？《儀禮》體解豚解之分，膳酒散酒之用，能詳其説歟？《周禮·鄉大夫》鄉射五物，能證以《儀禮》歟？
《月令》中星，何以與《堯典》異？加「王」於正，豈是好古不作之心？謂一爲元，恐非大始正本之意，釋《春秋》者，豈容參
以臆見歟？

《漢書》言秦并天下，幣爲二等，而珠玉、龜貝、銀錫之屬不爲幣。孝武始造白金三品，尋廢不行，是上下通行之貨，壹
皆以錢，未嘗用銀。唐時有禁斷採銀之詔，度支歲計，有粟、布、絹、綿及錢而無銀，蓋銀以充貢，不以爲賦也。以銀爲幣，
始於何時？行於何地？鑄銀之式，輕重不同，所值亦異，厥後銀日貴，錢日賤，民間但以銀論價市易，能詳其源流遷變
歟？《周官》司市，無征而作布，鄭注謂金銅無凶年，因物貴，大鑄泉以饒民，説者謂泉始蓋一品，周景王鑄大泉而有二品。
然觀單穆公所稱子母相權，豈一品歟？論錢法者，若賈誼，若孔覬，若陸贄，能述其梗概歟？

昔在神禹，濬澮距川，亦越成周，詳畎遂溝洫之制。沿及後世，河内資漳水之利，關中賴鄭國之渠，秦漢以降，代不乏
人。我朝定鼎燕京，居高御下，邦畿之内，巨川如滏陽、滹沱、清河、白溝、桑乾、潞河、灤河，支流如滱洺徐白，加之以淀泊
水泉，未嘗無可興之水利。乃每當夏秋淫潦，膏腴變爲汙澤，不重可惜歟？稽之元明，若虞集，若托克托，規畫若何？邱
濬《大學衍義補》，所講求者何術？徐貞明《潞水客談》，臚陳十四利，厥指若何？時議用之於永平一帶，墾田至三萬九千
餘畝，似有成效，而事卒中止，何歟？夫水聚之則害，散之則利；棄之則害，收之則利，何以時其蓄洩，俾無旱澇之虞歟？

用人之道，在乎知人善任。顧忠詐相似，賢奸易淆，鑒别不精，薰蕕雜進。且人之材性，各有攸宜，廉靜之儒，每不勝
夫繁劇；方正之士，或不達於事機。善御者所以不廢覂駕之馬也，然僨功非不勤奮，而病在庸違；試可豈無才能，而惡其

圮族。口對甚悉，無取捷給之長；敦厚少文，獨許大事之屬。驥稱其德，又在此不在彼矣。夫智力有大小，用過其量則傾；時地有難易，任違其材則蹶。往往同此一人，而前後殊其巧拙，彼此異其功過。今將陶鑄群倫，驅策英雋，用其長而去其短，稱其分以盡其能，使人無棄材，官無廢事，厥道何由？

夫研經訓以求實用，權食貨以阜民生，講疏濬以利農功，登俊乂以熙治績，皆經邦之要道，立政之宏綱也。多士學於古訓，通知時事，以敷奏爲明試，毋泛毋隱，朕將親覽焉。

（底本：《清宣宗實録》卷三三三，册三八，頁五九—六〇。參校本：《歷科狀元策》，影印中研院傅斯年圖書館藏本）

臣對，臣聞學古者多聞之本，職幣者充國之端，濬川者作乂之基，選士者育才之法。綜稽載籍，《書》稱念典，《傳》紀豐財，《詩》頌翕河，《易》占育德。伊古帝王，乘乾御宇，本明無不照之神，裕敏則有功之治。以考簡編，則鴻文可仰也；以權食貨，則象齒無譏也；以勤疏導，則鯷壑胥通也；以進賢良，則羔裘叶吉也。上儀景鑠，俟其禕而用是，典章不執而自通，帑藏不征而自裕，陂滁不勞而自順，賢才不召而自登。所由函夏歸仁，熙春泳化，飲和六寓，暢德九垓者恃此也。

欽惟皇帝陛下，德侔幬載，治炳登咸，固已經心默契於淵微，而圜法分司於外府，水利式孚於暨訖，而英才悉進於巖廊矣。廼聖德淵沖，不遺葑菲，時切疇咨之念，共欽翕受之宏，進臣等於廷，而策以通經之要，藏富之方，利濟所以符，賓興所以盛。臣佔畢庸愚，曷知體要，顧念明試次於敷奏，拜獻厥有先資，敢不敬述素所誦習者，以效蠡測管窺之一得也乎？

伏讀制策有曰：「《三易》名於何代，重卦畫於何時。」而因詳及夫《書》之篇第，《詩》之咏歌，《禮》之紀綱，《傳》之體制。此誠考古之要務也。臣謹案，《連山》《歸藏》《周易》，謂之《三易》，後又以交易、變易、不易之説解之。畫卦始於伏羲，因而重之則爲六十有四，而占法始詳。《乾卦》首言學，或曰聖人，或曰賢人，蓋以卦位爲別。《泰》之九二，與《論語》

恭寬信敏惠之旨，隱然相合，保泰之至意，莫切於此矣。二《典》舊爲一篇，無《舜典》篇首二十八字，後始分爲二篇。「人心道心」十六字，爲千聖傳心之統，舜始舉以告禹。三代而下，雖無明文，然其理皆相契，所謂後先同揆者也。《康誥》《酒誥》，周公所述成王之命，疏其職官，以康叔始封，殷殷誥誡也。《多士》以告殷士，《多方》以告殷民，見周家定天下之難焉。《行葦》爲祭畢射而飲酒之詩，《臣工》《噫嘻》以戒農官。《長發》爲大祭而作，《出車》爲遣戍而歌，其謂文王奉殷王之命者，毛鄭之説也。《周頌》爲周公所定，後又益以康王以後之詩焉。《儀禮》有體解，有豚解，有膳酒，有散酒，其名非一。《周禮·鄉大夫》鄉射五物，與《儀禮》可相證也。《月令》中星與《堯典》不合，豈非古今歲差之驗歟？《春秋》爲聖人手定之書，春者一歲之始，王者天下所尊，正者居正之義，繫以元年，所以紀實。讀者可想見好古不作之心，大始正本之意也。皇上文治光昭，修明學術，多士觀光鼓舞，孰敢不爭自濯磨哉？

制策又以：「秦并天下，幣爲二等。」而爰論夫兩漢以後錢幣得失之故，與夫貴賤輕重之衡。此尤物阜民康之所宜審也。臣謹案，古者賦通百物，皆以布、泉、菽、粟之類相交易，自大禹有歷山之鑄，而其利始興；太公立九府圜法，而其用遂廣。周官外府掌齎賜，泉府掌貿易，莫不以錢爲斂散，而錢法其自此日盛矣。秦既更法，而珠玉、龜貝、銀錫之屬，皆不爲幣。漢文之時，鑄錢益多，厥後市物非錢不售。孝武造白金三品，尋廢不行。是上下通行之貨，壹皆以錢，未嘗用銀也。夫銀原以充貢，不以爲賦，故唐時有禁斷採銀之詔。度支、歲計，有粟、布、絹、綿及錢，而無銀。自後世用銀，民取其便，而錢之值遂不及銀，銀日以貴，錢日以賤矣。《周官》司市無征而作布，鄭氏謂「鑄泉所以饒民」。泉始一品，景王鑄大泉而有二品。然觀單穆公所稱「子母相權」，初非一品也。錢之式，以漢五銖、唐開元爲最善。及宋而有交子、鈔引之名，其弊愈多矣。要而言之，錢之用取乎流通，不取乎壅滯。利溥於民，而權操於國；制行於上，而弊除於下，然後可爲至善。昔之論錢法者，若賈誼，若孔覬，若陸贄，其成説可考而知也。聖朝府事交修，權衡至當，法良意美，天下有家給人足之樂矣。

制策又以：「昔在神禹，濬澮距川。」而遂及成周畎遂、溝洫之制。臣考水利與田功相表裏，故《周禮·匠人》載之極詳。沿及後代，漳水之利，以資河内；鄭國之渠，以濟關中，而鄭渠尤著，班固所謂「鄭白之沃」者是也。且夫水之爲物，聚之則害，散之則利；棄之則害，收之則利。惟時其蓄洩，自可無旱潦之虞。所以《禹貢》九州，揚之地勢尤下，昔爲塗泥，今爲沃壤。蓋以水未平則爲下溼，於田事非宜；水既平則爲沃衍，於田事尤宜。是在因地以制宜者，有所收其利而去其害也。秦漢以降，以治水治田者，代不乏人。元明之時，若虞集，若托克托，其所規畫，尤爲詳備。其著爲書者，則邱濬之《大學衍義補》，多所指陳。而徐貞明之《潞水客談》，臚陳十四利，原原本本。詳哉！其言之成效已見，而卒以中止，是大可惜也。誠使有司牧之責者，先事而利導之，則汙澤皆可變爲膏腴矣。聖天子俯念民依，勤求良法，將見滏陽、滹沱諸水，悉已安瀾，而亦服爾耕、十千維耦者，莫不因時啓閉，以安作息之天已。

制策又以：「用人之道，在乎知人善任。」而因思鑒別忠賢之法。臣惟人品之難知，不難於別是非，而難於別真僞。僞者而信爲真，則小人進而君子退，國家之事將誰任之？且人之材性，各有攸宜，廉静者或不勝繁劇，方正者或不達事機。固不若用人之長，舍人之短，而使偏才薄技，咸得自試於前，猶之覂駕之馬，爲善御者所不廢也。雖然，静言庸違，古之所戒，故嗇夫口辨，君子不取。而周勃之厚重少文，漢高許其能安社稷，可知稱德不稱力，古之人固有説矣。夫智力有大小，用違其量則傾；時地有難易，任非其材則蹶。往往有同此一人，而前後殊其巧拙，彼此異其功過者，是非鑒空衡平，何以集萬類之紛紜而不淆其用？甚矣！則哲之明未可幾及，而登崇俊良之道，所宜察於平時，試於臨事也。盛世旁求俊乂，有善必庸，士生斯時，宜何如力學以待用也耶？

若此者，明經以致用，職貨以通財，因地以制防，掄才以治國。洋洋乎被潤澤而大豐美，洵亘古而立隆也。臣尤伏願

皇上，治益求治，新又日新，方策已陳而愈勤探索，布泉已裕而更重源流，川瀆已治而彌念坊庸，楨幹已儲而倍思甄拔。監

憲之資備焉，利用之義昭焉，距川之法詳焉，造士之規立焉。於以奉若三無，乂安九有，躋俗壽宇，納民福林，則我國家億萬年有道之長基此矣。

臣末學新進，罔識忌諱，干冒宸嚴，不勝戰慄隕之至。臣謹對。

（底本：《歷科狀元策》，影印中研院傅斯年圖書館藏本）

八四　道光二十一年辛丑恩科　龍啓瑞

道光二十一年（一八四一）辛丑恩科，共取進士二百零二名。狀元龍啓瑞，榜眼龔寶蓮，探花胡家玉。

是科會試正考官：大學士王鼎。副考官：兵部尚書祁寯藻、户部左侍郎文蔚、工部左侍郎杜受田。

是科殿試讀卷官：大學士王鼎，協辦大學士、吏部尚書卓秉恬，禮部尚書龔守正，户部右侍郎許乃普，刑部右侍郎德誠，内閣學士李品芳、李煌，通政使司通政使慧成。

龍啓瑞（一八一八—一八五八），字翰臣，廣西桂林府臨桂縣（今屬桂林市）人。道光十四年，鄉試中式。狀元及第，年二十四，授翰林院修撰。道光二十四年，充廣東鄉試副考官。二十七年，大考翰詹二等七名，以侍講陞用；七月，簡湖北學政。三十年，丁父憂回籍。咸豐元年（一八五一）六月，廣西巡撫鄒鳴鶴奏辦廣西團練，以啓瑞總其事。二年七月，省城圍解，以守城出力，以侍講學士陞用。六年四月，授通政司副使；十一月，簡江西學政。七年三月，遷江西布政使。八年九月，卒於官。著有《經籍舉要》《古韵通説》《爾雅經注集證》《經德堂詩文集》《浣月山房詩集》等，輯有《南槎吟草》。《清史稿》有傳。

龍啓瑞狀元策見《道光二十一年進士登科録》（中國第一歷史檔案館藏）、《狀元策》（辛丑恩科、甲辰科、乙巳恩科，清刻本，天津圖書館藏）及《歷科狀元策》（影印中研院傅斯年圖書館藏本），又有《殿試策》單行本。① 單行本與其他版本文

---

① 《殿試策》，光緒辛丑恩科，［清］龍啓瑞撰，清刻本，北京：國家圖書館藏。

字差異較大，今兩存，以便對照閱讀。

道光二十一年，辛丑。夏四月，乙酉朔。乙巳，策試天下貢士蔡念慈等二百二人於保和殿，制曰：朕寅紹丕基，覃熙宇合，仰荷上蒼鴻佑，祖考眷貽，深宮劼毖，益亹治安，茲御極之二十有一年。誕敷綸詔，特開恩榜，嘉與天下士周諮博稽，以裨集思廣益之治，爾多士其敬聽予詢。

士不通經，不足致用。經之學不在尋章摘句也，要爲其有用者。漢廷治獄，多引經義，其見於各傳者，如雋不疑、蕭望之輩，不一而足，能述其事，舉其辭歟？其以《尚書》《春秋》博士補廷尉史，始於何人？董仲舒《春秋決事》十六篇，今佚不傳，《困學紀聞》所載凡三，此外尚有存者否？《周禮》爲周公致太平之書，後之用者，惟宇文泰、蘇綽，差爲近古，而劉歆、王安石，或以文奸，或以致弊，豈《周官》果出於僞託歟？抑不善用者之過歟？或謂漢法未備，故有取於經，後則事皆有例，援古反以滋疑。然例文過多，胥吏或以舞弊，何以用之克善歟？

民生艱易，賴乎守令；守令廉貪，視乎大吏。虞廷三載考績，《周官》六計弊治，此允釐之要也。漢以六條察二千石，唐考功有四善二十七最，宋置考官院考中外官，當若何循名責實，乃有裨於官箴民命歟？今按兩漢《循吏傳》，則西京所載，無非郡守，班固至謂「令若長不聞於時」，何也？至於東京，則王渙、劉矩、仇覽、童恢，並以令長列於《循吏傳》，而魯恭、劉寬，與夫潁川之四長，先後相望，其故安在？夫爲守令者，其首重者曰廉，其次曰才。然或潔清自好，而政事不免於廢弛；或才力有餘，而節操不足以共信。果如何而得有守有爲者分布郡縣也？

姑息適以養奸，嚴威足以禁暴。舜攝位而四凶服罪，孔子攝相而少正卯誅，古聖以生道殺人皆此意也。而《酒誥》之文，有謂爲小人傅會六經者，《韓非》載魯哀公霣霜不殺菽之問，有謂爲法家託聖言以文峭刻者，果定論歟？善乎崔寔之言曰「以嚴致平」，深得達權救敝之理，後儒有稱之者，能引伸其説歟？唐太宗論赦爲小人之幸，能析其義歟？至若保甲之制，弭患未萌，法至善也。乃行之熙豐，而反以滋其累；用之南贛，而民復稱其便，其故何歟？吏胥所以察奸，兵弁所以戢盜，乃或者聲息相通，反爲援引，何術以防之，何法以懲之歟？

兵所以威天下，實所以安天下。漢之南北軍，唐之府兵、彍騎，宋之更調，明之團營，皆陸路之兵也。至海疆用兵，若晉之孫恩、盧循，元之方國珍，皆内寇窮蹙，擁衆據險，易就削平。惟明胡宗憲、戚繼光，剿平倭寇，戰功尤著，其所撰《籌海圖編》《紀效新書》，非空談韜略者可比。其時若朱紈之《嚴海禁疏》，鄭若曾之《江南經略》，唐順之之《武編》，不皆有裨於實用歟？當兹八荒在宥，七德有征，決勝機宜，權衡貴當，將卒何以汰其惰窳，偵探何以測其阻深，器械何以極其精良，内奸何以絶其勾結歟？

凡此者，通經致用，有治人而後有治功；課績考勤，有實心而後有實政。不以萬民向化，弛詰奸禁暴之防，庶幾九有歸懷，奏柔遠綏邊之績。多士橋門釋褐，學古入官，拜獻先資，毋泛毋隱，朕將親覽焉。

（底本：《清宣宗實録》卷三五一，册三八，頁三四三—三四五。參校本：《道光二十一年進士登科録》，中國第一歷史檔案館藏；《狀元策》，辛丑恩科、甲辰科、乙巳恩科，清刻本，天津圖書館藏）

其一

臣對：臣聞學古所以多聞，安民必先察吏，祛邪斯能善俗，巡海乃可靖邊。遐稽往籍，《易》著觀文，《禮》詳分職，《書》重詰奸之治，《詩》陳有截之辭。古帝王錫極臨宸，斟元御宇，以勤典學，簡編炳於鴻都；以勵官常，報最徵夫燕譽；以除瑕穢，安輯著乎鳩民；以壯聲靈，肅清覘於鯨海。莫不本夙夜勤求之實，以握天人交應之機，用能是彝是訓，經術崇焉；有守有爲，群工懋焉；無偏無黨，王路遵焉；賁奔賁皮，外夷服焉。所由熙春泳化，函夏翔和，登斯民於上理者恃此也。欽惟皇帝陛下，德昭位育，治軼勛華，闡乎惠於垓埏，媲隆施於幬載。固已巍焕成文而班聯式序，和親有象而威德兼施矣。乃聖懷沖挹，猶切疇咨，思至善之無遺，好邇言之是察。進臣等於廷，而策以明經訓飭、官箴化邪、民嚴海禁諸大政。臣之愚昧，何足以知體要，顧當對揚方始之時，敬念敷奏以言之義，敢不勉述素所誦習者，用效夫管窺蠡測之微忱乎？

伏讀制策有曰：「士不通經，不足致用。」而欲以經術爲吏治，以除夫尋章摘句之習，此誠敦崇實學之至意也。臣謹案，漢廷治獄，多引經義，如雋不疑、蕭望之輩，不一而足。故其時有以《尚書》《春秋》博士補廷尉史，而董仲舒復著爲《春秋決事》十六篇。誠以諸經皆聖賢彝教，其内焉可爲窮理盡性之資，外焉可爲出謀發慮之助。儒者讀書稽古，將欲多識前言往行，豈徒誇記誦之繁，侈淹雅之才云爾哉？蓋必以學有心得者，出而見諸服官行政，用以決大疑、斷大獄，而不沾沾於俗吏之規爲也。《周禮》爲周公致太平之書，詳明精奥，後之用者，惟宇文泰、蘇綽差得其遺意。若劉歆之附會，則適足以文奸；王安石之堅僻，則適足以致弊。至以聖人致治之具，轉爲末俗藉口之端，則非《周官》果出於僞託，抑亦不善用之過耳。或謂漢承秦後，法令未備，故有取於經，後則事皆有例，援古反以滋疑。然例文繁重，胥吏轉因緣以爲奸，而長吏之所行者，皆爲具文矣。夫士人窮經，將以致用，當其服習伊始，豈可不先爲切究，致臨時倉皇失措也乎？聖天子振興文教，倬漢爲章，折衷衆論之異同，薈萃諸儒之精蘊。多士幸逢斯盛，有不思明經佐治，爲體用兼備之學哉？

制策又以：「民生艱易，賴乎守令，守令廉貪，視乎大吏。」而因詳及夫考課，備舉夫循良。此尤澄敘官方之要圖也。臣惟民俗之淳漓，於吏繫之；而吏治之賢否，於人辨之。虞廷之考績以三載，《周官》之弊治以六計。後世考課之法，此爲權輿。漢以六條案郡國，而察二千石者五。唐考功法，有四善二十七最，綜其善最，差以九等，大意詳於所謂善，而略於所謂最。蓋善者德也，最者才也，唐制猶近古云。宋置考官院考中外官，皆能循名覈實，而有課吏之良方者，自收能吏之實效也。漢西京《循吏傳》，郡守爲多。至於東京，則王渙、劉矩、仇覽、童恢，傳皆並列，而魯恭、劉寬，與夫潁川四長，後先相望，皆賢令長也。蓋吏治於斯爲盛矣。夫爲守令者，必先實心任事，潔己奉公，斯爲國爲民，兩有裨益。否則，以廢弛爲安靜，雖潔清自好，而職事必墮而不修；以奔競爲才能，雖肆應有餘，而節操或難於共信。惟在爲大吏者精以察之，嚴以策之，清心寡欲，俾愛憎無所私；大法小廉，使貪庸知所警。斯用人用法，兩得之矣。所謂博採群材，弗愧古名臣之望；因材器使，足收良有司之效，不重賴督率之有人耶？國家課績用人，悉秉大公，則吏稱其職，有不民安其業者哉？

制策又以：「姑息適以養奸，嚴威足以禁暴。」爰及夫保甲之制，以弭患於未萌。臣案舜攝位而四凶服罪，孔子攝相而少正卯誅。古聖人仁育義正，以生道殺人。故《酒誥》所以正商俗之靡，其詞不嫌於過嚴。而「隕霜不殺菽」論者，不以爲祥，而以爲災。蓋寬則民慢，非聖王布政優優之意也。善乎！崔寔之言曰「以嚴致平」，深得達權救弊之理矣。否則，眚災肆赦，乃好生之盛德，而屢赦非國所宜，識者譏之，唐太宗亦論赦爲小人之幸。誠以優容爲治，必無以禁邪慝而儆將來耳。夫除莠安良之法，固莫善於保甲。乃王安石行之熙豐，而民苦其擾；王守仁行之南贛，而民以爲安。則又視乎行法之得人，能以實心行實政，將不待多設科條，而畏之者已若秋霜之肅；不必多立禁約，而安之者咸游化日之舒。又何至藉弁兵以弭盜，而彼反聲息相通；恃吏胥以詰奸，而彼轉爲之援引哉？蓋制之於已然，不若防之於未萌耳。聖朝典章明備，道一風同，所爲經正民興，共躋於蕩平之域也。

制策又以「兵威所以安天下」，而進詳夫防海之法。臣案漢之南北軍，唐之府兵、彍騎，宋之更調，明之團營，皆陸路設兵，而未及夫水戰之法。至海道用師，則防禦較陸路爲尤難。若晉之孫恩、盧循，元之方國珍，皆内寇窮蹙，擁衆據險，易就削平。惟明胡宗憲、戚繼光，勦平倭寇，厥功甚偉，所撰《籌海圖編》《紀效新書》，與朱紈之《嚴海禁疏》，鄭若曾之《江南經略》，唐順之之《武編》，皆鋪陳形勢，熟悉利害，誠有裨實用之書也。夫静謐者大同之規，而豫防者萬全之策。海之風候不常，則事之稽查匪易，是必密察其勾引，嚴禁其接濟，而又招之以散其黨，撫之以誘其來，絶内援以消寇盜之萌，摧外强以泯枝蔓之勢。將卒汰其惰窳，則不患有空籍而無勝兵；偵探測其阻深，則不致誤倉皇而迷地利。庶幾逋藪之廓清立見，而梯航之效順偕來，則金湯鞏固於斯在矣。聖世德威遠播，中外乂安，四夷來同，萬邦納貢，既八荒之在宥，復七德之有征，行見寰海鏡清，咸頌柔遠綏邊之盛績已。

若此者，宗經以考道，熙績以釐工，除暴以安良，巡洋以防海，揚駿烈，暢鴻庥，仁聖之事賅，帝王之道備矣。臣尤伏願皇上，日新進德，天健昭行。探索已深而猶勤乙覽，法廉已飭而益勵寅恭，邪慝已除而彌頒甲令，澄清已奏而愈致申嚴。按經校德，成襲六爲七之書；稽古論功，邁咸五登三之治。由是淳風四溢，協氣旁流，上以迓蕃釐，下以綏多祐，則我國家億萬載有道之長基此矣。

臣末學新進，罔識忌諱，干冒宸嚴，不勝戰慄隕越之至。臣謹對。

（底本：《道光二十一年進士登科録》，中國第一歷史檔案館藏。參校本：《歷科狀元策》，影印中研院傅斯年圖書館藏本）

其二

臣對：臣聞學古所以入官，安民必先課吏，祛邪斯能善俗，防海乃可靖邊。遐稽往籍，《易》著觀文，《禮》詳分職，《書》重詰奸之治，《詩》陳有截之辭。古帝王錫極臨宸，斟元御宇，以勤典學，窮經比於菑畬；以勵官常，立政先夫準牧；以除瑕穢，法温肅於春秋；以壯聲靈，達梯航於瀛海，莫不本夙夜勤求之實，以握天人交應之符。用能是彝是訓，經術崇焉；有守有爲，群工懋焉；無偏無黨，王路遵焉；貢卉貢皮，島夷服焉。所由熙春泳化，函夏翔和，登斯民於上理者恃此也。

欽惟皇帝陛下，表章群籍，董正庶官，劑寬猛以和民，奉明威以保大。固已巍焕成文而班聯式序，閭閻安堵而琛賮輸忱矣。迺聖懷沖挹，猶切疇咨，體至善之無遺，好邇言之是察。進臣等於廷，而策以明經訓、肅官常、化邪民、嚴海禁諸大政。臣之愚昧，奚足以仰贊高深，顧當對揚方始之時，敬念敷奏以言之義，敢不勉述素所誦習者，用效管窺蠡測之微忱乎？

伏讀制策有曰：「士不通經，不足致用。」欲勉以有用之學。此敦崇實學之盛心也。臣謹案，西漢之世，每有大事，廷臣多援經義以決疑。始元中，有詐稱衛太子者，雋不疑引「衛蒯聵得罪」之文；五鳳中，議伐呼韓邪，蕭望之引「晉士匄不伐齊」之説。他如龔勝定傅晏之獄，毋將隆抑董賢之寵，皆徵引《春秋》，誠以屬辭比事，本聖人之教也。元朔間，張湯爲廷尉，以武帝方鄉文學，乃請《尚書》《春秋》博士補廷尉史。以平亭疑法，湯之深文，猶能潤飾，非上所好使然乎？董仲舒《春秋決獄》，書佚不傳。《困學紀聞》載其三，《白孔六帖》存其二。雖零編斷簡，而古人經術通於吏事，較然可見。《周禮》六官，唐太宗歎爲真聖人之作，後世惟宇文泰、蘇綽、朱子，稱其有意復古，官制甚詳。唐之府兵、租庸調、兵法、賦法，斟酌極精，其制皆本於綽，蓋得《周官》之意。至於國師文新室之奸，荆國致熙豐之弊，則剽竊以濟其私，非書之僞也。古多引經，後專用例。夫引經非專門名家不能通其意，用例則勾稽驗覈可以勉而能。然必如宋之韓琦，在中書取五房例刪爲綱目；杜衍掌銓事，命諸曹先具科條，吏不爲奸，斯爲善用例者矣。聖朝重道尊經，事必師古，爲士者孰不勉爲體用兼備之學哉？

制策又以：「民生艱易，賴乎守令。」而因重考課以求循良。此馭吏之要術也。臣案，虞廷考績，《周官》弊吏，尚已。漢武帝置十三部刺史，使以六條案郡國，非六條不得問，故能小大相維而權不侵。唐之考功，自德義至恪勤爲「四善」，自近侍至鎮防有「二十七最」。綜其善最，差以九等，而才與德分矣。宋太宗以審官院審京朝官，以考課院考州縣官，而中與外又分矣。顧考官在乎法，而注考在乎人。揚清激濁，在大吏猶且能之，況人主乎？從來仕途習尚，恒視上之意嚮以爲轉移。班固言「孝宣每拜刺史守相，輒親見問」，常久任二千石，其有治效者，璽書勉勵，用爲公卿。故西京循吏，守相爲多。范蔚宗言光武「觀納風謡，廣求民瘼，臨宰邦邑者競能其官」。故東都循吏，起家多由令長。章和以後，魯恭、劉寬輩，流風未絶。由是言之，人主重守相，則三王接踵；重令長，則千室鳴琴。甄拔之所加，才智之所萃也。《周官》六計皆冠以廉，故簠簋必飭而職業克修者上也，才華僕遬而節操堅明者次也。若牛僧孺所謂「貪縱之吏，大抵有才」，斯爲下矣。然則獎廉潔、懲貪墨，所以全民命而勵官箴，斷斷乎其在此。國家課績用人，悉秉大公，則吏稱其職，有不民安其業者哉？

制策又以：「姑息適以養奸，嚴威足以禁暴。」爰及夫保甲之制。臣案，舜去「四凶」而天下服，孔子誅少正卯而魯國治，辟以止辟之謂也。《酒誥》以救商民之淫酗，故曰：「予其殺。」蘇軾謂：「《周書》多以殺爲戒，故享國久長。」而後人或附會鑴鑿，以失其意。《韓非》載魯哀公「霣霜不殺菽」之問，孔子對以「宜殺而不殺」，王應麟疑爲非聖人之言。崔寔《政論》謂漢文帝以嚴致平，仲長統、范蔚宗皆亟稱之。而唐王志愔謂嚴者不必凝網重罰，宋司馬光亦謂寔矯一時之枉，則以世輕世重，要在與時宜之而已。養稂莠者害嘉穀，赦有罪者賊良民。唐太宗所以謂一歲再赦，善人喑啞也。保甲爲古今良法，而貴在得人。王安石施之鄞縣而民安，用之天下而民擾。一人之身，有詛有祝如是，則王守仁之於南贛，非以恩信素行乎？夫守令不得人，則吏胥詰奸而反以縱奸；將領不得人，則弁兵弭盜而反以豢盜。有治人無治法，兩言盡之矣。聖朝恩威並用，道一風同，所由經正民興，共躋於蕩平之域也。

制策又以「兵威所以安天下」，而進詳夫防海之法。臣案，自漢立南北軍以後，代有更制，而皆於水戰弗詳。晉之孫恩、盧循，元之方國珍，皆窮寇入洋，非能以風潮爲長技。故海患之亟自明始，海防之密亦自明始。胡宗憲之破汪直、徐海也，長於設謀用閒，故柘林、五島以平。戚繼光之破倭閩浙也，戰艦火器皆極其精，故戚家軍之名獨著，所撰《籌海圖編》《紀效新書》，皆熟悉情形之言。外如鄭若曾《江南經略》，舉江防而制湖變。朱紈疏嚴海禁，重保甲而革渡船。其論皆歸實用。善夫唐順之之言曰：「禦賊上策，當截之海外。」非古來海防第一義乎？嘗泛蛟門戰三沙，身歷行間，故《武編》之作，後人不能測其奧。此亦及之後知之謂也。夫重洋之巡哨必勤，故將卒宜汰其惰窳。閒諜之賞罰必信，則偵探可測其阻深。試之於風波沙線，以知器械之精良；稽之於口岸往來，以絶内奸之勾結。防則固，戰則勝，庶幾鞏若金湯矣。聖世八荒在宥，七德有征，不已寰海鏡清而奏綏懷之盛績哉？

若此者，宗經以考道，熙績以釐工，除暴以安良，巡洋以奮武。揚駿烈，暢鴻庥，仁聖之事賅，帝王之道備矣。臣尤伏願皇上，日新進德，天健昭行，經學昌明，而銜華益期佩實；官方澄敘，而大法並勵小廉；編氓保伍，而比觥撻罰不廢交修；重譯款關，而下瀨樓船毋忘克詰。由是經有名家，史多循吏，野無獷俗，伍盡勝兵，上以祇迓蕃釐，下以永綏多祜，則我國家億萬載有道之長基此矣。

臣末學新進，罔識忌諱，干冒宸嚴，不勝戰慄隕越之至。臣謹對。

（底本：《殿試策》，辛丑恩科清刻單行本，國家圖書館藏）

八五　道光二十四年甲辰科　孫毓溎

道光二十四年(一八四四)甲辰科,共取進士二百零九名。狀元孫毓溎,榜眼周學濬,探花馮培元。是科會試正考官:工部尚書陳官俊。副考官:都察院左都御史文慶、工部左侍郎徐士芬。是科殿試讀卷官:大學士潘世恩,禮部尚書特登額,兵部尚書許乃普,都察院左都御史文慶,吏部右侍郎侯桐,兵部左侍郎朱嶟,工部右侍郎賈楨,内閣學士羅文俊。

孫毓溎(一八〇三—一八六七),字犀源,號梧江,山東濟寧州(今濟寧市)人。狀元及第,授翰林院修撰。道光二十六年,提督雲南學政。咸豐元年(一八五一),擢江西吉安府知府,尚未赴任,超擢山西按察使。轉浙江按察使,又兼布政使。以疾乞歸,同治六年(一八六七),卒于京邸。著有《讀左隨筆》《一松齋兵智集要》《回春集》《卧雲山房詩話》等。

孫毓溎狀元策見《歷科狀元策》(影印中研院傅斯年圖書館藏本)等。

道光二十四年,甲辰。夏四月,丁酉朔。丁巳,策試天下貢士焦春宇等二百九名於保和殿,制曰:朕寅承昊蒼眷命,列聖丕基,兢兢業業,夙夜不敢康,二十有四年於兹矣。顧臣鄰尚少篤棐之忱,士子猶蹈輕浮之習,邊圉之地利未盡開,九府之圜法未盡善,措施何以當,智慮何以周,斟酌古今,揆度時勢。爾多士稽古有素,敷奏以言,必有嘉謨,用裨實政。

大臣法,小臣廉,官職相序,君臣相正,國之肥也。然則欲正君臣,序官職,必自大臣始矣。親民之官,莫如守令,守令之賢否,視乎上官之取舍。古者興廉舉孝,敦崇節行,日計不足,月計有餘。兩漢循吏,大抵郡守令長,而公卿時出其中。

璽書褒勉，增秩賜金，取才之道，意主風化，其尚有合於古歟？郭子儀減樂於楊綰，李師古折謀於杜黄裳，豈武臣疆帥，亦視朝廷爲轉移歟？抑中外相維，大小相繫，自然之勢歟？三物教民，何以克收實效；三載考績，何以力屏具文，取人以身之義，可指陳歟？

士者，民之望，國之楨也。孔門論士，何以首重行己有耻，孟子亦言「耻之於人大矣」。然則知耻近勇，人心風俗所繫，顧不重歟？三代以下，士風莫盛於漢。其時尊崇節義，敦厲名實，轉移之權，奚自而致？清談而後，紹及唐末，風氣疊變，然而松柏後凋於歲寒，雞鳴不已於風雨，繄豈乏人歟？宋儒聿興，迄於明代，格物致知之學，與漢儒之通經致用，其裨益風化，同歟異歟？綜觀古今士風之所尚，質之孔孟之言，將欲挽隤靡，返淳樸，變化而愧厲之，何道之從歟？

自黄帝經土設井，而寓兵於農之法興。三代因之，無所謂屯田也。漢文帝募民耕塞下，始有屯田之説。漢武通西域後，屯田渠犁，其後日益加多，如芍陂、南陽、合肥、成都、金城，不可枚舉。其在西域者，能詳考歟？古者播穀勸耕，爰有農官之設，農師、田畯之名，備見經傳。西域屯官名見於史者，能臚舉歟？耕種必資灌溉，鄧艾穿渠，最資利賴。西域之水可導以溉田者，能徵於古以言之歟？

唐代營屯並稱，或謂以兵民分，其説然歟？唐時諸道所開之屯，凡九百二十有二，今西域尚有遺跡歟？種植之法，詳於農書，前代屯田，有行區田者，其法最善，能詳考而言其制歟？

古者賦通百物，皆以布帛菽粟相交易，自大禹有歷山之鑄，而其利始興；太公立九府之法，而其用遂廣。《周官》外府泉府所掌，皆以錢爲斂散，能詳言之歟？秦并天下幣爲二等，漢武造白金三品，尋廢不行。是上下通行之貨，壹皆以錢，未嘗用銀也。以銀爲幣，始於何時，行於何地，其式若何，其直若何，採銀何以有禁，用銀何以稱便，能一一縷述之歟？錢式以何代爲最善，論錢法者以何人爲最詳，蓋其用取乎流通，利溥於民，而權操於國，制行於上，而弊除於下，必如是而後可爲至善也。宋始有交子鈔行之名，有元一代，率用寶鈔，明亦間踵而行之，流弊滋多，其得失究安在歟？凡此者，以勖官常，而實力實心，毋謂恬熙爲可恃；以敦士習，而防情防僞，毋使倖進以梯榮。出作入息，邊隅何以臻康阜之休；足國裕民，泉府何以有流通之利。講肄所及，載籍所傳，爾多士其詳著於篇，朕將親覽焉。

（底本：《清宣宗實録》卷四〇四，册三九，頁六四—六五。參校本：《歷科狀元策》，影印中研院傅斯年圖書館藏本）

臣對：臣聞熙績所以釐工，植品必先崇實，靖遠斯能奮武，阜財乃可裕民。載稽往牒，《書》美和衷，《禮》詳造士，《詩》歌誕穡，《傳》紀通商。古帝王輿蓋二儀，鑪牟六合，以昭亮采，有守聿懋，有猷以祗。廉隅覯器，尤須觀德，以謀儲蓄，養民亦且養兵；以劑方圓，眂規兼資眂萬。莫不本夙夜勤求之實，以握天人交應之符。用能宣化承流，藎懷篤焉；覃精葆素，令望彰焉；教稼整軍，綏徠固焉；制節謹度，美利臻焉。所由治泳熙春，歡臚函夏，洋洋乎上暢垓而下泝埏，恃此道也。

欽惟皇帝陛下，敦明勵翼，勖訓髦髦，修軍實以乂安，廣陶鎔以普濟，固已吏治胥澄而儒風允粹，邊防悉備而鼓鑄咸興矣。迺聖懷沖挹，猶切疇咨，廑葑采而聽卑，詢芻言而察邇。進臣等於廷，而策以正官常、祛澆俗、嚴屯衛、廣生財諸大政。臣之愚昧，奚補高深，顧幸際淵思下逮之時，竊附拜獻先資之義，敢不敬舉生平所誦習者，用效管窺蠡測之微忱也乎？

伏讀制策有曰：「大臣法，小臣廉。」守令疆帥，皆視朝廷爲轉移，而欲收效於教民考績。此誠致治之盛心也。臣謹按，體元者君，而調元者臣。左禹右皋，斯有明良之慶；左周右召，斯臻康樂之休。正君臣，序官職，始自大臣彰彰然矣。漢以六條察二千石，丞相、御史得雜攷郡國之計書。其法，郡課縣，州課郡，公卿課群吏。守令賢否，視上官之取舍，故兩漢循良輩出。以令僕出爲郡守，入爲三公，璽書褒勉，贈秩賜金者，不可勝計。其時取才，專重節行，意主風化，吏治蒸蒸，最爲近古。夫中外相維，大小相繫，自然之勢也。唐中葉，强藩跋扈，不秉中朝政令，惟李文饒最爲河北畏服。此外，如郭子儀減樂於楊綰，李師古折謀於杜黄裳，亦皆見稱於時。然李之於杜，固因其畏服之深。若子儀，則功冠唐室，其亦身先奉令者。蓋尊宰相即以尊朝廷，殆與李愬之迎裴度同一能知大體歟？由此觀之，爲大吏者，苟能樹以清介之型，明其去取之别，居中馭外，以尊率卑，則三物教民可收實效，三載考績豈涉具文。庶幾聯一德爲股肱而清和咸理，合外臣爲指臂而誠信交孚。取人以身之道，得國不於以肥歟？皇上澄敘官方，凡在大僚，敢不正身率屬而交贊乎郅隆也哉？

制策又以：「士爲民望，首重有耻。」因綜古今士風所尚，而欲挽隤靡以返淳樸。臣竊謂士爲四民之首，欲整民風，先端士習。孔門論士，首重行己有耻，故孟子「四端」並舉，管仲「四維」是稱，良以廉耻固人心風俗所關也。古者士習之淳漓，恒視朝廷之作養。兩漢興廉舉孝，崇實行而薄浮華，故爲士者品望重於鄉閭，謨猷光於史册，節行之士，史不絶書。洎乎典午，崇尚清談，則蕩軼名教者踵接。李唐特設科目，而馳騁文采者滋多。然松柏後彫於歲寒，雞鳴不已於風雨。其敦行勵品，足以訓俗型方者，蓋亦指不勝屈焉。自宋迄明，講學日盛，或以道問學爲宗，或以尊德性爲本，其學不無同異。然觀明儒韓樂吾教化鄉閭，從游者以千數，其對縣令曰：「凡與儂居者，無訟牒煩公府。」令撿之果然，則宋儒之學其裨益風化，與漢儒通經致用，固有合之兩美者矣。夫自厚而薄者，風俗相沿之漸；而由淳而澆者，人生習染之常。是以聖王在上，崇學校以隆教養之規，移郊遂以示愧厲之道。慮其鞶帨之徒繡也而名不矜，範其跅弛之難羈也而才不競。蓋使頑廉懦立，以期返樸還淳，道必由此。我國家崇儒重道，學校如林，士可不敦行砥才副作人之化哉？

制策又以：「黄帝經土設井，寓兵於農。」而遞及前代屯田足邊之法。臣按古無所謂屯田也，漢文帝用晁錯議，募民耕塞下，武帝通西域踵行之，屯田渠犁，厥名始肇。其後輪臺、車師、烏孫、伊循、伊吾、柳中，則皆西域屯田之處也。宜禾都尉、屯田校尉、戊己校尉、田禾將軍，及唐之營田大使，則皆西域所置屯田之官也。至於灌田之水，如龍勒縣氏置水入澤灌民田，敦煌郡冥安藉端水入冥澤溉民田，並見《漢書・地理志》。瞿薩旦那城東南有大河，國人用以灌田，見《唐・西域記》。唐代營屯並舉，有謂兵耕爲屯、民耕爲營者。然唐襄州營田，亦調取鄰州之兵，宋邊州屯營不限兵民，皆取給用，則營屯固不盡以兵民分矣。西域屯田，漢唐最多，其遺跡如吐魯番之廣安城，在元曰火州，在唐曰安樂，漢之柳中城也。又苦峪城斷碑，有「大興屯墾，荷鍤如雲」之語，則亦唐代開屯之遺跡。其種植之法，以區田爲最善。鄧艾因屯田亢旱，曾於壽春行之，收穫最豐，法始伊尹，可云盡善矣。我皇上申命疆臣，於新疆大興屯政，裕邊儲而培生計，豈不懿哉！

制策又以：「大禹有歷山之鑄，太公立九府之法。」因及夫歷代錢幣之設。臣按錢始太昊，堯鑄歷山，湯鑄莊山，相沿不廢。至九府圜法設，而外府掌齎賜，内府掌貿易，斂散之法備詳。秦以黄金與錢爲幣，漢制三品亦廢不行，古固皆用錢也。幣用金銀，始於交廣，見韓愈、元稹奏狀。又張籍詩云：「蠻州市用銀。」中唐時，中國猶未用銀也。漢時，朱提一流直一千五百八十，他銀直千。《金史》舊例銀每鋌五十兩，直百貫。因民間截鑿，改鑄承安寶貨，一兩至五兩，凡五等，每兩折錢二貫，是其式與直不同者。正統中，罷銀課，杜採辦之擾民。洪武時，以錢鈔易金銀，因道路之險遠，此採銀有禁，用銀至便歟？錢法以「五銖」「開元」爲善。「五銖」鑄迄漢隋，「開元」始自武德，故錢最多。論之詳者，則《泉譜》《錢通》皆邦計所必録也。交子鈔引，創始於宋，元明踵行，益滋流弊。其中攷證得失，惟許衡、劉基允爲至當，「十妙」「十便」之説，固皆無以過之也。

若此者，懋績以亮工，屏浮以惇俗，積儲以經武，裕課以宜民。鋪鴻庥，信景鑠，仁聖之事賅，帝王之道備矣。臣尤伏願皇上，至誠無息，立政有恒，夙夜寅清，而正色益端表率；章逢樸遬，而宅衷彌汰華聞。祥穀鋪芬，而厲鍛芻粮，均安遠徼；洪鈞躍冶，而綖環刀布，利濟寰區。由是吏道靖共，士林炳蔚，邊陲綏謐，帑藏充盈，上以祇迓蕃釐，下以永膺多祜，則我國家億萬年有道之長基此矣。

臣末學新進，罔識忌諱，干冒宸嚴，不勝戰慄隕越之至。臣謹對。

（底本：《歷科狀元策》，影印中研院傅斯年圖書館藏本）

道光二十四年，甲辰。夏四月，丁酉朔。

辛丑，諭内閣：「御史伊克唐阿等奏，本年會試，江蘇童生焦益之，假冒已故舉人焦子安姓名入場，事後自行投首，著交刑部嚴行審訊辦理。出結官刑部主事朱龍光，著解任聽候傳訊。其江蘇舉人焦子安三場試卷，著知貢舉查明，知照内簾扣除。」

（《清宣宗實録》卷四〇四，册三九，頁五五）

甲寅，諭内閣：「此次殿試，著派護軍統領玉明、珠勒亨，在中左中右兩門，認真稽查。當日分散題紙後，所有差使人員，一併散出。除校尉人等，應代携考具，隨同士子出入外。其餘官員閒雜人等，一概不准擅入窺探。如有不遵法令，私進禁門者，即行指拏交刑部治罪。嗣後每遇殿試朝考，均著該部先期奏派護軍統領二人，在該二門專司稽查。」

（《清宣宗實録》卷四〇四，册三九，頁六二）

八六　道光二十五年乙巳恩科　蕭錦忠

道光二十五年（一八四五）乙巳恩科，共取進士二百一十七名，狀元蕭錦忠，榜眼金鶴清，探花吴福年。是科係道光帝母后鈕祜禄氏七旬壽辰特設恩科。會試正考官：大學士穆彰阿。副考官：兵部尚書許乃普、户部右侍郎賈楨、工部右侍郎周祖培。

是科殿試讀卷官：大學士穆彰阿，禮部尚書特登額，吏部右侍郎侯桐，禮部左侍郎馮芝，兵部左侍郎朱嶟，工部右侍郎福濟、周祖培，内閣學士羅文俊。

蕭錦忠（一八〇三—一八五四），初名衡，字黼平，號史樓，湖南長沙府茶陵州（今屬株洲市）人。茶陵州學優廪膳生，候選教諭。道光十二年（一八三二），湖南鄉試中式。狀元及第，授翰林院修撰。以親老辭歸。咸豐四年（一八五四）冬，卒于家。著有《輿地會參》《孺汾集》《自然齋時文詩賦》等。

蕭錦忠狀元策見《歷科狀元策》（影印中研院傅斯年圖書館藏本）等。

道光二十五年，乙巳。夏四月，辛卯朔。辛亥，策試天下貢士蔣超伯等二百十七名於保和殿，制曰：朕纘膺大寶，統御寰區，中外乂安，於兹二十有五載。仰荷昊蒼眷佑，列聖垂庥，敕命時幾，兢兢業業，深念崇登進以熙治績，籌積貯以裕倉儲，敦教化以正風俗，奮武衛以詰戎兵，期膺上理，延訪爲殷。爾多士拜獻先資，對揚伊始，冀聆讜論，式贊嘉猷。

治天下者，莫重乎進賢用人。《舜典》曰：「明試以功，敷奏以言。」《皋陶謨》曰：「亦言其人有德，乃言曰載采采。」知人則哲，自古其難，帝世若是其鄭重也。乃後世君臣相得，或取決於立談之頃，若張良之以石投水，王猛以異符同契，何耶？大智若愚，大詐若忠。或外忠而內奸，或始賢而終佞，察其誠僞，辨其邪正，厥道何由？夫君子小人，各從其類。然如諸葛亮、李泌、司馬光諸人，卓然名世，必無徇私阿比之習，而其所薦舉者，或未必皆賢，或反爲其所誤，抑又何說？孔子曰：「取人以身。」程子曰：「在己者能知言窮理，則能以此察人。」斯則濬其源之論也，試更闡發而詳言之。

夫食爲民天。《周禮》倉人藏粟，旅師聚粟，遺人委積，其爲儲蓄甚備；常平倉、義倉、社倉，立法最善。然行之既久，均不能無弊。《元史》所載河西務十四倉，京師二十二倉，通州十三倉，即今制所由昉。顧天庾轉輸，丁胥叢雜，回漕攙和之弊，何以杜之？平糶所以便民，其後或築富人倉，或置東西市，果可遵歟？《管子》守國守穀之說，李悝糴三糴二糴一之論，所言果有當歟？宇文融之益貯九穀，孫成之發倉賤售，皆有可採歟？豐歉因乎歲，久暫因乎時，燥濕因乎地，果何術而使儲積無紅朽之虞，售易無騰踊之患歟？則轉輸之法，糶糴之宜，久貯之方，平價之道，非尤宜亟講歟？

司徒修六禮，明七教，凡以節民性，興民德也。《坊記》數千百言，皆以坊民而已，故《周禮》有禁虣之官，《王制》嚴左道之律。我國家化澤涵濡，士大夫讀書明理，自不爲異論所移。至鄉曲蠢愚，或誘於禍福之說，往往有焚香誦經，自罹法網，若概從禁絶，則祈報蜡社，皆將爲吏胥需索之端；如慮其滋擾而不爲之坊，又恐姦黠匪徒，輾轉煽惑，釀成巨案。今將爲杜漸防微，清源正本，使愚氓盡知禮義之維而奇衺不作，其何道之從歟？

古無所謂兵，凡民皆兵也；無所謂將，六卿皆將也。《周官》之制，居則爲比閭族黨州鄉，出則爲伍兩卒旅師軍。至《春秋》而晉有爰田，楚有兩廣，古制日紊。嗣後崇卒用徒，車戰又廢，豈古之制不宜於後歟？漢則內有南北軍，外有郡國兵，厥制奚若？唐之府兵，最爲近古，何以改爲彍騎？宋收節度之權，改爲更調，孰爲合宜？明之五軍都督府，猶有唐府兵遺意，何以改爲十二團營，又改爲三大營歟？夫兵可百年不用，不可一日無備，其何以副朕整飭戎行、設兵衛民之意乎。

凡厥四端，克知灼見之用，惠民利濟之方，安良除莠之謨，經武整軍之要，皆立政之大綱，保邦之至道也。多士學於古訓，通知時事，以敷奏爲明試，務收實用，毋摭膚辭，朕將親覽焉。

（底本：《清宣宗實録》卷四一六，册三九，頁二一九—二二〇。參校本：《歷科狀元策》，影印中研院傅斯年圖書館藏本）

臣對：臣聞爲政在於得人，藏富所以裕國，除邪斯能善俗，講武乃可衛民。上稽古訓，《書》紀旁求，《禮》詳制用，《易》著執民之義，《詩》陳纘武之歌。自古帝王，恭己垂裳，撫辰錫極，惠疇亮采則百揆宅也，酌盈劑虚則四黼充也，型方訓俗則五教敷也，禁暴戢兵則六軍飭也。茂矩隆儀，粲然具備，用是官方敘而慎憲省成，積貯豐而量入爲出，治道宏而協和於變，兵戎詰而有勇知方。所爲廣人才，紓物力，施文德，揚武威，經緯萬端，甄陶庶彙，承燕翼而奠鴻基者此也。

欽惟皇帝陛下，朗鑒無私，運籌有要，董勸垂爲，善政訓練，著厥常經，固已賢慶升庸而人歌豐屢，俗徵孚化而律叶師貞矣。迺聖懷沖挹，深維長治久安之道，益切持盈保泰之思，進臣等於廷，而策以崇登進、豫積儲、敦教化、奮武衛諸大政。臣之愚昧，奚知體要，顧泰山峻極，猶資土壤之微；滄海宏深，尚納涓流之細，敢不謹竭素所誦習者，藉攄葵藿之微忱乎？

伏讀制策有曰：「治天下者，莫重乎進賢用人。」因慎思夫觀人之法。此誠求賢審官之至意也。臣謹按，《舜典》敷奏明試，言考試必審也；《皋謨》有德載采，言稱人者必舉事爲驗也。人不易知，知人亦不易，古帝王稽之輿論，考之平時，猶必試以事而後任以官。蓋知人勞，而後任人逸也。乃若立談之頃，相契有真，如張良以石投水，王猛異符同契，雖一德之可稱，固千載而間遇矣。夫忠奸分於片念，賢佞界在幾微，浮華夸詐之士，持論多工，是內外不盡相合也；慷慨激切之徒，中道輒廢，是始終不必一塗也。善夫！《論衡》之言曰：「以九德檢其行，以事效考其言。行不合於九德，言不驗於事效，人非賢則佞矣。」其言與典謨之旨相發明，所以察誠僞、考邪正之道，豈外是哉？若夫以愛才之心，爲節取之説，如諸葛亮用馬謖，節制顯違；李泌舉竇參，貪惏不職。司馬光急去新法，蔡京因緣進用，縱非私比，終昧鑒衡。孔子言「取人以身」，程子言「知言窮理」。惟能擴己之學識，斯能觀人之賢否耳。聖天子神明廣運，灼見無遺，所爲大法小廉，官方由此澄敘也。

制策又以「食爲民天」，因求重農積粟之道。臣惟《周禮》倉人掌粟入之藏，旅師掌聚野之粟而用之，遺人掌邦之委積，即後世常平、義、社所由昉。然常平起於耿壽昌，劉般謂弊在豪右爲奸；義倉起於長孫平，胡寅謂弊在書吏侵蝕；社倉起於朱子，馬端臨謂弊在所司非人。非法之不善也，創法之人以實心而行善政，故法興而利溥；守法之人以良法而濟私心，故法敝而害滋。有治人無治法，斯之謂矣。《元史》河西務十四倉，京師二十二倉，通州十三倉，即今制所昉。得其人則轉輸不勞，而回漕攙和之弊可息也。北齊築富人倉，唐時置東西市，皆古法之善。得其人則糶糴易平，而販積紅朽之虞可免也。夫齊得管仲守國、守穀之説，以通輕重之權；魏得李悝糴三、糴二、糴一之論，以定貴賤之準。宇文融益著九穀則倉廩充，孫成發倉賤售則市糴便。蓋豐歉燥濕係乎時地也，儲積售易係乎人謀也。欲求轉輸糶糴久貯平價之方，各得其要，亦視所任之各得其人而已。皇上念三農之生穀，式九用以宜民，立法精詳，仁恩至優渥矣。

制策又以：「愚氓易惑於禍福之説，自罹文網。」爰思杜漸防微，正本清源之計。斯又化民成俗之美意也。臣聞蘇軾有言曰：「聖人於天下所恃爲牢固不拔者，在天下之民可與爲善，而不可與爲惡也。」古之時修禮明教，化民有方，章疑別微，坊民有要。《周禮》禁虣之官，《王制》左道之律，凡以使民遷善遠罪而已。夫愚氓之無知，必不能如士大夫之明理，其惑於禍福之説，焚香誦經，民之罪也；其域於蠢愚之識，作奸犯科，非民之罪也。今將嚴爲之禁，則吏胥藉以需索；不爲之坊，則積久釀成巨案。豈知三代之民，去末反本，背僞歸真，非必有爵賞勸於前，刑罰迫於後，其心安於善之可爲，而明夫不善之不可爲故耳。是故嚴異言異服之誅，杜其漸也；行保甲社長之法，防其微也；勸農桑務技業，正其本也；興學校，明教化，清其源也。夫民不迫於饑寒，不誘於奇衺，州縣長吏復以時進其父老，與之講論，率其紳士相爲勸誡。上之所令，民深信而無所疑；民之所爲，上周知而無所蔽。上與民浹洽，如是回心嚮化，革薄從忠，何難之有哉？聖朝化澤涵濡，仁恩普被，道德一而風俗同，洵前古所未有也。

制策又曰：「兵可百年不用，不可一日不備。」因詳及前代兵制。臣思古者兵民不分爲二途，文武不分爲兩職。《周官》之制，居爲比、閭、族、黨、州、鄉，出爲伍、兩、卒、旅、師、軍，家家使之爲兵，人人使之知兵。教練不厭其多，調發不嫌其少，故人皆習於兵革，而不疲於征戰。逮爰田有作，兩廣成軍，晉楚之伯已紊成周之法矣。車戰以陷堅陣，要强敵，衛青、田豫猶恃以成功，宗澤、李綱尚存其遺制。然平川足以奔衝，山險不如徒卒，非僅古制不宜於今也。漢南軍掌宮城門内兵，北軍掌京城門内兵，民兵散於郡國，有事召以羽檄。建元以後，南北兵制壞焉；元狩以後，郡國兵制壞焉。唐武后變府兵之法，改爲彍騎，而以下犯上之患生。宋太祖收藩鎮之權，改爲更調，而暴戾恣睢之習去。明成祖分步騎爲五軍，無事足壯國威，有事足禦外侮。復設五軍、神機三千大營，于謙請選其精鋭，立十團營，後又增十二。兵制於是屢更矣。國家承平化洽，疆宇肅清，揆文即以奮武，有勇且可知方。軍政周詳，戎行整飭，所爲海島重洋之地，莫不畏威懷德也。

若此者，籲俊以熙工，阜財以利濟，懲惡以勸俗，整武以經邦，楨榦之才裕焉，倉箱之積盈焉，稂莠之害除焉，弧矢之威著焉。洋洋乎仁聖之事賅，而帝王之道備矣。臣尤伏願皇上，天行不息，日進無疆，本勵精圖治之誠，臻累洽重熙之盛，臣工已肅而旌別彌嚴，食貨已充而峙儲更亟，惠懋已彰而益思康乂，聲威已震而愈切懷柔。於以淳洪邕之德，豐茂世之規，上暢九垓，下泝八埏，聿迓天庥，誕膺多祜，則我國家億萬年有道之長基此矣。

臣末學新進，罔識忌諱，干冒宸嚴，不勝戰慄隕越之至。臣謹對。

（底本：《歷科狀元策》，影印中研院傅斯年圖書館藏本）

八七　道光二十七年丁未科　張之萬

道光二十七年（一八四七）丁未科，共取進士二百三十一名。狀元張之萬，榜眼袁績懋，探花龐鍾璐。

是科會試正考官：大學士潘世恩。副考官：工部尚書杜受田、内閣學士署户部右侍郎朱鳳標、吏部右侍郎福濟。

是科殿試讀卷官：大學士寶興，協辦大學士、吏部尚書陳官俊，禮部尚書魏元烺，吏部左侍郎季芝昌，禮部右侍郎吴鍾駿，兵部右侍郎朱鳳標，内閣學士黄琮、李嘉端。

張之萬（一八一一—一八九七），字子青，號鑾坡，直隸天津府南皮縣（今屬河北滄州市）人。狀元及第，授翰林院修撰。道光二十九年，充湖北鄉試副考官。咸豐元年（一八五一），充河南鄉試正考官。二年，大考二等，充河南學政。六年，充日講起居注官。七年，命在上書房行走。九年，升侍讀，充會試同考官。十年，擢翰林院侍讀學士。十一年，擢詹事府詹事，升内閣學士。同治元年（一八六二），擢禮部侍郎，兼署工部。四年，遷河道總督。五年，移督漕運。九年，調江蘇巡撫。遷浙閩總督，以母老乞養歸。光緒八年（一八八二），起兵部尚書，調刑部。十年，入軍機，兼署吏部，充上書房總師傅、協辦大學士。十五年，授體仁閣大學士，轉東閣。二十二年，以病致仕。二十三年卒，年八十七，贈太傅，謚文達。著有《張文達公遺集》。《清史稿》有傳。

張之萬狀元策見《歷科狀元策》（影印中研院傅斯年圖書館藏本）。

道光二十七年，丁未。夏四月，己酉朔。己巳，策試天下貢士許彭壽等二百三十一名於保和殿，制曰：朕纘膺大寶，統御寰區，中外乂安，於兹二十有七載。仰荷昊蒼眷佑，列聖垂庥，敕命時幾，兢兢業業。深念通經致用之方，化民成俗之本，藏富裕國之模，除暴詰姦之法，期臻上理，延訪維殷。爾多士拜獻先資，對揚伊始，冀聆讜論，式贊嘉猷。

自秦燔六經，微言中絶。漢興，除挾書之禁，遺籍間出，諸儒説經者，大抵皆孔門苗裔。商瞿受《易》，六傳至田何，其間授受姓名，《史記》與《漢書》互異，何歟？子夏之《詩》，四傳至大毛公；左氏受《春秋》，八傳至張蒼，二家相承之淵源，能備舉歟？伏生治《書》，后倉説《禮》，俱不詳所自出。或謂伏生受《書》於秦李克，信歟？承后氏之學者，能條其流派否？武帝廣厲學官，各家皆立博士，至貞觀《正義》之行，前代諸家，不復兼存，義歸畫一，説果善歟？自漢以後，師儒莫盛於宋，程、張皆深於《易》，其傳《易》弟子，可略陳歟？朱子《詩》《禮》二經弟子，其入室者何人歟？

風俗爲治平之本，而教化實風俗之原。古昔盛時，民生敦龐，懷忠抱慤，鄉閭族黨，比户可封。然猶以時讀法，糾其過惡。異言異服則有譏，無授無節則弗納，道德一，風俗同，左道亂衆之徒，自無由煽誘以售其怪誕之説。自習尚澆漓，異端蠭起，斂財聚衆，結黨傳教，愚民無知，轉相漸染，豈果迫於饑寒，而乃甘冒重辟，以冀其倖免歟？抑牧民者教導無方，俾之陷於邪慝歟？何以使桀黠者革面洗心，愚懦者守分循法而不爲其所惑歟？孟子曰：「經正則庶民興。」韓愈曰：「明先王之道以道之。」儻可丕變歟？

積貯者，生人之大命。《周禮》倉人藏粟，旅師聚粟，遺人委積，儲蓄甚備。漢耿壽昌築常平倉，時稱便矣。後漢劉般謂，常平外有利民之名，内實侵刻百姓，其故安在？當境採買，固虞勒派；採自鄰封，又添運費，果何以使官民兩不受累歟？成周以後，義社二倉，立法最善。然行之既久，均不能無弊，社倉之法，隋唐行之，不久便廢，至朱子而獨有成效，能推本其良法美意歟？《元史》所載河西務十四倉，京師二十二倉，通州十三倉，即今制所由昉。顧天庾轉輸，丁胥叢雜，攙和之弊，何以杜之？今欲儲積無虧，旱潦有備，轉輸之法，糶糴之宜，久貯之方，平價之道，不尤宜一一講求歟？

夫安民必先弭盜，弭盜莫如保甲。《周官》有比閭族黨之制，管仲創軌里連鄉之法，皆以里閈相習之人，察耳目最近之事，其法至爲美備。惟是營汛堡墩之設，不能不寄之兵弁；寺院庵觀之察，不能不責之吏胥。賞罰不明，則兵或縱盜；稽查不力，則吏或藏奸。有治法不尤貴有治人歟？至於洋面遼闊，島澳險僻，匪徒出没靡常，迫之則潛蹤伺隙，緩之則肆掠商旅，其何以絶其接濟而擣其巢窟也？夫衣食足則禮義生，所以正本澄源者，果遵何道歟？

凡厥四端，研經以裕儒修，訓俗以端化本，儲粟以充國賦，禁暴以衛民生，皆立政之大綱，經邦之要道也。多士學於古訓，通知時事，以敷奏爲明試，務收實用，毋摭膚辭，朕將親覽焉。

（底本：《清宣宗實録》卷四四一，册三九，頁五二七—五二九。參校本：《歷科狀元策》，影印中研院傅斯年圖書館藏本）

臣對：臣聞典學在於崇經，敷教所以正俗，藏富斯能裕國，禁虣乃可安良。綜觀往籍，《易》著觀文之象，《禮》詳讀灋之條，《詩》傳高廩之歌，《書》重詰姦之政。自古帝王，蘿圖席瑞，松棟凝庥，以重淹通則鴻都示範也，以宏教澤則象魏懸書也，以儲倉庾則魚夢占豐也，以禁奇衺則駿聲著烈也。茂矩隆儀，粲然具備，用能是訓是行，雪澡勤焉；無偏無黨，星好同焉；如墉如櫛，露積崇焉；相友相助，風移速焉。所由熙春泳化，函夏歸仁，合寰宇而躋之於仁壽者恃此道也。

欽惟皇帝陛下，範圍萬有，幬載群生，則古聖以同民，體至仁以育物，固已六經畢貫，而五教在寬；億秭有餘，而兆民於變矣。迺聖懷沖挹，深維長治久安之道，愈切持盈保泰之思，進臣等於廷，而策之以敦經學、廣教育、籌積貯、嚴保甲諸大政。臣之愚昧，奚補高深，顧當對揚伊始之時，敬念拜獻先資之義，敢不謹陳素所誦習者，以勉效土壤細流之一助也乎？

伏讀制策有曰：「通經爲致用之方。」而因考經學之源流。此誠首崇經訓之至意也。臣考秦燔六經而後，惟《易》以卜箋獨存。漢初言《易》，首推田何，而田何實出自商瞿。其間授受相承，如子庸、子弓、子家、子乘輩，皆精於傳述者。趙人毛萇善《詩》，自云子夏所傳，顧有謂子夏授高行子，四傳而至小毛公者；有謂子夏授曾申，五傳而至大毛公者，其説互有異也。張蒼之《左氏》，傳自荀虞。荀虞而上，爲鐸椒，爲吴起，爲曾申，淵源蓋有自矣。伏生治《書》由口授，《隋·經籍志》曰「伏生口傳二十八篇，以授同郡張生」，惟不詳所自出。若夫《禮》，周公所作也。漢初高堂生傳《士禮》十七篇，至宣帝時，后蒼最明其業，爲《曲臺記》。蒼授戴德、戴聖與慶普，而三家之學以立。當文帝時，廣游學之路，各家皆立博士。彼時書籍間出，諸子傳説，猶廣立於學宫，殆歧説之所由啓乎？漢以後，師儒之際，於宋爲盛，而程、張尤深邃於《易》。朱震《易集傳》《易圖叢説》，自謂學宗程子，乃合程、張、鄭、王而爲一，朱子猶謂其不免舛訛。至若朱子《詩》《禮》二經，非精於《傳》《説》，其孰克升堂而入室也？皇上稽古右文，儒風丕振，多士觀光鼓舞，孰不争自濯磨也哉？

制策又以：「風俗爲治平之本，而教化實風俗之原。」因求所爲正本清源之計。臣按《禮》稱「命太史陳詩以觀民風」。古昔盛時，修六禮以節民性，明七教以興民德，庶幾道一風同矣。而猶設奇衺之禁，嚴左道之誅，無非冀斯世共歸蕩平正直之路，如泥之在鈞，金之在鍛，惟甄者之所爲，治者之所鑄焉耳。逮叔世，民惑於謾妄之言，誘於禍福之説，而匪徒遂得乘機鼓動，轉相煽惑，習爲固然。雖身陷重辟，而猶不自知。夫民非不良也，俗非本媮也。父兄之教不先，子弟之率不謹，故蔑禮背義，而俗不長厚也。今將使滌瑕蕩穢而鏡至清，嗜慾源滅，廉耻心生，固非文誥科條所能奏功也。則惟司化導於未發，嚴創懲於已萌，董之以師儒，則賢得民而道得民，人盡生其觀感；治之以長吏，則樂防情而禮防僞，世日進於敦龐，革面者且革心焉。孟子曰：「經正則庶民興。」韓愈曰：「明先王之道以道之。」先賢名言，洵致治圭臬矣。皇上道德齊禮爲天下先，生斯世者，不已臻康樂和親之治哉？

制策又以：「積貯者，生民之大命。」而因講求夫利民之實政。此誠足國裕民之至計也。臣考《周官》之制，倉人掌粟入之藏，遺人掌委積之法，而積貯昉焉。魏李悝之言曰：「穀貴則傷民，穀賤則傷農。」因視歲之上中下，平其價以便民。厥後耿壽昌師其意，築常平倉，一時稱便。但出入在官，侵漁不免。當買補時，有抑價以累富户者矣。甚或豪右爲奸，一有糜爛即貸於農，而責補以累貧民。此劉般所以有侵刻百姓之説也。義倉起於長孫平，當社立倉，豐斂歉散，法更便矣，而胡寅謂弊在書吏侵蝕。社倉肇於朱子，初請於府，得常平米六百石，夏貸民，冬收息，隨年斂散，行之十有四年，得息米三千餘石，其良法美意，洵足稱矣，而馬端臨謂弊在所司非人。夫天庾正供，貴在轉輸。昔人論運之要務，在糧不挂籌，軍無借欠，道不守凍，故回漕攙和之弊絶。若夫糴糶務平，則惟善立章程，嚴加察核。務使吏胥不得營私，民間無所抑勒，囤積者無紅朽之虞，售易者無騰踊之患。庶乎出納有節，斂散有時，官與民兩無所累，而倉庾自此充矣。皇上軫念民依，至深且遠，固已家給人足，而萬姓共樂康平也。

制策又以：「安民必先弭盜，弭盜莫如保甲。」而念衣食足則禮義生。此尤探本之説也。臣聞古者五家爲比，五比爲閭，使之相保相守，無事屬之司徒，有事隸於司馬，夜則聲相聞，晝則目相識，法至善也。管子軌里連鄉之法，猶得《周官》遺意。漢制，亭有長，鄉有三老、嗇夫、游徼。唐以百户爲里坊村，每里各置正一人。於是奸民無漏網之倖，胥役無苛索之煩。蓋以里閈相習之人，察耳目最近之事，動息易知，形踪難掩。而又營汛設其人，墩堡詳其制，寺院必有巡，庵觀必有察。以杜奸民，以安良善，是在良有司之實力奉行耳。顧弭盜之要，尤在海防。海之風候不齊，則盜之出没靡定，是必遏於遠洋，而使不常厥居；禦於近洋，而使不得傍岸。嚴攻守，以絶外來之奸匪；密稽查，以靖内地之奸民。鋤其暴而誅其奸，務期良莠之不雜；撫其來而散其黨，更無虞枝蔓之難圖已。夫懲盜於已然，不如弭盜於未然。誠使親民之吏，於懲創之餘，寓董勸之意，民生已厚猶皐利之，誥誡已諄猶茂正之，斯相與觀感興起，漸仁摩義，而邪慝自無也。國家仁育義正，易俗移風，生斯世者其孰敢自外於生成哉？

若此者，鴻文以積富，蟻慕以成風，蟹輸以納賦，鷹逐以懲奸。廓帝紘，信景鑠，仁聖之事賅，

帝王之道備矣。臣尤伏

願皇上，天行不息，日進無疆，本勵精圖治之誠，臻累洽重熙之盛。蓬山數典而講貫彌殷，蔀屋承休而化導倍至，林庾告充

而益勤儲偫，草竊斂跡而更切勸懲。於以淳洪鬯之德，大茂世之規，上暢九垓，下泝八埏，聿迓天庥，誕膺多祜，則我國家

億萬年有道之長基此矣。

臣末學新進，罔識忌諱，干冒宸嚴，不勝戰慄隕越之至。臣謹對。

（底本：《歷科狀元策》，影印中研院傅斯年圖書館藏本）

八八　道光三十年庚戌科　陸增祥

道光三十年(一八五〇)庚戌科，共取進士二百一十二名。狀元陸增祥，榜眼許其光，探花謝增。

是科會試正考官：大學士卓秉恬。副考官：吏部尚書賈楨、都察院左都御史花沙納、兵部左侍郎孫葆元。

是科殿試讀卷官：協辦大學士、户部尚書祁寯藻，吏部尚書賈楨，禮部尚書孫瑞珍，兵部尚書柏葰，工部尚書杜受田，刑部左侍郎周祖培，工部右侍郎靈桂，内閣學士車克慎。

陸增祥(一八一六—一八八二)，字魁仲，號若佚，又號星農，江蘇太倉州(今江蘇太倉市)人。道光二十四年，舉於鄉。狀元及第，授翰林院修撰。咸豐元年(一八五一)，丁母憂歸。六年，充會試同考官。十年，授廣西慶遠知府。行及湖南，巡撫毛鴻賓重其才，疏留之。同治二年(一八六三)，擢道員，歷署糧儲道、鹽法長寶道，加布政使銜。光緒二年(一八七六)，補湖南辰永沅靖道。五年秋，解任回籍省墓。次年，以疾告歸。居官不廢學，至是益事撰述，成《金石補正》一百三十卷、《札記》四卷、《元金石偶存》一卷、《磚録》一卷、《吴氏筠清館金石記目》六卷、《篆墨述詁》二十四卷、《楚辭疑異釋證》八卷、《紅鱗魚室詩存》二卷。晚年作《古今字表》，謂與《篆墨述詁》相表裏，惜未卒業。光緒八年六月，據卒於鄉。《清史稿》有傳，見《文苑》。

陸增祥狀元策見《歷科狀元策》(影印中研院傅斯年圖書館藏本)。

道光三十年，庚戌。夏四月，癸亥朔。癸未，策試天下貢士鄒石麟等二百九名於保和殿，制曰：朕誕膺洪祚，寅紹丕基，荷穹昊之佑申，緬祖考之彝訓，孜孜求治，日昃不遑。恒思任賢去邪之道，典學稽古之謨，立政宜民之方，敦本善俗之則，冀與中外臣庶，致上理於大同。茲值臨軒發策之初，虛衷博採，爾多士其敬聽之。

人君之職，在於用人。登選之途寬，則賢愚並進；薦剡之路闢，則真僞相淆。知人善任，厥維艱哉。唐李絳謂：「循其名，驗以事，所得十七。」可取法歟？至如夾袋之儲，材館之録，薦拔既多，能無濫歟？《書》曰：「任賢勿貳，去邪勿疑。」賢奸之顯然者，固易辨也。其或貌似樸誠，而中藏險詐；外示正直，而內蓄詖邪。何以洞燭情僞，俾無所售其欺歟？君子小人，各從其類。若李泌之薦竇參，司馬光之舉蔡京，又何説也？朕寤寐旁求，命中外大臣，各舉所知，期得賢能，以康庶事，將使野無遺賢，朝無倖位。程子所云：「知言窮理，則能察人。」斯爲濬源之論歟？

唐虞授受，不外一中。所以辨危微而致其精一者，本於聖性之自然歟？抑亦有存心養性之聖學歟？禹之告舜，曰「安汝止」；周公之稱文王，曰「克厥宅心」，與執中之旨同否？《書·説命》言「遜敏」，而推其效於道積厥躬；《詩·敬之》篇言「就」「將」，而課其實於「緝熙光明」，固未有不切於身心，而可以言學者也。三代以還，史所載留意經術，好學右文之君，代有人矣。乃考其行事，或顯與古訓相違，豈非舍本逐末，所學未得其要歟？朕惟典謨奧義，孔孟微言，以之修己治人，若規矩準繩之不可易，欲身體力行，以爲正位凝命之本，審端致力，宜何從歟？

道揆法守，制治保邦之要務也。宋朱子有言：「爲治之本，在正心術以立紀綱。」夫紀綱不立，而能治安者，未之有也。欲振肅而整齊之，厥道何由？禮樂刑政，號爲治具，其所以行之者，命令而已。乃淑世牖民之道，興利除弊之方，誥誡屢頒，而奉行不力，是渙號僅爲空言，播告祗循故事，何由振頹風而收實效歟？

易曰：「窮則變，變則通，通則久。」今承平日久，法非不大備也。而怠玩從事，奸弊潛滋，或偏廢而不舉，或積重而難反。若鹽漕、河工諸大端，利弊所在，何以策出萬全，俾國計民生，兩受其益歟？

民風之淳漓，繫乎政教。《周書·武成篇》曰：「重民五教。」君牙之命，亦以「敷五典，和民則」告其臣。蓋開創之君，守成之主，未有不以化民成俗爲先務者。夫孝弟忠信，禮義廉耻，固有之良，盡人同具，而轉移化導之權，則操之自上。仁讓之風何以興，囂淩之習何以靖？侈靡相高，何以防其漸？奇袤相扇，何以破其迷？欲使海内之民，還淳返樸，臻道一風同之盛，將何道之從歟？史稱韓延壽守潁川，教民略依古禮，不得過法；黄霸班行條教，勸以爲善防奸之意，民皆信從。今之守宰，豈遂無其人歟？抑大吏視教化爲末務，美績無由上聞，遂相率而趨於刀筆筐篋歟？

多士通經致用，學古入官，且來自民間，見聞親切，①其推之往古，驗之當今，悉心敷陳，毋泛毋隱，朕將親覽焉。

（底本：《清文宗實録》卷八，册四〇，頁一五一——一五三。參校本：《歷科狀元策》，影印中研院傅斯年圖書館藏本）

臣對：臣聞崇正乃可黜邪，稽古斯能懋學，勵俗在於布政，敷教所以興民。綜稽往籍，《書》詳旌别之文，《易》繫閑存之德，《禮》瀍頌乎吉月，《詩》篇重以觀風。自古帝王，斟元御宇，錫福誠民，以判彰癉則鴻逵協吉也，以嚴宥密則燕寢修儀也，以設科條則虎門涖治也，以端整率則象譯歸誠也。茂矩隆規，罔弗粲然備具，用是勿疑勿貳，庶績熙焉；式金式玉，百度貞焉；有猷有爲，萬幾理焉；無偏無黨，億姓格焉。所由德媲重華，光昭念典，承詒謀而弼丕基者恃此道也。

欽惟皇帝陛下，繼體守文，建中立極，本大孝以綏猷，霈深仁以育物，固已四門是闢而萬世垂型，五典胥惇而兆民於變矣。廼聖懷沖挹，猶切疇咨，冀長治而久安，益持盈而保泰，進臣等於廷，而策之以用賢才、修德業、明治體、正風俗諸大端。臣之愚昧，奚補高深，顧當對揚伊始之時，敬念拜獻先資之義，敢不謹陳所見，誦述所聞，以勉效土壤細流之助也乎？

① 「親」，《歷科狀元策》作「甚」。

伏讀制策有曰：「人君之職，在於用人。」而因講求夫君子小人之辨。臣案取士之法，莫如登選之途；舉人之方，孰若薦剡之路。然或其途稍寬，則醇謹之儒固挾其行誼以進，揣摩之士亦投其好尚而來矣；其路大闢，則公正者流固得以材略而顯，狙巧之輩亦得以夤緣而升矣。是非選舉之法不得爲善，汲引之途不可以開也。程子有言曰：「知言窮理，則能察人。」誠能體正本清源之論，斯其清也如水之可鑒影，其明也如鏡之無遁形，其平也如衡之能稱物。而又詢諸廷議，採諸輿論，試諸事功，出諸剛斷，將《書》所云「知人則哲，能官人」者，不難再見於今矣。唐李絳之説曰：「循其名，驗其事，所得十七。」信不誣也。至如夾袋之儲，材館之選，薦拔既多，其中不無稍濫也。且夫任賢去邪，《禹謨》所載其賢奸顯然者，固不難於立剖。而或貌似樸誠，中藏險詐；外示正直，内蓄詖邪，苟非洞悉其情，必不能不售其欺。若第執各從其類之説以爲區別，則亦未爲盡善。李泌之薦竇參，司馬光之舉蔡京，其左證也。甚矣！知人善任之難，而明察之爲亟也。皇上詔求賢俊，取人以身，而器使因材擢用，可無拘成格也已。

制策又曰：「唐虞授受，不外一中。」而進論夫切於身心之學。此誠正位凝命之大本也。臣案《書》紀危微，人心道心所由判，此千古帝王心學之淵源，無過於執中之理也。禹之告舜曰：「安汝止。」周公之稱文王曰：「克宅厥心。」其意與執中之旨相發明也。且夫古來治法悉本於心法，齊治均平之略，即格致誠正之學，而學必身體而力行之，非第爲講論已也。是故《説命》之言曰「惟學遜志，務時敏」，而推其效於道積厥躬。《敬之》之詩曰「日就月將」，而課其實於「緝熙光明」。蓋未有不切於身心，而可以言學者也。若舍其本而逐其末，則雖好古右文，日事於經術，而考其行事，往往與古訓相背戾。惟審其端而致其力，以之修己，即以之治人，如規矩準繩之不可易。存之爲聖功，發之爲王道，雖堯舜亦無踰於是矣。聖天子慎修思永，無怠無荒，戒欺求慊之學，不已底於精純哉？

制策又以：「道揆法守，爲制治保邦之要務。」欲修治具以整齊嚴肅，而因論夫興利除弊之方。此國計民生之所維繫也。臣案宋朱子有言：「爲治之本，在正心術以立紀綱。紀綱之立，治安之機也。」古今治具，不外禮樂刑政數端。而日久怠生，有誥誡屢頒而奉行不力者矣。視涣號爲虚文，目播告爲故事，頽風無自而振，實效無自而收，是豈法之不善，特奉法者之玩忽耳。且夫弊不剔則利不興，而弊之滋也，或偏廢而不舉，或積重而難返。若鹽政，若漕務，若河工，所關爲最鉅也。鹽政之修，必酌其至通之理，使商不虧本，國不絀課，民不被累，則私不緝而自弭，而引亦暢消矣。漕務之修，必持其至平之道，使丁不需索，吏不侵漁，官不貪殘，則斂不減而自輕，而困亦日蘇矣。河務之修，必立其至明至勤之略，使官不糜費，吏不叢雜，夫不抑勒，則工以久而漸固，而帑亦日盈矣。《易》曰：「窮則變，變則通，通則久。」董生有言曰：「琴瑟有不調者，必取而更張之。」此類是也。昔日之利皆今日之弊，弊一日不去，則利一日不復。因循者不求其故，苟且者不究其原。利日消，弊日長，大率在此。誠能相機籌畫，實力察核，又何廢之不可舉，而何重之有難返也哉？方今皇上整理庶務，諭令封疆大吏，悉心妥議，有不弊革而利興哉？

制策又以：「民風之淳漓，係乎政教。」而廑求夫轉移化導之方。臣案化民成俗者，治天下之先務也。孝弟忠信之心，禮義廉耻之端，雖愚夫愚婦，孰不具此天良，而往往有仁讓之風不興於里黨，囂淩之習不靖於閭閻。侈靡相高，因其漸而日熾；奇衺相尚，溺於迷而莫知者，則非民之無良，而有司不能化之耳。誠使親民之官，存長厚之心，則民必不至於偷薄；泯矜張之氣，則民必不至於浮囂。敦節儉之風，則民必不至於奢侈；立中正之型，則民必不至於譸妄。而又先之以躬行，勸之以大道，諭之以義，誘之以利，旌揚之以奬其意，鼓舞之以啓其機，必無頑梗不率而自外名教者矣。即或有之，亦惟小懲而大誡之，開其自新之路，迪其悔悟之萌，無徒以刑法驅迫爲也。刑法驅之，將有日趨於下，而不知所返者矣。蓋不探其原，其流無自清耳。昔者韓延壽教民略依古禮，不得過法；黄霸頒行條教，勸以爲善防奸之意，而民皆信從。今日之民，猶是昔日之民也。今之守宰，誠能以昔之守宰爲法則，亦何至相率於刀筆筐篋也乎？國家漸仁摩義，易俗移風，凡隸㡞懞者，敢不爭自濯磨也哉？

若此者，鳳飛以藹吉，龍德以正中，象魏以宣猷，鴻鈞以甄俗。廓帝紘，信景鑠，仁聖之事賅，帝王之道備矣。臣尤伏願皇上，天行不息，日進無疆，本勵精圖治之誠，臻累洽重熙之盛。四目既明而彌思整飭，單心已靖而益切精深，百事具修而更勤敷布，萬方群化而愈重道齊。於以淳洪鬯之德，大茂世之規，上暢九垓，下泝八埏，聿迓天庥，誕膺多祜，則我國家億萬年有道之長基此矣。

臣末學新進，罔識忌諱，干冒宸嚴，不勝戰慄隕越之至。臣謹對。

（底本：《歷科狀元策》，影印中研院傅斯年圖書館藏本）

八九　咸豐二年壬子恩科　章鋆

咸豐二年（一八五二）壬子恩科，共取進士二百三十九名。狀元章鋆，榜眼楊泗孫，探花潘祖蔭。是科係慶祝咸豐登極而增開。會試正考官：刑部尚書周祖培。副考官：兵部右侍郎杜翻、内閣學士載齡、户部右侍郎何桂清。

殿試讀卷官：大學士裕誠，協辦大學士杜受田，吏部尚書柏葰，工部尚書翁心存，都察院左都御史花沙納、朱鳳標，吏部右侍郎沈兆霖、户部左侍郎德興。

章鋆（一八二〇—一八七五），字酡芝，號采南，浙江寧波府鄞縣（今寧波市）人。道光二十四年（一八四四），順天鄉試中式，由舉人候選知縣。狀元及第，授翰林院修撰。歷官詹事府右春坊右贊善、右庶子，翰林院侍講，左春坊左庶子。充日講起居注官，實録館纂修，國史館協修纂修總修等。咸豐五年（一八五五），任四川鄉試正考官。同治二年（一八六三），提督福建學政。十二年，提督廣東學政。薦陞國子監祭酒。光緒元年（一八七五），卒於官。著有《望雲館文稿》《望雲館詩稿》《雙橋草堂講義》《語録》《兩漢三國蒙求》等。

章鋆殿試卷，見於《咸豐二年進士登科録》（中國第一歷史檔案館藏）、《歷科狀元策》（影印中研院傅斯年圖書館藏本）等。

咸豐二年，壬子。夏四月，辛巳朔。辛丑，策試天下貢士孫慶咸等二百三十九人於保和殿，制曰：朕寅紹丕基，撫綏寰宇，仰荷昊穹洪貺，祖考詒謀，兢業敕幾，日慎一日。勉思檢身治心之要，還淳反樸之原，詰戎講武之猷，足食裕民之制，冀與中外臣庶，臻郅治之盛軌，致上理於大同，延攬人才，特開恩榜。兹值臨軒發策之始，虚中博採，爰舉臚詢，爾多士其敬聽之。

聖學之要，在於主敬存誠。《易・文言》於《乾》九三言誠，《坤》六二言敬。程子曰：「誠則無不敬。未至於誠，則必敬而後誠。」而以《乾》《坤》分爲聖賢之學。昔聖微言，曩哲粹語，其紬繹而切陳之。朱子謂：「格致誠正，以至修齊治平，始終不外乎敬。中和位育，極之聖神功化，樞紐不外乎誠。」心法治法，一以貫之者，《大學》《中庸》二書，實括其全，能申明其義歟？真德秀《大學衍義》，於誠意正心之要，立爲二目，曰《崇敬畏》，曰《戒逸欲》，蓋云備矣。明邱濬復補以《審幾微》一節，厥旨安在？朕披覽前編，服膺聖學，近命儒臣，重繕《朱子全書》，用備觀省，何以審端用力，辨危微而致精一歟？

夫物力之盛衰，係乎民俗之奢儉，而欲民生之厚，尤在上之人有以開其源而節其流。《易》曰：「節以制度，不傷財，不害民。」《書》曰：「慎乃儉德，惟懷永圖。」節儉之道，非帝王之要務歟？漢文帝以敦樸爲天下先，景帝令二千石修職，以傷農事害女紅爲戒，遂成富庶之業。唐太宗戒盈崇儉，亦致四海豐盈，將上行而下自效歟？抑轉移之道，亦在於承流宣化者歟？

夫士大夫者，庶民之所則效也。乃習俗相沿，漸成侈靡，衣服輿馬，競爲美觀；冠昏賓祭，動多踰制，果何由移風易俗，使天下回心向道歟？陸贄有言：「生物之豐歉由天，用物之多少由人。」裁制之術，厥道何由？

古者文德誕敷，不忘武備，詰戎振旅，所以輔化安民也。邊防之策，漢唐最詳，賈誼、鼂錯、陸贄之論，昭然具在。至宋則有鄉兵、蕃兵，明則有邊兵，其制若何？夫兵以訓練爲先，《孫子》所謂練士，《吴子》所謂治軍，唐太宗與李靖《問對》中所言手法、足法，明王驥所論練兵之法，其目凡五，能備舉歟？自來太平日久，武臣邊帥，往往故事奉行，不能盡心簡閲，役使兵丁，攤扣糧餉，流弊孔多。朕屢降明詔，嚴飭武備，鼓勵戎行，直省督撫提鎮，宜何如隨時操演，加意稽察，選精鋭，汰老羸，簡器械，協伍兩，以期一兵得一兵之用乎？

夫國以民爲本，民以食爲天。《周禮》旅師有春頒秋斂之法，廩人掌九穀以待匪頒，遺人掌委積以待施惠，其爲儲蓄甚備。管仲權有餘不足，而輕重斂散之；李悝視歲之上中下，而貴賤糴糶之，其法亦有合於古歟？厥後耿壽昌之常平倉，長孫平之義倉，朱子之社倉，規制不一，而行之既久，均不能無弊，何歟？京倉爲天庾正供，《元史》所載，河西務十四倉，京師二十二倉，通州十三倉，即今制所由昉。自伯顔建海運之議，歲輸三百餘萬石，史稱其便。明初海陸兼運，其後運河成而海運罷，然昔人往往力陳其利，能詳舉其説歟？出納之經，蓋藏之道，轉運之方，果何由而盡善歟？

凡兹四事，慎修以端宸極，崇儉以維世風，肄武以飭邊防，儲粟以贍民食，敷施凝績，莫切於斯。爾多士講求有素，蘊蓄自深，其各攄見聞，毋泛毋隱，朕將親覽焉。

（底本：《清文宗實録》卷六〇，册四〇，頁七八九—七九〇。參校本：《咸豐二年進士登科録》，中國第一歷史檔案館藏；《歷科狀元策》，影印中研院傅斯年圖書館藏本）

臣對：臣聞敬修所以建極，訓儉所以型方，奮武所以防邊，藏富所以裕國。綜稽往籍，《詩》歌基命之功，《禮》重教中之治，《易》筮行師之利，《書》詳納秸之經，崇規茂矩，粲然具陳。自古帝王，錫極臨宸，撫元御宇，莫不本夙夜勤求之念，致天人交應之機，以懔幾康則宸修懋焉，以昭制節則世道淳焉，以精簡閲則師律貞焉，以廣蓄儲則民生厚焉。用是執中，勉乎兢業，謹度洽乎敦龐，敵愾奮乎赳桓，阜財徵乎豐樂。所由法昭圜矩，澤溥垓埏，迓鴻庥而光駿業者此也。

欽惟皇帝陛下，璣衡齊政，玉燭調時，則古聖以綏猷，體至仁以育物，固已一德聿修而萬邦式化，六軍皆振而億秭興歌矣。迺聖懷沖挹，彌切疇咨，思垂久治之模，不遺邇言之察，進臣等於廷，而策之以慎修、崇儉、肆武、儲粟諸大政。如臣愚昧，曷足以知體要，顧當對揚伊始之時，敬念拜獻先資之義，敢不勉述素所誦習者，本芻蕘之一得，以效葵藿之微忱乎？

伏讀制策有曰：「聖學之要，在於主敬存誠。」而因求審端用力，以辨危微而致精一。此誠存心養性之極則也。臣謹按，《易·文言》於《乾》九三言誠，《坤》六二言敬。程子闡明其義，謂「誠者天之道」，實理自然无妄。故誠則無不敬，而以《乾》爲聖人之學。入道莫如敬，主一無適，則心自存，故必敬而後誠，而以《坤》爲賢人之學。自漢以來，諸儒罕窺此奧。厥後，朱子謂：「格致誠正，以至修齊治平，始終不外乎敬；中和位育，極之聖神功化，樞紐不外乎誠。」究之求慊戒欺，何莫非誠？不顯篤恭，何莫非敬？《大學》《中庸》二書，心法治法，實括其全。真德秀《大學衍義》，於誠意、正心立爲二目，曰《崇敬畏》《戒逸欲》，亦云大備。明邱濬復補以《審幾微》一節，誠以用功於事爲之著，不若審察於幾微之初尤易爲力。夫《大學》《中庸》，皆以「慎獨」爲言，朱子《章句》於《大學》「慎獨」曰「審其幾」，《中庸》「慎獨」曰「幾則已動」。是獨乃人心念慮初萌之端，善惡誠僞由分之始，甚微而隱，審其幾，以實爲善而去惡，則意自誠。先儒謂一「幾」字，是喫緊爲人處，審端用力，必始於此。斯所以由敬而誠之要也。皇上服膺聖學，近命儒臣重繕《朱子全書》，用備觀省，窮理以致知，返躬以實踐，蓋統堯舜禹湯文武之心傳而一貫之矣。

制策又以：「節儉之道，爲帝王要務。」而因講求夫議道自已，使天下移風易俗之故。臣惟「節之」一言，誠聖人制用豐財之法。漢唐之始，天下之用常絀矣。文帝、太宗能用財有節，故公私有餘而致天下之富。漢唐盛時，天下之用常裕矣，武帝、明皇不能節以制度，故公私耗竭而致天下之貧。陸贄有言：「生物之豐歉由天，用物之多少由人。」是以裁制之術，在乎征斂有其藝，儲蓄有其具，費用有其經。人君復躬行節儉爲天下先，捐珠玉，焚貂錦，遠優佞，廢苑囿，戒繕修，卻貢獻。次及大臣，次及百職，莫敢不率矣。夫貴之所尚，賤之所慕，乃往往衣冠輿馬，競爲美觀；冠婚賓祭，動多踰制。固習俗之漸染，亦教化之不先也。竊謂國奢示儉，此君子之行，士大夫之責。漢許劭爲功曹，同郡袁紹車徒甚盛，入郡界，乃以單騎歸。魏毛玠爲東曹掾，典選舉，以儉率人，天下皆以廉節自勵，雖貴臣輿服，不敢過度。唐楊綰爲相，崇儉樸而人心自化；郭子儀、黎幹等，音樂騶從，皆爲減損。此則禁鄭人之汰侈，奚待於三年；變洛邑之矜誇，無煩乎三紀。修之身，行之家，示之邦國，蓋轉移之道，亦在承流宣化者矣。皇上崇儉黜奢，復刊簡明規條，頒示中外，不已家喻而户曉乎？

制策又以：「文德誕敷，不忘武備。」而欲嚴飭戎行，盡心簡閲。此尤詰兵禁暴之要務也。臣考三代之隆，即民爲兵，因農隙以講武，春秋時已離兵民爲二。漢初南北軍内外相維，武帝時番上變爲長屯，光武時長屯變爲遠征，兵法以壞。唐置府兵，最爲近古，後一變爲彍騎，再變爲方鎮之兵，而彊藩遂不可制。宋之兵制有三，選於户籍，或應募訓練以防守，曰鄉兵；又有蕃兵，塞上部落固結以爲藩籬；其餘則曰禁軍，曰廂軍。明之邊兵，即漢募民實塞舊制，有事則命將鎮之，既撤則軍歸衛、將歸第焉。夫兵不練則冗而不可用，使非平日汰其老弱，厚其糧餉，重其賞罰，而欲藉以張虚數，此司馬公所謂「於民有世世之害，於國無分毫之利」也。故《孫子》曰：「法令孰行，士卒孰練，吾以知勝負。」《吴子》有《治兵》《勵士》諸篇；《李衛公問對》有言手法、足法；明王驥練兵之法，有練膽、練技、練陣、練地、練時諸目，皆可謂深切而著明者已。皇上屢諭直省，隨時操演，加意稽察，何難一兵收一兵之用哉？

制策又以「食爲民天」，而籌及出納之經，蓋藏之道，轉運之方。臣思議積儲者，管、賈而外，莫善於李悝之平糴。大饑發大熟所斂，中饑發中熟所斂，有合於古。後常平、義、社諸倉，皆師其意而略變之。久則弊生者，創始之人以實心行良法，繼起之人以良法濟私心也。京倉爲天庾正供，自古運道有三：曰陸，曰河，曰海。河漕視陸運費省什三四，海運視陸運費省什七八，視河運費省什五六。秦創海運，唐偶行之，元始用以足國，明初用而旋罷。成化中，邱濬請與河運並行，萬一漕渠失利，此不來而彼來，乃思患豫防之計。隆慶末，王宗沐亦謂海運有十二利，因具疏三説以進，曰：「天下大勢一，都燕專勢二，目前急勢三，蓋以佐河運之缺計，無便於此者。」況近年民困於丁，丁困於河，東南之力幾竭。運費增則民力困，運費減則民力紓，亦通其變，使民不倦之道也。至於出納蓋藏，不能無弊，得人而整飭之，弊當漸除耳。皇上慎重倉儲，兼資海運，糧艘暢行，足徵有備無患之實效也。

若此者，端本以善則，敦俗以還淳，振旅以詰戎，贍民以積粟，扇巍巍，顯翼翼，仁聖之事賅，帝王之道備矣。臣尤伏願皇上，治益求治，新又日新，劼毖已殷而愈嚴屋漏，浮華已黜而更守茅茨，操防已肅而猶念邊陲，儲偫已供而彌籌餼廩，齋粟之容著焉，撙節之禮明焉，干城之材蔚焉，轉漕之利通焉。由是藹洽熙春，歡臚函夏，以迓蕃釐而膺多祜，則我國家億萬年有道之長基此矣。

臣末學新進，罔識忌諱，干冒宸嚴，不勝戰慄隕越之至。臣謹對。

（底本：《咸豐二年進士登科録》，中國第一歷史檔案館藏。參校本：《歷科狀元策》，影印中研院傅斯年圖書館藏本）

九〇　咸豐三年癸丑科　孫如僅

咸豐三年（一八五三）癸丑科，共取進士二百二十二名。狀元孫如僅，榜眼吴鳳藻，探花吕朝瑞。

是科會試正考官：禮部尚書徐澤醇。副考官：吏部左侍郎邵燦、署工部左侍郎内閣學士潘曾瑩。

是科殿試讀卷官：協辦大學士、吏部尚書賈楨，吏部尚書柏葰，户部尚書文慶，禮部尚書徐澤醇，吏部左侍郎邵燦，户部左侍郎全慶，刑部右侍郎許乃普，都察院左副都御史文瑞。

孫如僅（一八二六—一八八〇），字亦何，號松坪，山東濟寧州（今濟寧市）人。道光二十九年（一八四九），鄉試中式。狀元及第，授翰林院修撰。咸豐五年，提督陝甘學政。九年，陞侍讀。九年、十年，充會試同考官。十一年，署日講起居注官。擢翰林院侍讀學士。同治元年（一八六二）七月，提督雲南學政；八月，調江蘇學政；十二月，陞内閣學士，兼禮部侍郎。著有《曲徙粗議十六策》，大學士左宗棠剿匪時訪得其稿，多所採用。

孫如僅廷試策見《歷科狀元策》（影印中研院傅斯年圖書館藏本）等。

咸豐三年，癸丑。夏四月，乙亥朔。乙未，策試天下貢士吴鳳藻等二百二十二人於保和殿。制曰：朕履位以來，三載於兹矣。仰荷昊蒼眷佑，列聖垂庥，敕命時幾，兢兢業業。恒思重道崇儒之治，詰戎禁虣之模，地輿險易之形，泉府流通之法，冀與中外臣工，致上理於大同，登斯民於仁壽。兹當臨軒策訪之時，虚衷博採，爾多士其敬聽之。

周制立學，天子辟雍，或取字義，或象物形，諸家之説，可臚陳歟？有文王之辟雍，有武王之辟雍，或爲宫，或爲西雝，何以稱焉？辟池之名，見於何書？或以辟雍爲樂名，其説何本？清廟、太廟、明堂、太學、辟雍，殊事異名，果一地歟？神道清静，祭於斯，朝於斯，射於斯，饗於斯，學於斯，毋乃雜歟？四代之學，方隅奚若？壅水四周，廣袤奚若？水若爲旋，橋若爲制，皆有據歟？夫虞廷有教胄之訓，《周官》重成均之職，化民成俗，實基於此。朕躬臨辟雍，講學典禮，非徒侈三雍之上儀，修漢唐之故事也。亦惟期與多士研求格致誠正之功，以臻修齊治平之效耳。

我國家以騎射威天下，八旗緑營，星羅碁布。有事則埽除，無事則鎮撫，兵力不可謂不厚矣。而蟻屯蜂聚，弄兵潢池者，尚稽蕩滅，則不練之過也。兵法之最古者，當以《孫子》《吴子》《司馬法》爲本，生聚教訓之術，①權謀運用之宜，能言其大略歟？其著有明效者，當以有明戚繼光《練兵實紀》一書，爲切於實用，所稱一練伍法，二練膽氣，三練耳目，四練手足，五練營陣，六練將者，能闡其義歟？

夫足兵必先足食。國家歲有常供，徵發頻仍，則度支不給。開礦行鈔，亦補救之急務，必如之何而利可興，弊可弭，徵兵千里，士飽馬騰也？今江南之金陵、姑蘇、維揚、皖水，皆《禹貢》揚州之域，稽之天文，在斗牛女分野星紀之次。自兩漢、三國、晉、宋、齊、梁、陳、隋、唐、五代、宋、元、明之建置沿革，可揚搉而陳之歟？左太沖《吴都賦》，所稱包括于越，跨躡蠻荆，磝碒乎數州之間，灌注乎天下之半者，能推闡言之歟？其間人民殷阜，良莠不齊，物産豐盈，轉輸攸賴。而防江、防河、防淮、防海，洪波沿袤，何以扼其要？港汊紛歧，何以杜其奸？平時何以綏靖？臨時何以折衝？古今異時，山川異勢，水陸異宜，攻守異形，防勦異用，非講求於平日，其何以投鞭斷流，使江左江右億萬蒼生，得以出水火而登袵席也？

秦并天下，幣爲二等，而珠玉、龜貝、銀錫之屬不爲幣。孝武始造白金三品，尋廢不行，是上下通行之貨，壹皆以錢，未

① 「生聚」上，《歷科狀元策》有「大抵」二字。

嘗用銀。唐時有禁斷採銀之詔，度支歲計，有粟、布、絹、棉及錢，而無銀，惟諸州土貢，自百兩至二（十）［百］兩不等，①不爲幣也。以銀爲幣，始於何時？行於何地？鑄銀之式，輕重不同，所值亦異。厥後銀日貴，錢日賤，民間但以銀論價市易，能詳其源流遷變歟？論錢法者，若賈誼、若孔覬、若陸贄，能述其梗概歟？我朝府事交修，户工二部，設寶源、寶泉兩局。近復因臣工奏請鑄大錢，以劑食貨之用，果何如而權衡輕重，各得其宜，俾國用饒而民用贍乎？

夫興人才以講學，奮武衛以詰奸，審地利以設防，阜民財以裕國，皆經邦之要道，立政之宏模也。多士學古入官，通知時事，以敷奏爲明試，毋泛毋隱，朕將親覽焉。

（底本：《清文宗實録》卷九二，册四一，頁二四六—二四八。參校本：《歷科狀元策》，影印中研院傅斯年圖書館藏本）

臣對：臣聞建學所以明倫，整軍在於經武，設險斯能守國，阜財乃可足民。上稽往籍，《易》言講習之功，《詩》美干城之選，《禮》載廣輪之數，《書》詳食貨之經。自古帝王，錫極臨宸，斟元御宇，以興人文，則鴻都向化也；以揚士氣，則虎幄宣威也；以安邊圉，則驛路銷塵也；以裕國儲，則蚨飛適用也。用是學禮學樂，四術崇焉；止伐止齊，七德備焉；無黨無偏，九圍式焉；職金職幣，百貨充焉。茂矩隆規，罔不粲然具備，所由龐褫桃被，醲化蕰敷，廓帝紘而恢皇綱者恃此道也。

欽惟皇帝陛下，懋昭文德，丕振武功，因地勢以制宜，厚民生以利用。固已教孚觀聽而律叶師貞，德戴坤輿而財臻豐裕矣。迺聖懷沖挹，彌切疇咨，念葑菲而聽卑，詢芻蕘而察邇，進臣等於廷，而策以興學校、詰兵戎、度輿圖、通泉布諸大政。臣之愚昧，奚足以仰贊高深，顧當對揚伊始之時，敬念拜獻先資之義，敢不勉述平素之所誦習者，用效葵藿之微忱乎？

① 「百」，據《歷科狀元策》改。

伏讀制策有曰：「虞廷有教胄之訓，《周官》重成均之職。」而因念化民成俗實基於學。此誠重道崇儒之至意也。臣謹按成周立學，天子曰辟雍。《王制》鄭《註》曰：「辟，明也。雍，和也。所以明和天下。」此以義言者也。《靈臺》詩《傳》曰：「水旋如璧，以節觀者。」此以形言者也。至於於樂辟雍，則爲文王之學；鎬京辟雍，則爲武王之學。《思齊》「雝雝在宮」，《㦸》云：「辟雍宮。」《振鷺》「于彼西雝」，《註》以雝爲澤，習射澤宮，其地即辟池。蘇氏引莊周之説，辟雍又爲文王樂名。蔡邕《月令》論曰：「取其宗廟之清貌曰清廟，取其正室之貌曰太廟，取其堂曰明堂，取其四門之學曰太學，取其周水圓如璧曰辟雍。」合朝饗射學與祭皆在一堂，其於神道清静之義，毋亦未之思歟？周立四學，陳氏《禮書》謂：「辟雍即成均，其位居中。左爲東序，右爲瞽宗，虞庠在國之西郊。」其説視陸氏《禮象》、許氏《通考》爲優。辟雍之水，四周於外，廣二十四丈，聚集其中者，穆然見辟雍海流之意焉。皇上躬臨講學，加惠士林，自格致以及治平，其理一以貫之矣。

制策又以：「爲政之道，在於足兵足食。」而因籌訓練之法，儲積之方。此誠慎重周詳之至意也。臣謹按《孫子》十三篇，由《始計》以至《用閒》；《吴子》六篇，由《圖國》以至《勵士》；《司馬法》五篇，由《仁本》以至《用衆》：所云生聚教訓之法，權謀運用之方，後世言兵者咸祖焉。而其精於訓練，切於實用者，莫如戚氏之書。一練伍法，貴賤相維，十二人爲一隊；長短相救，億萬衆爲一心。二練膽氣，功過必稽，明賞罰，則化怯爲勇；節制有定，遵紀律，則轉弱爲强。三練耳目，進退分合，惟以旗鼓爲衡；高下疾徐，必以號令爲準。四練手足，藝精則力壯，以實而不以文；將勇則兵强，有傳而後有習。五練營陣，營則兼車騎之長，合步兵而列隊；陣則遵鴛鴦之式，選牌長以折衝。六練將，正一心，則愛國保民，死生可置之度外；通三略，則運籌決策，勝負早定於掌中。《紀效新書》《練兵實紀》，①詳哉！言之矣。至於行師之要，尤以籌餉爲

① 「實紀」，原倒乙，據戚氏原書乙正。

先，開礦本權時之計。欲侵蝕悉除，則煎煉之數必核。非經理得人，則蠹吏奸商，相爲欺僞；非稽查得實，則銀苗、沙穴，難以搜尋。取天地自有之財，助軍國必須之用，則礦地之採訪宜慎也。行鈔亦濟世之謀，私造禁以明刑，昏爛許其更換。恐胥吏之有尅扣，則收放之需索必懲；慮商賈之難通行，則出納之持平必準。化無用爲有用，本至公爲至平，則鈔法之流通必遠也。皇上訓飭戎行，兵精餉足，從此膚公立奏，爪士凱旋，豈不懿歟？

制策又以：「江南之金陵、姑蘇、維揚、皖水，皆《禹貢》揚州之域。」而因詢其形勢之險要。此尤軫念東南之德意也。臣考揚州分野，在斗牛女星紀之次。自兩漢迄三國，久傳長江天塹，六朝相承，立國江表。隋進兵鍾山而戰功成，唐設鎮廣陵而國賦裕。行密襲東吴之號，李昪開南唐之基。迨至宋之曹彬，元之伯顔，皆以善取江南稱名將。明祖起兵濠泗，定鼎金陵，實由將相得人，非獨資乎地利也。顧論江南之地形，亦關天下之大勢。左太沖《吴都賦》所稱，包括跨躡之區，䃭碒灌注之勢，誠得東南之大概矣。人文財賦甲於天下，雖良莠閒有不齊，而忠義多知自勵。以順討逆，以仁誅暴，以衆擊寡，金陵之地，四面受敵。扼其咽喉，拊其肩背，絶其餉道，斷其救援，散其黨與，遏其奔竄。防江則瓜步其要也，防河則滁鳳其要也，防淮則維揚其要也，防海則圌山關、鵝鼻嘴其要也。識兵機，必知地理，斯攻守防剿，悉得其宜矣。皇上救民伐罪，江左江右，億萬群生，何難出水火而登衽席哉？

制策又以：「財貨之用，必使權衡輕重，各得其宜，然後國用饒而民用贍。」臣謹稽秦并天下，幣爲二等，而銀不爲幣。漢始造白金三品，尋廢不行。是上下通行之貨，壹皆以錢，未嘗用銀。唐憲宗有禁斷採銀之詔，其時歲計所入，有粟、布、絹、棉及錢，而無銀。惟諸州土貢有銀，然仍不以爲幣。唐季之行銀幣，始於交廣之地。至宋景祐年，詔諸路歲輸緡錢，閩廣易之以銀，此以銀代錢之始。迄乎金元，銀日貴而錢日賤，蓋由民之輸於官者皆用銀，故銀積重也。古之論錢法者，漢文帝陳盜鑄之禁，賈誼上書切諫。北齊孔覬請鑄五銖，使諸州市銅。唐陸贄云：「錢之多少，在於官之盈縮。」請廣開採，嚴銅禁。其言皆有益於錢法。周景王鑄大錢以便民，蜀劉巴鑄大錢以富國。誠以鼓鑄之工費易於稽核，市易之價值便於流行，利國利民，古人自有成效。或疑私鑄難禁，不知官收銅器，銅少則價貴，私鑄者無所利而自止矣。我朝户工二部，設寶源、寶泉兩局，藉以劑食貨之用，誠美法也。

若此者，講學以崇儒，詰戎以奮武，披圖以度地，開源以節流。暢九垓，泝八埏，仁聖之事賅，帝王之道備矣。臣尤伏願皇上，天行不息，日進無疆，人才已振，更樂育夫膠庠；紀律已明，益講求夫武備；地輿已拓，彌鞏固夫苞桑；錢幣已充，復流通夫泉布。由是校序興其賢能，干戈揚其威武，山川握其圖籍，府庫裕其貨財，上以祇迓蕃釐，下以永綏多祜，則我國家億萬年有道之長基此矣。

臣末學新進，罔識忌諱，干冒宸嚴，不勝戰慄隕越之至。臣謹對。

（底本：《歷科狀元策》，影印中研院傅斯年圖書館藏本）

九一　咸豐六年丙辰科　翁同龢(闕)

咸豐六年(一八五六)丙辰科,共取進士二百一十六名。狀元翁同龢,榜眼孫毓汶,探花洪昌燕。

是科會試正考官:協辦大學士、工部尚書彭藴章。副考官:工部尚書全慶、都察院左都御史許乃普、内閣學士劉昆。

是科殿試讀卷官:大學士裕誠、賈楨,户部尚書朱鳳標,工部尚書全慶,户部右侍郎何彤雲,署兵部右侍郎車克慎,工部左侍郎杜翰,内閣學士景廉。

翁同龢(一八三〇—一九〇四),字叔平,號松禪,江蘇蘇州府常熟縣(今常熟市)人。狀元及第,授翰林院修撰。歷任陝甘學政、内閣學士、工部尚書、刑部尚書、軍機大臣、協辦大學士。同治、光緒兩朝帝師。光緒三十年卒,追謚文恭。著有《翁文恭公日記》《瓶廬詩文稿》等。《清史稿》有傳。

翁同龢狀元策,未見有存。《歷科狀元策》(影印中研院傅斯年圖書館藏本)等,該科狀元、榜眼殿試卷均失收,僅有探花洪昌燕卷。

咸豐六年,丙辰。夏四月,丁亥朔。丁未,策試天下貢士馬元瑞等二百十六名於保和殿,制曰:朕寅承寶命,撫御兆民,六載於兹矣。仰荷昊穹眷佑,列聖貽庥,兢業敕幾,日慎一日。每(維)[惟]繼統傳心之旨,①厚生務本之原,理財制用

① 「惟」,據《歷科狀元策》改。

之經，講武詰戎之略，攸關治忽，宜切究圖。兹當金榜掄才，臨軒授簡，國楨鱗集，爰訪嘉謨，爾多士其敬聽朕命。

伊古心法治法，傳自唐虞，典謨所載，皆帝德之隆軌，王謨之懿蹟。先聖後聖，其揆一也。三代以下，見知聞知，端在講學。所以奉執中之訓，握建極之原，蘄至於咸五登三之盛者，舍學無由焉。孔子删《詩》《書》，定《禮》《樂》，修《春秋》。曾子傳《大學》，子思述《中庸》，而《論語》之末簡，《孟子》之終篇，皆述統緒之傳以詔來世。宋范祖禹撰《帝學》，真德秀著《大學衍義》，大旨若何？元蘇天爵之《治世龜鑒》，明張九韶之《理學類編》，有相發明足資省覽者，可臚舉歟？

民爲邦本，食則民天。嘗觀《周禮》之設官，《豳風》之矢詠，以逮《雅》《頌》所陳，《大田》《良耜》諸篇，婦孺若躬列於旁，宫壼若親見其事，其風何淳，俗何美也！豈非愛土物而心臧，習勤勞則思善之故歟？積儲者生民之大命也。自漢而後，莫不講求其法，或云歲有四秋，或云人給二斛。地利不患不盡，人力不患不勤，而一值眚災，則鴻嗷滿野。周制荒政外，若前史所紀發廩弛徵，輸粟貸種，酌而行之，不在良有司歟？社倉義倉，欲使籌儲備於先，善斂發於後，①厥道何從？

古者金有三品，銅爲赤金，鐘鼎刀劍，皆銅鑄也。漢以後，用以鑄器者漸少，豈銅之多，已不如昔歟？漢賈誼言收銅不令作兵器，唐劉秩請禁銅以給錢之用，夫因銅乏而籌銅，除開採外，祇有收銅、禁銅二策。而或［謂］斯令一出，②有司急於奉承，小民不勝誅責。然則欲裕銅而不至擾民，果遵何道歟？前代多就礦設冶，往往運錢而不運銅，其法亦可議行歟？頃因滇運稽遲，設局買銅，果何術而能使銅源日裕，無誤鼓鑄也？

《六韜》有《水戰篇》，蒼兕舟楫，著於盟津之誓，豈水戰即始於周歟？漢有伏波樓船、下瀨戈船各將軍之號，然僅用之

① 「發」，《歷科狀元策》作「散」。
② 「謂」，據《歷科狀元策》補。

南粵東夷耳。後漢岑彭裝戰船以破蜀，晉王濬作大船連（船）［舫］以伐吴，①唐李靖帥戰艦破蕭銑，遂屢以舟師奏績。明舟制尤詳，江海各異，載於史志者，盍約言之？夫舟師可進可止，其以舟師進者，何代爲優？以舟師守者，何地爲要？兹當江淮未靖，現飭粵省艇船勦截，進守之宜，果如何而後能應機制勝歟？凡此者，崇聖學以端主極，敦本業以勸農功，整圜法以阜民財，飭武備以彰國憲，皆國家思艱之切務，古今御世之鴻模。爾多士學古入官，其有舊聞及所心得，悉著於篇，毋隱毋泛，朕將親覽焉。

（底本：《清文宗實録》卷一九六，册四三，頁一二二六—一二二八。參校本：《歷科狀元策》，影印中研院傅斯年圖書館藏本）

① 「舫」，據《歷科狀元策》改。

九二　咸豐九年己未科　孫家鼐

咸豐九年（一八五九）己未科，共取進士一百八十名。狀元孫家鼐，榜眼孫念祖，探花李文田。

是科會試正考官：大學士銜吏部尚書賈楨。副考官：刑部尚書趙光、户部左侍郎沈兆霖、工部右侍郎成琦。

是科殿試讀卷官：協辦大學士、户部尚書周祖培，大學士銜吏部尚書賈楨，禮部尚書麟魁、朱嶟，刑部尚書瑞常，署吏部右侍郎梁瀚，工部左侍郎潘曾瑩、内閣學士載肅。

孫家鼐（一八二七—一九〇九），字燮臣，一字蟄生，晚號澹静老人，安徽鳳陽府壽州人（今安徽壽縣）。咸豐元年，順天鄉試中式。狀元及第，授翰林院修撰。歷侍讀，入直上書房。光緒四年（一八七八），命在毓慶宫行走，與尚書翁同龢侍皇上讀書。累遷内閣學士，擢工部侍郎。十六年，授都察院左都御史、工部尚書，兼順天府尹。二十年，中日事起，朝議主戰，家鼐力言釁不可啓。二十四年，以吏部尚書協辦大學士。命爲管學大臣。二十六年，起禮部尚書。拜體仁閣大學士。歷轉東閣、文淵閣，晉武英殿。宣統元年（一九〇九），再疏乞病，温詔慰留，十月，卒于官，年八十三。贈太傅，謚文正。《清史稿》有傳。

孫家鼐狀元策見《咸豐九年進士登科録》（中國第一歷史檔案館藏）。商衍鎏所著《清代科舉考試述録》中，①亦引此文作爲殿試策範例，然文字迴異于《咸豐九年進士登科録》所載，當另有來源。此處兩存，以便對照閱讀。

① 《清代科舉考試述録》，商衍鎏著，見《近代中國史料叢刊續編》第二十二輯，册二一七。

咸豐九年，己未。夏四月，辛丑朔。辛酉，策試天下貢士馬傳煦等一百八十人於保和殿，制曰：朕寅紹丕基，誕膺洪祚，荷上蒼之申佑，承列聖之詒謀，劼毖深宮，日慎一日。勉思傳心典學之謨，課吏訓誡之治，勵品崇儒之要，詰戎講武之經，冀與中外臣工，致上理於大同，登斯民於衽席。兹當臨軒發策，博採周諮，爾多士其敬聽之。

聖學之原，在於存誠主敬。唐虞傳心，尚矣！所謂危微者何辨？精一者何解？執中者何在？禹曰「安止幾康」，湯曰「聖敬日躋」，而即繼之曰「丕應徯志」，曰「式于九圍」，能申明其義歟？文王克厥宅心，武王不泄不忘，其道本無異同，見諸《詩》《書》者孰切？成康以後，歷漢唐宋，迄於元明，英君誼辟，豈無一言一行與唐虞三代相符合「者」，①能指其實歟？朱子謂：「格致誠正，以至修齊治平，始終不外乎敬。中和位育，極之聖神功化，樞紐不外乎誠。」真德秀《大學衍義》，於誠意正心之要，立爲二目。明邱濬復補以《審幾微》一節，心法即治法之原也。昔聖微言，曩哲粹語，有可與經傳相發明者，其紬繹而細陳之。

唐虞官人，首言載采；成周分職，重戒惟勤。八灋八成，六敘六計，載在《周官》，能晰言之歟？漢史言：「綜覈名實，吏稱其職。」然上求實效，而下務虛名，徒以拘守繩墨爲慎，以奉行條律爲勤，豈董正治官之本意歟？夫詢在事，考在言，而克知三有宅，灼見三有俊，則皆課之於心，意者事與言固必矢以一誠，而後足稱忠藎歟？漢揚雄著《二十五官箴》，馬融著《忠經》，宋真德秀著《政經》，其言亦有可採者歟？朕權衡黜陟，一秉至公，上以誠待下，則下當以誠事上，內外大小臣工，豈徒以奉令承教，遂爲無忝厥職歟？

士也者，民之坊也。董仲舒曰：「正其誼不謀其利，明其道不計其功。」列士林者，非以砥厲廉隅爲本務乎？古者賓

---

①「者」，據《咸豐九年進士登科録》補。

興賢能，鄭《注》謂：「興賢若今舉孝廉，興能若今舉茂才。」漢法取士，猶爲近古，故其時吏有循良之目，民鮮媮薄之風。至唐乃有明經、進士等科，禄利之途既開，儌倖之心斯起。宋太宗謂：「科級之設，以待士流，豈容走吏冒進，竊取功名。」言之何篤切歟！夫爲士而尚有虧儒行，他日服官，其能恪守官箴乎？察行既起「别居」之謡，考文又蹈虚車之誚，果何術而能使士行克敦，人材蔚起乎？

兵所以威天下，實所以安天下。整軍經武，所以保大定功也。三代以後，兵民初分，漢置材官於郡國，而京師有南北軍屯。唐初設府兵，一變而爲彍騎，再變而爲方鎮。宋兵有禁廂蕃鄉之目，元立五衛，明設京兵邊兵，其制孰爲盡善？至於訓練之法，漢有都肄，唐有講武，宋有大閲。明戚繼光《練兵實紀》一書，爲切於實用，所稱一練伍法，二練膽氣，三練耳目，四練手足，五練營陣，六練將者，能闡其義歟？夫一兵必期得一兵之用，其何以選精鋭，汰老弱，簡器械，申紀律，使三軍之士，皆足以備干城之選，而迅奏膚功哉？

凡兹四事，迪德以端宸極，課績以勵官箴，植品以正儒修，整師以肅戎政，經邦要道，莫切於斯。爾多士拜獻先資，毋泛毋隱，朕將親覽焉。

（底本：《清文宗實録》卷二八一，册四四，頁一二一一一一二三。參校本：《咸豐九年進士登科録》，中國第一歷史檔案館藏；《殿試策》，①《晚清四部叢刊》影印同治刻本）

① 《殿試策》，［清］何金壽等撰，影印同治刻本，見《晚清四部叢刊》，第六編，册九四年。

其一

臣對：臣聞錫極所以綏猷，察吏在於課最，崇儒必先勵品，講武乃可衛民。稽諸古訓，《詩》詠緝熙，《書》詳考績，《禮》隆造士，《易》繫師貞。古帝王金鏡調元，璣衡宰化，以懍就將，則宸修懋也；以嚴考察，則吏治清也；以廣登庸，則士習正也；以精簡閲，則軍政肅也。莫不本夙夜勤求之意，以握天人交應之符。用是有典有則，皇度昭焉；爲廉爲法，職司敘焉；曰升曰選，儒術端焉；以蒐以狩，兵制備焉。隆規茂矩，粲然具陳，所由蘿圖集瑞，荃宰延釐，迓鴻名而光駿業者此也。

欽惟皇帝陛下，功崇典學，績著亮工，樂育萃乎英才，步伐齊乎士卒。固已三無奉若，而一德咸孚；四目常明，而六軍皆振矣。迺聖懷沖挹，葑菲無遺，思圖久治之規，時切咨詢之念，進臣等於廷，而策以傳心、課吏、勵品、詰戎諸大政。如臣愚昧，何足以知體要，顧念泰山峻極，猶資土壤之微；滄海淵深，不棄涓流之細，敢不敬就平日所誦習者，以效先資之拜獻乎？

伏讀制策有曰：「聖學之原，在於主敬存誠。」因講求夫唐虞三代帝王相傳之法。此誠存心養性之要旨也。臣謹按，危微之辨，精一之傳，執中之道，肇自虞書。蓋謂從乎天理者，是爲道心；順乎物欲者，是爲人心。理欲之間，勢無中立，其理甚微，其幾甚危，惟在精其心以辨之，使之不相混；一其心以主之，使之不可摇。由是不偏不倚，無不協乎大中，修之身心性命，推之家國天下，皆至當而不可易。此執中之心法也。禹曰「安止幾康」，湯曰「聖敬日躋」，而四方之丕應，九圍之作式，即本於此。蓋人君之心，天下觀感之所繫也。但能汝止常安，莊敬日强，則自然從欲以治矣。文王克厥宅心，武王不泄不忘，其道本無異同，《詩》《書》所載，彰彰可考。此千古聖帝明王傳授之奥，實漢唐宋元明英君誼辟所奉以效法者也。朱子謂：「格致誠正，以至修齊治平，始終不外乎敬。中和位育，極之聖神功化，樞紐不外乎誠。」真德秀《大學衍義》，於誠意正心之要，立爲二目，曰《崇敬畏》《戒逸欲》；明邱濬補以《審幾微》一節。善惡初萌，爲幾甚隱於此，省察最易爲力,此與精一危微之訓,足相發明心法治法,不一以貫之哉? 皇上服膺聖學,曾命儒臣繕《朱子全書》,誠與唐虞三代並隆已。

制策又曰:「唐虞官人,首言載采;成周分職,首重惟勤。」因思以誠待下,以忠事上之理。此澄敘官方之要務也。臣按《周官》治吏之條,曰八灋,曰八成,曰六敘,曰六計,皆所以考課臣工,勤求治理。故能百僚師濟,共佐隆平,庶職趨蹌,同襄盛業,朝無曠官,斯國無廢事也。漢史言:「綜覈名實,吏稱其職。」夫吏治之賢否,生民之甘苦繫之,苟邑有循良,則人懷樂利。人主欲求上理,守令之奉行,監司之督率,皆不可忽。特患上求實效,而下務虛名,徒以拘守繩墨爲正。雖號稱謹慎,究無益於民生;以奉行條律爲能,雖迹似勤勞,又何裨於國計? 誠非董正治官之意也。大抵官人之道,詢在事,考在言,而尤必課之於心意。故《書》曰:「克知三有宅心,灼見三有俊心。」豈不以事與言,皆必矢以一誠,而後足稱忠藎乎? 夫求賢審官,不徒以虛聲相尚,唐虞黜陟之典,成周統馭之方,良法美意,千古不移。後世若揚雄著《二十五官箴》,馬融著《忠經》,真德秀著《政經》,言亦皆有可採。總之,居官者外襄庶政,宣勞於家國天下之間;内盟一心,致慎於屋漏旦明之地。事事可對幽獨,則事事可對大廷,可謂事君以忠矣。皇上權衡黜陟,一本至公,内外大小臣工,敢不力矢忠誠也哉?

制策又以:「士者,民之坊也。列士林者,必以砥厲廉隅爲先務。」此尤振作人才之至意也。臣惟董仲舒有言曰:「正其誼不謀其利,明其道不計其功。」蓋以側身修行,當以道德爲重,不可雜以功利之私,斯處爲純儒,即出爲純臣矣。古者賓興賢能,鄭《注》謂:「賢若今之孝廉,能若今之茂才。」漢法取士,猶爲近古,故其時吏有循良之目,民鮮媮薄之風。誠以選舉得宜,振興有道,則人皆争自琢磨,不致妄生奔競。至唐,乃有明經、進士等科,利禄之途既開,徼倖之心遂起。宜宋太宗謂:「科級之設,以待士流,豈容走吏冒進,竊取功名。」其言之篤切,誠有所見而云然矣。夫士伏處草茅,稱先則古,當以希賢希聖爲心，致君澤民爲念。乃先於儒行有虧，則他日服官，豈能恪守官箴乎？察行既起「別居」之謡，考文又蹈虚車之誚，欲使士行克敦，人才蔚起，必也澤之以詩書，培之以學校，考覈惟求實行，採訪不取虚名，斯真才可得耳。皇上
雅化作人，循名責實，將濟濟多士，同思效楨幹之材也已。

制策又以：「兵所以威天下，實所以安天下。」欲求整軍經武，以保大定功。此尤文德誕敷，不忘武備之深心也。臣惟三代而上，兵與民合；三代而下，兵與民分。漢初置材官於郡國，而京師有南北軍屯。唐初設府兵，一變而爲彍騎，再變而爲方鎮。宋之兵制，有禁軍、廂軍之名，蕃兵、鄉兵之目。元立五衛，明設京兵、邊兵。歷代之制不同，或因以宣威，或因而流弊，不可不切究之也。至於訓練之法，漢有都肄，唐有講武，宋有大閲。而尤切於實用者，莫如戚繼光《練兵實紀》一書，其中所稱「一練伍法，二練膽氣，三練耳目，四練手足，五練營陣，六練將」者，固顯明而可見，亦真切而可行。夫國家設立兵伍，爲有備無患之謀，必期有裨於實用，非徒藉以張虚聲。將使士備干城，人聯心腹，一兵收一兵之用，而迅奏膚功，必須選精鋭、汰老弱、簡器械、申法律，教以孝弟忠信之行，動其有勇知方之義，何難衆切同仇，人思敵愾也哉？皇上天威震叠，遐邇畏懷，行見偃武修文，合海宇而頌昇平矣。

若此者，修身以作其則，弊吏以安民，慎選舉以拔真儒，嚴教練以成勁旅，洵爲保世之鴻謨，體元之盛軌也。臣尤伏願
皇上，日新進德，天健昭行，宸極已端而猶勤念典，官箴已肅而益勗和衷，士氣已醇而更深陶育，軍威已奮而愈念戎行。本持盈保泰之衷，臻錫羨延洪之慶，於以迓蕃釐，綏多祜，星輝雲爛，賡復旦之光華；鏡清砥平，鞏無疆之寶祚，則我國家億萬年有道之長基此矣。

臣末學新進，罔識忌諱，干冒宸嚴，不勝戰慄隕越之至。臣謹對。

（《咸豐九年進士登科録》，中國第一歷史檔案館藏）

其二

臣對：臣聞建極者斂福之原，知人者安民之本，學古者入官之要，整軍者制勝之資。載稽往籍，《易》占進德，《書》紀奮庸，《禮》重上賢，《詩》歌整旅。古帝王握鏡臨宸，執樞斟化，以勤念典，則遜敏昭也；以勵贊襄，則明良會也；以宏樂育，則陶淑周也；以詰戎兵，則承平奏也。莫不本宵旰勤勞之實，以握天人交應之符。用是無怠無荒，聖功裕焉；若時若采，庶績熙焉；灼知灼見，英才奮焉，有嚴有翼，軍政修焉。淵乎鑠哉！所由蘿圖集瑞，松棟延釐，頌咸登而躋仁壽者此也。

欽惟皇帝陛下，道昭圜矩，治肅堂廉。隆雅化以作新，播威聲於撻伐。固已三無敬奉，而一德交孚；八愷偕升，而六師允飭矣。迺聖懷沖挹，葑菲無遺，深惟久治之規，彌切邇言之察，進臣等於廷，而策以修己、用人、舉賢、肄武諸大端。臣之愚昧，何足以贊高深，顧念泰山峻極，不辭土壤之微；滄海淵深，尚納涓流之細。敢不勉就平日所誦習者，以效先資之拜獻乎？

伏讀制策有曰：「聖學之原，在於存誠主敬。」因備及夫唐虞三代心法之傳。此誠繼天立極之隆軌也。臣案堯舜傳心，皆言允執，而危微精一，命禹加詳。蓋以人心生於形氣之私，危殆而不安；道心原於性命之正，微妙而難見。必察之以精，守之以一，而後執中之治以成。然精一之功，統於誠敬，堯之文思安安，而冠以欽明，欽即敬也。舜之濬哲文明，而歸於允塞，塞即誠也。文命敷四海，而祗承於帝，早括禹謨；帝命式九圍，而聖敬日躋，足賅湯頌。四詩首及文王，實貫以緝熙敬止。九疇訪於武王，莫要於皇極居中。以至成曰敬之，康曰敬忌，雖安勉不同，考之《詩》《書》，若合符節。三代而下，若漢光武之通《尚書》，唐太宗之撰《帝範》，宋理宗之製《道統贊》，元仁宗、明孝宗之留心《大學衍義》，尤爲好古。朱子以

「《大學》始終不外乎敬，《中庸》樞紐不外乎誠」，真德秀《大學衍義》以誠正爲二目，明邱濬復補以《審幾微》一節。存養之功，完天理之本體；省察之力，遏人欲於將萌，所以發明聖學者至矣。皇上有密殫心，時幾敕命，所以醇洪暢之德，而豐茂世之規也。

制策又以：「權衡黜陟，一秉至公。」因詳求夫詢事考言之法。此誠董正治官之至意也。臣案唐虞官人，成周分職，其世雖異，其道則同。八灋治官府，即《虞書》之六府允治也；八成經邦治，即《虞書》之百工允釐也；六敘正群吏，六計弊群吏，即《虞書》之百揆時敘、三德日宣也。古來聖主賢臣，千載一遇，朝廷正而百官正，豈以苛察爲明哉？亦相待以誠而已。自後世務爲文法，以拘守繩墨爲慎，以奉行條律爲勤。若漢宣帝好尚刑名，綜覈名實，雖一時吏治之盛，如黃霸治潁川，龔遂治渤海，趙廣漢治京兆，尹翁歸治扶風，皆能各稱其職。然而群邪未去，卒至誅戮，韓、楊、趙、蓋諸賢，擇術不審，功過相半，呂祖謙論之詳矣。漢揚雄二十五《官箴》，偕《法言》並著；馬融十八章《忠經》，仿《孝經》而成。宋真德秀采輯經史爲《政經》一卷，與《心經》表裏。以雄之仕新莽，融之誣李固，視德秀人品懸殊，然其言皆有可采。要之元首股肱，聯爲一體，上以誠待下，下當以誠事上，非可徒求之奉令承教間也。皇上恭己垂裳，撫辰凝績，大小臣工，孰不謹官常以襄郅治哉？

制策又以：「士者民之坊，當以砥厲廉隅爲本務。」而因總論夫取士之法，以期拔擢真才。臣案《周禮》大司徒，以三物教民而賓興之，鄉大夫考其德行道藝，而獻賢能之書。由是論定後官，俊乂升焉。蓋教之於未用之先，始用之於既教之後，是以人才盛而吏治隆也。至漢文帝始舉孝廉，武帝始舉茂才，其後又定辟召之法，與科舉並行，猶有鄉舉里選遺意。唐之取士，其科有六，惟明經、進士二科獨盛。利禄之途既開，徼倖之心斯起，不逮兩漢遠甚。宋初設制舉科，真宗增爲六科，仁宗增爲十科。後司馬光請立十科，朱子請立七科，皆建議未行。宋之得人以進士爲最，其由策論詩賦登第爲名臣者不可勝數。善夫！宋太宗之言曰：「科舉所以待士，非可容走吏冒進，竊取功名也。」夫儒行有虧，未有能官箴恪守者。自選舉變而爲辟召，辟召變而爲詩賦，「别居」之謡，虚車之誚，積習相沿，議者遂欲復成周之法。不知得人之道，在於知人；知人之道，在於責實。誠使道德一而學校修，黜陟明而官方敘，即謂科舉之法與成周比隆可也。聖世闢門籲俊，稽古右文，運大鈞而開元模，固已教思廣被矣。

制策又以：「兵所以威天下，實所以安天下。」而因論夫整軍經武保大定功之制。臣案古者寓兵於農，三代以後，兵民初分。漢置材官於郡國，而京師有南北軍之屯，猶有井田遺意。唐分天下爲十道，始置府兵。無事則督以力耕，不煩召募，與漢制同，最爲近古。其後改爲召募，名曰彍騎，而府兵之法壞。其後京師徒有虚額，强兵悍將，分布天下，而方鎮之勢成。宋懲藩鎮之失，制兵之目有四：宿衛曰禁兵，州鎮曰廂兵，内屬部落曰蕃兵，士民應募曰鄉兵。無事而食，其費甚鉅。元立五衛以總宿衛，明立京兵以衛京城，邊兵以衛各邊。其後軍政不修，兵皆不振。此歷代兵制所以不及兩漢也。然兵制盛衰，視乎訓練之勤惰。若漢之都肄，唐之講武，宋之近郊大閲，立法之密同，玩法之弊亦同。惟戚繼光《練兵實紀》一書，①練伍、練膽、練耳目、練手足、練營陣、練將諸法，行之無弊。誠使命將得人，精鋭選而老弱汰，器械簡而紀律申，有使臂使指之形，有同澤同袍之志，師中協吉，元老壯猷。於以展鷹揚之才，奮虎賁之勇，何難迅奏膚公哉？聖朝文德誕敷，武功震疊，天威雷奮，露布風馳，洵綏懷盛績也。

若此者，本身以作其則，考績以亮其功，勸學以儲其才，教戰以嫻其律，仁聖之事既賅，而帝王之道備矣。臣尤伏願皇上，天行不息，日進無疆。本勵精圖治之誠，臻錫羡延洪之慶。性量已純，而更深兢業；官常已懋，而更示激揚；膠庠已

① 「實紀」，原倒乙，據戚氏原書乙正。

盛，而更樹風聲；韜略已頒，而更精簡閱。於以迓鴻庥，揚駿烈，星輝雲爛，賡復旦之光華；鏡清砥平，鞏無疆之寶祚，則我

國家億萬年有道之長基此矣。

臣末學新進，罔識忌諱，干冒宸嚴，不勝戰慄隕越之至。臣謹對。

（底本：《清代科舉考試述録》，《近代中國史料叢刊續編》本，第七章，頁二七四—二七八）

九三　咸豐十年庚申恩科　鍾駿聲

咸豐十年（一八六〇）庚申恩科，共取進士一百八十三名（《咸豐十年進士題名碑録》載一百八十九名）。狀元鍾駿聲，榜眼林彭年，探花歐陽保極。

是科係咸豐帝三旬壽辰特開恩科。會試正考官：協辦大學士、户部尚書周祖培。副考官：吏部尚書全慶、禮部尚書朱嶟、吏部右侍郎杜翰。

是科殿試讀卷官：大學士瑞麟，協辦大學士、户部尚書周祖培，刑部尚書瑞常，都察院左都御史沈兆霖，吏部左侍郎匡源，户部左侍郎劉崐，署禮部左侍郎宜振，工部左侍郎潘曾瑩。

鍾駿聲（一八三三—約一八七九），字雨辰，號亦谿，浙江杭州府仁和縣（今杭州市）人。咸豐八年，舉於鄉。狀元及第，授翰林院修撰。屢掌文衡。咸豐十一年，充順天鄉試同考官。同治元年（一八六二），充會試同考官。六年，任湖北鄉試副考官，提督四川學政。光緒元年（一八七五），充實録館修纂官。二年，主山東鄉試。三年，陞翰林院侍講學士。「充穆宗實録館提調，事甫竣而卒」（高鵬年《湖墅小志》卷四，清光緒二十二年石印本，北京：國家圖書館藏）著有《養自然齋詩鈔》《養自然齋詩話》。

鍾駿聲狀元策見《狀元策》（光緒寶書堂刻本，首都圖書館藏）。

咸豐十年，庚申。夏四月，乙丑朔。乙酉，策試天下貢士徐致祥等一百九十人於保和殿，制曰：朕寅紹丕基，覃熙宙合，仰荷昊穹眷佑，列聖貽庥，兢業敕幾，日慎一日，兹御極之十年，誕敷綸詔，特開恩榜，嘉與宇内士，周諮博稽。每思建極首貴執中，學古必先證史，察吏興廉之要，理財制用之經，治忽攸關，究圖宜切，爾多士其敬聽朕詢。

執中一言，堯以咨舜，三代哲王，相傳不易。意治法心法，皆必期於無過不及歟？孔子之言時中，則曰「君子中庸」，加以「庸」字，其旨安在？《乾》之德曰中正，正非由中而生者乎？天之命曰中和，和非由中而發者乎？修六禮以節性，而《周官》言禮曰「教之中」，則執其中而禮皆隆禮也；明五刑以弼教，而虞廷言刑曰「協于中」，則執其中而刑皆祥刑也。湯誥之降衷，孔氏以衷爲善，朱子云「衷祇是中」，其與受中以生，有以異乎？《洪範》之皇極，漢儒訓極爲大中，朱子又以爲中之極，能詳其説歟？前賢又言執中之矩，不外主敬；主敬之本，不外存誠，則誠與敬固即中之所以爲執者歟？

漢司馬遷作《史記》，變編年之例，歷代史書，相仍不改。或爲本紀、世家，皆有所本，惟列傳則創自遷，能約舉其説歟？遷書之前亦有名「史記」者，見於何篇？公侯傳國，始稱世家，孔子獨列《世家》何義？劉知幾謂《史記》周以上多闊略，秦漢以下始條貫，其信然歟？《史記》網羅放失，綜其終始，又能於敘事中寓論斷，能舉其一二否？班固作《漢書》，太初前者，皆因《史記》舊文而加以删改，然束於成格而不能變化，豈遷爲一家言，固爲官書，體例固不同歟？然有較遷爲精審者，亦有較遷爲繁冗者，其優劣能晰言之歟？觀遷書者喜其錯落，觀固書者賞其整嚴，二書果足爲史氏之傑歟？

安民莫先於察吏，察吏莫重於興廉。虞廷三載考績，其詳未聞。夏嚴貪墨之罰，商制殉貨之刑，皆所以尚廉也。迄於成周，小宰弊群吏，六事以廉爲本，獎廉之意不更深歟？漢以六條察二千石，尚有合於此意，能詳言之歟？當時廉吏固不乏人，能歷舉之歟？唐考課有四善，宋令諸路轉運使，察所部官能否爲三等，其目若何？斯時吏亦有以廉聞者歟？夫吏之貪廉，民生之休戚所係也。比歲籌餉孔急，吾民已重困矣，在位者宜如何激發天良，奉公潔己歟？今欲揚清激濁，澄敘官方，俾吏治蒸蒸日上也，其何道之從？

《周禮》一書，理財者綦詳。自是以後，若管仲之於齊，李悝之於魏，商鞅之於秦，皆能致其國於富强，然去三代之治蓋遠矣，能言其故歟？漢武帝行平準之法，史稱其不加賦而用足，然歟？秦漢而下，善理財者莫如劉晏，其法若何？王安石鋭意富國，而内外騷然，其失安在？自漢迄唐，賦税外惟資鹽利，至宋而茶利始溥，宋趙開更茶馬之法，歲收息至一百七十餘萬緡。其後復大變酒法，榷酤所入，幾與鹽等，可得而考歟？夫開源節流，理財之善經，若變通有無，與時上下，則亦有非常法所可拘者，果何如而上下交足歟？

凡此者，用中以端主極，考古以觀人文，課績以飭官方，豐財以儲國用，皆經邦之要道，立政之宏規也。多士服習有年，對揚伊始，其陳讜論，毋泛毋隱，朕將親覽焉。

（底本：《清文宗實録》卷三一七，册四四，頁六五四—六五六。參校本：《狀元策》，光緒寶書堂刻本）

臣對：臣聞明德所以新民，觀治必先尚象，考吏斯能任職，解愠乃可阜財。綜稽往籍，《詩》詠緝熙，《易》言多識，《禮》重大計之典，《書》詳厎慎之文。古帝王禔康萬寓，陶化二儀，以懍危微，敕精神於黼扆；以昭鑒戒，深稽考於簡編；以勵廉能，勉猷爲於寮寀；以平賦税，普樂利於井閭。莫不本旰食宵衣之意，以握順天應人之符。用能建極綏猷，乾樞運焉；稱先則古，觀察周焉；慎憲省成，咸熙頌焉；裒多益寡，兑悦深焉。所由治洽帡幪，祥徵仁壽，迓蕃釐而膺多祜者此也。

欽惟皇帝陛下，昌明正學，綱領群言，精澄敘於官方，裕度支於圜府，固已單心在宥而三鑒常昭，庶尹惟和而九功載頌矣。迺聖懷沖挹，彌切疇咨，思久道之有成，察微言於在邇。進臣等於廷，而策以紹心法、考史編、肅官常、慎財賦諸大政。

臣之愚昧，奚足仰贊高深，（固）［顧］當對揚伊始之時，①敬念敷奏以言之義，敢不謹就素所誦習者，以抒蠡測之忱、管窺之見乎？

伏讀制策有曰：「治法心法，皆必期於無過不及。」而因求三代哲王相傳不易之理。誠聖學之首務也。臣謹按，蔡沈《書傳》曰：「二帝三王之治本於道，二帝三王之道本於心。」故（舜）［堯］曰欽明，②舜曰濬哲，禹曰祗承，湯曰日躋，文曰小心，武曰執競，惟精惟一，悉本允執厥中之旨。孔子言時中，以中庸並列，蓋中則必庸，庸乃中之實理，此以德行言也。以性情言，則曰中和，和亦由中發也；以事爲言，則曰中正，正亦由中見也。司徒節性，爰修六禮，而《周官》特闡其旨曰：「教之中則禮皆隆禮矣。」司寇弼教，爰明五刑，而虞廷先揭其要曰：「協于中則刑皆祥刑矣。」《湯誥》爲言性之始，其言降衷也，孔氏以衷爲善。朱子云：「衷祗是中。」《洪範》爲經世之書，其陳皇極也，漢儒訓「極」爲「大中」，朱子又以爲「中之極」。要之，人性之善，以中善也；皇極之建，以中建也。然執中之矩，要於主敬；主敬之本，歸於存誠。朱子謂：「格致誠正，以及修齊治平，始終不外乎敬；中和位育，極之聖神功化，樞紐不外乎誠。」此中所爲執歟？皇上體堯蹈舜，甄殷陶周，固統古今治法心法而一以貫之矣。

制策又以：「歷代史書，皆有所本。」因詳究夫史家之得失。臣惟史有二體，曰紀傳，曰編年。紀傳始《尚書》，編年始《春秋》。其載一人善惡之實，紀傳爲詳；其載一代治忽之端，編年爲詳。自司馬氏變編年之例，序帝王則有「紀」，貫歲月則有「表」，道政事則有「書」，序公侯則有「世家」，志士庶則有「列傳」。或謂「列傳」則創自遷，而紀帝王本《詩》《書》，紀列國本《左氏》，紀兼并本《戰國策》。然公侯傳國始稱世家，司馬氏獨列孔子於《世家》，則千古特識也。劉知幾謂《史記》

① 「顧」，據文義改。
② 「堯」，據文義改。

周以上多闊略，秦漢以下始條貫。蓋遠而難稽，不若近而易考。夫《史記》網羅散失，綜其終始，又能於敘事中加以論斷，而班固譏其「先黄老而後六經，進奸雄而退處士，崇勢利而羞貧賤」。然固作《漢書》，太初前者，皆因《史記》舊文，微加删改，無所變化。雖官書自有體例，不若遷之不拘成格，而優劣自在也。厥後陸澄注班書，多引《史記》，蒐輯異説，合爲一編，惜今不傳。倪思作《班馬異同》，詳加考證，尤爲精密。蓋固書有較遷爲精審者，亦有較遷爲繁冗者。故觀遷書者，喜其錯落；觀固書者，喜其整嚴。褚少孫之補《史記》，范蔚宗之《後漢書》，皆遠不逮二書也。聖代典策大備，纂修諸臣，敬謹以將事，不已昭袞鉞於千秋哉？

制策又以：「安民莫先於察吏，察吏必重於興廉。」因進思激濁揚清之用。臣惟《臯陶謨》曰：「知人則哲。」聖如勛華，猶兢兢於重允釐，戒(嚴)[叢]脞，①此三載考績所由黜陟也。《尚書大傳》曰：「積善至於明五福，以類升，故陟之。積不善至於幽六極，以類降，故黜之。」必三載者，天道三年一周也。《大戴禮》曰：「官有九用，用有九徵。」荀悦《申鑒》曰：「有事考功，有言考用，動則考行，静則考守。」其即敷納明試之意乎？夏嚴貪墨之罰，商制殉貨之刑，皆以尚廉也。《周禮》六計弊吏，善、能、敬、正、法、辨，皆統以廉。鄭氏註六事，以廉爲本。《漢孝武傳》曰「興廉」，《黄霸傳》曰「察廉」，《四子講德論》曰「以勵貞節」，悉本《周官》遺意。夫漢以六條察二千石，若韓延壽斷獄爲天下最，尹翁歸治盜爲三輔最者，代不乏人。唐考課覈以四善，區以二十七最。宋則分以三等。蓋吏之貪廉，治亂所係也。宋真德秀疏言：「有位於朝者，以饋遺及門爲恥；受任於外者，以苞苴入都爲羞。」元稹刺同州詩曰：「上羞朝廷寄，下愧閭里民。」蓋誠知所務矣。國家軫念民依，勤求吏治，中外諸臣，誰敢不争自濯磨也哉？

① 「叢」，據文義改。

制策又以豐財所以儲國用，而財用之足，尤在有以開其源而節其流。臣惟天下無不變之法，法立則令行。然法之善不徒在立法之人，而在行法之人。《周禮》一書，制槩詳矣。自是管仲富齊，李悝富魏，商鞅富秦，雖去古浸遠，而皆能有裨於國。漢武帝行平準法，太倉之粟，紅腐而不可食；都內之錢，貫朽而不可校。故史稱其不加賦而用足。然安石鋭意富國，亦曾藉口於是，而竟致天下騷然，則經理之善，不能不推劉晏也。自漢迄唐，朝廷經費，鹽利居十之八，兩淮鹽尤足當天下之半。至宋，趙開更茶馬之法，長引、短引與鹽同科，歲收息至一百七十餘萬緡，而其後更大變酒法、榷酤。自元太宗始，則變通有無，與時上下，亦有非常法可拘者。夫宋朱子有言：「爲治之本，在正心術，以立紀綱。」紀綱之立，治安之機也。古今治術首重理財，而日久弊生，無治人，則治法亦壞。顓頊者不顧大計，貪妄者適便私圖，民受其害，而國仍未得其利。事變之起，大半由此，不可不豫籌也。盛朝安民和衆，節用愛人，固裕不竭之泉源，著生財之大道矣。

若此者，正位以凝命，稽古以右文，量能以任官，足用以維國。恢元緯，握珍樞，仁聖之事賅，治平之要備矣。臣尤伏願皇上，立政有恒，廑思保泰，懋丕天之大律，恢帝者之上儀。劼毖已彰而猶勤齋祓，典章已備而愈切研求，篤棐已昭而倍嚴董正，修和已布而益謹度支。於以奄九有而來同，綜八方而爲極，斟元壽世，錫福誠民，上紹嶢巍，下昭淵懿，則我國家億萬年有道之長基此矣。

臣末學新進，罔識忌諱，干冒宸嚴，不勝戰慄隕越之至。臣謹對。

（底本：《狀元策》，清光緒寶書堂刻本）

九四　同治元年壬戌科　徐郙

同治元年（一八六二）壬戌科，共取進士一百九十三名。狀元徐郙，榜眼何金壽，探花温忠翰。

是科會試主考官：工部尚書倭仁。副考官：兵部尚書萬青藜、署户部左侍郎鄭敦謹、户部右侍郎熙麟（此據《清穆宗實録》。《國朝貢舉年表》作「侍郎載齡，滿洲」）。

殿試讀卷官：大學士桂良、周祖培，吏部尚書瑞常、朱鳳標，兵部尚書萬青藜，吏部左侍郎載齡，户部右侍郎熙麟，禮部左侍郎沈桂芬。

徐郙（一八三七—一九〇七），字汝亭，字壽蘅，號頌閣，江蘇蘇州府嘉定縣（今上海嘉定）人。咸豐九年（一八五九），順天鄉試中式。狀元及第，年二十六，授翰林院修撰。同治六年，任河南鄉試正考官，提督江西學政。光緒元年（一八七五），任甘肅鄉試正考官。歷詹事府詹事。光緒七年，以内閣學士署工部右侍郎，又兼兵部右侍郎。九年，調禮部左侍郎。十二年，兼署吏部左侍郎。十六年，調吏部右侍郎。十七年，兼署工部左侍郎。十八年，升都察院左都御史。二十一年，擢兵部尚書。二十五年，調吏部尚書。二十六年，拜協辦大學士。二十七年，調禮部尚書。二十九年，兼署兵部尚書。三十二年，以原品休致，翌年，卒于鄉。精書法，擅山水。

徐郙狀元策見《同治元年進士登科録》（中國第一歷史檔案館藏）、《歷科狀元策》（影印中研院傅斯年圖書館藏本）、《殿試策》（《晚清四部叢刊》影印同治刻本）、《歷科狀元策》（光緒刻本，國家圖書館藏）等。《同治元年進士登科録》所載，與其他版本所載，文字差異較大，形同兩文，今兩存之。

同治元年，壬戌。五月，壬午朔。策試天下貢士李慶沅等一百九十三人於保和殿，制曰：朕寅紹丕基，撫臨寰寓，渥荷上穹洪貺，仰承列聖詒謀，肆予沖人，勤求治道。上思以副兩宮之訓迪，下思以復四海之承平，惟幾惟康，罔敢暇逸，深念典學傳心之道，用人行政之經，理學各有源流，卒伍期於訓練，攸關治忽，宜切講求。當此臨軒發策之初，悉心諮訪，爾多士其敬聽朕命。

帝王授受心法，以堯舜執中之言爲始，而太公言黄帝顓頊之道，皆在《丹書》，因述敬勝義勝之旨。是則《虞書》之辨人心道心者，固亦有所本歟？孔子於《易·坤卦·文言》曰：「敬以直內，義以方外。」説者謂爲發明《丹書》之旨，能闡其理蘊歟？宋項安世謂堯之兢兢，舜之業業，禹之孜孜，湯之慄慄，文王之翼翼，爲百聖相傳之心法，審端致力，宜何從歟？三代以後，如漢文帝、唐太宗，誠令主也。其修己治人之術，亦有合於古聖之心傳歟？夫必切於身心，而後可以言學，章句訓詁抑末也，將欲求修齊治平之本，其道安在？

君人者，勤於求賢而逸於得人，自古帝王之圖治，未有不以用人爲急務者。顧循資格則奇材不見，憑保舉則實行難徵。宋儒司馬光言：「孔門以四科取士，漢室以數路得人。若指瑕擿善，則朝無可用之人；苟隨器授任，則世無可棄之士。」而欲乞朝廷設十科以舉士，其法果盡善歟？所區分名類，固足以盡人材而無遺賢歟？荀子言：「有治人，無治法。」其謂政必待人而行歟？朱子言：「爲治之本，在正心術以立紀綱。」此誠正本清源之論也。方今盜賊未平，東南尤甚，將安民於衽席，而出諸水火之中，發號施令，何者爲先？除暴勝殘，何者爲切？董仲舒云：「爲政不行，甚者必改而更易之，乃可理也。」將何術而施行悉當歟？

漢儒之學，見《儒林傳》者，師弟淵源，具有可徵。至宋儒，則研精心性，不必皆有師傳。然周子聞道最早，而朱子謂是陸詵所授。程子之學，得自六經，而其始實受業於周子。朱子集諸子之大成，而從李侗游爲最久。溯厥師承，莫不各有所自，能詳述之歟？濂洛關閩，其學皆出於一源。惟象山陸氏謂「伊川之言，與孔孟不類」，又以朱子之教人爲支離，後遂分爲兩途。明薛瑄以程朱爲道學正派，而王守仁則專宗陸氏，能辨其得失歟？學成所以致用。宋儒惟堯夫邵氏絶意仕進，其餘或仕中朝，或領劇邑。而陸九齡之居鄉禦寇，王守仁之屢平寇亂，則又文武兼備者。豈宗派有殊，而體用遂有異歟？

詰戎之道，教戒爲先。振旅茇舍，成周之制尚已。至漢時，京師州郡，皆立教試之法；唐代三時勸農，一時講武，其治皆近於古；明王驥論練兵之法有五，戚繼光論練法有六，能詳舉其法而闡論之歟？夫兵欲用其力，當結其心；欲振其威，當齊以禮。必先嫻坐作進退之節，而後可收克敵致果之功。我朝以弧矢威天下，八旗緑營之兵，布列中外，固斟酌唐之府兵，宋之蕃兵、廂兵，而定其制。乃數年以來，潢池竊發，尚未蕩平，或將帥未得其人，抑教練有未精歟？

凡厥四端，稽古以懋修，遴賢以佐治，傳薪以維道，講武以經邦，内聖外王之事，於兹備矣。爾多士研求有素，其各陳讜論毋隱。

（底本：《清穆宗實録》卷二七，册四五，頁七二二—七二四。參校本：《同治元年進士登科録》，中國第一歷史檔案館藏；《殿試策》，《晚清四部叢刊》影印同治刻本；《歷科殿試策》，光緒刻本，國家圖書館藏）

其一

臣對：臣聞典學所以敕幾，任賢斯能稱職，講學必先明禮，除暴方可安良。綜稽往訓，《詩》詠緝熙，《書》賡颺拜，《易》重閑存之學，《傳》詳簡閲之文。古帝王禔康萬寓，陶化二儀，以敕幾康，式儀型於黼座；以嚴舉錯，精澄敘於官方；以崇德性，辨義藴於危微；以振軍威，講蒐苗於春夏。莫不本旰食宵衣之意，以握順天應人之符。用是夕惕朝乾，宸修懋焉；

循名責實，人品端焉；瞬存息養，聖功勉焉；詰戎振旅，軍政修焉。所由蒸被垓埏，彌綸宙合，迓蕃釐而膺多祜者此也。

欽惟皇帝陛下，軫念民依，廣開言路，沛深恩以育物，合寰宇以同仁。固已一德聿修而六官皆備，諸家畢貫而四海胥恬矣。迺聖懷沖挹，深維長治久安之道，益切持盈保泰之模，進臣等於廷，而策以端聖學、飭官常、崇理學、簡軍實諸大政。臣之愚昧，何足以知體要，顧當對揚伊始之時，敬念敷奏以言之義，敢不謹就素所誦習者，以抒蠡測之忱、管窺之見乎？

伏讀制策有曰：「帝王授受，心法治法，悉本一中。」而因溯堯舜以來相傳不易之理，誠聖學之首務也。臣案《書》曰「人心惟危，道心惟微」，爲千古帝王心法治法之原。太公言「黄帝顓頊之道，皆在《丹書》」，因述義勝敬勝之旨。說者謂《虞書》人心道心之辨，即本於此。孔子於《易·坤卦》曰：「敬以直内，義以方外。」其言可與《丹書》相發明。宋項安世謂，堯之兢兢，舜之業業，禹之孜孜，湯之慄慄，文王之翼翼，爲百代相傳之心法。審端致力，誠不外「執中」之一語矣。三代以後，如漢文帝、唐太宗，皆稱令主。其修己治人之法，亦有合於古聖之心傳者。夫必切於身心，而後可以言學，將欲求修齊治平之本，誠不可務章句訓詁之末矣。昔宋真德秀括誠意正心之旨，作《大學衍義》，以《崇敬畏》《戒逸欲》爲主。明邱濬承其說，復補以《審幾微》一節。蓋幾者，是非所由分，誠僞所由判。誠能審之於幾將，制之於未然，而物欲不能肆其擾；謹之於獨見，而私累不能淆其心。其於修齊治平之道，何難得其宗旨也哉？皇上天行不息，日進無疆，固統心法治法之原而一以貫之矣。

制策又以：「君人者，勤於求賢，而逸於得人。」因念夫帝王圖治之原，而以用人爲要務。臣惟虞廷命官，必先考績；成周分職，重戒惟勤。自古善用人之主，無不以精明剛斷爲先，宵小不能肆其譏沮之謀，左右不能用其蒙蔽之術。若循資格以取人，憑保舉以授職，則奇才必有屈抑之感，實行轉以下位而見遺矣。昔宋司馬光言：「孔門以四科取士，漢室以數路得人。若指其瑕而掩其善，將朝無可用之人。惟隨其材而授以職，將世無可棄之士。」而欲乞朝廷設十科以取士，其言誠簡切而易明也。所分名類，固有足以盡人材者，果能皆遵而行之，又何至有遺賢之誚乎？昔荀子有言：「有治人，無治法。」蓋謂政必待人而行也。朱子言：「爲治之本，在正心術以立紀綱。」誠正本清源之論也。夫欲安民於衽席，而出諸水火之中，非有善人以治之，其何以裕發號施令之原，臻除暴勝殘之盛乎？董仲舒有言：「爲政不行，甚者必改而更易之，乃可理也。」誠能得人以理，何難措施悉當哉？聖朝權衡至當，鑒別維精，任材器使，不可追唐虞官人之盛乎？

制策又以研精德性，要心有所師承，而因溯歷代名儒理學之統要。此又正本清源之至理也。臣惟通經斯能明理，明理必先盡性。昔孔子爲理學之大宗，而百代儒修，莫能踰其教。漢儒之學，以經學爲重，其師弟淵源、授受相傳之緒，固有各習一經而不能强同者。至宋儒，則以窮理盡性爲學。其學各有師傳，亦有獨抒心得者。濂谿周氏，聞道最早，而朱子謂是陸詵所授。若程子之學，則得自六經，而其始實受業於周子。周子集諸子之大成，而從李侗游爲最久。其師友相傳之學，固足以明性命之精，而立後學之準矣。夫濂洛關閩，其學皆出於一源。惟象山陸氏謂「伊川之言，與孔孟不類」，又以朱子之教人爲支離，後遂分爲兩途。明薛瑄以程朱爲道學正派，而王守仁則專宗陸氏。夫朱子崇致知之學，而王守仁則重良知之説。其説固有異同，而其用力之處，亦各有區別也。夫學成原所以致用。宋儒惟堯夫邵氏絶意仕進，其餘或仕中朝，或領劇邑。而陸九齡之居鄉禦寇，王守仁之屢平寇亂，固有文武兼備者。宗派有殊，則體用有異。誠能以實心求實學，固不難殊途同歸矣。皇上聰明天錫，特簡儒臣，講求正學，何難綜天人一貫之旨哉？

制策又以：「詰戎之道，教戒爲先。」而因論三代以來治兵之要、講武之經。臣惟成周之制，振旅茇舍，兵民合而爲一，有事則命將出兵，無事仍務農業。漢時，京師皆立教試之法。唐代，三時勸農，一時講武，其治皆有近於古。夫兵貴精不貴多，訓練不精，雖兵多何以收實效？明王驥常論練兵之法有五，一曰練膽，使之敢進；二曰練技，使之必勝；三曰練陣，使之習進退；四曰練地，使之知要隘；五曰練時，使之耐風雨。其於訓練之法，約而能賅，與戚繼光之六練法，固皆可爲命將治軍之要也。夫兵欲用其力，必當先結其心，除剋扣糧餉之弊，而兵心自奮矣；欲振其威，必先齊以禮，嫻坐作進退之節，而兵律自嚴矣。夫收克敵致果之功者，無不以固士心、嚴軍律爲先。而又精其器械，汰其老弱，稽其額數，厚其犒賞。召募之卒不可以久恃，頂替之弊不可以不防。其使兵也，如身之使臂，臂之使指，務使一兵收一兵之用。於是出則爲勁旅，居則捍閭閻，足收有勇知方之效矣。國家以弧矢威天下，緑營旗兵，星羅棋布，武備固超千古已。

若此者，稽古以懋修，選賢以輔治，析理以明道，講武以經邦。扇巍巍，顯翼翼，仁聖之事賅，治平之要備矣。臣尤伏願皇上，治益求治，新又日新，懋丕天之大律，恢帝者之上儀。劼毖已深而猶嚴宥密，班聯已飭而猶重廉能，精一已懔而猶慎防閑，軍旅已修而猶嚴撫戢。於以淹九有而來同，統八方而爲極，斟元壽世，錫福諴民，上紹堯巍，下昭淵懿，則我國家億萬年有道之長基此矣。

臣末學新進，罔識忌諱，干冒宸嚴，不勝戰慄隕越之至。臣謹對。

（底本：《同治元年進士登科録》，中國第一歷史檔案館藏）

其二

臣對：臣聞執中者建極之基，選士者綏猷之本，修道者崇儒之要，振旅者經武之謨。綜觀往牒，《詩》詠緝熙，《書》歌喜起，《易》重閑存之訓，《傳》詳蒐閲之文。自古帝王，握鏡臨宸，膺圖御宇，以勤位育則精一宏昭，以飭紀綱則俊髦灼見，以端學術則辨析維精，以壯聲靈則籌防尤密。悉本夙夜勤求之念，以握天人交應之符。用是玉金式度，帝學宏焉；舟楫程功，名材萃焉；苞符闡祕，至理昭焉；旄鉞巡師，軍威振焉。所由彌綸宙合，蒸被垓埏，迓蕃釐而膺多祜者此也。

欽惟皇帝陛下，斟元肇治，執契平衡，配道義以中和，寓懷柔於震疊，固已心傳丕紹而翼贊咸孚，性理胥融而膚功迭奏矣。迺聖懷沖挹，彌切疇咨，體至善之無遺，冀邇言之可察，進臣等於廷，而策以闡心法、簡人材、辨儒修、講武事諸大政。如臣檮昧，何足以仰贊高深，顧當對揚伊始之時，敬念敷奏以言之義，敢不勉述素所肄習者，以效土壤細流之一助乎？

伏讀制策有曰：「帝王授受心法，以堯舜執中之言爲始。」而因進求夫修己治人之術。此誠致治之先務也。臣謹案：《禹謨》執中之言，堯舜相爲授受，上以繼黄帝、顓頊，下以開千聖百王。是故太公爲武王陳《丹書》，言黄帝、顓頊之道，皆在於斯。因述敬勝、義勝之旨，則虞廷之辨人心惟危、道心惟微者，固已有所仿矣。夫皇古之治，胥本於道。道以性爲符，性又以心爲宰。中者道之的，實敬者中之衡。主敬存誠，心所爲於穆不已也；立中生正，道所爲化育靡窮也。迨孔子合内聖外王之學，一以貫之。贊《易》而至《坤卦·文言》，探《丹書》之精藴，曰「敬以直内」，則體以密而常貞；曰「義以方外」，則用以周而胥達；繼之曰「直方大，不習无不利」，則不疑其所行也。大抵審端致力，敬義兼資；修己治人，直方尤要。而堯之兢兢，舜之業業，禹之孜孜，湯之慄慄，文之翼翼，罔不居敬宅中焉。漢文慈惠恭儉，比迹成康，迄今讀其詔令，猶想見抑然自下之意，誠令主也。若唐太宗，則駕馭之略有餘，修齊之德不足，聖王心法去之遠矣。至於章句、訓詁之流，更何足論哉？皇上御極之初，首崇典學，不難探敬義之原，以紹唐虞之盛也。

制策又以：「君人者，勤於求賢，而逸於得人。」因於發號施令之端，求除暴勝殘之術。此誠行政之大綱也。臣竊觀古昔帝王，莫不以知人善任爲先務，而其用之也，有其難其慎之思。蓋專循資格，則閑冗卑棄，而奇材轉慮不彰；徒憑保舉，則冕笏不澄，而實行每虞難覈。是以循虚器者，非應物之具；翫空言者，非致治之機。此登明選公所由難也。宋儒司馬光言：「孔門以四科取士，漢室以數路得人。若指瑕揜善，則朝無可用之人；苟隨器授任，則世無可棄之士。」因即原本此意，乞朝廷設十科以舉士：曰行義純固，曰節操方正，曰知勇過人，曰公正聰明，曰經術精通，曰學問該博，曰文章典麗，曰善聽訟獄，曰善治財賦，曰練習法令。蓋寬其格以求士，則野無遺賢；覈其實於當官，則朝無倖位。不然而濫竽充位，覆餗貽譏，雖治具畢張，徒爲故事之奉行而已。「有治人無治法」，荀子之言深可味也。若由治人治法而溯其本原，則朱子所謂「正心術以立紀綱」者，尤爲切要矣。董子曰：「爲政不行，甚者必改而更易之。」夫更非紛更之謂也。有恪恭震動之意，而人心爲之一新；有駿肅嚴厲之風，而積弊爲之一變。由是而發號施令，除暴勝殘，可收其實效焉。皇上軫念民依，勤求治理，將見賢才日進，而海宇咸慶乂安矣。

制策又以心性之學，盛於宋儒，因即溯其源流，以求體用兼賅之效。此闡明聖教之盛心也。臣惟漢儒之學見《儒林傳》者，淵源具有可徵。古無道學之名，判儒林與道學，《宋史》之創例，所以推崇宋儒，別於漢儒之經術也。周子師事陸詵，聞道最早。二程同受業於周子，明道所著《定性書》，闡聖學之祕，與《太極圖説》相表裏。楊時以師禮見明道，相得甚歡，後事伊川愈恭，一傳而羅從彦之潛思力行，再傳而李侗之充養完粹，又再傳而朱子出，遂集諸子之大成。濂洛關閩，其源一也。惟象山陸氏謂「伊川之言與孔孟不類」，又以朱子教人爲支離，而後世遂有朱陸異同之辨。明薛瑄以程朱爲道學正派，而王守仁則專宗陸氏。由是理學之中，又分朱、陸兩途。究之象山鵝湖義利之辨，朱子未嘗不爲心折。若以學成致用而論，陸氏固嘗居鄉禦寇，王守仁江右粵西戰功尤著，而程子、朱子致君澤民，其展布亦章章可考，未有空談心性而無所表見者，亦足徵體用之一源已。皇上聰明天亶，特簡儒臣，講求正學，理學之隆，固超越千古矣。

制策又以：「詰戎之道，教戒爲先。」而因求教練之法，此安民和衆之要圖也。臣謹考成周之制，中春蒐而振旅，中夏苗而茇舍，中秋獮而治兵，中冬狩而大閲。四時教戰，三年大較，養天下奇傑之氣於禮義之中，法誠尚已。漢制，秋後郊禮畢，會五營士爲八陣進退，此京師教試法也。郡國材官騎士，八月太守、都尉、令、長、丞、相、尉會都試，課殿最，此州郡教試法也。唐府兵之制，三時勸農，一時講武。其訓練之法，猶爲近古。夫兵貴乎精，當先訓練。明王驥論練法有五：練膽、練技、練陣、練地、練時。有此五練而行之以信，恤之以仁，庶幾人人思奮矣。戚繼光《練兵實紀》所稱，一練伍法、二練膽氣、三練耳目、四練手足、五練營陣、六練將」，亦可爲法之善者。蓋欲用其力，當結其心；欲振其威，當齊以禮。必先嫺坐作進退之節，而後可收克敵致果之功，又何患潢池竊發歟？聖世棱威遠播，神武聿昭，豈前代之成規所得而相提並論哉？

若此者，稽古以懋修，求賢以輔治，傳道以立教，肆武以衛邦，汪汪乎丕天之大律，震古鑠今，莫之與京矣。臣尤伏願皇上，治益求治，新又日新，本欽明濬哲之謨，臻文武聖神之盛，知仁已裕而猶毖就將，楨幹已儲而更殷簡拔，問學已道而猶探藴奥，甲兵已繕而彌謹防維。於以保鴻名，膺景福，綜八方而爲極，奄九有以來同，藹洽熙春，歡臚函夏，①則我國家億萬年有道之長基此矣。

臣末學新進，罔識忌諱，干冒宸嚴，不勝戰慄隕越之至。臣謹對。

（底本：《殿試策》，《晚清四部叢刊》影印同治刻本。參校本：《歷科殿試策》，光緒刻本，國家圖書館藏；《歷科狀元策》，影印中研院傅斯年圖書館藏本）

① 「而猶探藴奥」至「歡臚函夏」，諸參校本均作「而益懋性功，戰守已嫺而彌嚴肄習。審保泰持盈之術，貞勵精圖治之思，扇巍巍，顯翼翼，體堯蹈舜，甄殷陶周」。

九五　同治二年癸亥恩科　翁曾源

同治二年（一八六三）癸亥恩科，共取進士二百名。狀元翁曾源，榜眼龔承鈞，探花張之洞。

是科會試正考官：工部尚書李棠階。副考官：都察院左都御史載齡、單懋謙，户部左侍郎沈桂芬。

是科殿試讀卷官：大學士倭仁，協辦大學士、吏部尚書瑞常，户部尚書寶鋆、兵部尚書萬青藜，吏部左侍郎孫葆元，内閣學士全慶、桑春榮、殷兆鏞。

翁曾源（一八三七—一八七六），字仲淵，號實齋、海珊，江蘇蘇州府常熟縣（今常熟市）人。咸豐六年（一八五六），由監生恩賜爲舉人，考取國子監學正學録。同治元年，欽賜進士。狀元及第，授翰林院修撰。同治十一年，以體弱多病，告假還鄉。

翁曾源狀元策見《歷科狀元策》（影印中研院傅斯年圖書館藏本）、《歷科殿試策》（光緒刻本，國家圖書館藏）等。

同治二年，癸亥。夏四月，丁丑朔。丁酉，策試天下貢士黄體芳等二百人於保和殿，制曰：朕以沖齡，誕膺寶祚，默荷上蒼垂佑，仰承列聖詒謀，業業兢兢，勤求治理，上思副兩宫之教育，下期措四海於乂安。宵旰圖維，罔敢暇逸，深念典學傳心之要，求賢佐治之方，去奢崇儉之規，察吏安民之術，經邦要道，莫重於斯。今當臨軒發策，博訪周諮，爾多士其敬聽朕命。

二帝三王之心法，不外一中。而《堯典》以欽始，《益稷》以欽終，其與執中之理，可互相發明歟？《尚書》而外，諸經之旨，何者可以相通？《大學》一篇，分列八條目，當以何者貫乎始終？《中庸》一書，分列三達德，當以何者爲之樞紐？真德秀作《大學衍義》，何以略治平不言？明邱濬補之，爲目凡十有二，其立意頗可貫通歟？昔人謂帝王之學，異於儒生，所以不同者安在？將空語精微而不求諸實事歟？如漢之董仲舒、匡衡，宋之程頤、胡安國、朱熹，皆宿儒碩學，多所闡發者也，何者爲審端致力之首歟？

得賢才而治天下者，帝王之要道也。古者用人之權，秉於天子。若尚書之有選部，始於何時？以選部爲吏部，起於何代？唐制有試法，有集法。既察其身言，復察其書判，此試法也。裴光庭何以作循資格以矯之，集之於十月，選畢於三月，此集法也。陸贄何以立計闕例以救之，然則二者固皆不能無弊歟？夫十室之邑，必有忠信。故漢分四科，宋立六科，司馬光又乞設十科，至詳且備已，然人才遂可盡取而無遺歟？且所取者果綜覈名實而無矯僞歟？今將使魁奇倜儻之士，不軼乎範圍，恂謹廉潔之儒，不拘於繩尺，其道何由？

《書》曰：「慎乃儉德。」誠以儉德之共也，堯不以土階爲陋，而舜怵戒於塗髹，禹卑宮，文王卑服，尚已！嗣是衣弋綈，罷露臺，集書囊爲帷，往蹟流傳，盛德不猶可溯歟？古人臣勵羔羊素絲之操，如趙抃守成都，一琴一鶴；程嬍令鹽城，一馬一僕。其高節清標，非臣下所當矜式歟？夫鏤簋朱紘，玉纓瓊弁，自昔所譏。乃積習相沿，敝化奢麗，以致不能養廉，《蟋蟀》《山樞》，民風近古。今則服食器用，務爲美觀，閭閻不免踰禮，將以黜華崇實之意，訓迪臣民，何由而使風氣日臻樸茂歟？

與吾民相親者守令也。漢史《循吏傳》，紀守相甚備，而令長則闕如，其故何歟？夫天下郡邑至衆也，郡守之賢否，監司且難人人悉，縣數倍於郡，令數倍於守，如何而後能督察之歟？縣令賢明，則賦斂均，徭役平，訴訟簡，吾民得遂其所安。顧由儒術者，多迂而弛事；由雜流者，或奸而弄法，其餘蠹政厲民，不可枚舉，欲整齊而磨厲之，何道之從？大吏者，所以糾察守令，爲天子進賢退不肖者也。乃或所薦剡者，以才能出衆爲先，而留意教化者遭沈滯；所稱賞者，以賦税先登爲最，而勞心撫字者受譴訶。其何以懲貪墨之風，而養循良之氣歟？

夫稽古以懋純修，遴才以襄郅治，戒奢以端民習，課績以飭官方，皆宰世之宏模，綏猷之極則也。多士對揚伊始，其各陳讜論毋隱。

（底本：《清穆宗實録》卷六五，册四六，頁二八三—二八五。參校本：《歷科殿試策》，光緒刻本，國家圖書館藏）

臣對：臣聞自古聖哲之君，綏靖寰區，丕揚謨烈，非恃長駕遠馭之略焉，是蓋有致治之本也。《易》曰「蒙以養正」，言緝熙所以光明也。《禮》曰「三年大比」，又曰「三物賓興」，言論秀所以書升也。《書》曰「恭儉惟德」，《詩》曰「豈弟君子」，言修身必當寡欲，從政必當愛民也。夫典學不可不勤，進賢不可不廣，檢身不可不約，察吏不可不嚴。此四者，治天下之要務也。然而，敬怠之幾，邪正之辨，奢儉之原，貪廉之别，必慎之於幾微，而求之於實事，則唐虞三代之隆，可復見於今日也。

欽惟皇帝陛下，聰明天亶，宵旰勤勞，心學固已懋修，賢才固已登進，冗費固已裁汰，吏治固已澄清，典章法度靡不畢舉矣。迺聖德謙沖，不遺淺近，孜孜求治，以公聽並觀爲急務，進臣等於廷，而策之以爲學之道、遴才之方、敦俗之宜、考績之要。臣學識庸陋，奚足以承大對？然幸值廣開言路之時，恭繹疊次諭旨，勖勵多士各抒所見，又何敢摭拾浮辭，以蹈積習乎？

伏讀制策有曰：「二帝三王之心法，不外一中。」而因進求夫發明貫通之旨，博審夫精微要領之功。臣謹案，二帝三王之心法，即二帝三王之治法也。然論道統者，必推本於「人心道心，精一執中」十六言。蓋聖賢傳心之要不外乎中，執中之矩不外乎敬。堯曰欽明，舜曰温恭，湯曰日躋，文曰敬止，無非主敬以協于中。《典》以欽始，《謨》以欽終，實與執中之理互相發明。《尚書》而外，如《易》之言閑存，《詩》之言於穆，亦惟於危微之界謹其幾而已。《大學》八條目，始終不踰乎敬；《中庸》三達德，樞紐不出乎誠。宋真德秀作《大學衍義》，略治平不言，明邱濬補之，一則舉其體，一則闡其用也。夫帝王之學與儒生異。儒生之學，明其道而已，帝王之學，將以見諸用人行政。不慮學問之不廣，而慮心術之未純；不慮視聽之難周，而慮外物之易誘。如漢之董仲舒、匡衡，宋之程頤、胡安國、朱熹，其所敷陳，皆以格君心爲先。誠能體以清明之德，勖以敬畏之功，所謂德日新，萬邦惟懷，端本澄源，莫要於是。我皇上沖齡踐阼，首重傳心，固將以兼體用、合内外者，於典學端聖學之基，由是日就月將，懋德建中，本誠正以致治平，不難也。

制策又以：「得賢才而治天下者，帝王之要道。」爰攷歷代試士設科之典，思有以綜覈名實。臣惟古之用人，德行爲首，才能次之。虞廷載采，亦有九德；周家賓興，考其德行，於才不屑屑也。兩漢以來，刺史、守相得專辟召之權。魏晉而後，九品中正得司人物之柄，其法雖有愧於德行之舉，猶可得才能之士也。後世以銓選署官，而專校其資格；以科目取士，而專主於詞章。於是，選賢與能之意，無復存者矣。唐制既察其身言，復察其書判，此試法也。裴光庭作《循資格》以矯之，集之於十月，選畢於三月，此集法也。陸贄立《計闕例》以救之，可見二者不能無弊。至於漢分四科、宋立六科，司馬光又乞設十科，乃設科之法，非育才之本也。夫魁奇倜儻之士，易軼乎範圍；悃謹廉潔之儒，率拘於繩尺。三代之時，猶難才德兼備，況今日乎？是在馭之有方，化其所偏而已。聖朝以制義取士，凡賢才俊乂，通儒碩彦，靡不出乎其中。兹者恩榜特開，固期識拔真才以濟時艱，又豈在區區文藝之末哉？

制策又以：「崇實黜華，可使風氣日臻樸茂。」欲以去奢示儉之意訓迪臣民。臣惟《書》曰「慎乃儉德」。誠以儉者，政教之本原，風俗之樞機也。堯不以土階爲陋，而舜怵戒於塗髹，以及禹卑宮，文王卑服，莫不忘一身之奉，以專意於安民養民。漢文帝衣弋綈，罷露臺，集上書囊爲殿帷，此皆人君儉德之可法者。古人君以身示教，故其時公卿大夫咸勵節儉正直之操，是以《羔羊》之詩美之。後世若趙抃守成都，一琴一鶴；程（櫛）〔爀〕令鹽城，①一馬一僕，其清標高節，亦無愧於古人，豈非臣下所當矜式者乎？夫雕文刻鏤致傷農事，錦繡纂組遂害女紅。飢寒並至，民易爲非，則崇儉其要也。乃積習相沿，敝化奢麗，以致不能養廉，即《蟋蟀》《山樞》之風，亦邈不復覩。服食器用，務爲美觀；輿馬衣裘，競相驕侈，何風俗之不古若歟？臣竊謂世運之升降，風俗實爲之。所以維持風俗者，在乎政教耳。政教既得，則民風漸厚，民氣自純。既有節而不傷財，亦有度而不踰禮，庶幾可挽一時之敝俗也已。聖朝儉德，超越千古。近因度支久絀，裁繁冗之費，移汰侈之風，皇上躬行節儉爲天下先，所由節用愛人，道德一而風俗同也。

制策又以：「守令之職，與民相親。」乃求課績之方，以立敷教之本。斯可懲貪墨而勵循良。臣以爲大吏、監司，皆無親民之責，其親民者，守令是也。然縣令必督之以郡守者，秩稍尊則事權較重，地相近則耳目易周。故郡守得其人，則屬縣皆治矣。漢宣帝詔曰：「政平訟理，與我共此者，其惟良二千石乎？」斯言可謂得其本矣。夫郡守之賢否，監司且難備悉，況縣令數倍於守，其考察更爲不易。蓋吏治之清濁，關繫民生之休戚；而屬員之賢否，尤視大吏之貪廉。故大吏者，小吏之表率也；有守者，有爲之根本也。是在察之得其人耳。縣令賢明，則賦斂均而民得守其業，徭役平而民得舒其困，訴訟簡而民得平其情。乃由儒術者多迂而弛事，由雜流者或奸而弄法，遂致蠹政厲民，不可枚舉。非整齊而磨厲之，何以安天下之民也。大吏苟能舉所當舉，劾所當劾，則留意教化者不至遭沈滯，而勞心撫字者不至受譴訶。《記》曰：「大臣法，小臣廉。」是知察考之方，不可不責之大吏也。皇上屢頒訓誡，整飭官方，本勵精圖治之思，矯疲玩因循之習。大吏果能盡

① 「爀」，據《歷科狀元策》改。

心考察，舉劾得當，斯吏治興而民生亦遂矣。

夫以嚴恭建皇極，以選舉廣賢路，以樸素端民習，以勤慎覈官聯，舉而措之，何政之不修、何功之不舉也？ 臣尤伏願皇上，行之以實，守之以恒，毋謂大旨已明而稍疏觀省，毋謂人材已盛而偶懈旁求，毋謂國用已充而萌豫大豐亨之志，毋謂官箴已肅而啓逢迎躁進之途。《書》曰：「兢兢業業，一日二日萬幾。」《詩》曰：「敬之敬之，天惟顯思。」體此意以爲治，則我國家億萬年有道之長基此矣。

臣末學新進，罔識忌諱，干冒宸嚴，不勝戰慄隕越之至。臣謹對。

（底本：《歷科殿試策》，光緒刻本，國家圖書館藏。參校本：《歷科狀元策》，影印中研院傅斯年圖書館藏本）

九六　同治四年乙丑科　崇綺

同治四年（一八六五）乙丑科，共取進士二百六十五名。狀元崇綺，榜眼于建章，探花楊霽。

是科知貢舉：工部右侍郎毓禄、禮部右侍郎汪元方。會試正考官：大學士賈楨爲。副考官：户部尚書寶鋆、刑部右侍郎譚廷襄、内閣學士桑春榮。

是科殿試讀卷官：協辦大學士、吏部尚書瑞常，吏部尚書朱鳳標，户部右侍郎董恂，禮部右侍郎綿宜，兵部左侍郎畢道遠，内閣學士延煦、桑春榮，都察院左副都御史景霖。

崇綺（一八二九—一九〇〇），字文山，阿魯特氏，原爲蒙古正藍旗人，後陞隸滿洲鑲黄旗。大學士賽尚阿之子。初爲工部主事，嗣遷員外郎。狀元及第，授翰林院修撰。清立國二百數十年，滿、蒙人試漢文獲授修撰者，止崇綺一人，士論榮之。同治九年，遷侍講，充河南鄉試正考官，充日講起居注官。十一年，詔册其女爲皇后，錫三等承恩公。歷遷内閣學士，户部、吏部侍郎。光緒二年（一八七六），充會試副考官，補鑲黄旗漢軍副都統。五年，出爲熱河都統。七年，調盛京將軍。九年，謝病歸。旋授户部尚書，再調户部。二十六年八月，殉節于保定，謚文節。《清史稿》有傳。

崇綺狀元策見《歷科狀元策》（影印中研院傅斯年圖書館藏本）。

同治四年，乙丑。夏四月，乙丑朔。乙酉，策試天下貢士廖鶴年等二百六十五人於保和殿，制曰：朕以沖齡，懋膺大寶，四載於兹。仰荷昊穹篤祜，列聖詒謨，上承訓迪於兩宫，下肇昇平於四海，惟思宵旰勤孜，以求治臻上理。兹當臨軒策士，式殷前席，用集嘉猷。

《虞書》(守)[首]執中之訓，①爲道統所自開。帝德王道，時代雖殊，其同條共貫者安在？《湯誥》言降衷恒性，專言理也；《洪範》言天陰騭下民，而五行庶徵，理兼乎數，其説之同異若何？董仲舒漢之大儒，朱子既以正誼、明道二語，編入《小學》，而於《天人三策》，猶有未滿之辭，其意何指？王通著《中説》，學者擬之《論語》，而後人斥爲僭妄，所指何條？唐臣韓愈推原性道，拔起於貞元元和之閒，然其議論之未盡純者何在？宋之大儒，濂洛關閩，專以發明心性之奥，至其得力之處，教人之術，能揭其大要歟？元儒首倡者何人？繼起者何氏？其純駁優劣，能詳言之歟？明代《理學録》孰爲居首，其餘諸子，出處成就，又各不同，可一一悉數歟？

守令爲親民之官，安民必先察吏。保障繭絲，自古辨之矣。《史記》列傳，特標「循吏」，後史因之。其閒又有或稱良吏，或稱良政者，能枚舉歟？龔、黄、召、杜，尚已！此外有蒲鞭示辱者，有生魚懸庭者，有麥秀兩歧者，有民歌五袴者，有蟲不犯境者，有處膏不潤者，有提耳訓告者，可歷指其人歟？他如尹思貞之刺青州，薛大鼎之轉滄州，包拯之知端州，王覿之知蘇州，楊仲昌之令孝義，李君奭之令醴泉，劉摯之令南宫，其治績可得聞歟？或謂漢委寄守令，不從中馭，居官者得行法外之意，是以吏治爲唐宋所不逮，然歟否歟？

安民之法，莫先於弭盜；弭盜之法，莫善於保甲。説者謂保甲之制，權輿於《周官》，然歟？保甲之名，創自何人？漢之亭長、嗇夫，唐之里正、坊正，推其名，實與周制里宰、鄰長、鄙師不相遠，其(實)[時]充其任者何人？②且同一保甲之法，王安石行之而民擾，王守仁行之而民安，豈法之有效有不效歟？抑有治人無治法歟？弭盜之方，載諸簡策者，如

① 「首」，據《歷科狀元策》改。
② 「時」，據《歷科狀元策》改。

韓延壽之治潁川，尹翁歸之守扶風，其法能備舉歟？他如村置樓鼓，縫衣爲誌，相機制變，存乎其人，可引伸其説歟？歐陽修有禦盜四事，説者謂其中有探本之論，其要安在？

整軍經武，國之大經。古者寓兵於農，《師》之取象，地中有水，所謂藏至險於大順也。管仲相齊，參其國，伍其鄙，國則爲軍，鄙則爲農。説者謂兵民之分自此始，然歟？設兵之善莫如唐，馭將之善莫如宋，所謂善者安在，能詳其説歟？明邱濬謂宋之禁軍，不如漢之踐更；漢之踐更，不如唐之府兵，能引伸其意歟？于謙創團操之議，王驥定練兵之制，可備陳歟？今將整飭營伍，鼓勵戎行，必使汰其老弱，黜其驕悍，懲其惰窳，簡其精鋭，以汰卒之糧，加精卒之餉，庶兵歸實用，餉不虚糜，果何道之從？

凡兹四端，稽古以懋修途，考課以釐政績，除莠以清里閈，詰戎以靖邊陲，皆經國之遠猷，立政之要務也。多士力學有年，其各陳讜論毋隱，朕將親覽焉。

（底本：《清穆宗實録》卷一三七，册四八，頁二〇七—二〇九。參校本：《歷科狀元策》，影印中研院傅斯年圖書館藏本）

臣對：臣聞合天者帝，通德者王。自古聖哲之君，無不本一人之執中，以端百家之術之源，以挽群吏因循之習，以止四海争兢之風，以振衆士鼓舞之氣者也。《易》曰：「蒙以養正。」《書》曰：「念終始，典于學。」凡以聖學握萬事之原，故致治必求當理，而理境之所以明，聖學之善於體道可知也；計吏所以遂良，而良吏之所以興，聖學之深於愛民可知也；善俗在乎除莠，而莠民之所以去，聖學之精於辨奸可知也；經武斯可宣威，而威聲之遠，聖學之顯於行義可知也。

欽惟皇帝陛下，聰明天亶，宵旰勤勞，裕文武之資，炳登咸之治，固已理學無不明，吏治無不善，暴民無不靖，戎政無不修矣。廼聖懷沖挹，猶切疇咨，罷格式忌諱之拘，而邇言是察，進臣等於廷，而策之以析理之方，課吏之要，安良之道，整旅之宜。臣學疏識淺，何足以仰贊高深，然幸值言路之廣開，謹繹疊次諭旨，深勖多士剴切敷陳，敢不自抒所見效芻蕘之獻乎？

伏讀制策有曰：「虞廷首執中之訓，爲道統所自開。」因進詳夫理學，誠端本善則之切務也。臣案帝德王道，時代雖殊，而所以同條共貫者，亦惟以「人心惟危，道心惟微，惟精惟一，允執厥中」十六字爲治平之本，而帝王之學可識矣。故《湯誥》之降衷恒性，專言理也。《洪範》言「天陰隲下民」，而五行庶徵，理兼乎數，數固不外乎理也。漢董仲舒度越諸子，誠爲大儒，其所言未有善於「正其誼不謀其利，明其道不計其功」者。朱子於《天人三策》，猶有未滿，而獨編此二語入《小學》，意以培根達支者，要在無功利之見，始不至爲鄙夫之患得患失耳。隋王通著《中說》，學者擬之如《論語》，而後人斥爲僭妄。然先儒稱其中極有格言而不遺議者，則以後學動擬聖人也。唐臣韓愈，文起八代之衰，而推原性道，洵可謂賢矣。惟其因文見道，故議論間有未純，如《上宰相書》之類，略可覩矣。宋之濂洛關閩諸大儒，專以發明心性之奥，其得力之處，教人之術，要在乎誠意正心，無爲而爲。至元儒之許衡，明儒之薛瑄、胡居仁，皆能恪守先正法程，最純者也。皇上精意懋修，崇儒重道，所由正學昌明，而異學、俗學盡黜矣。

制策又以：「守令爲親民之官，而安民之道必先察吏。」此誠務本之盛心，愛民之至意。臣案察吏之法，始於唐虞，敷奏明試，言之已詳，故夏言木鐸之徇，商著官刑之儆，周以八法治官府，以八枋馭群臣，而六計皆冠以廉，無非盡察之事也。至保障繭絲，自古辨之，凡以爲民耳。《史記》列傳特標「循吏」之名，後史因之，其間或稱爲良吏，或稱爲良政，皆循良之意，以其能保民如子也。漢之龔遂、黄霸，以及召之稱父，杜之稱母，固足尚已。此外或以蒲鞭示辱，或以生魚懸庭，或麥秀兩岐誌年之豐，或民歌五袴見人之樂，至蟲不犯境，處膏不潤，及夫提耳訓告，則其愛護斯民之心，均可從此想見也。後世如尹思貞、薛大鼎、包拯、王覿、楊仲昌、李君奭、劉贇，皆守令之最善者。至漢之委寄守令，不從中馭，居官者得行法外之意，亦其時勢然也。察吏之法，豈可廢也哉！ 皇上學有根柢，取人以身，凡屬内外大小臣工，莫不知潔己奉公，以克盡厥職，所爲蒸蒸日上，而百工允釐，庶績咸熙也。

制策又以：「安民之法，莫先於弭盗。而弭盗之法，莫善於保甲。」此誠除暴安良之要務也。臣惟周制，比閭、族黨、鄰里皆有長，所以分掌其政事戒令，以均其役，而弭盗之善法寓其中，此保甲所由昉也。管子昉之爲軌里連鄉之法，而奔亡無所匿，遷徙無所容，蓋猶有《周官》遺意。漢置亭有長，鄉有三老、嗇夫。高帝以來，以其異於齊民也，或賜酒食，或賜帛賜爵。唐以百户爲里，坊村與里各置正一人，俱慎其選擇，免其課役。推其名實，與周制里宰、鄰長、鄙師不相遠也。顧同一保甲之法，王安石行之而民擾，雖意法《周官》，無當也；王守仁行之而盗戢民安，江右以爲便。可見不在法，而在行法者也。至韓延壽之治潁川，尹翁歸之守扶風，更其稱名最先者。他如村置樓鼓，所以樹聲援；縫衣爲誌，所以防冒混，相機制宜，存乎其人。如歐陽修禦盗四事，即可見其探本立論也。蓋保甲者，以里閈相習之人，察耳目最近之事，形(縱)[蹤]難掩，①動息易知，誠以治之於已然，曷若弭於未然也。《聖諭廣訓》十五條曰《聯保甲以弭盗賊》，所以保全善良者至矣。
皇上學古有獲，以明明德者新民，不已經正民興，斯無邪慝哉！

制策又以：「整軍經武，國之大經。」因進念夫古者寓兵於農之意。此誠威遠之要圖也。臣考三代之制，以民爲兵，出而振旅，入而歸耕，鄉遂之吏即六軍之將，法至善也。管仲相齊，參其國，伍其鄙，國則爲軍，鄙則爲農，説者謂兵農之分自此始。漢初，制猶近古，得内外相維之道。至武帝分立八校，期門、羽林之士，轉徙無常，自是有養兵之患。唐置府兵，分

① 「蹤」，據文義改。

天下爲十道，有事則命將出征，事解輒罷。宋有禁兵、廂兵、鄉兵、蕃兵，天下之兵統於樞密，京師之兵統於三衛。蓋設兵之善莫如唐，馭將之善莫如宋。明禁兵錦衣十二衛，留守四十八衛，即唐府兵之遺。故邱濬謂：「宋之禁軍，不如（宋）〔漢〕之踐更；①漢之踐更，不如唐之府兵。」至于謙創團營之議，王驥定練兵之制，凡欲使一兵有一兵之用，而非同泛設也。夫將整飭營伍，鼓勵戎行，必使汰其老弱，則壯者可以折衝而不至游手；黜其驕悍，則良者可以守律而不至恃力；懲其惰窳，則人思自强；簡其精鋭，則人皆可用。由是以汰卒之糧，加精卒之餉，則兵得實效，餉不虛靡，何敵之不克哉？皇上學道愛人，行仁以義，所由邊陲永靖，盡登斯民於衽席也。

夫以建皇極者延道統，以礪廉隅者覈官聯，以善防閑者靖民風，以精訓練者作士氣，尚何政之不舉哉？臣尤伏願皇上，天行不息，日進無疆，典學已勤而猶嚴觀省，程材已慎而彌切裁成，除惡已盡而愈念安懷，訓兵已精而益申節制。然分按之固有各盡之條理，切究之總視當體之修爲。蓋源清則流無不潔，體立而用有以行，本此意以爲治，則我國家億萬年有道之長基此矣。

臣末學新進，罔識忌諱，干冒宸嚴，不勝戰慄隕越之至。臣謹對。

（底本：《歷科狀元策》，影印中研院傅斯年圖書館藏本）

① 「漢」，據文義改。

九七　同治七年戊辰科　洪鈞

同治七年(一八六八)戊辰科,共取進士二百七十名。狀元洪鈞,榜眼黄自元,探花王文在。

是科知貢舉:工部左侍郎魁齡、禮部左侍郎龐鍾璐。會試正考官:協辦大學士、吏部尚書朱鳳標。副考官:吏部尚書文祥、兵部尚書董恂、都察院左副都御史繼格。

是科殿試讀卷官:大學士倭仁,吏部尚書單懋謙,禮部尚書全慶,署禮部右侍郎鮑源深,工部左侍郎魁齡、右侍郎潘祖蔭,内閣學士王祖培,都察院左副都御史繼格。

洪鈞(一八四〇—一八九三),字陶士,號文卿,江蘇蘇州府吴縣(今蘇州市)人。同治三年(一八六四),江南鄉試中式。狀元及第,年三十,授修撰。同治九年,提督湖北學政。光緒元年(一八七五),補行散館,充順天鄉試同考官。二年,充陝西鄉試正考官。五年,充功臣館纂修:七月,任山東鄉試正考官:十月,陞侍講。六年二月,轉侍讀,提督江西學政:六月,陞翰林院侍講學士:七月轉侍讀學士。九年三月,陞詹事府詹事:七月,陞内閣學士,兼禮部侍郎銜。旋因母老請開終養,十年,丁母憂。十三年,充出使俄、德、奥、荷四國大臣。十六年,陞兵部左侍郎。受代歸,兼總理各國事務衙門。十九年八月,以疾卒于位,年五十五。通經史,嘗撰《元史譯文證補》。《清史稿》有傳。

洪鈞狀元策見《歷科狀元策》(影印中研院傅斯年圖書館藏本)、《歷科殿試策》(光緒刻本,國家圖書館藏)等。

同治七年,戊辰。夏四月,己卯朔。己亥,策試天下貢士蔡以瑺等二百七十一人於保和殿,制曰:朕以沖齡,誕膺昊眷，寅紹丕基，荷列聖之詒謀，承兩宫之訓迪，兢兢業業，夙夜不敢康。深惟典學傳心之要，去奢崇儉之方，練兵講武之經，弼教明刑之用，冀與中外臣民，致上理於大同，臻郅隆之盛軌。兹值臨軒發策，虚衷博採，廣集嘉謨，爾多士其敬聽朕命。

危微精一之旨，爲帝王道統所開。堯曰執中，舜曰用中，湯曰建中，與《中庸》致中和之義有合否？朱子謂：「《大學》之格致誠正，以至修齊治平，始終不外乎敬；《中庸》之聖神功化，樞紐不外乎誠。」心法治法，一以貫之，二書實括其全，能申明其義歟？《帝範》《帝學》《心經》《政經》，以及《大寶》《丹扆》之箴，其言亦有可採歟？真德秀《大學衍義》，僅及修齊，何爲略治平而不言？邱濬《大學衍義補》，政典極爲詳備，抑尚有提挈大綱者在歟？《洪範》「皇極」，漢儒訓爲「大中」，宋儒又以爲不然，其義何歟？

自古求治之主，罔不躬行節儉，爲天下先。然非徒務乎其名也。《書》曰：「慎乃儉德，惟懷永圖。」《左氏》云：「儉，德之共也。」儉以德名者，有清心寡欲之功，而後有制節謹度之事也。堯之土階，舜之土簋，禹之菲食，文之卑服，尚已！漢文帝衣綈履革，屏雕文之飾，惜中人之産，治猶近古焉。厥後令辟，焚翟裘，毁筒布，卻珠貢，非不節儉可風。然究不能躋一世於敦龐以追蹤隆古者，豈徒儉不足以示國歟？抑務其名而不求其實之過歟？今欲使天下黜華崇實，易俗移風，何道以致之？

武備之要，訓練爲先。蒐苗獮狩，四時教戰，成周之制備已。漢有京師教試之法，有州郡教試之法，能詳悉言之歟？唐設府兵，三時勸農，一時講武，人思自奮，悉爲精鋭，果何由而得此？宋初收天下勁兵，列營京畿爲禁兵，親御近郊閲武，京師之兵，稱爲强盛，而州郡率皆疲弱，意在懲前代藩鎮之弊，其制果盡善歟？明戚繼光《練兵實紀》一書，爲談兵家所稱善，其六練之法，能備詳之歟？國家整軍經武，兵制修明，近復練兵近畿，用備藩衛，果何以慎簡軍實，俾各營悉成勁旅也？

上古無司刑之官，虞命皋陶制刑，爲五刑所由昉。《周官》五刑之屬各五百，而《吕刑》言五刑之屬三千，所增減者安在？楚之《僕區》，鄭之《刑書》，晉之《刑鼎》，作於春秋時，而論者謂李悝《法經》六篇，爲後世律例所自始，其果然歟？漢初約法三章，厥後蕭何定律令，於李悝《法經》，凡益若干篇？叔孫通復益者何律，唐之《律令》《格式》，宋之《刑統》，元之《至元新格》《大元通制》，明之《大明律令》，其輕重繁簡之數，可約舉歟？朕欲本欽恤之心，行明允之法，司憲者宜如何持平協中，以臻刑期無刑之郅治也？

凡兹四端，懋修以建極，節用以阜財，訓卒以詰戎，明罰以敕法，經邦體國，莫要於斯。爾多士其詳明著於篇，毋泛毋隱，朕將親覽焉。

（底本：《清穆宗實録》卷二三〇，册五〇，頁一六七—一六八。參校本：《歷科狀元策》〔影印中研院傅斯年圖書館藏本〕；《歷科殿試策》〔光緒刻本，國家圖書館藏〕）

臣對：臣聞治天下之道，非以長駕遠馭爲能；平天下之經，非以苟且補苴爲事。蓋基之宵旰者有其本，而措之廟堂者有其具也。自古賢聖帝王致治之法，史不絶書，而求其要端，則不過懋修之實，節用之規，振旅之方，慎刑之意。其兢兢於夙夜者，將以勉主德於至純，貽大猷於累世，而使天下力學崇儉，以馴至於兵刑不試之休也。至於敬怠之幾，華樸之分，張弛之宜，寬嚴之用，尤必察之以聖知，而行之以實心。則唐虞三代之隆風，不難再見於今日也。

欽惟皇帝陛下，沖齡踐阼，聖德亶聰，宥密固已單心，冗費固已悉汰，軍威固已丕振，國典固已持平，法度典章，秩然具備矣。迺聖懷沖挹，猶切咨詢，欲公聽以達聰，思邇言之是察，進臣等於廷，而策以典學、戒奢、詰戎、敕法諸大政。臣之愚昧，何足以備顧問，而不揣固陋，竊欲以壤流之細，仰補高深。兹復恭奉諭旨，勖多士以毋泛毋隱，若惟摭拾浮辭，實已負慚夙夜。

伏讀制策有曰：「精一危微之旨，爲帝王道統所開。」而欲求審端致力之方，以心法爲治法。此誠正位凝命之大本也。臣謹案，「執中」一語，肇自陶唐。其後，舜曰用中，湯曰建中，無非於人心、道心之界，慎其閑存而究，則位天地、育萬物之功，皆不外乎此。《中庸》之致中和，聖神之學，即帝王之功也。《朱子或問》謂：「《大學》自格致誠正，以至修齊治平，始終不外乎敬；《中庸》之聖神功化，樞紐不外乎誠。」誠敬立，而天人感應可知也。唐太宗作《帝範》十二篇，始《君體》《建親》，終《閱武》《崇文》。宋范祖禹約三皇五帝以迄宋代之君，爲《帝學》八卷。真德秀著《心經》，又著《政經》。唐張蘊古獻《大寶箴》，李德裕進《丹扆六箴》，皆足以爲啓沃之資，而備觀省之用。宋真德秀作《大學衍義》四十三卷，取經文二百五字，證以《堯典》《臯陶謨》《伊訓》之書，《思齊》之詩，《家人》之卦，子思子、孟子、董仲舒、揚雄之説，分爲四大綱，意在正本清源，揭明爲學致治之要，故於治平之略闕如。明邱濬補之，一則舉其體，一則闡其用也。《洪範》「皇極」，漢儒訓爲「大中」。朱子謂：「皇者，君也。極者，至極之義。」如《禮》所謂「民極」，《詩》所謂「四方之極」，是也。是其説較漢儒爲優矣。皇上以聖哲之資，荷艱大之業，親師重道，遜志時敏，更審夫存誠之學，居敬之功，宫府内外，皆以一中爲臨馭，豈不懿歟！

制策又以：「自古求治之主，罔不躬行節儉，爲天下先。」而欲以去奢示儉之意訓迪臣民。臣惟《書》曰：「慎乃儉德，惟懷永圖。」《左氏》曰：「儉，德之共也。」儉而以德名者，非謂徒務乎其名也。有清心寡慾之功，而後有制節謹度之事。故自其末言之，則所以裕財而足國；而自其本言之，則必有不敢縱欲，不敢厲民之意。而後去聲色，戒遊畋，黜華崇實，息息以撙節爲心。堯不以土階爲陋，而化致時雍；舜不以土簋爲嫌，而俗徵風動。禹之卑宫，文之卑服，亦皆以身率下，不令而從。其後如漢之文帝，衣綈履革，屏雕文之飾，惜中人之産。其時民安物阜，漢治稱極盛焉。後之令辟，非不焚翟裘，毁筒布，卻珠貢，思以節儉之風昭示臣下，而終不能躋一世於敦龐，以追蹤隆古，則務其名而不求其實之過也。然則使天下回心鄉道，相與戒侈靡而事樸誠，亦視上之表率而已。聖朝儉德，超越千古，近又裁繁冗之費，慎度支之經，體唐成儉，踵虞爲樸，凡在臣工百姓，孰不敦羔羊之節、蟋蟀之風哉？

制策又以：「文德誕敷，不忘武備，整軍經武，所以輔化安民。」因詳詢夫訓練之方，營伍之制。此尤保邦之微意也。臣攷成周之法，春蒐夏苗，秋獮冬狩，寓兵於農，分四時以教戰，法至善已。漢有都試、都肄、都講、貙劉之制。其京師教試之法，則以秋後郊禮畢會五營士；其州郡教試之法，則以八月會都試，課殿最。其後兵制浸失，而都試之法遂罷。府兵之制，起自西魏後周，而備於隋。唐因之，析關中爲十二道，每月番上以供宿衛。三時務農，一時講武，無坐食也；籍藏將府，伍散田畝，無列屯也；有事則將之以出，事已則將之而歸，無久戍也。三代以降，兵最强而制近古者，莫唐之府兵若也。宋懲唐末藩鎮之弊，思强榦而弱枝，乃收天下勁兵，列營京畿爲禁兵。而州郡率皆疲弱，曾不足以制盜賊，卒至兵不可用，而募勇以充伍籍。國威不振，職是之由。夫兵以訓練爲先，明戚繼光《練兵實紀》一書，爲談兵家所稱善。其論練士之法，一練伍法，二練膽氣，三練耳目，四練手足，五練營陣，六練將。苟如其法而奉行之，何患兵之不精哉？我朝武功之盛，凌轢往代。八旗緑營，星羅棋布，近年增兵近畿，以固邦本，更勤其操演，精其簡閲，洵安内攘外之大猷也。

制策又曰：「刑罰之設，所以除莠安良。」因詢累朝損益之經，求持平協中之道。臣惟上古無司刑之官，唐命皋陶制刑，爲五刑所由昉。《周官》之制，屬各五百，而《吕刑》言五刑之屬三千，蓋墨罰、劓罰，皆以千計，而重刑則遞減。而上所謂世輕世重也。春秋之時，楚作《僕區》，鄭作《刑書》，晉鑄《刑鼎》，而李悝《法經》六篇，又爲後世律例所自始。漢蕭何定律令，於李悝《法經》，益以《事律》《擅興》《廄户》三篇，合爲九篇。叔孫通又益爲《傍章》十八篇，名《漢律》。唐有《律令》《格式》，太宗、玄宗之世，上務仁恕，故用法平允。後以殘酷爲治，而法網遂繁。宋之《刑統》，仍周之舊，而矯其太嚴，大概酌於唐之《律令》《格式》，隨時損益。元初循用《金律》，世祖簡除煩苛，更爲《至元新格》。英宗時，又立《大元通制》，皆以仁厚爲本，而其失則在緩弛。明定律令，篇目皆準於唐時，矯元之失，用法過峻，刑獄因以滋繁。我國家深仁厚澤，仍前之律，而去其嚴刻，繁簡得中，法盡善已。

夫主極雖端而宜防其怠，侈心雖去而必杜其萌，兵制雖精而更憂其敝，刑章雖慎而或慮其繁。臣之至愚，尤伏願皇上，勤覽詩書，廣延規諫，廑時艱而力求整頓，守成憲而量爲變通。皋陶之謨曰：「兢兢業業，一日二日萬幾。」言敬畏之心爲諸事之樞也。體此意以懋勉宸修，而更以樸素端民俗，以紀律肅戎行，以明允行國典，君德純而庶事咸理，則我國家億萬年有道之長基此矣。

臣末學新進，罔識忌諱，干冒宸嚴，不勝戰慄隕越之至。臣謹對。

（底本：《歷科殿試策》，光緒刻本，國家圖書館藏；參校本：《歷科狀元策》，影印中研院傅斯年圖書館藏本）

九八　同治十年辛未科　梁燿樞

同治十年（一八七一）辛未科，共取進士三百二十三名。狀元梁燿樞，榜眼高岳崧，探花郁崑。

是科知貢舉：刑部左侍郎志和、户部左侍郎潘祖蔭。會試正考官：大學士朱鳳標。副考官：工部尚書毛昶熙、都察院左都御史皂保、内閣學士常恩。

是科殿試讀卷官：大學士瑞常，户部尚書寶鋆，刑部尚書全慶，工部尚書毛昶熙，都察院左都御史龐鍾璐，户部左侍郎延煦，兵部右侍郎黄倬，都察院左副都御史劉有銘。

梁燿樞（一八三三—一八八八），字冠祺，號斗南，晚號叔簡，廣東廣州府順德縣（今廣州市）人。同治元年（一八六二），廣東鄉試中式。狀元及第，授翰林院修撰。同治十二年，出任順天鄉試同考官。光緒二年（一八七六），提督湖北學政。八年，入值南書房，授中允。九年，陞翰林院侍講，次年，轉侍讀。十一年，補翰林院侍講學士、侍讀學士。十二年，任會試同考官，提督山東學政。十四年，卒于山東行轅，年五十六。

梁燿樞狀元策見《歷科狀元策》（影印中研院傅斯年圖書館藏本）、《狀元策》（光緒寶書堂刻本，首都圖書館藏）及《歷科殿試策》（光緒刻本，國家圖書館藏）等。《歷科狀元策》與另兩種版本文字差異較大，幾同兩文，故兩存之。

同治十年，辛未。夏四月，庚申朔。庚辰，策試天下貢士李聯珠等三百二十三人於保和殿，制曰：朕寅紹丕基，撫臨寰宇，默荷上穹垂佑，列聖詒謀，兢業敕幾，日慎一日。承兩宮之訓迪，期四海之乂安，深維誠意正心之要，通經致用之方，何以崇實而黜華，何以興賢而致治，集思廣益，冀於實政有裨。茲當臨軒發策之時，悉心諮訪，爾多士其敬聽朕命。

人心道心之訓，肇自虞廷。帝王所以與天下相見者心也。《書》所謂享天心，肩一心，蓋徹上下之義也。心之用主乎敬。《堯典》一篇，始終皆曰欽，即至於元首股肱，賡歌喜起，而猶勖以欽，此傳心之功效也。禹之祗台，湯之聖敬，文之小心，武之執競，足相證明。後世如唐太宗之《帝範》，范祖禹之《帝學》，其言有可採歟？真德秀《大學衍義》，僅及修身齊家而止，何以不言治平？而明邱濬補之，能約舉其要歟？

自漢以來，儒者相傳，但言五經，而唐時立之學宫，則云九經。九經者三禮三傳分而習之，故爲九經也。其刻石國子學，則併《孝經》《論語》《爾雅》而言，其增益果在何時？唐太宗詔顔師古攷定五經，頒於天下；又以儒學多門，章句繁雜，詔孔穎達諸儒，譔定《五經義疏》，能分析其義歟？至義疏之外，先儒之説，有足羽翼經傳者，能略言其目歟？

《書》曰：「慎乃儉德。」《傳》曰：「儉德之共。」自古帝王，未有不以節儉爲天下先者。帝堯茅茨不翦，帝舜甑盆無膻，大禹卑宫，文王卑服，尚已！嗣後惟漢文帝躬行儉德，遂成富庶之業，享世長久。他如晉武帝、隋文帝，亦稱克儉，而行政或未盡合宜，其故安在？國儉國奢，由於上之所示，《山樞》《蟋蟀》之風，最爲近古。今則服食器用，競爲美觀，士庶多踰禮之嫌，閭閻鮮蓋藏之實。果何由力戒浮華，而使風氣日臻樸茂歟？

古之用人，德行爲首，才能次之。虞廷載采，亦有九德；《周禮》賓興，惟以三物，法至善也。兩漢以來，刺史守相，得專辟召之權。魏晉而後，九品中正，得司人物之柄，行之果能無弊歟？至隋始以科目取士，唐制設科雖多，而明經、進士，尤爲得人。宋時司馬光分路取人之説，主均額以息奔競；歐陽修但務擇人之論，主覈實以免繆濫，二者孰是？至光欲以十科取士，朱子又欲分年試士，其目安在？蘇軾之議經義試士，劉敞之議賢良方正，亦有可採歟？

夫建中以立極，稽古以右文，崇儉以化民，任賢以立政，皆致治之宏模，綏猷之極則。爾多士服習有年，對揚伊始，其各陳讜論，毋泛毋隱，朕將親覽焉。

（底本：《清穆宗實録》卷三〇九，册五一，頁九六—九七。參校本：《歷科殿試策》，光緒刻本，國家圖書館藏）

其一

臣對：臣聞顯德者緝熙之學，通經者致用之原，黜奢者崇儉之經，任賢者立政之要。自古帝王，斟元御宇，錫福諴民，以策皇猷，則書陳丹陛焉；以端經術，則瑞應青藜焉；以儲國用，則德洽素絲焉；以勵官常，則賢占朱紱焉。稽諸往籍，於《禮》而徵儼若，於《書》而證舊聞，《詩》遵無斁之風，《易》著彙征之吉。茂矩隆儀，粲然具備。用是惟幾惟康，懍保泰也；或源或委，皆啓蒙也；克勤克儉，貴有恒也；興賢興能，同拔萃也。所由盧牟六合，經緯萬端，賡五福而協庶徵者此也。

欽惟皇帝陛下，德侔幬載，治邁羲軒，則古聖以同民，體至仁以育物，固已九疇攸敘而四海同文，二篋占亨而八俊備選矣。廼聖懷沖挹，猶切咨詢，思至善之無遺，冀邇言之可[察]。① 進臣等於廷，而策以明聖學、重經畬、黜奢浮、簡賢俊諸大政。臣之愚昧，奚足以知體要，顧當對揚伊始之時，敬念敷奏以言之義，敢不勉述平昔所誦習者，以效管窺蠡測之微忱乎？

伏讀制策有曰：「人心道心之訓，肇自虞廷。」而因深求乎敬天之要務。此誠修身保治之大原也。臣謹案，天之德貞於恒，聖之功成於敬，帝王之道純於一。遐稽重華，至治詳於典謨。其時文思光被，府[事]修和，②而欽崇奉若之意，日慎

① 「察」，底本闕，據旁批及《歷科殿試策》補。
② 「事」，底本闕，據文義補。

一日，此所以元首股肱，賡歌喜起，而猶勖以欽者也。人君顧諟明命，誕［膺景祚，①則天工時亮，庶績咸熙，然後由可大期於可久。是故萬幾兢業內心也，協和於變上理也；去邪勿疑，惟明克允，大中至正之極軌也。體諸身則至誠無息，措諸世則悠久無疆，以之贊化而位育成，以之敷政而訓行協，以之辨學而人心正，以之弼教而邦典修。用是而能綱維道德，經緯天地，鴻名茂實，禔福中外。《洪範》言皇極之建，而徵其用於敷錫庶民，《詩》詠嘉樂君子，而究其原於保佑中命，惟以精明强固之體，謹迪之於純常，舉凡握極基命、飭紀型方，與經正民興、明罰敕法之切務，莫不與天下相見以心，蓋一人裕欽明濬哲之原，四海臻潤澤豐美之效，理固然也。皇上德備福基，治符心矩，固法至健以乘乾，普太和而永賴矣。

制策又以：「經學之要，昭垂今古。」而因欲博採先儒之説，以羽翼經傳。此誠嘉惠儒林之至意也。臣謹案，五經之書，廣大悉備。自六經表章於孔子，逮漢而專門名家，互相傳述。故《易》有田何之學、京房之學，《書》有伏生今文、孔安國古文之學，《詩》則齊人轅固、魯人申培公，《春秋》則胡母生、董仲舒，《禮》則高堂生、后蒼，諸人各有撰記。孟喜之《易》出田而入京，梁邱賀之《易》始京而終田，伏生之《書》傳歐陽生，孔安國之《書》傳兒寬，蕭望之習《齊詩》，嬴公受《公羊春秋》於仲舒，戴德、戴聖受《禮》於后倉，此淵源之最著也。鄭康成集西漢諸儒治經］之學，觀其會通群經，皆有師承，嬋見洽聞，非訓詁家所能及。夫通經所以致用，非惟是循誦習傳已也。必將舉古聖人之精言奧旨，喻之於心，體之於身，居則修身齊家，出則長民輔世，故疏廣明《春秋》知止足之義，朱雲通《易象》有忠直之風，均爲通經之效。唐貞觀間幸太學，命孔穎達講經，又撰《五經義訓》。宋真宗詔（邪）［邢］昺校定經文，②此可謂好學矣。皇上經學昌明，□越往代，博考乎典章之盛，深悉夫文字之源，大義微言，洵乎如日月之麗天，江河之行地矣，豈不盛哉！

① 「膺景祚」至下節「西漢諸儒治經」，底本缺頁，據《狀元策》補。
② 「邢」，據文義改。

制策又以：「節儉之道，爲帝王要務。」而因講求乎議道自已，使天下移風易俗之故。臣惟節之一言，誠聖人制用豐財之法。漢唐之始，天下之用常絀矣，文帝、太宗能用財有節，故公私有餘而致天下之富。漢唐盛時，天下之用常裕矣，武帝、明皇不能節以制度，故公私耗竭而致天下之貧。陸贄有言：「生物之豐歉由天，用物之多少由人。」是以裁制之術，在乎行斂有其藝，儲蓄有其具，費用有其經，人君復躬行節儉爲天下先。捐珠玉、焚貂錦，去優伎，廢苑囿，戒繕修，卻貢獻，首及大臣，次及百職，莫敢不率矣。夫貴之所尚，賤之所慕，乃往往衣冠輿馬，競爲美觀；冠婚賓祭，動多踰制，固習俗之漸染，亦教化之不先也。竊謂國奢示儉，此君子之行，士大夫之責。漢許劭爲功曹，同郡[袁]紹車徒甚盛，①入郡界，乃以單騎歸。魏毛玠爲東曹掾，典選舉，以儉率人，天下皆以廉節自勵。雖貴臣輿物，不敢過度。唐楊綰爲相，崇儉樸而人心感變，郭子儀、黎幹等，[女]樂騶從，②皆爲減損，此則修之身，行之家，示之邦國，蓋轉移之道，亦在承流宣化者矣。皇上崇儉黜奢，復刊簡明規條，頒示中外，不已家喻而户曉乎？③

制策又以：「自古用人，德行爲首，才能次之。」因思興賢致治，期於得人。此誠迪知忱恂之至意也。臣謹案，取士之法，三代以上出於學。《毛詩》傳云：「八能可使爲士，九能可使爲大夫。」王應麟曰：「三德觀人之法，三宅知人之法，秦漢以上取士不一途，惟名實相副而已。」漢世始有貢舉之名，《韋彪傳》云：「二千石賢則貢舉得其人。」文帝十五年，親策賢良，爲後世策試貢士之始。魏陳群立九品觀人之法，然上品無寒門，下品無世族，八損七難之議，深見乎知人不易也。唐制多沿隋代，有孝廉、秀才、明經、進士、明法、明書、明算等名。然天子自詔謂之制舉，所以優擢異材，與歲舉之常制互異，

① 「袁」，底本闕，據底本旁批及文義補。
② 「女」，底本闕，據底本旁批及文義補。
③ 按，「節儉之道」一節，與咸豐二年章鋆策文相同，疑爲錯頁。

其尤著者，則如志烈秋霜科、辭標文苑科、幽素科、絶倫科、才膺管樂科、博學通議科、道比伊吕科，名雖立異，其實與諸科同也。宋元祐中，罷詩賦，專經文，後復以詩賦、經義分兩科。明初設文武二科，洪武三年罷之，十七年復行，而進士一科與薦舉、歲貢定爲三途，其制沿用至今，未之或改也。我皇上作人樂育，炳炳麟麟，薪槱詠而蘭芷升，誰不争□□磨哉。①臣尤伏若此者，建中以錫極，稽古以右文，示儉以移風，用賢以致治。上暢垓，下泝埏，仁聖之事賅，帝王之道備矣。臣伏願皇上，天行不息，日進無疆，本持盈保泰之思，致長治久安之盛。懿修已篤而倍著龍光，鳌訂已殷而益研虎觀，蓋藏已裕而尚飭雞廉，班列已嚴而彌占鴻漸。於以膺景福，迓鴻釐，恢帝者之上儀，懋丕天之大律，熙春泳化，函夏歸仁，則我國家億萬年有道之長基此矣。

臣末學新進，罔識忌諱，干冒宸嚴，不勝戰慄隕越之至。臣謹對。

（底本：《歷科狀元策》，影印中研院傅斯年圖書館藏本。參校本：《狀元策》，光緒寶書堂刻本，首都圖書館藏；《歷科殿試策》，光緒刻本，國家圖書館藏）

其二

臣對：臣聞顯德者緝熙之學，通經者致用之原，崇實者化俗之方，任賢者立政之要。自古帝王，斟元御宇，錫福諴民，以懋皇猷，則書陳丹陛焉；以端經術，則瑞應青藜焉；以節國用，則化洽素絲焉；以勵官常，則賢招白屋焉。稽諸往籍，於《禮》而徵儼若，於《書》而證舊聞，《詩》遵無斁之風，《易》著彙征之吉。隆儀茂矩，燦然具陳。用是惟幾惟康，懍保泰也；

① 「□□」，據文義當作「自濯」。

或源或委，皆啓蒙也；克勤克儉，貴有恒也；興賢興能，同拔萃也。所由盧牟六合，經緯萬端，膺五福而協庶徵者此也。

欽惟皇帝陛下，治光離照，德協乾符，則古聖以同民，體至仁以育物，固已九疇攸敘而四海同文，二篋占亨而八俊備選矣。廼聖懷沖挹，彌切疇咨，思至善之無遺，冀邇言之可察。進臣等於廷，而策以明聖學、崇經畬、黜奢華、簡賢俊諸大政。臣之愚昧，何足以知體要，顧當對揚伊始之時，敬念敷奏以言之義，敢不謹述素所誦習者，以效管窺之見、蠡測之忱乎？

伏讀制策有曰：「人心道心之訓，肇自虞廷。」而因進求夫昔聖微言，往哲粹語。此誠正位凝命之要旨也。臣謹案，《書》云「克享大心，永肩一心」，蓋徹上下之義，而心之用一主乎敬。故《堯典》一篇，始終皆曰欽，即至元首股肱，賡歌喜起，猶兢兢然以欽相勖。蓋非本基命宥密之意，懔自强不息之神，則必不能以天下之大操之一心，而潔齊以相見也。所以禹之祗台，湯之聖敬，文之小心，武之執競，《詩》《書》所載，條貫咸周；神聖相承，符契若合，不誠互相發明歟？唐太宗作《帝範》十二篇，始《君體》《建親》，終《閱武》《崇文》。宋范祖禹約三皇五帝以迄宋代之君，爲《帝學》八卷，其言皆深切著明，足資法戒。真德秀作《大學衍義》四十三卷，取經文二百五字，證以《堯典》《皋陶謨》《伊訓》之書，《思齊》之詩，《家人》之卦，子思子、孟子、董仲舒、揚雄之説，分爲四大綱，意在正本清源，揭明爲學致治之要，而治平之略缺焉。明邱濬以正朝廷、成功化等目補之，爲百六十卷，一則舉其體，一則闡其用也。誠能慎修思永，主敬存誠，情欲無介乎儀容，燕私不形於動静，體以清明之德，勖以戒慎之功。所謂心法治法一以貫之者，其在斯乎？皇上聰明時憲，首重傳心，允堪超越百王，而媲美唐虞之盛已。

制策又以：「自漢以來，儒者相傳，但言五經。」而因名數之各殊，遂思源流之可考。此誠昌明經學之至意也。臣惟經之爲言序也，有如四序攸分；經之爲言常也，故與五常相配。唐時立之學宫，則云九經。九經者何？《三禮》《三傳》，分而習之，故爲九經也。其刻石國子學，則并《孝經》《論語》《爾雅》而言。至若或云六經，或云七經，或以五經、五緯爲十經，或以六經、六緯爲十二經，縱增益之不同，均參稽之攸賴也已。夫研窮罔懈者，學士之功也；而參訂無訛者，儒臣之力也。唐太宗詔顔師古攷定五經，頒於天下。又以儒學多門，章句繁雜，詔孔穎達諸儒譔定《五經義疏》，令學者習之。文教聿興，懿歟盛已。至於義疏之外，先儒之説有足羽翼經傳者，此濂洛關閩之學，於經義多所發明也。要之，窮經當求實用，非惟是循誦習傳而已。必將舉古人之精言奥旨，喻之於心，體之於身，居則修身齊家，出則長民輔世，斯爲學有本原歟？聖朝經術修明，超軼前代，博考乎典章之盛，深悉乎文學之源，大義微言，洵乎如日月之麗天，江河之行地矣，豈不懿哉！

制策又以：「力戒浮華，思以崇儉黜奢，而使風氣日臻乎樸茂。」臣考《書》曰：「慎乃儉德。」《傳》曰：「儉，德之共也。」蓋必有清心寡欲之功，而後有制節謹度之事。帝堯茅茨不翦，帝舜甂盆無膻，大禹卑宫，文王卑服，自古帝王未有不以節儉爲天下先者。然當物力豐盈之會，易致人情侈泰之萌，不有以節制之則糜費堪虞，不有以辨别之則冒濫無等。三代而下，如漢文帝躬行節儉，遂成富庶之業，享世長久，漢治稱極盛焉。他如晉武帝、隋文帝，亦稱克儉之主，而行政或未盡合宜，非務其名而不求其實之過歟？夫圖匱於豐，防儉於逸，聖主所以謹防維也。國奢示儉，國儉示禮，聖人所以善補救也。漢景帝詔曰：「雕文刻鏤傷農事者也，錦繡纂組害女紅者也。」誠能深探其本，自貴者始，杜奢華之漸，端表率之型。冠婚賓祭酌其經，衣服飲食辨其制。上苟以奢麗相尚，而欲使民之胥安質樸，其勢必不能。上惟以廉儉相高，而猶有民之過事紛華，其意且不適，行見移風易俗，何至服食器用競爲美觀，士庶多踰禮之嫌，閭閻鮮蓋藏之實也。皇上體唐成儉，踵虞爲樸，屏纖麗而弗珍，卻貢獻而弗納，在位諸臣，莫不懔羔羊素絲之節，彼小民有不節儉以自守哉？

制策又以：「古之用人，德行爲首，才能次之。」而因講求夫歷代選舉之法。臣惟虞廷載采，亦有九德；《周禮》賓興，惟以三物。意至美，法至良也。兩漢以來，刺史、守相得專辟召之權；魏晉而後，九品中正得司人物之柄。日久相沿，其立法皆不能無弊。隋始以科目取士。唐制設科雖多，而明經、進士尤爲得人，如狄仁傑、徐有功，以明經舉；白居易、顔真卿，以進士舉。得人之盛，可略覩矣。司馬光分路取人之説，主均額以息奔競；歐陽修但務擇人之論，主覈實以免繆濫。然光欲以十科取士，如一曰行誼純固，二曰節操方正，三曰智勇過人，其設科可約舉也。朱子欲分年試士，如《易》《書》《詩》爲一科，子午年試之；《周禮》《儀禮》、二《戴》爲一科，卯年試之；《春秋三傳》爲一科，酉年試之，其年序可詳稽也。彼蘇軾之議經義試士，劉敞之議賢良方正，指陳所及，不誠各有所見也哉？朝廷求賢若渴，登明選公，夫是以棫樸興歌，而菁莪誌美也。

若此者，建中以立極，稽古以右文，崇儉以化民，舉賢以輔治。握乾符，闡坤珍，仁聖之事賅，帝王之道備矣。臣尤伏願皇上，天行不息，日進無疆，本勵精圖治之思，臻累洽重熙之盛，刓毖已嚴而更懲荒怠，精微已會而彌切研求，侈奢已戒而愈著儉勤，英俊已儲而猶思延攬。於以揚駿業，保鴻名，敷帝者之上儀，懋丕天之大律，熙春泳化，函夏翔和，則我國家億萬年有道之長基此矣。

臣末學新進，罔識忌諱，干冒宸嚴，不勝戰慄隕越之至。臣謹對。

（底本：《歷科殿試策》，光緒刻本，國家圖書館藏）

九九　同治十三年甲戌科　陸潤庠

同治十三年(一八七四)甲戌科,共取進士三百三十七名。狀元陸潤庠,榜眼譚宗浚,探花黄貽楫。

是科知貢舉:都察院左副都御史興恩、兵部右侍郎夏同善。會試正考官:禮部尚書萬青藜。副考官:刑部尚書崇實、工部尚書李鴻藻、吏部左侍郎魁齡。

是科殿試讀卷官:吏部尚書毛昶熙,户部尚書董恂,刑部尚書桑春榮,都察院左都御史賀壽慈,禮部左侍郎黄倬、右侍郎徐桐,内閣學士龔自閎,都察院左副都御史童華。

陸潤庠(一八四一—一九一五),字雲灑,號鳳石,江蘇蘇州府元和縣(今蘇州市)人。同治十二年,順天鄉試中式。狀元及第,年三十四,授翰林院修撰。光緒初,屢典試事,湖南、陝西皆再至。入直南書房,洊擢侍讀。出督山東學政。父憂服闋,再遷祭酒,典試江西。以母疾乞養歸。二十四年,起補祭酒,擢内閣學士,署工部侍郎。授禮部侍郎,充經筵講官。擢左都御史,管理醫局,典順天鄉試,充會試副總裁,署工部尚書。三十二年,充釐訂官制大臣。已而工部裁省,以尚書兼領順天府尹事。明年,授吏部尚書、參預政務大臣。宣統元年(一九〇九),協辦大學士,由體仁閣轉東閣大學士,充弼德院院長。武昌兵變,清廷遜位詔下後,以老曠辭授讀差,奉懿旨仍照料毓慶宫,給月俸如故,授太保。越二年,病卒,年七十五,贈太傅,謚文端。《清史稿》有傳。

陸潤庠狀元策見《歷科狀元策》(影印中研院傅斯年圖書館藏本)、《欽定殿試策》(光緒刻本,首都圖書館藏)及《歷科殿試策》(光緒刻本,國家圖書館藏)等。《欽定殿試策》與另兩種版本文字差别較大,今兩存之。

同治十三年，甲戌。夏四月，癸酉朔。癸巳，策試天下貢士秦應逵等三百三十七人於保和殿，制曰：朕蒙庥昊綍，寅紹丕基，荷列聖之詒謀，秉兩宫之垂訓，敕命時幾，於兹十有三載。親政以來，益深兢業，期合天下黎元，迪吉康而躋仁壽。兹當臨軒策問，用集多士，式贊嘉猷。

執中一言，堯以咨舜，實爲傳心所自始。逮舜以授禹，復以危微精一，推廣執中之傳，其義安在？君子之中庸，以德行言之也；位育之中和，以性情言之也。而《易·象》之《乾》謂爲中正，與《中庸》中和義各不同，能詳言之歟？

至若禮教之中，著於《周官》，刑協於中，載於禹謨，其即帝王授受之中，由體而達用歟？《湯誥》言降衷，孔氏訓衷爲善，朱子則云衷祇是中。《洪範》言皇極，漢儒訓極爲大中，朱子以極爲在中之凖的，其説有異同歟？《大學》始終一敬，《中庸》樞紐一誠，説者謂存誠即所以主敬，主敬乃所以執中，審端致力之方，其在斯歟？

考績始自唐虞，詢事考言，察於平時，而三載九載之典尤備。夏有遒人木鐸之徇，商有三風十愆之儆，其激勵臣工之意，何深切歟？夫民生困而不恤，案牘積而不釐，朝廷安用此吏爲？《周官》六計，以廉爲本，或訓廉爲察，其義孰優？漢以六條察二千石，歲終奏舉殿最，能縷析歟？唐初考課掌於吏部，又命京官望高者二人，分校京外官，叙以四善，分以二十七最，差以九等。宋命清望之官典其事，其辨察官吏能否爲三等，或謂因唐之四善而分之，法豈詳於唐歟？

民爲邦本，食乃民天。嘗讀《豳風》及《大田》《良耜》諸篇，稼穡之艱難，廑於宵旰，此世運所由稱盛也。漢時力田之科，與孝弟並稱，文帝時親耕耤田，以勸天下；武帝世復爲代田，教民耕種，田多墾闢，其事能詳考歟？唐貞觀初，太宗鋭意於治，官司應授田而不授，應課農桑而不課者有禁。逮貞元朝，宰相李泌請於中和節令百官進農書，司農獻穜稑之種，其於農政有無裨益？歲或不登，若前史所紀發廩、弛征、輸粟、貸種諸政，酌而行之，以何爲便？社倉義倉，利弊相兼，果何由而積儲有備，斂散有方，俾小民咸沾實惠歟？

讀史之要，首辨方輿。粤自黄帝畫野分州，方制萬里，何以《帝王世紀》謂九州顓帝所建？《舜典》肇十有二州，所增建者何州？《禹貢》之九州，《職方氏》之九州，其同異若何？秦并六國郡縣，天下或謂三十六郡，或謂四十郡，何説爲允？漢分天下爲十三部，而不常所治。晉復一統之規，分州十九，幾於秦漢之境。唐都關内，紹漢法周，分天下爲十道，明皇增飾舊章，分十五道，宋分天下爲十五路，至天聖而爲十八路，至元豐而爲二十三路。元立中書省一，行中書省十有一，爲百八十五路，其疆域形勢分合沿革之故，能詳之歟？士有志於用世，舉凡河渠、邊防、食貨、兵制，皆其所有事也，若輿圖不講，何所藉手歟？

凡厥四端，典學以求治，察吏以興廉，裕食以養民，辨方以經國，皆宰世之宏謨，綏猷之極則也。爾多士對揚伊始，其各陳讜論，毋隱。

（底本：《清穆宗實録》卷三六五，册五一，頁八三四—八三六。參校本：《歷科殿試策》，光緒刻本，國家圖書館藏本）

其一

臣對：臣聞懋德所以建中，察吏斯能致治，養民必先裕食，體國在於經邦。綜稽往籍，《易》著閑邪之訓，《書》詳考（續）[績]之文，①《詩》歌多稼之章，《禮》重辨方之事。自古帝王，斟元御宇，錫福諴民，以勵緝熙，懔幾康於宵旰；以勤考

① 「績」，據文義改。

課，肅綱紀於班聯；以謹蓋藏，卜豐亨於閭里；以恢區夏，盟帶礪於山河。茂矩隆儀，罔不粲然大備。用是式金式玉，帝學宏焉；作楫作舟，官方飭焉；納禾納秸，歲賦登焉；爲廣爲輪，井疆畫焉。所由法昭圜矩，澤被垓埏，協庶徵而備五福者恃此道也。

欽惟皇帝陛下，球圖集瑞，璣鏡凝釐，登郅治於大同，鞏丕基於永固。固已畢心宥密，而庶尹惟和；百室古盈，而九垓咸理矣。迺聖懷沖挹，時切咨詢，思至善之無遺，惟邇言之是察，進臣等於廷，而策以明聖學、察官常、厚民生、辨地理諸大政。臣之愚昧，何補高深，顧當對揚伊始之時，敬念拜獻先資之義，敢不謹就素所誦習者，本芻蕘之一得，效葵藿之微忱乎？

伏讀制策有曰：「執中一言，堯以咨舜，實心傳之所自始。」因進求夫審端致力之方。此正位凝命之至要也。臣謹案，允執厥中之訓，肇自唐虞，治法心法，畢具於此。逮舜以授禹，復以「危微精一」推廣其傳，實爲千聖百王所莫能外。故禹之祗台，湯之聖敬，文之小心，武之執競，皆本一中爲準則也。自昔言中者不同，如君子之中庸，則以德行言之；位育之中和，則以性情言之。而《易·象》之《乾》謂爲「中正」，實與中庸、中和之義，互相貫通。至於禮教之中，著於《周官》，刑協於中，載於禹謨，是即帝王授受之中由體而達用者矣。《湯誥》言「惟皇降衷，厥有恒性」，孔氏訓「衷」爲「善」，至朱子則云「衷祇是中」。《洪範》言「皇建其有極」，漢儒訓「極」爲「大中」，朱子極爲在中之準的。文雖有異，其義則同。《大學》八條目，自格致、誠正，以及修齊治平，始終不外乎敬。《中庸》三達德，自中和位育，極之聖神功化，樞紐不外乎誠。誠敬者，帝王之極功，聖人之至德也。是以存誠即所以主敬，主敬乃所以執中。古昔聖王，未有不居敬立誠以爲受中之要者。程子有曰：「帝王之學，與儒生異。」蓋以爲學必本於誠敬，非斤斤於詞章訓詁之末也。皇上聰明天亶，典學時勤，不難紹精一之傳而邁中天之盛已。

制策又以：「考(續)[績]始自唐虞。」①而因求歷代課吏之法，思以登宅俊而勵賢良。臣惟考言詢事，詳於《虞書》，而三載九載黜陟，尤嚴克成庶績咸熙之治。至夏則有遒人木鐸之徇，商則有三風十愆之儆。激勵臣工者，至深且切。蓋以吏也者，將上以勸相夫國家，下以撫循夫黎庶。吏治不理，則民生困而無由恤，亦案牘積而無由釐矣。《周官》六計，以廉爲本。訓廉爲察，有察核之義焉。漢以六條察二千石，每以歲終奏舉殿最，其法實爲美備。兩漢循吏之多，史不絕書，職是故也。唐初，考課掌於吏部，又命京官望高者二人，分校京外官，敘以四善，使廉潔之吏得以展其長；分以二十七最，使才能之士足以盡其技；差以九等，使庸愚之輩有以習於善。其考核既類聚而群分，其鑒別亦識微而知著。宋命清望之官典其事，其辨察官吏能否爲三等，則又因唐之四善而分之，其立法實未嘗詳於唐也。夫素餐者在位，則奇材泿於資格而品望不彰；②曠職者去官，則賢士拔於風塵而設施漸廣。故必汰其閑冗，而後可收指臂之功；警其貪頑，而後克盡股肱之力。甄別淑慝，整飭官常，其典不容弛也。聖朝知人善任，自妙權衡，內外大小臣工，孰不廉隅自飭也哉？

制策又以：「民爲邦本，食爲民天。」因歷攷夫前代田制得失，欲小民咸沐夫恩施。臣惟稼穡之艱難廑於宵旰，斯黍稌之豐稔澤及編氓。《豳風》一詠，自「流火授衣」，至「于耜舉趾」，莫不著於篇章。他若《大田》《良耜》諸篇，所以慶倉箱，歌黍稷者，尤可想見夫世風之盛。漢時設科力田，與孝弟並稱。文帝親耕藉田，以重農貴粟勸天下。武帝之世，復爲代田，以盡地利，教民耕種。一時田多開闢，户盡富饒，爲三代下所罕有。唐貞觀初，太宗銳意於治，欲躋斯民於仁壽之域，凡官司應授田而不授，應課農桑而不課者有禁。逮貞元朝，宰相李泌請於中和節令百官進農書，司農獻穜稑之種，農政之

① 「績」，據文義改。
② 「泿」，據文義，似當作「泯」。

裨益，實非淺鮮。然或僅舉勸農之政，而不明救荒之經，則歲或不登，將何以使黎庶得免於轉徙？是以發廩、弛征、輸粟、貸種諸政，前史所紀，皆當酌而行之。社倉、義倉，縱使利弊相兼，而苟積儲有備，斂散有方，亦何難行之於久遠歟？聖世風雨均調，年登大有，凡在小民，有不衣食足而知教化哉？

制策又以：「讀史之要，首辨方輿。」而詳求夫建置沿革，此尤省方辨俗之至意也。臣考黃帝畫野分州，方制萬里，而顓頊爲黃帝神孫，亦能建邦啓宇，故《帝王世紀》謂「九州爲顓帝所建」。舜時已有增益，故《虞書》稱「肇十有二州」。至禹平水土，復爲九州，則荆、梁、雍、豫、徐、揚、青、兖、冀也。《周禮·職方氏》亦曰九州，與《禹貢》小異。秦并六國，分天下爲三十六郡縣。漢承秦制，分天下爲十三部，而不常所治，載在史策，班班可攷。晉復一統之規，分州十九，其幅員與秦漢相埒。唐都長安，紹漢法周，分天下爲十道；開元時，明皇增飾舊章，分十五道。宋分天下爲十五路，至天聖而增爲十八路；至元豐，而復增爲二十三路。元立中書省一，行中書省十有一，爲百八十五路。其疆域之廣狹，形勢之强弱，分合之規模，沿革之掌故，參觀而討論之，則凡河渠、邊防、食貨、兵制，皆可由此而得其道焉。服古者圖史並陳，庶幾開卷而瞭如指掌爾。聖朝疆域之廣，超邁隆古，所由鏡清坻平，而中外咸慶乂安歟。

若此者，稽古以修身，宣猷以分職，阜民以足國，圖大以宅中。握乾符，闡坤珍，仁聖之事賅，帝王之道備矣。臣尤伏願皇上，天行不息，日進無疆，本持盈保泰之思，臻累洽重熙之盛，知仁已裕而愈矢敬恭，楨榦已儲而彌殷考察，修和已布而益重農桑，聲教已孚而倍廑綏輯。於以膺景福，保鴻名，奄九有以來同，綜八方而爲極，熙春（涿）［泳］化，①函夏歸仁，則我國家億萬年有道之長基此矣。

① 「泳」，據文義改。

臣末學新進，罔識忌諱，干冒宸嚴，不勝戰慄隕越之至。臣謹對。

（底本：《歷科狀元策》，影印中研院傅斯年圖書館藏本）

其二

臣對：臣聞建極所以綏猷，察吏在乎課最，養民斯能裕國，辨俗尤在審方。綜稽往籍，《易》著閑邪之訓，《書》垂考績之文，《詩》賡多稼之章，《禮》載建邦之政。自古帝王，莆元御宇，錫福諴民，以敉幾康，懔緝熙於宵旰；以明宅俊，整綱紀於班聯；以課農桑，慶豐盈於倉廩；以安疆寓，考沿革於版圖。茂矩隆儀，罔不粲然大備。用是惟精惟一，帝學宏焉；興賢興能，官方飭焉；納禾納秸，田賦登焉；爲廣爲輪，地輿廓焉。所由熙春泳化，函夏歸仁，迓蕃釐而膺多祜者恃此道也。

欽惟皇帝陛下，球圖闡瑞，璣鏡凝庥，則古聖以同民，體至仁以育物，固已一中允執而庶尹克諧，萬寶告成而九圍是式矣。廼聖懷沖挹，彌切咨詢，冀長治而久安，益持盈而保泰，進臣等於廷，而策以紹薪傳、明吏治、修農政、度輿圖諸大政。臣之愚昧，何補高深，顧當對揚伊始之時，敬念拜獻先資之義，敢不謹述素所誦習者，本芻蕘之一得，效葵藿之微忱乎？

伏讀制策有曰：「執中一言，爲傳心所自始。」而因推極於存誠主敬之功。此誠致治之本原也。臣謹案，《荀子》引《道經》曰「人心之危，道心之微」，蓋本於黄帝學道之書。所謂危者，猶慎獨義；所謂微者，猶至誠意。《大禹謨》「人心惟危，道心惟微」，爲帝王心法之本。《論語》亦述「允執其中」之文。「中」之義，所包甚廣，如君子之中庸，以德行言；位育之中和，以性情言。《易》曰「中正」，《易》以二五爲中，故《乾》之三四爻曰「剛而不中」。推之禮教，中刑協中，無不本授受之中，以由體而達用也。《湯誥》言「降衷」，孔《傳》訓「衷」爲「善」，朱子云「衷祇是中」。其實「中」與「衷」通，故「折中」亦作「折衷」，朱子之言是也。《洪範》言皇極，漢儒訓爲大中。皇者，大也；極者，中也。北辰稱爲北極，天之中、屋之棟稱極，亦據屋之中言之。朱子以極爲在中之準的，於漢儒訓極爲中者義無不合。《大學》始終一敬，《中庸》樞紐一誠，論者謂存誠所以主敬，主敬所以執中。不知曰慎曰允，誠之説也；曰祇曰欽，敬之説也，其義皆自典謨發之。然則誠者中而無私，敬者中以守約，審端致力之方，非與執中之旨相貫通歟？皇上嚴恭寅畏，典學是崇，不難探誠敬之原，以紹唐虞之盛已。

制策又以：「考績始自唐虞，詢事考言，察於平時。」因於進用人才之道，深切講求。此誠行政之綱紀也。臣謹案，唐虞之才爲盛，而咨四岳，咨十有二牧，咨二十有二人，知人則哲，其慎其難。至夏而木鐸徇于路，至商而風愆儆於位。遒人爲宣令之官，木鐸所以振文教。《左傳》引之，稱爲《夏書》。恒舞于宫，其刑君子，出絲二衛，墨子引之，稱爲《先王之書》，皆所以激勵臣工也。《周官》六計，以廉爲本，一曰廉善，二曰廉能，三曰廉敬，四曰廉正，五曰廉灋，六曰廉辨。鄭《注》不釋廉字，廉之義爲廉隅，爲廉潔；其訓爲廉察者，《正字》作覝，廉借字也。武帝元封五年，初置郡刺史，掌奉詔條舉，州以六條問事，非條所問即不省。兒寬以負租，課殿當免，民恐失之，輸租不絶，課更以最。此殿最之别也。唐制，吏部屬有考功郎中、員外郎、主事掌考課，别敕定京官位望高者二人，一人校京官考，一人校外官考。四善者，曰德義有聞，曰清慎明著，曰公平可稱，曰恪勤匪懈。善狀之外，有二十七最。一最以上兼有四善爲上上，以九等定優劣。其流外官則分四等，勛衛則分三等，蓋不盡限以九等矣。宋代辨察官吏能否，以清望之官典其事，即本唐之四善而分之，皆考績之法也。皇上勵精圖治，澄敘官方，將見賢才登進，而治理蒸蒸日上矣。

制策又以：「民爲邦本，食乃民天。」因廑念夫稼穡之艱難，以求物阜民康之盛。此重農貴粟之仁心也。臣謹案，漢時力田之科，與孝弟並稱。文帝二年，詔曰：「夫農，天下之本也。其開耤田，朕率親耕，以給宗廟粢盛。」至武帝末年，以趙過爲搜粟都尉。過能爲代田，一畮三甽，歲代處，故曰代田。以平都令光爲丞，教民庸輓犂，率多人者，田日三十畝，少者十三畝，以故田多墾闢。唐貞觀初，官司應授田而不授，應課農桑而不課者有禁。太宗鋭意於治，即位之初，免關内及蒲、芮、虞、泰、陝、鼎六州二歲租給，復天下一年。貞元三年，宰相李泌請以二月朔爲中和節，百官進農書以示務本，乃著令與上巳九日爲三令節，中外皆賜緡錢燕會。此農政之最善者也。至前史所紀，發廩、弛征、輸粟、貸種諸事，皆籌荒政者所當議及。漢時，司農屬官有郡國諸倉長丞，即爲社倉、義倉所由昉。若汲黯之持節發河内倉粟以賑貧民，尤其因時制宜者也。積儲有備，斂散有方，其可不先事圖之歟？皇上軫念民瘼，痌瘝在抱，海寓晏安，有不力穡而比户可封哉？

制策又以：「讀史之要，首辨方輿。」因論夫河渠邊防，食貨兵制，皆握要於輿圖。此體國經野之鉅典也。臣謹案，黄帝畫野分州，皇甫謐兼紀異聞，以九州爲顓頊所建。《舜典》之十二州分置者，爲營、并、幽。《禹貢》之九州，與《職方》之九州，夏、周疆域不同。若《爾雅》之九州，與《書》《禮》又不同，則爲殷制矣。《風俗通》云：「周制，方千里分爲百縣，縣有四郡。」秦變古法，置三十六郡以監縣。厥後取百越之地，增置四郡，遂爲四十郡。漢分天下爲十三部，晉分十九州，唐分十五道，宋爲十五路，後增爲二十三路，元立中書省一，行中書省十有一，爲百八十五路。要而言之，三代以上，郡縣之制寄於封建；三代以下，封建既廢，遂成郡縣。漢之侯國，雖封建而無其利；唐之藩鎮，非封建而受其害，則不如郡縣之爲得矣。若夫南北朝，僞立州郡，誇耀鄰封，疆圉紊亂，適足爲讀史者所嗤耳。皇上天威遠播，寇亂削平，夫是以寰海鏡清，罔弗遵循王路也。

若此者，建中以立極，分職以宣猷，足食以阜財，宅中以圖大。扇巍巍，顯翼翼，仁聖之事賅，帝王之道備矣。臣尤伏願皇上，治益求治，新又日新，探臨宸錫極之原，臻累洽重熙之盛，知仁已裕而更矢寅承，篤棐已昭而猶嚴黜陟，田疇已治而愈謹蓋藏，疆域已明而彌殷稽攷。於以膺景福，保鴻名，合萬國而來同，綜八方而爲極，體堯蹈舜，甄殷陶周，則我國家億萬年有道之長基此矣。

臣末學新進，罔識忌諱，干冒宸嚴，不勝戰慄隕越之至。臣謹對。

（底本：《欽定殿試策》，光緒刻本，首都圖書館藏。參校本：《歷科殿試策》，光緒刻本，國家圖書館藏本；《殿試策三種》，清刻本，①國家圖書館藏）

① 《殿試策三種》，［清］陸潤庠等撰。

一〇〇　光緒二年丙子恩科　曹鴻勛

光緒二年（一八七六）丙子恩科，共取進士三百二十四名。狀元曹鴻勛，榜眼王賡榮，探花馮文蔚。是科會試正考官：户部尚書董恂。副考官：刑部尚書桑春榮、吏部右侍郎崇綺、禮部左侍郎黄倬。是科殿試讀卷官：協辦大學士沈桂芬，吏部尚書毛昶熙，工部尚書魁齡，户部左侍郎殷兆鏞，禮部左侍郎潘祖蔭，刑部左侍郎袁保恒，内閣學士周壽昌，兵部右侍郎烏拉喜崇阿。

曹鴻勛（約一八五〇—一九一〇），字仲銘，又字竹銘，號蘭生，山東萊州府濰縣（今濰坊市）人。同治十二年（一八七三）拔貢，入國子監學習，以朝考一等，籤分刑部七品小京官。光緒元年（一八七五），順天鄉試中式。狀元及第，年二十六，授翰林院修撰。光緒五年，充湖南鄉試副主考官。七年，提督湖南學政。十三年，命在上書房行走。十五年，充江南鄉試副主考官。十七年，以母憂回里。十九年九月，服闋回京，仍命在上書房行走。二十年三月，充日講起居注官。二十一年八月，轉左春坊左贊善。二十二年，補雲南永昌府知府，調補雲南府。二十五年，簡授雲南迤東道。二十七年，擢雲南按察使；二十九年，陞雲南布政使。三十年，署貴州巡撫。三十一年正月，調補湖南布政使，旋陞陝西巡撫。三十三年，奉旨還朝協理開辦資政事務。宣統二年九月，以疾卒。編有《校經堂初集》四卷。

曹鴻勛狀元策見《歷科殿試策》（京都琉璃廠懿文齋紙店板，光緒刻本，國家圖書館藏本）等。《歷科狀元策》（影印中研院傅斯年圖書館藏本），亦收有此文，然此本與其他版本文字差别較大，今兩存之，以便對照閱讀。

光緒二年，丙子。四月，壬戌朔。壬午，策試天下貢士陸殿鵬等三百二十四人於保和殿，制曰：朕以沖齡，誕膺大寶，渥荷上穹垂佑，列聖詒謀，夕惕朝乾，勤求治理。上思副兩宮之訓迪，下期措四海之乂安，宵旰圖維，罔敢暇逸。深維典學傳心之要，去奢崇儉之源，知人圖治之方，屯田勸稼之政，經邦盛軌，莫切於斯。茲值臨軒發策，虛衷博采，廣集嘉謨，爾多士其敬聽朕命。

《尚書》爲傳心要典。二帝三王以來，凡曰欽、曰恭、曰慎、曰克艱、曰孜孜、曰兢兢，君臣交儆之言，與《洪範》之言敬，《中庸》之言誠，能推闡其義歟？人君敬天以勤民事，人臣敬事以亮天功，誠敬相通之旨，可發明其蘊歟？《丹扆》《大寶》之箴，《皇極》經世之論，典矣懋矣！真德秀《大學衍義》，何以略治平不言？明邱濬補之，爲目凡十有二，能臚舉而貫通之歟？昔人謂帝王之學，異於儒生，所不同者若何？《易》象山下出泉，謂聖功基於養正，所以養正者安在？夫遜志時敏，尤資念典，果何由而審端致力歟？

自古求治之主，罔不躬行節儉，爲天下先。然考其心迹，誠僞判焉。茅茨土階，非食惡衣之世，由來尚已。漢文帝衣綈履革，蒲席葦帶，屏雕文之飾，惜中人之産，其視初元建平之代，罷齊三服官，易帷幃去錦繡者，何如也？厥後令辟，亦知克己，焚翟裘，毀筒布，以蕭何壯麗之對，爲非雅言。又其甚者，一冠三載，一衣屢澣，儉矣。然或盛衰殊迹，始終異轍，豈徒儉不足以示國歟？抑務名不求實歟？仰思《禹謨》克儉之訓，永懷《商書》慎儉之言，將以黜華崇實，訓迪臣民，果何由而使風氣日臻樸茂歟？

《詩》云：「無競維人。」《易》云：「聖人養賢以及萬民。」知人之道，非君天下者所首重歟？古所傳觀人之法，若《大戴禮》《文王官人篇》，以至陸贄、司馬光、蘇軾之論，亦有可采者歟？皋陶曰：「亦言其人有德，乃言曰載采采。」《舜典》曰：「明試以功，敷奏以言。」進賢用人，如此其難也。乃古之君臣相得，或決於立談之間，何耶？大智若愚，大詐若忠，或外忠而内奸，或始賢而終佞，燭照數計，其道何由？君子小人，各從其類。然諸葛亮之所用，李泌之所舉，司馬光之所取，或未必賢，抑又何説？孔子曰：「取人以身，知言窮理。」將何以濬其源歟？

自黄帝經土設井，而寓兵於農之法興。三代因之，無所謂屯田也。漢文帝募民耕塞下，始有屯田之説。漢武帝通西域後，屯田渠犂，其後日益加多，如芍陂、南陽、合肥、成都、金陵，不可枚舉。其在西域者，能詳考歟？古者播穀勸耕，爰有農官之設，農師、田畯之名，備見經傳。西域屯田官名，見於史者能臚舉歟？耕種必資灌溉，鄧艾穿渠，最資利賴，西域之水，可導以溉田者，能徵於古以言之歟？唐代營屯並稱，或謂以兵民分，其説然歟？唐時諸道所開之屯，凡九百二十有二，今西域尚有遺迹歟？

凡此四端，養正以育德，崇儉以阜民，任賢以官人，營田以裕國，皆經世之良圖，致治之要務也。多士力學有年，對揚伊始，其各陳讜論，毋泛毋隱。

（底本：《清德宗實録》卷三〇，册五二，頁四四〇—四四二。參校本：《歷科殿試策》，京都琉璃廠懿文齋紙店板，光緒刻本，國家圖書館藏本）

其一

臣對：臣聞建極者綏猷之本，崇（倫）〔儉〕者易俗之方，①官人者致治之原，訓農者足財之道。自古帝王，（勘）〔斟〕元御宇，②錫極臨宸，以昭懋勉，則主德稱隆焉；以戒浮華，則民風丕變焉；以任官吏，則庶尹允諧焉；以謹蓋藏，則國用自裕

① 「儉」，據文義改。
② 「斟」，據文義改。

焉。遐稽往籍，《書》有念典之訓，《易》有節制之經，《禮》言選舉之法，《詩》言播種之故。茂矩隆儀，粲然具備。用是惟精惟一，帝德昭也；克儉克勤，宸猷焕也；興賢興能，官方肅也；以耕以耨，穡事力也。所由盧牟六合，經緯萬端，膺五福而協庶徵者此也。

（惟欽）［欽惟］皇帝陛下，①治光離昭，德協乾符，則古聖以同民，體至仁以育物。固已功深劼毖，而俗安渾樸；吏盡循良，而民多儲積矣。迺聖懷沖挹，彌切疇咨，思至善之無遺，冀邇言之可察，進臣等於廷，而策以明聖學、崇節儉、肅官常、課田功諸大政。臣之愚昧，奚足以知體要，顧當對揚伊始之時，敬念敷奏以言之義，敢不勉述平昔所誦習者，用效土壤細流之一助乎？

伏讀制策有曰：「《尚書》爲傳心要典。」而因詳求夫二帝三王以來之道統。此誠正位凝命之極功也。臣惟帝王之學，與儒生不同。在《易》象山下出泉，謂聖功其於養正，蓋遜志時敏，固當終始典學，而審端致力，尤當於沖齡植基。人君果能親君子以輔其德，遠小人以除其蔽，日慎一日，無敢怠荒，二帝三王之道，所謂同條共貫者，亦無難合千載而一致矣。夫人君敬天以勤民事，人臣敬事以亮天功，君與臣所以各盡其道者敬也；而通乎政之理，體乎敬之實者誠也。《洪範》言敬，《中庸》言誠，其言雖異，其旨固互相發明耳。《大學衍義》一書，真德秀所著，意在於正本清源，故言本而略其末，治平之事置弗論焉。是固真知固人爲學之故，而獨揭其要者矣。至明之邱而史爲補其書，②其目凡十有二焉，此又因前人已發之緒，而更暢其支；即往哲未究之藴，而更由其旨。表揚聖經，發明賢傳，洵乎其功在前人，而效亦可以驗於後世矣。夫帝王心法，不外乎執中；聖賢心學，不外乎主敬。皇上夕惕朝乾，勤求治理，固已駕乎三代之世而上之矣。

① 「欽惟」，據文義乙正。
② 「邱而史爲」，當是邱濬之訛。

制策又以："「自古求治之主，罔不躬行節儉爲天下先。」而因詳求其心迹之僞與誠，此敦崇儉德之至意也。臣案大禹有克儉之稱，《商書》重慎儉之訓，儉之爲德，聖人制用豐財之法，亦即化民成俗之要。茅茨土階，菲衣惡食之世，由來尚矣。至若漢唐之始，天下之用已絀矣，文帝、太宗能用之以節，故公私有餘，而致天下之富。漢唐盛時，天下之用已裕矣，武帝、明皇不能節以制度，故公私困竭，而致天下之貧。善哉！陸贄之言曰："「生物之豐歉由天，而用物之多少由人。」片言居要，誠可爲後人法矣。乃或衣服輿馬，務爲美觀；冠婚賓祭，動多踰制，固習俗之有所漸染，亦教化無以先之之故耳。竊謂國奢示儉，此一定不易之經，而古今來或有行之而天下治者，亦有行之而天下不治者。漢文帝衣綈履革，蒲帶葦帶，以視焚翟裘、毀筒布，甚且一冠三載，一衣屢瀚，何得何失，固昭然可見矣。蓋儉固美德，而第求其名，不思務乎其實，則亦不能致民風於樸茂，奏至治於隆平也。聖天子崇實黜華，務求實效，大小臣民，誰不以侈靡爲戒也乎？

制策又以知人之道，爲君天下者所首重，而又進求夫知人之法、觀人之術。此真（果）［課］吏安民之要務也。① 臣案《皋陶》曰："「亦言其人有德，乃言曰載采采。」《舜典》曰："「明試以功。」千古言觀人者，實於此而肇焉，特是人之未易知也。真者君子，僞者小人，似不難辨也，乃小人有時且以其僞而託君子之真。忠者君子，佞者小人，似不難知也，乃小人有時且以其佞而飾君子之忠。大智若愚，大詐若忠；外忠而内姦，初賢而終佞。古今來僉壬一出，上下胥受其蔽者，何世無之，固不徒諸葛亮有誤用之人，李泌有誤舉之人，司馬光有誤信之人已也。夫《詩》曰「無競維人」，《易》曰「聖人養賢以及萬民」。用人之事，如此其重，而往往難言得人者，非人不可知也。燭照數計，不得其道也，是必精其明理之功，以濬其虚靈之府，復淬其坐照之神，以驗於簡拔之際，不逆億於將來，不揣度於未至，惟本乎古人之法則，與夫一己之閲歷，以默定

① 「課」，據文義改。

權衡。信如是也，則君臣相遇，或決於立談之間，無不可矣。聖朝恩榜特用，士風日上，知人善任之方，不誠超越千古也歟？

制策又以屯田之道，寓兵於農，而因究及三代後屯田之制。臣惟農功之不違，始恃乎耕穫，而民食之罔缺，繼恃乎穫儲。何者？菽粟固生民之大命也。自漢文帝募民耕塞下，始興屯田之利。有事則民可爲兵，無事則兵即爲民，意至美，法至良也。漢武帝通西域後屯田渠犂，其復增者亦不少焉，若芍陂，若南陽，若合肥，若成都、金城，其地不同，其制甚悉，固有不可枚舉者矣。夫巡稼趨耕，《周禮》之設官大備；于耜舉趾，《豳風》之所詠特詳。古者上與民近，凡民之作苦，上既周知之，又從而董勸之，有不足則補，有不給則助，所以愛土物而心臧，習勤勞則思善，蓋自屯田之法立，而井田之法猶見焉。獨是屯田固善政，而有治法，尤不可以無治人，必良有司力爲奉行，實心經理，庶幾恩出於上，惠及於下矣。至若耕種之事，必資灌溉，穿渠溉田，鄧艾曾爲之。以自然之用，興其自然之利，所謂因地制宜者此也。法始於漢而盛於唐，其時營屯並稱，故當日屯田之處，凡九百二十有二。今西域之地，尚有遺迹焉，非留心兵農者所當知乎？皇上德澤涵濡，仁恩溥被，所以合八方而獻頌，徧四海以歸仁，家有綏豐之慶，野無游惰之民，熙熙然共樂承平之世也。

若此者，養正以育德，務儉以阜民，知人以命官，營田以裕國，上暢垓，下泝埏，仁聖之事賅，帝王之道備矣。臣尤伏願皇上，天行不息，日進無疆，本持盈保泰之心，致久安長治之盛，宸極已端，而戒慎猶懔一德；民財已裕，而質樸猶矢片念；官制已肅，而簡拔愈切百工；邊陲已靖，而梯航更達四海。於以保鴻名，膺景福，敷帝者之上儀，揚丕天之大律，則我國家億萬年有道之長基此矣。

臣末學新進，罔識忌諱，干冒宸嚴，不勝戰栗隕越之至。臣謹對。

（底本：《歷科狀元策》，影印中研院傅斯年圖書館藏本）

其二

臣對：臣聞懋修者出治之原，崇儉者化民之本，官人者保邦之要，營田者裕國之方。自古帝王，錫極臨宸，斟元御宇，以嚴乾惕，則主德稱隆也；以戒浮華，則民風丕變也；以察官吏，則朝政日修也；以富積儲，則邊陲永靖也。綜稽往籍，於《易》而言存誠，於《書》而訓慎儉，《禮》詳設官之典，《詩》詠多稼之篇。茂矩隆儀，粲然具備。用是敬天修己，帝學昭焉；崇實黜華，皇猷煥焉；量能授職，髦士登焉；寓兵於農，軍威振焉。所由廬牟六合，經緯萬端，膺五福而協庶徵者此也。

欽惟皇帝陛下，典學方新，求治尤密。將本輯熙之業，復敦樸之風，收樂育之功，成綏豐之效。於斯之時，輔導攸隆，謀猷備舉。廼聖懷沖挹，彌切疇咨，思至善之無遺，冀邇言之可察，進臣等於廷，而策以紹薪傳、務節儉、簡賢才、裕邊儲諸大政。如臣愚昧，奚足以知體要，顧當對揚伊始之時，敬念敷奏以言之義，敢不勉述平昔所誦習者，用效土壤細流之一助乎？

伏讀制策有曰：「遜志時敏，尤資念典。」因首舉帝王誠敬之學，而進求夫審端致力之由。臣案《尚書》所記二帝三王以來君臣交儆之詞，曰欽，曰恭，曰慎，曰克艱，曰孜孜，曰兢兢，皆一意誠敬，後先同揆。《洪範》言敬，《漢書》志傳引今文並作「羞」。敬，古字省文，與「羞」形近，《説文》訓「肅也」。《中庸》言誠，《釋詁》云「信也」。推之《易・乾卦》「閑邪存其誠」，是治之於内也；賈誼《書》「接遇肅正謂之敬」，是治之於外也。誠、敬相通之旨，求諸故訓，昭然若揭矣。唐武德末，張藴古獻《大寶箴》，後李德裕獻《丹扆六箴》。宋邵雍《皇極經世》之論，言君道、臣道十二。真德秀進《大學衍義》四十三卷，旨在正本清源，故略治平不言。明邱濬補之，爲百六十卷，目十有二，向稱典贍。凡厥群言，足資治理。昔宋程顥言：「帝王之學，與儒生異。」意謂心性事功，其源流不無殊致。蓋儒生之學，明其道而已；帝王之學，將以見諸用人行政。不慮學問不廣，而慮心術未純；不慮視聽難周，而慮外物易誘。《蒙卦・彖辭》曰：「蒙以養正，聖功也。」此其明徵已。皇上天亶聰明，勤思上理，固已統千古帝王之學，一以貫之矣。

制策又以：「自古求治之主，罔不躬行節儉，爲天下先。」因詳求其心迹以判誠僞。此誠敦本務實之至意也。臣案土階茅茨，《墨子》猶稱；菲食惡衣，《魯論》所著。中古之朝，已崇儉德。《漢書・東方朔傳》言：「文帝身衣弋綈，足履革舄，以葦帶劍，莞蒲爲席。」史贊帝惜中人之産，罷露臺之役，是以海内殷富，興於禮義。迨孝景承流，猶傳「雕文傷農」之詔。及百餘年後，初元、建平之世，再罷齊三服官，美意猶存，而治化不逮。至若晉武帝焚雉裘而仁以御物，梁蕭恢毁筒布而百姓仰德，魏太武帝不峻京邑城隍，鄙蕭何壯麗之對爲非雅言，而知財爲軍國之本，無所輕費。梁武帝一冠三載，唐文宗一衣三澣。恭儉之主，史不絶書。然或舍重取輕，或釁成所忽，或賞罰無章，或仁而少斷。若以盛衰殊迹始終異轍，爲其心迹誠僞之分，則又非儉之弊矣。夫《禹謨》有勤儉之文，《商書》垂永懷之訓。自古聖王俱昭節省，皆後世所當顯從者也。皇上軫念民依，崇儉黜奢，凡大小臣工，誰不以侈靡爲戒也乎？

制策又以：「知人之道，爲君天下者所首重。」因詳究取人之法，而深探夫知言窮理之原。臣案《詩》言「無競維人」，《易》言「聖人養賢以及萬民」，知遴才之宜慎也。《大戴禮・官人篇》記文王以七屬觀人言，觀信、觀知、觀勇者甚詳。唐臣陸贄有言：「録長取短，則天下無不用之人；責短捨長，則天下無不棄之士。」宋臣司馬光有言：「求之毁譽，則愛憎競進，而善惡混淆；考之功狀，則巧詐横生，而真僞相冒。」蘇軾則云：「知人之法，在於責實。」蓋得人難，知人尤不易也。夫人才之盛，莫如唐虞。乃《皋陶謨》曰：「亦言其人有德，乃言曰載采采。」《舜典》曰：「明試以功，敷奏以言。」舉賢任能，其難其慎若此，洵可爲後世用人者法已。雖史書所載，如蜀先主之於諸葛亮，唐太宗之於房杜，宋藝祖之於趙普，決於立談，用之終身，卒以致治，然未可遂執爲常格也。大抵觀人之法，不外乎邪正兩途。大智若愚，大詐若忠。或外忠而内奸，或始賢而終佞，燭照數計，莫可究詰。則《中庸》取人以身之旨，得其要領矣。至夙具人倫之鑒，而一時區别，或疏若諸葛亮之於李嚴、馬謖，李泌之於竇參，司馬光之於蔡京，智者千慮，亦所不免也。皇上旁求俊彦，恩榜特開，行見官方澂敘，彬彬乎三代之盛矣。

制策又以：「黄帝經土設井，寓兵於農之法興。」因念西域邊政，以詳求夫營屯水利之制。臣案三代田制，無所謂營屯也。嘗觀舊史，自漢文帝用晁錯議，募民耕塞下，始有屯田之説。漢武帝通西域後，屯田渠犁，始有屯田之名。其後輪臺、車師、烏孫、伊循、伊吾、柳中，皆西域屯田之處。宜禾都尉、屯田校尉、田禾將軍、唐之營田大使，皆西域屯田之官。至西域之水可導以溉田者，《漢書・地理志》龍勒縣氐置水入澤灌民田，敦煌郡冥安縣藉端水入冥澤溉民田。唐《西域記》瞿薩旦那城東南有大河，國人用以灌田。夫農官之設，沿自周制；穿渠之利，昉於鄧艾，有由來矣。或謂營屯之名，別以兵民。兩漢以後，芍陂、南陽、合肥、金城，皆屯之以兵。唐制營屯並置，然當時襄州營田，亦調取鄭州之兵。宋之邊州屯營，又不限兵民。法隨時變，故制亦難定符。唐時諸道所開屯田，凡九百二十有二。其西域遺迹，若苦峪城斷碑，有「大興屯墾」之語。及吐魯番之廣安城，在唐曰安樂，皆其地也。皇上俯念黎元，勤修邊政，新疆一帶，永荷生成，澤周於無外矣。

若此者，安人修己，允執而紹一中；寡欲清心，維貞而謹百度。達聰明目，登俊而慎三升；鑿齒雕題，來廷而通四譯。治光玉鏡，道握金繩，仁聖之事賅，帝王之道備矣。臣尤伏願皇上，天行不息，日進無疆。書勤乙覽，而立學遠稽三代之隆；民恤庚呼，而惜財必課九年之蓄。猷襄午陛，而輔政特重一德之臣；耒荷丁男，而輓粟常念六軍之士。由是德業進於光明，恭儉垂爲法守，賢良皆資勵翼，遐邇悉樂懷柔，則我國家億萬年有道之長基此矣。

臣末學新進，罔識忌諱，干冒宸嚴，不勝戰慄隕越之至。臣謹對。

（底本：《歷科殿試策》，京都琉璃廠懿文齋紙店板，光緒刻本，國家圖書館藏本。）

一〇一 光緒三年丁丑科 王仁堪

光緒三年(一八七七)丁丑科,共取進士三百二十九名。狀元王仁堪,榜眼余聯沅,探花朱賡揚。是科會試正考官:大學士寶鋆。副考官:吏部尚書毛昶熙、刑部右侍郎錢寶廉、内閣學士崑岡。是科殿試讀卷官:工部尚書李鴻藻,禮部尚書萬青藜,吏部右侍郎徐桐,兵部右侍郎夏同善,刑部右侍郎錢寶廉,刑部右侍郎麟書,内閣學士崑岡,都察院左副都御史童華。

王仁堪(一八四九—一八九三),字可莊,福建福州府閩縣(今福州市)人。同治九年(一八七〇),順天鄉試中式。十三年,考取内閣中書。光緒三年(一八七七),狀元及第,授翰林院修撰。六年,提督江西學政。十一年,任貴州鄉試副考官。十二年秋,充教習庶吉士。十五年,出任廣東鄉試副考官,梁啓超即出其門下。十六年,出任江蘇鎮江府知府。十九年七月,調任蘇州知府,十月,以疾卒,年四十五。生前詩文,由其子編爲《王蘇州遺書》。

王仁堪狀元策見《歷科殿試策》(光緒刻本,國家圖書館藏)等。

光緒三年,丁丑。夏四月,丙戌朔。丙午,策試天下貢士劉秉哲等三百二十九名於保和殿,制曰:朕以沖齡,誕膺寶祚,仰荷昊穹垂佑,列聖詒謀,惟日孜孜,於今三載。上思副兩宫之至教,下期措四海於久安,夙夜不敢康,兢兢業業。深惟傳心念典之源,建官考績之政,興利重農之道,訓俗型方之規,廣益集思,冀有裨於實政。兹當臨軒發策,博訪周諮,爾多士其敬聽朕命。

《虞書》「執中」之訓，爲道統所開；「精一」之傳，爲學術所始。《仲虺》言建中，《洪範》言建極，與執中有無殊旨？其與「惟精惟一」，能有合歟？夫稽古好文，帝王切要之圖也。歷觀往代，或會諸儒講五經同異；或聚弘文館書二十萬卷，講論至夜分乃罷；或日進《太平御覽》三卷。其勤若是，乃有謂以半部《論語》致太平者，有謂治道不出《大學》一書者，果可以爲定論歟？三代以下，儒者以董仲舒爲首，正誼、明道二語，不涉於功利，而《天人三策》，後人猶有微辭。王通著《中説》，學者擬之《論語》，後人斥爲僭妄。然則舍濂洛關閩之學，皆不足爲進德之階歟？

大臣法，小臣廉，官職相序，君臣相正，國之肥也。然則欲正君臣，序官職，其必自大臣始歟？親民之官，莫若守令，守令之賢否，視乎上官之取舍。兩漢興廉舉孝，敦崇節行，日計不足，月計有餘，所傳循吏，郡守爲多，而公卿亦出其中。其時璽書褒勉，增秩賜金，載在史册，傳爲美談，果可以風厲庶僚，而使之事無廢弛，而政無操切歟？

夫循名責實，則人不曠官；朝考夕稽，則吏皆勤職。如漢以六條察郡國，唐以四善二十七最，宋以七事，明以三等。考察吏治，其因時詳略，可得其大旨歟？今欲使大吏勤慎，而僚屬咸知奉公，吏胥不敢弄法，其何道之由？

古者帝王劭農，故以田事爲急，農田之外，復有屯田。昔人所論，以何説爲長？漢之屯以兵，唐之屯以民，宋之屯或民或兵，其因時制宜之義安在？有謂塞上宜屯田，腹裏宜墾荒者，然則屯與墾顧可分不可合歟？説者又謂西北之地，砂石磽确，則憂在土；雨澤稀少，則憂在旱；霖潦暴漲，則憂又在水。夫湖藪陂澤，水所由瀦也；溝洫澮遂，水所由洩也。乃或甫挑濬而仍然坍塞，已培築而復就傾頹，其何術而能一勞永逸歟？且何以因利乘便，使國不費而民不擾歟？

惟民生厚，因物有遷，興化善俗，致治之本也。唐虞敷教，俾民親遜。《周禮》以三物教民，以八刑糾民，風化維持，久而弗替，其詳可悉陳歟？漢置三老孝弟常員，徵拜美俗使者；唐賜孝義高年粟帛，遣使觀覽風俗，用以勸民厲俗，果能行之有裨歟？

國家承平日久，芸生日衆，若多設科條，則易滋擾累，即廣頒文告，或徒飾觀聽。將欲訓迪而丕變之，其道奚由？昔吕氏《鄉約》，袁氏《世範》，或牧令以化一邑，或搢紳以教一鄉，其言至爲淺近，能備舉其説歟？今欲使四海之内，獄訟衰息，邪慝不興，里黨輯睦，耆孺和樂，其操何術，以收勞來匡直輔翼振德之效，而致時雍之化歟？

凡此四端，遜敏以懋德，考察以任賢，經畫以興甿，漸摩以善俗，皆制治之遠猷，保民之本務。多士對揚伊始，其各陳讜論，毋泛毋隱，朕將親覽焉。

（底本：《清德宗實録》卷五〇，册五二，頁七〇一—七〇二。參校本《歷科殿試策》，光緒刻本，國家圖書館藏）

臣對：臣聞劉勰有言：「對策者，應詔而陳政也。」漢策杜欽以王者之法，晉策郄詵以擇人之術，唐策張九齡以重穀之經，宋策蘇軾以治化之本，類能援證往事，指陳時政。顧政治之原出於君心，君心之正肇於典學。羅從彦曰：「人君讀經則師其意，讀史則師其迹。」誠以帝王所恃以經世宰物者，不外夫緝熙之業，宅俊之方，厚生正德之道。而其理皆曩哲已言之理，其事皆前代已行之事。尊其所聞，行其所知，是在加之意而已。然則遜志時敏之功，可不豫哉？

欽惟皇帝陛下，沖齡育德，好學尊師，本心法爲治法，兢兢然上下交儆，爲庶民籌富教之全者，固已抉經之心以古爲鑒矣。迺聖懷沖挹，猶察邇言，舉勤學、課吏、重農、訓俗諸大端，進臣等於廷而策之。臣誠愚陋，不足以承大對。然竊思制科之設，導之使言時政之得失，而非以試其詞章。況當言路廣開之時，諭以「各陳讜論，毋泛毋隱」，其何敢摭拾塗飾，以應故事耶？

伏讀制策有曰：「《虞書》執中之訓，爲道統所由開。」因究帝王切要之圖，與歷代講學之旨。此誠稽古好文之至意也。臣惟帝王之學，與儒生異。其爲博也，不若其精；其爲勤也，不若其專。昔堯舜禹一中相傳，開千古學術之本。而《湯誥》

曰「建中」，《洪範》曰「建極」，蓋「中」之一字，斂之爲聖功，推之即爲皇極。經傳所紀，其勤且專也若是。後世之人君，未嘗不知學也，未嘗不欲媲隆三代也。若史載漢章帝之會諸儒於白虎觀，唐太宗之置弘文殿，宋太宗之進《太平御覽》，亦可謂勤且博矣。然而講唐虞於細旃之上，談周孔於坐論之閒，不精不專，終未之有得也。趙普曰「半部《論語》可以佐太平」，范祖幹曰「《大學》一書可以賅治道」，豈虚語哉？雖然，精矣尤患其不純也，專矣尤患其不正也。三代以下之儒，若董仲舒，若王通，皆以闡道爲己任者。而《天人三策》語及灾異，《中説》之擬《論語》，尤涉僭妄。則欲明道統，崇經術，正進德修業之階，審建中立極之道，其惟濂洛關閩諸儒，爲能得入道之正軌乎？皇上典學伊始，至精至專，則雖謂帝王之學無異於儒生可也。

制策又以：「大法小廉，必先考績。」此則澄敘官方之要也。臣惟國家設官分職，凡以爲民耳。内而宰相、部寺、臺垣，外而督撫、藩臬、監司、太守，以及州縣之有司；絲聯繩貫，遞相維繫。選舉之重，選此親民者也；考察之嚴，察此病民者也。使不以民事爲事，不以民心爲心，則雖恪奉成憲，矯厲清節，而守法與變法害相因，廉吏與貪吏罪相等矣。今欲達民之隱，莫若重守令；欲重守令，莫若師《周官》尚廉之意，行漢代久任之法。使大臣不敢以喜怒爲遷調，小臣不敢視職位爲傳舍。史稱漢宣帝時，二千石治理，效璽書褒勉，增秩賜金，或位至關内侯，不易其位，公卿缺，以次補之。良法美意，誠可倣而可則也。若夫計吏之法，漢以六條，唐以四善二十七最，宋以七事，明以三等，因時詳略，備在史策。然必精選銓曹以清其始，慎擇督撫以厲其終，使庶司百執事咸無善事長官之慮，神明自暇，手足自寬，將畢智竭慮以效力國家矣。朱子曰：「安民係乎守令，而本源則在朝廷。」此之謂也。

制策又以「帝王劭農」，因及屯墾、溝洫之宜。此又貴粟重農之意也。臣惟東南之農政，莫大於屯墾；西北之農政，莫亟於溝洫。按經傳無所謂屯田也，屯始於漢。若鼂錯、趙充國之議，皆爲西北備邊之計。至唐迄宋，或兵或民，屯始興於腹地。夫今日東南之宜屯，猶漢之西北之宜屯也。海疆萑苻之藪，往往彌望千里，地沃衍而無居人。使能寓屯於墾，寓兵於農，寬勸募之途，嚴争籍之禁，均授田輸粟之例，籍亞旅爲卒伍，變斥鹵爲膏腴，則東南萬世之利也。魏了翁曰：「無責屯田之虚名，先究墾田之實利。」誠不刊之論矣。至若溝洫之制，無地不宜，而西北爲尤亟。西北地勢平衍，旱無所瀦，潦無所洩。加以河流飀勁而渾濁，若沁汾，若滹沱，若永定，皆與黄河無異，故堤堰則易決，溝渠則易淤。東南多水而得水利，西北少水而受水害，勢使然也。然則如之何而可？曰：古人之爲溝防也，伏秋水漲，以疏洩爲灌輸，河無汎流，野無熯土，則善用其決矣；春冬水消，以挑濬爲糞治，土薄可使厚，水淺可使深，則善用其淤矣。《考工記》曰：「善溝者，水漱之；善防者，水淫之。」明乎此，則西北之水利可以興，而國計民生永賴之矣。古人所謂善富天下者，因之於天地也。

制策又曰：「惟民生厚，因物有遷。」因進思興化善俗之道。此尤政治之本也。臣惟欲清風俗之原，莫若正四民之統。夫士者率民之教者也，農者率民之養者也。自庠序衰而士習壞，富商大賈之徒，遂以操天下之利權而輕重之。於是習奢侈，尚貪詐，本務日輕，而逐末之勢日重。今使不揣其本而齊其末，則雖三物之教，八刑之糾，行《周官》之法也如故。三老、孝弟常員之設，美俗使者之徵，孝義高年之賜，觀覽風俗之使，踵漢唐之制也如故。而民俗之不克丕變者，豈斯民不古若哉？積勢爲之也。故欲淑人心，必先清流品，明定制，别冠婚賓祭之等，詳宫室衣服之度，使錐刀競逐者，不得顯然厠身於士大夫之列，則天下之士咸知所以自重，不至爲寡廉鮮耻之行。而服田力穡之氓，亦咸知國家之本務在此不在彼焉，則庶乎澆漓可以革，禮讓可以興。九兩繫以師儒，九職首重農圃，即此旨也。若吕氏《鄉約》、袁氏《世範》，語意淺近，便於日用行習，然不過化一邑，教一鄉；而聖朝訓俗型方，所以致經正民興之效，固自有其大者遠者焉。

夫君心之敬肆，其幾甚微。而正一心以正朝廷，正朝廷以正百官，正百官以正萬民，則人材之進退，民務之廢興，風俗之純駁，咸由此而判焉。危微之機，可不儆懼乎？臣伏願皇上，宥密單心，始終惟一，讀經則思帝王制治之意，不徒以記誦呫嗶爲功；讀史則觀歷代得失之由，不徒以殫洽見聞爲務。澄其源而流自潔，握其本而末自隨。主極既端，舉凡興賢任能，體國經野，化民成俗之道，可一以貫之焉，則我國家億萬年有道之長基此矣。

臣末學新進，罔識忌諱，干冒宸嚴，不勝戰慄隕越之至。臣謹對。

（底本：《歷科殿試策》，光緒刻本，國家圖書館藏）

一〇二　光緒六年庚辰科　黄思永

光緒六年（一八八〇）庚辰科，共取進士三百三十名。狀元黄思永，榜眼曹詒孫，探花譚鑫振。

是科知貢舉：宗人府府丞夏家鎬。會試正考官：户部尚書景廉。副考官：工部尚書翁同龢、吏部左侍郎麟書、兵部左侍郎許應騤。

是科殿試讀卷官：户部尚書董恂，禮部尚書徐桐，户部左侍郎王文韶，吏部右侍郎烏拉喜崇阿，刑部右侍郎錫珍，内閣學士桂昂，工部左侍郎孫詒經，兵部左侍郎許應騤。

黄思永（一八四二—一九一四），字亦瓢，號慎之，江蘇江寧府江寧縣（今南京市）人。光緒元年（一八七五），順天鄉試中式。狀元及第，年三十九，授翰林院修撰。歷軍機處章京、右春坊右中允等職。十二年，充會試同考官，累遷侍讀學士。以數次上書請求變法，被捕下獄，二十六年獲釋。後經商辦實業，開辦北京工藝商局，投資天津北洋烟草公司，組建北京愛國紙烟廠。辛亥革命後，卒于上海。

黄思永狀元策見《歷科狀元策》（光緒刻本，國家圖書館藏）、《狀元策》（光緒寶書堂刻本，首都圖書館藏）等。其殿試卷原件，藏於安徽休寧狀元博物館，惜僅有前半部分。

光緒六年，庚辰。夏四月，戊戌朔。戊午，策試天下貢士吴樹棻等三百三十人於保和殿，制曰：朕以沖齡，仰邀天眷，寅紹丕基，於今六載。秉列聖之詒謀，荷兩宫之教育，所期府事修和，紀綱整肅，俾治化蒸蒸日上。延集嘉猷，用熙庶績，臨軒策問，其敬聽之。

《虞書》首執中之訓，爲道統所自開。帝德王道，時代雖殊，其同條共貫者安在？《湯誥》言「降衷恒性」，專言理也。《洪範》言「陰騭下民」，而五行庶徵，理兼乎數，其説異同若何？董仲舒漢之大儒，朱子既以《正誼》《明道》二語編入小學，而於《天人三策》，猶有未滿之詞，其意安在？隋王通著《中説》，學者擬之《論語》，而後人以爲妄，所指何條？唐臣韓愈推原性道，其議論未盡純者安在？宋之大儒濂洛關閩，舉能發明心性之奥，其得力所在，能揭其大要歟？元儒首倡者何人，繼起者何人，明代理學，孰爲居首，可一一悉數歟？

親民者莫如守，而與民最親者莫如令。《漢(史)[書]·循吏傳》，①紀守相甚悉，而令長則缺而不書，其故何歟？天下至廣，郡邑至多，郡守之賢否，且不能人人而察，而縣數倍於郡，令數倍於守，其廉而才，其貪而庸，不可枚舉，能詳陳其説歟？《虞書》九德曰廉，《周官》六計亦曰廉，其同異若何？才之不逮，止於怠事，廉之弗尚，必將虐民。督之以才，而各有所短長；督之以廉，而實裨於風俗。其正本清源之道安在？

國家求賢取士，非徒爲登進之階。多士學古入官，宜如何束身自愛，以副貢舉之盛典也？自古求治之主，罔不躬行節儉，爲天下先，非徒務其名也。《書》曰：「慎乃儉德，惟懷永圖。」《左氏傳》云：「儉，德之共也。」儉以德名者，有清心寡欲之功，而後有制節謹度之事也。三代令辟，儉德尚已。兩漢恭儉之君，見諸典册者，能悉數之歟？唐張藴古進《大寶箴》，曰：「壯九重於内，所居不過容膝；羅八珍於前，所食不過適口。」太宗納之。宋太祖曰：「以一人治天下，不以天下奉一人。苟以自奉爲意，使天下何仰哉？」明太祖曰：「惟儉養性，惟侈蕩心。居上能儉，可以導俗；居上而侈，必至厲民。」

① 「書」，據《歷科殿試策》改。

能一一述其行事歟？

整軍經武，國之大經。古者寓兵於農，大《易》師之，取象爲地中有水，所謂藏至險於大順也。管仲相齊，參其國而伍其鄙，在國則爲軍，在鄙則爲農。説者謂兵民之分自此始，然歟？設兵之善莫如唐，馭將之善莫如宋，所謂善者安在，能詳其説歟？唐之府兵，宋之禁軍，各有制度。説者謂禁軍之制，不如府兵，能引伸其意歟？明則京師宿重兵約三十萬，畿内約三十萬，嗣後或廢或置，①其弊至於各營已虚，而歲饟如故。正德中群盗起，調邊兵征之而後定，能一一臚舉其故歟？

凡若此者，典學以紹心傳，察吏以康億兆，崇儉以厚風俗，詰戎以保乂安，皆致治之良規，經世之要務。多士其述所聞以對，朕將親覽焉。

（底本：《清德宗實録》卷一一二，册五三，頁六四七—六四八。參校本：《歷科狀元策》，光緒刻本；《狀元策》，光緒寶書堂刻本）

臣對：臣聞合天者帝，通德者王。自古帝王之治天下，未有不以懋修爲本者。《易》曰：「蒙以養正。」《書》曰：「念終始典于學。」凡以聖功端萬化之原也，故致治必求當理，而理境之所以克明，則聖功之精於體道可知也。察吏在乎安良，而良吏之所以克庸，則聖功之深於愛民可知也。崇儉方能裕國，而國用之所以克充，則聖功之嚴於寡欲可知也。講武斯可宣威，而威聲之所以克振，則聖功之强於修德可知也。操之有本，斯推之咸宜，唐虞三代之隆，亦不過是也。

---

①「嗣」，《歷科殿試策》作「其」。

欽惟皇帝陛下，沖齡踐阼，典學方勤，裕文武之資，炳登咸之治。固已理學無不明，吏治無不善，浮費無不節，戎政無不修矣。廼聖懷沖挹，猶切咨詢，思久道之有成，冀邇言之可察，進臣等於廷，而策之以析理、課吏、戒奢、整旅諸大政。如臣之愚昧，何足以知體要，顧當對揚伊始之時，敬念敷奏以言之義，敢不謹述所誦習者，本芻蕘之一得，以效葵藿之微忱乎？

伏讀制策有曰：「《虞書》首執中之訓，爲道統所自開。」因推帝德王道同條共貫之旨，以及諸儒之純駁。此修德凝道之本也。臣案危微精一，堯舜傳心之學。《湯誥》降衷恒性，始專以理言性；《洪範》五行庶徵，則理兼乎數。曾鞏謂「《洪範》和同天人，使之無間」者，此也。漢儒董仲舒「正誼不謀利」「明道不計功」二語，朱子編入《小學》，而《天人策》流於災異，不無瑕疵。即其言性爲生質，情爲人欲，語亦未純。隋王通《中説》，鄭獬以李德林、關子明與通生不同時，譏其説之妄。晁氏亦謂薛道衡見於長安，時代不符。至以房、杜爲門人，益可證其誣。唐韓愈推原性道，足挽狂瀾。然分性爲三品，又以孟子、荀卿並列，致爲方孝孺所譏。宋之理學，濂谿開伊洛之先，二程《遺書》多與《西銘》相表裏。朱子出而心性之奥益昭示於來茲，其得力所在，不外乎主敬存誠也。元儒許衡、吴澄倡於前，金履祥、姚樞諸人繼於後。有明一代，若薛瑄、胡居仁，實爲純粹以精。至如王守仁之良知，雖謂淵源於陸氏，而一有偏倚，即易入歧途。是以高、顧諸人承其後，皆不免於訾議云。皇上念典方新，崇儒重道，所由推闡性理之學而日以昌明也。

制策又以：「親民莫如守，最親莫如令。」因以循良之績，推及於考察之方。此誠簡賢輔治之大綱也。臣惟有課吏之良法者，可以收良吏之實效。西漢循吏，多紀守相，而令長缺如者，其時郡縣之制初定，治具悉賴乎郡守。迨至東京，則王渙、劉矩、仇覽、童恢，皆爲之列傳。而魯恭、劉寬，以及潁川四長，賢令長之卓卓表見者，後先相望矣。夫天下至廣，郡邑至多，郡守之賢否，已有難於偏察之勢。而縣數倍於郡，令數倍於守，欲得而周知之，惟漢代考察之法最爲精密。漢以六條察二千石，如「田宅踰制」「牟利侵漁」諸禁是也。而又以察令之權，委之於守。故兩漢吏治最爲近古，以其得内外相制、大小相維之義也。《虞書》九德曰廉，《周官》六計亦曰廉。或以廉察爲訓，不取廉隅、廉潔之意。夫才之不逮，止於怠事；廉之弗尚，必將虐民。是故督之以才，而各有所短長，不如督之以廉，而有裨於風俗，吏治所以正本清原者在此。國家澄敘官方，首崇廉介，宜乎登仕版者咸知束身自愛也。

制策又曰：「自古求治之主，罔不躬行節儉，爲天下先。」因進求歷代尚儉之治。此又崇實黜華之要也。臣謹案，《書》曰：「慎乃儉德，惟懷永圖。」蓋惟儉斯能永。《左氏傳》云：「儉，德之共也。」儉以德名者，誠以制節謹度，必本之清心寡欲。三代令辟，禹之卑宫，文之卑服，與土階茅茨，後先媲美。漢文帝之衣弋綈，罷露臺，儉素可風。光武身衣大練，色不重采。至明帝，猶復仰承先志。他若晉武帝之焚雉裘，梁蕭恢之毁筒布，亦儉約可師。唐張蘊古進《大寶箴》六百餘言，所謂「壯九重於内，所居不過容膝；羅八珍於前，所食不過適口」，可謂言近指遠，宜乎太宗嘉納之也。玄宗初政，亦嘗罷織錦坊；憲宗用帛，必籍其數。厥後宋太祖戒衣飾之侈，嘗曰：「以一人治天下，不以天下奉一人。」此二語亦本之於《大寶箴》。仁宗慮燒羊之沿爲制，戒蛤蜊之費於用，實一代人儉之主也。明太祖營繕宫室，去雕琢之奇麗，乘輿服御，咸令以銅代金。嘗云：「惟儉養性，惟侈蕩心。居上能儉，可以導俗；居上而侈，必至厲民。」是以止潞州之參貢，輟金華之香米，皆可爲法矣。聖朝儉德，實體唐而踵虞，是以化行海内，炳焉與三代同風也。

制策又以：「整軍經武，國之大經。」因以詳求夫兵制。臣惟古者寓兵於農，比閭族黨，即伍兩卒旅；蒐苗獮狩，講步伐擊刺。《易》之《師卦》，取象於地中有水，所謂藏至險於大順者，就兵農合一之勢言之也。管仲相齊，行軌里連鄉之法，尚不失守望相助之意。至參其國而伍其鄙，在國爲軍，在鄙爲農，雖即古者六鄉六遂之遺，而兵民漸分矣。兩漢以後，兵制屢更，惟唐時府兵之制最爲近古，惜乎行之未久。而募壯士，增彍騎，又紛更矣。宋有禁兵、廂兵、蕃兵、鄉兵諸目。其禁軍之制，收天下之精鋭，列營京甸。征調屯守，悉自京師移之，而未若府兵之善者。府兵則可聚可散，禁軍則愈久愈怠也。然無必勝之兵，有必勝之將。宋惟得馭將之法，故韓、岳諸人，雖當積弱之勢，猶奮起而無敵也。明時，京師宿重兵三十萬，畿内約三十萬。説者謂得强幹弱枝之意，而日久廢弛。雖曾改三大營爲十團營，而名不副實。其弊至於各營已虚，而歳餉如故，則並老弱之數亦不足。正德中，群盜既起，至調邊兵征之而後定，則京師重兵不足恃可知矣。聖世武備聿修，
德威遠播，夫是以干戈永靖，而中外咸乂安也。

夫辨理欲以勵宸修，嚴考覈以清仕路，戒奢靡以維風俗，精訓練以飭戎行。舉而措之，尚何政之不修哉？臣尤伏願
皇上，博覽詩書，廣延規諫。皋陶之謨曰：「兢兢業業，一日二日萬幾。」誠能本此意以懋修，而道積厥躬，則舉凡大法小廉，黜奢示儉，邇安遠肅之規，皆可一以貫之，不勞而理。蓋源清則流無不潔，體立而用有以行，明德新民，止於至善，則我
國家億萬年有道之長基此矣。

臣末學新進，罔識忌諱，干冒宸嚴，不勝戰慄隕越之至。臣謹對。

（底本：《狀元策》，光緒寶書堂刻本。參校本：《歷科殿試策》，光緒刻本）

一〇三　光緒九年癸未科　陳冕

光緒九年(一八八三)癸未科,共取進士三百〇八人。狀元陳冕,榜眼壽耆,探花管廷獻。是科知貢舉：户部右侍郎福錕、署都察院左副都御史張佩綸。會試正考官：禮部尚書徐桐。副考官：兵部尚書瑞聯、刑部尚書張之萬、刑部右侍郎貴恒。

是科殿試讀卷官：協辦大學士吏部尚書李鴻藻,吏部左侍郎奎潤,吏部右侍郎錫珍,署户部左侍郎周家楣,禮部右侍郎嵩申,刑部右侍郎貴恒,内閣學士張家驤,署都察院左副都御史張佩綸。

陳冕(一八五九—一八九三),字冠生,一字灌蓀,號夢萊,順天府宛平縣(今北京大興)人。年十五,入宛平縣學。光緒元年,順天鄉試中式。廷試第一,年二十五,授翰林院修撰。旋丁父憂,歸家守喪。光緒十五年,任湖南鄉試主考官。十八年,丁母憂,奉喪返濟南。十九年五月,之浙江修祖阡;八月,旋京師,遽以疾隕,年三十五。

陳冕狀元策見《光緒九年進士登科録》(國家圖書館藏)、《歷科殿試策》(光緒刻本,國家圖書館藏)及《狀元策》(光緒寶書堂刻本,首都圖書館藏)等。《光緒九年進士登科録》所載,與其他兩種版本文字差别極大,今兩存。

光緒九年,癸未。夏四月,辛亥朔。辛未,策試天下貢士甯本瑜等三百十一人於保和殿,制曰：朕以沖齡,仰邀天眷,寅紹丕基,於今九載。承列聖之詒謀,秉慈闈之懿訓,惟日孜孜,冀臻上理。探念典傳心之要,求通經致用之方,著順軌於宣防,奏咸熙於庶績。爾多士對揚伊始,尚攄讜論,用贊嘉猷。

治法肇於唐虞。《堯典》《舜典》，何人所分？人心道心，何書所引？《湯誥》始言性，《説命》始言學。真德秀謂開萬世性學、聖學之源，能暢其説歟？《易·文言》敬以直內，義以方外，或謂與《丹書》敬勝義勝之説相發明，能推闡其藴歟？漢高帝詔陸賈著《新語》，雖云修仁義，法先聖，而所陳不過秦漢間事，豈爲學止於此歟？唐太宗謂侍臣曰：「朕所好惟堯舜周孔之道。」果於數聖傳授微旨，有所得否？其他若《帝範》《帝學》《心經》《政經》，以及《大寶》《丹扆》諸箴，其言有可採歟？後世人主，或好黃老，或尚藝文，治不古若，殆由是歟？

經學導源於漢，尚已。《易》上下《經》《十翼》，本爲十二篇，何人始以《彖》《象》《文言》雜入卦中？《尚書》伏生所傳者二十八篇，孔安國《傳》，晉梅賾始奏於朝，果可信歟？逸詩散見諸書，或謂孔子刪詩，有刪其篇者，有刪其句者，尚詳徵之。《春秋》三家之義孰長？杜氏註《左》，果優於服註否？《禮記》爲漢儒所綜集，《中庸》爲子思作，《緇衣》爲公孫尼子作。程子獨謂《儒行》《經解》非聖言，確否？《周官》晚出，是否後人僞託？《儀禮》註家甚少，賈疏據何家爲定本？三禮之學，不講久矣，能言其所心得歟？

四瀆之水，河最難治。禹疏九河故道，自漢時已不能盡考。惟許商上書言徒駭、胡蘇、鬲津所在，後世地志轉一一臚列其名，果可據歟？魏晉南北朝，河之利害無聞，《唐書》所載，亦僅薛平、蕭倣兩事，豈以《隋》《唐書》不志河渠，故多闕歟？賈讓之《三策》，王景之八渠，盍考其説？宋人論河之説，如歐陽修、蘇轍、任伯雨諸論，果皆允否？潘季馴所云以隄束水，以水刷沙，其於治河之法，果不易歟？夫治河兼欲利漕，是以古今議論紛如。河運海運孰便，南流北流孰宜，其詳究之。

《周官》六計，以廉爲本。或訓廉爲察，其義孰優？漢法，刺史以六條察二千石，歲終奏事舉殿最。而董仲舒《對策》謂「累日取貴，積久致官」，將漢亦用年勞之法歟？魏明帝作都官考課法，杜恕以爲文具，杜預亦謂不若去密就簡，其説然歟？唐敘以四善，分以二十七最，差以九等。宋因唐之四善，分爲三等，詳略得失，其縷（晰）［析］之。① 宋初考課，特命清望之官，同任其事，不但委之有司，其法果可行否？《漢書》言「綜覈名實，故吏稱其職」，然或上求實效，下循虛名，將操何道而使之皆實心以敷政乎？悃愊安静者大抵便民，而緩急或不足恃；强健明決者易於集事，而恣睢或至殃民，將何以資器使？舉劾之權，不能不寄之大吏，而不無借以遂其私者，何以委任而責成歟？

夫心法爲宰化之樞，經術爲作人之本，固隄防而民居敉定，嚴考課而吏治澄清，皆經世之要圖，保邦之大計也。多士學古入官，講求實用，其各以素所誦習者著於篇，毋泛毋隱，朕將親覽焉。

（底本：《清德宗實録》卷一六二，册五四，頁二七九—二八一。參校本：《光緒九年進士登科録》，國家圖書館藏）

其一

臣對：臣聞詔策試士，昉自西漢，亦虞廷敷奏以言之遺意。賈、董諸策尚已，漢以後對策最著者，晉有郤詵，唐有張柬之，宋有張齊賢、文彦博，或則輔翊宸修，或則討論經籍，或述通漕之法，或陳考績之條。雖其説不專一義，類皆曉暢時務，洞貫古今，固言之而可行，行之而足以及遠也。顧陳善者，臣子之藎懷；納言者，朝廷之盛德。自來亶聰之主，錫福諴民，未有不集思廣益者，所由訏謨深而經典著，隄防固而黜陟明，道一風同，何莫非執兩用中之明效也。

欽惟皇帝陛下，親師重道，明目達聰。近年以來，中外大小臣工有應特詔陳言者，每多採納，固已嘉言孔彰，而政治釐然備舉矣。迺聖不自聖，猶詢芻蕘，舉典學、通經、治河、察吏諸大政，策臣等於廷，而欲收壤流之一助。臣庸材佔畢，何解

①「析」，據諸參校本改。

謨猷，顧自幼學以來，凡典籍所紀懋修之要，箋疏之詳，轉運之方，明試之法，竊嘗留意於其間，今逢言路廣開，敢不敬抒管見乎？

伏讀制策有曰：「治法肇於唐虞。」而因求《堯典》《舜典》之分，人心道心之判。此誠内聖外王之學也。臣謹案，言性始於《湯誥》，言學始於《說命》，二語開萬世性學、聖學之源。真德秀實特取之《易·文言》「敬以直内，義以方外」，敬者義之體，義者敬之用也。内外交修，而私欲不能勝，故與武王《丹書》「敬勝義勝」之説相爲表裏。三代上賢君令辟，不外乎「敬義」二字，後世人主，則學失其本，而專務虚名。如漢高帝詔陸賈著《新語》，雖云修仁義，法先聖，而所陳不過秦漢間事，於本原無與也。唐太宗謂侍臣曰：「朕所好惟堯舜周孔之道。」似有志於進修，以求列聖相傳之藴。然喜功好大，不無可議，亦務名而不務實者耳。夫太宗所作《帝範》十二篇，與宋范祖禹所作《帝學》，以及真德秀作《心經》《政經》，張藴古獻《大寶箴》，李德裕進《丹扆箴》，其言皆有可採。但事必見諸躬行，而後所學不負。秦漢以後之人主，往往先黄老而後六經，尚藝文而輕道義，是其立學之初，已先與古聖相左，又安望淵源相接也乎？然臣竊以爲帝王之學，不在乎廣求師説，博采前聞，詩書所紀，擇其一二語，即有可以行之終身者，是在輔導之臣善爲獻納。如《大學》言慎獨，《中庸》言戒懼，誠析理於至精矣。皇上沖齡育德，日就月將，凡茲理學之傳，不已超軼前代也乎？

制策又以「經學導源於漢」，而因傳述之各殊，遂思本原之詳考。此誠昌明經學之至意也。臣案《易》分十二篇，自以《彖》《象》《文言》雜入卦中，而《十翼》之舊一變。《尚書》今文，漢伏生所傳者二十八篇，孔安國又得《古文尚書》，晉梅賾始奏於朝。逸詩散見諸書，孔子有删其篇者，《新宫》《貍首》是也；有删其句者，《偏反》《素絢》是也。《春秋》三家之義，至詳且盡。《左氏》註以服虔、賈逵爲最古，自杜預之註出而旨益明。《禮記》爲漢儒所綜集。《中庸》子思子所作也，《緇衣》公孫尼子所作也，《儒行》《經解》，亦足闡發性功，開啓後學。而後人或謂其非聖言，則程子之論也。至於《周官》之出最晚，或疑後人之僞託。《儀禮》之註最少，惟有賈疏之獨存，經學家議論紛紜，迄無定考。無惑乎三禮之精蘊難明耳。夫宋儒言性理，漢儒尚訓詁，無性理之學，訓詁誠囿於淺；無訓詁之學，性理亦蹈於虚。自漢以後，歷魏晉齊梁，經學幾廢。至唐太宗，詔顔師古考定五經，頒行天下，又詔儒臣著《五經義疏》，令學者習之，此後文教大興。迨及宋代，濂洛關閩諸儒，乃能因之而窺其奥也。皇上昌明正學，綱領群言，經義炳若日星，更非漢唐所能及矣。

制策又以：「四瀆之水，河最難治。」而欲求九河故道，以追禹績之隆。此尤保民之善政也。臣案九河舊址，自漢時已不可考，惟許商上書言徒駭、胡蘇、鬲津所在，後世地志有以徒駭爲滹沱者，有合簡河、潔河爲一者。豈知河以碣石爲準，碣石已不存，河益無考矣。魏晉南北朝，河之利害無聞，《隋》《唐書》不志河渠，故《唐書》所紀，亦惟薛平與蕭倣二事而已。宋人論河之説，如歐陽修、蘇轍、任伯雨諸論爲最著。然皆不外乎賈讓之上《三策》，王景之修八渠，蓋河性湍急，非淤則決。潘季馴所云以隄束水，以水刷沙，正修渠築隄之意也。夫治河兼利漕，所以南流北流異其趨，海運河運殊其制。然自河水北徙，後灌入濟瀆，已逾二十八年，方其決口之始，疆吏怵於功艱而費鉅，暫置弗問，以至比歲爲災，逼近畿輔。此時欲復故道，水不能逆其流；欲築遥隄，民不忍舍其地。不得已而拯目前之急，仍惟有增修舊隄一法而已。我皇上軫念民依，勤求治河善策，近日直東各居民已深愛戴矣。

制策又以：「六計弊吏，始於《周官》。」而因講求夫激濁揚清之道。此尤澄敘官方之至計也。臣案廉訓爲潔，亦訓爲察。漢法，刺史以六條察二千石，歲終奏事課殿最，猶得古之遺意。董仲舒《對策》謂：「累日取貴，積久致官。」此用年勞之法，不無流弊。魏明帝作都官考課，杜恕以爲文具，晉杜預亦謂不若去密就簡，此誠綜覈名實之計。唐敘以四善，分以二十七最，差以九等。宋因唐之四善，又分爲三等。法雖屢殊，其意則一。宋初考課，特命清望之官同任其事，不專委於有司，但事多牽制，苟有一挾私於其間者，良法亦弊政矣。夫悃愊無華者大抵便民，而緩急或不足恃；强健明決者易於集事，而恣睢或至殃民。將欲量材器使，是在統屬之大吏而已。然而大吏之舉劾，不敢必其皆公，使以愛憎爲美惡、喜怒爲是非，則舉劾之權反顛倒於大吏之手，在下位者亦專以趨承爲事。此皆相因而至之弊，烏可不慎其始哉？皇上澄敘官常，吏治蒸蒸日上，較諸虞廷考績之典爲尤隆已。

凡此四者，言之不過敷奏虛文，行之則爲治平左券，特恐輶鐸一設，而鍾釜齊鳴；葑菲無遺，而薰蕕難辨。臣尤伏願皇上，燭照萬理，斟酌群言，於廣徵博採之中，寓旌淑別慝之意，言好學者必以實修爲證，言窮經者必以致用爲能，言治水者必以利民爲心，言課官者必以秉公爲度。由是讜論盈廷，萬幾咸理，布之區宇爲懿謨，書之簡策爲治譜，則我國家億萬年有道之長基此矣。

臣末學新進，罔識忌諱，干冒宸嚴，不勝戰慄隕越之至。臣謹對。

（底本：《光緒九年進士登科録》，國家圖書館藏）

其二

臣對：臣聞漢廷射策，蕭望之以儒宗顯，兒寬以經學稱。平當以明《禹貢》，任使行河；召信臣以有方略，終爲循吏。稽古匡時，固先務之急也。自後世性理之學，訓故之文，河渠之書，銓敘之法，皆淆雜而失其真。承大對者欲科別其條，茂明其說，亦綦難矣。《管子》曰：「先王之書，心之敬執。」《莊子》曰：「六經，先王之陳迹。」《荀子》曰：「行水潦，安水藏，以時決塞。」《晏子》曰：「舉賢以臨國，官能以敕民。」帝者抱蜀於上，儒者講德於下，斯王道正而百川理，天工亮而庶績熙，一以貫之矣。

欽惟皇帝陛下，親師重道，明目達聰。近年以來，中外大小臣工剴切陳言者，累牘而進，固已嘉言孔彰，政治釐然畢舉矣。猶復臨軒試士，備切咨詢，舉懋學、傳經、宣防、察吏諸大端，策臣等於廷，而冀收壤流之一助。臣庸才佔畢，詎識謨猷，顧自幼學以來，凡典籍所紀綏猷之本、稽古之功，與夫安民知人之要，亦稍留意於其閒，遭兹言路廣開，敢不竟其辭指乎？

伏讀制策有曰：「治法肇於唐虞。」因欲考帝王學術之真。誠性功之首務也。臣案《堯典》《舜典》之分，始僞孔安國《傳》，「曰若」以下二十八字，姚方興稱得之大航頭。《書》固難盡信哉！《禹謨》「危微」二語，據《荀子》引《道經》，而小異其詞。《湯誥》言「恒性」，不見於《史記》之真。古文《兑命》「典學」一語，據《文王世子》及《學記》，僞迹顯然。後儒乃謂爲言心、言性、言學之原，蓋未深攷爾。《易》之《坤卦》，陽息在二，乾爲直爲敬，坤爲方爲義。《丹書》者，古策府遺典，曰敬曰義，其知《易》乎？故王應麟謂孔子訓《丹書》於《文言》也。三代下，漢之高祖，唐之太宗，皆以武撥亂，以仁勝殘。陸賈所陳《新語》，今所傳非原書。然王充、李善所引，固皆儒家言。胡宏、真德秀乃謂「所言不過秦漢事」，過已。太宗學優於高祖，所作《帝範》，猶見儀刑。宋范祖禹侍哲宗經筵，論人主今日之學，係天下他日治亂。史稱其開陳治道，雖賈誼、陸贄不能過。觀所進《帝學》，簡明剴切，惜哲宗不盡用之。《心經》《政經》，則不免依託。至《大寶》《丹扆》諸箴，其言固多精要可采者。皇上沖齡講學，蒙養克端，徵信於古，尤賴左右之陳善閉邪也。

制策又以「經學導源於漢」，因備攷夫條流。臣案言《易》者以《十翼》釋《經》始費直；以《彖》《象》合《經》，高貴鄉公謂始康成。朱子《本義》用吕祖謙古本，明永樂修《大全》，割附《程傳》，篇第又淆。伏生《今文尚書》二十八篇，遷、固云二十九篇，其一篇百篇序也。今非惟《僞古文》不足信，《今文》亦唐衛包所改定者。《九夏》《新宫》，其詞已佚；《貍首》猶見《考工記》《射義》《大戴記》中。《論語》《左傳》《孟子》《國語》，周秦諸子，《史》《漢》諸書，閒存章句，皆逸詩也。左氏身爲國史，依經作傳。公羊高受學子夏，穀梁赤後於二家。三家於《春秋》，互有短長，而左氏、公羊爲信。注《左傳》者，賈逵、服虔先於杜預。賈、服書既散佚，杜且不當深規，而孔穎達伸杜以攻賈、服，則更惑矣。馬融、盧植，傳戴聖《禮記》四十九篇。康成謂《中庸》子思作，劉瓛謂《緇衣》公孫尼子作。如《王制》，則漢博士作，《月令》采《呂氏春秋》，不獨《儒行》《經解》爲可疑也。《周官》多春秋後竄改，亦非周公本書。《儀禮》則王肅、沈重之注不存，賈公彥作疏，第據齊黄慶、隋李孟悊之疏爲本爾。朝廷文教蔚興，承學之士，得以研精六籍，可不實事求是哉？

制策又以：「四瀆之水，河最難治。」因欲求九河故道，以追禹績之隆。臣案齊桓公填閼，八河自廣；周定王時河東徙，故道遂失。漢王横謂九河淪海，然許商上書，言徒駭、胡蘇、鬲津，在成平、東光、鬲縣界中。徒駭最北，鬲津最南。《爾雅》九河之次，自北而南。既知三河所在，則知太史、馬頰、覆釜在東光北，簡絜、鉤盤在東光南。後世地志所列，據此可證。河自漢末逮唐初，出東昌東、濟南西，順軌幾千年，故鮮議及者。《唐書》治河，僅薛平、蕭倣，而決溢屢書。景福中，徙武定、厭次，爲千乘改流之始。不志河渠，史之闕略也。宋代商胡決口，賈昌朝主復故道，李仲昌請開六塔，歐陽修獨以順水治隄，無大利大害。蘇軾嘗繳進其説，蘇轍則請罷回河之役，任伯雨則請寬立隄限，皆爲國惜勞費也。明潘季馴刷沙之法本漢張戎，其説則《考工記》善溝善防之意。治河古稱賈讓《三策》，而近人多謂難行。王景八渠，功效遠已。今言河者必及運，有海運何煩河運？必借黄濟運，久之河病而運亦病，豈長策哉？且河入濟瀆已二十九年，利津海口淤狹，決近畿輔。此時歸故道，水不能逆其性；築遥隄，民不忍棄其居，計不獲已，惟仍濬海口以治下游，修舊隄以防盛漲而已。我皇上軫念民瘼，近簡員往察河勢，固山東之民所同企望者也。

制策又以：「六計弊吏，始於《周官》。」而因求激濁揚清之道。臣案鄭康成言「六計以廉爲本」。王安石訓廉爲察，不如賈公彥疏「潔，不濫濁」之説，足風有位。漢之六條問事，見《漢官典職》，亦徵牟利通貨，猶有《周官》遺意。董仲舒謂：「累日取貴，積久致官。」賢不肖渾殽其意，欲使列侯、郡守、二千石舉賢能而病選吏者以富訾，不但爲年勞之弊也。魏杜恕議考課之制，以爲用不盡其人，雖文具無益。晉杜預爲黜陟之課，委任達官，稍去密而就簡。唐代考課，掌於吏部。宋因唐法，分四善爲三等，又命清望之官，如王沔、謝泌者典之，蓋重其事矣。夫循吏莫著於漢，莫多於宣帝時，非綜覈名實之效哉？今之察計，法美意良，然内而長官囿於積習，京察已等具文；外而疆臣狃於偏私，計典亦成故事。致使人才進退，不本公忠，不采輿論，彰癉之風聲不樹，舉人不必能其官。我皇上超擢賢能，嚴懲貪墨，將欲澄敘官方。中外大臣尚當以實心行實政，上輔日月之明。

爲治不在多言，大法則小廉也。抑臣觀《宋史·道學》之傳，特取别夫《儒林》；《漢書·溝洫》之功，不以參於《循吏》。流派未可以偏廢，智能固各有專長也。伏願皇上，燭照萬理，斟酌群言，於兼聽并納之中，攷設官分職之意。師傅因論道而尊，必求正學也；侍從本經術以進，必取端人也；水工之官，必規久遠，勿惜小費也；銓曹之政，務使清通，勿抑真才也。如此則讜言益進，萬幾咸理，人奏所能，我國家億萬年有道之長基此矣。

臣末學新進，罔識忌諱，干冒宸嚴，不勝戰慄隕越之至。臣謹對。

（底本：《狀元策》，光緒寶書堂刻本。參校本：《歷科狀元策》，光緒刻本）

一〇四　光緒十二年丙戌科　趙以炯

光緒十二年(一八八六)丙戌科,共取進士三百一十九名。狀元趙以炯,榜眼鄒福保,探花馮煦。

是科知貢舉:工部左侍郎烏拉布、兵部右侍郎廖壽恒。會試正考官:吏部尚書錫珍。副考官:都察院左都御史祁世長、户部左侍郎嵩申、工部左侍郎孫毓汶。

是科殿試讀卷官:户部尚書、協辦大學士福錕,刑部尚書、協辦大學士張之萬,户部尚書翁同龢,工部尚書潘祖蔭,户部右侍郎景善,禮部左侍郎徐郙,兵部右侍郎廖壽恒,内閣學士沈秉成。

趙以炯(一八五七—一九〇六),字仲瑩,又字鶴林,貴州貴陽府(今貴陽市)人。光緒五年(一八七九),鄉試中式。狀元及第,授翰林院修撰。十四年,充四川鄉試副考官。十七年,提督廣西學政。二十一年,充會試同考官。二十六年,丁母憂回籍,主講貴陽學古書院。服闋入京,值時會艱難,怏怏告歸,講學鄉里。三十二年八月,卒于家,年五十。

趙以炯狀元策見《狀元策》(光緒寶書堂刻本,首都圖書館藏)及《歷科狀元策》(光緒刻本,國家圖書館藏)等。趙以炯殿試原卷,有拍賣公司出售,但真僞莫辨。

光緒十二年,丙戌。夏四月,甲子朔。甲申,策試天下貢士劉培等三百一十九人於保和殿,制曰:朕誕膺天命,寅紹丕基,於今十有二年矣。仰賴皇太后教育之勤,庶政協和,四方安謐。朕朝夕典學,惟日孜孜,求之於經史,以探治亂之原;求之於軍旅,以資控制之略;求之於地形,以知險易之要;求之於圜法,以準輕重之宜。爾多士自田間來,學於古訓,究心當世，茲當臨軒發策，其敬聽朕言。

帝王誠正之學，格致爲先。若《帝範》，若《群書治要》，若《帝學》，能言其精義歟？《貞觀政要》《太平御覽》，撰者何人？魏徵《諫録》《續録》，果有裨於治歟？此外，若《政府奏議》，若《盡言集》，若《歷代名臣奏議》，孰爲優劣歟？真德秀《大學衍義》，何以闕治平？果有待於邱濬之補歟？夏良勝《中庸衍義》，與德秀書同體例歟？司馬光《資治通鑒》，爲治忽之淵林，能舉其要旨歟？爲《釋文》，爲《音注》，爲《釋文辨誤》，爲《地理通釋》者，何人？爲《外紀》者，又何人？李燾、劉時舉等所續，足繼原書之精博歟？

用兵之法，貴乎因地制宜，舟師其尤要也。《左氏傳》楚子爲舟師以伐吴，實爲水軍之始。其後，楚獲吴舟餘艎，則又舟名之最著者。或謂公輸般之鉤拒，乃戰舟之始，然歟？漢時，命朱買臣治樓船。元鼎五年，又詔粵人及江淮以南樓船，往討吕嘉。其時有伏波將軍、樓船將軍之號，其船曰「戈船」，曰「下瀨」，曰「横海」。命名之義，果何所在？其習水戰，當在何地？晉武帝時，王濬修舟艦，乃作大船連舫，能受士卒幾何人？其飛雲舟、蒼隼船，相去若干步，見於何書？隋文帝命楊素造戰艦，其艦何名？其高何若？唐時擊蕭銑，所用戰艦，能舉其數歟？宋時福、興、泉、漳，各有魛魚船，可修整以備海盜，①奏陳者何人？當在何年？紹興時，有飛虎戰艦，旁設四輪，其制如何？鐵可以爲船，晉唐以前，見於何書？又有皮船，始於何人？明戚繼光亦用之，一船可乘幾人，能詳之歟？

在昔虞廷致治，振旅三苗。周道方興，勞師獯鬻。邊防之事，自古爲昭。但齊稱攘狄，左氏兼美乎和戎。漢重犁庭，揚雄反抑爲中策。凡斯張弛，何説爲長？且七雄競爽，資騖牧以綏邊。西夏一隅，拒遼金而犄角，地居四戰，何道之從？

① 「盜」，《歷科狀元策》作「道」。對策中，亦作「道」，當是。

又如漢開西域，力讋烏孫；唐啓安西，威揚大食。是則葱嶺以西，雷翥以北，握其天險，務得中權，肄業及之遂無勝算歟？又若漢得衛青、霍去病而奠漠南，唐用李靖、李勣而破突厥，元有旭烈兀諸人而收印度，明資戚繼光諸將而靖倭氛。得人者昌，能言其效歟？

錢法始於太皞，或謂之金，或謂之貨，或謂之泉，或謂之布，或謂之刀，能各舉其所自歟？周制以商通貨，以賈通物，其九府圜法，厥制若何？後患錢輕，更鑄大錢，始於何年？漢時初鑄莢錢，後以錢益多而（益）輕，①乃更鑄四銖錢，其文奚若？其年代尚可考歟？後又有三銖五銖，是否同時？魏晉以後，亦有鑄四銖錢者，周時改五銖錢，每錢一千，計重若何？其錢監設於何地？其罷江淮七監，何人所言？宋時置監鑄鐵錢，當在何處？其銅錢一當鐵錢幾何？元豐間，畢仲衍進中書備對，言諸路銅鐵錢監所增數，果多於宋初歟？自銀幣行而錢法一壞，自交子鈔引行而錢法再壞。元明以來，悉蹈此弊，豈鼓鑄之不善歟？抑産於山者有時而竭歟？子母相權之法，不可不亟講也。

夫稽古者出政之本也，講武者備豫之方也，設險者立國之基也，笵金者理財之要也。爾多士條舉以陳，勿猥勿并，朕將親覽焉。

（《清德宗實録》卷二二七，册五五，頁六二—六四。參校本：《歷科狀元策》，光緒刻本）

臣對：臣聞政治甚繁也，實由廟堂握其綱；寰區甚遥也，實由宫廷提其要。人君建極綏猷，將胥天下之臣庶，相與進於乂安，而欲智取術馭也，其道無由。是以神聖代興之朝，天人交應，遐邇悉懷。而求其要端，則不外緝熙以新其德，講論

① 「益」，據《歷科狀元策》删。

以探其源。而復繼以思患豫防之規，懷遠保邦之略，厚生利用之模。其難其慎，無怠無荒，合本末以交修，統始終而畢貫。用是主極端，軍威振，邊患息，國用充。於以揚駿業而迓鴻庥，此誠爲一代之隆規，而百王之大法也。

欽惟皇帝陛下，尊師重道，飭紀整綱，必先天下而課其功，乃後天下而收其效。將兢兢業業，亦何政之不理哉？廼聖懷沖挹，咨詢猶殷，舉講學、經武、防邊、制用諸大政，進臣等於廷而策之。如臣庸陋，何足以承大對，特以士之爲士者，夙負齊家治國之志，將以施之於政，以究其得失也。茲復恭奉諭旨，勉以毋猥毋并，若僅塗飾浮辭，能無負慚於夙夜乎？

伏讀制策有曰：「帝王誠正之學，格致爲先。」因深究夫審端致力之方。此誠内聖外王之極則也。臣惟唐虞以來，言執中尚矣。三代而降，若唐太宗《帝範》十二篇，始《君體》，終《崇文》。范祖禹《帝學》八卷，起三皇，訖宋代，與魏徵之《群書治要》，具有精義，足備省觀。《貞觀政要》，吴兢所作。《太平御覽》，宋太宗詔史館所修。至真德秀進《大學衍義》四十三卷，拳拳於誠意正心之要，而治平之略闕焉。邱濬以《正朝廷》《成功化》十二條補之，體明而用亦備。夏良勝之《中庸衍義》，所爲沿其體例而作也。司馬光《資治通鑒》一編，最爲精博，其要旨不出察治亂、知興衰，誠史家之綱領。後經史炤撰《釋文》三十卷，胡三省撰《音注》九十七卷、《釋文辨誤》十二卷，王應麟撰《地理通釋》十四卷，劉恕撰《外紀》十卷。李燾、劉時舉復爲《續編》，而原書益昭美備矣。至若補闕拾遺，則魏徵之《諫録》《續録》，范仲淹之《政府奏議》，劉安世之《盡言集》，黄淮、楊士奇等所編之《歷代名臣奏議》，類皆君臣交儆之辭，其有裨於治豈淺鮮哉？皇上幾餘念典，聖學方新，古訓具陳，尤賴左右之朝夕納誨也。

制策又以：「用兵之道，貴乎因地制宜，而舟師尤爲要務。」此又安内攘外之良規也。臣攷古無水戰之法。春秋時，楚子始爲舟師以伐吴，其後遂有艅艎之獲。然其制，退者鉤之，進者拒之，實自公輸般而創。漢時，武帝命朱買臣治樓船以攻東越，更作昆明池習水戰，以討昆明。元鼎五年，又詔粵人及江淮以南樓船往征吕嘉，其時有伏波、樓船、橫海、下瀨各將軍之號。至命名之義，如置戈船下以禦蛟龍，故稱戈船之類是也。嗣後，晉王濬作大船連舫，制方百二十步，受二千餘人。隋楊素造五牙大艦，高百餘尺，容戰士八百人。唐李靖擊蕭銑，作戰艦二千餘艘。宋時，福、興、泉、漳，各有魛魚船，咸平四年，何承矩建議修整以備海道；紹興中，王彦恢復制飛虎戰艦，旁設四輪，日行千里。此歷代舟師之大要也。至如鐵可爲船，見於《淮南子》。皮船之制，創於元憲宗，而戚繼光用之，一船可乘一人，兩船合縫可乘三人，此戰舟之尤異者。要之，出奇制勝，止在爲將者駕馭之得法耳。聖朝威德昭宣，陸讋水慄，近復慎重海防，不已有備無患也哉？

制策又以：「邊防之事，自古爲昭。」因詳究夫地形險易之宜。此更定功保大之良模也。臣案虞廷致治，尤振旅於三苗；周道方興，且勞師於獯鬻。自來有文事者不忘武備，則兵之不可一日而去也。獨是古今異勢，强弱異形，水陸異宜，防剿異用。籌邊令策，莫若因時。秦用蒙驁，趙用李牧，西夏以一隅而拒遼金，皆聚勁卒精兵，獨當一面，深得乎可戰可守之方者也。至如漢武帝，遣使通西域，置酒泉郡，而康居、烏孫、大夏之屬，絡繹來附。唐太宗討平高昌，置安西都護，而新羅、大食諸國，咸奉朝貢。凡在葱嶺以西，雷翥以北，無不據其天險，操縱自如。然而行軍之要，貴地利尤貴人和；經武之謨，在將兵尤在將將。歷代以來，如漢之奠漠南，則衛青、霍去病之力；唐之破突厥，則李靖、李勣之功。元之收印度，則奏績於旭烈兀諸人；明之靖倭氛，則成功於戚繼光諸將。得人者昌，不誠然歟？究之拓土開疆，幅員日廣，誠極一時兵威之盛，然不如唐李大亮之言曰：「中國如本根，四夷如枝葉。」欲懷遠者，必先安近，則尤得居中馭外之權也。國家輿圖日擴，罔有内外，悉主悉臣，安有不懷德畏威也哉？

制策又以：「錢法始於太皞，而子母相權之法不可不講。」此更開源節流之要道也。臣考伏羲氏聚天下之銅爲棘幣，始謂之金。有熊氏謂之貨，陶唐氏謂之泉。至成周，太公立九府圜法，以商通貨，以賈通物，寶於金，利於刀，流於泉，布於布，斯因錢之濫觴也。① 厥後景王患錢輕，更鑄大錢，文曰「寶貨」。漢初鑄莢錢，文帝時爲錢益多而輕，更鑄四銖錢，文曰「半兩」。武帝復行三銖、五銖錢，魏晉以後沿用之。唐興，廢五銖錢，鑄開元通寶，每十錢重一兩，計一千重六斤四兩，得輕重大小之中，置監於洛、并、幽、益、桂等州。洎韓洄判度支，以江淮七監鑄錢，工用過費，悉請罷之。宋開寶中，令雅州置監鑄鐵錢，與銅錢兼行。銅錢一當鐵錢十。迨元豐間，畢仲衍進《中書備對》，言諸路銅錢增九監，而所鑄增三百餘萬貫；鐵錢增六監，而所鑄增六十餘萬貫。蓋比宋初至景德已大不同矣。至於銀幣行於交廣，而交子、鈔引，自宋以迄元明，率蹈此弊。錢法之壞，由來久矣，豈銅源之果竭歟？聖朝府事交修，權衡貨布，所以盡美盡善者，非漢唐所能及矣。

夫治益求治，王之本；新又日新，聖之基。寸念疏密，而國之强弱、民之貧富，皆於是關焉。故德業雖懋，器械雖堅，疆域雖清，財用雖足，律以居安思危之意。臣之至愚，尤伏願我皇上，法天之健，行地之貞，上追堯舜之隆，下邁湯武之盛。《書》曰「欽哉」，《詩》云「敬止」，誠使即前言往行以驗諸躬行，而復因時以酌其權宜，隨地以明其法度。由是幾康敕而本源清，律令明而德威播，捍衛嚴而邊陲靖，斟酌善而帑藏盈，則我國家億萬年有道之長基此矣。

臣末學新進，罔識忌諱，干冒宸嚴，不勝戰慄隕越之至。臣謹對。

（底本：《歷科狀元策》，光緒刻本。參校本：《狀元策》，光緒寶書堂刻本）

① 「因」，據文義當作「固」。

一〇五　光緒十五年己丑科　張建勛

光緒十五年(一八八九)己丑科,共取進士二百九十六名(《光緒十五年進士登科録》《光緒十五年進士題名碑録》所載相同。《清德宗實録》載三百三十一名)。狀元張建勛,榜眼李盛鐸,探花劉世安。

是科知貢舉:刑部右侍郎貴恒、吏部右侍郎孫家鼐。會試正考官:禮部尚書李鴻藻。副考官:工部尚書崑岡、潘祖蔭,禮部右侍郎廖壽恒。

是科殿試讀卷官:大學士恩承,協辦大學士徐桐,禮部尚書李鴻藻,兵部尚書許庚身,工部尚書潘祖蔭,都察院左都御史祁世長,户部左侍郎孫詒經,刑部左侍郎薛允升。

張建勛(一八五七—一九一三),字季端,號愉谷,一號愉廬,廣西桂林府臨桂縣(今屬桂林市)人。光緒五年,廣西鄉試中式。狀元及第,年三十三,授翰林院修撰。光緒二十年,任雲南鄉試正考官。三十年,陞翰林院侍講。三十二年,任國史館纂修官,編書處總校官,授黑龍江提學司提學使。民國二年,卒于北京。工詩文、善書法。著有《愉谷詩稿》。

張建勛廷試策見《光緒十五年進士登科録》(國家圖書館藏)、《歷科狀元策》(光緒刻本,國家圖書館藏、首都圖書館藏)及《狀元策》(光緒寶書堂刻本,首都圖書館藏)等。《歷科狀元策》中,收有兩個版本,文字差異極大,形同兩文。其中一個版本,與《光緒十五年進士登科録》所載基本一致,僅有個別異文;另一版本,與《狀元策》(寶書堂刻本)前半部分完全相同,後半部分則差異甚大,且連接處錯簡跡象明顯。鑒于寶書堂刻本異文達千餘字,這裏將其視爲第三種版本,與版本二相同文字,作參見處理。

光緒十五年，己丑。夏四月，丙子朔。丙申，策試天下貢士許葉芬等二百九十六人於保和殿，制曰：朕仰膺天眷，寅紹丕基，荷列聖之詒謀，承慈闈之懿訓，兢兢業業，十有五年矣。思欲登群生於衽席，籌九府之豐盈，綏八表於安全，阜四民之貨殖。茲當臨軒發策，爾多士其敬聽朕命。

《洪範》八政，食貨爲先。平世三登，豐穰偶歉，故《王制》有餘三之政，儒家詳緩二之文。《救荒活民書》，撰者何人？補者誰氏？《救荒本草》《拯荒事略》《救荒事宜》《救荒策會》《煮粥參議》《野菜譜》《野菜博録》諸書，孰詳孰略，能援其最要之説，舉其易辨之條歟？三國當塗，北朝拓跋，移粟不勞於江左，洊饑未害於偏災，稽古者豈宜無所考見歟？元明以後，每恃南糧，踵河運者虞海道之難，崇海運者慮河漕之緩。或謂宜於兼用，通知時事者，詎能拘成法歟？

自昔行師，端需理饟。漢時全盛，猶收孔僅之功。唐室中興，實用楊炎之策。必欲遠師平準，無凋耗之虞；近足度支，有飽騰之便，通材碩學，豈無成法歟？或謂九牧貢金，明徵《禹貢》；鐵官列郡，亦著《漢書》。中古以還，代傳開鑿，權其利害，可得言歟？又如七雄並峙，鐵冶紀於史遷；三國争衡，《食貨》缺於陳壽。述其邦計，能悉源流歟？又如建炎南宋，利擅於榷場；中統元初，用資於寶鈔。熟知古事，詎無藉於博聞歟？

自古大一統之世，必爲億萬年之圖。西踰葱嶺，漢通鑿空之官；北界金山，唐設北庭之府。輪臺屯戍，外輯烏孫；金滿建城，遠收伊列。凡茲經略，能略言歟？蘇定方之討沙鉢羅，速不台之窮默爾奇，此其功烈，近在何時？吐蕃會盟之碑，刻於何代？《籌海圖編》之績，著自何年？又如蒙衝樓櫓，肇起《漢書》，翼軫畢箕，權輿孫武。兵家水戰，能舉其要義歟？《諸蕃記》《西使記》，沿革多可考歟？《武備志》《火器圖》，遺法尚可用歟？

古禮先蠶是享，獻繭登功，所以通羨餘、重國計也。《爾雅》蠶類不一，不皆飼桑，《太平御覽》引《永嘉郡記》亦同，能區別其地利物宜歟？《淮南子》謂王法禁原蠶，以其殘桑，然鄉貢八蠶之緜，何害於一歲再登歟？《御覽》引謝承書稱范充爲桂陽太守，教民植桑養蠶；《宋史》稱張詠令崇陽，教民拔茶植桑。得無紡織之興，亦資循吏歟？《御覽》引《吴録》稱南陽郡一歲蠶八績，《隋書》稱江湖之南，一年蠶四五熟，豈非錦繡纂組，反助女紅歟？《蠶書》及《農桑輯要》、《農桑》《衣食撮要》，何代何人所撰？良法美意，今尚可行歟？

夫振給補助，仁政之經也；阜通消息，强國之資也；安攘訓練，邊圉之圖也；紡績織紝，生民之本也。多士博覽古今，講求實用，其各以素所藴蓄者著於篇，毋泛毋隱，朕將親覽焉。

（底本：《清德宗實録》卷二六九，册五五，頁六〇五—六〇七。參校本：《歷科狀元策》，光緒刻本，國家圖書館藏）

其一

臣對：臣聞宰治有要，貴正本而清源；立政有基，在提綱而挈領。將欲規矩二儀，甄陶萬類，豈惟是鋪張鴻業，以長駕遠馭爲能？抑豈小補驩虞，以因陋就簡爲事哉？《書》紀厚生，言推恩所以保庶；《易》稱美利，言藏富所以阜財；《詩》詠來同，《禮》詳曲植，言綏邊所以懷遠，務本所以經邦。夫籌備宜周也，權衡宜當也，申畫宜詳也，衣食宜裕也。四者治天下之道，而有天下者所當留意也。然則建極綏猷，亦惟於儲積之方，制用之本，疆理之要，愛養之謨，求其實際而已。

欽惟皇帝陛下，天亶聰明，躬親大政，懋緝熙之德，隆美備之規，精一執中，本心法爲治法，固已綱舉目張，得所止於至善矣。迺聖懷沖挹，彌切咨詢，舉賑荒、理饟、邊防、蠶桑諸大政，進臣等於廷而策之。臣學識庸陋，奚足仰贊高深，然制科之設，原欲多士援證往事，指陳時政，而非徒試其詞章。況當言路廣開，諭以各攄藴蓄，毋泛毋隱，敢不敬陳管見，效芻蕘之獻乎？

伏讀制策有曰：「《洪範》八政，食貨爲先，平世三登，豐穰偶歉。」因進求夫賑濟之法。此誠用康保民之至意也。臣案耕三餘一，耕九餘三，養民之經，詳於《王制》，洵稱善已。而用一緩二，所以紓民力者，即所以培其氣而厚其生。誠以水旱偏災，人事恒有，要宜豫爲之計。救荒活民之書，撰者代不乏人，而補輯講求，法尤詳備。如《救荒本草》《拯荒事略》《救荒事宜》《救荒策會》《煮粥參議》《野菜譜》《野菜博録》諸書，皆能得其要領，而可奉爲圭臬也。至三國，當塗北朝拓跋，移粟不勞於江左，洊饑未害於偏災。元明以後，每恃南糧，踵河運者，虞海道之難；崇海運者，慮河漕之緩。揆時度勢，夫豈成法之可拘哉？夫積儲無虧，荒年有備，厚生足國，爲利實溥。王者撫馭黎民，勤求保庶，成規具在。防其弊，即廣其惠，惟使閭閻無所抑勒，官吏不得侵虧。米價稍昂，設廠平糶，而商販居積，爲害實深。又地方大吏所宜設法稽察，俾市儈不得居奇，而商賈皆將通易。救荒之策，寓於儲積，斯倉庾充民生裕矣。皇上軫念民依，至深且遠，行見家給人足，而萬姓共迪安康也。

制策又以：「自昔行師，端需理饟。」因切究夫要道，以成豐亨豫大之規，此亦經國之要圖也。臣案《禹貢》所詳，《周官》所紀，皆以理財爲急務，誠以帝王經世宰物，國用其大端也。《易》曰：「何以聚人，曰財。何以理財，曰義。」蓋有用財之方，宜熟權大生財之道，開其源，節其流，洵未可苟焉也。漢任孔僅，厥功甚偉，遂以臻於全盛。有唐中興，特以楊炎之策有裨實用，見諸施行，前事皆可師也。若平準有書，度支不匱，要必考其成法，參乎時宜，始足免凋耗之虞，而致飽騰之慶。蓋自然之利，取之不盡，要宜用之有方。九牧貢金，制詳夏禹，而《漢書》亦有鐵官列郡之名，是開鑿之舉，久已相尚。然非順民情，因土宜，恐利所在而害即隨之。計惟有詳考山川，體察輿情，不務急功，先防流弊而已。夫鐵冶紀於史遷，食貨缺於陳壽。南宋建炎之世，久擅利於榷場；元初中統之年，實資用於寶鈔。夫亦參酌乎形勢，熟審乎源流，未可偏泥也。皇上撙節愛民，舉凡國用所關，流行無滯，其法固有大備者矣。

制策又以：「自古大一統之世，必爲億萬年之圖。」因詳究夫往代經略邊疆建置，此誠宅中圖大之規也。臣謹案，漢通鑿空之官，而葱嶺以西有無思不服者焉；唐設北庭之府，而金山以北有迭相爲守者矣。他若輪臺屯戍，所以制烏孫不得逞也；金滿建城，所以收伊列之來歸也。若蘇定方之討沙鉢羅，速不台之窮默爾奇，其功烈之可稱，尤有卓卓然在人耳目者。而吐蕃會盟之始刻碑以紀。其時《籌海圖編》之傳，因地以著其要，蓋以時代迭更，必有資於采輯也。至若蒙衝、樓櫓，肇起於《漢書》；翼軫畢箕，權輿於孫武。紀兵家之要略，以水戰爲綦詳，奥義所存，固條分而縷析矣。夫沿革不同，前規具在，《諸蕃記》《西使記》，可並舉而參觀也；創造各異，遺法可師，《武備志》《火器圖》，可綜稽而博識也。夫甄象緯而制六幕，必有囊括宙合之經；席鴻圖而撫九區，必有橐籥大同之烈。然而論形勢者，或謂踞西北足以控東南，而踞東南不足以控西北，庸詎知王者在德不在險，有以撫之者必有以制之。古人云「卜年卜世，而植基於鞏固」者，豈徒恃襟山而帶河也？彼漢唐舊制，宋元往圖，曷足取哉？皇上德威遠播，疆宇宏開，固重九譯而來朝，頌萬年之有道矣。

制策又以：「古禮先蠶是享，獻繭登功。」期通羨餘而重國計。此誠惠愛黎民之要舉也。臣案《爾雅》所志蠶類不一，不皆飼桑，《太平御覽》引《永嘉郡記》亦本此意。然惟審地利之源，乃能盡物宜之妙。《淮南子》謂：「王法禁原蠶，以其殘桑。」不知鄉貢八蠶之緜，一歲再登，固無所爲害也。《御覽》引謝承《書》稱，范充爲桂陽太守，教民植桑養蠶，其法頗詳。張詠令崇陽，亦教民拔茶植桑，詳見於《宋史》。蓋紡織固民生要道，而無以導之於上，則其利無自而興。敦本以勸俗，良有資於循吏也。《吴録》所稱：「南陽郡，一歲蠶八績。」《隋書》所稱：「江湖之南，一年蠶四五熟。」良以物産之蕃滋，因乎天時，遂收夫地利也。夫錦繡纂組害女紅者也，蠶桑有利，女紅亦何害乎？攷之《蠶書》及《農桑輯要》《農桑衣食撮要》，著之者不一代，撰之者不一人，要皆良法美意，洵可奉而行之者也。夫政教之大，養民爲先，苟遂其生，則衣食足而廉耻生，蒸蒸然成善俗矣。皇上德惠覃敷，至優且渥，不誠比户可封，媲唐虞三代之隆乎？

夫勤民則籌備周，理財則權衡當。靖邊則申畫詳，興養則衣食裕。此四者雖本末攸分，後先異致，而體之以宵旰憂勤之意，即可爲久安長治之規。若網在綱，有條不紊。用是治光玉鏡，道握金繩，仁聖之事賅，帝王之道備矣。臣伏願皇上，天行不息，日進無疆，仁政已行而不敢自弛也，財用已充而不敢自足也，疆域已廓而不敢自恃也，風俗已敦而不敢自懈也。朝乾夕惕，久道以致化成，治握其本原，政操其綱領，兢兢業業，一日二日萬幾，則圖治之要爲已得，而我國家億萬年有道之長基此矣。

臣末學新進，罔識忌諱，干冒宸嚴，不勝戰慄隕越之至。臣謹對。

（底本：《光緒十五年進士登科録》，國家圖書館藏。參校本：《歷科狀元策》，光緒刻本，國家圖書館藏）

其二

臣對：臣聞食者民之天也，而用以經之，武以衛之，蠶績以備之，凡以體元元，光鴻化也。故《史·平準書》曰：「虚倉廩而貸之粟，弛山澤而同其利。」桓寬《鹽鐵論》曰：「鹽鐵均輸，所以通委財而調緩急。」《管子》曰：「厚和構四國，以順貌德。」《荀子》曰：「功被天下，爲萬世文，禮樂以成，貴賤以分。」之四者，古先哲王咸斟酌而損益之，勤恤民隱，均節財用，無一夫之不耕，一婦之不織。修之内者，紀綱粲然，外而月竁日域，靡不賓服。櫜弓説劍，陰陽以和，樸皇質而雕唐文，此其權輿也。

欽惟皇帝陛下，親裁大政，首重耕桑。衆和財豐，寰闠無事，更新百度，蒸蒸向風。而淵默雷聲，弛張不形，既執大同，調泰鴻矣。迺聖懷沖挹，蕲得直言，以輔郅治，置鐸懸鞀，猶懼其壅。進臣等於廷，策以救荒、理財、柔遠、課蠶諸政，且責其毋泛毋隱。昔劉勰有言：「對策者，應詔陳政也。」臣雖檮昧，於政術善否，民生休戚，亦嘗切究深維，欲陳而未有路，今尚匿而不獻耶？

伏讀制策有曰：「《洪範》八政，食貨爲先，平世三登，豐穰偶歉。」而因求振荒轉漕之法。臣案荒政十二，僅見大司徒一職，古無顓書也。宋董煟始撰《救荒活民書》，明朱熊補之。若元歐陽元《拯荒事略》，明朱橚《救荒本草》，周孔、張陛《救荒事宜》，陳龍正《救荒策會》，陳繼儒《煮粥參議》，王磐《野菜譜》，鮑山《野菜博録》，皆與《活民書》表裏。煟《書》最覈，而熊失之迂；山《録》差博，而磐失之略。《事宜》則張密周疏，《策會》《事略》則陳嚴歐誕。得失雖殊，便民一也。當塗通漕於陳潁，拓跋轉般於濟梁。元運主海，明運主河，二者交譏，莫衷一是。今歲或不登，非不振恤也。然有司玩民瘼，又爲文告所拘，展轉相持，澤不下逮。且官無宿儲，仰給他州，道里既懸，不以時達。誠如《周禮》司救，以王命施惠，則文告不能拘矣。遺人、倉人掌委積及粟入之藏以頒之，則自太倉及縣都鄉里，所在充牣，不仰給他州矣。自元以後，海外多故，專恃海運，懼蹈元之覆轍。河運又漕渠易梗，歲歲勞費，亦非策之得也。誠於畿輔興水利，務倉儲，常有十年之蓄，不顓俟南漕，又何斷斷河海二運耶？皇上軫念民艱，凡行省偏灾，皆發帑截漕以振之，則民生厚矣。

制策又曰：「自昔行師，端需理饟。」而因求榷税置冶之法。臣案，漢武事外域，故孔僅鑄作器；唐德敝諸鎮，故楊炎改税法。又請出内庫歸左藏，議者稱之。《禹貢》揚、荆二州皆貢金；豫貢錯，梁貢銀、鏤，亦金屬也。班志鐵官者四十郡，遷傳鐵冶者五家，後世開采所祖也。建炎榷場，中統寶鈔，並損下益上，權制非經制也。陳壽《三國》有《書》無《志》，故食貨闕如。然《後漢》《晉》二書，猶存百一。夫僅言利析秋豪，又舉所得者屬少府。人主有私藏，僅導之也。炎之兩税，雖非敦本抑末之道，而左藏之歸，則宮中經費皆掌之有司，中官不得持其柄，猶周司會之遺也。蓋内帑既盈，而無式法以限之，人主之侈心必生。内盈則外虚，民氣必剥，又無以爲非常之備。炎之識或不及此，然過僅遠矣。冶鑄之利，今尤尚之。然中國際數千年開采之後，地力既竭，非荒洲遠島比也。貧民采之，足以資生；官司采之，不足以償費。況鳩無藉之民，穴絶遠之地，有利則聚而爲奸，無利則散而爲盜，其害又勝言耶？皇上躬行節儉，利用本於正德，上下交足，初無事山海之藏也。

制策又以：「大一統之世，必爲億萬年之圖。」而因求防邊詰戎之法。臣案古者守在四夷，不勤遠略。自漢張騫通葱嶺以西，西北諸邊遂常爲中國蠹。唐長安二年，於西突厥置北庭都護府；永徽三年，於處月諸部置金滿州，漢輪臺地也。蘇定方討沙鉢羅，在唐高宗時；速不台窮默爾奇，在元太祖時。吐蕃碑，開元中李佺刻。《籌海圖編》，嘉靖中胡宗憲著。宋趙汝（括）［适］《諸蕃記》，①元劉郁《西使記》，紀載翔實，並史家之支流。舟師始漢之蒙衝，樓櫓朱買臣創之。而《孫武·火攻篇》所云：「翼軫畢箕，則占風之驗也。」《武備志》《火器圖》，率迂誕不經，無當行陣。昔李大亮曰：「中國如本根，四裔如枝葉。疲中國以奉四裔，猶拔本根以益枝葉也。」范祖禹曰：「得之既以爲功，失之必以爲耻。故有征戍之勞，餽餉之煩，民不堪命。」綜李范之論，後之虛内事外，其可已矣。兵械利鈍，勝負所關。故鼂錯以器械不利，爲將不省兵之禍。今亦尚製器矣，然工之良窳，藏之周疏，將不習也。製造多則朽壞易，朽壞易則改作煩。擲無藝之費，饜非族之欲，耗己以資敵，是自敝也。皇上義征不憓，遠無弗賓，其於除戎器、戒不虞之誼，誠得之矣。

制策又以「古禮先蠶是享，獻繭登功」，而因求樹桑養蠶之法。臣案《爾雅·蠶屬》曰：「蟓雔由蚢，其食有樗棘欒蕭，不獨桑也。」《御覽》引《永嘉郡記》，有「八輩蠶則以出之，先後名之」；又引《吴録》稱「南陽郡，一歲蠶八績」。《隋書》稱「江淮之南，一歲蠶四五熟」，與《記》並同。然《淮南子》云：「王法禁原蠶，以其殘桑。」再登且不可，況四五熟、八輩耶？不知蠶桑並喜温，而永嘉、南陽及江淮南皆南維地，無嫌於一歲數登。故《吴都賦》亦云：「鄉貢八蠶之緜。」安殆道其常耳？謝承《書》，范充爲桂陽太守，教民植桑養蠶；宋張詠令崇陽，亦拔茶植桑。此豈俗吏所能爲耶？宋秦湛《蠶書》，附

① 「适」，據《四庫全書總目》改。

陳旉《農書》後，互相補苴。元初《農桑輯要》及魯明《農桑衣食撮要》，一辨物産，一明時令也。夫婦嬪化治絲枲，爲太宰九職之一。而張栻曰：「誦《服之無斁》之章，知周所以興；誦《休其蠶織》之章，知周所以衰。」蓋蠶桑亦國本也。今錦繡纂組爲害女紅，從事蠶績者鮮，安得閭師任女事，酇長稽女功，使之社而賦事，烝而獻功，以補農之不足耶？皇上大昕之朝，卜三宮而使之，蠶政既興，孰不率而展功緒歟？

若此者，敦本善俗，興事勸功，權三十年之通以制用，綏數萬里之遐以樹威，則古昔斟時宜，夐乎莫尚已。臣尤伏願皇上，幾餘典學，本經術爲治術。準之《禮》以劑豐荒之平，參之《易》以明制度之節，體之《記》以章懷柔之效，稽之《國語》以宗勞逸之原。而又無荒無怠，終始惟一，以三代爲必可復，而不屑爲末世苟且權宜之策，將以方軒邁皞，比舜陵嬀，則我國家億萬年有道之長基此矣。

臣末學新進，罔識忌諱，干冒宸嚴，不勝戰慄隕越之至。臣謹對。

（底本：《歷科狀元策》，光緒刻本，國家圖書館藏。參校本：《狀元策》，光緒寶書堂刻本）

其三

臣對：臣聞食者民之天也，……故食貨闕如。然《後漢》積弊，①作兩税之定名，下不苦賦役之煩，上不失輕重之柄，雖其人心術未純，亦劉晏、韓滉之才也。秦漢以來，代傳開鑿，《史記·貨殖傳》紀鐵冶者數家，則開鑿之利富於下；《漢書·地理志》紀鐵官者四十郡，則開鑿之利富於上。顧大利所存，百蠹叢集，得其人，則銀鏤鏐鐵爲上瑞；非其人，則五行百寶

① 「臣對」至「後漢」與上篇文字同。「後漢」二字後，接「積弊」，語句不通，脱誤明顯。

爲姦萌。陳壽《三國》體異，馬班表志無書，食貨遂闕，覈其邦計，散見他書。若夫茶馬之榷，利擅於建炎；鈔弊之興，法行於中統。權百物，取濟一時，惟不病民，斯可兼採也。皇上權盈絀之通數，持出入之大中，則帑藏日充，富强立致矣。

制策又以：「大一統之世，必爲億萬年之圖。」而因欲以整軍經武之規，永綏夫邊徼。臣惟苗頑逆命，撻伐斯張；獯鬻内侵，戎行遂啓。自古文德誕敷，不忘武備。漢踰葱嶺，將軍飛疏勒之泉；唐控金山，都護建蒲昌之海。張騫鑿空，而後始屯渠犁，而輪臺、車師、烏孫、伊循、伊吾、柳中皆屯戍之區也。永徽牢山之捷，始城金滿，而蒲類、高昌、龜兹、于闐、伊麗、伊列，皆建牙所統也。大抵綏内攘外之略，必有長駕遠馭之規，八柄維婁及於荒服，四裔騈屬讋在威棱。沙鉢羅跳浪於雙河，則屯衛將軍蘇定方討之；默爾奇驕蹇於諸部，則上柱國速不台征之。一見唐永徽之世，一見元太祖之朝，要皆邊將選也。若夫吐蕃爲唐患，而會盟之碑則長慶中劉元鼎勒焉；倭爲明患，而《籌海圖編》則嘉靖間胡宗憲紀焉。又如水戰之習，見於《漢書》，而蒙衝、樓櫓之師，以創火攻之法，肇自《孫子》，而翼軫畢箕之候以精。趙汝适《諸蕃記》，劉郁《西使記》，述所見聞，可證沿革。《武備志》詳言營陣，《火器圖》取象兩儀。今古殊時，法難盡泥，名將之略，豈囿於紙上之談哉？皇上宅中圖大，重譯來賓，則踰鏡海以東澄，戢流沙而西静矣。

制策又以：「古禮先蠶是享，獻繭登功。」所以通羨餘、重國計，而因備攷蠶桑之要。此誠衣被天下之心也。臣惟北郊始蠶，紀自《周官》；東鄉躬桑，詳於《月令》。上崇祭服，下重民生，蠶織之興，由來重矣。《爾雅》有桑繭、檮繭、棘繭、欒繭、蕭繭，物雖類而所飼各殊；《永嘉記》有蚖蠶、柘蠶、愛蠶、寒珍蠶、四出蠶，績雖同而其時互異。求諸物性，亦別土宜。《夏官》「馬質禁原蠶」，鄭注「原，再也」。《淮南子》謂：「禁之，以其殘桑。」然《吴都賦》稱：「鄉貢八蠶之緜。」《吴録》云：「南陽郡，一歲蠶八績。」《隋書》云：「江湖間，一歲蠶四五熟。」錦繡纂組之利，遂爲東南財賦之宗。一歲再登，始無害矣。惟物産因乎地利，勸課則繫有司。漢范充守南陽，教民植桑養蠶；宋張詠令崇陽，教民拔茶植桑。然則紡織之興，先在循良之選。後世之民，耕穫猶急於阡陌，而五畝十畝之隟地，遺爲曠土矣。木棉既得於交州，而作繭繅絲之故事，惟見偏郡矣。彼宋秦湛《蠶書》，元代官撰《農桑輯要》，魯明善《農桑衣食撮要》，何不可廣爲蒐采，用備施行哉？皇上德廣㠐幪，圖披耕織，固霈醲膏於赤縣，導美利於蒼生矣。

抑又聞之，勢之所覃者淺，則美之所傳者近；道之所感者深，則慶之所流者遠。九成之臺，非一日之功；萬鈞之重，非一人之力。是以湯鏤盤以日新，武銘帶以致戒。臣伏願我皇上，六馬在御，萬幾自勤，以不息之心，行有恒之政，倉箱已慶而愈切痌瘝，府事已修而更籌平準，弧矢已威而彌殷綏輯，布帛已裕而益溥恩膏。仁風翱翔，至化洋溢，地平天成，上下含熙，文同軌通，表裏禔福，錫極中區，宣光遐表，則我國家億萬年有道之長基此矣。

臣末學新進，罔識忌諱，干冒宸嚴，不勝戰慄隕越之至。臣謹對。

（底本：《狀元策》，光緒寶書堂刻本）

一〇六　光緒十六年庚寅恩科　吴魯

光緒十六年（一八九〇）庚寅恩科，共取進士三百二十六名。狀元吴魯，榜眼文廷式，探花吴蔭培。

是科係慶祝光緒帝親政特開恩科。會試知貢舉：吏部右侍郎敬信、都察院左副都御史徐致祥。會試主考官：刑部尚書孫毓汶。副考官：都察院左都御史貴恒、吏部左侍郎許應騤、都察院左副都御史沈源深。

是科殿試讀卷官：協辦大學士徐桐、福錕，吏部尚書麟書，户部尚書翁同龢，刑部尚書嵩申，禮部左侍郎徐郙、右侍郎廖壽恒，工部左侍郎汪鳴鑾。

吴魯（一八四五—一九一二），字肅堂，號且園，福建泉州府晉江縣（今晉江市）人。光緒十四年，順天鄉試中式。狀元及第，年四十，授翰林院修撰。光緒十七年，出任陝西鄉試副考官。後轉任安徽學政。二十二年，丁母憂。三年服喪期滿，出任國史館纂修，教習庶吉士。二十六年，充任軍務總辦。二十七年，出任雲南鄉試主考官，次年，任雲南學政。三十二年，出任吉林提學使。三十四年，在京供職學部。民國元年卒。著有《正氣研齋彙稿》《正氣研齋詩存》。

吴魯廷試策見《光緒庚寅恩科登科録》（國家圖書館藏），《狀元策》（寶書堂刻本，首都圖書館藏）、《殿試策》（光緒庚寅恩科，清刻本，國家圖書館藏）、《歷科狀元策》（光緒刻本，國家圖書館藏）等。

光緒十六年，己丑。夏四月，庚子朔。庚申，策試天下貢士夏曾佑等三百八人於保和殿，①制曰：朕寅紹丕基，於今十有六載。仰荷昊蒼眷佑之隆，慈聖教育之篤，臨政以來，夙夜兢兢，不敢暇逸，惟冀勤求治理，以綏我億兆民。茲當臨軒籲俊，用集嘉謨，爾多士其敬聽之。

帝王心法治法，相爲表裏，典謨訓誥，言之詳矣。《大學》《中庸》，道法悉備。宋真德秀《大學衍義》，發明聖學淵源，治道根柢，自序謂《大學》一書，爲君天下者之律令格例，大旨安在？其於格致、誠正、修齊之要，推闡無遺，獨不及治平。明邱濬《大學衍義補》，輯古今大經大法，實治平之道，先之以審幾微，能述其義否？所補治平之要，厥目有幾？夏良勝《中庸衍義》，頗採邱濬之説，綱領條目，粲然具備，其於當時事局，多所匡益，能臚舉之歟？

東三省爲國家根本重地，所宜究心。金上京會寧府，《通志》謂在寧古塔城西南，其説何本，果無誤歟？《唐志》涑州在何地？後改爲獨奏州，其義何屬？唐之率賓府所領何州？在今何地？（今）［金］有蘇冥水，②《明一統志》有恤品河，其兩地歟？《遼史·營衛志》五國部族，其故城有謂在烏蘇里江口松花江兩岸者，有謂在寧古塔東者，孰是？黑龍江源發何處？遼之臚朐河，元之斡難河，是一是二，能詳考之否？

天生庶物，以養萬民，而國之大用，即於斯出。茶税之徵，起於唐代，其初税商錢，在於何時？獨開茶税，在於何時？茶官之設，在於何時？税茶之法，其後增減若何？茶馬之法，亦始於唐。宋有茶馬司專官，元明因之，宋之三説法、貼射法，何法爲便？明之茶馬司、批驗茶引所，設於何地？遠番重茶，以資其生，茶市之通，濟及海外，能極言其利弊歟？

自古極盛之朝，莫不以邊防爲重。《詩》云：「薄伐玁狁，至於大原。」論者以爲得中策，漢武帝北築朔方，西戍烏壘，一

① 《光緒十六年進士登科録·玉音》載參加殿試會試中式舉人三百二十八名。
② 「金」，據《狀元策》改。

時匈奴震懾，而中國亦爲之虚耗。光武拒西域都護之請，徙幽并邊人於塞下，雖不勞中國以勤四夷，而未免示弱。防邊之道，果以何者爲善？唐設安西北庭四鎮，得控制之宜否？夫古者防惟在陸，今者防兼在海，溟渤萬里，處處可通，果於何處設守，始克收陸讋水慄之效歟？

夫典學以裕政原，固本以重疆索，理財以舒國用，設險以慎邊防，胥制治保邦之要圖也。多士稽古有年，先資拜獻，其各陳讜論毋隱，朕將親覽焉。

（底本：《清德宗實録》卷二八四，册五五，頁七八六—七八八。參校本：《光緒庚寅恩科登科録》，國家圖書館藏；《狀元策》，寶書堂刻本，首都圖書館藏；《歷科狀元策》，光緒刻本，國家圖書館藏）

其一

臣對：臣聞古帝王之御宇也，必先典學以慎修，辨方以定位，阜財以裕國，設險以綏邊。是故執中精一，伊祁上儀也；肇州封山，嬀氏隆軌也；厚生利用，安邑崇規也；柔遠能邇，鎬京茂矩也。三代而後，賢君令辟，史不絶書。而求其制治之遠猷，保民之本務，要莫不斟元提要。於《易》，重進德之功，訓俗型方；於《書》，詳保邦之制，豐財和衆；於《禮》，明納貨之經，講武詰戎；於《傳》，著招攜之訓。凡夫模笵二儀，甄陶萬類，布之區宇而爲嘉謨，紀之方策而爲治譜者，胥是道也。

欽惟皇帝陛下，踐阼以來，治期上理，固已一德孚而心傳紹，庶土正而海寓安，六府修而權宜著，九圍式而綏輯宏也已。迺者親裁大政，日理萬幾，期執兩以用中，得抱一以爲式。進臣等於廷，而策以明聖學、重封圻、厚民生、固邊圉諸大政。臣之愚昧，奚足以承大對而備咨詢，顧念對揚伊始之時，正值特開恩榜之日，勖多士以各陳讜論，其何敢仍故習摭浮辭乎？

伏讀制策有曰：「帝王心法治法，相爲表裏。」而因求歷代言治之旨。此誠正位凝命之要道也。臣惟帝王建中立極，事歸主敬，功在存誠。《朱子或問》謂：「《大學》自格致誠正，以至修齊治平，始終不外乎敬。《中庸》自中和位育，以迄聖神功化，樞紐不外乎誠。」宋真德秀作《大學衍義》，發明聖學淵源，治道根柢，《自序》謂：「《大學》一書，爲君天下者之律令格例。」其於格致、誠正、修齊之要，推闡無遺，意在以本貫末，故略治平而不言。明邱濬補之，約正朝廷、成功化之旨，别之爲十二目，體用兼備，乃羽翼真氏之書也。夏良勝《中庸衍義》，多採邱濬之説，綱領條目，粲然具備，於當時事局，多所匡益，蓋亦沿真氏之體例也。夫帝王之學，與儒生異。儒生之學，通六藝而已，帝王則垂萬世之則。苟辨治忽於幾先，析理欲於性始，以三代爲必可至，以萬事爲必可康，勿逐經生之末法而上規其本，勿事講幄之虚文而務徵諸實，而又尊師保以清治之源，屏玩好以節治之流，庶政無不章，而事無不舉矣。皇上神樞默運，心矩潛符，則監成憲而罔愆，學古訓而有獲已。

制策又以「東三省爲國家根本重地」，而因求夫建置沿革。此尤保邦制治之至意也。臣謹案，東三省即遼東之地，左控朝鮮，右引燕薊，前俯滄溟，後極沙漠，蓋東北一大都會焉。而其間沿革之制，扼要之區，則尤爲防守之所必講也。金上京會寧府，《通志》或謂在寧古塔城西南，《唐志》涑州，後又改爲獨奏州。諸州之地，以率賓府領之。古今異時，山川異勢，水陸異宜，攻守異形，雖曰地利，亦資人力也。金有蘇冥水，《明一統志》有恤品河，《遼史・營衛志》五國部族，其故城或以爲在烏蘇里江口松花江兩岸，或以爲即在寧古塔東者，歷代分合變置，固有書不勝書者。黑龍江蜿蜒緜亘，自北達於東南，有謂遼之臚朐河，與元之斡難河，異其名不異其地者。夫審時必先度乎形勢，固本尤莫重乎撫綏，其疆域之廣狹，地勢之變遷，分合之規模，紀載之掌故，誠參觀而討論之，則凡體國經野之治，睦鄰修好之規，皆可由此而得其道焉。服古者圖史並陳，庶開卷而瞭如指掌矣。皇上三曾秉武，八表抗棱，所由鏡清砥平，而中外咸慶乂安歟。

制策又以：「茶稅之征，起於唐代。」因詳求夫歷代利弊之方。臣考德宗時納天下茶、漆、竹、木，十取一，以爲常平錢，茶之有稅始於此。貞觀九年，詔出茶州縣及商人十稅其一，歲得錢四十萬緡。其後復增天下茶稅，江淮等省以茶官領之，兩川以户部領之，加斤至二十兩，天下病之。茶馬之法，亦始於唐。諸州設官，歲增茶課四十萬。宋有茶馬專司，元明因之，景德之三説掌之於官也。後易爲貼射法，則通之商賈矣。官與商互有得失，均未能有利而無弊也。遠番重茶，以資其生，而茶市之通，遂及於海外。夫官握其權則商病，商專其利則課虛。永樂中停止茶馬之稅，成化中令易馬不拘年例。以茶之利，易馬之良，所貴變通盡善也；以馬爲科，以茶爲應，所貴交易有方也。遠番需茶孔亟，非互市則無從得。誠能以此爲羈縻之術，將見內外相維，亦未始非畢集梯航之一道也。是故茶之用不見於古，而獨稱盛於今，在官者不專其利以病民，在商者必定其規以裕課。則措置得宜，有利無弊，彼唐宋成法，元明往圖，又何足稱也哉？皇上權盈虛之通數，酌有無之大中，則用日以充，民日以裕矣。

制策又以：「自古極盛之朝，莫不以邊防爲重。」而因考歷代備邊之策。此更定功保大之良模也。臣惟《詩》云：「薄伐玁狁，至於大原。」論者以爲得中策。漢武帝北築朔方，西戍烏壘，一時匈奴震懾，然中國亦爲之虛耗矣。蓋我之力足以制彼，則和亦示恩；我之力不足以制彼，則征亦自敝。且乘一邊之障，勞萬卒之戍，紓難在目前，而貽憂於數世，要利在諸將而積困於斯民，孰得孰失，有較然者。光武拒西域都護之請，幽并之民，徙於塞下，雖不勞中國，而未免示弱。防邊之道，必先之以屯田，使不資乎外糧。繼之以練卒，使不勞乎遠戍。唐設安西、北庭四鎮，扼中權之要，深得控制之宜。夫古者防惟在陸，今者防兼在海。溟渤萬里，處處可通，而舟師視陸師，其難易相懸。內河舟師視外海舟師，其利鈍亦互異。陸則攻守之宜，師得而主之；舟則風水沙礁之異，師不得而主之，惟在將帥得人以守。則固以戰則克，非然者有虛名而無實效，將山谿之險者而夷，兵甲之利者而鈍。「得人者昌」一語，豈非國是之殷鑒，而爲備邊之要圖也哉？

皇上麟符緯武，鳳艒揚威，則耀參伐於金樞，振雕戈於玉海矣。夫進德修業，治之本也；懷遠保邦，治之要也；理財舒國，治之經也；設險啓宇，治之務也。千聖百王之道，恒必由之。況皇上親政之初，紀綱治忽所由關，即億兆觀瞻所由繫。誠能兢兢業業，日進無疆，錫極以誠民，經野以固本，生財以足用，振武以靖邊。本持盈保泰之懷，致累洽重熙之治，於以恢帝者之上儀，揚丕天之大律，持之以久而體之以誠，則我國家億萬年有道之長基此矣。

臣末學新進，罔識忌諱，干冒宸嚴，不勝戰慄隕越之至。臣謹對。

（底本：《光緒庚寅恩科登科録》，國家圖書館藏）

其二

臣對：臣聞古帝王之御宇也，必先典學以慎修，辨方以正位，阜財以裕國，設險以綏邊。是故執中出治，伊耆上儀也；覲嶽封山，嬀氏隆軌也；厚生正德，安邑崇規也；通道來賓，鎬京茂矩也。三代而後，賢君令辟，史不絕書，而求其保民之本務，制治之遠猷，亦莫不提要斟元。於《書》，懍傳心之訓，宅中圖大；於《詩》，歌正域之章，利用懋遷；於《禮》，重均財之掌，畏威懷德；於《傳》，詳固圉之文。凡夫模筴二儀，甄陶萬類，著之簡編而爲治法，布之區宇而爲嘉猷者，胥是道也。

欽惟皇帝陛下，道昭彝憲，治協璣衡，固已一中建而聖學崇，九宇宏而邦本固，六府修而國用足，萬邦正而海寓安也已。迺者親裁大政，彌切疇咨，期執兩以用中，得抱一以爲式。進臣等於廷，而策以懍危微、固防衛、權食貨、示懷柔諸大政。臣之愚昧，何足以承大對而備咨詢，顧當對揚伊始之時，正值特開恩榜之日，勖多士以各陳讜論，其何敢仍故習摭浮辭乎？

伏讀制策有曰：「帝王心法治法，相爲表裏。」而因求昔聖微言，往哲緒論。此誠正位凝命之大原也。臣謹案，蔡沈

《書傳》曰：「二帝三王之治本於道，二帝三王之道本於心。」《大學》始終一敬，主敬者此心也。《中庸》樞紐一誠，存誠者亦此心也。宋真德秀作《大學衍義》四十三卷，取經文二百五字，證以《堯典》《皋陶謨》《伊訓》之書，《思齊》之詩，《家人》之卦，子思、孟子、董仲舒、揚雄之説，發明聖學淵源，治道根柢。《自序》謂：「爲君天下者之律令格例。」其於格致、誠正、修齊之旨，分爲四大綱，意在以本貫末，故略治平而不言。明邱濬補之，先之以《審幾微》，爲目十有二，而後經世大法，粲然可觀，誠羽翼真氏之書也。夏良勝《中庸衍義》，頗採邱氏之説，而於崇神仙、好符瑞、改祖制、抑善類數端，周詳反覆，所以匡益乎當時事局者實多。君人者誠能辨治忽於幾先，析理欲於性始，以三代爲必可至，以萬事爲必可康，勿逐經生之末法而上規其本，勿事講幄之虚文而務崇諸實，庶政無不舉，而道無不章已。皇上昌明正學，綱領群言，則監成憲而罔愆，學古訓而有獲矣。

制策又以「東三省爲國家根本重地」，因詳求歷代之建置沿革。此又體國經野之至意也。臣謹案，東三省中，惟吉林所轄地最廣。自混同江以西，上抵三姓，南接寧古塔，萬山環疊，雄障東陲。黑龍江地勢，左枕龍江，右環興嶺，與奉天、吉林爲脣齒，屹然稱重鎮焉。金上京會寧府，《通志》本《明一統志》之説，誤爲在寧古塔城西南。案會寧府即今阿勒楚喀城，實在寧古塔城西北。《唐志》涑州在靺鞨黑水府之地。其後以得專達，不轄於府，乃改爲獨奏州。唐之率賓府，在率賓國地，所領有華、益、建三州。金有蘇冥水，在建州東南，即今綏芬河，《明一統志》作恤品河，謂爲兩水者非也。《遼史·營衛志》五國部族，其故城分居五地。自三姓至烏蘇里江、松花江，有城基九處，即五國故城。黑龍江發源蒙古喀爾喀部墾特山，山之東、南二水分流，合爲克魯倫河。遼之臚朐，即今之克魯倫河。元之斡難，即今之敖嫩河，其發源於墾特山者流分爲二，其相會而成者，則合臚朐、斡難而爲一也。皇上威棱遠播，疆宇宏開，所由鏡清砥平，而中外咸慶乂安已。

制策又以：「天生庶物，以養萬民。而國之大用，即於斯出。」臣謹案，《禹貢》任九州土地所宜，與《周禮》列祭祀賓客之物，皆不及茶。大抵茶之爲用貴於唐，故茶稅之征亦起於唐。德宗建中元年，納户部侍郎趙贊之議，稅天下茶、漆、竹、木，十取其一，以爲常平本錢。貞元九年，張滂奏以三等定估，自是歲得錢四十萬緡。後王涯判二使，置榷茶使，令狐楚代爲鹽鐵使，兼榷茶使。茶官之設，自此始。穆宗時，王播增天下茶稅率，百錢增五十，天下病之。茶馬之法，亦起於唐。自回紇入貢，而以馬易茶之法立。趙宋設茶馬司，以趙開綜其事。江陵、淮南爲場，置吏以榷之。元明茶課，大率沿宋時之舊制爲多。宋初行三說法，第茶爲三等。太祖謂：「上等之說取利太深，下等又滅裂無取，惟中等之說可以經久。」天聖中，李諮請罷三說，行貼射法，絶虚估之弊，而煩費頓省。明之茶馬司，設於秦、洮、河、雅諸州；批驗所，設於應天、宜興、杭州等處。遠番重茶，以資其生。成化中，令巡茶御史招番易馬。今則茶市之通，濟及海外，治人治法，蓋視前代爲尤善已。

皇上豐財和衆，節用愛人，固已裕不竭之源，而著生財之道矣。

制策又以：「自古極盛之朝，莫不以邊防爲重。」因詳求歷代設守之方，以收陸讋水慄之效。臣惟周宣王時，玁狁内侵，命尹吉甫帥師伐之。《詩》曰：「薄伐玁狁，至於太原。」漢嚴尤謂爲得中策焉。武帝北築朔方，西戍烏壘，一時匈奴震慴，而中國亦爲之虚耗。光武以中土初定，未遑遠略，拒西域都護之請，徙幽并邊人於塞下，雖不勞中國以勤四夷，而未免示弱。然群羌並輯，防邊之道未爲失也。唐設安西、北庭四鎮，以都護統之。後陷於吐蕃，遂有廢四鎮之議。然兵有控制，宜崔融之力持也。夫古者防惟在陸，今則防兼在海。通商以來，藩籬洞開，東北海以朝鮮爲屏蔽；山東之登、青、萊三郡，突出海外，與奉天之旅順隔海相對，海面不及二百里，宜以重兵扼守，爲畿輔之翼衛。江蘇之吴淞，浙江之寧波，福建之厦門、臺灣，廣東之虎門，皆宜嚴兵固守，其由海入江之路，則歸重於福山、狼山。練海師者，誠能廣搜將才，置諸麾下，認真操練，將海疆萬里，固於金湯。兵法曰：「戰器不如戰地，戰地不如戰人。」自古用兵，未有不以得人爲先也。皇上三曾秉武，八表抗棱，則耀參伐於金樞，振雕戈於玉海矣。

之。夫進德修業，治之原也；分土建邦，治之要也；任地作貢，治之經也；奮武安邊，治之務也。千聖百王之道，恒必由之。況皇上親政之初，紀綱治忽所由關，即億兆觀瞻所由繫。誠能兢兢業業，日進無疆，錫極以誠民，披圖以度地，理財以足用，柔遠以睦鄰。本持盈保泰之心，致累洽重熙之治，於以恢帝者之上儀，揚丕天之大律，明德新民而止於至善，則我國家億萬年有道之長基此矣。

臣末學新進，罔識忌諱，干冒宸嚴，不勝戰慄隕越之至。臣謹對。

（底本：《狀元策》，寶書堂刻本，首都圖書館藏。參校本：《歷科狀元策》，光緒刻本，國家圖書館藏；《殿試策》，庚寅恩科，清刻本，國家圖書館藏）

一〇七　光緒十八年壬辰科　劉福姚

光緒十八年（一八九二）壬辰科，共取進士三百一十七名。狀元劉福姚，榜眼吴士鑒，探花陳伯陶。是科知貢舉：禮部左侍郎啓秀、光禄寺卿李端遇。會試正考官：户部尚書翁同龢。副考官：工部尚書祁世長、内閣學士霍穆歡、李端棻。

是科殿試讀卷官：大學士額勒和布、恩承，户部尚書翁同龢，禮部尚書李鴻藻，吏部右侍郎徐郙，户部左侍郎廖壽恒，工部左侍郎汪鳴鑾，内閣學士陳學棻（《光緒十八年進士登科録》無徐郙、廖壽恒，而有禮部左侍郎啓秀、刑部左侍郎薛允升）。

劉福姚（約一八六四—？），字伯崇，號守勤，廣西桂林府臨桂縣（今屬桂林市）人。光緒八年，廣西鄉試中式。十五年，考入内閣中書。狀元及第，授翰林院修撰。陞翰林院侍講。十九年，任貴州鄉試正考官。二十三年，任廣東鄉試副考官。二十九年，任河南鄉試副考官。受翁同龢影響，傾向于維新變法。

劉福姚狀元策見《光緒十八年進士登科録》（國家圖書館、中國第一歷史檔案館藏）、《殿試策》（光緒印本，國家圖書館藏）等。《光緒十八年進士登科録》所載與《狀元策》所載差異較大，今兩存之。

光緒十八年，壬辰。夏四月，己丑朔。甲寅，策試天下貢士劉可毅等三百一十七人於保和殿，制曰：朕纂承大寶，今十八年，仰誦列朝聖訓，親奉皇太后明教，期與薄海内外極養治之道，一以愛民爲心，以欽若天命。每於邊圉之要，朝覲之儀，倉庾之儲，兵屯之制，咸據舊以鑒新，將執中而立極，嘉與宇内之士，共臻上理。爾多士其進謀誦志，以沃朕心。

西藏屏蔽川滇，爲古吐蕃地，何時始通朝貢？地分四部，由中國入藏有三路，幅員廣狹奚若，試詳言之。元置吐蕃宣慰司，及碉門等處宣撫司，復置烏思藏郡縣，以八思巴領之，其沿革若何？唐時吐蕃建牙何地？阿耨達當今何山？其相近大山有幾？雅魯藏布江爲藏中巨川，而瀾滄江、潞江之屬，亦發源藏境，能究其原委歟？由藏至天竺，程途遠近何如？中隔部落幾許，亦考邊備者所宜知也。

五禮之目，賓居其一，《周禮·大宗伯》以賓禮親邦國，其别有八，而朝之别又居其四，其説若何？《書》五載一巡狩，群后四朝，與《禮記·王制》不同。而《秋官·行人》六服，與《周語》五服相牴牾，其説果可通歟？《郊特牲》「旅幣無方」一節，蓋諸侯朝天子庭實之禮，於他書有可證否？朝位賓主之閒，儒者講説不一，何以辨之？古諸侯朝天子禮，自《周官》外，存於今者尚有遺篇歟？自秦罷侯置守，無復古儀。杜氏《通典》分爲四條，其目若何，於義當否，可詳説之。

《周官》倉人主藏九穀，廩人主藏九穀之數，賙賜稍食，即今京通倉之制所昉也。後世有治粟内史、搜粟都尉、倉部郎等官，專司其事，其官名沿革，時代先後，尚可考也。明初置京通倉，以户部司員經理之，其以尚書侍郎專督倉場，始於何年，所屬更有何官，與今制若何，能悉數之歟？前代良法，積久弊生，偷漏之私，爛蒸之患，欲徹底清釐，果有盡善之策歟？

三代之盛，寓兵於農。因井田以供軍實，自秦以來，法久壞矣。漢文帝募民耕塞下，於是始有屯田之法，蓋猶具兵農合一遺意，歷代相沿，大端莫易。而漢時行於西域者爲較詳，車師、渠犁、烏孫、伊循等名，今爲何地？校尉、都護等官，置於何時？傅介子、常惠、鄭吉諸人，所屯者爲當時何地？趙充國屯田一疏，經畫周詳，所陳便宜十二事，能舉其要否？自時厥後，六朝唐宋言屯田者，皆沿漢法，或以民屯，或以兵屯，能援古證今，究極利弊，而詳陳之歟？

此皆御世之要圖，經國之大業也。朕嘉先聖之道，修古帝王之行事，凡以求於生民有濟。漢武有言：「君者心也，民猶肢體。」夫廣仁益智，莫善於問；乘事演道，莫善於對。其言也典，其致也博，策之謂也。多士勤學洽聞，能宣究其意者，毋泛毋隱，朕將親覽焉。

（底本：《清德宗實録》卷三一〇，册五六，頁四一一—四一二。參校本：《光緒十八年進士登科録》，國家圖書館藏；《殿試策》，光緒印本，國家圖書館藏）

其一

臣對：臣聞政無鉅細，公聽生明；治無古今，立中生正。是以循虛器者非應物之具，翫空言者非致治之機。古帝王之綏靖寰區，凡邊圉之要，朝覲之儀，倉庾之儲，兵屯之制，罔不虛衷訪道，用集嘉猷。故以廣方輿，則金湯永固也；以審經曲，則軌物常昭也；以裕國儲，則樂利蒙休也；以課開墾，則飽騰交頌也。基諸宵旰，措諸宫廷，馴致於郊遂，無驚文物丕煥，倉箱有詠，耕戰交修。所謂本實心以行實政，俾朝野上下，咸沐浴於德化之成，千聖百王，莫不由斯道矣。

欽惟皇帝陛下，治光離照，德協乾符，固已九圍式化而百度惟貞，萬寶告成而三軍樂業。美矣備矣，隆規茂矩，秩然具陳矣。迺聖懷沖挹，猶切咨詢，思長治而久安，益持盈而保泰，進臣等於廷，而策之以靖邊、習禮、裕饟、養兵諸大政。臣學術迂疏，見聞淺陋，何足仰補高深，然嘗綜稽典籍，考鏡古今，當對揚伊始之時，念敷奏以言之義，敢不抒管見以效微忱乎？

伏讀制策有曰：「西藏屏蔽川滇，爲古吐蕃地。」而因考其朝貢之始，疆土之形。此誠保邦制治之遠模也。臣惟西藏地分四部，由中國入藏，向有三路。其幅員之廣狹，留心地理者貴博稽而詳考之。元置吐蕃宣慰司及碉門等處宣撫司，復置烏斯藏郡縣，以八思巴領之。其因時沿革，雖不盡同，而據形勝以制西域，洵得控馭之善策矣。唐時吐蕃建牙之地，猶可考見。阿耨達之山，與相近諸大山，皆西藏所恃爲屏翰者，若雅魯藏布江爲藏中巨川，而瀾滄江、潞江之屬，亦發源藏境。其中所包羅者，支分派別，故山川雄厚，爲古來邊陲要區。由藏至天竺，程途所經者部落尚多，其游牧之地，固可按籍而稽也。夫西藏爲中原藩翰，前代建置因革，各隨其地勢形便綏撫而安輯之。其部落之盛衰，風氣之强弱，分合之規模，沿革之掌故，參稽而討論焉，將懷遠之經，由此而握其要。雖其性情俗尚，與中土不相習，而輸誠向化，固無遠弗届也。然則居中馭外，亦講求控制有方可矣。皇上德威遠播，中外乂安，所由八荒在宥，邊隅咸效順而來也。

制策又以：「五禮之目，賓居其一。」而因詳究夫禮制源流，古今同異。此又安上治民之要務也。臣惟《周禮》大宗伯以賓禮親邦國，其別有八，而朝之別又居其四，制禮之意未嘗不詳密矣。《書》五載一巡狩，群后四朝，與《禮記・王制》不同。而《秋官・行人》六服，與《周禮》五服，又相牴牾，雖其説不一。而好學深思，心知其意，《禮經》之説，原可觀其會通也。《郊特牲》「旅幣無方」一節，蓋諸侯朝於天子庭實之禮，證之他書，略可考見。至於朝位賓主之閒，儒者講論，各執一説。然悉心稽古者，不難立辨其得失。古諸侯朝天子禮，自《周官》而外，存於今者多就散佚。然有一二遺編，足資考訂。自秦罷侯置守，無復古儀。杜氏《通典》分爲四條，亦因其舊制，略爲分析，以存一代之規模耳。夫所貴乎明禮者，爲其能析古今之同異，考法制之變遷。古經所列，昭然若揭，一朝之成憲具焉，百王之大法詳焉。將使親疏貴賤，咸曉然於秩序之經，而莫敢或越，斯制禮者用以齊民俗，亦學禮者藉以束身心也。聖朝典章文物，超越前代，禮教行於天下，道德一而風俗同矣。

制策又以：「倉府之儲，自古爲昭。」而因考《周官》倉人、廩人之制。此又貴粟重農之善政也。臣惟《周官》所記「倉人主藏九穀，廩人主藏九穀之數，賙賜稍食」，即今京通倉之制所由昉。立法之意，可謂盡美盡善。後世有治粟内史、搜粟都尉，以及倉部郎等官，專司其事。官名沿革，雖因時而殊，教稼明農，後先相望矣。明初置京通倉，始以户部司員經理之，後以尚書、侍郎專督倉場，殆重其事，不能不重其選矣。而所屬之官，又有分理其事者，大要與今制不甚相遠。夫倉儲本前代良法，而積久弊生，經理不得其人，或有偷漏之私，或有爛蒸之患，是便民者反以厲民也。古者論倉儲之弊，出入在官，侵漁不免，當買補時，有抑價以累富民者矣。又或豪右爲奸，紅朽則多稱貸於農，有責補以累貧民者矣。而提其要領，不過曰所司得人，誠使廉潔公正之員總司其事，則倉府之正供既無短絀，而百姓藉以贍身家者，亦有恃無恐焉。是在善立章程，嚴加考核，使吏胥不得營私，民閒不受抑勒，庶積儲有備，斂散有方，倉廩可自此而充矣。皇上軫念民依，預謀養育，固已家給人足，而萬姓咸欣得所矣。

制策又以：「三代之盛，寓兵於農，因井田以供軍實。」而因思所以裕兵食者。此又休兵恤民之至計也。臣惟農功之無違，始恃乎耕穫；民食之無乏，終恃乎蓋藏。自秦以來，井田之法久壞，而兵民遂分。漢文帝募民耕塞下，始有屯田之法，蓋猶具兵農合一之意。後世因之，大端莫易。而漢時屯田之制，亦惟行於西域者最詳，車師、渠犁、烏孫、伊循諸處，皆行屯田。又置校尉、都護等官，所以董其事也。若傅介子、常惠、鄭吉諸人，撫制外域，皆當時之知名者。趙充國屯田一疏，經畫周詳，所陳十二事，誠教耕戰之善策。至今言屯田者，無有能出其範圍。故降至六朝唐宋，猶師漢人之遺法焉。然或以民屯，或以兵屯，不過稍更其制度，而良法美意，固百世不易者也。夫自有屯田，而兵農之分者以合，營伍相屬，部曲相保，猶是相友相助之遺風也。三時務耕，一時肄武，依然振芟治闢之故事也。若耕種之地，必資灌溉，穿渠灌田，尤不可不預爲擘畫焉，皆留心兵農者所當知也。皇上惠及邊疆，聿修屯政，兵力足而饟源裕，洵萬世永賴者矣。

若此者，宣德以綏遠，修禮以教民，積粟以備荒，營田以裕國，端其源而委順，握其本而末隨，體國經野之模，貫百代而無弊焉。語曰：「爲政不在多言，顧力行何如耳。」臣尤伏願皇上，宥密單心，始終惟一，探誠民錫福之原，臻累洽重熙之治，疆域已靖而益切防邊，法制已明而更思稽古，餱糧已富而猶念厚生，武備已嚴而愈思足用。於以保鴻名，膺景福，揚丕天之大律，恢帝者之上儀，體堯蹈舜，甄殷陶周，則我國家億萬年有道之長基此矣。

臣末學新進，罔識忌諱，干冒宸嚴，不勝戰慄隕越之至。臣謹對。

（底本：《光緒十八年進士登科録》，國家圖書館藏）

其二

臣對：臣聞《管子》之言：「凡有地牧民者，務在四時，守在倉廩。國多財則遠者來，地辟舉則民留處，倉廩足則知禮節，衣食足則知榮辱，上服度則六親固，四維張則君令行。」古帝王之治天下，必以其道，務德以懷之，陳禮以經之，財儲而國富，農勉而戰戢，莫不守始治紀，牧領海内，故近悦遠來，家給人足。《傳》曰：「招攜以禮，懷遠以德。」《易》曰：「嘉會足以合。」《禮記》曰：「命百官謹蓋藏。命司徒循行積聚，無有不斂。」《詩》曰：「徹田爲糧。」四者至急之務，經久之規，治國者當留意也。

欽惟皇帝陛下，持紐三曾，經緯六合，陶天下爲一家，運大鈞於萬品。斯時民物滋豐，亶囷無事，固已執飭大象，翔洽泰鴻矣。迺聖懷沖挹，咨訪猶殷，思久道之化成，冀邇言之可察。進臣等於廷，而策之以綏遠、正儀、儲粟、屯田諸大政。臣之愚昧，何足仰補高深，顧當登明選公之日，必盡獻可替否之義。復恭奉諭旨，勖多士以毋泛毋隱，其何敢摭拾塗飾，虚應故事耶？

伏讀制策有曰：「西藏屏蔽川滇，爲古吐蕃地。」而因考其郡縣職官之沿革，山川道里之周詳。此誠柔遠之先務也。臣謹案，吐蕃爲西戎之一，自周及隋，未通中國。唐貞觀八年，遣使入貢，爲通朝貢之始。地分四部，前藏最狹，後藏最廣，阿里界乎其中。中國入藏大道有三，由陝西西寧府南行爲北路，由四川打箭爐西行爲中路，由雲南麗江府北行爲南路。南北二路，尤爲商旅所經。元憲宗時，始置吐蕃宣慰司，於碉門等處置六宣撫司。世祖時，置烏斯藏郡縣，以僧八思巴領之。明洪武時，復置指揮、宣慰、招討等司。此職官沿革之略也。阿耨達即岡底斯山，相近大山凡四。雅魯藏布江源出達穆楚克喀巴布山。瀾滄江有二源，一帀楚河，一鄂穆楚河。潞江源出喇薩北，有澤名布喀，經雲南麗江府、永昌府，流至緬甸而入海。天竺，東方大城，即漢身毒國，元曰忻都，今曰印度。由藏至天竺約二千里，中隔部落三，曰布魯克巴，曰哲孟雄，曰廓爾喀。惟廓爾喀僅足自保，餘俱弱矣。皇上八表抗棱，萬方慕義，西蕃回首内嚮，庶幾永作屏翰也已。

制策又以：「五禮之目，賓居其一。」而因詳求朝覲之禮。此誠帝者之上儀也。臣謹案，《周禮》大宗伯以賓禮親邦國，賓之別也有八，而朝居其一。朝之別也有四。四朝者，周制天子有四朝，曰外朝，曰中朝，曰内朝，曰詢事之朝，此四朝之別也。《書》五載一巡狩，群后四朝，與《禮記·王制》不同。其不同者，一唐虞時制，一周制耳。《周禮》九服，見於《職方》。《秋官·行人》六服，説者謂指王巡狩而言。《周語》以甸、侯、賓、要、荒爲五服。其説相去太遠，未可强通也。《郊特牲》「旅幣無方」一節，惟覲禮「侯氏奉玉帛以升」之文，可以爲證。然儀文略有不同。朝位賓主之閒，先儒講説不一。熊氏謂朝無近法，享則有之，其説爲優。古諸侯朝天子禮，《周官》外惟《明堂位》一篇最足依據。此外，則《逸周書》之《王會》篇爲最著。他若杜佑《通典》，採掇亦頗精審。《通典》又言秦罷侯置守，無復古儀。所分四目，如諸侯遣使來聘，以三代下無其禮者，特未知禮，可因時制宜耳。皇上垂衣襞服，坊表群倫，典則所昭，洵足式臣工而安遠近已。

制策又以：「《周官》倉人、廩人，爲今京通倉所由昉。」而因進求美善之規。此誠裕國之至計也。臣謹案，《周禮》倉人主粟入之藏，廩人主藏穀之數。《地官》所載，制度昭然。下及後世，秦有治粟内史，漢有治粟都尉，武帝時復置騪粟都尉。魏有大農，晉有大司農。哀帝省并都水，孝武復置。梁置茭庫、荻庫、箬庫諸丞，隸司農。其物倉廩儲穀所需，設官以掌。

隋有司農寺卿，唐因之，又有太倉令、諸倉監、監倉御史。五季有三司使。宋以他官分領京倉。遼有司農寺。元有京畿都漕運使。官名沿革，時代先後，略可考。明永樂都北京，置京通倉，以户部司員經理之。宣德五年，始命李昶爲户部尚書，督其事，《明史·職官志》不具載。考《食貨志》，攢運有郎中，監倉有主事，即今之坐糧廳及倉場監督也。夫前代良法美意，行之日久，遂有偷漏及爛蒸之弊。説者謂偷漏之私，由於封鎖之不固；爛蒸之患，由於晾曬之不勤。苟非在事臣工隨時稽察，則典守者肆行偷漏，復恐虧絀其數。即以糠秕、水穀雜糅之，而爛蒸之患益甚。《明·志》所稱，糧長攙沙、水於米中，往往蒸溼浥爛，至不可食，而倉場額外科取，歲至十四萬。設任用得人，不憚發其覆而摘其奸，何難洗倉場積弊乎？皇上廑念倉儲，勤求整飭，庶幾如崇如墉，咸欣有備無患也已。

制策又以：「三代之盛，寓兵於農。」而因講求夫屯田之法。此誠靖邊之大防也。臣謹案，屯田之法，爲備邊要策，足食良謨。漢文帝用鼂錯策，募民耕塞下。其後屯田西域者，傅介子田於伊循城，常惠將三校屯於烏孫赤谷，鄭吉屯田渠犁及車師，即今之闢展、烏魯木齊、伊犁等地，所謂天山北路是也。孝武時，西域始通中國，置中壘校尉領護之。元帝時，置戊己校尉，校尉之置官始於此。宣帝時，遣司馬護南道鄯善以西諸國。神爵三年，單于日逐王來降，鄭吉迎之。使吉并護北道，號曰都護。據《西域列傳》，謂都護之名始於鄭吉是也。趙充國屯田一疏，經畫周詳，而綜其大旨，要歸於内有無費之利，外有守禦之備，威德並行，兵農相輔，可謂老成謀國，動中機宜。自漢以後，六朝唐宋，略有變革。北齊于州刺史稽華，修城左、右屯邊地。周贍又於河内置懷、茂等屯，止河南轉輸之勞。唐郭子儀屯田河中，韓重華屯田振武。凡此皆爲備邊省費之計。今推廣行之，固邊疆之利也。皇上威震殊俗，海寓乂安，寓邊防於井牧，洵萬世以永賴者矣。

若此者，固封守，飭禮法，實倉儲，備耕戰，兼才尚權，右計左數，仁聖事賅，帝王道備，巍乎其莫尚矣。臣之至愚，尤伏願皇上，通萬方之略，得致一之孅，采儒墨之善，撮名法之要。蠻夷已附而益事羈縻，榘敦已飭而猶殷考訂，倉庾已充而更嚴察核，邊陲已靖而力務耕耘。於以體堯蹈舜，甄殷陶周，德澤滿於天下，靈光施於四海，會歸有中，御衡不迷，則我國家億萬年有道之長基此矣。

臣末學新進，罔識忌諱，干冒宸嚴，不勝戰慄隕越之至。臣謹對。

（底本：《狀元策》，光緒寶書堂刻本。參校本：《殿試策》，光緒印本，國家圖書館藏）

一〇八　光緒二十年甲午恩科　張謇

光緒二十年(一八九四)甲午恩科,共取進士三百一十一名。狀元張謇,榜眼尹銘綬,探花鄭沅。

是科知貢舉:禮部右侍郎志鋭、禮部尚書李鴻藻。會試正考官:禮部尚書李鴻藻。副考官:都察院左都御史徐郙、工部左侍郎汪鳴鑾、都察院左副都御史楊頤。

是科殿試讀卷官:大學士張之萬,協辦大學士、吏部尚書麟書,户部尚書翁同龢,禮部尚書李鴻藻,刑部尚書薛允升,禮部右侍郎志鋭,工部左侍郎汪鳴鑾,内閣學士唐景崇。

張謇(一八五三—一九二六),字季直,號嗇庵,江蘇通州直隸州(今南通市)人。光緒十二年,順天鄉試中式。狀元及第,年四十二,授翰林院修撰。後決棄仕途,投身實業,主張「實業救國」,是中國棉紡織領域早期的開拓者。又致力于教育事業,創辦多所學校。辛亥革命,南京政府成立,推爲實業部長,兼任兩淮鹽政總理。後又任農商部長,兼全國水利總裁。民國十一年(一九二二),又任江蘇新運河督辦,兼任工廠與銀行等總理,均有成績,爲世慕效。一九二六年病逝,年七十四。著有《張季子文録》《嗇翁自訂年譜》等。

張謇狀元策見《光緒二十年進士登科録》(中國第一歷史檔案館藏)、《歷科狀元策》(光緒刻本,國家圖書館、首都圖書館藏)、《狀元策》(光緒寶書堂刻本,首都圖書館藏)及《張季子九録·外録》等。① 《光緒二十年進士登科録》所載與兩

① 《張季子九録》,張怡祖編輯,見《民國叢書》第三編,上海:上海書書店,一九九一年。

種《狀元策》所載差異較大，今兩存之。

光緒二十年，甲午。夏四月，丁未朔。丁卯，策試天下貢士陶世鳳等三百十一人於保和殿，制曰：朕寅紹丕基，仰荷昊蒼眷佑，兢兢業業，今二十年。恭逢皇太后六旬萬壽，上維《魯頌》壽母之詩，俯思《大雅》作人之化，特開慶榜，策試多士。又嘗恭讀康熙戊戌科聖祖仁皇帝策問「天子以乂安海宇爲孝」。是以夙興夜寐，勤求至理，政事之餘，留意經術。聖訓煌煌，爲萬世法。茲舉河渠之要，經籍之儲，選舉之方，鹽鐵之利，揆時度勢，酌古衡今，爾多士其揚搉陳之。

治水肇於《禹貢》。畿輔之地，實惟冀州，水利與農事相表裏。後漢張堪爲漁陽守，開田勸民，魏劉靖開車箱渠，能備述歟？至營督亢渠，引盧溝水資灌溉，能各舉其人歟？唐朱潭、盧暉，宋何承矩，浚渠引水，能指其地否？元郭守敬、虞集，議開河行漕，其言可采否？汪應蛟之議設壩建牐，申用懋之議相地察源，可否見之施行？能詳陳利弊歟？

漢世藏書，中祕最善。劉向所校，僅名《別録》，至其子歆，始總群書而奏《七略》，傳注所引，秩然可徵。班志《藝文》，與劉《略》出入者何篇？魏晉以後，鄭默《中經》，荀勖《新簿》，體例若何？梁華林園，兼五部以並録；隋修文殿，分三品以收藏。唐承砥柱之厄，始付寫官；宋籍建業之餘，盡送史館，此皆册府遺文，可資掌録。明《永樂大典》所收之書，今不存者，見於何目？能備舉以資考證歟？

選舉爲人才所自出。翰林以備顧問，六曹以觀政事，縣令以司賞罰，三者皆要職也。翰林始重於唐，其時學士出入侍從，參謀議，知制誥，能詳其品秩歟？宋儒館有四，地望清切，非名流不得處，其選用之制若何？六曹昉自《周官》，秦漢隋唐，互有沿革，能陳其異同歟？晉制不經宰縣，不得入爲臺郎。而後世或搢紳耻居其位，或科甲無不宰邑，豈輕重各因其時歟？抑增重激勸，或得或失歟？

鹽鐵之征，始於管子，論者謂其盡取民利，而行之數千百年，卒不能廢。至漢武帝，用孔、桑之法，與管子異矣。其時所置鹽官二十八郡，鐵官四十郡，能指其地歟？終漢之世，屢罷屢復，其年代皆可考歟？唐貞元中檢校鹽鐵之利，其議發於何人？若第五琦、劉晏、裴休之論，固無足采歟？請引采鹽，而商擅利權；禁民貿鐵，而官多侵蝕，其流弊能指述歟？

凡此皆御世之隆謨，經國之盛業也。夫朕以藐躬，加於臣庶之上，受祖宗付託之重，惟思恪遵慈訓，周知民隱，旁求俊乂，孜孜爲治，以躋斯世於仁壽之域。爾多士各抒讜論，毋泛毋隱。

（底本：《清德宗實録》卷三三九，册五六，頁三四四—三四五。參校本：《光緒二十年進士登科録》，中國第一歷史檔案館藏；《歷科狀元策》，光緒刻本，國家圖書館藏）

其一

臣對：臣聞善言天者尊斗極，善言治者定統宗。九州利弊之廣，不可一一喻之也；六典司職之繁，非必節節治之也。要在道法而已。孔子之道，集群聖而開百王，其世所誦法大義微言，後千六百餘年而復集成於朱子。宋臣真德秀，嘗本朱子之意，輯爲《大學衍義》，自帝王治學，至於格致、誠正、修齊，得失之鑒，炳然賅備。是則三代兩漢以來，所以治漕河、蒐典籍，用人才，劑征榷者，必折衷於朱子之意，而後當否可觀也；必權衡以朱子之言，而後會通可得也。

欽惟皇帝陛下，躬上聖之資，勤又新之德，而又廣開言路，振飭紀綱。凡夫《大學》之明訓，前古之事蹟，固已切究而推尋之矣。而聖懷沖挹，猶孜孜焉舉河渠、經籍、選舉、鹽鐵諸大政，進臣等於廷而策之。臣愚何足以承大對，然臣嘗誦習朱子之言矣。朱子之言之具於其書，而爲德秀所稱引者，無一而非人君圖治之法，人臣責難之資也，其敢不竭獻納之誠乎？

伏讀制策有曰：「治水肇於《禹貢》。畿輔之地，實爲冀州。」而因求水利與農事相表裏之道，以詳稽其利弊，此今日民生之大福也。臣惟國之大本在農，農之所天惟食，而食之大源繫乎水。百穀之生，未有不恃灌溉之利者。東南多水而常收水之利，西北少水而常受水之害，固地勢水性使然，而其要視乎人力之果盡與否。漢張堪爲漁陽守，開田勸民，而民興於農，遂有「樂不可支」之謠。魏嘉平中，劉靖規武安之通渠，羨秦氏之殷富，大開車箱渠，而灌田以萬計。由是而後魏裴延儁、齊稽華輩，營督亢於范陽，引盧溝於幽冀；唐朱潭、盧暉，宋何承矩之倫，或引灤易，或引滹沱，並能灌稻開田，溥一時之利。元都水監郭守敬、國子祭酒虞集，尤留意於漕河，其言用浙人之法，以田授民，使爲之長三年而後征，以減東南轉輸。與明汪應蛟之議設壩建牐，申用懋之議相地察源，其意相通，而皆行之有利者。謹案朱子之論治河也，於賈讓不與水争地之說，嘗反覆致論，以爲允當，而又以爲水無秖有害而無利，在治之何如者，誠至言也。我皇上軫念民依，講求水利，凡河防漕運，固已疏治而奠定之矣。

制策又以：「漢世藏書，中祕最善。」因稽劉向以來至於前明所録，以資考證。臣惟載籍所以徵雅，故藏史册簡，上下遥代，亦古今得失之林，而斯文興替之契也。向校《别録》，子歆承之，始總群書而奏《七略》。班固志《藝文》，其賦録諸篇，乃與劉略時有出入。魏祕書郎鄭（衆）［默］始制《中經》，①荀勖更著《新簿》，以甲乙丙丁分部，而六藝、小學、古諸子、近世子家、史記舊事、皇覽簿、雜事之屬，其體例亦殊於《七略》。至梁華林園，兼五部以並録，而釋典紛紜。隋修文館分三品以收藏，而捕獵闕委，雖云盛富，毋乃猥歟？唐承砥柱之厄，始付寫官，而其書多於《崇文總目》。宋平江南，籍其圖書二萬餘卷，悉送史館，而祕閣益宏，册府遺文，此爲鼎鼎。明之《永樂大典》，世彌後而書彌多，其所甄采之書，往往遺散不

---

① 「默」，據文義改。另版《光緒二十年進士登科録》（疑爲翻刻本）不誤。

傳矣。校論往籍，辨體宜先。朱子所謂「六經治世之文，《國語》衰世之文，《戰國》亂世之文」，則淄澠其辭，不特撰裁字句以鑒別真僞而已。國家開四庫，求遺書，山容而淵積，又過於東觀、蘭臺之富矣。

制策又以：「選舉爲人材所出。」因以翰林、六曹、縣令三者，俾考其制，而權其得失。臣惟翰林之官，以文學言語備顧問，出入侍從，因參謀議納諫諍，而院者待詔之所也。唐開元初，置翰林待詔，掌四方表疏批答，應和文章。既又選文學士爲翰林供奉，與集賢院學士分掌制誥書敕，久之而改爲學士，號爲内相矣。宋之儒館，地望清切，非名流不預焉。初命學士之日，皆遣使就第，宣旨召入，且用以指揮邊事，曉達機謀，不止同知考課、掌書誥而已。六曹昉自《周官》，秦漢隋唐，互有沿革。秦之郎中令，漢之尚書郎，隋之員外郎、曹郎，唐之郎中、員外郎，雖有異同，並典機要。晉制，凡入臺郎者必經宰縣，以爲不習民事者，不足理吏事。是則其官固關繫乎民命，而所謂縉紳恥居其位者，皆後世知二五而不知一十者也。朱子云：「擇宰相以選牧守，擇臺諫以供刺舉。」又云：「天下之官能爲縣者，不拘薦舉之有無，不限資格之高下，而籍其姓名，以次補最劇之縣。」而其本在大臣，所謂必咨詢訪問，取之無事之時，參伍較量，用之有事之日也。聖朝用人，内外並重，凡前代畸輕畸重之失，斟酌而悉平之矣。

制策又以：「鹽鐵之征，始於管子。」因及夫漢唐鹽鐵之利病而究之。此尤國計民生之切務也。臣惟貢鹽之法，權輿《禹貢》。至齊以渠展之鹽擅爲至資而盡取民利，爲後代禁鹽利國之祖。漢武用孔、桑之法，而又加廣焉，分部置均輸、鹽鐵官，而鹽官凡二十八郡，鐵官凡四十郡。《地理志》山海旁近，皆星羅而碁布矣。永平、建初之閒，屢罷屢復。而昭帝時賢良文學之對，章帝時鄭衆之諫，終不可行也。唐初，鹽禁頗弛，自劉彤請役農餘之人收山海之利，而檢校鹽鐵之事以熾，第五琦、劉晏、裴休，皆當時號稱理財至善之人。既屢變其法以贍國用，而莫便於劉晏所爲因出鹽之鄉，置吏置停户收鹽，轉鬻於商任其所之之法矣。若夫請引受鹽，則商攬利權而民苦食淡；禁民貿鐵，則官多侵蝕而私治依然，弊且有不可窮者。朱子有言：「上下匱乏，須量入爲出。罷去冗費，悉除雜税，方能救百姓於湯火中。」可謂至深切者。皇上誠念民生之疾苦而圖利之焉，斯海内所熙熙忭望者也。

夫古者帝王之學，必格物致知，以極夫事物之變，此朱子所論帝學之大綱也。而其《戊申封事》，則又以爲天下之事，其端無窮，而無不本於人主之心。心正則視明聽聰，周旋中禮，而家人左右、朝廷軍國，無乎而不歸於正也。臣伏願皇上，萬幾餘暇，留心於《大學衍義》，而益致力於朱子之《全書》，以蘄握乎明理之原，而止於至善之極。將見濬川澮而農政興，崇典籍而儒術茂，綜甄拔之要，而不事苟且陟黜之爲；正利用之方，而不尚操切富強之計。斯治日近於古，而我國家億萬年有道之長基此矣。

臣末學新進，罔識忌諱，干冒宸嚴，不勝戰慄隕越之至。臣謹對。

（底本：《光緒二十年進士登科録》，中國第一歷史檔案館藏）

其二

臣對：臣聞善言天者尊斗極，善言治者定統宗。民生國計之利弊，不可節節喻也；學術人才之興替，非必屑屑究也。要在道法而已。孔子之道，集群聖而開百王，其世所誦法大義微言，後千六百餘年而復集成於朱子。宋臣真德秀，嘗本朱子之意，輯爲《大學衍義》，自帝王治學，至於格致、誠正、修齊，得失之鑒，炳然賅備。是則三代兩漢以來，所爲力溝洫、宏文章、興賢能、裕食貨者，必折衷於朱子之言，而後是非可觀也；必權衡以朱子之意，而後會通可得也。

欽惟皇帝陛下，躬上聖之資，勤又新之德，而又開通言路，振飭紀綱。凡所謂《大學》之明訓，前古之事蹟，固已切究而施行矣。而聖懷沖挹，猶孜孜焉舉河渠、經籍、選舉、鹽鐵諸大端，進臣等於廷而策之。臣愚何足以承大對，然臣嘗誦習朱子之言矣。朱子之言之具於其書，與爲德秀所稱引者，無一而非人君爲治之法，人臣責難之資也，其敢不竭獻納之忱乎？

伏讀制策有曰：「治水肇於《禹貢》。畿輔之地，實惟冀州。」而因求水利與農事相表裏之故。此誠今日之先務也。臣惟禹所治河，自雍經冀，冀當下流，故施功最先，非直以爲帝都而已。自漢時河改由千乘入海，而冀州之故道堙。今畿輔之水，永定、子牙、南北運河、清河，其尤大者。東南水多而收水之利，西北水少而受水之害，豈必地勢使然，亦人事之未至也。漢郡漁陽，當今密雲，而張堪之爲守，營稻田八千餘頃。繼是而往，魏劉靖開車箱渠，修戾陵堰。後魏裴延儁、齊稽華輩，亦先後營督亢渠，引盧溝水以資灌溉。蹟雖陵谷，而事皆較然。宋何承矩廓唐朱潭、盧暉之舊，於雄、莫、霸州，平、永、順安諸軍，築隄六百里，置斗門，引淀水，既鞏邊圉，亦利民焉。元世郭守敬、虞集，並講求水利。郭之所議，今之通惠河也，虞議則至正中脱脱嘗行之。而明汪應蛟之議設壩建牐，申用懋之議相地察源，其所規畫，與郭、虞相發明，當時固行之而皆利矣。夫天下之水，隨在有利害，必害去而利乃興。而天津則古渤海逆河之會，百川之尾閭也。朱子曰：「治水先從低處下手。」又曰：「漢人之策，留地與水，不與争。」然則朝廷所欲疏瀹而利導之者，其必先於津沽岔口加之意已。

制策又以：「漢世藏書，中祕最善。」而因考證自漢至明册府遺文可資掌録者。臣惟成周外史，墳典藏史，簡册雖經秦而煨燼，而蘭臺、東觀祕籍填委，固道術之奥，而得失之林也。劉向校書，條篇奏録；子歆《七略》，疏而不濫。而班志《藝文》，書、禮、小學、儒、兵、詩賦諸篇，時有出入。雖不盡無當，而總揚雄三書爲一序，鄭樵嗤其蹐焉。魏晉代興，采擷殘闕，則有鄭默《中經》，荀勖《新簿》，編分四部，總括群書。而梁之《華林園目録》，五部並列；隋之修文殿副本，三品分藏。盛矣！逮唐之初，砥柱一厄；迄宋開寶，建業再徵。由是而寫本易爲摹印，史館益便其蒐羅。明《永樂大典》散失，所存猶二萬餘卷，其中佚文祕典，世無傳本，見於《文淵閣書目》者，今皆裒輯成編矣。朱子云：「不求於博，何以考證其約？」又謂：「古今者時，得失者事，傳之者書，讀之者人，而能有以貫古今之得失者仁也。」皇上留心典籍，以爲政本，豈與夫詞臣學子，務汎覽爲淹通哉？

制策又以：「選舉爲人材所自出。」因考累朝翰林、六曹、縣令之輕重。臣惟今世所稱清班美授者，翰林之官也。翰林之置，始唐開元，學士祇取文學之人，自諸曹尚書至校書郎，皆得與選。延覲之際，各超本班，内宴則居宰相之下、一品之上，無定秩，無定員。宋凡昭文館、史館、集賢院、祕閣，各置直官，與其選者爲修撰、校理、校勘、檢討，非名流不預焉。迨用爲恩除，而參謀、議納、諫諍、知制誥之本意失矣。且不精其選，而苟焉以試除官，亦朱子所謂「上以科目詞藝爲得人，下以規繩課試爲盡職」而已。六曹昉自《周官》，秦不分曹，而置尚書四人。漢有五曹，後更爲六。隋唐因之，置侍郎、郎中、員外郎，分掌曹事，沿以至今，固天下庶政之槖籥也。官多而事棼，又不如朱子所論三參政兼六曹，而長官自擇其僚之爲當矣。縣令爲最親民之官，晉制不經宰縣，不得爲臺郎。後魏之季，用人猥雜，而縉紳士流，耻居其位。宋初，或以京朝官爲之，積久更弊，乃議所以增重激勸之法。至慶元朝重邑令，而科甲咸宰邑焉。朱子曰：「監司不如郡，郡不如縣，以其仁愛之心無所隔而易及民也。」真治天下之本也。國家設官求賢，儻宜咨訪於無事之時，參量於始用之日乎？

制策又以：「鹽鐵之征，始於管子，行之數千百年，卒不能廢。」而因切究其流弊。臣惟鹽鐵之弊，若準諸古而窮其陰斂民利之術，雖管子不免爲聖王之罪人。而沿之今，而猶爲取諸山澤之藏，則孔、桑且可從計臣之末減。漢武帝所以入孔、桑之説，而置河東、太原等鹽官二十八郡，置左馮翊、右扶風、潁川等鐵官四十郡者，方張邊功、急軍旅之費也。利竇一啓，更無可塞。雖始元、地節之議減，初元、永元之議罷，而永光、永平旋踵即復焉。唐貞元初，劉彤請檢校海内鹽鐵，而第五琦、劉晏、裴休繼之，當時軍鎮賴以贍給。晏所爲出鹽鄉，因舊監置吏亭户糶，商人縱其所之，與朱子論廣西鹽法，隨其所嚮則價自平者有合，愈於琦、休之爲議矣。夫受引鹽者商，而夾私居奇者即商也；禁貿鐵者官，而侵蝕賄縱者即官也。流弊不勝窮，況征有出於鹽鐵之外者耶？皇上軫恤民艱，其必從朱子罷去冗費，悉除無名之賦之説始。

且夫民生至重也，學術至博也，人才至難［也］①，國計至劇也。朱子謂四海之廣，善爲治者，乃能總攝而整齊之。而壬午、戊申封事，則要之於格物致知，以極夫事物之變，推之至諫諍師保，而歸本於人主之心，其言尤懇切詳盡焉。臣伏願皇上，萬幾餘暇，留心於《大學衍義》，而益致力於朱子之《全書》，以求握乎明理之原，而止於至善之極。將見川澮治而農政修，圖書集而法訓備。廣選造之路，而壹平内外輕重之畸；權征榷之方，而必袪旦夕補苴之計。斯治日進於古，而我國家億萬年有道之長基此矣。

臣末學新進，罔識忌諱，干冒宸嚴，不勝戰慄隕越之至。臣謹對。

（底本：《歷科狀元策》，光緒刻本，國家圖書館藏。參校本：《張季子九録·外録》，《民國叢書》本）

① 「也」，據文義補。

一〇九　光緒二十一年乙未科　駱成驤

光緒二十一年(一八九五)乙未科,共取進士二百八十二名。狀元駱成驤,榜眼喻長霖,探花王龍文。

是科知貢舉:理藩院左侍郎溥良、都察院左副都御史楊頤。會試正考官:協辦大學士、吏部尚書徐桐。副考官:理藩院尚書啓秀、禮部右侍郎李文田、内閣學士唐景崇。

是科殿試讀卷官:協辦大學士、吏部尚書徐桐,刑部尚書薛允升,吏部右侍郎廖壽恒,户部右侍郎陳學棻,禮部右侍郎李文田,兵部右侍郎徐樹銘,工部左侍郎汪鳴鑾,内閣學士兼禮部侍郎銜壽耆。

駱成驤(一八六五—一九二六),字公驌,四川資州直隸州(今資中縣)人。光緒十九年,本省鄉試中式。狀元及第,年三十一,授翰林院修撰。二十四年,充會試同考官。同年,受聘爲京師大學堂首席提調官,操持大學堂事務。二十六年,出任貴州鄉試主考官。二十九年,任廣西鄉試主考官。後赴日本留學,專攻法政。回國後,受廣西巡撫特聘,主辦廣西桂林法政學堂。民國元年(一九一一),任四川省議會議長,後執教于四川法政學校、成都高等師範。一九二六年卒。

駱成驤狀元策見《光緒二十一年進士登科録》(國家圖書館、中國第一歷史檔案館藏)、《歷科狀元策》(光緒二十一年石印本,國家圖書館藏)及《皇朝經世文三編》等①。《歷科狀元策》較《登科録》有近二十處異文,但兩相比較,很容易發現,《歷科狀元策》所改文字,遠不如《登科録》妥當。

① 《皇朝經世文三編》,[清]陳忠倚輯,影印光緒二十八年上海書局石印本,見《近代中國史料叢刊》第七十六輯,臺北:文海出版社,一九六六年。

光緒二十一年，乙未。夏四月，壬寅朔。壬戌，策試天下貢士景禐等二百八十二人於保和殿，制曰：朕寅紹丕基，俯臨寰宇，仰荷昊穹垂佑，列聖詒謀，夙夜孜孜，於今二十有一年矣。惟是時事多艱，人才孔亟，期與海内賢能，力矢自强，單心圖治，上無負慈闈之訓迪，下克措四海於乂安，若涉淵冰，實深祇懼。兹當臨軒策問，用集多士，冀獲嘉謨。

兵所以威天下，亦所以安天下。然非勤加訓練，則無以制勝。漢法曰都肄，唐法曰講武，宋法曰大閱，果不失蒐苗獮狩遺意歟？《孫子》練士，《吴子》治軍，李靖之《問對》，所詳手法足法。明王驥、戚繼光所論練兵之法，其目有五有六，能備舉之歟？至於究極精微，諳求韜略，若《淮南子·兵略訓》，杜牧《戰論》，蘇軾《訓兵旅策》，見諸施行，果能確有成效否？

國用必有會計。禹巡狩會諸侯之計，其説何徵？《周禮·小宰》「歲終令群吏致事」，鄭注「若今上計」。司會逆群吏之治，聽其會計，有引伸鄭注，受而鈎考，可知得失多少？見於何書？漢初，專命一人，領郡國上計，膺選何人？武帝遣使詣京師，上計簿，帝都方岳，試悉數之。光武遣吏上計，但言屬郡，不言遠方。唐初猶上計，廢於何時？宋時天下財賦，皆上三司，後選吏專磨文帳，議始何人？《會計録》前後凡幾？明代《會計》，何人編録？自洪武以來，通爲一書者何人，能(計)[詳]述歟？①

自古求治之主，每以躬行節儉爲天下先。然覈其心迹，誠僞不同。堯之土階，舜之土簋，禹之惡衣，文之卑服，尚已！漢文帝衣綈履革，蒲席韋帶，屏雕文之飾，成富庶之業，享世久長，治猶近古。後世人君，焚翟裘，毁筒布，卻珠貢，甚至一冠三載，一衣屢澣，非不慎乃儉德，而究不能廣聲教於寰區，希治功於隆古，豈徒儉不足以爲政歟？抑豈務其名而未求其

① 「詳」，據《光緒二十一年進士登科録》改。

實歟？夫國奢則示之儉，國儉則示之禮。今欲崇本抑末，易俗移風，士庶無踰制之嫌，閭閻有藏富之實，果何道以致之？

民生以農事爲本，農事以水利爲先。周命遂人，齊立水官，秦治涇水，漢穿渭渠，經畫詳至，史册可徵。自後或修芍陂、茹陂，或開利民、温潤，或決三輔，或引滹沱，其經時久暫，因革異宜，試爲條例。虞集請興北方農田，自遼海以迄青齊，因何不行？托克托言京畿近水地利，可設農師佃種，其法若何？徐有貞所陳潞河等處水利，左光斗請復天津屯田，申用懋請疏灤河諸水，言皆切要，能詳舉之歟？

凡此皆宰世之宏綱，濟時之實政也。朕以藐躬，膺祖宗付託之重，宵旰憂勤，惟思仰慰慈懷，撫綏兆姓，天人合應，景運常新。爾多士來自田閒，夙懷忠讜，其各直言無隱，朕將親覽焉。

（底本：《清德宗實録》卷三六六，册五六，頁七八四—七八六。參校本：《光緒二十一年進士登科録》，中國第一歷史檔案館藏；《歷科狀元策》，光緒刻本，國家圖書館藏）

臣對：臣聞殷憂所以啓聖，故盛世不妨有水旱之災；直言所以竭忠，故諍臣必不避斧鉞之罪。《傳》曰：「禹湯罪己，其興也勃焉。」賈誼曰：「遇禍而懼，禍反成福；遇福而喜，福反成禍。」此殷憂啓聖之説也。臣觀漢廷對策，如賈誼、董仲舒、谷永、杜鄴、申屠剛、李尋等，皆能破除忌諱，指斥得失，上及宮禁，下及草野，内及權要，外及四夷，見聞所及，罔敢隱飾，①以偷爲苟合，此直言竭忠之證也。歷觀自古凡轉禍而爲福，因敗而爲功者，恒由此道，不可不察也。

欽惟皇帝陛下，夙承大業，日慎一日，近以時事多艱，人才孔亟，聖懷勤勤懇懇，舉治兵、理財、節用、農事諸大政，期與

① 「飾」，《皇朝經世文三編》作「匿」。

臣等圖之，又復詔以直言無隱。《傳》曰：「主憂臣辱，主辱臣死。」此即臣發憤忘死之日也，何敢拘牽常格而不爲我皇上陳之？

伏讀制策有曰：「兵以威天下，亦以安天下。然非勤加訓練，則無以制勝。」因取古之善言兵者以爲法，此誠佳兵之至意也。臣案兵法莫詳於周，自司馬專書散失，而蒐苗獮狩遺意，尚見於《周官》司馬之職。而漢之都肄，唐之講武，宋之大閱，名異而實同。然漢唐宋三朝，其開國之初，兵額少而愈强；承平之後，兵額多而愈弱。雖有訓練之名，而無訓練之實，此將帥奉行不力之罪也。自古善將兵者，莫如戰國之孫子、吴子，唐之李靖，明之王驥、戚繼光，要不過實力奉行而已。觀孫子之斬隊長，則兵以明賞罰爲主；觀吴子之對山河，則國亦以得人心爲主。臣觀自古爲國之道，未有不能自勝而能勝人者也。故《十三篇》之法，一言以蔽之曰「能爲不可勝，不能使敵必可勝」，蓋惟在己者足恃也。至《淮南》、杜牧、蘇軾所論，大旨略同。《兵略》所謂「示之以弱而乘之以强」，亦《孫子》奇正虚實之法也。大抵艱難之君，事必躬親，故將帥不敢欺。承平之後，君委之將帥，將帥委之偏裨，上下以虚文相應，一旦緩急有事，無可恃者。此非立法之難，而實力行法之難也。昔我太祖高皇帝、太宗文皇帝，以遼陽一隅之地，無敵天下，湯文之盛，何以異此？世祖章皇帝、聖祖仁皇帝，俱以沖齡踐阼，削平禍亂，馴致太平。臣願陛下思昔之所以强，今之所以弱；昔之兵額何其少而無敵，今之兵額何其多而無用。知必由奉行之不力，而非練法之不善，然後親臨大閱，取其不力者正以軍法，則將士咸思自奮，而自强之計得矣。此臣所謂殷憂啓聖者一也。

制策又以國用必有會計，因備舉歷代財賦之法，此誠足兵必先足食之至意也。臣案會稽之與會計，實以一聲相轉，至《周禮》言財，多用會計，不徒見於《小宰》司會也。自漢以後，歷唐宋明，會計操於京師，其法非不詳盡。然開國之初，財賦少而愈富；承平之後，財賦多而愈貧，非會計之不精，而出之多於入也。昔在雍正、乾隆之際，世宗憲皇帝、高宗純皇帝，屢次緩征免賦，而財用充足，兵餉不乏，四征弗庭，轉輸相繼。臣願陛下思昔之所以富，今之所以貧，昔之財賦非不少，今之財賦非不多，而貧富懸絶者，知必由兵額太廣，虛費太多，侵漁太衆，上下相蒙，隱忍不言，而非會計之不能工也。然後親核名實，取其虛費者而裁之，取其貪漁者而黜之，則官吏咸思自勉，而自强之計得矣。此臣所謂殷憂啓聖者二也。

制策又以：「自古求治之主，每以躬行節儉爲天下先。」因考其心迹之誠僞，而下及於士庶。此誠以儉足用之至意也。臣案堯之土階，舜之土簋，禹之惡衣，文之卑服，固由盛德節儉，不尚奢侈。若漢文帝，衣綈履革，蒲席韋帶，覩其罷露臺之言，恐費中人十家之産，此誠憂民之心積於平日，故能屏雕文之飾，成富庶之業，而非務其名也。自晉代以後之君，非不焚翟裘，毁筒布，卻珠貢，一冠三載，一衣屢澣，而治功不能比於隆古者，務其名而不務其實也。至於閭閻之侈，由制度不明，富者欲過，貧者欲及，其源由於人君奢侈，大臣效之；大臣奢侈，士庶效之，轉相效法，以至於此也。故賈誼之策，斤斤於明法制，誠有見於其源也。臣觀今之民物，生齒日繁，地力已竭，即使力儉，猶恐不足，況於奢侈，後將何以爲繼？臣願陛下念民生之日蹙，思物力之有限，躬行節儉，爲天下先。而大臣之服物、宫室，嚴爲定制，有敢越度，罪之無赦，則士庶自相習而成風。民知陛下之爲民也，則捐輸不以爲苦；陛下知民之急公也，則度支不忍或過，而自强之計得矣。此臣所謂殷憂啓聖者三也。

制策又以：「民生以農事爲本。」因詳求水利之法。此誠重農之至意也。臣案周命遂人，齊立水官，秦治涇水，漢穿渭渠，俱因地勢高下，故能經畫詳至。此後或修芍陂、茹陂，或開利民、温潤，或決三輔，或引滹沱，均能因利乘便，以濟民生。至虞集、托克托、徐有貞、左光斗、申用懋等所陳，皆在畿輔之内，言皆切要可行。臣觀冀州之境，漳、衛、滱、潞、滹沱、桑乾之水，皆可導引，而督臣、河臣每以畏難而止。臣願陛下思根本之宜固，念轉運之維艱，詔於内地節次開辦，則内地足食而自强之計得矣。此臣所謂殷憂啓聖者四也。

凡此皆自强之本計，人所共知，特誤於群臣奉行之不力，而非其理之深遠難稽也，又非其事之迂闊難行也。斷而行之，惟在陛下懷必行之志，操必行之法，懸必行之賞，則轉禍爲福，轉敗爲功之道，實將於是乎在矣。

臣末學新進，罔識忌諱，干冒震嚴，不勝戰慄隕越之至。臣謹對。

（底本：《光緒二十一年進士登科録》，中國第一歷史檔案館藏。參校本：《歷科狀元策》，光緒刻本，國家圖書館藏；《皇朝經世文三編》卷五二《兵政八》，影印光緒二十八年上海書局石印本）

一一〇　光緒二十四年戊戌科　夏同龢

光緒二十四年（一八九八）戊戌科，共取進士三百四十二名。狀元夏同龢，榜眼夏壽田，探花俞陛雲。

是科會試正考官：吏部尚書孫家鼐。副考官：都察院左都御史徐樹銘、吏部右侍郎徐會澧、兵部右侍郎文治。

是科殿試讀卷官：大學士崑岡，都察院左都御史徐樹銘，户部右侍郎溥良、禮部右侍郎唐景崇，刑部左侍郎阿克丹，署工部左侍郎梁仲衡，内閣學士綿文，署都察院左副都御史胡燏棻。

夏同龢（一八七四—一九二五），字用卿，貴州都匀府麻哈州（今貴州麻江縣）人。光緒十九年（一八九三），鄉試中式。狀元及第，授翰林院修撰。二十八年，任湖南鄉試主考官。三十年，赴日本法政大學學習，是第一位以狀元身份留學者。民國二年（一九一三），出任湖南國税廳籌備處處長，衆議院議員。後任北京政府國務院法制局僉事、參事。一九一七年，出任江西實業廳廳長。一九一九年，離職，賦閑在家。一九二五年，卒於北京。工文善書，有名當世。

夏同龢狀元策見《光緒二十四年進士登科録》，中國第一歷史檔案館藏。

光緒二十四年，戊戌。夏四月，癸未朔。癸卯，策試天下貢士陸增煒等三百四十二人於保和殿，制曰：朕仰承天眷，寅紹丕基，於今二十有四年矣。荷列聖之詒謀，慈闈之訓教，夙夜兢兢，不敢康逸，思與海内賢士，酌古劑今，共圖上理。兹當臨軒發策，冀得嘉謨，以裨實政，爾多士各攄己見，啓沃朕心。

天工人代，俊乂所以貴旁求也。漢代得人最盛，以策科顯如賈誼、董仲舒者，更有何人？漢唐經師，授受相承，以科第進者幾人？宋之儒修，上感星精，下立人紀，或以保舉，或有科目，流光史策，最爲人材淵藪，試分別言之。明代取士以制藝，賢才之及於古昔者，豈無其人，其流別同異，可一視歟？人才出則國運昌，不可不亟講求也。至於將帥之才，藝術之事，古或以之命科，或隨時録用，孰爲妥善，曷昌言之？

古之帝王，有征而無戰。《司馬兵法》，動静繁簡之數若何？軍禮爲五禮之一，今之存者，見於何書？《陰符》《六韜》《穰苴》《尉繚》《孫》《吴》之書，孰爲近道？唐太宗、李靖論兵之語，有裨實用否？《左氏兵法》《通鑒兵法》，有裒集之者否？《武備志》《金湯十二籌》《紀效新書》《練兵實紀》，孰爲精審？《寰宇志》《郡國利病書》《籌海圖編》，所言險要，孰爲精妥？巖防江防之制，屯田轉運之法，攻守戰伐之器，偵探閒誘之變，風雨冥晦之夕，懸巖絶壑之境，果何以悉合機宜歟？惟德動天，無遠弗屆，干羽之所以綏有苗也；風不鳴條，雨不破塊，知中國有聖人也。白雉何以貢於越裳，砮矢何以貢於肅慎，白環何以貢於西國，莫敢不來享，莫敢不來王，非有以懾之而戢其敢心歟？冒頓之子，復請和親，何以書於《綱目》？遣兵出塞盡境而止，何以稱爲盛德？陳湯擊郅支，何以不譏其矯制？登燕然而刻石，何以等誚於金微？諸葛亮何以屯漢中，而自請貶官；李郭宣力效忠，何以紀入援之回紇，孰得孰失，盍析陳焉？

《周禮》一書，半論理財，歲終則會貨賄之出入，善政可得聞歟？兩漢時，武帝創均輸之法，「章帝」以布帛爲租，①果施行而無弊歟？唐之財賦，歸於左藏，綜覈之計甚詳，何以假取聽之豪將，帑藏主以中官？劉晏理財，亞於管蕭，其立法有上下交得者，試詳述之。蘇軾策別，有或去或存之議；曾鞏議經費，有或杜或從之謀。何其指陳國計，纖悉靡遺歟？夫理財之政，不外開源節流兩端，乃或廣利源而成效難期，裁浮費而卒歸無補，二者果何道之從，俾實有濟於國用歟？

① 「章帝」，據《光緒二十四年進士登科録》補。

凡此皆宰世之宏綱，經邦之要務也。朕以藐躬膺祖宗付託之重，宵旰憂勤，闢門籲俊，爾多士各殫見聞，毋泛毋隱，朕將親覽焉。

（底本：《清德宗實録》卷四一八，册五七，頁四七九—四八一；參校本：《光緒二十四年進士登科録》，中國第一歷史檔案館藏）

臣對：臣聞爲治莫先於法祖，故方策以外無政書；效忠莫大於責難，故謇諤之臣多讜論。天下之事，百變不能言也；天下之患，百變不能知也。然則天下將奚治？知法則治。《荀子》曰：「法後王。」《孟子》曰：「遵先王之法而過者，未之有也。」恭讀聖祖仁皇帝聖訓：「致治之道，無過法祖。鑒于成憲，乃罔有愆。」大哉聖言！垂法萬世已。竊見近日謀富彊者，莫不競言新法。夫窮變通久，往訓維昭，苟利當時，何容泥古。然塞源求委，舍本治標，補苴之圖，聖賢弗尚，故雖近於效忠責難而非其説。

欽惟皇帝陛下，躬聖哲之資，荷艱大之業，揆文奮武，日新又新，置特科，籲賢俊，以德禮化干戈，固已四海歸心，群黎徧德矣。迺聖懷沖挹，猶孜孜焉舉求才、經武、綏遠、理財諸大政，進臣等於廷而策之。如臣檮昧，何足以承大對而贊高深，然臣嘗誦法孔子之言矣，曰：「文武之政，布在方策，人存則政舉。」是言爲治必遵成法也，其敢不本此義以爲責難之先資乎？

伏讀制策有曰：「天工人代，俊乂所以貴旁求也。」爰考歷代試士設科之典，思有以綜覈名實。臣謹案：漢代以策科試士，得人最盛，如賈誼、董仲舒者，誠不乏人。漢唐經師，授受相承，以科第進者亦多。至宋之儒修，上感星精，下立人紀，或以保舉，或由科目，流光史策，最爲人才淵藪。明代取士以制藝，賢才之出，未聞今不古若也。今之議者動曰：「不變科舉，不足以得真才。」夫科舉至今，誠不爲無弊，然觀歷代取士之法，三代以上，出於學校尚已。自漢以來，迄於有明，其流別異同，雖非一致，然其始皆足以得人，其後皆不能無弊。聖人立法，不能知其弊於萬世之後而豫防之，恃有因時補救之道而已。今之議變科舉者，謂時藝空言無用耳。夫凡宣之於口，筆之於書，皆空言也。時藝即變，果遂不至空言乎？蘇軾有言：「得人之道在於知人，知人之道在於責實。」能責實，雖試以時藝而人才自興；不能責實，雖制度日更，於造士終無所益。昔臣如舒赫德等，亦曾以廢時藝爲言矣，而列聖終未之變者，誠以變之而未有良法美意以善其後，且就是以責實，亦未嘗不可得人，則莫如循名覈實之爲愈也。我皇上登明選公，量能授職，即科舉中，何嘗不可收奇傑之士哉？

制策又以：「古之帝王，有征無戰。」因求命將行師之法，思有以悉協機宜，此誠德綏威服之至意也。臣謹案，《司馬兵法》所云生聚教訓之術，權謀運用之宜，後世言兵事咸祖之。軍禮爲五禮之一，至今猶可考見，《陰符》《六韜》《穰苴》《尉繚》《孫》《吴》之書，皆足以發明用兵之道。唐太宗、李靖論兵之語，亦足裨於實用。《左氏兵法》《通鑒兵法》，後人裒集，具有成書。其他書善論兵者，如《武備志》《金湯十二籌》《紀效新書》《練兵實紀》是也。其他書之論形勢而有裨於用兵者，如《寰宇志》《郡國利病書》《籌海圖編》，又其深明險要者也。推之巖防、江防、屯田、轉運、攻守、戰伐、偵探、間誘，雖處風雨冥晦之際，懸巖絶壑之境，無必勝之兵，亦無必勝之制，要在因時制宜耳。昔我太祖高皇帝，以八都統轄八旗，遂舉遼陽一隅無敵於天下。及我世祖章皇帝，定鼎燕京，仍八旗之舊，更於各行省置緑營兵。至於高宗純皇帝時，用緑營兵戡定川楚之亂，而八旗兵稍稍休息矣。文宗顯皇帝時，緑營兵竟廢弛不可用，於是專用召募，削平大亂。由是觀之，制豈有定哉？大抵從古無必勝之兵，而有必勝之將，自來名將亦斷無不自爲制，而遂能操必勝之權者。皇上詰戎振武，安不忘危，亦專閫以任才，因時以酌制焉可矣。

制策又以：「惟德動天，無遠弗届。」因思所以懷柔遠人。臣惟誕敷文德，兩階干羽，所以格有苗也；風不鳴條，雨不破塊，知中國有聖人也。伊古以來，四夷賓服，白雉貢於越裳，砮矢貢於肅慎，白環貢於西國，威以懾其志，尤必德以戢其心，然後莫敢不來享，莫敢不來王也。夫懷遠之道，要在寬猛相濟耳。冒頓之子復請和親，《綱目》書之。至遣兵出塞，不過盡境而止，史稱盛德焉。若夫陳湯擊郅支，不譏其矯制；登燕然而刻石，等誚於金微；諸葛亮屯漢中，而自請貶官；李郭宣力效忠，而紀入援之回紇。綜觀往籍，亦古今得失之林也。臣以爲論綏遠於今日，較歷代爲尤難。商岸肆闢，門户洞開，教務蔓滋，潛生奸宄。不先用威，雖德不足畏其志；不先用猛，雖寬適以養其奸。此懷柔遠人，萬世不易之理也。高宗純皇帝，平定準夷回部，奏累世未竟之功。通商以來，他族逼處，要挾百端，羊很狼貪，不知向化，薄海臣民，共深義憤。我皇上整軍修戎，寓武功於文德，行見梯山航海，奔走而來賓已。

制策又以：「豐財所以儲用。」因思財用之足，在有以開其源而節其流。臣惟《周禮》一書，半論理財，歲終則會貨賄之出入，誠善政也。兩漢時，武帝創均輸之法，章帝以布帛爲租。唐之財賦，歸於左藏，厥後帑藏主以中官，而制遂壞；劉晏理財，亞於管、蕭，其立法有上下交得者。蘇軾策別，有或去或存之議；曾鞏議經費，有或杜或從之謀，指陳國計，纖悉靡遺。夫今日理財，開源較節流爲尤重，蓋海禁既開，流雖節仍不免漏卮，不如開源乃足收利權也，而節流亦不可忽。昔高宗純皇帝時，歲入不過五千餘萬，雖豁逋賦益軍需而猶有餘。今歲入約增二千萬猶苦不足者，固由八旗生齒日繁，及直省防勇、緑營增饟所致，意者其猶有他事不急之需乎？比屢裁汰冗員冗兵，而所節亦無幾，恐尚未盡覈實也。總之，能覈實則開源自見有功，否則，雖節流亦甚無補。伏冀皇上躬行節儉，復以開源之事責實於諸臣，則生財之道得矣。

且夫古今異勢，張弛異宜。然天不變，道亦不變，安在法之必變也？且變法者不過曰「法久則敝耳」，果法之自敝乎？抑亦奉法者之敝之乎？行之既久，視爲具文，苟且因仍，致使列聖立法之精意蕩然無存，轉恣其變法之説，其妄甚矣。臣伏願特頒諭旨，宣示中外臣工，不必侈言變法，惟事事綜覈名實，奉法而力行之。將英俊之士可以興，軍旅之威可以振，四夷之守可以固，九府之財可以充。斯所爲揚大烈、覲耿光，我國家億萬年有道之長基此矣。

臣末學新進，罔識忌諱，干冒宸嚴，不勝戰慄隕越之至。臣謹對。

（底本：《光緒二十四年進士登科録》，中國第一歷史檔案館藏）

一一一　光緒廿九年癸卯科　王壽彭

光緒二十九年(一九〇三)癸卯科,共取進士三百一十五名。狀元王壽彭,榜眼左霈,探花楊兆麟。

是科知貢舉:工部左侍郎松壽。會試正考官:大學士孫家鼐。副考官:兵部尚書徐會灃、刑部尚書榮慶、吏部右侍郎張英麟。

是科殿試讀卷官:吏部尚書張百熙,兵部尚書裕德,都察院左都御史溥良、陸潤庠,户部左侍郎陳邦瑞、右侍郎戴鴻慈,都察院左副都御史張仁黼,内閣學士劉永亨。

王壽彭(一八七五—一九二九),字次籛,一字述亭,號眉軒,山東萊州府濰縣(今濰坊市)人。光緒二十六年,鄉試中式。狀元及第,年二十八,授翰林院修撰。入進士館學習法政。三十一年,受命赴日本考察。回國後,著《考察録》,倡導改良教育和實業。宣統二年(一九一〇),出任湖北提學使,創辦兩湖師範學堂。民國初年,任山東都督府和巡按使署秘書等職。一九一六年後,任北京總統府秘書。一九二五年任山東省教育廳長。次年,組建省立山東大學,又增設文科,兼任校長,主持擬定山東大學規程。一九二七年夏,因時局動蕩,遭内外壓力,解職而去。一九二八年「五三慘案」後,赴天津避難。一九二九年,因病去世。著有《靖盦詩文稿》。

王壽彭殿試策見《光緒二十九年進士登科録》(國家圖書館等藏),陝西蒲城清代考院博物館藏有一份王壽彭殿試卷,據稱是原卷。

光緒二十九年，癸卯。五月，乙卯朔。戊寅，策試天下貢士周蘊良等三百一十七人於保和殿，制曰：朕以藐藐之躬，臨億兆之上，攬艱難之時局，廑怵惕於宮廷。回鑾以來，勤求治理，思以答昊蒼之默佑，紹列聖之詒謀，恭秉慈謨，旁求俊乂，臨軒發策，用集嘉猷。

設官分職，爲《周官》致治之本原。周制，公孤兼冢宰，統百官，任至重矣。自漢而後，制度屢更，試陳得失。古者六官以外無卿名，漢置九卿，漸更古制。唐宋以降，建設滋繁，朱子深譏之，謂徒多勞擾，能言其裁併之便利歟？三代無諫官之職，然《左傳》《國語》所載，詢采綦宏。諫官專設，肇於何時？宋王安石謂非先王以貴治賤之意，然歟？唐初設翰林，其制奚若？開元中始有學士之名，沿及後代，選用益重，職司所在，考之古制若何？藩鎮弊唐，而李綱謂宋之邊患，由無藩鎮，時勢不同，理或然歟？

明刑弼教，爲經世大政。虞舜象刑，《周官》三典。漢董仲舒作《春秋決獄》，陳寵鈎校《律令條法》，溢於甫刑者除之；應劭删定律令爲《漢儀》，創造删除，果能合刑罰之中歟？《唐律》因隋之舊，高宗詔撰《律疏》，試舉其要旨。張裴注《律表》上之，謂非至精不能極其理；而宋神宗設律學，司馬光謂「爲士者果能知道，自與法律暗合」。折衷群言，宜遵何説？方今東西各國，法學皆設專科，能旁采譯書，以備參考歟？

生財之道，《大學》所稱，《王制》以三十年之通制國用，與《周官》之月要歲會，異同何若？漢之桑孔，唐之劉晏，皆以理財著聞，而議者輒非之。欲益上而不損下，厥道奚由？宋置三司使，始於何時？未置以前，州郡之弊若何？太宗略變官制，名異實同，十道財賦，較之乾德時所入有贏歟？立國之道，先富而後可强，開源節流，其術安在？

環球交通，法令繁密。柔遠之道，寓於通商，而實富强之本也。兩國交涉，若者爲公法，若者爲私法，試爲區別。使節往來，梯航四集，轄治之權，或屬於人，或屬於地，試實指其事，分析言之。商律一門，尤爲當務之急，能言其要領歟？釐訂稅則，内關財政，外繫邦交，而於國民生計，至爲切要，其利弊能悉陳之歟？　工商盛衰，事屬相(反)[及]，①顧考之各國，有不盡然，其理安在？　將欲振興工商之業，應以何者爲先？

凡此四端，皆經國之大猷，保邦之要務也。　多士學于古訓，通知時事，其臚列見聞，詳著於篇，朕將親覽焉。

（底本：《清德宗實録》卷五一六，册五八，頁八一二—八一四。參校本：《光緒二十九年進士登科録》，國家圖書館藏）

臣對：臣聞董仲舒曰：「道者，所繇適於治之路也。」自古聖王治天下，所爲固洪業、規億載者，其道無他，惟是賢則任之，法則守之，内以裕國，外以交鄰，監於成憲，斟酌時宜，故能淵默黼扆而響應四表也。《國語》曰：「先王於民，茂正其德，而厚其性，阜其財。」《淮南子》曰：「聖人一度循軌，曲因其當。」《管子》曰：「能摩新道故道，定國家，然後化時。」故爲立法計，在乎守經；爲救時計，在乎行權。　行權而仍不離乎經，則措施咸宜，陰陽交和，遠邇賓服，以樸皇質而雕唐文，此道得也。

欽惟皇帝陛下，道法天健，德勵日新，而又酌古準今，整綱飭紀，於以新民而止於至善之歸，固已庶政畢舉，合中外臚歡矣。　廼聖懷沖挹，猶切咨詢，舉任官、明刑、理財、柔遠諸大政，進臣等於廷而策之。　如臣愚昧，何足以贊高深，然唐李翰序杜佑《通典》曰：「不出户知天道，未從政達人情，罕更事知時變。」曩嘗有志於此，欲陳而未有路也，今尚敢匿而不獻芻蕘耶？

① 「及」，據《光緒二十九年進士登科録》改。

伏讀制策有曰：「設官分職，爲《周官》致治之本原。」而因究夫歷代官制之沿革。此誠官人之至意也。臣案周制，公孤兼冢宰，統百官，其任至重也。自周衰以來，官失而百職亂。漢承秦後，制度屢更，所以六官以外，古無卿名。自漢置九卿，而古制因之一變。降及唐宋，建官滋繁。設官本以治民，而多一官徒多一擾，朱子所以深譏之也。於其冗員而酌爲裁併，則上既可省廉俸之費，而下亦可免供應之煩。且任有專責，則奉職者不敢有觀望推諉之心。故裁併官員，爲後世最便利之政。諫官者，所以獻可替否也。三代時尚無專職，其時，師箴瞍誦，士傳言，商旅市議，人人得言也。諫官專設，自漢立諫議大夫始。而唐因之，有補闕拾遺之官，宋又易之爲司諫、正言之號，而王安石謂非先王以貴治賤之意，其説謬甚。翰林爲今之清班美授，而實權輿於唐開元之學士。然取文詞經學之士以備宴見，固猶未定其品秩也。迨沿及後代，或曰翰林待詔，或曰翰林供奉，或改翰林學士，選用之制益重，而職司益非輕易矣。唐之末世，禍起藩鎮，是弊唐者藩鎮也。而李綱謂「宋之邊患，由無藩鎮」，蓋時勢不同。唐之時勢，患在外重内輕，而宋之時勢，則患在孤立也。皇上量材授職，激濁揚清，内外相維，不誠得建官惟賢之意哉？

制策又以：「明刑弼教，爲經世大政。」因詳考古今刑制之得失，而求其折衷。此又明德慎罰之精心也。臣惟古聖人知德之既窮，非刑罰不足以制之，而刑典重焉。虞舜象刑，《周官》三典，於用刑之中，寓矜恤之意，故刑期其無刑亦曰祥，以其得刑罰之至中也。漢董仲舒作《春秋決獄》，陳寵鉤校《律令》，舉凡條法之溢於甫刑者除之；應劭删定《律令》爲《漢儀》，蓋漢初治尚寬大。自宣帝綜覈名實，而禁網稍嚴，創造删除，以求合刑罰之中，亦因時救弊之意耳。唐興，律令因隋之舊。高宗嘗詔撰《律疏》，晉張裴注《律表》上之，謂「非至精不能極其理」。宋神宗時設律學，司馬光謂「爲士者果能知道，自與法律暗合」。蓋古今之循吏，皆古今之純儒。知其道，則引經可以斷獄，既不至以寬縱枉法，亦不至以刻覈爲能。孔子曰：「聽訟，吾猶人也，必也使無訟乎？」司馬光果能知道合於法律之説，不得謂無所折衷也。方今東西各國，法學皆設專科。考譯書所云，凡其刑官，皆由律士出身，故用盡其長。誠以中律與西律參而考之，取長舍短，固不爲無益也。皇上勤恤民隱，法外施仁，何難臻蕩平之法，致刑措之休也哉？

制策又以：「生財之道，《大學》所稱。」因求開源節流之法，以爲裕國足民之實。臣惟理財之要，詳於《王制》，「備於《周禮》。《王制》」以三十年之通制國用，①即《周官》歲會月要之意。而在今日，則西國豫算、決算之法，與之暗合。漢之桑孔、唐之劉晏，皆以理財著，而議者輒爲呰譏。誠以均輸鹽鐵，皆所以搜刮民利以富公家，即劉晏之置驛相望，以權貨物之貴賤，使之往來，亦不免損下而益上。欲矯其弊，仍用生衆食寡、爲疾用舒之大道可也。自宋以來，或置三司使，或略變官制，分十道財賦。太宗之世，比乾德所入，遂有贏絀之别矣。且夫欲强其國，必先富國，而富國之要在於富民。於民食，留其有餘，而國用自無不足。而又裁糜費，慎度支，以節儉之風昭示臣下，用以躋一世於敦龐，民康物阜，即開源節流之效也。又何取乎用計臣之術，榷鹽鐵，置均輸，以損下益上哉？皇上豐財和衆，節用愛人，固已裕不竭之源，而得生財之道矣。

制策又以：「柔遠之道，寓於通商。」因求夫富强之本。此誠今日之要務也。臣考兩國交涉，有公法，有便法，有私法。公法者，萬國之公理，即各國之所守以自處而不能稍犯者也。便法者，就兩國之形勢隨時處置者也。而私法者，則本國治内之法也。自海禁大開，交涉益繁，使節往來，梯航四集，轄治之權，或屬於人，或屬於地，必講求精詳，而後争端可弭。不然，則一保護之權，一畫界之事，動形棘手矣。且夫西國商務之盛，得力於公司，得力於商部，而尤得力於商律。商律者，保商之要領也。商律訂，故貨物不能肆其欺僞，市價不得任其低昂。今誠欲振興商務，以西國商律譯出華文，酌量增删而

① 「備於周禮王制」六字，據王壽彭狀元策原件補。

通行之，而復於稅則一條，重爲釐訂。出口之稅，務令其輕；入口之稅，須令從重，於國計民生，固不爲無益。夫工者商之體也，商者工之用也，二者相需振興，宜急已。皇上整頓庶務，內而財政，外而邦交，推行盡利，誠維新之機哉！

夫是四者，皆富國之良圖，自强之至計。變而通之，推而行之，立政之本原在是矣。然孔子對哀公曰：「其人存，則其政舉。」孟子曰：「徒法不能以自行。」荀子曰：「有治人，無治法。」故法則猶是，而往往有弊者，皆群臣奉行不力之過。臣尤伏願皇上，燭照萬里，慎簡群僚，於兼容並包之中，行信賞必罰之志，以任庶職，則賢無不升也；以理庶獄，則法無不行也；以裕財源，則利無不興也；以慎邦交，則令無不信也。德澤周乎萬物，威靈震乎八埏，得人而理，富加於庶，弱轉爲强，則我國家億萬年有道之長基此矣。

臣末學新進，罔識忌諱，干冒宸嚴，不勝戰慄隕越之至。臣謹對。

（底本：《光緒二十九年進士登科録》，首都圖書館藏。參校本：王壽彭狀元策原件，陝西蒲城清代考院博物館藏）

一一二　光緒三十年甲辰科　劉春霖

光緒三十年（一九〇四）甲辰科，共取進士二百七十三名。狀元劉春霖，榜眼朱汝珍，探花商衍鎏。

是科知貢舉：內閣學士熙瑛。會試正考官：兵部尚書、協辦大學士裕德。副考官：吏部尚書張百熙、都察院左都御史陸潤庠、户部右侍郎戴鴻慈。

是科殿試讀卷官：大學士王文韶，户部尚書鹿傳霖，刑部尚書葛寶華，都察院左都御史陸潤庠，商部左侍郎陳璧，吏部左侍郎李殿林、右侍郎張英麟，禮部右侍郎綿文。

是科乃中國科舉史上最後一次開科取士。次年，科舉全面廢除。

劉春霖（一八七二—一九四四），字潤琴，號石箕，直隸河間府肅寧縣（今屬河北滄州市）人。光緒二十八年，順天鄉試中式。狀元及第，年三十，授翰林院修撰。旋被派往日本，入東京法政大學深造。三十三年回國，歷任諮政院議員、記名福建提學使、直隸法政學校提調、北洋女子師範學校監督等職。辛亥革命後一度隱居家中，繼而出任袁世凱大總統府內史；一九一七年十二月，任中央農事試驗場場長。在徐世昌、曹錕執政期間，被授予總統府秘書幫辦兼代秘書廳廳長。後又任直隸省教育廳廳長、直隸自治籌備處處長等。一九二八年辭官，以詩書自娱。一九四四年病卒。

劉春霖狀元策見《光緒三十年進士登科録》（國家圖書館藏）。

光緒三十年，甲辰。五月，己卯朔。己亥，策試天下貢士譚延闓等二百七十四人於保和殿，制曰：朕誕膺大寶，今三十年，仰承列聖之詒謀，恪秉慈闈之懿訓，宵旰憂勤，無時不以民事艱難爲念。本年恭值皇太后七旬萬壽，慶榜特開，冀求時彦，集思廣益，以沃朕心，爾多士其揚搉陳之。

君人之道，子育爲心，雖深居九重，而慮周億兆。民閒疾苦，惟守令知之最真。漢以六條察二千石，而以察令之權寄之於守，此與今制用意無殊。而循良之績，今不如古，粉飾欺蔽之習，何以杜之？世局日變，任事需才，學堂、警察、交涉、工藝諸政，皆非不學之人所能董理。將欲任以繁劇，心先擴其聞見，陶成之責，是在長官。顧各省設館課吏，多屬具文，上以誠求，下以僞應，宜籌良法以振策之。

漢制，縣邑丞尉，多以本郡人爲之，猶有《周官》遺意，其法尚可行否？三代之制，寓兵於農。自井田溝洫之法廢，遂專用徵兵。豈因時而變，各得其宜歟？漢高祖設輕車騎士，材官樓船，常以秋後講肄課試，三者各隨其地之所宜，盍析言之？唐初置府兵，中葉府兵制壞，專用徵兵，能詳陳其得失利弊歟？宋韓琦之議養兵，蘇軾之言定軍制、練軍實，最爲深切著明，能以今日情勢互證之歟？兵强於學，學興於教。環球列邦，多以尚武立國。知兵之選，徧於士夫；體育之規，基諸童稚，師人長技，可不深究其原歟？

《周禮》太宰以九式均節財用，注云「式謂用財之節度」。職内掌邦之賦入，職歲掌邦之賦出，此與各國之豫算、決算，有異同否？蘇軾之策理財，謂：「天下之費，有去之甚易而無損，存之甚難而無益。」曾鞏之議經費，謂：「浮者必求其所以浮之自而杜之，約者必本其所以約之由而從之。」皆扼要之論，能引申其旨歟？節流不外省冗費，裁冗官，施行之序，能籌其輕重緩急歟？開源之法，以農工商該之，今特設專部，悉心區畫，整齊利導之方，能縷陳歟？

士習之邪正，視乎教育之得失。古者司徒修明禮教，以選士、俊士、造士爲任官之法。漢重明經，復設孝廉、賢良諸科。其時賈董之徒，最稱淵茂。東漢之士，以節義相高，論者或病其清議標榜，果定評歟？唐初文學最盛，中葉而後，干進者至有「求知己」與「温卷」之名。隆替盛衰之故，試探其原。宋世名儒輩出，各有師承。至於崇廉恥，敦氣節，流風所被，迄有明而未衰。果人能自樹立歟，抑師道立而善人多歟？今欲使四海之内，邪慝不興，正學日著，其何道之從？

凡此皆體國之宏綱，濟時之要政也。多士博覽古今，通經致用，其各直言無隱，朕將親覽焉。

（底本：《清德宗實録》卷五三一，册五九，頁六五一—六七。參校本：《光緒三十年進士登科録》，國家圖書館藏）

臣對：臣聞王者不吝改過，故盛世有直言極諫之科；學者義取匡時，故貞士有盡忠竭愚之志。昔漢文帝除誹謗之法，而後賈山、賈誼，争致其忠讜之謨；武帝崇尚儒術，詔舉賢良，而後董仲舒、嚴安、徐樂之徒，群集於闕下；宋仁宗復制舉諸科，除越職言事之禁，而後蘇軾、蘇轍對策，極言時政闕失。其於任官治兵之要，節財正俗之方，類能指陳利害，上廣人主聰聽，下繫四海安危，非僅在詞章之末也。夫殷憂所以啓聖，多難乃以興邦，勢有必然，理無或爽。

欽惟皇帝陛下，踐阼以來，勤求治道，惟日孜孜者三十年矣。然而内政方興外患日亟，意者因時制宜之道，或有未盡歟？迺者臨軒試士，冀得嘉謨，舉察吏、治軍、理財、勵士諸大政，進臣等於廷而策之。臣愚陋何能與此，顧自幼學以來，亦嘗究心於治忽之原，孜求乎中外之故，懷欲陳之而未有路。兹承大對，諭旨勉以直言無隱，何敢飾辭頌美，而不竭其款款之愚？

伏讀制策有曰：「君人之道，子育爲心。」而因求簡賢輔治之法。此誠安民之急務也。臣惟民閒疾苦，惟守令知之最真，故欲平治天下，必以重守令爲先。漢以六條察二千石，而以察令之權寄之於守，此與今制用意相同。然漢代循良之吏，後先相望，而今治效不古若者，豈非粉飾欺蔽之習有所未除乎？欲杜粉飾欺蔽之習，在通上下之情。長官勤求民隱，不敢自尊，則屬吏清慎自持，不敢作僞，自然之理也。且夫今之守令，其任較前世爲尤重，其事較古時爲更繁，何也？世局日變，萬政待興，舉凡學堂、警察、交涉、工藝諸政，皆非不學之人所能董理。將欲任以繁劇，必先擴其見聞，是在長官加意陶成，俾咸具溥通之知識，而後委之以任而不惑，責之以事而不迷，綱舉目張，不勞而理。今各省雖設館課吏，多屬具文，歲月一試，不過較文字之工而已，政績何由而成，循聲所以不著也。漢制，縣邑丞尉多以本郡人爲之，利弊其所夙悉，故治效易彰。此《周官》遺意，其法似可仿行。果能博采公論，慎選賢紳，於治必當有效，不必過爲疑也。皇上澄清吏治，必先通上下之情，此不得不因時制宜者一也。

《制策》又以：「三代之制，寓兵於農。」因詳究歷代兵制之得失。臣謹案，井田溝洫之法廢，遂專用徵兵。漢高祖設輕車騎士、材官樓船，常以秋後講肄課試，各隨其地之所宜。唐初置府兵，中葉以後專用徵兵。宋韓琦之議養兵，蘇軾之言定軍制、練軍實，皆深切著明。今日環球列邦，多以尚武立國，知兵之選偏於士夫，體育之規基諸童稚。夫兵凶戰危，自古爲戒，故夫子以軍旅未學辭衛靈公，誠以窮兵不已，終至於亂。《左氏》亦言：「兵猶火也，不戢將自焚。」然自有國家以來，必不可一日去兵，此非第羽翼爪牙之説也。如人身然，血肉既具，必有氣力以貫注之，而後足以發揮其精神，以生存於萬類競争之世。人身之氣力不足，則血肉有壅滯潰敗之憂，而精神亦無所附麗。是以由唐虞三代以至於宋明，數千年來，無不以兵制爲急務。乃世之論者，動是古而非今，輒謂人民奉輸數千萬之資財，以養此坐食驕惰之兵，固不如古者寓兵於農之善。不知天下之事皆日趨於變，況以今日群雄角逐，戰術之變幻，器械之精利，雖日召其兵而教練之，猶未必勝人。而謂集氓隸於行閒，驅之以臨戰陣，庸有幸乎？然則兵者，固必教之於平時，而又既精且多，然後可並立於群雄之閒，所謂氣力充而精神焕矣。皇上整軍經武，而兵必以學爲先，此不得不因時制宜者二也。

《制策》又曰：「《周禮》太宰以九式均節財用。」因求所以節流之法。臣案，職内掌邦之賦入，職歲掌邦之賦出，此即近世各國所謂豫算、決算也。昔蘇軾之策理財謂：「天下之費，有去之甚易而無損，存之甚難而無益。」曾鞏之議經費謂：「浮者必求其所以浮之自而杜之，約者必本其所以約之由而從之。」皆扼要之論。然臣謂理財於今日，節流不如開源之尤要。蓋自通商以來，利源外溢，雖百計節省而無救於貧。開源之道，在振興實業。中國神皋沃壤，幅員縱横寥廓，且地處温帶之下，百物皆宜，則當講求農事。人民四百兆，善耐勞苦，而且心思聰敏。中外交通以後，閩粤瀕海之人，類能仿造洋貨，果其加意提倡，不難日出新製，則宜振興工藝。歐西以商業之盛衰爲國力之强弱，輪帆交錯，以争海外利權。中國商業不興，漏卮日鉅，欲圖抵制之道，則宜擴充商務，如此則野無曠土，市無游民，精華日呈，然後利權可挽。皇上慎節財用，而尤必廣闢利源，此不得不因時制宜者三也。

《制策》又以：「士習之邪正，視乎教育之得失。」因欲端正士習，使四海之内邪慝不興，此今日學界之要圖也。臣惟古者司徒修明禮教，以選士、俊士、造士爲任官之法。漢重明經，復設孝廉、賢良諸科，其時賈、董之徒，最稱淵茂。東漢之士，以節義相高，而不免清議標榜之病。唐初文學最盛，中葉而後，干進者至有「求知己」與「温卷」之名，而士習大壞。宋世名儒輩出，各有師承，至於崇廉耻，敦氣節，流風所被，迄有明而未衰。雖其人能自樹立，亦以教學相勉，師道立而善人多也。夫大道載於六經，而倫理先乎百行。今日浮蕩之士，未窺西學，已先有毁裂名教之心。故欲正人心、端士習，必以明倫爲先；欲明倫理，必以尊經爲首，此即國粹保存之義。皇上倡明文教，必以經學正其趨，此不得不因時制宜者四也。

凡此四者，皆保世之閎規，救時之要務。荀子曰：「法後王。」董仲舒曰：「爲政不調，甚者更張，乃可爲理。」夫使時移勢異，而猶拘守成法，此《吕氏春秋》所譏病變而藥不變者也。自古有治人無治法，故孔子曰：「爲政在人，取人以身。」臣尤伏願皇上，懋學修身，以爲出治之原，然後用人行政，天下可以安坐而理也。故有湯武而後有伊吕之臣，有堯舜而後有勛華之業。由是以課官而官無不職，以治兵而兵無不精，以理財而度支無匱乏之憂，以勵學而士林作忠貞之氣，則我國家億萬年有道之長基此矣。

臣末學新進，罔識忌諱，干冒宸嚴，不勝戰慄隕越之至。臣謹對。

（底本：《光緒三十年進士登科録》，國家圖書館藏。）

附録

殿試策敘

國家策士，由來尚矣。自《治安》之策傳於洛陽，《天人之對》著於江都，迄晉唐宋元明以來，代有偉人，文多作家，而事業功烈稱是者傳焉。是人以策傳，策以行傳也。我朝盛治光昭，聖主作人，名公登第，文采蔚然，先後輝映，炳炳皇皇，可頌可記，何能勝筆。但文之尤者，貴垂諸永久而彰之來世，則梨棗之寄，洵不容已，俾美不易盡，而後有所資。然是刻也，固以彰其文，亦以表其行。原朝廷策士之意，必求得其人，釋褐一朝，榮光三族，位備卿相，必秉忠真。奠社稷，福蒼生，功名蓋天下，事業傳奕禩，而後文與行稱，名與實齊，匪曰工筆墨、夸盛名已也。誠建諸廷試者，後即踐爲實事，豈徒副名士之望，抑亦爲國家之光。

康熙六十年冬月長至日，江右繡谷張于皋鳳鳴氏，書於京都榮錦堂書肆

（按：《狀元策》後續刻本，多沿用此序。此據國家圖書館藏本）

按：張于皋，字鳳鳴，烏岡人。舉康熙四十七年鄉試，授廣東陽春知縣，以廉勤稱……又免漁税，減火耗，民歌誦之。尋以老乞休歸。

（《金谿縣志》卷一一《宦業》，道光六年刊本，國家圖書館藏）

文武殿試策敘

《文中子》曰:「廣仁益智，莫善於問；秉事演道，莫善於對。」蓋自國家有策士之制，上以虚訪，下以實陳，晁、董、公孫之外，代不一人，人不一策。究歸于酌古準今，揆理度勢，可救一時，可傳後世。一切闊略而無當於事與道者，概乎其未有取也。

我朝沿古遺制，廷試以策，上而天文，下而地理，中而兵農禮樂，生聚教養，進退黜陟，一期於各抒所見，而一時應制之士，條對直陳，計事則不入于迂踈也，言道則不淪於虚渺也。其於晁、董、公孫之對，殆庶幾焉。蓋國家之培植，百年於兹矣。經經緯史，揆文奮武，凡所自矢於平日者，若射之有的，匠之有規矩。故一策之發，才智出其中，學術出其中。文章政事，有華實而無通窒也；坐言起行，有後先而無同異也。於以上襄聖天子大仁大智之治，内《天保》外《采薇》，一以貫之，將所稱明體達用之士，經方致遠之略，於是乎在。若徒以爲鼎甲之券不難操而取之，則揆之學古議事之訓，固不如是已也。

乾隆四年，歲在己未春月，翰林院編修加一級何其睿，書於京都文錦、二酉書屋

（按：此序見于各版《文武狀元策》。此據哈佛大學漢和圖書館藏本）

按：何其睿，字克思，别號慎菴。乾隆元年舉於鄉，二年，登南宫第一名。爲翰林院庶吉士，授編修。補咸安宫學總裁，直武英殿，校勘纂修《三禮》。九年，主考貴州。十二年，督學雲南。試竣回京，卒於官邸……先達李紱稱其純乎學者氣象，相國桐城張廷玉尤愛重之，延爲子師。三遇京察，皆一等。其爲學官總裁，凡教習及子弟，皆誦服若親師弟。其督

學雲南，諭導士子，意念真誠，言詞愷切，不獨文風丕變，而士習亦爲之正。制府張允隨謂：「學臣校文未必愛士，愛士未必恤民，恤民未必飭吏。兼之者惟公一人。」其推重如此。爲人温厚和平，絶無矜氣，兄弟間孝友，出於至性，立身應世，有古長者風。

（《贛縣志》卷三二《名臣》，同治十一年刻本、民國二十年重印本，國家圖書館藏）

狀元策敘

洛陽、江都，古茂淵懿，夐乎已遠。唐之韓陸，宋之歐蘇，陳雄然整然，博辨而閎肆。然斤斤乎蕲至於古，不敢稍有違。其人侍其文行，且遠而益流。故自唐至今，凡能以文自雄，皆得舉進士射策於廷，其文之尤者得及第，爲邦家光，傳後禩弗替。今國家試士，制法古垂二百年，士沐作人之化，涵泳聖涯，前之登於朝者，《儒林》《文苑》不絶書，對策之文，其生平不足以概也。

夫文載道者也。言者心之聲，心真者言則堅，心和者言則暢，心明密者言則審且辨。其能佐吾君奠社稷、福蒼生，無負殊互也。文以人傳，人以行傳。方今堯舜在上，方聞綴學之儒，賡歌颺拜，他日勛業之傳之光於古也必矣，誰謂區區者而足以盡也？然誦焉而識其心之所寄，未始不於是編遇之。

道光己亥秋九月崇仁謝蘭生子湘書

（《狀元策》，道光庚子年文寶堂新鐫本，國家圖書館藏）

按：謝蘭生，字子湘，崇仁人。幼瓌異，七歲畢諸經，即見解超雋。十七縣試冠軍，旋由廩貢署鉛山學訓導。卻生徒贊，捐修學校。甲午舉於鄉，戊戌成進士。親老假歸，更肆力於古。著有《綱鑒洞觀評略》《歷代帝王陵寢考》《種香山館詩文集》若干卷，藏於家。其已刻者《鵝湖客話》《鵝湖遊草》《救荒策評略》數卷也。蘭生志望甚宏，惜觀政水部不二年卒，年甫四十。

（《撫州府志》卷六〇《人物志·文苑二》，［清］許應鑅修，謝煌纂，光緒二年刊本，國家圖書館藏）

殿試條例

（乾隆四年議定）

大學士伯張□等爲欽奉上諭事，該臣等會議得，殿試乃國家求才之鉅典，而士人進身入仕之始也。近歲以來，所對策文，拘定時格，未能指畫精詳，援據該洽，争飾駢語，以爲頌聯，勦説雷同，實屬無益。仰蒙皇上，特降諭旨，今年殿試，戒諸貢士删去頌聯之舊習，並飭臣等，斟酌策文定式，誠求才勵士之至意。

臣等謹按：漢文帝十五年，始詔舉賢良對策者百餘人，武帝元光五年，詔舉對策者亦百人，皆天子道其所欲問而親策之。於是晁錯、董仲舒之徒出焉。唐制，凡天子自詔曰「制舉」，所以待非常之才。天授元年，策問貢士於洛陽殿，殿試之名由此始。後周顯德四年，詔州郡舉人，送吏部，量試策論三道，限三千字。宋世仍之，真宗咸平中，田錫上疏言：「兩漢取人，不限對策字數，其所對盡其所見，故孝文時晁錯對策二千字，董仲舒二千餘字，及再三策之，所對或千餘字，或二千餘字，漢得賢良，斯爲盛矣。」慶曆元年，富弼上言明經選試，尤爲良法，令不較字數，專以經中否爲格。夫設策問之，而猶限以字數，自非所以盡謹言、收積學也。

我朝取士，遠邁往昔，三歲臨軒策問，未嘗限之以有數之字，與一定之法，冀得奇俊傑出之才而拔之。然士子相循，積久成俗，於字之多少，若有定數；寫之起訖，若有定位。至於策中頌聯，現蒙皇上飭禁，多士自當凜遵。若夫酌定規模，應取歷朝流傳誦習之文以爲成式，如漢則晁錯、董仲舒，唐則劉蕡，宋則蘇軾。雖則短長不同，皆要條對明切，古茂博暢，平時誦之，既可以益士人之學問，而對策倣之，復有以佐大廷之敷陳。應請通飭各省學臣，廣行曉諭，俾士子知悉，務期貫穿古今，陶鑄經史，服習既久，規矩在心，承問置對時，必有斐然可觀者矣。

再，殿試試卷，舊無横格，嗣後貢士等，果有通達治體，學問淹通者，應聽其發抒，不必限以字數。惟最短者，亦必以千字爲率，不及一千字者，不入式論。至於四六頌聯，並不切膚泛套語，概不准復用。其前幅策冒十四行，後幅空白十四行，原非古式，不必拘泥。惟承問逐條詳封，起處仍書「臣對臣聞」字樣。訖處仍書「臣草茅新進」云云字樣，以昭畫一。奉旨依議。

（《狀元策》，榮錦堂乾隆續刊本，哈佛大學漢和圖書館藏）

（按：各版本《狀元策》《殿試策》或《文武狀元策》，多附有本條例。嘉慶八年，以有宗室參加殿試，清廷特旨將「草茅新進」四字，改爲「末學新進」。故嘉慶以後刊本，于此文末加注云：「謹案，『草茅新進』，今又改爲『末學新進』云云。」此文原無題，今據内容補擬）

殿試及謝恩各儀注

其一

每科會試年，出榜後，禮部具題請旨，五月初六日早，諸貢士赴太和殿前殿試，皇上賜策問。五月初十日早，讀卷等官，并諸王以下、公以上、文武百官，各具朝服，赴太和殿前侍立。禮部官捧黃榜置於丹陛正中黄案上，鴻臚寺官傳制唱名。禮部官捧黄榜置於龍亭内，鼓樂前導，出長安左門外張掛。順天府官用傘蓋儀從，送狀元歸第。五月十二日，賜宴於禮部。五月十五日，賜狀元頂帽披領帶等物，及進士折鈔銀兩。五月十六日，狀元率諸進士上表謝恩。五月十八日，狀元率諸進士詣先師孔子廟行禮。

（《狀元策》，棨錦堂乾隆續刊本，哈佛大學漢和圖書館藏）

其二

每科會試年，出榜後，禮部具題請旨。四月初二日早，諸貢士赴太和殿前殿試，皇上賜策問。四月初五日早，讀卷等官，并諸王以下、公以上、文武百官，各具朝服，赴太和殿前侍立。禮部官捧黄榜置於丹陛正中黄案上，鴻臚寺官傳制唱名。禮部官捧黄榜置於龍亭内，鼓樂前導，出長安左門外張掛。順天府官用傘蓋儀從，送狀元歸第。四月初七日，賜宴於禮部。四月十二日，賜狀元頂帽披領帶等物，及進士折鈔銀兩。四月十五日，狀元率諸進士上表謝恩。四月十八日，狀元率諸進士詣先師孔子廟行禮。

（《順治康熙雍正三朝殿試策》，清刻本，國家圖書館藏）

（按：清代殿試時間，前後有變化，故各版本《狀元策》所載殿試及謝恩各注，在時間上也有不同。今兩存之）

殿試策格式

試卷連卷面、卷尾共九頁，每頁二面，每面六行，二面共十二行，十六面總九十六行。每行二十四格，留擡頭二格，只平寫二十二格。「臣對」「臣聞」字下，不可寫自己姓名。自「臣對」「臣聞」起至「欽惟」止，共十四行，計三百零八字。「欽惟」二字在第十四行之末，不得留空一格。「皇帝陛下」兩擡頭，在第十五行陽頁居中。頌聖約四五聯，俱單擡頭。第一聯四字句，二三四五聯，不拘長短。「伏讀制策有曰」，「制策」二字兩擡頭，條對俱依所問先後逐條對去，不可顛倒遺失，後須總發一段，大約以頌聖體作結，結末云「臣草茅新進，罔識忌諱，干冒宸嚴，不勝戰慄隕越之至。臣謹對。」「干冒」「冒」字到底，不得留空一字，「宸嚴」二字兩擡頭。卷末留十四行，列讀卷官銜。試卷自「臣對」「臣聞」起至「謹對」，不可有一字錯落，倘有錯落，聽之，不得添註塗抹。每頁盡處得成句斷，翻轉次面尤好。總共敷衍寫八十一二行之數，後留空十四五行。

（《順治康熙雍正三朝殿試策》，清刻本，國家圖書館藏）

《狀元策》刊刻説明

禮部每科例以一甲三及第全策刊登科録，并二甲三甲進士履歷進呈御覽，板藏□部庫，而坊刻僅以狀元策，其三及第之全策，從未有刊者。愚思宜以並刻流傳，遂購請於禮部歷登科録，敬梓以彰本朝掄拔經濟弘才之尤美者。

一、自本朝順治丙戌科起，至康熙戊戌科止，明季狀元策概不贅入。辛丑科即補刊，其後科分，按年補入。

一、禮部《登科録》刻本，有順治年間數科，因年久板朽字没，并有遺失者，俱無從購覓，內有闕文，非敢忽略故漏之罪也。康熙壬戌登科録，禮部未刻，故三及第策全闕。或有珍藏各科三及第全策者，請賜抄録補刊，以成全美。

順治丙戌科少探花策，壬戌科少探花策，乙未科少榜眼策、探花策，辛丑科少榜眼策、探花策。康熙甲辰科少榜眼策、探花策，丙辰科少榜眼策、探花策，己未科少榜眼策、探花策，壬戌科少狀元策、榜眼策、探花策。以上闕策文，共計十五本。

一、附刻附試策欵式字格，以便熠式演習。

（《順治康熙雍正三朝殿試策》，國家圖書館藏）

（按：此文當是康熙六十年檠錦堂初刊《狀元策》時的「刊刻説明」，以後各續刊本多未見收録，慶洲僅在國家圖書館藏《順治康熙雍正三朝殿試策》中發現此文，今即據此整理，並擬題目）

清代歷科三鼎甲履歷

順治丙戌科

狀元傅以漸，山東東昌府聊城縣，民籍，縣學生，鄉試第八名，會試第九十五名。

榜眼吕纘祖，直隸河間府滄州，民籍，附學生，鄉試第六十七名，會試第三名。

探花李奭棠，順天府大興縣，民籍，附學生，鄉試第三十七名，會試第一名。

順治丁亥科

狀元吕宫，江南常州府武進縣，民籍，附學生，鄉試第九十五名，會試第四十三名。

榜眼程芳朝，江南安慶府桐城縣，民籍，附學生，鄉試第一百三十八名，會試第二百十五名。

探花蔣超，江南鎮江府金壇縣，軍籍，縣學生，鄉試第六十二名，會試第七十三名。

順治己丑科

狀元劉子壯，湖廣黄州府黄岡縣，民籍，附學生，鄉試第四十三名，會試第二十九名。

榜眼熊伯龍，湖廣漢陽府漢陽縣，民籍，拔貢生，鄉試第十八名，會試第九名。

探花張天植，浙江嘉興府秀水縣，民籍，拔貢生，鄉試第九十八名，會試第二百八十五名。

順治壬辰科

狀元鄒忠倚，江南常州府無錫縣，民籍，鄉試第十名，會試第一百七十七名。

榜眼張永祺，順天大興縣，民籍，會試第一百一十名。

探花沈荃，江南松江府華亭縣，民籍，鄉試第二百二名，會試第一百四十六名。

順治乙未科

狀元史大成，浙江寧波府鄞縣，民籍，附學生，鄉試第七名，會試第一百八十名。

榜眼戴王綸，直隸河間府滄州，民籍，官監生，順天鄉試第五名，會試第一百九十二名。

探花秦鉽，江南蘇州府長洲縣，民籍，附學生，鄉試第四十名，會試第一名。

順治戊戌科

狀元孫承恩，江南蘇州府常熟縣，民籍，貢監生，順天鄉試第四名，會試第四名。

榜眼孫一致，江南淮安府鹽城縣，民籍，拔貢生，順天鄉試第三十名，會試第八十名。

探花吴國對，江南滁州全椒縣，民籍，拔貢監生，順天鄉試第二十二名，會試第一百三十八名。

順治己亥科

狀元徐元文，江南蘇州府長洲縣，民籍，附學生，鄉試第十二名，會試第九十一名。

榜眼華亦祥，江南常州府無錫縣，民籍，附學生，鄉試第一百十三名，會試第七十一名。

探花葉方藹，江南蘇州府崑山縣，民籍，增廣生，鄉試第九十五名，會試第一百七名。

順治辛丑科

狀元馬世俊，江南江寧溧陽縣，民籍，鄉試第四十六名，會試第二百九十五名。

榜眼李仙根，四川保寧府遂寧縣，民籍，鄉試第二十八名，會試第二百五十二名。

探花吴光，浙江湖州府歸安縣，民籍，鄉試第三十八名，會試第一百九十八名。

康熙甲辰科

狀元嚴我斯，浙江湖州府歸安縣，民籍，鄉試第九十一名，會試第二百八十六名。

榜眼李元振，河南歸德府柘城縣，民籍，鄉試第四十六名，會試第一百三十九名。
探花秦弘，江南常州府無錫縣，民籍，鄉試第九名，會試第一百七名。

康熙丁未科

狀元繆彤，江南蘇州府吴縣，民籍，鄉試第四十四名，會試第三十六名。
榜眼張玉裁，江南鎮江府丹徒縣，民籍，鄉試第十五名，會試第二十九名。
探花董訥，山東濟南府平原縣，民籍，鄉試第十七名，會試第一百三十五名。

康熙庚戌科

狀元蔡啓僔，浙江湖州府德清縣，民籍，附學生，鄉試第一百十一名，會試第二百五名。
榜眼孫在豐，浙江湖州府德清縣，民籍，附學生，鄉試第二十三名，會試第一百六十八名。
探花徐乾學，江南蘇州府長洲縣，民籍，拔貢生，順天鄉試第三十名，會試第五十二名。

康熙癸丑科

狀元韓菼，江南蘇州府長洲縣，民籍，監生，順天鄉試第十六名，會試第一名。
榜眼王鴻緒，江南松江府婁縣，民籍，監生，順天鄉試第三十七名，會試第四名。
探花徐秉義，江南蘇州府崑山縣，民籍，監生，順天鄉試第四十五名，會試第二名。

康熙丙辰科

狀元彭定求，江南蘇州府長洲縣，民籍，鄉試第二十二名，會試第□□。

榜眼胡會恩，浙江湖州府德清縣，民籍，鄉試第四十三名，會試第五十五名。

探花翁叔元，直隸永平府永平衛，民籍，鄉試第二十四名，會試第六名。

康熙己未科

狀元歸允肅，江南蘇州府常熟縣，民籍，鄉試第二十四名，會試第四十六名。

榜眼孫卓，江南寧國府宣城縣，民籍，鄉試第十六名，會試第六十一名。

探花茆薦馨，浙江湖州府長興縣，民籍，鄉試第三十三名，會試第二十三名。

康熙壬戌科

狀元蔡升元，浙江湖州府德清縣，民籍，鄉試第五十二名，會試第一百六十三名。

榜眼吴涵，浙江嘉興府石門縣，民籍，鄉試第十五名，會試第四十八名。

探花彭寧求，江南蘇州府長洲縣，民籍，鄉試第十二名，會試第一百三十九名。

康熙乙丑科

狀元陸肯堂，江南蘇州府長洲縣，民籍，歲貢生，鄉試第五名，會試第一名。

榜眼陳元龍，浙江杭州府海寧縣，民籍，副榜貢生，鄉試第四十三名，欽定會試第二名。

探花黄夢麟，江南江寧府溧陽縣，民籍，廪生，鄉試第二十一名，會試第十八名。

康熙戊辰科

狀元沈廷文，浙江嘉興府秀水縣，民籍，附學生，鄉試第四十六名，會試第一百十八名。

榜眼查嗣韓，浙江杭州府錢塘縣，民籍，監生，欽賜五經舉人，會試第三名。

探花張豫章，江南松江府青浦縣，民籍，監生，鄉試第五十七名，會試第三十名。

康熙辛未科

狀元戴有祺，江南松江府金山衛，民籍，歲貢生，鄉試第七名，會試第一百二十六名。

榜眼吴昺，江南滁州全椒縣，民籍，廪膳生，鄉試第十三名，會試第八名。

探花黄叔琳，順天府大興縣，民籍，廪膳生，鄉試第四十四名，會試第十八名。

康熙甲戌科

狀元胡任輿，江南江寧府上元縣，民籍，附學生，鄉試第一名，會試第七名。

榜眼顧圖河，江南揚州府江都縣，民籍，監生，順天鄉試第十七名，會試第七十五名。
探花顧悦履，浙江杭州府海寧縣，匠籍，附學生，鄉試第八名，會試第三十八名。

康熙丁丑科

狀元李蟠，江南徐州民籍，廩膳生，鄉試第四十六名，會試第二十七名。
榜眼嚴虞惇，江南松江府華亭縣，民籍，副榜貢生，順天鄉試第三十六名，會試第四名。
探花姜宸英，浙江寧波府慈谿縣，民籍，廩膳生，順天鄉試第十九名，會試第八名。

康熙庚辰科

狀元汪繹，江南蘇州府常熟縣，民籍，監生，鄉試第五十六名，會試第二名。
榜眼季愈，江南揚州府寶應縣，民籍，廩膳生，鄉試第四十九名，會試第二名。
探花王露，河南歸德府柘城縣，民籍，增廣生，鄉試第十六名，會試第一名。

康熙癸未科

狀元王式丹，江南揚州府寶應縣，民籍，拔貢生，鄉試第六名，會試第一名。
榜眼趙晉，福建福州府閩縣，民籍，廩膳生，鄉試第五十四名，會試第三十二名。
探花錢名世，江南常州府武進縣，民籍，歲貢生，鄉試第二十一名，會試第五十四名。

康熙丙戌科
狀元王雲錦，江南常州府無錫縣，民籍，增廣生，鄉試第十四名，會試第二百六十名。
榜眼吕葆中，浙江嘉興府石門縣，民籍，監生，鄉試第十九名，會試第七名。
探花賈國維，江南揚州府高郵州，民籍，監生，鄉試第四十八名，欽賜丙戌科殿試。

康熙己丑科
狀元趙熊詔，江南常州府武進縣，民籍，拔貢生，鄉試第五十七名，會試第二十七名。
榜眼戴名世，江南安慶府桐城縣，民籍，拔貢生，鄉試第五十九名，會試第一名。
探花繆沅，江南揚州府泰州，民籍，歲貢生，鄉試第七十七名，會試第一百六十名。

康熙壬辰科
狀元王世琛，江南蘇州府長洲縣，民籍，廩監生，鄉試第九十名，會試第七十七名。
榜眼沈樹本，浙江湖州府歸安縣，民籍，監生，鄉試第七名，會試第一百四十三名。
探花徐葆光，江南蘇州府吴江縣，民籍，廩監生，鄉試第二十七名，欽賜壬辰科殿試。

康熙癸巳科

狀元王敬銘，江南蘇州府嘉定縣，民籍，附監生，鄉試第二百十九名，會試第二十一名。

榜眼任蘭枝，江南江寧府溧陽縣，民籍，廩膳生，鄉試第九名，會試第十四名。

探花魏廷珍，直隸河間府景州，民籍，拔貢生，鄉試第一百九十九名，會試第八十四名。

康熙乙未科

狀元徐陶璋，江蘇蘇州府崑山縣，民籍，廩膳生，鄉試第八名，會試第八十六名。

榜眼繆曰藻，江南蘇州府吴縣，民籍，監生，鄉試第二十四名，會試第一百二十五名。

探花傅王露，浙江紹興府會稽縣，民籍，副榜貢生，鄉試第二十五名，會試第五十三名。

康熙戊戌科

狀元汪應銓，江南蘇州府常熟縣，民籍，廩貢生，鄉試第四名，會試第六十四名。

榜眼張廷璐，江南安慶府桐城縣，民籍，副榜貢生，鄉試第五十二名，會試第五十五名。

探花沈錫輅，浙江杭州府仁和縣，民籍，副榜貢生，鄉試第十九名，會試第三十二名。

康熙辛丑科

狀元鄧鍾岳，山東東昌府東昌衛，民籍，監生，鄉試第一百二名，會試第一百二十九名。

榜眼吴文焕，福建福州府長樂縣，民籍，附學生，鄉試第二十九名，會試第七十四名。
探花程元章，河南汝寧府上蔡縣，民籍，廩膳生，鄉試第十七名，會試第五十二名。

雍正癸卯恩科

狀元于振，江南鎮江府金壇縣，民籍，監生，鄉試第五名，恩科會試第二十九名。
榜眼戴瀚，江南江寧府上元縣，民籍，歲貢生，恩科鄉試第三名，恩科會試第二名。
探花楊炳，湖廣安陸府鍾祥縣，民籍，廩膳生，鄉試第九十六名，恩科會試第一名。

雍正甲辰科

狀元陳德華，直隸保定府安州，民籍，廩膳生，鄉試第二十六名，會試第一百十五名。
榜眼王安國，江南揚州府高郵州，民籍，附學生，鄉試第七十九名，會試第一名。
探花汪德容，浙江杭州府錢塘縣，民籍，監生，鄉試第十二名，會試第十二名。

雍正丁未科

狀元彭啓豐，江南蘇州府長洲縣，民籍，附生，鄉試第七十四名，會試第一名。
榜眼鄧啓元，福建泉州府德化縣，民籍，□□，鄉試第二十一名，會試第九名。
探花馬宏琦，江南揚州府通州，民籍，□□，鄉試第六十四名，會試第三十四名。

雍正庚戌科
狀元周霸，浙江杭州府錢塘縣，民籍，貢生，鄉試第二十九名，會試第二百三十六名。
榜眼沈昌宇，浙江嘉興府秀水縣，民籍，附學生，鄉試第七十二名，會試第一名。
探花梁詩正，浙江杭州府錢塘縣，民籍，附學生，鄉試第五十九名，會試第二百二十三名。

雍正癸丑科
狀元陳倓，江南揚州府儀徵縣，民籍，附生，鄉試第四十二名，會試第一名。
榜眼田志勤，順天府大興縣，民籍，廩生，鄉試第九十六名，會試第二百三十三名。
探花沈文鎬，江南太倉州崇明縣，民籍，拔貢生，鄉試第二十八名，會試第六十八名。

乾隆丙辰科
狀元金德瑛，浙江杭州府仁和縣，商籍，附監生，鄉試第七名，會試第二百四十一名。
榜眼黄孫懋，山東兖州府曲阜縣，拔貢生，鄉試第五名，會試二百二十六名。
探花秦蕙田，江南常州府金匱縣，民籍，監生，鄉試第七十七名，會試二百十二名。

乾隆丁巳恩科

狀元于敏中，江南鎮江府金壇縣，民籍，監生，鄉試第七十二名，會試第三十三名。

榜眼林枝春，福建福州府福清縣，民籍，廩膳生，鄉試第八十五名，會試第十四名。

探花任端書，江南鎮江府溧陽縣，民籍，監生，鄉試第二十六名，會試第四十四名。

乾隆己未科

狀元莊有恭，廣東廣州府番禺縣，商籍（《狀元策》作民籍），拔貢生，鄉試第二十一名，會試第三十六名。

榜眼涂逢震，江西南昌府南昌縣，民籍，附生，鄉試第九十名，會試第一百五十二名。

探花秦勇均，江蘇常州府金匱縣，民籍，附生，鄉試第六十九名，會試第一百十名。

乾隆壬戌科

狀元金甡，浙江杭州府仁和縣，民籍，附學生，鄉試第一百十八名，會試第一名。

榜眼楊述曾，江南常州府陽湖縣，民籍，監生，鄉試第四十一名，會試第一百二十三名。

探花湯大紳，江南常州府陽湖縣，民籍，附監生，鄉試第一百八十名，會試第八名。

乾隆乙丑科

狀元錢維城，江南省常州府武進縣，民籍，監生，鄉試第十五名，會試第四十一名。

榜眼莊存與，江南省常州府武進縣，民籍，監生，鄉試第四十一名，會試第一百四名。
探花王際華，浙江省杭州府錢塘縣，民籍，附生，鄉試第九十五名，會試第八十八名。

乾隆戊辰科

狀元梁國治，浙江紹興府會稽縣，民籍，附生，鄉試第七名，會試第一百二十三名。
榜眼陳枏，浙江杭州府仁和縣，民籍，附生，鄉試第四十名（《狀元策》作一百四十名），會試第十五名。
探花汪廷璵，江蘇太倉州鎮洋縣，民籍，附生，鄉試第一百二十六名，會試第二百二十八名。

乾隆辛未科

狀元吴鴻，浙江省杭州府仁和縣，民籍，廩膳生，鄉試第一名，會試第二十名。
榜眼饒學曙，江西建昌府廣昌縣，民籍，貢生，鄉試第四名（《狀元策》作第六名），會試第二十九名。
探花周澧，浙江嘉興府嘉善縣，民籍，廩膳生，鄉試第六名，會試第一名。

乾隆壬申科

狀元秦大士，江南江寧府江寧縣，增生，鄉試第十八名，會試第十五名。
榜眼范棫士，江南松江府華亭縣，增生，鄉試第一百五名，會試第一百二十名。
探花盧文弨，浙江紹興府餘姚縣，監生，鄉試第三十四名，會試第三十三名。

（以上據哈佛大學漢和圖書館藏《文武狀元策》整理，並據該館藏乾隆續刊本《狀元策》校正）

乾隆甲戌科

狀元莊培因，江南常州府陽湖縣，民籍，監生，鄉試第七十九名，會試第三名。

榜眼王鳴盛，江南太倉州嘉定縣，民籍，副榜貢生，鄉試第六名，會試第二十六名。

探花倪承寬，浙江杭州府仁和縣，民籍，附學生，鄉試第八十四名，會試第七十八名。

乾隆丁丑科

狀元蔡以臺，浙江嘉興府嘉善縣，民籍，副榜貢生，鄉試第二百四名，會試第一名。

榜眼梅立本，江南寧國府宣城縣，民籍，拔貢生，鄉試第二十三名，會試第一百七十九名。

探花鄒奕孝，江南常州府金匱縣，民籍，監生，鄉試第七十三名，會試第九十七名。

乾隆庚辰科

狀元畢沅，江蘇省太倉州鎮洋縣，民籍，附生，鄉試第二十九名，會試第二名。

榜眼諸重光，浙江紹興府餘姚縣，民籍，副榜貢生，鄉試第九名，會試第十三名。

探花王文治，江蘇省鎮江府丹徒縣，民籍，拔貢生，鄉試第四十五名，會試第四名。

乾隆辛巳科

狀元王杰，陝西同州府韓城縣，民籍，副榜拔貢生，鄉試第七名，會試第十名。

榜眼胡高望，浙江杭州府仁和縣，民籍，廪膳生，鄉試第三十九名，會試[第]一百六十六名。

探花趙翼，江南常州府陽湖縣，民籍，附學生，鄉試第二十一名，會試第三十三名。

乾隆癸未科

狀元秦大成，江南太倉州嘉定縣，廪生，民籍，鄉試第三十九名，會試第三名。

榜眼沈初，浙江嘉興府平湖縣，優貢生，竈籍，欽賜舉人，會試第一百三十二名。

探花韋謙恒，江蘇太平府蕪湖縣，拔貢生，民籍，欽賜舉人，會試第四十六名。

（以上據哈佛大學漢和圖書館藏乾隆續刊本《狀元策》整理）

乾隆丙戌科

狀元張書勛，江蘇蘇州府吴縣，拔貢生，民籍，鄉試第五十六名，會試第一百二十名。

榜眼姚頤，江西吉安府泰和縣，廪膳生，民籍，鄉試第三十二名，會試第三名。

探花劉躍雲，江蘇常州府武進縣，監生，民籍，鄉試第一百三十三名，會試第一百七十四名。

乾隆己丑科

狀元陳初哲，江蘇省蘇州府元和縣，附學生，民籍，鄉試第四十三名，會試第五十四名。

榜眼徐天柱，浙江省湖州府德清縣，縣學廩生，民籍，鄉試第十七名，會試第一百二名。

探花陳嗣龍，浙江省嘉興府平湖縣，拔貢生，民籍，鄉試第二十七名，會試第二十三名。

乾隆辛卯科

狀元黄軒，江南省徽州府休寧縣，廩貢生，民籍，鄉試第八名，恩科會試第三十五名。

榜眼王增，浙江省紹興府會稽縣，附學生，民籍，鄉試第五名，恩科會試第二十一名。

探花范衷，浙江省紹興府上虞縣，廩膳生，民籍，鄉試第十二名，恩科會試第七十四名。

乾隆壬辰科

狀元金榜，江南省徽州府歙縣，廩膳生，民籍，乙酉科欽賜舉人，會試第一百十六名。

榜眼孫辰東，浙江省湖州府歸安縣，附學生，民籍，鄉試第十二名，會試第一名。

探花俞大猷，順天府大興縣，監生，民籍，鄉試第二十四名，會試第四十六名。

乾隆乙未科

狀元吴錫齡，江南省徽州府休寧縣人，廩貢生，民籍，鄉試第五十五名，會試第十二名。

榜眼汪鏞，山東省濟南府歷城縣人，優貢生，民籍，鄉試第□名，會試第□名。
探花沈清藻，浙江省杭州府仁和縣人，監生，民籍，鄉試第□名，會試第□名。

乾隆戊戌科

狀元戴衢亨，江西省南安府大庾縣，監生，民籍，鄉試第十五名，會試第三名。
榜眼蔡廷衡，浙江省杭州府仁和縣，監生，民籍，丙申召試，欽賜舉人，會試第百十六名。
探花孫希旦，浙江省瑞温州府安縣，廩膳生，民籍，鄉試第四十三名，會試第二十三名。

乾隆庚子恩科

狀元汪如洋，浙江省嘉興府秀水縣，拔貢生，民籍，鄉試第八十三名，會試第一名。
榜眼江德量，江蘇省揚州府儀徵縣，拔貢生，民籍，鄉試第四十一名，會試第一百二十九名。
探花程昌期，江蘇省徽州府歙縣，拔貢生，民［籍］，鄉試第二名，會試第八十五名。

乾隆辛丑科

狀元錢棨，江蘇省蘇州府長洲縣，附生，民籍，鄉試第一名，會試第一名。
榜眼陳萬青，浙江省嘉興府石門縣，拔貢生，民籍，鄉試第一百十八名，會試第二十一名。
探花汪學金，江蘇省太倉州鎮洋縣，附監生，民籍，鄉試第一百十九名，會試第四十五名。

乾隆甲辰科

狀元茹棻，浙江紹興府會稽縣，監生，民籍，鄉試第□□，會試□□。

榜眼邵瑛，浙江紹興府餘姚縣，廩生，民籍，鄉試第□□，會試□□。

探花邵玉清，直隸天津府天津縣，廩生，民籍，鄉試第□□，會試第□□。

乾隆丁未科

狀元史致光，浙江省紹興府山陰縣，拔貢生，民籍，鄉試第□名，會試第□名。

榜眼孫星衍，江蘇省常州府陽湖縣，附貢生，民籍，鄉試第□名，會試第□名。

探花董教增，江蘇省江寧府江寧縣，廩膳生，民籍，庚子召試，欽賜舉人，會試第□名。

乾隆己酉科

狀元胡長齡，江蘇省直隸通州人，廩膳生，民籍，鄉試第□名，會試第□名。

榜眼汪廷珍，江蘇省淮安府山陰縣人，廩膳生，民籍，鄉試第□名，會試第□名。

探花劉鳳誥，江西省［袁州府］萍鄉［縣］人。

乾隆庚戌科

狀元石韞玉，江蘇省蘇州府吴縣人，附生，民籍，鄉試第□名，會試第□名。

榜眼洪亮吉，江蘇省常州府陽湖縣人，副榜貢生，民籍，鄉試第□名，會試第□名。

探花王宗誠，安徽省池州府青陽縣［人］，監生，民籍，鄉試第□名，會試第□名。

乾隆癸丑科

狀元潘世恩，江蘇省蘇州府吴縣人，廩膳生，民籍，鄉試第［五十三］名，會試第［八十六］名（按：名次據《思補老人自訂年譜》補）。

榜眼陳雲，順天府宛平縣人，廩膳生，民籍，鄉試第十八名，會試第□名。

探花陳希曾，江西省［建昌］府新城縣人，廩生，□籍，鄉試第□名，會試第□名。

乾隆乙卯恩科

狀元王以銜，浙江省湖州府歸安縣人，增廣生，民籍，鄉試第二十一名，會試第一名。

榜眼莫晉，浙江省紹興府會稽縣人，優貢生，民籍，鄉試第三名，會試第十九名。

探花潘世璜，江蘇省蘇州府吴縣人，廩膳生，民籍，鄉試第□名，會試第□名。

嘉慶丙辰科

狀元趙文楷，安徽省安慶府太湖縣人，附生，民籍，鄉試第二名，會試第五十八名。

榜眼汪守和，江西省饒州府平樂縣人，拔貢生，民籍，鄉試第十八名，會試第一百九名。

探花帥承瀛，湖北省黄州府黄梅縣人，附生，民籍，鄉試第四十四名，會試第三十八名。

嘉慶己未科

狀元姚文田，浙江省湖州府歸安縣人，拔貢生，民籍，鄉試□□□，會試□□□。

榜眼蘇兆登，山東省武定府霑化縣人，□□，民籍，鄉試□□□，會試□□□。

探花王引之，江蘇省揚州府高郵州人，□□，民籍，鄉試□□□，會試□□□。

嘉慶辛酉科

狀元顧皋，江蘇省常州府金匱縣，廪貢生，民籍，鄉試第一百五十二名，會試第一百六十九名。

榜眼劉彬士，湖北省漢陽府黄陂縣人，附學生，民籍，鄉試第三十八名，會試第二十名。

探花鄒家燮，江西省饒州府樂平縣，附學生，民籍，鄉試第一名，會試第一百十五名。

嘉慶壬戌科

狀元吴廷琛，江蘇省蘇州府元和縣人，附生，民籍，鄉試第□名，會試第□名。

榜眼李宗昉，江蘇省淮安府山陽縣人，□生，民籍，鄉試第□名，會試第□名。
探花朱士彦，江蘇省揚州府寶應縣人，□生，民籍，鄉試第□名，會試第□名。

嘉慶乙丑科

狀元彭浚，湖南［衡州府］衡山縣人，□生，民籍，鄉試第□名，會試第□名。
榜眼徐頲，江蘇［蘇州府］長洲縣人，□生，民籍，鄉試第□名，會試第□名。
探花何凌漢，湖南省［永州］道州人，□生，民籍，鄉試第□名，會試第□名。
（以上據國家圖書館藏《殿試策》清刻本整理，並參《明清代歷科進士題名碑録》等資料校補）

嘉慶戊辰科

狀元吴信中，江蘇省［蘇州府］吴縣人，□生，民籍，鄉試第□名，會試第□名。
榜眼謝階樹，江西省［撫州府］宜黄縣人，□生，民籍，鄉試第□名，會試第□名。
探花石承藻，湖南省［長沙府］湘潭縣人，□生，民籍，鄉試第□名，會試第□名。

嘉慶己巳科

狀元洪瑩，安徽省［徽州府］歙縣人，□生，民籍，鄉試第□名，會試第□名。
榜眼廖金城，福建省［福州府］侯官縣人，□生，民籍，鄉試第□名，會試第□名。

探花張岳崧，廣東省〔懷州府〕定安縣人，□生，民籍，鄉試第□名，會試第□名。

嘉慶辛未科

狀元蔣立鏞，湖北省〔安陸府〕天門縣人，□生，民籍，鄉試第□名，會試第□名。
榜眼吳毓英，江蘇省〔蘇州府〕吳縣人，□生，民籍，鄉試第□名，會試第□名。
探花吳廷珍，江蘇省〔蘇州府〕吳縣人，□生，民籍，鄉試第□名，會試第□名。

嘉慶甲戌科

狀元龍汝言，安徽省安慶府桐城縣人，〔廩膳生〕，民籍，召試第一名，會試第六十七名。
榜眼祝慶蕃，河南省光州固始縣人，□□，民籍，鄉試第八十九名，會試第八十三名。
探花伍長華，江蘇省江寧府上元縣人，□□，民籍，鄉試第九十九名，會試第二十一名。

嘉慶丁丑科

狀元吳其濬，河南省光州固始縣人，□□，民籍，鄉試第□名，會試第二百三十一名。
榜眼淩泰封，安徽省鳳陽府定遠縣人，□□，民籍，鄉試第□名，會試第一百三十六名。
探花吳清鵬，浙江省杭州府錢塘縣人，□□，民籍，鄉試第□名，會試第三十八名。（按：是科底本榜眼、探花姓名顛倒，據相關資料改）

嘉慶己卯科

狀元陳沆，湖北省黄州府蘄水縣人，□□，民籍，鄉試第六名，會試第一百八十九名。

榜眼楊九畹，浙江省寧波府慈谿縣人，□□，民籍，鄉試第二十四名，會試第六十八名。

探花胡達源，湖南省長沙府益陽縣人，□□，民籍，鄉試第二百十七名，會試第二百名。

嘉慶庚辰科

狀元陳繼昌，廣西桂林府臨桂縣人，廩膳生，民籍，鄉試第一名，會試第一名。

榜眼許乃普，浙江杭州府錢塘縣人，拔貢生，民籍，鄉試第一百一名，會試第十三名。

探花陳鑾，湖北武昌府江夏縣人，廩膳生，民籍，鄉試第五名，會試第一百八十九名。

道光壬午科

狀元戴蘭芬，安徽泗州天長縣人，廩膳生，民籍，鄉試第四十五名，會試第一百九十二名。

榜眼鄭秉恬，江西瑞州府上高縣人，拔貢生，民籍，鄉試第一百十六名，會試第一百十九名。

探花羅文俊，廣東廣州府南海縣人，副貢生，民籍，鄉試第十四名，會試第七十一名。

道光癸未科

狀元林召棠，廣東高州府吴川縣，拔貢生，民籍，鄉試第二百二十六名，會試第二十六名。

榜眼王廣蔭，江蘇通州直隸州，增廣生，民籍，鄉試第一百九名，會試第八名。

探花周開麒，江蘇江寧府江寧縣，廩膳生，民籍，鄉試第二十名，會試第五十六名。

道光丙戌科

狀元朱昌頤，浙江嘉興府海鹽縣，竈籍，拔貢生，乙酉鄉試第八十五名，丙戌會試第十二名。

榜眼賈楨，山東登州府黄縣，民籍，例監生，乙酉鄉試第二十八名，丙戌會試第一百二十二名。

探花帥方蔚，江西南昌府奉新縣，民籍，優廩生，庚午鄉試第八十二名，丙戌會試第七十七名。

道光己丑科

狀元李振鈞，安徽安慶府太湖縣，例監生，民籍，鄉試第四十三名，會試第二百四名。

榜眼錢福昌，浙江嘉興府平湖縣，廩膳生，民籍，鄉試第四名，會試第五十七名。

探花朱蘭，浙江紹興府餘姚縣，附學生，民籍，鄉試第六十六名，會試第一百六十名。

道光壬辰科

狀元吴鍾駿，江蘇蘇州府吴縣，副貢生，民籍，壬午科鄉試第二十八名，壬辰會試第八十五名。

榜眼朱鳳標，浙江紹興府蕭山縣，廩膳生，民籍，戊子鄉試第三十一名，壬辰會試第五十二名。
探花季芝昌，江蘇常州府江陰縣，廩貢生，民籍，辛巳鄉試第二百七十八名，壬辰科第九十二名。

道光癸巳科

狀元汪鳴相，江西九江府彭澤縣，拔貢生，民籍，鄉試第三十六名，會試第一百六十名。
榜眼曹履泰，江西南康府都昌縣，副貢生，民籍，鄉試第九十名，會試第十一名。
探花蔣元溥，湖北安陸府天門縣，例監生，民籍，鄉試第四十二名，會試第五十八名。

道光乙未科

狀元劉繹，江西吉安府永豐縣，拔貢生，民籍，鄉試第三十一名，會試第十四名。
榜眼曹聯桂，江西南昌府新建縣，例監生，民籍，鄉試第四十一名，會試第二百四十五名。
探花喬晉芳，山西絳州聞喜縣，優貢生，民籍，鄉試第七十六名，會試第一百五十一名。

道光丙申科

狀元林鴻年，福建福州府侯官縣，附學生，民籍，鄉試第二十六名，會試第六十四名。
榜眼何冠英，福建福州府閩縣，拔貢生，民籍，鄉試第十名，會試第一百二十六名。
探花蘇敬衡，山東武定府霑化縣，府學附監生，民籍，鄉試第十三名，會試第十一名。

道光戊戌科

狀元鈕福保，浙江湖州府烏程縣，廩膳生，民籍，鄉試第四十六名，會試第九十一名。

榜眼金國均，湖北漢陽府黄陂縣，附學生，民籍，鄉試第五十一名，會試第三十六名。

探花江國霖，四川綏定府大竹縣，廩膳生，民籍，鄉試第十四名，會試第一百六十五名。

道光庚子科

狀元李承霖，江蘇鎮江府丹徒縣，優貢生，民籍，鄉試第十名，會試第二名。

榜眼馮桂芬，江蘇蘇州府吴縣，副貢生，民籍，鄉試第十六名，會試第十名。

探花張百揆，浙江紹興府蕭山縣，增廣生，民籍，鄉試第七十五名，會試第四十二名。

道光辛丑科

狀元龍啓瑞，廣西桂林府臨桂縣，廩膳生，民籍，鄉試第二名，會試第五十七名。

榜眼龔寶蓮，順天府大興縣，附學生，民籍，鄉試第二十六名（按：《道光二十一年進士登科録》作六十二名），會試第四十三名。

探花胡家玉，江西南昌府新建縣，廩膳生，民籍，鄉試第九十三名，會試第一百九十一名。

道光甲辰科

狀元孫毓溎，山東濟寧直隸州，廩膳生，民籍，鄉試第十三名，會試第一百四名。

榜眼周學濬，浙江湖州府烏程縣，廩貢生，民籍，鄉試第三十五名，會試第二十九名。

探花馮培元，浙江杭州府仁和縣，廩膳生，民籍，鄉試第十五名，會試第一百一名。

道光乙巳科

狀元蕭錦忠，湖南長沙府茶陵縣，廩膳生，民籍，鄉試第九名，會試第一百六十六名。

榜眼金鶴清，浙江嘉興府桐鄉縣，優廩生，民籍，鄉試第五十八名，會試第四十七名。

探花吴福年，浙江杭州府錢塘縣，廩膳生，民籍，鄉試第六十二名，會試第一百五十一名。

道光丁未科

狀元張之萬，直隸[天津府]南皮縣，拔貢生，民籍，鄉試第二十三名，會試第一百十二名。

榜眼袁績懋，順天府宛平縣，監生，民籍，鄉試第七十七名，會試第一百九十二名。

探花龐鍾璐，江蘇蘇州府常熟縣，附生，民籍，鄉試第五十二名，會試第二名。

道光庚戌科

狀元陸增祥，江蘇太倉州，廩膳生，民籍，鄉試□名，會試第□名。

榜眼許其光，廣東[廣州府]番禺縣，附學生，民籍，鄉試□名，會試第□名。

探花謝增，江蘇[揚州府]儀徵縣，廪生，民籍，鄉試□名，會試第□名。

咸豐壬子科

狀元章鋆，浙江寧波府鄞縣，優廪生，民籍，鄉試第二十七名，會試第二百四十二名。

榜眼楊泗孫，江蘇蘇州府常熟縣，附監生，民籍，鄉試第二百二十八名，會試第二百六名。

探花潘祖蔭，江蘇蘇州府吴縣，□□，□□，欽賜舉人，會試第九名。

（以上自嘉慶戊辰至咸豐壬子科，據臺北廣文書局影印本《歷科狀元策》整理，並參國家圖書館藏各版本《殿試策》相關内容，以及《明清代歷科進士題名碑録》等資料校補）

咸豐癸丑科

狀元孫如僅，山東濟寧州人。

榜眼吴鳳藻，浙江杭州府錢塘縣人。

探花吕朝瑞，安徽寧國府旌德縣人。

咸豐丙辰科

狀元翁同龢，江蘇蘇州府常熟縣人。

榜眼孫毓汶，山東濟寧州人。
探花洪昌燕，浙江杭州府錢塘縣人。

咸豐己未科

狀元孫家鼐，貫安徽鳳陽府壽州，民籍，拔貢生，辛亥恩科鄉試第一百五十五名，己未科會試第一百九十一名。
榜眼孫念祖，貫浙江紹興府會稽縣，民籍，附學生，己酉科鄉試第十一名，己未科會試第十名。
探花李文田，貫廣東廣州府順德縣，民籍，附學生，乙卯科鄉試第十九名，己未科會試第三十四名。

咸豐庚申科

狀元鍾駿聲，浙江杭州府仁和縣人。
榜眼林彭年，廣東廣州府南海縣人。
探花歐陽保極，湖北武昌府江夏縣人。

同治壬戌科

狀元徐郙，江蘇太倉州嘉定縣，民籍附監生。己未科順天鄉試第六十五名，壬戌科會試第一百九名。
榜眼何金壽，湖北武昌府江夏縣，民籍，例監生，乙卯科順天鄉試第二百四十六名，壬戌科會試第六十三名。
探花温忠翰，山西太原府太谷縣，民籍，例監生，戊午科順天鄉試第八十四名，壬戌科會試第一百九十二名。

同治癸亥科

狀元翁曾源，江蘇蘇州府常熟縣人，監生。咸豐六年，恩賜爲舉人。同治元年，欽賜進士。

榜眼龔承鈞，湖南長沙府湘潭縣人。

探花張之洞，直隸天津府南皮縣人。

同治乙丑科

狀元崇綺，原爲蒙古正藍旗人，同治十一年，擡入鑲黄旗滿洲。

榜眼于建章，廣西桂林府臨桂縣人。

探花楊霽，正紅旗漢軍人。

同治戊辰科

狀元洪鈞，江蘇蘇州府吴縣人，附監生。同治三年，江南鄉試中式。

榜眼黄自元，湖南長沙府安化縣人。

探花王文在，山西絳州稷山縣人。

同治辛未科

狀元梁燿樞，廣東廣州府順德縣人，附生。同治元年，廣東鄉試中式。

榜眼高岳崧，陝西西安府長安縣人。

探花郁崑，浙江紹興府蕭山縣人。

同治甲戌科

狀元陸潤祥，江蘇蘇州府元和縣人，優貢生。同治十二年，順天鄉試中式。

榜眼譚宗浚，廣東廣州府南海縣人。

探花黄貽楫，福建泉州府晉江縣人。

光緒丙子科

狀元曹鴻勛，山東萊州府濰縣人，拔貢生，光緒元年順天鄉試第一百零九名。

榜眼王賡榮，山西朔平府朔州人。

探花馮文蔚，浙江湖州府烏程縣人。

光緒丁丑科

狀元王仁堪，福建福州府閩縣人，同治九年順天鄉試第八十一名，丁丑科會試第二十六名。

榜眼余聯沅，湖北漢陽府孝感縣人，丁丑科會試第二百八十九名。
探花朱賡揚，江蘇松江府華亭縣人，丁丑科會試第六十一名。

光緒庚辰科

狀元黄思永，江蘇江寧府江寧縣人，民籍，拔貢生，光緒乙酉恩科順天鄉試第四十名，庚辰科會試第一百六名。
榜眼曹詒孫，湖南長沙府茶陵州人，庚辰科會試第三十名。
探花譚鑫振，湖南衡州府衡山縣人，民籍，優貢生，庚午本省鄉試第六名，庚辰科會試第九名。

光緒癸未科

狀元陳冕，順天宛平縣人，附生，民籍，光緒元年順天鄉試第一百九十九名，會試第二十二名。
榜眼壽耆（宗室），正藍旗人，宗室，鄉試第一名，會試第二名。
探花管廷獻，山東沂州府莒州人，優行廩生，民籍，庚午科補丁卯科本省鄉試第九十八名，會試第二十九名。

光緒丙戌科

狀元趙以炯，貴州貴陽府人，光緒五年本省鄉試中式。
榜眼鄒福保，江蘇蘇州府元和縣人。
探花馮煦，江蘇鎮江府金壇縣人。

光緒己丑科

狀元張建勛，貫廣西桂林府臨桂縣，民籍，優廩生，己卯科鄉試第六名，己丑科會試第三百十名。

榜眼李盛鐸，貫江西九江府德化縣，民籍，優廩生，己卯科鄉試第十七名，己丑科會試第五名。

探花劉世安，貫鑲黄旗漢軍恒禄佐領下廣州駐防，廩生，壬午科鄉試第三十二名，己丑科會試第四十九名。

光緒庚寅恩科

狀元吴魯，貫福建泉州府晉江縣，民籍，拔貢生，戊子科順天鄉試第一百二十六名，庚寅科會試第四十九名。

榜眼文廷式，貫江西袁州府萍鄉縣，民籍，附監生，壬午科順天鄉試第三名，庚寅科會試第二百六十一名。

探花吴蔭培，貫江蘇蘇州府吴縣，民籍，附生，庚午補行壬戌科鄉試第一百六十八名，庚寅科會試第三名。

光緒壬辰科

狀元劉福姚，貫廣西桂林府臨桂縣，民籍，附生，光緒八年壬午科廣西鄉試第二十一名，壬辰科會試第二百十七名。

榜眼吴士鑒，貫浙江杭州府錢塘縣，民籍，優廩生，己丑科鄉試第四十四名，壬辰科會試第三十七名。

探花陳伯陶，貫廣東廣州府東莞縣，民籍，附生，己卯科鄉試第一名，壬辰科會試第七十八名。

光緒甲午恩科

狀元張謇，江蘇通州直隸州人，民籍，優貢生，光緒十一年乙酉科順天鄉試第二名，甲午科會試第六十名。

榜眼尹銘綬，湖南長沙府茶陵州人，民籍，廩生，辛卯科鄉試第十七名，甲午科會試第一百六十名。

探花鄭沅，湖南長沙府長沙縣人，民籍，廩生，辛卯科鄉試第三名，甲午科會試第一百四十名。

光緒乙未科

狀元駱成驤，四川資州直隸州人，民籍，廩生，癸巳科鄉試第三名，乙未科會試第一百九十名。

榜眼喻長霖，浙江台州府黄巖縣人，民籍，廩生，己酉科鄉試第五十六名，乙未科會試第二百十三名。

探花王龍文，湖南長沙府湘鄉縣人，民籍，廩生，癸巳科鄉試第五名，乙未科會試第二百三十七名。

光緒戊戌科

狀元夏同龢，貫貴州都匀府麻哈州，民籍，附生，光緒十九年癸巳科鄉試第二十九名，戊戌科會試第一百三十四名。

榜眼夏壽田，貫湖南桂陽直隸州，民籍，廩生，乙丑科鄉試第六名，戊戌科會試第八名。

探花俞陛雲，貫浙江湖州府德清縣，民籍，附生，乙酉科鄉試第二名，戊戌科會試第五十八名。

光緒癸卯科

狀元王壽彭，貫山東萊州府濰縣，民籍，廩生，庚子辛丑併科鄉試第三十五名，辛丑壬寅併科會試第三十七名。

榜眼左霈，貫正黄旗漢軍景澄佐領下廣東駐防，附生，甲午科鄉試第七十三名，辛丑壬寅併科會試第七十九名。
探花楊兆麟，貫貴州遵義府遵義縣，附貢生，民籍，辛卯科鄉試第十六名，辛丑壬寅併科會試第三名。

光緒甲辰科

狀元劉春霖，直隸河間府肅寧縣人，拔貢生，光緒二十八年順天鄉試中式。
榜眼朱汝珍，廣東清遠人，拔貢生，癸卯科順天鄉試第三十一名，甲辰恩科會試第一百零五名。
探花商衍鎏，正白漢廣州駐防人，廪生，甲午科廣東鄉試第二十四名，甲辰恩科會試第一百二十九名。
（咸豐癸丑科至光緒甲辰科，據相關各科《進士登科録》《明清歷科進士題名碑録》等資料整理。《登科録》不存者諸科，籍貫遵《進士題名碑録》）

參考文獻

（按書名音序排列。同一叢書，若出版年份相同，只在首次出現時標注出版信息）

B

《碑傳集》，［清］錢儀吉纂録，見《清代傳記叢刊》，周駿富編，《綜録類》，臺北：明文書局，一九八五年

《碑傳集補》，［清］閔爾昌纂録，見《清代傳記叢刊·綜録類》

《碑傳集三編》，［清］汪兆鏞纂録，見《清代傳記叢刊·綜録類》

C

《池上老人遺稿》，［清］吴廷琛撰，影印清咸豐七年刻本，見《清代詩文集彙編》，《清代詩文集彙編》編纂委員會編，册五一一，上海：上海古籍出版社，二〇一〇年

《尺五堂詩删初刻》《尺五堂詩删近刻》，［清］嚴我斯撰，影印清康熙二十七年刻本，見《清代詩文集彙編》，册一一七

《重訂道光二年壬午恩科同年齒録不分卷》，［清］周含萬輯，清道光十三年刻本，北京：國家圖書館藏

《重訂嘉慶七年壬戌科會試齒録》，清嘉慶十九年刻本，北京：國家圖書館藏

《詞科掌録》，［清］杭世駿撰，見《清代傳記叢刊·學林類》

《詞林輯略》，［清］朱汝珍輯，見《清代傳記叢刊·學林類》

《存吾春齋文鈔》，［清］劉繹撰，影印清光緒間刻本，見《晚清四部叢刊》，林慶彰等主編，第一編，冊一一三—一一四，台中：文聽閣圖書有限公司，二〇一〇年

D

《大清畿輔先哲傳》，徐世昌撰，見《清代傳記叢刊・綜録類》

《大學衍義》，［宋］真德秀撰，明刻本，哈佛大學圖書館藏

《大學衍義補》，［明］邱濬撰，明刻本，哈佛大學圖書館藏

《道光二十年庚子科會試同年齒録》，清翁同書抄本，北京：國家圖書館藏

《道光九年進士登科録》，北京：國家圖書館藏

《道光九年進士登科録》，北京：中國第一歷史檔案館藏

《道光三年進士登科録》，北京：中國第一歷史檔案館藏

《道光十八年進士登科録》，［清］錢恂編，北京：國家圖書館藏

《道光十六年進士登科録》，北京：中國第一歷史檔案館藏

《道光十五年進士登科録》，北京：中國第一歷史檔案館藏

《道光休寧縣志》，［清］方崇鼎等纂，影印清道光刻本，見《中國地方志集成・安徽府縣志輯》，《中國地方志集成》編輯工作委員會編，冊五二，南京：江蘇古籍出版社，一九九八年

《殿試策》（乾隆至嘉慶諸科），清刻本，北京：國家圖書館藏

《殿試策》（光緒辛丑恩科），［清］龍啓瑞撰，清刻本，北京：國家圖書館藏
《殿試策》（光緒壬辰科），［清］劉福姚撰，光緒石印本，北京：國家圖書館藏
《殿試策》（光緒庚寅恩科），［清］吴魯等撰，清刻本，北京：國家圖書館藏
《殿試策》（不分卷），京都琉璃廠秀文齋光緒刻本，北京：國家圖書館藏
《殿試策》，［清］何金壽等撰，影印清同治刻本，見《晚清四部叢刊》第六編册九四
《殿試策三種》，［清］陸潤庠等撰，清刻本，北京：國家圖書館藏
《獨學廬初稿》，［清］石韞玉撰，影印清乾隆六十年刻本，見《清代詩文集彙編》，册四四七

E

《二林居集》，［清］彭紹升撰，影印清嘉慶四年刊本，見《清代詩文集彙編》册三九七

F

《法蘭西學院漢學研究所藏清代殿試卷》，法蘭西學院漢學研究所編，北京：中華書局，二〇一五年
《豐山府君自訂年譜》，［清］梁國治自訂，［清］梁承綸等補編，清抄本
《撫州府志》，［清］許應鑅修，謝煌纂，清光緒二年刊本，北京：國家圖書館藏

G

《贛縣志》，〔清〕黄德溥等修，〔清〕褚景斯等纂，清同治十一年刻本、民國二十年重印本，北京：國家圖書館藏
《廣清碑傳集》，錢仲聯主編，蘇州：蘇州大學出版社，一九九九年
《光緒常昭合志稿》，〔清〕鄭鍾祥、張瀛修，〔清〕龐鴻文等纂，清光緒三十年刊本，北京：國家圖書館藏
《光緒帝起居注》，中國第一歷史檔案館編，桂林：廣西師範大學出版社，二〇〇七年
《光緒二十九年進士登科録》，清光緒刻本，北京：國家圖書館藏
《光緒二十年進士登科録》，北京：中國第一歷史檔案館藏
《光緒二十四年進士登科録》，北京：中國第一歷史檔案館藏
《光緒二十一年進士登科録》，清光緒刻本，北京：國家圖書館藏
《光緒二十一年乙未科會試録》，〔清〕徐桐纂輯，北京：國家圖書館藏
《光緒癸未科會試同年録》，清光緒刻本，北京：首都圖書館藏
《光緒九年進士登科録》，清光緒刻本，北京：國家圖書館藏
《光緒六年庚辰科會試同年齒録》，清光緒刻本，北京：國家圖書館藏
《光緒三十年進士登科録》，清光緒刻本，北京：國家圖書館藏
《光緒十八年進士登科録》，清光緒刻本，北京：國家圖書館藏
《光緒十六年庚寅科會試録》《金榜題名録》，清光緒刻本，北京：國家圖書館藏

《光緒十六年進士登科録》，清光緒刻本，北京：國家圖書館藏
《光緒十五年進士登科録》，清光緒刻本，北京：國家圖書館藏
《光緒武進陽湖縣志》，［清］王其儉、吴康壽修，［清］湯成烈等纂，清光緒刻本，北京：國家圖書館藏
《歸安縣志》，［清］陸心源等修，［清］丁寶書等纂，清光緒八年刊本，北京：國家圖書館藏
《國朝鼎甲徵信録》，［清］閻湘惠編輯，［清］張椿齡增訂，見《清代傳記叢刊・學林類》
《國朝漢學師承記》，［清］江藩著，鍾哲整理，北京：中華書局，一九八三年
《國朝貢舉年表》，［清］陳國霖、顧錫中編，影印申江袖海山房石印本，見《近代中國史料叢刊》，沈雲龍主編，第十四輯，臺北：文海出版社，一九六六年
《國朝耆獻類徵初編》，［清］李桓輯，見《清代傳記叢刊・綜録類》
《國朝先正事略》，［清］李元度輯，影印清同治五年循陔草堂刻本，見《續修四庫全書》，《續修四庫全書》編纂委員會編，册五三八—五三九，上海：上海古籍出版社，二〇〇二年

H

《海鹽朱朵山先生道光丙戌殿試策》，［清］朱昌頤撰，清刻本，北京：首都圖書館藏
《含經堂集》，［清］徐元文撰，影印康熙刻本，見《清代詩文集彙編》册一三二
《漢名臣傳》，清國史館編，見《清代傳記叢刊・名人類》
《鶴天鯨海焚餘稿》，［清］朱昌頤撰，［清］朱元慶編，影印同治五年海鹽朱氏德馨堂刻本，見《晚清四部叢刊》第五編，

册九七
《湖墅小志》，［清］高鵬年輯，清光緒二十二年石印本，北京：國家圖書館藏
《皇朝經世文三編》，［清］陳忠倚輯，影印光緒二十八年上海書局石印本，見《近代中國史料叢刊》第七十六輯，臺北：文海出版社，一九六六年
《皇朝政典類纂》（科舉一—二），［清］席裕福、沈師徐輯，見《近代中國史料叢刊續編》第九十輯，臺北：文海出版社，一九八三年
《皇清文穎》，［清］張廷玉等編，影印清乾隆十二年武英殿刻本，見《故宫珍本叢刊》，故宫博物院編，册六四六—六五〇，海口：海南出版社，二〇〇〇年

J

《濟寧直隸州續志》，［清］盧朝安等纂修，民國刊本，北京：國家圖書館藏
《嘉慶帝起居注》，中國第一歷史檔案館編，桂林：廣西師範大學出版社，二〇〇六年
《嘉慶二十四年進士登科録》，北京：中國第一歷史檔案館藏
《嘉慶二十五年進士登科録》，北京：中國第一歷史檔案館藏
《嘉慶十九年進士登科録》，清嘉慶刻本，北京：國家圖書館藏
《嘉善縣志》，［清］江峰青修，［清］顧福仁纂，清光緒二十年刊本，北京：國家圖書館藏

《嘉興府志》，［清］許瑶光修，［清］吴仰賢等纂，清光緒五年刊本，北京：國家圖書館藏

《金谿縣志》，［清］胡釗、松安等纂修，清道光六年刊本，北京：國家圖書館藏

《經德堂文集》，［清］龍啓瑞撰，影印清光緒四年刊本，見《清代詩文集彙編》册六五五

《經學·科舉·文化史：艾爾曼自選集》，［美］本杰明·艾爾曼（Benjamin Elman），北京：中華書局，二〇一〇年

《敬思堂文集》《敬思堂詩集》《敬思堂奏御詩集》，［清］梁國治，影印清嘉慶梁承雲等刻本，見《清代詩文集彙編》册三五一

《静廉齋詩集》，［清］金甡撰，清嘉慶二十五年刻本，哈佛大學漢和圖書館藏

K

《康熙常熟縣志》，［清］高士鸃、楊振藻修，［清］錢陸燦等纂，影印康熙二十六年刻本，見《中國地方志集成·江蘇府縣志輯》册二一，南京：江蘇古籍出版社，一九九一年

《康熙二十一年壬戌科同年序齒録》，清康熙刻本，北京：國家圖書館藏

《康熙起居注》，中國第一歷史檔案館整理，北京：中華書局，一九八四年

《康熙三十九年進士登科録》，北京：中國第一歷史檔案館藏

《康熙三十三年甲戌科會試墨卷》，清康熙刻本，北京：國家圖書館藏

《康熙十二年進士登科録》，北京：中國第一歷史檔案館藏

《康熙十五年丙辰科會試二百九名進士三代履歷便覽》，清康熙刻本，北京：國家圖書館藏

《康熙四十五年進士登科録》，北京：中國第一歷史檔案館藏

《康熙五十二年進士登科録》，北京：中國第一歷史檔案館藏

《康熙五十一年進士登科録》，一卷，清康熙刻本，北京：國家圖書館藏

《科舉史話》，王道成，北京：中華書局，一九八八年

《匡庵文集》《匡庵詩前集》《匡庵詩集》，［清］馬世俊，影印清康熙刊本，見《清代詩文集彙編》册二八

L

《溧陽縣志》，［清］李景嶧等修，［清］史炳等纂，清嘉慶十八年修、光緒二十二年重刻本，北京：國家圖書館藏

《歷科殿試策》，［清］陳冕等撰，京都琉璃廠懿文齋紙店板，光緒刻本，北京：國家圖書館藏

《歷科廷試狀元策》，［明］焦竑輯，［明］吴道南校正，［清］胡任興增訂，影印北京大學圖書館藏清雍正刻本，見《四庫禁毀書叢刊》，《四庫禁毀叢刊》編纂委員會編纂，集部册十九—二〇，北京：北京出版社，一九九七年

《歷科廷試狀元策》，［明］焦竑輯，［明］吴道南校正，［清］胡任興增訂，影印暨南大學圖書館藏清影印雍正十一年懷德堂刻本，見暨南大學圖書館編：《中國古籍珍本叢刊·暨南大學圖書館卷》册二五—二七，北京：國家圖書館出版社，二〇一八年

《歷科狀元策》（全三册），影印中研院傅斯年圖書館藏本，臺北：廣文書局，一九七六年

《歷科狀元策》，［清］駱成驤等撰，光緒二十一年石印本，北京：國家圖書館藏

《歷科狀元策》，光緒刻本，北京：首都圖書館藏

《歷科狀元策》，光緒刻本，北京：國家圖書館藏

《練兵實紀》，［明］戚繼光撰，明刊本，日本内閣文庫藏

《琉璃廠小志》，孫殿起輯，北京：北京古籍出版社，一九八二年

《婁縣志》，［清］謝庭薰修，［清］陸錫熊纂，清乾隆五十三年刊本，北京：國家圖書館藏

《樓邨詩集》，［清］王式丹撰，清雍正四年刻本，哈佛大學漢和圖書館藏

M

《滿洲名臣傳》，清國史館編，見《清代傳記叢刊・名人類》

《民國杭州府志》，［清］吴慶坻等重纂，民國印本，北京：國家圖書館藏

《民國吴縣志》，曹允源、李根源纂，民國二十二年蘇州文新公司鉛印本，北京：國家圖書館藏

《明清歷科進士題名碑録》，影印美國夏威夷大學藏本，臺北：華文書局，一九六九年

《明清兩代嘉興的望族》，潘光旦著，見《民國叢書》，《民國叢書》編輯委員會編，第三編册一三，上海書店，一九九一年

《明清社會史論》，何炳棣著，徐泓譯注，臺北：聯經出版公司，二〇一三年

N

《南通張季直先生傳記》，張孝若編，上海：中華書局，一九三〇年

《南畇文稿》，［清］彭定求撰，影印清雍正四年刻本，見《清代詩文集彙編》册一六七

Q

《屺思堂文集》，［清］劉子壯撰，影印清康熙二十五年刻本，見《清代詩文集彙編》册二八

《乾嘉兩朝殿試策》，清刻本，北京：國家圖書館藏

《乾隆帝起居注》，中國第一歷史檔案館編，桂林：廣西師範大學出版社，二〇〇二年

《乾隆二十六年進士登科録》，北京：中國第一歷史檔案館藏

《乾隆二十五年進士登科録》，北京：中國第一歷史檔案館藏

《乾隆十六年進士登科録》，北京：中國第一歷史檔案館藏

《乾隆十七年進士登科録》，北京：中國第一歷史檔案館藏

《乾隆四年進士登科録》，北京：中國第一歷史檔案館藏

《欽定殿試策》，清光緒刻本，北京：首都圖書館藏

《欽定國子監志》，［清］梁國治等纂，見《影印文淵閣四庫全書》史部三五八册，臺北，商務印書館，一九八二年

《欽定皇朝文獻通考》，清乾隆三十二年敕撰，見《影印文淵閣四庫全書》史部三九〇—三九六册

《欽定科場條例》，［清］杜受田等修，［清］英匯等纂，見《續修四庫全書》，《續修四庫全書》編委會編，册八二九—八三〇，上海：上海古籍出版社，二〇〇二年

《欽定學政全書》，［清］素爾訥等撰，見《續修四庫全書》册八二八

《清朝進士題名録》，江慶柏編著，北京：中華書局，二〇〇七年
《清代殿試考略》，傅增湘撰，天津：天津大公報社，一九三三年
《清代貴州名賢像傳》，［清］凌惕安撰，見《清代傳記叢刊·綜録類》
《清代科舉考述録》，商衍鎏，北京：生活、讀書、新知三聯書店，一九五八年
《清代科舉考試述録及有關著作》，商衍鎏著，商志譚校注，天津：百花文藝出版社，二〇〇四年
《清代科舉制度論集》，宋元强，北京：中國社會科學出版社，二〇一五年
《清代科舉制度研究》，王德昭，北京：中華書局，一九八四年
《清代七百名人傳》，蔡冠洛編纂，見《清代傳記叢刊·綜録類》
《清代起居注册——道光朝》，影印臺北故宫博物院藏本，聯合報文化基金會國學文獻館整理，臺北：聯經出版公司，一九八五年
《清代起居注册——康熙朝》，影印臺北故宫博物院藏本，聯合報文化基金會國學文獻館整理，臺北：聯經出版公司，二〇〇九年
《清代起居注册——同治朝》，影印臺北故宫博物院藏本，聯合報文化基金會國學文獻館整理，臺北：聯經出版公司，一九八四年
《清代起居注册——咸豐朝》，影印臺北故宫博物院藏本，聯合報文化基金會國學文獻館整理，臺北：聯經出版公司，一九八四年
《清代人物生卒年表》，江慶柏編著，北京：人民文學出版社，二〇〇五年

《清代硃卷集成》，顧廷龍主編，臺北：成文出版社，一九九二年
《清惠堂集》，［清］金望欣撰，清道光二十年廣陵黄氏刻本，天津：天津圖書館藏
《清秘述聞三種》，［清］法式善等撰，張偉點校，見《清代史料筆記叢刊》，北京：中華書局，一九八二年
《清人別集總目》，李靈年、楊忠主編，安徽教育出版社，二〇〇〇年
《清詩紀事初編》，鄧之誠撰，北京：中華書局，一九六五年
《清實録》（全六十册），影印「一史館大紅綾本」「故宫小紅綾本」等，北京：中華書局，一九八六—一九八七年
《清史稿》，趙爾巽等撰，北京：中華書局，一九七七年
《清史稿校註》，國史館校註，臺北：臺灣商務印書館，一九九九年
《清史列傳》，王鍾翰點校，北京：中華書局，一九八七年

R

《容安齋詩集》，［清］汪應銓撰，影印清刻本，見《清代詩文集彙編》册二六五

S

《嗇翁自訂年譜》二卷，張謇撰，影印民國十四年排印本，見《北京圖書館藏珍本年譜叢刊》，北京圖書館編，册一八三，北京：北京圖書館出版社，一九九九年
《上元縣志》，［清］陳栻等纂修，影印道光四年刊本，見《中國方志叢書》，成文出版社輯，臺北：成文出版社，一九八

三年

《十三經注疏》,[清]阮元校刻,影印本,北京:中華書局,一九八〇年
《石柏山房詩存》,[清]趙文楷撰,影印清咸豐七年趙昀惠潮嘉道署刻本,見《清代詩文集彙編》,册四六六
《順治康熙雍正三朝殿試策》,清刻本,北京:國家圖書館藏
《順治康熙雍正三朝會試録鄉試録》,北京:國家圖書館藏
《順治六年己丑科登科録》(殘本),清順治刻本,北京:國家圖書館藏
《順治六年己丑科會試四百名進士三代履歷便覽》,順治刻本,北京:國家圖書館藏
《思補老人自訂年譜》,[清]潘世恩編,影印清咸豐五年刊本,見《北京圖書館藏珍本年譜叢刊》,册一三三
《四書章句集注》,[宋]朱熹撰,北京:中華書局,一九八三年
《邃雅堂集》,[清]姚文田撰,影印清道光元年江陰學使者署刻本,見《清代詩文集彙編》,册四四八
《邃雅堂文集續編》,[清]姚文田撰,影印清道光八年刻本,見《清代詩文集彙編》册四四八

T

《聽雨叢談》,[清]福格撰,汪北平點校,北京:中華書局,一九八四年第二版
《同治二年癸亥恩科進士題名録》,清刻本,北京:國家圖書館藏
《同治元年進士登科録》,北京:中國第一歷史檔案館藏

W

《晚晴簃詩匯》，徐世昌輯，影印首都圖書館藏民國十八年退耕堂刊本，北京：北京出版社，一九九六年

《王蘇州遺書》，[清]王仁堪著，王孝繩編，影印民國二十三年排印本，見《近代中國史料叢刊》十四輯，臺北：文海出版社，一九六六年

《望雲館詩稿》，[清]章鋆撰，影印清光緒十四年刻本，見《晚清四部叢刊》第二編，册一一四

《濰坊三狀元卷真迹墨寶》，鄧華、李斌輯，北京：大衆文藝出版社，二〇一三年

《文武狀元策》，文錦、二酉書屋乾隆續刊本，北京：國家圖書館藏

《文武狀元策》，文錦、二酉書屋乾隆續刊本，哈佛大學漢和圖書館藏

《文獻徵存録》，[清]錢林輯，[清]王藻編，影印咸豐八年刻本，見《清代傳記叢刊·學林類》

《吴縣志》，曹允源、李根源等纂，民國二十二年蘇州文新公司鉛印本，北京：國家圖書館藏

《無錫金匱縣志》，[清]裴大中等修，[清]秦緗業等纂，清光緒七年刊本，北京：國家圖書館藏

《務時敏齋存稿》，[清]洪昌燕撰，影印清光緒二十年錢塘洪氏刻本，見《清代詩文集彙編》册六七〇

X

《咸豐二年進士登科録》，北京：中國第一歷史檔案館藏

《咸豐九年進士登科録》，北京：中國第一歷史檔案館藏

《咸豐六年丙辰科會試同年齒録》，清咸豐刻本，北京：國家圖書館藏

《湘舲詩稿》，［清］錢棨撰，影印清嘉慶十四年重刊本，見《清代詩文集彙編》册四〇二

《虛一齋集》，［清］莊培因撰，影印清光緒九年刻本，見《清代詩文集彙編》册三五二

《續碑傳集》，［清］繆荃孫纂録，見《清代傳記叢刊·綜録類》

Y

《弇山畢公年譜》，［清］史善長編，清同治刻本

《雍正八年進士登科録》，北京：中國第一歷史檔案館藏

《雍正朝起居注册》，中國第一歷史檔案館編，北京：中華書局，一九九三年

《有懷堂詩文稿》，［清］韓菼撰，影印中央民族大學圖書館藏康熙四十二年刻本，見《四庫全書存目叢書》，《四庫全書存目叢書》編纂委員會編，集部二四五册，濟南：齊魯書社，一九九七年

《元明清三朝進士題名碑録》（元至正至清光緒間），北京國子監碑石，民國時期拓本，哈佛大學圖書館藏

Z

《增補貢舉考略》五卷（《國朝貢舉考略》一至三卷），［清］黄崇蘭撰，［清］趙學曾續撰，見《續修四庫全書》册八三一

《張季子九録》，張怡祖編輯，見《民國叢書》第三編，上海：上海書店，一九九一年

《張謇全集》，《張謇全集》編委會編，上海：上海辭書出版社，二〇一二年

《趙裘萼公剩稿》，［清］趙熊詔撰，趙侗斆編，清乾隆五十七年重修，哈佛燕京圖書館中文善本特藏
《知非録》，［清］鄧鍾岳撰，影印清乾隆聊城鄧氏家刻本，見《四庫全書存目叢書》子部二八册
《芝庭先生集》，［清］彭啓豐撰，影印清刻本，見《清代詩文集彙編》册二九六
《中國狀元殿試卷大全》，鄧洪波、龔抗云編著，上海：上海教育出版社，二〇〇六年
《中華狀元卷》，楊寄林等主編，太原：山西教育出版社，二〇〇二年
《周禮正義》，［清］孫詒讓撰，王文錦、陳玉霞點校，北京：中華書局，一九八七年
《狀元策》，京都琉璃廠榮錦堂乾隆續刊本，北京：國家圖書館藏
《狀元策》，京都琉璃廠榮錦堂乾隆續刊本，哈佛大學漢和圖書館藏
《狀元策》，乾隆乙卯年新鐫、嘉慶續刊本，北京：國家圖書館藏
《狀元策》，嘉慶續刊本，北京：國家圖書館藏
《狀元策》，光緒刻本，京都隆福寺寶書堂藏版，北京：首都圖書館藏
《狀元策》，嘉慶刻本，蘭州：西北師範大學圖書館藏
《狀元策》，道光庚子年刻本（謝蘭生序），文寶堂新鐫，北京：國家圖書館藏
《狀元策》（道光辛丑、甲辰、乙巳恩科），清刻本，天津：天津圖書館藏

跋

戊戌初夏，輯校明代歷科狀元策一事基本告竣，自然而然地，「要不要把清代的也做了」的念頭，便不止一次地在腦中閃過。然而，冷暖自知的校書三昧，讓我猶豫再三，雖也留意搜集相關的資料，但未敢真正付諸行動。

轉眼，己亥新年就在眼前，值拜年之機，不佞請袁行霈先生爲《明代歷科狀元策彙編》題簽。先生看到我的整理初稿，便建議「清代的還不一塊做了！」在隨後的電話交談中，袁先生還特別强調文獻整理的意義。受此激發，我不再猶豫，決心把清代狀元策也做一徹底整理，以期能將明清兩朝狀元策完整地呈獻給世人。書成，袁先生又賜簽鼓勵。對先生多年來的關心和厚愛，我惟有銘感在心。

己亥之春，我便將本職工作而外的精力全部投入其中，不斷出入于國家圖書館、首都圖書館、中國第一歷史檔案館等高墻大院，在泛黄的故紙堆中找尋資料。仲夏時節，大部分資料彙集及初校工作基本完成。此時，恰《明代歷科狀元策彙編》進行到三校，藉校對清樣形成的文字敏感，又對清代狀元策的書稿進行全面補充、核校，自感質量大爲提高。待秋風漸起，書稿已基本成形。之後的日子裏，只要有時間，我便對書稿進行校對修訂，將新發現的資料及時補充進去，每篇問對前後校訂不下四五遍，多者七八遍。

在《明代歷科狀元策彙編》出版的過程中，沈瑩瑩博士就不時同我商量清代部分的出版事宜。雖然在列入出版計劃之前，這還只是一個動議，但也足以令我如履薄冰，不敢有絲毫的懈怠。我深知，作爲基礎性資料，整理中的任何疏漏，都有可能貽誤讀者，留下難以彌補的遺憾，敢不慎重以之？

庚子年到了，意想不到的特殊，前所未有的體驗，猝然而至的疫情，顛覆了既有的秩序。然而，生活總得繼續。在「不窺園」的日子裏，《明代歷科狀元策彙編》樣書在三月底翩然而至，恰如看到院中剛剛拱出地面的新芽，爲這個沉悶的春天注入一點亮色，著實讓我竊喜了幾天。而費振剛師收到書後在電話中傳達出的喜悦之情，也讓我感到一絲欣慰。緊接著，清代部分也通過「雲」論證，正式列入出版計劃。作爲同道，我深知當下的出版環境，對北京大學出版社慨然接納此書，我不能不表達由衷的敬意。對張鳳珠副總編、馬辛民主任、沈瑩瑩博士的賞識，我也不能不表達我的謝忱！對其他未曾謀面的復審、終審老師，以及校對等各環節的專業人士，我也深表感謝，諸位的辛勞，讓書中的無心之失減少到最低限度。

在資料搜集的過程中，承蒙諸多舊雨新知熱情相助，爲我節省了大量的時間和精力。這裏大致按時間順序屢述如下，以誌特別的感念。北京大學圖書館李雄飛先生，幫助確認並助我查閲《歷科廷試狀元策》等館藏資料。西北師範大學韓高年教授，協調借閲館藏《狀元策》刻本，並安排張安博士陪同，冒雨查找資料的經歷，美好而深刻。黄山學院吴兆民教授，代尋休寧縣中國狀元博物館藏黄思永狀元卷圖片。寧波大學張驍飛博士，代勞核實章鋆殿試策信息。濰坊市文化和旅游局苗慶安兄，贈送《趙秉忠、曹鴻勛、王壽彭三狀元真迹墨寶》一書。陝西蒲城清代考院博物館李亞茹館長，提供該館所藏光緒二十九年王壽彭殿試卷圖片。甘肅貢院博物館賈守雄館長，提供光緒三十年劉春霖殿試卷複製件圖片。華東師範大學教授楊九詮兄，協助聯繫常熟市有關部門，查詢翁同龢狀元策信息。上海博物館敏求圖書館陳才博士，幫助核查滬上有關的狀元卷等信息。疫情禁足期間，清華大學圖書館劉薔博士施以援手，幫助核查館藏《登科録》信息。上海嘉定博物館邵輝館長提供秦大成生卒年號考證資料。所有這些高情厚誼，容在此一併致謝！

此外，對像哈佛燕京圖書館那樣，將學術資源數字化並無私地向公衆開放的藏書機構、學術團體，以及慷慨分享資料的網友等，也借機表達一下我個人的敬意。這些數字化資源，使吾等足不出户就可從事學術工作，節省了大量時間，無形中延長了生命。如果没有數字資源的支撑，本書能否在三五年内完成，都尚未可知。送人玫瑰，手有餘香。予人方便，嘉惠與人者，孰不敬之，孰不念之？

二〇一九年七月六日至八月廿九日初稿

二〇二〇年五月一日修訂二稿，時值庚子年春末夏初；八月初，再行潤色，時已立秋